伊藤 真
試験対策講座

ITO MAKOTO
SHIKENTAISAKU
KOUZA

- 民法入門
- 民法総説
- 私権の主体
- 私権の客体
- 私権の変動
- 契約の有効性
- 代理
- 契約の効力発生時期
- 時効

伊藤真［著］

スタートアップ民法・民法総則

弘 文 堂

シリーズ刊行に際して

1 初心者にもわかりやすく

法律は国民のものでなければならない。しかし、現時点ではあまりにもわかりにくい。もっと多くの国民が法律を理解できるようにしなければならない。そのためには内容のレベルを保ったままでわかりやすく伝えることが必要である。本シリーズは司法試験の受験生をはじめとして、一般の法学部生、仕事で法律の学習を必要としているビジネスパーソンの方が、必要十分なレベルを保ちつつ、わかりやすく六法を学習していけるように作成した。本シリーズをきっかけとしてさまざまな分野のできるだけ多くの方が法律に親しんでいただけることを望んでいる。

2 法律を使いこなせるようにすること

法律は知識としてもっているだけでは、あまり意味がない。すぐに内容は変わるし、数千もある法律の一部にすぎない基本六法を学んだとしても知識としてはたかが知れている。しかし、これを学ぶことで法的な考え方が身につき、法律を使いこなせるようになっていく。これこそが基本六法を学ぶ目的である。

わたしたちは法律を手段として学んでいるにすぎない。法律を使って何を実現するかはその人の価値観次第である。もちろんわたしは一定の思いをもって法律に接しているが、それをみなさんにおしつける気はない。みなさんには六法を使いこなして、自分の目的を実現していってほしい。

そのためには、知識と考える力、そして表現力をバランスよく学習することが必要である。本シリーズではこの点に一番気をつかった。知識だけでは意味がないが、自分の頭で考えるためには最低限の知識はどうしても必要である。そしてどんなに力があってもそれを一定の制限内で表現できなければ試験には受からないし、実務の現場では使えない。そこでこうした要素をバランスよく学習することが法律を自分のものにして使いこなすためには不可欠なのである。

3 試験対策として現実的であること

学問としての法律と試験対策としての法律はその学習方法に明らかに差がある。目的が異なるからである。これを無視するといつまでたっても受からない。学問的にしっかりと理解していれば受かるというのは一部の秀才だけである。わたしは、むしろ、ごく普通の頭の持ち主で、法律を学びたいがその方法がわからないで悩んでいる人を対象に考えている。

さらに、試験は時間との戦いである。たとえば、司法試験なら7科目を短期間のうちにマスターしなければならない。しかも学生なら3年生のときに就職するか受験を続けるかの決断を迫られる。とすれば、そのときまでにある程度の学習を終えていなければならない。会社を辞めて試験に専念する決意をされた方は短期合格が死活問題であろう。短期間で、できるだけ効率的に学習できるようにすることが本シリーズの大きな目的である。ただし、どんな試験であろうと、要領やテクニックだけで受かるほど甘くはない。本シリーズでしっかりと基礎固めをしてほしい。

そして、よい法律家になるには、有効な無駄も必要。基本書、判例百選、先生方の論文に自分であたっていくことによって頭は鍛えられ、また、さまざまな体験を通じての経験的知性によってそれにいっそう磨きがかかっていく。本シリーズがそうしたこれからの学習のパイロットの役割を果たすことができれば幸いである。

伊藤　真

改称にあたり　はしがき

債権法の現代化をめざして、2017年５月26日に可決・成立した(同年６月２日公布)民法改正は、民法総則中の規定においても、改正の対象となったものが数多くある。たとえば、意思能力の規定の創設(３条の２)、錯誤の無効から取消しへの変更(95条)、代理権の濫用の規定の創設(107条)、時効の停止・中断から時効の完成猶予・更新への変更(147条以下)など、重要な事項が改正されている。この改正は、一部の規定を除き，2020年４月１日から施行される。そこで、この民法改正(以下、「平成29年改正民法」という)にあわせて全面的に改訂することとした。

また、本書にはシリーズの１巻目ということからして、法律学習の基礎となる部分を盛り込んでいたが、今回、これまで以上に充実させることとしたため、名称を『民法総則』から『スタートアップ民法・民法総則』と改めることとした。

民法総則に関わる改訂に際しては、シリーズの債権総論および債権各論に続き、平成29年改正民法を当然の前提としてその内容だけを示すことも考えたが、これまですでに改正前の民法を学習してきた方にとっては、どの部分がどのように改正されたのかの指摘がなければ、平成29年改正民法の内容を十分に理解することは困難に思えた。そのため、本書を制作するにあたっては、可能なかぎり、改正前民法との対比をし、平成29年改正によって、どの部分がどのように改正されたのかを明らかにすることに努めた。そのため、本書では、改正の過程で法務省事務当局が作成した法制審議会民法(債権関係)部会席上配布資料(部会資料)などを引用したり、参考にしたりして、改正の理由を多く記述している。平成29年改正民法の内容を拾い読みしたい場合や改正前民法との対比に重きをおいた学習をしたい場合には、本文右欄の「← 平成29年改正」も目印にしてほしい。

一言に改正といっても、その内容はさまざまな類型に分けることができる。そのため、本書では、改正の類型を整理するに際し、法学教室(有斐閣・2017年５月号・№438)で特集されていた「〔鼎談〕債権法改正の教え方・学び方」のなかでの分類の仕方を参考にさせていただき、平成29年改正民法の改正事項を分類した。分類方法については、シリーズの「債権総論[第４版]」のはしがきで示したとおりである。巻末付録の「改正条文一覧」も参考にして、平成29年改正民法によってどのように変わったのか、あるいは、変わらず維持されたのかを確認してほしい。

また、平成29年改正の後、成年年齢の引下げに関する改正と、相続分野に関する改正(「法務局における遺言書の保管等に関する法律」〔遺言書保管法〕を含む)がなされた。前者は、2018年６月13日に成立し(2022年４月１日に施行)、後者は、2018年７月６日に成立した(遺言の方式緩和については2019年１月13日、ほかの改正部分も同年７月１日に施行され、配偶者居住権・短期居住権関係は2020年４月１日、遺言書保管法は同年７月10日に施行される）。そのほか、商法や消費者契約法についても改正されているので、必要な限度で反映した。

さらに、前版からすでに11年が過ぎたため、この間に実施された司法試験、予備試験を中心に、司法書士試験、行政書士試験等の問題傾向を分析し、内容を刷新した。

伊藤　真

【お知らせ】

今後、次回改訂までのあいだに生じた法改正や新判例および司法試験実施に伴う試験問題の追加・訂正などの新情報は、弘文堂のホームページ（https://www.koubun-dou.co.jp）にある補遺を更新していくかたちでお知らせしていきます。

はじめに

本書の目的、特長と使い方、法律の勉強方法、答案の書き方などについて初めに述べておこうと思う。

1 本書の目的

⑴ 各種試験対策として最適

本書は、司法試験および予備試験、公務員試験、公認会計士試験、司法書士試験、行政書士試験など民法を重要な試験科目にしている各種資格試験対策として最適である。合格に必要な論点はすべて網羅しており、論証例も豊富に入れた。また、司法試験をはじめとして各種試験対策という点でのメリハリをつけているので無駄がない。民法の学習を短期間で仕上げたいと考えている場合には最適である。なお、学問的には重要な部分であってもこの趣旨から割愛している部分もあるが、試験対策としては本書で必要十分である。

⑵ 大学の期末試験対策として最適

大学の期末試験対策のための独習用としても利用していただけるはずである。先生の講義のノートを復習する前に、まず、一般的な理解として本書で基本的知識の確認をしておくと、各先生方の独自の見解や最先端の学問における議論の部分を深く理解することができ、効果的な試験対策ができる。

⑶ 大学や法科大学院での法律学習の予習用として最適

一般的には、大学や法科大学院での講義は学生がある程度の予習をしていることを前提に行われる。ところが、１人で予習するのに最適といえる参考書はこれまでなかった。たしかに、学問的に優れている基本書は多いが、難解であったり他の法律を学習していることを前提にしていたりで、なかなか先に読み進められないことも多い。これでは予習がつらくなり、つい何もしないで講義にのぞむことになってしまう。最悪の場合には、講義を理解できないので面白くなくなって出席しなくなることにもなろう。これでは、せっかくすばらしい先生の講義が聴けるのにもったいないことこのうえない。本書でざっと予習をして、基本的な内容を理解してから講義にのぞむことをお勧めする。また、授業の復習の際に本書でポイントを確認すれば、更に効果的である。

2 本書の特長

本書は、以下の特長をもっている。

【１】構成上の特長

民法は、条文の目次を見るとわかるように、第１編総則、第２編物権、第３編債権、第４編相続、第５編親族というパートから成り立つ膨大な法律である。本シリーズの民法は、この編立てと近しいかたちで５冊に分冊している。そのため、本書において、序章として「民法入門」を設け、民法の概念や構造、各パートの基本的な概念を説明することとした。また、ここに民法の学習方法や民法以外にも必要な条文の読み方などを加えた。

次に、どの法律にも言えることだが、最初に全体像を把握することが重要であるため、

第１章で民法の全体像構造や基本原則を学習し、第２章以降で各テーマを深く学習する構成になっている。

そして、各テーマでは、基本的な説明から入り、具体例の箇所には随所に講義の実況中継風の説明が入っている。わかりやすく情報を伝えるためにはこうした形式のほうが効果的なことがあるからである。どんなに高度な内容も受け手に伝わらなければ意味がないという徹底した受講生本位主義の講義を今までやってきたので、若干の繰返しになることもおそれずに具体例を説明している。これでかなりイメージがもちやすくなっているはずである。このように１つひとつ論点をクリアーしながら、最後は論文式答案が書けるように論証でしめくくっている。

【２】内容上の特長

⑴　重要論点をすべて網羅

司法試験をはじめとして各種試験合格に必要な論点はすべて網羅してある。どのような試験でもそうだが、合格するには重要基本論点をまずしっかりとマスターし、それを使ってそれ以外の発展論点を理解していくという手順をとることが効率的である。

⑵　論証パターンによる論証例つき

どんなに理解できていても書けなくては意味がない。そこで実際にどう書くかのサンプルとして論証例を豊富に入れてある。

⑶　フローチャートによる理解

法的思考力の育成にはフローチャートによる学習が効果的である。そこで図表とともにフローチャートを活用し理解を助けている。

⑷　重要度がわかるランクづけとメリハリ

勉強の仕方や重要度がわかるように随所にランクづけやコメントが入っているので、全体にメリハリがきいていて無駄をはぶいた効率的な学習ができる。

【３】体裁上の特長

⑴　チャート、図表を多用、更に２色刷り

このため、ビジュアル的な理解が容易になった。法律の学習はイメージの修得であるため、こうした工夫は学習効率に大きく影響する。

⑵　ポイントになる用語、定義は色太字

どこが重要な概念かが一目でわかるように工夫した。復習の際にはこうしたキーワードを追っていけばいいので、これにより復習の時間が大幅に短縮されるはずである。

⑶　欄外の活用

右欄に見出しや判例、参考文献、司法試験問題を入れて、これらへのアクセスを容易にした。なお、メモ欄としても有効活用していただきたい。

3　本書の使い方

【１】本文の使い方

本文の部分では、基本概念の具体的なイメージと論点相互の関係を意識してほしい。また、議論の流れも重要である。ばらばらの知識としてではなく、１本の筋のとおった流れとして全体を把握するように努めていただくと民法が小さく感じられるようになると思う。この部分ではわかったという感覚を大切にしてほしい。なお、図表は読者のみなさんのイ

メージづくりの助けになるようにというものである。自分の頭の中に図を描けるようになればしめたものである。

最近の試験の傾向は、細かな最先端の論点よりも基本概念を使って自分の頭で考えられるかが問われるようになっている。当たり前のことではあるが、民法が問題となる現場では毎日新しい論点が生みだされている。実務家はこれらに対して自分の頭で考えて結論をださなくてはならない。よって、各種試験では、それに対応できるか、その素養があるかが試される。具体的には基礎知識と応用力である。最新論点を知識として追いかけてもきりがない。重要なことは新しい問題に直面したときにそれを自分で解決できる思考回路をつくることである。そのためにはまず重要基本論点を自分のものにしなければならない。はじめから細かな最先端の論点にまで手をだすとそれらを知識として吸収しようとするクセがついてしまう。それではいつまでたっても自分の頭で考える力はつかない。まずは基本をマスターし、それからなぜ問題になっているのかなどを自分で考えてみることである。本書はその手助けになるはずである。

【2】論点の使い方

本書には、各種試験の合格に必要な重要論点はすべて網羅してある。もちろん論点は無限にあるので、そのすべてをここに紹介することはできないし、短期合格、短期集中学習のためには些(さ)末な論点を追いかけることはむしろ有害ですらある。重要基本論点をいかにしっかり理解しそれを使いこなせるようになるかが短期学習のポイントである。

そこで、本書では、学習の優先順位の参考になるよう重要基本論点に以下のようなランクづけを付した。論述試験のない試験では当然のことながら論証の準備は不要であるが、それでもかぎられた学習時間を有効に活用するにはメリハリは不可欠である。学習にあたってはAランクのものについてはしっかりと理解し、できれば早めに自分のなかで常識になるぐらい繰り返し学習してほしい。特に論点の相互の関係やなぜその論点が問題になるのか、問題の所在を理解するように努めてほしい。

また、結論や理由づけも答案に書くことを考えて、できるだけ単純にしている。そのため学問的にはもう少しつっこみたい部分でもあえて目をつぶっているところもある。ご容赦いただきたい。そもそもかぎられた時間内で答案をつくるという目的をクリアーしなければ何も始まらないからである。

論点はそれ自体ではなんの意味ももたず、他の論点または問題との関係ではじめて意味をもつものであることを忘れないでほしい。後で述べるように論点の論証ができてもそれだけでは答案は書けない。論点の位置づけとその使い方を学ばなければならないのである。それはとりもなおさず、民法をきちんと理解しないと答案は書けないという当たり前のことをいっているにすぎない。

▶論点のランクづけ

Aランク；頻繁に答案でも使う可能性のある論点で、論証をつくっておくべきもの。
B^{+}ランク；論文試験で頻出とはいえないが、出題可能性が高く準備しておくと安心。
Bランク；しっかりと理解しておけばいいもの。できれば論証があると安心。
Cランク；ざっと理解しておけばいいもの。論証は原則不要。

【3】論証パターン(論点ブロック)の使い方

答案を書く際に、論点についてあらかじめどのように書くかを論証として準備しておき、それをカードにまとめておいて必要に応じて使い分けていく手法が、伊藤塾で教えているいわゆる論証パターン(論点ブロック)学習法である。論証例とか論述例などと呼び名は違ってもみな同じものである。わたしが大学受験時代から使っていたものだが、司法試験にも有効なので合格後紹介したところ広く利用されるようになった。

この手法は、もともとは本試験会場における答案作成時間をセーブするためのものであり、はじめに答案ありきということを忘れてはならない。つまり、本試験ではその場で考えなくてはならない問題が必ず出題される。そのときに事前に準備できる部分はあらかじめ準備しておいたほうがその問題固有の論点を考える時間がつくりだせる。そして答案を書くためにはこうして論点を学ぶことは必要であるが、それだけでは答案にはならない。答案構成能力や問題提起、あてはめという部分を書く力がついてはじめて答案になるのである。また、この論証は丸暗記すべきものではない。理解したらキーワードとその流れを記憶していけばいいのである。自分が論証をするときの手掛かりになればいいのである。そして、最終的には自分の言葉で論証できるようになればしめたものである。

そして、キーワードをチェックする際にも更にメリハリをつけるようにして勉強するとよい。この論証で欠かせないキーワードはどれか、次に重要なキーワードはどれかということを意識しながら勉強していくのである。つまり、どの単語も等価値ではなく、重要なものとそうでないものがある。そのメリハリをつけながら理解し覚えていくことが必要なのである。

暗記が得意なほうが注意が必要である。どうしてもできあいの論証を暗記してしまおうとする。もちろんそれでも何もないよりはましであるが、どうしても理解よりも暗記に走ってしまい、自分で使いこなせなくなる傾向がある。自分で論証パターンからキーワードを抜きだしてマーキングしていき、それだけを覚えるようにしたほうがいいかもしれない。

【4】チャートの使い方

本書では、さまざまなチャートを多用している。

法律の学習では、考えることが大切だとよくいわれる。自分で考える力を身につけるのは容易ではないが、方法はある。その有効な1つの手段が議論の分かれ目をしっかりと意識しながら勉強するということである。わたしは自分が受験勉強していたときに、コンピュータのフローチャートを使って論理の流れを理解していた。当時、法律の世界でフローチャートを利用する人などほとんど(少なくともわたしのまわりには1人も)いなかったので、こうした学習法が正しいのかもわからなかった。しかし、その後、論理の流れを図示するという手法は他の受験指導校でも行われるようになったので、今や正しい学習法であると断言できる。

本書でもチャートを活用して、概念や論点の思考の流れと議論の分かれ目を確認しながら学習を進めていってほしい。考える力が訓練されるはずである。

また、こうしたチャートで学習していくうちに、自分で考えを整理する道具としてフローチャートを利用できるようになる。自分の考えを整理するときにチャートはとても有効である。

4 法律の勉強方法

法律を学習するうえで必要なことを初めに確認しておきたい。

それは、①知識、②考える力、③バランス感覚(センス)である。

そして、それぞれを更に分析すると、知識については理解、記憶、表現が必要になる。

考える力とバランス感覚についてはそれぞれ訓練と表現が必要になる。
そしてこうして身につけた法律的な力を使って答案を書くには何が必要かを最後に検討しておく。

【1】知識

(1) 知識の理解

司法試験であろうが学校の試験であろうが、基本的な知識がなければ絶対に答案は書けない。法律は知識ではない、考えることが大切だという甘い言葉にだまされてはいけない。どんな学問も考える力を身につけるには、前提としてそれなりの基礎知識が必要である。その知識を使って考えていくのであるから、いわば知識は考えるための道具である。道具は使い方をしっかりと学んでおかないと後で怪我をする。まずは知識についての正しい理解が必要なのである。

ただ、これがなかなか難しい。なぜならば法律の知識は抽象的な概念が多く、日常的にはあまり使わない言葉であるためそのイメージがもちにくいのである。拙著『伊藤真の民法入門』（日本評論社）でも書いたことであるが、法律を学ぶということはイメージの修得だといってもいいくらいである。たとえば、英語を勉強するときは「appleはリンゴだよ」と教わればすぐにイメージできる。それはわたしたちがリンゴを見たことがあり、知っているからにほかならない。しかし、民法をまったく知らなければ「危険負担は双務契約において問題になる」と言われてもさっぱり理解できないはずである。さらに日本の民法を勉強した人でも、「considerationは約因のことだよ」と言われてもピンとこないのが普通であろう。それは日本には約因という概念がないため、イメージをもてないからである。法律がわかるようになるというのは、危険負担と言われたら「ああ、あの場面のあのことだな」とピンとくるようにすることなのである。アメリカ契約法を勉強するというのは「A promise must be supported by consideration in order to be enforceable.」とあったら問題となるような場面をイメージできるようにすることにほかならない。

そのため、これから民法の学習をするときは常に具体例をしっかりと意識していかなければならない。本書ではそうした基本概念のイメージづくりの助けになるように具体例を豊富にしたつもりである。

そして従来の教科書では、ある概念を使って次の概念を説明していくことが多いので、ある概念のイメージを誤ってもってしまうと、その概念を使って説明された次の概念まで理解を誤ってしまう。これが積み重なると大変なことになる。本書では、その危険性を回避するために基本概念はできるだけ日常的に使われている言葉で説明し、新しい概念もできるだけ法律概念を使わないで説明している。若干説明がくどいのはそのためである。ご容赦願いたい。

(2) 知識の記憶

理解したら確実に記憶することが必要な知識がある。先ほど述べたように、記憶がいらないなら法律の勉強ほど楽しいものはない。

数学では掛け算の九九ができなければ先に進まないし、英語でも基本単語を1000個くらいは知っていないと話にならない。医者になるにしても病気や薬の名前や症状をどれだけ正確に覚えているかにかかっているのである。自分の常識になるくらい確実に覚えてしまうべき知識はどの世界にもあるのである。

しかし、すべての知識を正確に一字一句記憶する必要はない。知識の記憶の必要性にもランクがある。聞かれたら意味がわかるくらいのレベルから、自分で正確に説明できるくらいの知識まで記憶のレベルにも段階がある。よって、すべての知識を完璧に覚える必要はない。だが、正確に言い回しまで覚えてしまうべき知識か否か、その知識のランク分けがなかなか難しい。これを私たち受験指導のプロは経験からランクづけをしながら講義をしているのである。独学で学習しようとする読者もできるだけ過去の本試験問題などを見て、この知識は正確に覚えておかなければいけないものかどうかをしっかりと見極めていってほしい。本書ではその助けになるようにできるだけメリハリをきかせたつもりである。

⑶　知識の表現

どんなに知識があってもそれを一定の制限内で表現できなければ試験には受からない。時間的な制限もあるし、字数の制限もある。短答式、論文式、口述式という方式の制限もある。これらの制限を守りつつ、自分の言いたいことを伝えなければならない。その表現力はあらゆる試験において不可欠なのである。知識は情報である。よって、相手に伝わってはじめて意味がある。自分の理解しているところを相手に正確に伝えてはじめて評価の対象になるのである。この評価される以前のところで失敗してしまっている人があまりにも多い。論文試験対策ならば、きちんと読みやすい書き方を訓練しなければならない。

理解していることと、それを覚えていること、そして、それを書けることはまったく別の力であるし、それにふさわしい訓練が必要なのである。

【2】考える力

⑴　考える訓練

法律の勉強をしているとよく、自分の頭で考えることが必要だといわれる。ある程度の知識を身につけたならば、次は積極的に自分の頭を使って考えることが不可欠である。では、ここでいう考えることというのは、どういう意味か。それは、基礎知識を使って推論する力であるとここではいっておこう。法律の世界で論理的に考える力というのは、考え方の分かれ目を意識しながら、ＡならばＢである、ＢならばＣであるという具合に、順を追って考えていくことができる力のことをいう。こうした力を身につけるためには、多くの事例問題にあたって自分で順を追って考えてみることを繰り返すのが一番てっとり早い。そして、力がついてくるとそのスピードが早くなり、更に単線ではなく複線で考えられるようになる。さまざまな可能性を同時に考えていけるのである。ただ、一般的にはこうしたレベルまではいらない。１つのことを順を追っていければ十分である。

こうした考える力を身につけるにはどのような訓練が効果的か。もっとも実践的なことは問題を解くことである。短答式、論述式いずれでもいいから問題を解きながら、まず考えるのである。解説を読みながら、なぜそのように議論が進むのかを考えるのである。決して結論や解説を暗記しようとしてはならない。こうして問題を与えられて考えることによって具体的に考えるクセがついてくる。教科書を読むときにも、できるだけ問題を解きながら読むと理解が具体的、実践的になり有益である。抽象的な教科書と具体的な問題の間を行ったり来たりしながら読み進むのである。次第に考え方の分かれ目が意識できるようになる。慣れてきたら問題をつくりながら読むと更に効果があがるはずである。

次に有効な方法は、判例やその解説を要約しながら、推論しながら読むのである。読解力とは要するに何が書いてあるかを把握する力をいうが、読むときにここまでは要するにＡといいたいのだな、そして次はＢといいたいのだな、という具合にできるだけ簡単に頭の中で要約しながら読み進める。そして、そのときにＡの次になぜＢといっているかを考えるのである。更にＢといった以上、次はＣというだろうなと推論するのである。こうした読み方を繰り返していれば次第に考える力はついてくる。しかもこの訓練は、本来は法律的な文章で行うのが一番であるが、別にそれにかぎる必要はない。新聞でも雑誌でもいいからこの要約と推論を意識して繰り返すのである。

最後に、できれば他人と法律的な議論をするといい。ただ、受験生がまわりにいない環境で１人で勉強しているとそのような場がないので苦労するが、最後の手段としては自分で自分に問いかけてもいいかもしれない。まわりに法律を勉強している人がいるのならば、そのチャンスを生かさない手はない。ぜひ声を掛けて議論する訓練をしてみることだ。

⑵ 考えたことを表現

先ほど、議論をすることが大切だといったが、それは自分の考えていることを他人にうまく伝えるという訓練にもなるので重要なのである。

どんなに崇高なことを考えていても、それを論述試験ならば文章で、口述試験なら口頭で表現できなければなんの意味もない。しかも、先ほど知識のところで述べたとおり、一定の制限内で表現できなければいけないのであれば、自分が考えていることをすべて過不足なく伝えることは、基本的には無理であると考えたほうがいいかもしれない。難しいことを考えてもそれを正確に表現できなければ、むしろ答案に書かないほうがいい場合もある。試験との関係ではそうした割り切りも必要である。

【３】バランス感覚（センス）

⑴ バランス感覚の訓練

よく、法律のセンスがあるとかないとか言う人がいる。もしそれが生まれつきという意味ならおかしい。法律のセンスなど訓練でどうにでもなるものであり、そう大したものではない。それは天才数学少年や天才音楽少女はいるが、天才法律少年などいないことからも明らかである。私は法律のセンスとはバランス感覚だと思っている。常識的な現代の国民としてのセンスである。ただ、法律を学ぶ者はバランスを測る物差しをいくつかもっている。また、常にバランスを測るという頭の使い方をしているので、バランスのとり方がうまくなる。

そして、そのバランスをとる訓練をするためには、どのような法律の勉強でも順序があり、まず法律とは何かを学ばないとどうしようもない。民法や商法を学ぶ場合でもそれらの法律の根本にある憲法の理解は不可欠である。よって、どんなに民法を急いでマスターしたくても、必ず法とは何か、憲法とは何かの概略を理解してからでなければならない。自分の本で恐縮だが、『伊藤真の憲法入門』（日本評論社）は短時間で法律と憲法の考え方が理解できるのでお勧めする。こうした書籍などからバランス感覚は学びとることはできるし、また、普段の生活のなかでも常に一方の言い分のみを聞くのではなく、双方の言い分を聞いてから判断するクセをつけるとバランス感覚が磨かれてくる。

こうして常に少し大きな所から考えてバランスをとる訓練をしていき、常識的にも妥当な結論に落ちつくことができるようでなければならない。あくまでも法律は市民のものであり、市民が納得できるものでなければならないからである。

⑵ バランス感覚の表現

ここでも自分のバランス感覚をうまく表現できなければいけない。自分はどんな要素に着目してどのような物差しで測ったから、このようなバランスの結果になったのだということを、しっかりと相手に伝えないといけない。議論をする際には、他人がその判断の過程を批判できるように、明確に思考過程を示すことが必要である。さもないと喧嘩になってしまう。答案ならば、問題文のどの言葉からそのような判断をしたのかを具体的に示していくことが必要である。問題文の事実は使いきることである。

【4】法律の勉強には正解がないというウソ

法律の勉強を始めたばかりの受験生のなかには、法律には正解がないから自由に考えていいんだという誤解をしている人がよくいる。法律には数学と違って正解がないのだという。これは間違いである。数学でも答えのないものはあるし、法律でもきちんと答えはある。正解がないのに試験で合否が決まるわけがない。試験で合格する人は試験委員と仲良しだから合格するのではなく、あくまでも答案に正解を書いたから合格したのである。

ただ、気をつけなくてはいけないのは、その正解は複数ありうるし、また、そこにたどり着く過程はさまざまなものが許容されるということである。そうはいっても、あくまでも一定のルールの範囲内にかぎられるのであって、決して自由に何を書いてもいいわけではない。いくら人を感動させる文章を書いても、一定のルールに従っていないと法律の答案としては点数がつかないのである。

法律の答案で難しいのが、この「どこまで書いていいのか」ということである。一定の限界を超えなければ、かなり自由な答案も許されるであろう。むしろ型にはまっていないと歓迎されるかもしれない。しかし、この限界を超えると、こっぴどい点数がついてくる。この限界の見極めが、これからの勉強の重要なポイントになる。わたしの塾の講義の特徴もここを意識することにある。本書はそうした判断が自分でできるようになるための前段階として、基礎的な民法の体系と論点を理解していこうとするものである。

【5】民法の答案が書けるようになるまで

まずは民法の全体像と基本概念の修得である。民法は、その全体がみえないと個々の論点の理解も不十分なものとなってしまうので、どの分野の学習においてもまず全体像の把握は不可欠である。

次に、各論点の理解である。なぜそこでその論点が問題になっているのかを含めて論点についての概略を理解し、基本的な理由づけを覚える。これを一通り民法の最後までやってみる。学習においては、この段階が一番つらいかもしれないが重要である。

その次に、民法全体を見渡した問題を具体的に解いていきながら、論点の使い方やつなぎ方を理解し覚える。ここではできるだけ多くの問題の答案構成をやってみることである。そして、その答案にでてくる論点の論証を覚える。さらに、答案にでてこない論点の論証も覚える。この論証を覚えるという作業はいわゆる丸暗記とは違う。論点の論理の流れとキーワードを覚えていくのである。文章の丸暗記などなかなかできるものではないし、それでは応用がきかない。

最後に、実際に制限時間内に書かれた答案(合格者の再現答案など)を使って、どのような答案が評価されるのかを分析し、合格答案のイメージをしっかりとつくっていく。そして、どんな問題がでても書けるように、民法全体を通じての視点や観点、未知の問題が出題されたときの危機管理マニュアルをつくっていく。これができればもう安心である。

このような過程をたどって、どんな問題でも答案を書けるようにしていくのである。

【6】これからの学習

これから司法試験および予備試験の勉強を始めようと思っているなら、まずはどのような試験なのかを詳しく知る必要がある。そこで参考になるのは、拙著ではあるが『伊藤真が教える司法試験予備試験の合格法』(日本経済新聞出版社)を読んでほしい。受験データばかりでなく、効率よく勉強する方法や短答式試験、論文式試験、口述試験の問題と解答例が各1問ではあるが付いているため、イメージがもてることだろう。人生の選択肢を広げることがわかる内容となっているため、ビジネスパーソンにもお勧めする。

そして、短答式試験、論文式試験対策の本格的な学習に入る前に読んでほしいのが、『伊藤真ファーストトラックシリーズ』(弘文堂)である。このシリーズは、試験頻出の分野を中心に重要なテーマを、ユーモアある例を用いて学習が進んでいくため、具体的なイメージをもって理解できることだろう。初学者ばかりでなく、基本書やテキスト、時には本書による学習で行き詰ったときにも助けとなるだろう。

学問としての民法総則を極めるのなら、やはり我妻栄先生の『民法講義Ⅰ』(岩波書店)が外せない。しかし、最近の法改正には対応していないため、潮見佳男先生の『民法(全)』(有斐閣)や編著者である『Before/After民法改正』(弘文堂)、ロングセラーである四宮和夫先生と能美善久先生の『民法総則』も適しているだろう。

次に、実際の問題形式に沿った問題演習を行う段階において活用してほしいものをいくつかあげておく。

短答式試験用であれば、『司法試験・予備試験　伊藤真の速習短答過去問』、『伊藤真が選んだ短答式一問一答1000民法Ⅰ』、『同Ⅱ』(いずれも法学書院)。ここまで紹介してきた書籍から得た知識を、これらで試験に必要な知識として定着させて、盤石な基盤が築けることだろう。

論文式試験用であれば、『新・試験対策問題集　論文１　民法』からはじめて、本格的に司法試験の受験を考えたところで、『伊藤塾試験対策問題集　予備試験論文　６民法』、『試験対策問題集　論文３　民法』(いずれも弘文堂)をお勧めする。これらから、論文答案をつくるということは、単に論点を学習することではないことを理解してもらえるだろう。そして、本書等で得た知識を、本番の試験で使えるものにすることができるだろう。

また、いずれの試験にも不可欠なのは条文と判例の学習である。伊藤塾の著作物にも『伊藤真の条文シリーズ』と『伊藤真の判例シリーズ』(いずれも弘文堂)がある。条文シリーズは、すべての条文に初学者でもわかるように口語的な意味と条文の趣旨を付し、その条文で問題となっている解釈上の論点、関連する判例を網羅的に整理している。判例シリーズは、最重要判例に絞り込み、一貫した立場から解説を加え、事案の概略や裁判の経緯は簡潔に示しつつも、判決原文や各裁判官の個別意見を可能なかぎり詳細に掲載した。

なお、直近の民法改正に対応しているコンメンタールや判例集は数少ない。伊藤塾シリーズも同様であるが、数年のうちには対応させるつもりである。

最後にお断わりをしておく。本書はわたしの主宰する伊藤塾で行っている法律学習の一端を紹介したものではあるが、その一部にすぎない。実際はこのほかに判例の読み方や答案の書き方、出題意図の捉え方など、まだまだ学ばなければいけないことがたくさんある。私はこれらを独占し、出し惜しみするつもりは毛頭ない。今後も、可能なかぎり発表していくつもりである。できるだけ多くの法律学徒のみなさんとこれらの情報を共有して、また、みなさんからも教えていただき、六法全体をどのように学んでいくことが効率的な学習法なのかを、これからも探っていきたいと思っている。

最後に、本書の製作に際しては、多くの方の多大なるご助力を得た。特に、伊藤塾(法学館)の書籍出版において従前から貢献していただいている弁護士近藤俊之氏(54期)と弁護士永野達也氏(新65期)には、シリーズの『債権総論[第４版]』および『債権各論[第４版]』に続き草稿の段階から細部にわたって目を通していただいた。また、予備試験、司法試験の合格者を中心とする伊藤塾の優秀なスタッフには、校正において尽力してもらった。そして、北川陽子さん、中嶋美佳さんをはじめ弘文堂のみなさんの協力を得てはじめて刊行することができた。この場をお借りして、深く感謝を申し上げる次第である。

2019年９月

伊藤　真

★参照文献一覧

本書を執筆するにあたり多くの文献を参照させていただきました。そのすべてを記すことはできませんが主なものを下に掲げておきます。なお、本文中にこれらの文献の文章表現を引用させていただいた箇所もありますが、本書はいわゆる学術書ではなく、学習用の教材ですので、その性質上、学習において必要な部分以外は引用した文献名を逐一明記することはしませんでした。

ここに記して感謝申し上げる次第です。

幾代通・民法総則(青林書院・1984)
石口修・民法要論Ⅰ　民法総則(成文堂・2019)
石崎泰雄・「新民法典」の成立(信山社・2018)
石崎泰雄編・新民法典成立への扉(信山社・2016)
石田穣・民法総則　民法体系Ⅰ(信山社・2014)
伊藤滋夫編・新民法(債権関係)の要件事実Ⅰ・Ⅱ(青林書院・2017)
内田貴・民法Ⅰ総則・物権総論[第4版](東京大学出版会・2008)
遠藤浩=川井健=原島重義=広中俊雄=水本浩=山本進一編・民法(1)民法総則[第4版増補補訂3版](有斐閣・2004)
近江幸治・民法講義Ⅰ民法総則[第7版](成文堂・2018)
大江忠・新債権法の要件事実(司法協会・2016)
大村敦志・新基本民法Ⅰ総則編(有斐閣・2017)
大村敦志・道垣内弘人編・解説　民法(債権法)改正のポイント(有斐閣・2017)
小野秀誠=良永和隆=山田創一=中川敏宏=中村肇・新ハイブリッド民法1民法総則(法律文化社・2018)
加賀山茂・求められる改正民法の教え方(信山社・2019)
加藤雅信・新民法体系Ⅰ民法総則[第2版](有斐閣・2005)
川井健・民法概論1民法総則[第4版](有斐閣・2008)
北川善太郎・民法講要Ⅰ民法総則[第2版](有斐閣・2001)
佐久間毅・民法の基礎1総則[第4版](有斐閣・2018)
佐久間毅=石田剛=山下純司=原田昌和・〈LEGAL QUEST〉民法Ⅰ総則[第2版](有斐閣・2018)
潮見佳男・民法(全)[第2版](有斐閣・2019)
潮見佳男・民法(債権関係)改正法の概要(きんざい・2017)
潮見佳男・詳解相続法(弘文堂・2018)
潮見佳男=北居功=高須順一=赫高規=中込一洋=松岡久和編著・Before/After　民法改正(弘文堂・2017)
潮見佳男=千葉恵美子=片山直也=山野目章夫編・詳解改正民法(商事法務・2018)
四宮和夫・民法総則[第4版補正版](弘文堂・1996)
四宮和夫=能見善久・民法総則[第9版](弘文堂・2018)
清水響編・一問一答新不動産登記法(商事法務・2005)
鈴木禄弥・民法総則講義[二訂版](創文社・2003)
高島平蔵・民法法制の基礎理論(成文堂・1986)

辻正美・民法総則(成文堂・1999)
筒井健夫=村松秀樹編・一問一答　民法(債権関係)改正(商事法務・2018)
中田裕康=大村敦志=道垣内弘人=沖野眞已・講義債権法改正(商事法務・2017)
中舎寛樹・民法総則[第2版](日本評論社・2018)
平野裕之・民法総則(日本評論社・2017)
平野裕之・新・考える民法Ⅰ民法総則(慶應義塾大学出版会・2018)
平野裕之・新債権法の論点と解釈(慶應義塾大学出版会・2019)
船橋諄一・民法総則(弘文堂・1954)
星野英一・民法概論Ⅰ[改訂版](良書普及会・1977)
松坂佐一・民法提要総則[第3版増訂](有斐閣・1982)
民法(債権法)改正検討委員会編・詳解　債権法改正の基本方針Ⅰ～Ⅳ(商事法務・2009～2010)
山田卓生=河内宏=安永正昭=松久三四彦・民法Ⅰ　総則[第4版](有斐閣・2018)
山野目章夫・民法概論1　民法総則(有斐閣・2017)
山本敬三・民法講義Ⅰ総則[第3版](有斐閣・2011)
山本敬三・民法の基礎から学ぶ 民法改正(岩波書店・2017)
我妻栄・新訂民法総則(民法講義Ⅰ)(岩波書店・1965)
我妻栄=有泉亨=清水誠=田山輝明・我妻・有泉コンメンタール民法[第6版](日本評論社・2019)
注釈民法⑴～㉖(有斐閣・1964～1987)
新版注釈民法⑴～㉘(有斐閣・1988～2017)
新注釈民法⑴・⒁・⒂・⒄(有斐閣・2017～2018)
潮見佳男=道垣内弘人編・民法判例百選Ⅰ総則・物権[第8版](有斐閣・2018)
窪田充見=森田広樹編・民法判例百選Ⅱ債権[第8版](有斐閣・2018)
水野紀子=大村敦志編・民法判例百選Ⅲ親族・相続[第2版](有斐閣・2018)
重要判例解説(有斐閣)
判例時報(判例時報社)
判例タイムズ(判例タイムズ社)
最高裁判所判例解説民事編(法曹会)

法務省事務当局作成の法制審議会民法(債権関係)部会席上配布資料(部会資料)
民法(債権関係)の改正に関する中間試案(中間試案)
民法(債権関係)の改正に関する中間試案の補足説明(中間試案補足説明)

田島信威・最新法令の読解法[4訂版](ぎょうせい・2010)
法制執務用語研究会・条文の読み方(有斐閣・2012)

伊藤 真

試験対策講座

ITO MAKOTO SHIKENTAISAKU KOUZA

1

スタートアップ民法・民法総則

もくじ

序章

民法入門 002

第2章

私権の主体 078

CONTENTS

伊藤　真
試験対策講座
ITO MAKOTO
SHIKENTAISAKU
KOUZA

スタートアップ民法・民法総則

代理 272

伊藤 真
試験対策講座
ITO MAKOTO SHIKENTAISAKU KOUZA
1
スタートアップ民法・民法総則

第7章
契約の効力発生時期 343

第8章
時効 355

CONTENTS

論証カード 一覧

伊藤　真 試験対策講座　1

スタートアップ民法・民法総則

1. 民法とは何か

1 総説

【1】民法とは何か

民法を学び始める前に、まず「民法」とは何かを考えておこう。

われわれが「民法」を学ぶときに考えているさまざまな概念は、比較的新しいものである。1789年のフランス革命を中心とする市民革命によって封建制が崩れ近代国家が成立する過程で、封建的な制約から解放された個々人は、自由な経済活動を制度的に保障することを強く望むようになった。

そこで、国家は、個人個人の自由な経済活動の場を保障し、またその活動を容易にするためにのみ権力を行使するが、それ以上に個人の自由を制限する活動をすべきではないという思想が生まれた(**自由主義**)。この自由主義の思想に基づいて、自由な人々の間の、国家の介入を受けない関係について、ルールを定めておくことが求められたのである。

そのようなルールの集合として、**民法**という観念が成立した。つまり、民法とは、自由主義思想に基づいた市民社会のルールといえる。 ←「民法」とは

【2】民法の分類――財産法と家族法

市民社会のルールはどのようなものなのかを学んでいく。民法は、所有・売買・賃貸借などの財産関係を規律する**財産法**と、夫婦・親子などの身分関係、人の死から生じる財産の移転の仕方を規律する**家族法**に分かれる。このうち、中心となるのは財産法であり、これを中心に民法を勉強していくことになる。 ←財産法と家族法

2 民法の役割

【1】民法の位置づけ――私法の一般法

法律は大きく**公法**と**私法**とに分かれるが、民法は、商法や会社法とともに、市民社会の関係を規律する私法のグループに分類される。商法や会社法が、市民のなかでも商人(会社を含む〔会社5条、商4条1項参照〕)を中心とした特別な法律関係を規律するのに対して、民法は、**市民一般の法律関係を規律する**。このような意味で、民法は**一般法**に分類されるのに対して、商法や会社法は**特別法**に分類される。 ←公法と私法 ←一般法と特別法

以上のように、民法は、**私法の一般法**に位置づけることができる。

ここで公法と私法、一般法と特別法について、少し解説しておきましょう。
公法とは、国または地方共団体とその構成員(国民、市民)との間の統治関係を規律す ←「公法」とは

る法をいいます(正確な定義については争いがありますが、このように理解しておいてください)。たとえば、憲法、刑法、民事訴訟法、刑事訴訟法などです。なお、民事訴訟法も、裁判所(と国民との間)を定めた法ですから、公法に位置づけられるので、注意してください。これに対して、**私法**とは、個人間の私的生活関係(法律関係)を規律する法をいいます。たとえば、民法、商法、会社法、手形法などです。**法律関係**とは、権利義務関係と捉えておけば足ります。

一般法(原則法)とは、人・地域・事項などについて具体的に限定しないで一般的に定めた法をいいます。たとえば、民法、刑法などです。これに対して、**特別法**とは、特定の人・地域・事項などについてだけ限定的に適用される法をいいます。たとえば、商人について商法、会社について会社法、軽い犯罪について軽犯罪法などです。

同じ事柄について一般法と特別法とに規定があるときは、特別法の規定が優先的に適用されます。これを、**特別法は一般法に優先する**、といいます。

民法は、私的生活関係のすべての面について一般法として基礎的に適用される法規です。たとえば、商法は、商人および商取引といわれる法律関係について、民法を修正している特別法であり、借地借家法は、民法の規定のうちの賃貸借の一部(宅地と家屋の賃貸借についてのみ)を修正している特別法です。

一般法(民法)
- 特別法(e.g.利息制限法)
- 特別法(e.g.借地借家法)
- 特別法(e.g.商法)

たとえば、借地権の存続期間について、民法では、賃貸借の期間は原則として50年を超えることができないと規定されていますが(604条1項)、借地借家法3条では、「借地権の存続期間は、30年とする。ただし、契約でこれより長い期間を定めたときは、その期間とする」と規定しています。ですから、一般法である民法では原則として最長で50年となりますが、特別法である借地借家法3条ただし書によれば、契約で制限なく期間を設けることができることになります(最短期間については、民法に規定がなく、借地借家法によれば30年となります)。

← 「私法」とは

← 「一般法」とは

← 「特別法」とは

← 特別法は一般法に優先する

【2】民法の役割

それでは、民法は、市民社会において具体的にどのような役割を果たすのであろうか。たとえば、市民が法律関係を意識しないまま契約をしてしまった場合には、契約内容が明確でないために、トラブルが発生したときにどのように処理してよいのかがわからないことがある。

このような場合に、民法が補充的にでてきてトラブルを解決する。すなわち、民法の規定は市民が約束をしなかった部分について補充する役割を果たすことになる。これを逆にいえば、当事者が特約をすればこの点に関する民法の規定は適用されない。このように、当事者の特約(意思)によって排除できる法規のことを**任意規定**という。

← 任意規定の役割

たとえば、マンションを買ったところ、引渡し前にそれが地震で壊れてしまった場合に、買主としては代金を支払わなければいけないのでしょうか。もちろん、あらかじめ特約において「地震による損害は売主が負担する」と定めておけば、買主はこの特約に基づいて代金を支払わないですみますし、反対に、「地震による損害は買主が負担する」と定めておけば、買主は代金を支払わなければならないのですが、問題はこうした特約をしていなかった場合です。

この場合には、民法は、買主は売主からの代金の履行請求を拒絶することができると規定しています(536条1項)。公平性の観点から、買主(債権者)に責めに帰すべき事由がない場合には、買主は、反対給付(代金)の履行を拒むことができるとしているのです。

序－1　法律行為の解釈

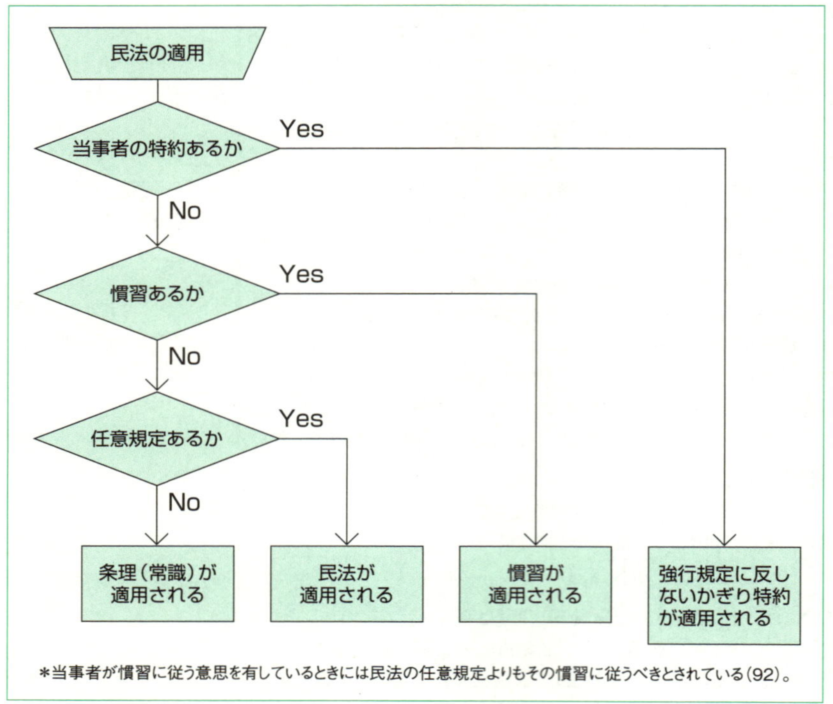

＊当事者が慣習に従う意思を有しているときには民法の任意規定よりもその慣習に従うべきとされている（92）。

もっとも、民法は、このように当事者の特約で排除できる任意規定ばかりで構成されているわけではない。たとえば、愛人（妾）契約は公序良俗違反で無効であるし（90条）、また、15歳で婚姻することも認められない（731条）。このように、当事者の意思によっては動かせない公の秩序に関する規定のことを**強行規定**という。

以上のように、**民法は強行規定によって最低限のルールを定め、それ以外の部分は任意規定として当事者の意思を尊重している**。すなわち、民法は、最低限の市民社会のルールであるとともに、当事者の意思の補充規定としてはたらく。このようなはたらきによって市民社会が円滑に運営されるようにすること、これが民法の役割といえる。

← 民法の役割

3 民法の構造

【1】民法典の編成

日本の民法典は、５つの編から成っている。第１編**総則**は民法全体の通則的規定、第２編**物権**は所有権など物に関する規定、第３編**債権**は人に対しての請求権などの関係に関する規定、そして第４編**親族**は親子などの親族の関係、第５編**相続**は文字どおり相続関係の規定である。

← 民法典の編成

第３編までが財産法、第４編と第５編が家族法である。

これから、これらについて説明していくが、本書は、そのなかでも民法の総則という部分をみていくことになる。

序－2

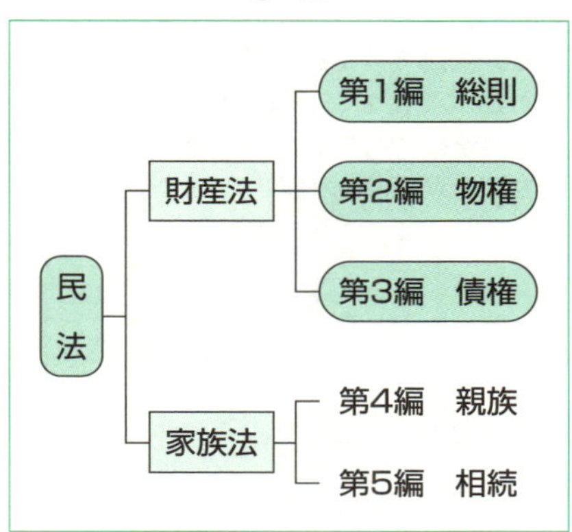

物権に関する規定を物権法とよぶことがあります。物権法といってもそのような名前の法律があるわけではありません。民法典のなかで物権に関する部分をそうよぶのです。

同じく、債権については債権法、他人に損害を与えた場合の損害賠償について規定した不法行為に関する部分を不法行為法などとよぶこともあります。

【2】民法総則の位置づけ

民法の総則は、物権法や債権法、場合によっては、親族法、相続法にも適用される、いわば**通則**である。通則とは、共通に適用される事柄、それを抽出したものである。日本の民法は、ローマ法を基幹とする**パンデクテン体系**(Pandekten System)に由来し、共通部分を前へ前へとくくり出してくるシステムをとっている。そこで、総則を理解するためには、民法のほかの部分も理解していなければならず、逆にまた、総則がまったくわからないと物権法も債権法も正確にはわからない。ここに民法の学習の困難さがあるわけである。そのため、民法をしっかりと理解するには少しずつ常に全体を見渡していくことが必要になる。

← 民法総則は民法の通則

ちょうど、数学の因数分解のときの結合公式のようなものをやっているわけです。ab+acといったときに、それをa(b+c)といって、aを前にくくり出しますね。そのaにあたるものが、この総則ということになるわけです。物権法や債権法の共通部分、それを前にくくり出して勉強するんだとそう思ってください。したがって、この総則の部分を勉強するだけでは、実は、物権法や債権法の半分しかわからないわけです。具体的には、abとなって物権法がわかり、acとなってはじめて債権法がわかってきます。その共通項のaだけをくくり出して勉強しようとするわけですから、なかなかイメージがもてないのは、いわば当然のことなのです。

ですから、これからは、総則を勉強するときでも、少しずつでいいので、物権法や債権

序－3

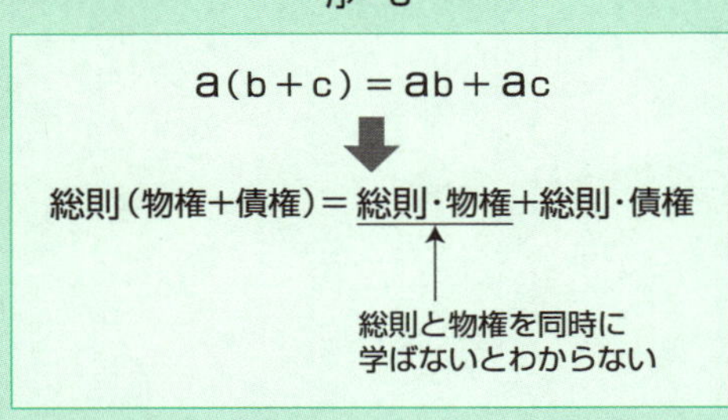

法に関連するところをできるだけ具体的にイメージをもってみていくことが必要です。常に全体を見渡していくようにするのです。たとえば、100時間あるのなら、総則、物権、債権、親族および相続に、それぞれ20時間ずつ時間をかけるのではなく、まず、総則から相続まで１時間ずつ５時間で見渡してしまい、それから今度は10時間ずつみていき、最後に特に必要なところをじっくりと勉強するという方法のほうが効率的なのです。また、大学の民法総則の試験でよい点をとろうと思ったら、少なくとも次節の民法の基本概念くらいはマスターしておいたほうがよいと思います。

序－4

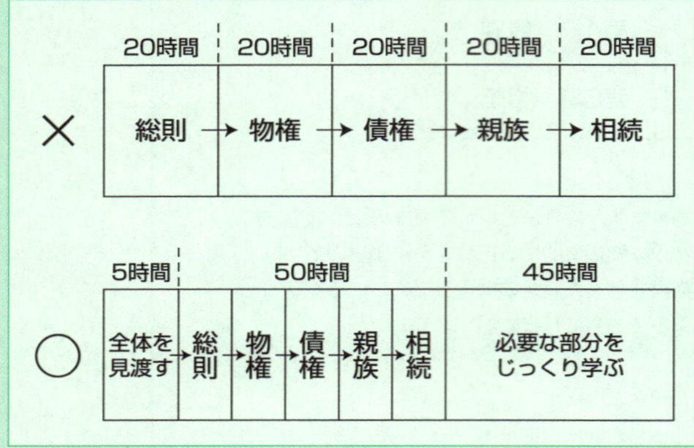

序 章………民法入門

2. 民法の基本概念

民法の学習は、繰り返しが重要である。そこで、どの分野を勉強していく場合であっても、必要となる財産法の基本概念をしっかりとイメージできるようにしておこう。これから学ぶ基本概念は繰り返し読み込んで、自分の常識になるぐらいまでマスターしてほしい。Aランクのものばかりである。

これらをマスターして、考えなくても具体的な場面がイメージできるくらいになっていれば、民法の勉強は半分終わったのも同然である。

本節では、1契約の基本概念、2契約のプロセス、3物権の基本概念、4債権の基本概念および5債権の保全と担保の基本概念を説明していく。しっかりと理解してほしい。

1 契約の基本概念——売買契約を例として

まず、財産法の世界でもっとも基本的な売買契約について、その基本的な構造をイメージできるようにしていこう。ここでは、＜AとBとの間で、A所有の物の売買契約がなされた場合の法律関係について検討せよ＞という問題を考えてみる。

【1】法律関係

序−5

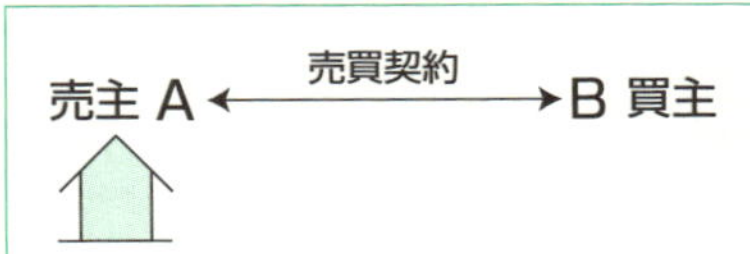

この問題では法律関係が問われている。そもそも民法の世界では、この法律関係が聞かれることが多い。そこで最初に、法律関係とは何かを明らかにしてみよう。

←「法律関係」とは

←権利と義務

法律関係とは、法律上の関係のことをいい、**権利義務関係**と言い換えることができる。ここでは、**権利**とは**何々することができる**ということをいい、**義務**とはこの権利に対応した**何々しなければならない**ということをいうと考えておけば足りよう。そして、この場合の**何々することができる**とは、日常用語としての単に**できる**という意味ではなく、裁判所を通じて権利の内容を実現できること、すなわち裁判所を通じて強制することができること、という意味をもつのが原則である。

序−6

権 利 ←対応関係→ 義 務
〜できる　〜しなければならない

売買契約についての555条は、「売買は、当事者の一方がある財産権を相手方に移転することを約し、相手方がこれに対してその代金を支払うことを約することによって、その効力を生ずる」と規定しています。これは、売買契約によって、「当事者の一方」である売主には**財産権移転義務**、「相手方」である買主には**代金支払義務**が発生することを意味します。反対に、権利で説明すると、売主は**代金債権**を、買主は**(財産権)引渡債権**を、それぞれ有していることになります。

以上のように、権利があるというのは、原則として、裁判所を通じてその内容を実現できる、強制することができる力があるという意味であると考えておいてください。

なお、「原則として」という表現は、ずいぶんおおげさな言い方だと思うかもしれません。しかし、法律家はよく、「原則として、～である」とか「～が原則である」というような言い方をします。それは、たいていの事柄には例外があるから「～である」とは言い切れないので、「原則である」などとおおげさな言い方になってしまうのです。たとえば、権利のなかには例外的に裁判所で強制することができないものがありますが、ほとんどの権利は強制することができるので、このように「原則として」といったりすることもあるのです。

また、「基本的には」という言い方もよくでてきます。これも、例外がある場合などに「その例外の話はとりあえず脇において、おおざっぱに大筋で考えると～である」と言うときによく使います。

← 原則と例外

したがって、法律関係とは、裁判所を通じて強制することができるような権利と、そのような負担を法的に負わされる義務との関係を意味することになる。「法律関係を検討せよ」という場合には、どのような権利があり、どのような義務があるのか、ということを検討していくわけである。

序－7

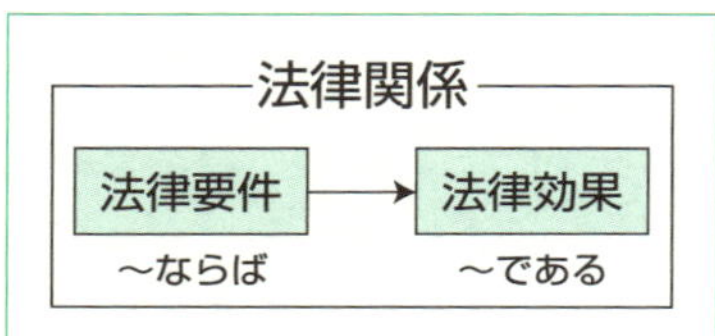

そして、民法上の法律関係は、原則として**何々であるならば何々である**というかたちをとる。この**何々であるならば**という部分を法律要件といい、**何々であるの**部分を法律効果とよぶ。すなわち、民法は、通常、一定の法律要件に該当する事実(要件事実)が生ずると、その結果(効果)としての一定の私権の変動が生ずるというかたちで表現している。この要件事実を法律要件、その結果を法律効果とよぶ。

← 「法律要件」とは

← 「法律効果」とは

たとえば、売買契約が締結されたとしたら、前に触れたように、買主は代金を支払わなければなりません(555条)。これは、売買契約の締結によって、代金支払義務が発生することを意味しています。この場合の売買契約の締結が法律要件で、代金支払義務の発生が法律効果ということになります。売買契約の締結という要件事実をみたしたことによって、代金支払義務の発生という結果が生じたのです。法律の世界において、効果といったときには、それは結果というくらいの意味です。決して、日常用語でいうところの**効果がある**というようなプラスの意味ではありません。単なる結果くらいに考えておいてください。

民法でいう法律効果とは、私権の変動、すなわち私法上の権利の発生・変更・消滅をいう。

← 民法における「法律効果」とは

民法で問題となる権利は物権と債権であるから、民法では、どのような要件をみたすと物権や債権が発生したり、その内容が変更されたり、消滅したりするのか、その過程を分析していくことになる。

そして、**何々であるならば**という法律要件の部分は、その要件をかたちづくっているさまざまな事実(法律事実)の組合せから成り立つが、その要素が意思表示の場合もあれば、意思表示とは関係ない事実のときもある。ただ、民法は人の意思表示に基づく経済活動を規律することを基本としているので、この意思表示を要素とする法律要件がもっとも重要である。このように、(1個または数個の)意思表示を要素とし、意思表示に対応する私権の変動という法律効果を生じさせる法律要件を**法律行為**とよぶ。もっとも重要な法律行為は、**契約**である。

← 「法律行為」とは

序－8

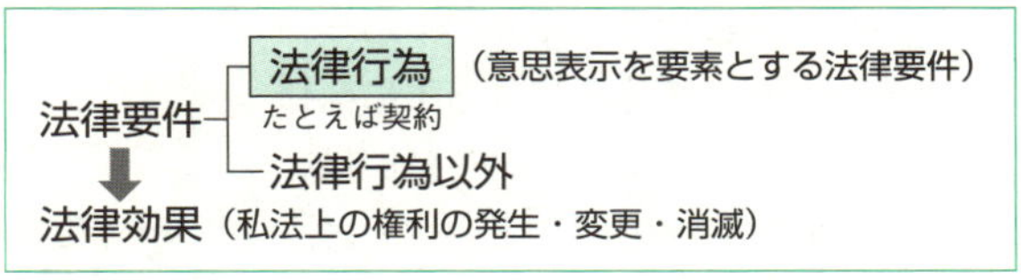

法律要件 ─┬ 法律行為 (意思表示を要素とする法律要件)
　　　　　│ たとえば契約
　　　　　└ 法律行為以外
↓
法律効果 (私法上の権利の発生・変更・消滅)

たとえば、契約が成立したとする、というときの契約の成立とは、原則として**申込み**と**承諾**という2つの意思表示が合致するということをさします(522条1項)。「この家を1000万円で売ってください」という契約の内容を示してその締結を申し入れる意思表示が申込みであり、「わかりました。1000万円で売ってあげましょう」という意思表示が承諾です。なお、申込みは、民法上、「契約の内容を示してその締結を申し入れる意思表示」と定義されています(522条1項)。

このように、2人(つ)以上の意思表示の合致によって成立する法律行為を**契約**といいます。したがって、意思表示が法律要件をかたちづくっていることになるわけです。

ここで**「意思表示」**という言葉がでてきましたが、これは権利変動を欲する意思を表示する行為をいいます。ひとまず、その人が求めたことを(意思を)相手に伝えること(表示すること)と考えておいてください。

そして、この契約のような意思表示を内容とする法律要件のことを**「法律行為」**というのです。そうすると、法律行為と契約は同じものではないのかと思われるかもしれませんが、同じではありません。法律行為は契約だけではありません。法律行為には、契約のほかにも、**単独行為**(取消しや契約の解除など)や**合同行為**(一般社団法人や会社の設立行為など)があります。

← 「申込み」とは

← 「契約」とは

← 「意思表示」とは

さらに、この法律行為という法律要件以外にも、法律事実として、意思表示に基づかない法律要件がある。これを**事件**という。たとえば、人の死亡や時の経過などである。相続は、人の死亡を要件として生じる。時効は、時の経過を要件として生じる。一定の年月がたつと、自分のもっていた権利は消滅してしまう。これを**消滅時効**という。また、一定の時間がたてば、不法占拠していた他人の土地を自分の物にしてしまうことができる。これを**取得時効**という。

← 「事件」とは

← 「消滅時効」とは

← 「取得時効」とは

これを図にすると、以下のようになる(その他、**準法律行為**〔意思の通知や観念の通知など〕も法律事実としてあげられるが、後に説明することにする)。

➡ 4章1節[1]【2】(3)(a)

序－9

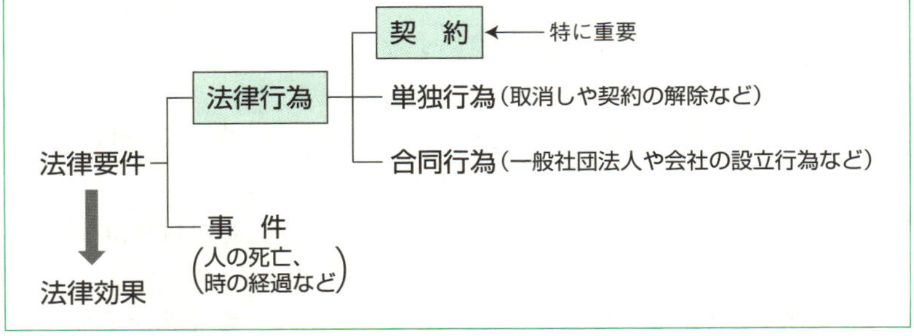

法律要件 ─┬ 法律行為 ─┬ 契　約 ← 特に重要
　　　　　│　　　　　├ 単独行為(取消しや契約の解除など)
　　　　　│　　　　　└ 合同行為(一般社団法人や会社の設立行為など)
　　　　　└ 事　件 (人の死亡、時の経過など)
↓
法律効果

それでは、次に契約というものをみていくことにする。本件の場合には、売買契約がなされたということであるから、売買契約を中心にみていく。

【2】契約

売買契約は、単なる約束とどこが違うのであろうか。

わたしたちは、憲法のもとにおいて、さまざまな自由を保障されている。とりわけ、私的な経済活動については、国家権力による干渉を受けずに自由に行動することができるということが憲法22条1項や29条1項によって保障されている。自由に契約を締結したり、自由に財産を処分したりすることができるのである。これを**私的自治**という。換言すれば、だれもがみずからの意思によらずに権利を取得したり、義務を負担したりすることはない。このように自己の生活関係を自由な意思で律することができるという原則を、**私的自治の原則**という。民法典には特に明文はないが、近代法の当然の大原則(基本原則)と考えられている。

←「私的自治の原則」とは

そして、このような私的自治の原則に基づいて締結された契約は、単なる約束とは異なって、原則として法的な拘束力をもつ。すなわち、いったん法的な契約とみなされると、それを簡単に破棄することはできないのである。その契約によって生じた権利を行使することができ、また、その権利に対応した義務を負担することになる。先ほども述べたとおり、義務を履行しないと、裁判所によって強制されてしまうという負担をすることになる。

このように、契約とは、ひとまずは**法的な拘束力をもった約束**と考えておいてほしい。そして、契約の拘束力の根拠は私的自治の原則にあるとされている。

➡『債権各論』1章1節③【1】

たとえば、恋人とデートの約束をしたとします。約束の時間に恋人が現れなかったからといって、あなたは恋人を裁判所に訴えることなどできないのが普通です。それは通常デートの約束には、2人が契約というほどの強い効果を与えようと考えていないからです。

序－10

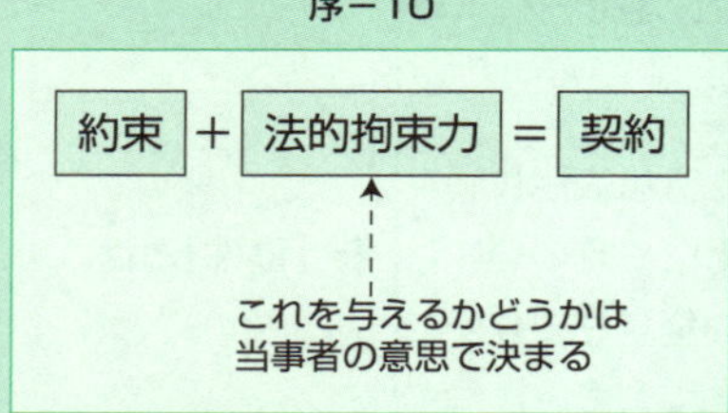

もし、あなたが、恋人を約束違反で訴えでもしたら、それで2人の仲は一巻の終わりでしょう。まあ、そんな変な人はいないとは思いますが。

それでは、ある老人がぼけ防止の話し相手としてお金を払い、女性に1日つき合ってもらうという約束をしたとしましょう。援助交際ではありません。あくまでも健全なつき合いとします。その場合に、その女性が約束の時間に現れなかったら、それは契約違反となり訴えられるかもしれません。同じデートの約束なのにどこが違うのでしょうか。お金をもらうことになっていたかどうかの違いでしょうか。いいえ、そうではありません。この両者の違いは、2人がその約束に法律効果をもたせようと考えていたか否かにあるのです。つまり、単なる約束か契約かは、それを締結した当事者の意思で決まるのです。

【3】私権の主体(契約の主体)

➡ 2章1節、2節

次に、私権の主体(契約の主体)について検討してみる。契約を締結することができる主体は、どのようなものなのであろうか。

民法の世界において、私権の主体となるものを、人という。人とは、権利義務の帰属主体となりうる地位をもつ者のことをいう。このような私法上の権利義務の主体となる地位・資格のことを、**権利能力**という(**法人格**ともいう)。すなわち、人とは、権利能力者のことをいうのである。

←「人」とは

←「権利能力」とは

そして、人は、**自然人**と**法人**とに分類される。自然人とは、人間のことである。法人とは、自然人以外のもので、法律上、権利義務の主体たりうるものをいう。法が、権利能力の主体として特に認めたものである。たとえば、民法の分野では、

←自然人と法人

一般社団法人や一般財団法人などがあげられるが、会社法で学ぶ株式会社などがよりイメージしやすいであろう。そのほか、学校法人や宗教法人なども聞いたことがあるであろう。

ところで、われわれ人間、すなわち自然人は、だれもが契約を締結する能力を有しているわけではない。まず、先ほど述べた権利能力がなければならないが、この権利能力は、生きて生まれている人ならばすべての人が平等にもつとされている(**権利能力平等の原則**)。ただ、知的障害があったり、泥酔したりしていて、自分が行っていることの意味がまったくわからないのでは、自己の意思に基づいて契約を締結したとはいえない。そのため、自然人が有効に契約を締結するためには、意思能力というものが必要になる。

←「権利能力平等の原則」とは

意思能力とは、法律行為(契約など)を行った結果、すなわち法律行為に基づく権利義務の変動を理解するに足る精神能力をいう。有効に意思表示する能力のことである。

←「意思能力」とは

➡ 2章1節2

さらに、外から見て、有効に法的な判断をすることができる能力があるかないかがわからない場合もある。また、自己に意思能力がなかったことを裁判で立証することが困難な場合も多い。そのため、一般的に判断能力が十分でないと考えられる者を形式的に類型化して、**行為能力制度**(**制限行為能力者制度**)を設けた。**行為能力**とは、単独で確定的に有効な法律行為をなしうる能力をいう。**未成年者**、**成年被後見人**、**被保佐人**、**被補助人**の4者は制限行為能力者として、単独で有効な法律行為をなすことを制限される者とされている(ただし、被補助人は、常に行為能力が制限されるわけではなく、補助人の同意がないと単独で行為をすることができない場合にのみ、行為能力が制限される〔13条1項10号括弧書参照。17条1項〕)。

➡ 2章1節3

←「行為能力」とは

たとえば、大学に入ったばかりの学生が、言葉巧みなセールスマンに乗せられて、高い英会話の教材を買わされてしまったとしましょう。この場合に、この学生が**未成年者**(20歳未満、2022年4月からは18歳未満〔4条〕)ならば、売買契約を締結することについて親(法定代理人)の同意がないかぎり、その売買契約を取り消すことができるとされているのです(5条1項本文、2項)。このように、未成年者を保護しようという制度が、制限行為能力者制度なのです。

←「未成年者」とは

成年被後見人とは、精神上の障害により**事理を弁識する能力を欠く常況**にある者であって、一定の者の請求により、家庭裁判所から後見開始の審判を受けた者をいい(7条、8条参照)、**被保佐人**とは、精神上の障害により**事理を弁識する能力が著しく不十分**である者であって、一定の者の請求により、家庭裁判所から保佐開始の審判を受けた者をいい(11条、12条参照)、**被補助人**とは、精神上の障害により**事理を弁識する能力が不十分である**者であって、一定の者の請求により、家庭裁判所から補助開始の審判を受けた者をいう(15条1項、16条参照)。

←「成年被後見人」とは

←「被保佐人」とは

←「被補助人」とは

これらの者が単独で行った一定の行為は、取り消すことができる(5条2項、9条本文、13条4項、17条4項)。なお、被補助人については、補助人の同意がないと単独で行為をすることができない場合にのみ、行為能力が制限される(13条1項10号括弧書参照、17条1項)。

序－11

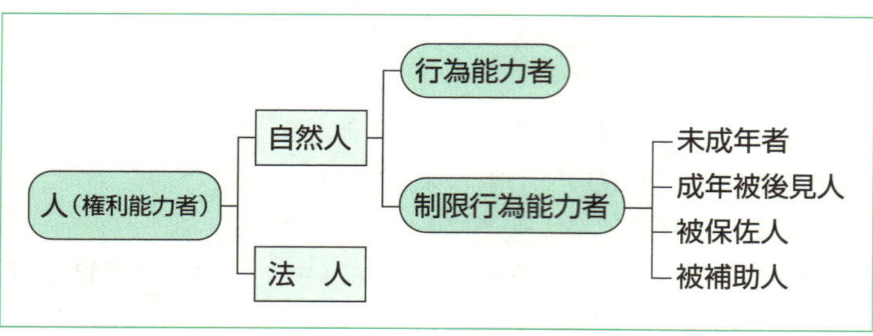

【4】私権の客体（権利の客体）

➡ 3章1節

それでは、自然人や法人が主体となって契約を締結する際、その契約の目的となるものはいったい何であろうか。本問の場合には、建物ということになっている。そして、この物を所有権という物権の客体としているのである。

← 「物」とは
← 不動産と動産

この建物は物である。このように、物権の客体となるものを物（ぶつ）という。民法が規定している物は、**不動産**と**動産**とに分かれる（86条）。不動産は土地とその定着物（建物を含む。86条1項）、動産は不動産以外のすべての物である（86条2項）。

序－12

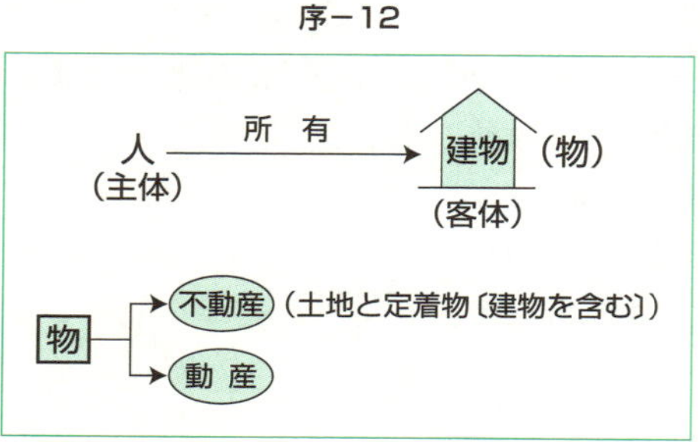

← 主物と従物

また、物は、**主物**と**従物**とに分類される（87条1項）。従物は、継続的に主物の経済的効用を補う物である。たとえば、母屋や家屋が主物で、物置や建具が従物である。「従物は、主物の処分に従う」という規定（87条2項）があるため、主物（家屋）を売買の対象とした場合には、従物（建具）もその主物とともに売却されることになる。

序－13　主物と従物

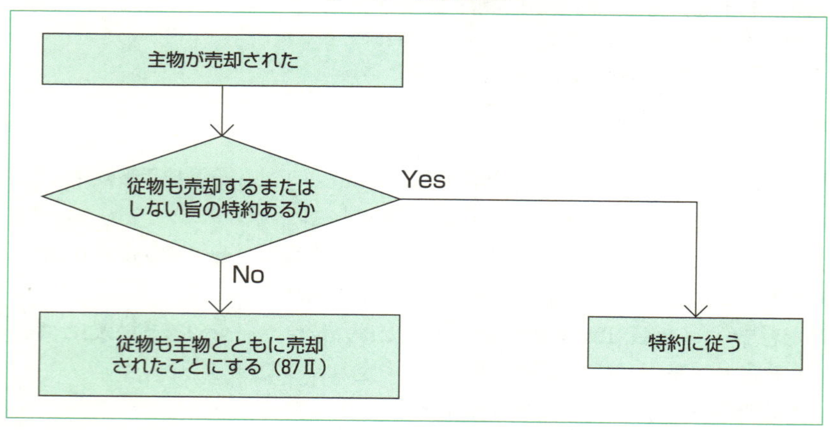

【5】契約の成立とその効果

それでは、契約の主体たる自然人や法人が、物をめぐって売買契約を締結する場面を考えてみよう。

← 売買契約の成立

まず、契約の成立であるが、原則として、申込みの意思表示と承諾の意思表示が合致することにより、売買契約は成立する（522条1項）。「この物を1000万円で売りたい」という申込みの意思表示と、「この物を1000万円で買いたい」という承諾の意思表示が、内容において合致することにより売買契約は成立するのである。

そして、このように契約が成立したことによって、それを法律要件として一定の法律効果が生じる。第1の法律効果は、**債権債務の発生**である。売買契約を締結した場合には、売主は、買主に対して、代金の支払を請求する権利をもつ。これを代金債権とよぶ。逆に、買主は、売主に対して、物を引き渡してくれと要求する権利をもつ。これを建物引渡債権とよぶ(555条を参照のこと)。

← 法律効果として①債権債務の発生

このように、売主も買主も、債権者になるわけである。物の引渡債権の債権者は買主であり、物の引渡債務の債務者は売主ということになる。代金債権については、その逆になる。したがって、売買契約において、売主は債権者か債務者か、と問われても、それは答えられないことになる。売主は、代金債権については債権者であるが、建物引渡債務については債務者ということになるからである。

序－14

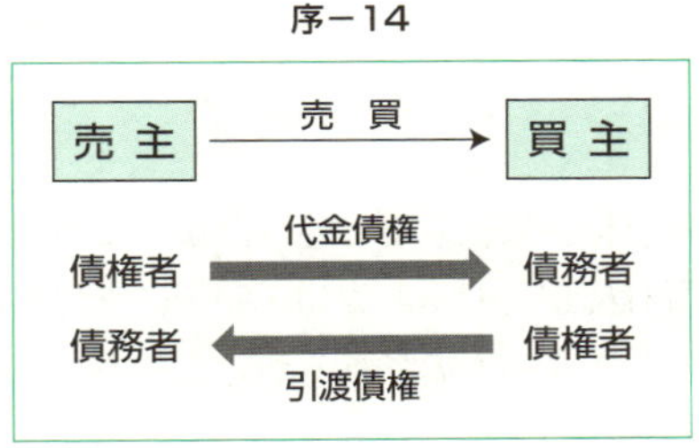

売買契約が成立した場合の第2の法律効果は、目的たる建物の**所有権の移転**である。売買契約を締結すると、その売買契約の成立と同時に、建物の所有権が売主から買主に移転すると解されている。契約の成立と同時に、所有権という権利が移転するのである(176条参照)。

← 法律効果として②所有権の移転

序－15

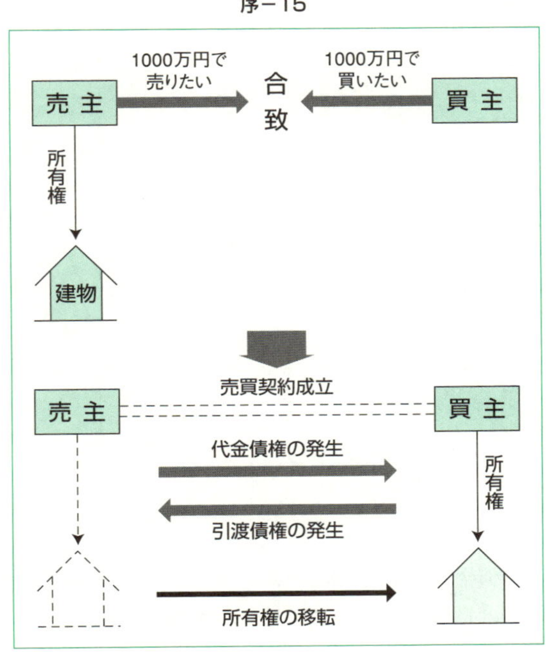

所有権とは、法令の制限内において、自由にその所有物を**使用**、**収益**および**処分**をすることができる権利をいう(206条)。日常生活において、「私の所有物だ」と言うのと同じであるから、イメージをもちやすいであろう。所有権を有していれば、この所有物を完全に支配することができる。建物という物に対する権利であるため、これを**物権**という。これに対して、先に示した代金債権や建物引渡

← 「所有権」とは

債権は、相手方すなわち債務者に対して請求する権利である。このように、**債権**は、人に対する請求権ということができる。

以上から、**物権とは物に対する支配権**をいい、**債権とはある特定の人(債権者)がほかの特定の人(債務者)に対して、ある特定の行為をすること(あるいはしないこと)を請求しうる権利**ということができる。

← 物権と債権

このように、売買契約が成立すると、債権債務が発生し、所有権が移転するという法律効果が生じることを、しっかりと覚えておこう。以上が売買契約の基本である。

【6】物権

売買契約の成立によって所有権が移転すると述べたが、この所有権は目に見えない観念的な権利である。所有権が目的物たる物を完全に支配することができる権利であるといっても、目に見えないものであるから、契約の瞬間に移転したといっても、外から見てもわからない。

このような物を支配する権利、すなわち物権においては、そのもっとも重要なものが**所有権**ということになるが、目的物を事実上支配する権利としての**占有権**も重要である。泥棒であろうが所有者であろうが、目的物を占有している事実状態をそのまま保護しようとするのが占有権である。

← 所有権と占有権

したがって、売買契約を締結すると観念的な所有権は移転するが、目的物を実際に引き渡さないかぎりその物の占有権はまだ移転していない。よって、買主は、売主に対して、その目的物の占有を移せ、と請求する債権をもつことになる。

序－16

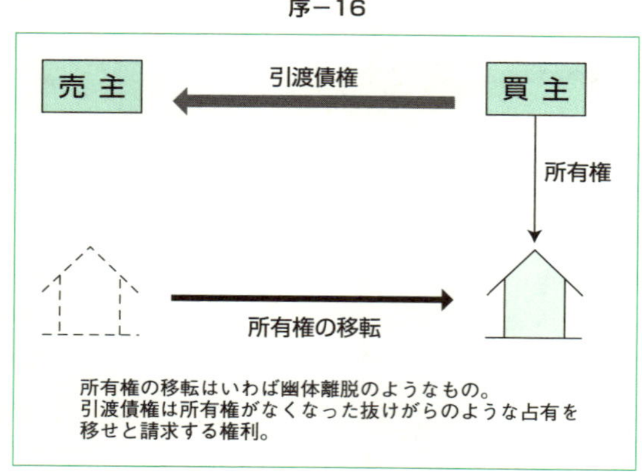
売 主
引渡債権
買 主
所有権
所有権の移転
所有権の移転はいわば幽体離脱のようなもの。
引渡債権は所有権がなくなった抜けがらのような占有を移せと請求する権利。

【7】債権

(1) 総説

債権とは、前述したように、ある特定の人(債権者)がほかの特定の人(債務者)に対して、ある特定の行為をすること(あるいはしないこと)を請求しうる権利をいう。

← 「債権」とは

この債権の発生原因としては、これまでみてきた契約のほかに、**事務管理**(じむかんり)、**不当利得**(ふとうりとく)、**不法行為**(ふほうこうい)がある。民法は第３編「債権」において、この４つを規定している。すなわち、契約を含めてこの４つが債権の発生原因ということになる。これらの概略をみておこう。なお、事務管理、不当利得および不法行為は、契約以外の債権発生原因であるから、**法定債権**と総称されることがある。

(2) 法定債権

(a) 事務管理

➡『債権各論』3章1節

←「事務管理」とは

事務管理とは、義務なくして他人のためにその事務(仕事)を管理(処理)することをいう(697条)。たとえば、隣人の留守中に隣人宅の屋根が暴風雨で壊れたのを見つけて、隣人に頼まれたわけではないが、その屋根を修繕しておく場合である。

事務管理が成立すれば、本人は、管理者が本人のために支出した有益な費用を支払わなければならない(費用償還義務。702条1項)などの効果が生じるから、事務管理は債権の発生原因ということができる。

たとえば、この事例のときに、隣人の家の屋根を修理してあげた人は、その隣人に対して、修繕にかかった費用を請求することができるのです。

(b) 不当利得

➡『債権各論』4章

←「不当利得」とは

不当利得とは、法律上正当な理由がないにもかかわらず、他人の財産または労務から利益を受け、これによってその他人に損失を及ぼした場合に、その得られた利得のことをいう。

不当利得は、損失者の犠牲において利得者が不当な利益を得るものであるため、公平(衡平)の観点から、利得者は受けた利益を損失者に返還すべきものとされている(703条以下)。

たとえば、所有地を勝手に利用した者に対して、損失者は、その土地の客観的な利用価値分の金銭を返せという不当利得返還債権を有することになります。

(c) 不法行為

➡『債権各論』5章

←「不法行為」とは

不法行為とは、不法に他人の権利または法律上保護される利益を侵害し、これによって相手方に損害を与える行為のことをいう。民法は、不法行為を、故意または過失に基づく人(自然人・法人)の行為によって生ずるものとし(これを過失責任の原則または過失責任主義という)、その結果発生する責任は行為者(加害者)本人がみずから負うのを原則(これを自己責任の原則という)としている(709条)。

たとえば、自動車の運転を誤って通行人をはねて怪我をさせてしまったとしましょう。この場合に、被害者は加害者に対して治療費や休業補償などの損害賠償の請求をすることができます。すなわち、交通事故という不法行為によって、被害者から加害者に対する損害賠償債権が発生するわけです。

ただし、加害者である運転手に過失がないと、民法上の不法行為責任は問えません。十分に注意して運転していたにもかかわらず被害者が急に飛び出してきたので避けられなかったという場合には、運転手の不法行為責任は否定される場合があります。

以上のように、債権の発生原因が4つあるということは、ここでしっかりと覚えておくようにしてほしい。

たとえば、売買契約が成立すると、それによって代金債権、物の引渡債権という債権が発生し、同時に、物に対する所有権という物権が売主から買主に移転するという権利の変動が生じます。このように、売買契約を法律要件として、債権債務の発生と所有権の移転という法律効果が生じます。これが売買契約の基本的な法律関係である、と理解しておいてください。

そして、民法の問題を考える際に重要なのは、常にこのように物権と債権をあわせて考えること、物権と債権をともに問題にすることです。

なお、契約によっては、債権債務が発生するだけで、物権は移転しないものもあります。たとえば、賃貸借契約などは成立したとしても、貸主に使用・収益させる義務(債務)などが発生し、借主に賃料支払債務や目的物返還義務などが発生するだけであり(601条)、目的物に対する所有権は移転しません。なぜなら、そもそも賃貸借契約は、所有権を移転することを目的とした契約ではないからです。このように、契約といっても、すべての契約で物権の変動が生じるわけではないので、この点は注意をしておいてください。

そして、債権の発生原因は契約だけではなく、事務管理、不当利得、不法行為もあることをここでしっかりと覚えておいてください。

序－17

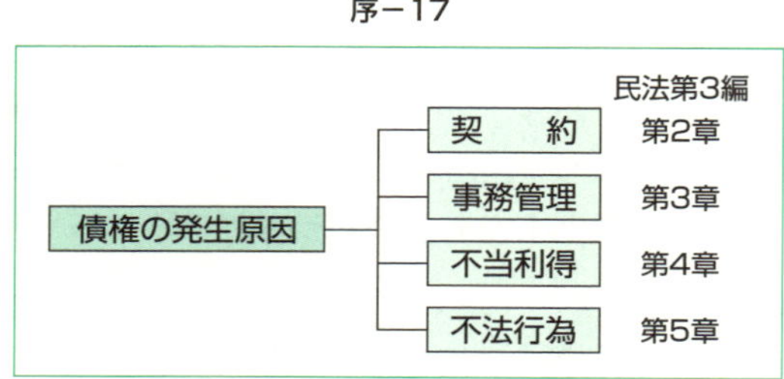

2 契約のプロセス──契約によって効果が発生するまで

それでは次に、売買契約によって有効に債権が発生し所有権が移転するまでのプロセスを検討してみることにしよう。それは、①契約の成立要件、②契約の有効要件、③効果帰属要件、④効力発生要件の４段階である。

【1】契約の成立要件(契約成立の要件)

→ 4章1節2、『債権各論』1章2節1【1】

契約は、原則として、申込みと承諾が合致することによって成立する(522条1項)。これが契約の成立要件である。どの点で合致する必要があるかというと、**契約の客観的内容において一致することを、客観的合致**という。そして、**相手方の意思表示と結合して契約を成立させようとしているとみられること**、簡単にいえば、だれと契約をしようとしているのかという点において合致することを、**主観的合致**という。

← 「客観的合致」とは

← 「主観的合致」とは

このような客観的合致と主観的合致が意思(内心)においてなされれば契約は成立するが、意思(内心)の一致がない場合であっても、表示(外形)において一致があれば契約は成立する。つまり、この２点が内心において一致していれば、外形がずれていても(たとえば、言い間違えただけの場合)、契約は成立する。また、内心でずれが生じた場合であっても、互いが表示した部分においてこの２点が外形的に合致すれば契約は成立する。すなわち、合意は双方の表示行為の客観的な意味内容が合致することによって成立すると解されている(**意思表示合致説**)。このような場合には、いったん契約を成立させたうえで、錯誤(95条)の問題(契約の有効性の問題)として処理されることになる。

以上に対して、意思(内心)においても、表示(外形)においても一致しなかった場合には、契約の客観的な内容における一致(客観的合致)を欠くから、その契約は不成立となる。

序－18　契約の成立

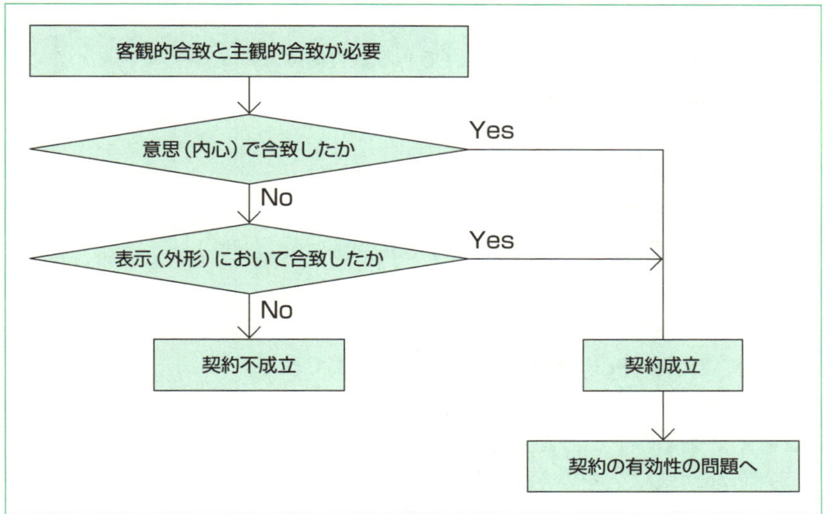

たとえば、Ａが「甲建物がほしい」と言って、Ｂが「わかりました、乙建物ですね、売ってあげましょう」と返事をしたとしても、申込みの意思表示と承諾の意思表示がその内容において合致していないため、契約は客観的合致がないということで不成立となります。

また、ＡがＢに「甲建物がほしい」と言って、横にいたＣが「わかりました、甲建物ですね、売ってあげましょう」と返事をしたとしても、今度は、契約の相手方の点で合致していないので、契約は主観的合致がないとして不成立となります。

以上に対して、ＡとＢとが、甲建物を見学しに行きましたが、その物は昔、乙建物とよばれていたので今もそうよばれていると思ったＡは、「乙建物がほしい」と言いました。Ｂは、それは甲建物をさしていると思い、Ａに甲建物を売ってあげようと思ったのですが、日頃、丙建物が気になっていたので思わず「丙建物を売ってあげましょう」と返事をしてしまいました。この場合には、外形においては客観的合致がないのですが、内心においては互いにその甲建物の売買を内容としています。また、契約は、ＡとＢとの間でなされており契約の相手方も合致しています。したがって、客観的合致と主観的合致が内心においてなされているので、契約は成立します。

序－19

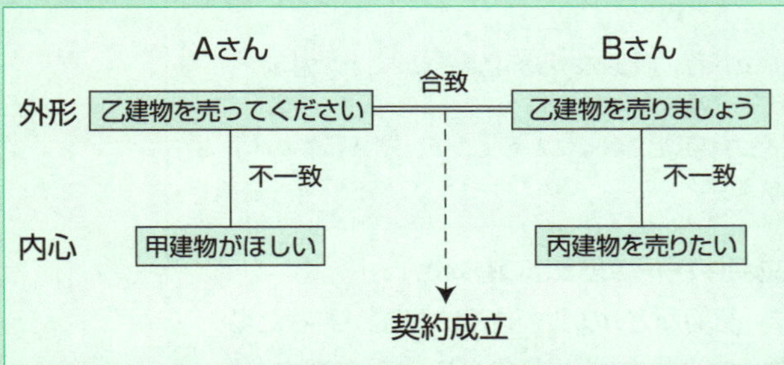

また、Ａが甲建物がほしいと思いながらも、「乙建物を売ってください」と言ってしまったとしましょう。また、Ｂのほうは丙建物を売りたいと思いながらも、「乙建物を売ってあげましょう」とつい言ってしまったとします。この場合には、ＡとＢとの間では、乙建物の申込みと承諾という点で、互いに口にだして言ったところ、すなわち表示（外形）において客観的にも主観的にも合致しているため、契約は成立すると考えるのです（意思表示合致説）。もちろん、こうして成立した契約が有効なものとして強制できるかどうかは、次の有効要件にかかっています。つまり、成立要件は、契約として存在しているといえるかという問題にすぎないのです。

【2】契約の有効要件

⑴ 総説

契約が成立したとして、次に問題となるのが**契約の有効要件**である。契約は、成立すれば効力が生ずることが原則であるが、一定の原因がある場合には、法的保護に値しないことがある。

まず、**法的保護に値する**ことを、契約が**有効**であるという。有効な契約は、法的保護に値するとして、原則として裁判で強制することができる。

これに対して、申込みと承諾が合致して契約は成立しているが、法的保護に値しない契約という場合もある。このように、**法的保護に値しない**契約を締結した場合には、その契約は**無効**であることになる。

また、いちおう有効として扱うが、当事者がその契約を無効にすることができることもある。これを**取り消しうる契約**とよんでいく。取り消しうる契約というのは、**取り消されるまでは有効であるが、いったん取り消されるとさかのぼって**(これを**遡及的**という)**無効**になることをいう。いわば、その契約を有効にするか、それとも無効にするかの選択権が与えられた場合を、取り消しうるというのである。

このような有効、無効、取り消しうるという3つの概念はとても重要なので、しっかりとイメージをもっておいてほしい。

序−20

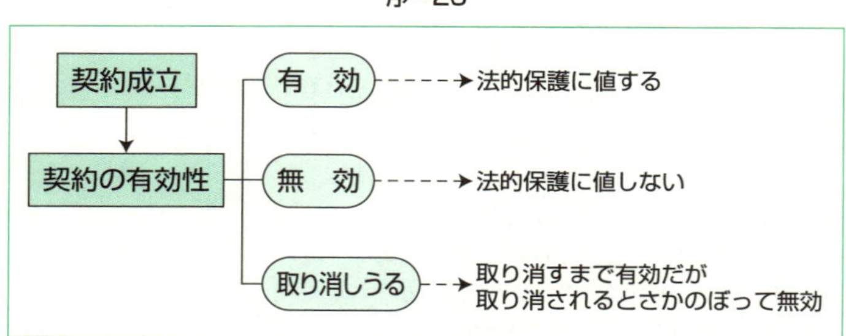

契約の有効要件は、契約の当事者、すなわち主体や意思表示に関わるものと、契約内容に関わるものとの大きく2つに分かれる。

> 当事者に関する有効要件は、法律行為の成立過程に問題があった場合です。これに対して、契約などの法律行為の内容自体に問題がある場合が後者です。
> このような一定の原因がある場合には、効力が否定されることを捉えて、**法律行為の効力否定原因(根拠)**とよばれることもあります。

⑵ 当事者に関する有効要件(主観的有効要件)——意思表示の有効性

当事者に関する有効要件は、法律行為(契約など)の成立過程に問題があった場合の問題であるが、それは、①権利能力・意思能力(意思無能力)、②行為能力(制限行為能力違反)、③意思表示の瑕疵・不存在に分けることができる。

> ①と②をまとめて、表意者の判断能力に問題がある場合、③を意思表示が表意者にとって不本意である場合に分けて考察されることもあります。

➡ 佐久間・総則78頁

(a) 権利能力・意思能力

➡ 2章1節[1]、[2]

表意者の判断能力に問題がある場合のうち、権利能力や意思能力を欠く場合には、契約などの法律行為は無効となる(意思能力を有しなかったときについては、3

条の２に定めがある)。

(b)　**行為能力**

以上に対して、行為能力を欠いた場合には、契約などの法律行為は取り消しうるものとなる(５条２項、９条本文、13条４項、17条４項参照)。

➡ ２章１節③

(c)　**意思の不存在と意思表示の瑕疵**

➡ ４章２節②【３】(4)

(i)　**総説**

申込みや承諾などの意思表示に瑕疵があったり、そうした意思が不存在であったりした場合には、契約などの法律行為の効力は影響を受ける。意思表示の有効性の問題である。

このような意思表示の効力が否定される場合としては、無効とされるときと、取り消されるとされるときとがある。前者は、心裡留保(93条)、(通謀)虚偽表示(94条)であり、後者は、錯誤(95条)、詐欺・強迫(96条)である。

かりに、あなたがある土地は2000万円の価値があると考えて土地の売買の申込みをし、相手方が承諾したとしましょう。その場合に、通常であれば、契約は有効として効力があることになります。ところが、その土地が実際には500万円の価値しかなかったとしたらどうしますか。あなたは、「土地の売買契約はなかったことにしてくれ」と言いたいはずです。このように、自分の考えていた、500万円の価値しかないなら買わないという内心的効果意思と、実際に言った「2000万円で買います」という表示との間に不一致があった場合に、この不一致を表意者自身(本人)が知らないことを**錯誤**といいます。

後に詳しく説明しますし、少し難しいのでここでは読み飛ばしてよいですが、厳密にいうと、表示に対応する効果意思がそもそも存在していない場合、つまり外形的には表示行為があるものの、それが内心の効果意思を伴わない場合を**意思の不存在(意思の欠缺)**といいます。これに対して、表示行為に伴う内心の効果意思があるものの、意思の形成過程に瑕疵(欠点・キズ)がある場合を**瑕疵ある意思表示**といいます。

← 「意思の不存在」とは

← 「瑕疵ある意思表示」とは

改正前民法は、心裡留保(93条)、虚偽表示(94条)および錯誤(95条)を意思の不存在と捉え、各要件をみたす場合の効果を**無効**とし、詐欺・強迫(96条)を瑕疵ある意思表示と捉え、各要件をみたす場合の効果を**取消し**としていました。

錯誤については、厳密には、表示の錯誤は意思の不存在に属し、動機の錯誤は意思表示の瑕疵に属しますが(表示の錯誤と動機の錯誤のそれぞれの意味はひとまず無視してください)、平成29年改正民法は、意思の不存在＝無効、瑕疵ある意思表示＝取消しという従来の分類を貫徹しないで、錯誤は、効力を否定する方法としては取消しになじむと判断され、**取り消すことができる**と規定しました。詳しくは、後に説明します。

➡ ４章２節②【３】(4)(c)

以下では、無効とされる場合と取り消しうる場合とに分けて説明する。

(ii)　**無効とされる場合**

a　心裡留保

➡ ４章２節③

心裡留保とは、表意者が表示行為に対応する内心的効果意思のないことを自覚しながら意思表示を行うことをいう。簡単にいえば、本当は売る気がないのに冗談で「この物を売ってあげる」などと言う場合をさす。

← 「心裡留保」とは

序−21　心裡留保

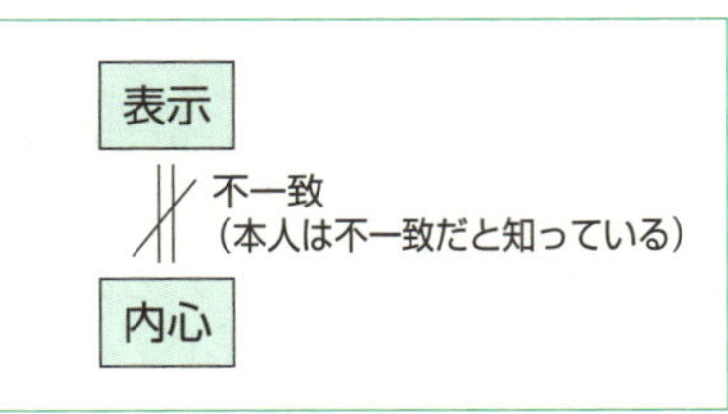

この場合には、表意者(本人)が内心と表示が不一致であることを知っているわけであるから、意思表示を無効にしてその本人を保護する必要性はない。したがって、この場合には、意思表示は、原則として有効とされる(93条１項本文)。

しかし、相手方が、その意思表示が表

意者(本人)の真意ではないこと知っていたり、知ることができたりしたときは、このような意思表示を有効として相手方を法的に保護する必要性がない。そこで、この場合には、意思表示は無効となる(93条1項ただし書)。

93条1項を見てください。

93条1項本文は、「意思表示は、表意者がその真意ではないことを知ってしたときであっても、そのためにその効力を妨げられない」と規定しています。これは、自分で本心でないとわかって契約すると、たとえ本心でなくても「言ったとおりの内容の契約として有効になってしまいますよ」という意味です。ですから、冗談で言ったことも本当になってしまうのです。

これに対して、93条1項ただし書では、「ただし、相手方がその意思表示が表意者の真意ではないことを知り、又は知ることができたときは、その意思表示は、無効とする」と規定しています。すなわち、相手が「またぁ調子いいんだから」と本人が冗談を言っていると気がついているようなときは、その言ったとおりの契約内容として法的に保護してあげる必要がありません。ですから、無効となるのです。また、「知ることができたとき」、すなわち過失によって知らなかったときもまた、同じく無効になるといっています。

ところで、法律の世界では、相手方が知っていることを悪意といいます。また、知らないことを善意とよびます。この善意・悪意は、日常用語における言い方とはまったく異なるので、注意が必要です。単に知っていることを**悪意**、知らないことを**善意**とよぶのです(善意には良い人という意味はありません)。

さらに、不注意で知らなかったことを**善意有過失**、不注意もなく知らなかったときは**善意無過失**といいます。

そして、重大な過失を重過失、軽い程度の過失を軽過失ということもこの際に覚えておきましょう。つまり、内心の心理状態は悪意、善意重過失、善意軽過失、善意無過失の4段階に分かれることになるのです。善意重過失と善意軽過失をあわせて善意有過失ということもあります。

序－22

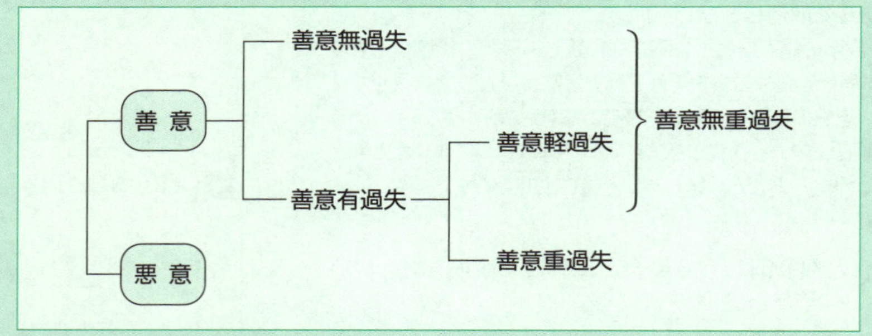

心裡留保の場合には、原則として有効ですが、相手方が悪意または善意有過失のときは無効となります(93条1項)。

b　(通謀)虚偽表示

➡ 4章2節4

(通謀)虚偽表示とは、当事者間に意思表示の効果不発生の合意(通謀)があるため、意思表示の効力が否定されることをいう。簡単にいえば、内心と表示の不一致を表意者(本人)が知っているというのみならず、相手方と通じて、すなわち通謀して内心と表示が不一致の契約をすることである。この場合には、2人(売主・買主)とも売買契約をする意思がないのであるから、たとえ売買契約が外形上成立していたとしても、それを法的に保護する必要はない。そこで、このような意思表示は無効とされる(94条1項)。

← 「(通謀)虚偽表示」とは

序－23　通謀虚偽表示

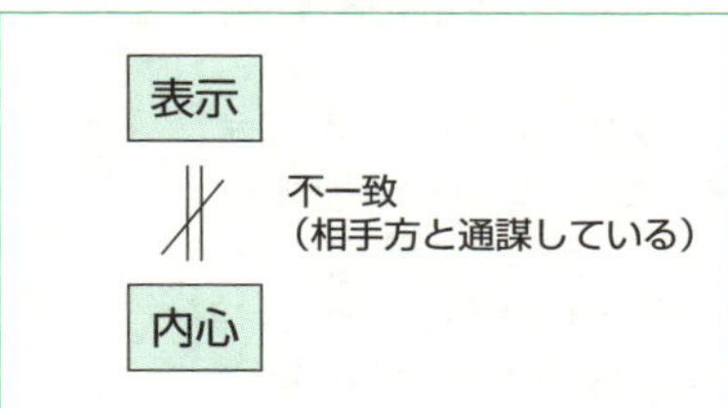

たとえば、ＡＢ間で、本当は２人とも売る気も買う気もないのに、内容虚偽の売買契約を締結するような場合です。こんな無駄なことをする人がいるのかと思うかもしれませんが、税金逃れや財産隠しのために売買契約をしたかたちを整えておこうとする場合があるのです。こうした契約は、２人とも本心では契約する気はないのですから、無効とされるのです。

ただし、虚偽表示によってなされたために無効な契約であるとしても、そのことを知らない利害関係人を害することは妥当でない。そこで、虚偽表示による意思表示の無効については、「善意の第三者に対抗することができない」として第三者の保護を図っている（94条２項）。

先ほどの例において、ＡＢ間の売買契約が虚偽表示で無効である、ということを知らないで、Ｂからその物を買ったＣがいたとしましょう。このようなＣがまったく保護されないのは困ると考えるのです。

民法の世界では、自分がもっている権利以上のものを人に対し譲ることができないのが大原則です。したがって、ＡＢ間の売買契約が無効ということになると、その契約は法的保護に値しないのですから、ＡからＢに所有権は移転していなかったことになります。したがって、Ｂは、所有者ではなく、無権利者であったということになります。よって、ＢがＣにこの物を売却したとしても、Ｂには所有権がなかったのですから、ＢからＣに所有権が移転することはありません。

序－24

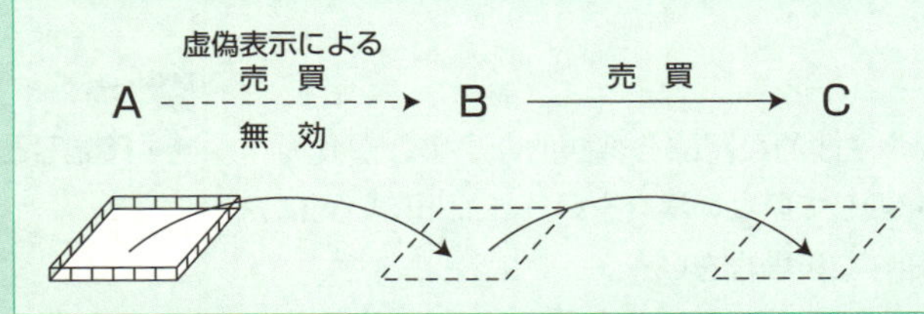

そうすると、Ｂが所有者だと信頼して売買契約を締結し、代金を支払ってしまったＣが、まったく所有権を取得できないことになってしまいます。もちろん、Ｃは、Ｂに対して「ひどいじゃないか。払った代金を返してくれ」と主張することができます。しかし、ＢがＣから受け取った代金を持ってどこかに逃げてしまったような場合には、Ｃは、代金を取り返すことができずに損をしてしまうことになります。

しかし、そもそもＣがそのような契約をＢとしようと考えたのは、ＡＢ間において虚偽の意思表示をして、Ｂが所有権を取得したかのような外観がつくられたからにほかなりません。すなわち、ＣがＢを所有者だと信じてしまったことについて、Ａにも原因があるわけです。したがって、ＢがＣから受け取った代金を持ち逃げしてしまった場合には、Ｃにその負担をすべて負わせるのは公平ではありません。

この場合には、ＡとＣのどちらがその損害を負担すべきなのかが問題にされるべきです。そして、この点に関して民法は、Ｃが善意でＢから物を買い取った場合、すなわちＡＢ間の契約が通謀虚偽表示であるということをＣが知らなかった場合には、Ｃを保護して有効にその物の所有権を取得させるという構成をとっているのです(これを**権利外観法理**といいます)。

このように、取引に入った者を保護することを、**取引の安全**を保護するといいます。権利を取得したと信じたほうを保護する、つまり権利が動いてきたと信じた人を保護するので、これを**動的安全の保護**ともいいます。

他方で、かりにAの利益を保護する、すなわちAは本心ではBに所有権を移転するつもりはなかったのであるから、Aから所有権は移転しないという場合を**静的安全の保護**といいます。すなわち、この場合には、Aの静的安全の保護とCの動的安全の保護の調整の問題ということになるのです。そして、民法は、Cが善意の場合には、Cの動的安全の保護を優先して、Cに所有権を取得させることとしたわけです。

序−25

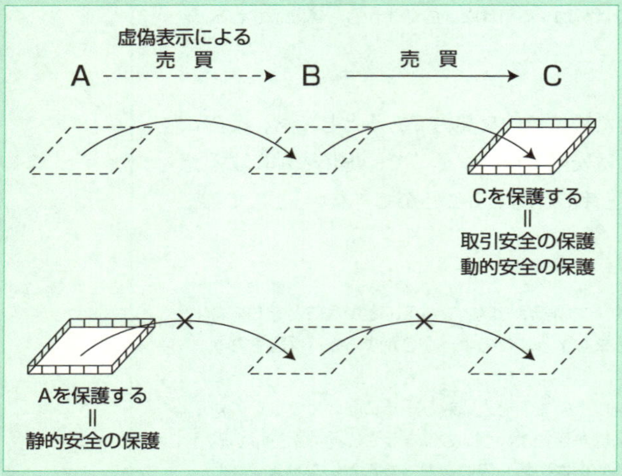

このように、民法には、動的安全の保護と静的安全の保護の調和をいかに図るかが大きなテーマになっている論点が数多くあることを知っておいてください。その際には、取引の安全を図るべき**必要性**と、静的安全を犠牲にしてもやむをえない本人の帰責性という**許容性**の双方を検討することが必要となります。

← 権利外観法理とは

← 取引の安全とは

← 動的安全の保護とは

(iii) 取り消しうる場合

a　錯誤

➡ 4章2節5

← 「錯誤」とは

錯誤とは、ある事実について表意者の主観的な認識と客観的な事実とが食い違っており、表意者がその食い違いを認識していない場合をいう。簡単にいえば、内心と表示の不一致を表意者(本人)が知らない場合をいう。

表意者(本人)が気づかないうちに内心とは異なる契約が成立してしまったわけであるから、この場合には、本人の保護を考えて、契約などの意思表示は表示の錯誤として取り消すことができる(95条1項)。ここでは、静的安全のほうを重視しているのである(なお、動機の錯誤〔95条1項2号、2項〕については、後に詳しく説明する)。

➡ 4章2節5【2】(2)(b)

序−26　錯誤

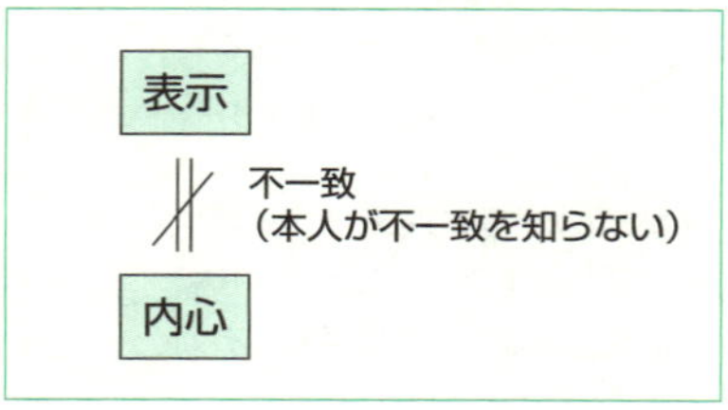

ただし、表意者(本人)に重大な過失があった場合には、本人の静的安全を保護する必要性はないため、取消しの主張が制限される(95条3項。例外として、95条3項1号、2号。この点も後に詳しく説明する)。

b　詐欺・強迫

➡ 4章2節6、7

詐欺とは、人を欺罔(ぎもう)して錯誤に陥らせる行為をいい、強迫とは、違法に相手方を畏怖させて意思表示をさせる行為をいう。

← 「詐欺」とは
← 「強迫」とは

詐欺または強迫による意思表示は、取り消すことができる(96条1項)。

たとえば、あなたが暴力団に強迫されて土地を買わされてしまったとしましょう。この場合には、その契約を取り消して効力が生じないようにすることができます(96条1項)。このように、後から契約の効力を否定することを**取り消す**といいます。また、このように後で取消しができる契約(法律行為)を**取り消しうる契約**(法律行為)といいます。

ただし、あなたは、たとえ強迫されたとしても、とてもいい土地だったので「まあいいか」と思ったときは、契約の効力をそのまま有効にしておくこともできます。「取り消しうる」(取消権がある)というのは、取り消すまでは契約は有効だが、取り消すと初めから無効であった(遡及的に効力がなくなる)ことをいうのです(121条参照)。そして、契約を取り消さないで有効なままにしておくか、それとも取り消して無効な契約にしてしまうかの選択権は、あなたに与えられていることになるのです。

以上が、契約(法律行為)の主観的有効要件の問題である。

序−27

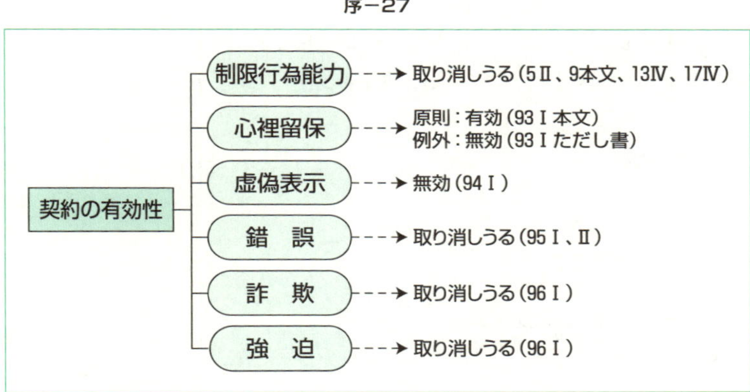

(3)　契約内容の有効要件(客観的有効要件)――契約内容の有効性

➡ 4章3節

契約の内容に関する有効要件としては、次の3つがある。①確定性、②適法性、③社会的妥当性である。これらは、内容に関する有効性の問題である。

すなわち、①契約の内容が確定していなければ、法的な助力を与えるわけにはいかないし、②法律に違反するような契約はそもそも保護すべきではないし、③社会的妥当性を欠くような行為の効力も否定すべきことになろう。

反対に、以上のすべての要件をみたした場合には、契約は、有効すなわち法的保護に値するということになる。

【3】契約の効果帰属要件

➡ 6章

(1)　代理とは

契約などの法律行為は、その効果が帰属する本人が行うべきであり、それが原則であるが、他人を利用して行う場合がある。たとえば、代理人を使って契約を行うような場合である。このように、本人の代わりに他の者が行った法律行為の効果を、本人に直接帰属させる法的な仕組みを、**代理**という(99条)。

そして、この場合に、本人に効果が帰属するための要件を**効果帰属要件**とよぶのである。

← 「代理」とは

⑵ 代理の基本的成立要件

➡ 6章1節②【1】

代理関係は、①「代理人がその権限内において」、②「本人のためにすることを示してした」、③「意思表示」によって成立する(99条1項)。①が**代理権**(の存在)、②が**顕名**、③が**代理行為**を意味している。代理が完全に機能するためには、このような3つの要件が必要なのである。

①代理権とは、代理人が行った法律行為の効果を本人に帰属させるための権限のことをいう。

← 「代理権」とは

②顕名とは、相手方に対して意思表示の効果が代理人とは別の本人に帰属することを明示することをいう。要するに、代理人が「本人のためにすることを示」すことをいう

← 「顕名」とは

③代理行為とは、代理人が行う意思表示をいう。代理人と相手方との間の有効な法律行為が必要となるのである。

← 「代理行為」とは

⑶ 代理の効果

以上の3つの要件をすべてみたした場合には、代理人と相手方との間の行為の効果は、本人へ帰属することになる。

ここにおける効果とは、債権的効果も、物権的効果も含む。したがって、たとえば代理人と相手方との間で締結された売買契約によって発生した代金債権や目的物引渡債務も、また所有権の移転という効果も、すべて本人に効果帰属することになる。

序－28

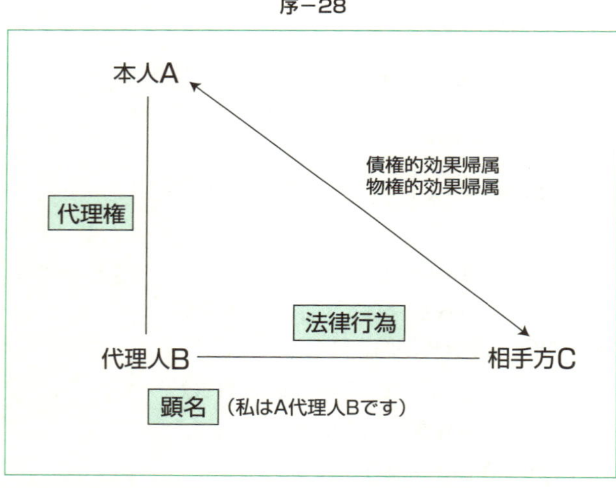

本人が代理人を使って自己の物を売却する契約をした場合を考えてみてください。その売買契約によって発生した代金債権は本人がもつことになりますし、目的物引渡債務も本人が負担することになるのです。そして、物権的な効果も本人に帰属するのですから、本人から直接、相手方に物の所有権が移転することになります。

⑷ 無権代理・追認・表見代理

➡ 6章4節、5節

代理人として行為(代理行為)をした者に代理権が欠けていた場合を、**無権代理**という(代理権がある場合には、**有権代理**とよばれる)。無権代理の場合には、

← 「無権代理」とは

本人へ効果帰属しないのが原則である。

しかし、代理権なしにされた代理行為の効果を自己に帰属させる意思表示を**追認**というが、追認があると、法律行為の効果が、代理行為当時に遡及して本人に帰属する(116条本文)。

←「追認」とは

また、相手方がその無権代理人の代理権を信じた場合、すなわち本当は代理権がなかったのであるが、代理権があると相手方が善意無過失で信じた場合には、相手方の取引の安全(動的安全)を保護するために、代理権があったかのように本人に効果帰属させることがある。このように、無権代理行為が行われた場合に、行為の相手方を保護し、取引の安全を図るため、例外的に本人への効果帰属を認める制度を、**表見代理**という(109条、110条、112条)。

←「表見代理」とは

このように、有効な代理行為のほか、無権代理で本人が追認した場合、または表見代理が成立する場合には、本人へ効果帰属することになる。

序−29　代理の処理手順

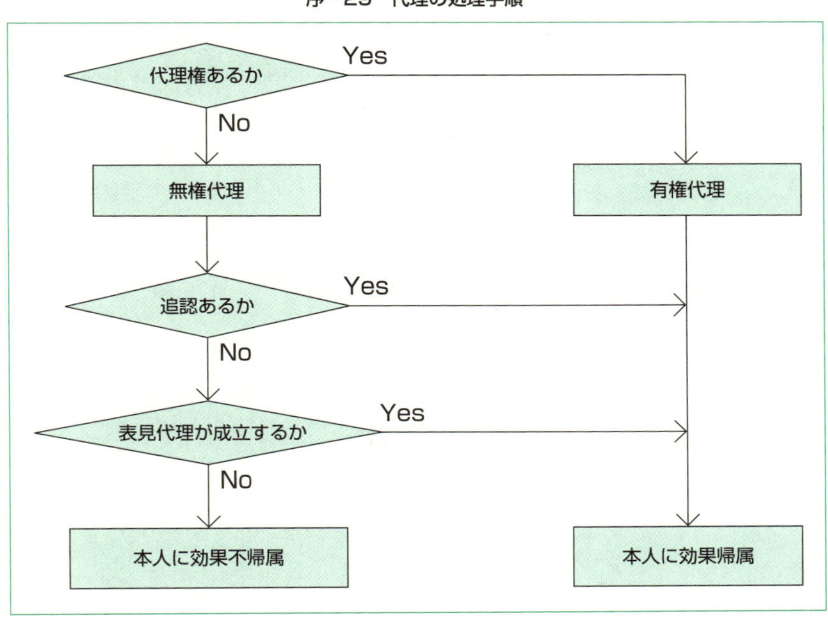

【4】契約の効力発生要件

➡ 7章1節

最後に、債権債務が発生し、所有権が移転するためには、条件や期限という効力発生要件をみたす必要がある。

条件とは、法律行為の効力の発生または消滅を、将来発生するか否か不確実な事実の成否にかからせる旨の特約をいう。**成否不確定**な事実に法律行為の効力発生をかからせることである。これに対して、**期限**とは、法律行為の効力の発生もしくは消滅、または債務の履行を、将来発生することが確実な事実にかからせる旨の特約をいう。**成否確実**な事実に法律行為の効力発生等をかからせることである。

←「条件」とは

←「期限」とは

たとえば、大学に合格したら腕時計をプレゼントするというのは、大学に合格するかどうかわからないから(成否不確定だから)、条件である。これに対して、東京で次に雨が降ったら腕時計をプレゼントするというのは、東京でいつかは必ず雨は降るため(成否確定だから)、期限ということになる。

以上のように、条件や期限をみたしたら、債権債務、そして所有権の移転という法律効果が生じることになる。

【5】まとめ

以上、①契約の成立要件、②契約の有効要件(契約内容の有効要件＝客観的有効要件と当事者に関する有効要件＝主観的有効要件)、③契約の効果帰属要件、および④契約の効力発生要件という4つのステップをしっかりと覚えておこう。

序－30　契約が効力発生するまで

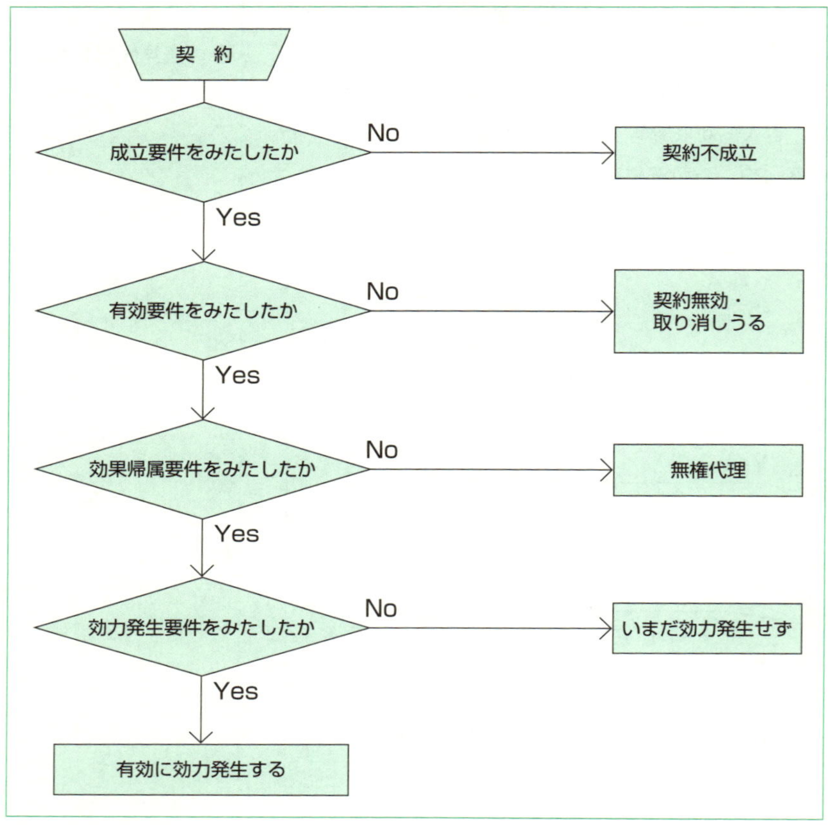

①申込みと承諾について、客観的合致および主観的合致が少なくとも外形においてみられるかぎり、契約は成立する。そして、その成立した契約が有効なものとして効力が発生するには、②契約の有効要件、③契約の効果帰属要件、④契約の効力発生要件をみたすことが必要となる。

なお、後に学ぶが、有効に効力が発生していたとしても、消滅時効にかかり債権が消滅することもある。

3 物権の基本概念

【1】物権の性質

(1)　物権とは

➡『物権法』1章1節2

ここでは、所有権を中心とした物権の基本的な性質を確認しておこう。

物権とは、物に対する直接・排他的な支配を内容とする権利をいう。すなわ

←「物権」とは

ち物権は、物に対する直接的支配・排他的支配を内容とするものである。

序－31

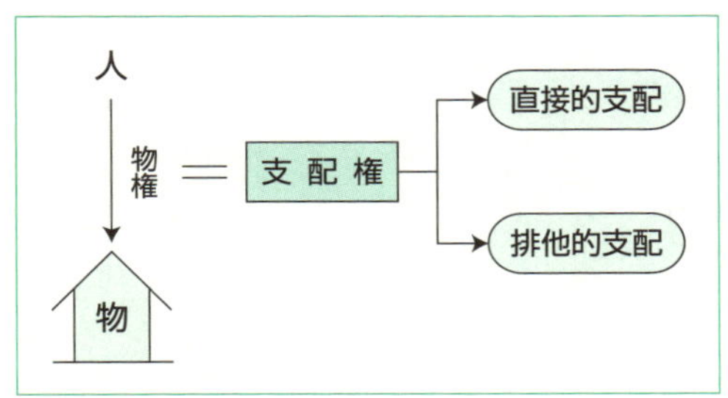

⑵　直接的支配・排他的支配

所有権(206条)についていえば、直接的支配とは、他人の手を借りるまでもなく、物の支配をできることをいう。

←「直接的支配」とは

債権は、物に対する間接的な支配でしかありません。たとえば、引渡債権というものは、相手方＝債務者に対して物を引き渡してくれと要求することができるだけです。そして、相手方＝債務者がその要求に応じて物をこちらに引き渡してくれてはじめて満足するものなのです。

これに対して、所有権という物権は、相手方とは関係なく物を直接自分自身で支配して、自由に、**使用**、**収益**および**処分**をすることができるわけです(206条)。

排他的支配とは、他人を排除してでも、物の支配ができることをいう。

←「排他的支配」とは

これは、同じ物の上には同じ内容の物権が成立することはないということを意味しています。すなわち、自分がある物について所有権をもっている場合には、同じ物に対して別の人が所有権をもつことはないため、別の人が所有権を主張してきたときに、「これは私の所有物だから」と言って、その人を追い出すことができるのです。他人に対して物を排他的に支配していくことができるのです。

これに対して、債権には排他性がありません。同じ債務者に対して同一の内容の行為を目的とする債権は、複数成立することがありうるのです。

⑶　物権的請求権(物上請求権)

➡『物権法』4章2節

(a)　意義

物権が物に対する直接・排他的な支配権であるから、もし他人がそれを侵害するときには、物権的請求権(物上請求権)という権利が認められる。

←『物権的請求権』とは

たとえば、自分が所有している建物にまったくの赤の他人が入り込んで住み込んでしまったとします。この場合に、物の所有者である自分は、その人に対して「出ていってくれ」と当然要求できると思うでしょう。しかし、そもそもその赤の他人、その他人のことを通常不法占拠者とよびますが、その物の不法占拠者と自分との間には、明渡しを請求するという債権債務関係は何一つありませんから、その不法占拠者に対して「出ていってくれ」と要求する債権は認められないわけです。もちろん、不法行為や不当利得に基づく債権は発生しますが、それは金銭を支払えというものであって、「そこをどいてくれ」という債権ではありません。

そしてまた、物権は物に対する支配権であって、人に対して要求する権利ではないため、本来ならば物権によってその人に対して請求することはできないはずです。しかし、それでは自力救済が原則として禁止されている民法のもとで、物権の直接・排他的な支配権を全うすることができません。すなわち、不法占拠されたとしてもその人に何もいえないのでは、物を直接支配しているという意味がまったくないに等しくなってしまうのです。

そこで、解釈上、物権に基づいて、その不法占拠者に対して「出ていってくれ」と要求する権利（本来の姿を回復するための権利）を認めました。これを物権的請求権（物上請求権）とよびます。

序－32

(b)　**物権的請求権の種類**

『物権法』4章2節②

物権の本来の姿を回復するために、具体的には、物権の**侵害の態様の違い**に従い、**物権的返還請求権**、**物権的妨害排除請求権**、**物権的妨害予防請求権**が認められる。

(i)　**物権的返還請求権**

「物権的返還請求権」とは

物権的返還請求権は、物権者が物に対する直接支配を**全面的に**奪われた場合、すなわち占有を侵奪された場合に、侵奪者に対してその物の返還を請求するものである。言い換えると、無権原者が物を占有し、物権者が物に対する**占有を喪失**しているとき、占有者に対して目的物の引渡し（不動産の場合には明渡し）を求める権利をいう。たとえば、泥棒などに対して自分の所有物を返してくれと請求するような場合である。

(ii)　**物権的妨害排除請求権**

「物権的妨害排除請求権」とは

物権的妨害排除請求権は、物権者が物に対する直接支配を**部分的に**妨げている場合、すなわち**占有侵奪以外の方法**で侵害されている場合に、妨害者に対してその妨害の排除を為すべきことを請求するものである。たとえば、土地の一部を占拠している不法占拠者に対して「出ていけ」というような場合である。

物権的返還請求権と物権的妨害排除請求権との違いをしっかりと理解しておいてください。ポイントは、物に対する直接支配（**占有**）を全面的（**全部**）に奪われたか、**占有（侵奪）以外の方法**、すなわち**一部のみ**を奪われたかという違いです。

たとえば、相手方が自分の土地を全面的に不法占拠している場合には、占有を侵奪されたといえるから、物権的返還請求権となるのに対し、自分の土地の一部に物を置かれた場合には、占有以外の方法、すなわち一部のみが奪われたといえるから、物権的妨害排除請求権となるのです。

(iii)　**物権的妨害予防請求権**

「物権的妨害予防請求権」とは

物権的妨害予防請求権は、物権者が物に対する直接支配を侵害されるおそれがある場合に、侵害のおそれの原因を排除して、侵害の発生を未然に防ぐことを請求するものである。たとえば、隣の家のブロック塀が自分の家の庭に崩れてきそうなときに、その崩れを防止するための設備を施してくれと要求するような場合である。

以上のような、3種類の物権的請求権は、民法上、これを認める規定はないが、解釈上認められている。

序－33

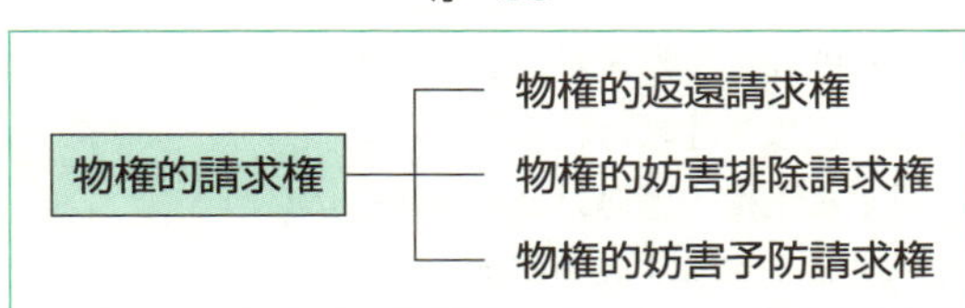

以上の物権的請求権は、民法上、認められている占有訴権の種類に対応しています。

すなわち、占有を奪われたときの物権的返還請求権は占有回収の訴え(200条)に、占有を妨害されたときの物権的妨害排除請求権は占有保持の訴え(198条)に、占有を妨害されるおそれがあるときの物権的妨害予防請求権は占有保全の訴え(199条)に、それぞれ対応しています。

物権的返還請求権　⇔　占有回収の訴え(200条)
物権的妨害排除請求権　⇔　占有保持の訴え(198条)
物権的妨害予防請求権　⇔　占有保全の訴え(199条)

【2】物権変動――意思主義と対抗要件主義

➡『物権法』2章1節、2節

⑴ 総説

所有権の移転は、通常は、売買契約などの法律行為を通して行われる。このように、所有権などの物権が、契約などの一定の原因で発生したり、変更したり、消滅したりすることを、**物権変動**という。物権自体に即して説明すれば、物権の発生・変更・消滅のことをいい、物権をもつ主体の側からみれば、物権の得喪(取得・喪失)・変更となる(177条参照)。

←「物権変動」とは

物権変動は、意思表示を要素とする法律行為に基づくのが通常です(176条)。遺言や所有権の放棄のように単独行為としてなされる場合もありますが、もっとも重要なのは売買や贈与などの契約に基づく場合です。その他、法律行為によらないで物権変動が生じる場合もあります。詳しくは物権法で学ぶことになりますが、たとえば、取得時効や相続などによっても物権変動が生じます。

➡『物権法』2章1節1

物権変動で中心となるのは契約であるから、以下、契約に基づく物権変動で問題となる基本概念を説明していくことにする。

⑵ 意思主義と形式主義

➡『物権法』2章2節1【1】

最初に示した具体例で、AとBとの間で売買契約が成立すると、Aが所有していた物の所有権が売買契約の時点で(瞬間に)、Bに移転するという説明をした。このように、所有権の移転などの物権変動を生ずるためには意思表示のみで足り、登記や占有(引渡し)など別に何らの形式・表章をも必要としないことを、**意思主義**という。日本の民法では、意思表示のみで物権変動が生じる(176条)。

←「意思主義」とは

176条は、「物権の設定及び移転は、当事者の意思表示のみによって、その効力を生ずる」と規定しており、意思主義を採用しているということに争いはありません(これに対して、登記や占有〔引渡し〕という形式をとらないと物権変動は生じないというのが、**形式主義**です)。

←「形式主義」とは

そして、債権契約(たとえば、売買契約)があれば、当然に物権行為(物権を発生・変更させる行為)もあったものとみて、所有権もただちに売主Aから買主Bに移転するという考え方が一般的です(物権行為の独自性否定説)。物権変動の要件である「意思表示」(176条)は、債権契約で足りると考えるのです。詳しくは、物権法で学習します。

➡『物権法』2章2節1

(3) 対抗要件主義

➡『物権法』2章4節、5節

民法は、**不動産**に関する物権の得喪および変更は、不動産登記法その他の登記に関する法律の定めるところに従いその**登記**をしなければ、第三者に対抗することができないと規定し(177条)、**動産**に関する物権の譲渡は、その動産の**引渡し**がなければ、第三者に対抗することができないと規定している(178条)。

ここにいう登記・引渡しを**対抗要件**といい、物権変動を第三者に対抗するには対抗要件が必要であるという制度を**対抗要件主義**という。

> 物権変動は意思表示のみによってその効力が生ずるとはいっても、観念的なものなので目で見ることができません。したがって、AからBに物権変動があったかどうかというのは、外から見てもわかりません。ですから、AからBに売買がなされたにもかかわらず、その後Aがその物を更にCに売ってしまうというようなこともありえます。この場合に、Cがまったく保護されないのでは、やはりCの取引の安全を害することになります。
> そこで、民法は、目に見えない物権というものを扱って物権変動が生じた場合には、それを目に見えるようなかたちで公示(公に権利関係を示すこと)しないかぎり、第三者にその物権変動を主張しえないと規定したのです(177条、178条)。

以上のように、物権変動の公示方法として、不動産の場合には**登記**(177条)、動産の場合には**引渡し**(178条)を要求している。

序−34

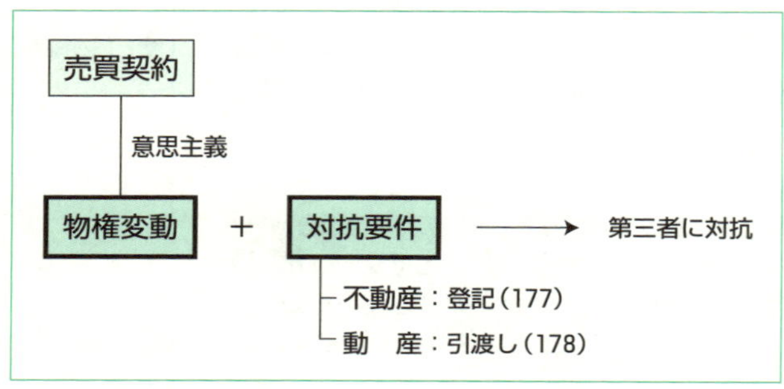

←「登記」とは

> 不動産についての権利関係を明らかにするための帳簿のようなものを登記といいます。より厳密にいうと、**登記**とは、国が作成・管理する登記簿に、物権変動の事実およびその内容を記載することまたは記載された内容をいいます。
> 登記は、登記所という役所に備えつけられているので、それを見るとだれが所有者なのかを調べることができるようになっています(不動産登記簿)。その登記簿の所有者の名前を書き換えることを、登記を移転する、登記を備える、登記を具備するなどといいます。
>
> 序−35
>
> 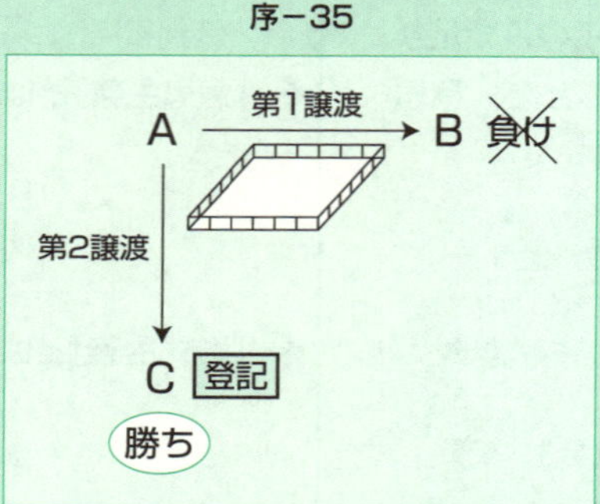
>
>
> ところで、AからBに不動産の売買契約がなされた場合には、Bは自分の取得した所有権について登記を備えないかぎり、第三者に対して自分の所有権を主張することができません。したがって、AB間の売買の登記がなされる前に、AからCが買い受けてCが先に所有権の移転登記をすませてしまうと、BはCに対して自分の所有権を主張することができません。すなわち、第二買主であるCが勝ってしまうことになるのです。

序－36　所有権の移転と対抗

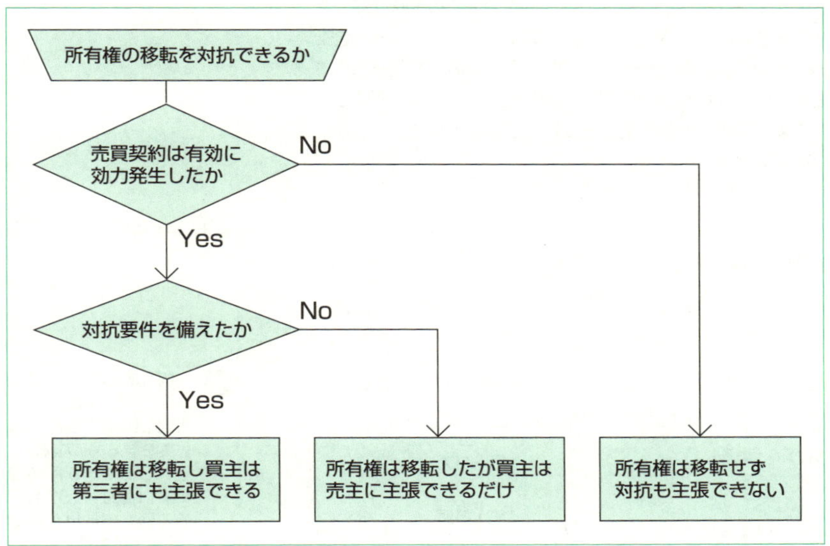

⑷　二重譲渡

前述したように、Aは自己の物を、BにもCにも売ることができる。このように同じ物（不動産または動産）を二者に譲渡することを**二重譲渡**とよぶ。民法では、二重譲渡が認められ、この場合には先に登記を備えたほうが優先することになる。すなわち、二重譲渡の場合には、先に対抗要件を備えたほうが勝つということなのである。

← 「二重譲渡」とは

このように、対抗要件の先後で決すべき問題のことを**対抗問題**という。

← 「対抗問題」とは

⑸　登記をしなければ対抗できない第三者

177条は、「不動産に関する物権の得喪及び変更は、不動産登記法……その他の登記に関する法律の定めるところに従いその登記をしなければ、**第三者**に対抗することができない」と規定している。

(a)　177条の「第三者」

➡ 『物権法』２章４節5【1】

ここにいう「第三者」とはどのような者をさすのであろうか。「第三者」の意義（範囲）が問題となる。

たとえば、AからBが買った不動産を不法占拠しているCに対しても、自分が所有者であるから出ていってほしいという場合に、登記がないとそのようなことがいえるのかいえないのか、言い換えれば不法占拠者は177条の「第三者」にあたるのかが問題となります。

この点について、そもそも177条で登記を要求した趣旨は、第三者の取引の安全を図るためであるから、取引の安全を考慮する必要のない者は保護されるべき第三者からは除外されるべきである。そこで、**177条の「第三者」とは**、（当事者およびその包括承継人以外の者であって、かつ、）**登記の欠缺を主張するにつき正当な利益のある者に限定すべき**であると考えられている（判例・通説〔制限説〕）。

← 177条の「第三者」の意義（範囲）

➡ 大連判明治41年12月15日
（判例シリーズ17事件）

したがって、不法占拠者や不法行為者は「第三者」にはあたらないので、これらの者に対しては、登記なくして所有権などの物権を主張することができる。

次節で触れますが、条文を解釈する場合には、一般的には、条文の普通の意味に従う文理解釈(文言解釈)をします。「第三者」とは、当事者(当事者と同視することができる包括承継人〔たとえば、相続人〕も含みます)以外の者というように解釈をするのが文理解釈です。しかし、ここでは、177条で登記を要求した趣旨から、「第三者」の意義を更に縮小(限定・制限)して、登記の欠缺を主張するにつき正当な利益のある者に限定すべきであると縮小解釈(限定解釈・制限解釈)しているのです。

(b)　**第三者の主観的要件**

➡『物権法』2章4節5【2】

それでは、第二譲受人Cが第一譲渡を知っていた場合(悪意の譲受人)であっても、「第三者」にあたるといえるであろうか。この場合にも、第一譲受人Bは、登記を備えないかぎり、Cに対して自己の所有権を対抗しえないのであろうか。

この点について、判例・通説は、悪意の譲受人も「第三者」にあたるとしている(悪意者包含説)。その理由としては、自由競争の建前のもと、善意・悪意を区別すべきでないということがあげられる。

➡大判大正10年12月10日民録27輯2103頁、最判昭和30年5月31日民集9巻6号774頁、最判昭和32年9月19日民集11巻9号1574頁、最判昭和35年11月29日(百選Ⅰ56事件)

序−37

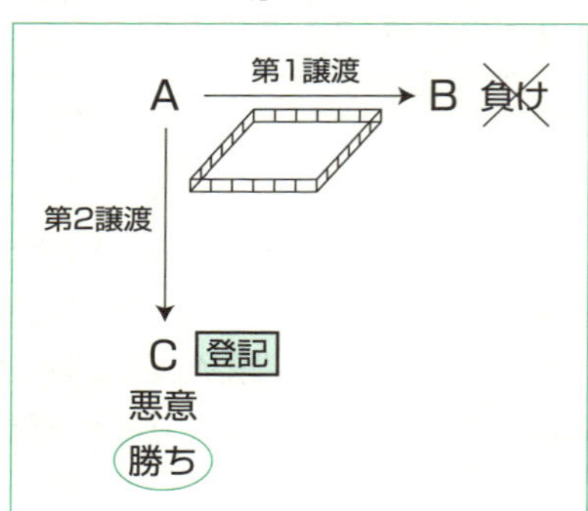

どちらが先に対抗要件をみたして所有権を獲得するかは自由競争の問題であるから、単に悪意であるだけでは「第三者」からは排除されないという点にあります。そのほか、善意・悪意を区別すると取引が混乱するので取引の安全上、画一的処理が必要である点や、177条の文言が善意・悪意を区別していないことも、その理由としてあげられます。

しかし、単なる悪意を超えて、登記の欠缺を主張することが著しく信義に反するような第三者、すなわち自由競争の範囲を逸脱しているような者は保護に値しないと考えて、このような背信的悪意者は「第三者」から排除されると考えられている(判例・通説)。これを**背信的悪意者排除論**あるいは**背信的悪意者論**という。

➡最判昭和43年8月2日民集22巻8号1571頁、最判昭和44年4月25日民集23巻4号904頁

←「背信的悪意者(排除)論」とは

たとえば、第二譲受人Cが、AB間の売買の立会人であったのに、Bの未登記に乗じてAから二重に譲り受けた場合には、Cは、悪意の程度を通り越して信義誠実の原則(1条2項)に反しているといえます。そのような背信的悪意者は「第三者」(177条)から排除されると考えるのです。

序−38

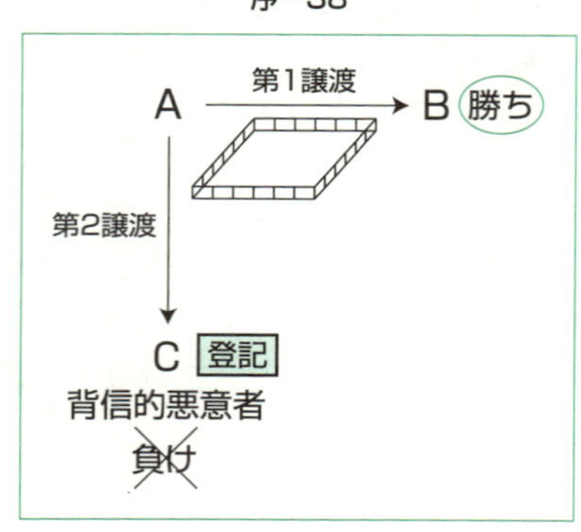

序－39　二重譲渡の処理手順

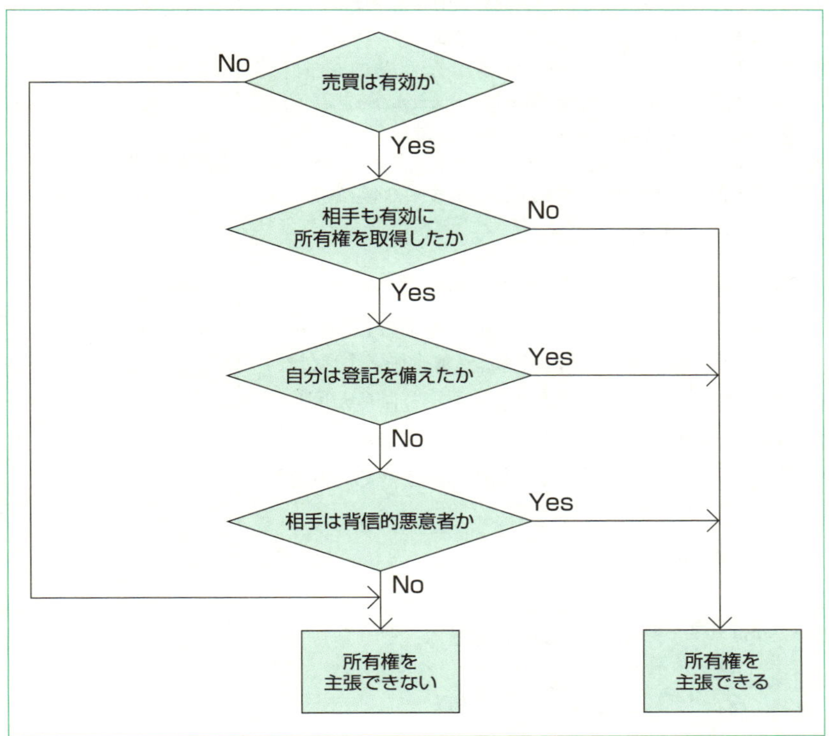

【3】公示の原則と公信の原則

➡ 『物権法』2章2節4

(1)　意義

以上のように、物権変動を第三者に主張するには、外部から認識できる一定の徴表的な形式が伴わなければならないとする原則を、**公示の原則**という。簡単にいえば、物権変動について公示を備えないかぎりは、第三者にその権利を主張しえない、対抗しえないということである。

← 「公示の原則」とは

これに対して、真の権利状態と異なる公示が存在する場合に、公示を信頼して取引をした者に対し、公示どおりの権利状態があったのと同様の保護を与える原則を、**公信の原則**という。簡単にいえば、実際に物権変動はなかったのだが、それがあると信じて取引に入ってしまった人を保護する制度である。たとえば、AからBへの売買契約がなかったにもかかわらず、B名義の登記があったため、そのB名義の登記を信頼してCがBから物を買い取ってしまった場合に、このようなCを保護することを、公信の原則というのである。

← 「公信の原則」とは

(2)　公信の原則――動産の即時取得制度

➡ 『物権法』2章7節

公示と公信

	不動産	動　産
公示の原則	○(177)	○(178)
公信の原則	×	○(192)

物権については、その変動を登記・引渡しによって外部に示すという公示の原則が採用されるが、権利の外観である登記を信頼して取引をした者を保護するという公信の原則は、不動産については採用されていない。したがって、前述した例で、Cは保護されないのが原則である。

不動産に公信の原則を採用していない理由ですが、登記官には登記の実質的審査権がなく(形式的審査権があるのみです)、真実の権利を反映していない登記が実際に多く存在しますので、登記に公信力を認めると、真の権利者(前述した例では、A)が害されることが多いからです。また、不動産取引は、動産取引に比べ、日常頻繁ではありませんから、取引の相手方(前述した例では、C)に慎重さを要求してもよいこともあげられます。

ただし、後で学ぶように、それではあまりにもCの取引の安全を害して妥当でないというときには、例外的に、Aの帰責性を要件としてCを保護する方法があります(94条2項類推適用)。

→ 4章2節4【5】

民法は、動産についてのみ、**即時取得**(192条)という公信の原則を採用している。**善意取得**ともいう。たとえば、宝石のようなものについては、無権利者から取引によって取得したCが、売主Bに所有権があると信じた場合(善意無過失)には、Cに所有権を認めてしまい、信頼どおりの権利を取得させようという制度が即時取得制度である。動産の場合には、公示が引渡しという不十分なものであるし、日常頻繁に取引がなされるので、取引の安全を尊重して公信の原則が認められるのである。

序－40

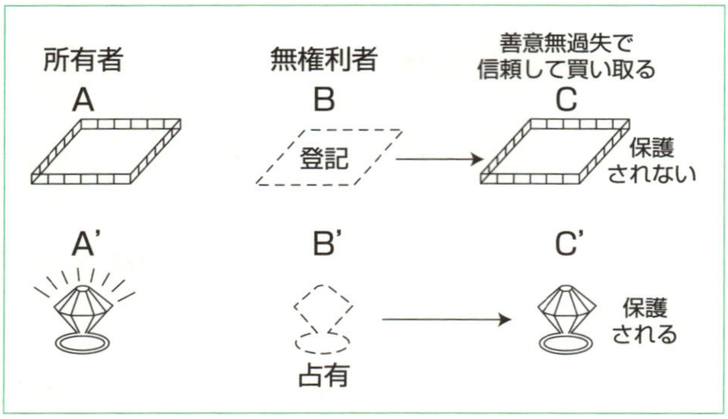

所有者 A
無権利者 B 登記
善意無過失で信頼して買い取る C 保護されない
A'
B' 占有
C' 保護される

【4】物権の種類

物権には、これまで見てきた所有権と占有権のほかに、用益物権、担保物権というものがある(用益物権と担保物権をあわせて**制限物権**という)。

所有権は、**使用**、**収益**、**処分**という支配権のすべてを有している全面的支配権である(206条)のに対し、制限物権(用益物権と担保物権)は、使用、収益、処分の支配権の態様が**一部に制限(限定)**される物権です。

←「制限物権」とは

(1) 用益物権

→『物権法』5章

←「用益物権」とは

用益物権とは、目的物たる土地の使用・収益を内容とする権利をいい、これには、地上権(265条)、永小作権(270条)、地役権(280条)、入会権(263条、294条)がある。

地上権とは、**工作物**または**竹木**の所有を目的として、他人の土地を利用する用益物権をいいます(265条)。

永小作権とは、**耕作**または**牧畜**をなすことを目的として、他人の土地を利用する物権をいいます(270条)。

地役権とは、ある土地の**便益**のために他人の土地を利用する(自己の土地の便益に供する)権利をいいます(280条)。

←「地上権」とは

→『物権法』5章1節

←「永小作権」とは

→『物権法』5章2節

←「地役権」とは

→『物権法』5章3節

入会権とは、通常、村落等、一定の地域に居住する住民集団が、山林原野・魚場・用水等を総有的に支配する権利をいいます(263条、294条)。入会権は、ほとんど問題とならないので、現時点では無視しておいてかまいません。

←「入会権」とは

➡『物権法』5章4節

⑵ **担保物権**

➡『物権法』6章1節[1]

←「担保物権」とは

担保物権とは、債権を保全することを物権の効力に依拠して達成しようとする物権をいう。簡単にいえば、債権の担保のために役に立つ物権のことである。

民法上、担保物権は、**留置権**、**先取特権**、**質権**、**抵当権**の4種類が定められている。それぞれの具体的なイメージは後に、債権の担保のところで述べる。

➡ [5]【3】⑶

序−41

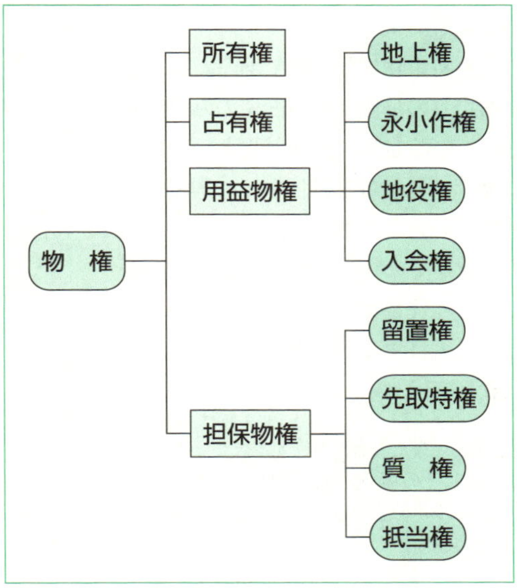

- 物権
  - 所有権
  - 占有権
  - 用益物権
    - 地上権
    - 永小作権
    - 地役権
    - 入会権
  - 担保物権
    - 留置権
    - 先取特権
    - 質権
    - 抵当権

4 債権の基本概念

【1】契約が履行されて債権者が満足する場合の基本的な法律概念

これから、契約の効力をみていくことにする。契約が約束どおりに履行されて債権者が満足する場合に登場する基本的な概念を整理しておこう。

⑴ 特定物と不特定物

⒜ 意義

➡『債権総論』1章2節[2]【1】

売買契約などで、売買の目的となる物は、特定物と不特定物とに分類することができる。

←「特定物」とは

←「不特定物」とは

特定物とは、具体的な取引に際して、当事者がその物の個性に着目し、当初からこれと定めて合意した物をいい、特定物でない物を**不特定物**という(**種類物**とよばれることもある)。

たとえば、有名画家の絵画や土地、中古自動車などは、通常、当事者がその物の個性に着目して取引をするため、特定物である。A社瓶ビール1ケースや新車の自動車などは、通常、当事者がその物の個性に着目せずに取引をするため、不特定物である。

このように、特定物と不特定物とは、**当事者がその物の個性に着目するか**

否かという主観的基準によって区別される。

> **特定物債権**とは、特定物の引渡しを目的とする債権をいい、**不特定物債権(種類債権)**とは、一定の種類に属する、一定量の物の引渡しを目的とする債権をいいます。

← 「特定物債権」とは
← 「不特定物債権(種類債権)」とは

→『債権総論』1章2節[2]【1】

(b) **類似概念——代替物と不代替物**

類似する概念として、代替物と不代替物という分類がある。

代替物とは、その物の客観的な性質に着目して、同じ種類・品質・数量その他の物で代えることができる物をいい、そうでない物を不代替物という。

← 「代替物」とは
← 「不代替物」とは

たとえば、新車の自動車は、通常、同じ車種の物で代えることができるため、代替物である。これに対して、中古自動車は、同じ車種でも保存状態や走行距離などによって状態を異にするため、不代替物である。

多くの場合には、特定物は不代替物であり、不特定物は代替物である。もっとも、たとえば山奥の土地の売買に際し、面積あたりの単価と取引面積のみを定め、地番などを定めなかった場合には、その土地は、不特定物・不代替物といえる。また、書店に平積みされた新刊書籍の売買に際し、上から3冊目を特に選んで購入した場合には、その書籍は、特定物・代替物といえるであろう。

以上のように、特定物と不特定物とが、当事者がその物の個性に着目するか否かという主観的基準によって区別されるのに対し、代替物と不代替物とが、その物の客観的な性質(取引上一般にその物の個性)に着目するか否かによって区別されるため、必ずしも対応関係にはない点に注意してほしい。

> たとえば、「ゴッホの絵ならば何でもよい」という契約をした場合を考えてみましょう。ゴッホの絵というのは、物の客観的な性質(取引上一般にその物の個性)に着目されますから不代替物ですが、当事者がその個性に着目をせず、ゴッホの絵ならば何でもよいと言っているわけですから、これは不特定物ということになります。
>
> 逆に、代替物でありながら特定物売買ということもありえます。ビール10本の売買契約において、酒屋さんに行って「この10本でないと困る。この10本がほしいんだ」と言って特にそのビールの個性に着目をして売買契約をした場合には、これは代替物ですが、特定物ということになるわけです。

特定物と不代替物の関係

		取引上一般にその物の個性に着目するか否か	
		代替物(着目しない)	不代替物(着目する)
当事者が特にその物の個性に着目したか	特定物	このキリンラガービール10本	このゴッホのひまわりの絵
	不特定物	キリンラガービール10本	ゴッホの絵ならなんでもよい

(c) **特定物と不特定物の区別の意味**

以上のような特定物と不特定物の区別は、後に説明する債権の効力を考える際に、重要な意味をもつ。その物が滅失したときの処理の仕方が異なってくるのである。

(i) **特定物債権の特徴**

→『債権総論』1章2節[2]【2】

債権の目的が特定物の引渡しである場合には、債務者は、その引渡しをするまで、契約その他の債権の発生原因および取引上の社会通念に照らして定まる善良な管理者の注意をもって、その物を保存しなければならない(400条)。このような義務を善管注意義務(善管注意保存義務)という。

← 「善管注意義務」とは

また、債権の目的が特定物の引渡しである場合に、**契約その他の債権の発生原因および取引上の社会通念に照らしてその引渡しをすべき時の品質を定めることができないときは**、弁済をする者は、その**引渡しをすべき時の現状で**その物を引き渡さなければならない(**目的物引渡義務**、483条)。

さらに、特定物債権は、目的物が滅失したときは、ただちに**履行不能**(債務の履行をできないこと)となる。

(ii) 種類債権(不特定物債権)の特徴

➡『債権総論』1章2節③【2】

種類債権の場合には、債務者は目的物の(無限の)**調達義務**を負うため、目的物がこの世からすべて失われないかぎり、履行不能とならない。

もっとも、常に調達義務を負うとすると債務者にとって酷であるから、契約を履行(弁済)するまでの段階で目的物の**特定**(集中)がなされる。

> **履行**とは、簡単にいえば、契約どおりのことを行うこと、すなわち契約上の約束を果たすことをいいます。借金を返したり、売買の目的物を引き渡したりする行為です。**弁済**とよぶこともあります。履行と弁済とは同じ意味です(詳しくは、債権総論で学習します)。

← 「履行(弁済)」とは

➡『債権総論』4章1節①【1】

種類債権の**特定**とは、種類債権において、債権発生後、履行までの間のある段階で目的物が具体的に定まることをいう。

← 「特定」とは

この特定によって、善管注意義務(400条)が発生し、目的物の滅失により目的物の引渡義務が消滅し、更には所有権の移転が可能な状態になるという効果が生じる。

(2) 同時履行の抗弁権

➡『債権各論』1章3節③

533条は、「双務契約の当事者の一方は、相手方がその債務の履行(債務の履行に代わる損害賠償の債務の履行を含む。)を提供するまでは、自己の債務の履行を拒むことができる。ただし、相手方の債務が弁済期にないときは、この限りでない」と規定している。簡単にいうと、売買契約においては、相手方が代金を払ってくれるまでは、品物を引き渡さないという抗弁を主張することができるのである(533条)。

> **双務契約**とは、契約の各当事者が互いに対価的な意義を有する債務を負担する契約をいいます。詳しくは後述しますが、たとえば、売買でいうと、売主が品物を引き渡す義務(財産権移転義務)を負うのは、買主が代金を支払う義務(代金支払義務)を負担するからであるという関係にあることを意味します(対概念は、**片務契約**ですが、これも後述します)。
>
> また、**抗弁**とは、民事訴訟では、被告が相手方の申立てや主張を排斥するために、被告が証明責任を負う事項を主張することをいいますが、ここでは、債務者が、相手方の請求権の行使を拒否し、その延期を要求することという程度で理解しておいてください。

← 「双務契約」とは

➡【2】(1)(c)(iv)

← 「抗弁」とは

このように、1つの双務契約から生じた対立する債務の間に履行上の牽連関係をもたせる制度を**同時履行の抗弁権**という。要するに、代金支払までは物の引渡しを拒むことができ、または、物を引き渡してくれるまでは代金の支払を拒むことができるというような権利のことである。

← 「同時履行の抗弁権」とは

同時履行の抗弁権を有する者は、抗弁権の存在または行使によって履行の拒絶が正当化されるので、履行遅滞責任(債務不履行責任)を免れる。すなわち、同時履行の抗弁権がある場合には、相手方はこちら側に対して請求することはできないのであるから、こちら側は相手方に対して品物を引き渡したりしなくても責任を問われることはないのである。

たとえば、建物を1000万円で買ったとしましょう。この場合に、登記所において、代金支払と同時に登記を移転するという特約があったとします。売主が登記を移転しようと思って登記所で待っていたのに買主が現れないときは、売主は登記を移転する義務はないのです。「代金を提供してくれたら、登記の移転に協力しますよ」と言えるわけです。

なお、先に履行しなければならない場合を、**先履行義務**ということがあります。たとえば、代金後払いの特約があったときなどは、登記の移転が先履行義務となります。

← 「先履行義務」とは

序－42　債務不履行と同時履行

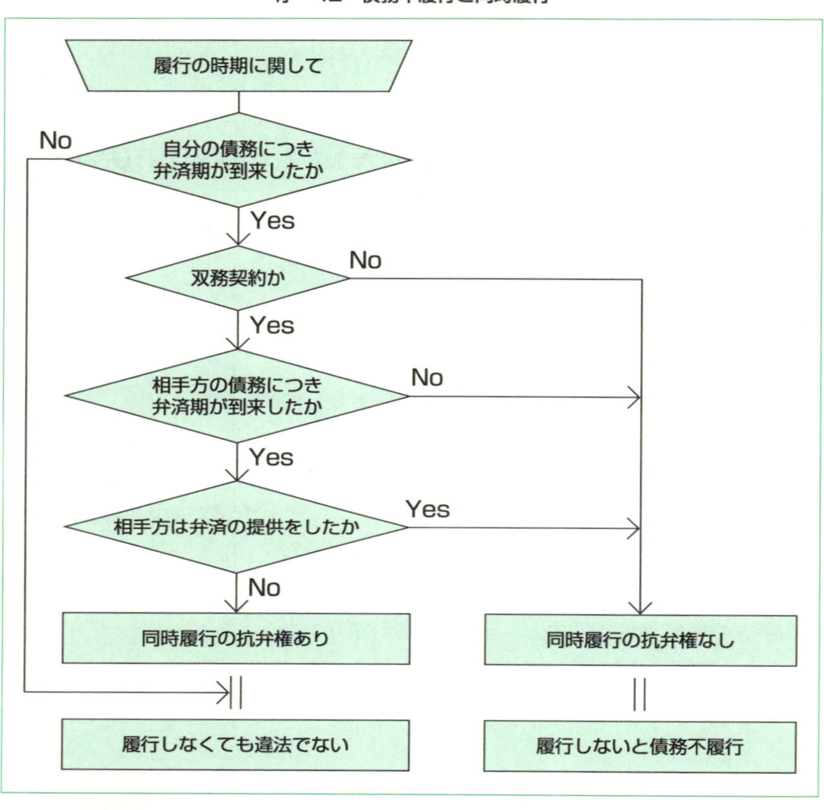

⑶　弁済の提供

➡ 『債権総論』4章1節2

契約の期日が来て、契約どおり品物を相手方に渡そうと準備をして、相手に通知をする、そして相手方にまさに引き渡すまで準備を整える。このように、債務者側において給付を実現するために必要な準備をして、債権者の協力を求めることを、**弁済の提供**という。

← 「弁済の提供」とは

そもそも、契約は、債務の**弁済**によってその**債権が消滅**し(473条)、両当事者が満足して終了します。この弁済は、たいていの場合には、相手方が受け取ってくれることによって完了します。したがって、こちら側(債務者側)が弁済の準備をして相手に受け取ってくれるように要請しても、相手方が目的物を受け取ってくれないかぎりは、弁済によって債務が消滅するということはないことになります。

しかし、それでは、こちら側はいつまでも物の引渡債務を負い続けることになってしまい、あまりにも負担が大きいので、一定の行為を行った場合には、もはやこちら側は責任を問われない、という制度を設ける必要があります。これが、弁済の提供というものです(492条)。

債務者は、弁済の提供の時から、債務を履行しないことによって生ずべき責任を免れる(492条)。また、弁済の提供が継続されていれば、債権者は同時履行の抗弁権(533条)を行使することができなくなる。

そのほか、弁済の提供の時より、債務者は利息の支払を免れます(判例)。
なお、改正前民法では、①保存(注意)義務の軽減、②増加費用の(債権者)負担、③受領遅滞中の履行不能(危険の移転)も、弁済の提供の効果としてあげられていましたが、平成29年改正民法のもとでは、これらは後に触れる受領遅滞の効果として規定されています(413条1項、2項、413条の2第2項)。詳しくは、債権総論で学習します。

➡ 大判大正5年4月26日民録22輯805頁

➡『債権総論』4章1節2【4】

現段階では、債務の弁済によってその債権は消滅すること(473条)と、弁済の前の段階(債務者側において給付を実現するために必要な準備をして、債権者の協力を求めること)を弁済の提供とよぶということを理解しておけば十分である。

序−43　弁済の提供の効果

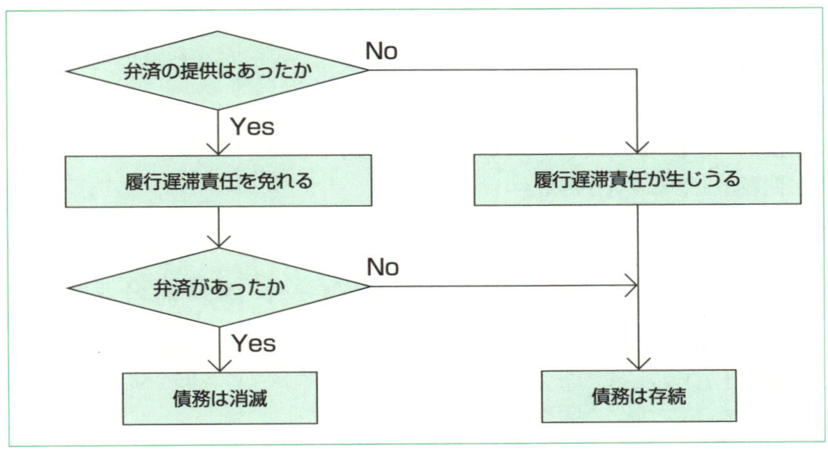

⑷　相殺

➡『債権総論』4章4節

債権者と債務者とが相互に同種の債権・債務を有する場合に、その債権と債務を対当額において消滅させる一方的意思表示を、**相殺**という(505条1項)。簡単にいえば、互いに相手方に対してたとえば100万円の代金債権をもっている場合に、これをチャラにしてしまうことである。

←「相殺」とは

対等額ではなく対当額ですので、注意してください。ある価値に相当する金額という意味ですので、対当額なのです。

この場合において、相殺する側がもっている債権のことを**自働債権**(じどうさいけん)、相殺される側がもっている債権(相殺する側が負っている債務)のことを**受働債権**(じゅどうさいけん)という。この自働債権と受働債権という用語は、相殺する側からみたものであるから、だれが相殺するかによって、どの債権が自働債権となり、受働債権となるかということが変わってくるので、注意してほしい。

←「自働債権」とは
←「受働債権」とは

たとえば、AがBに対して100万円の代金債権を、BがAに対して100万円の貸金債権をもっていたとしましょう。この場合に、AがBに対して相殺するときは、Aの代金債権が自働債権、Bの貸金債権が受働債権となりますが、逆にBが相殺するときは、Bの貸金債権が自働債権になりAの代金債権が受働債権になるのです。

序－44

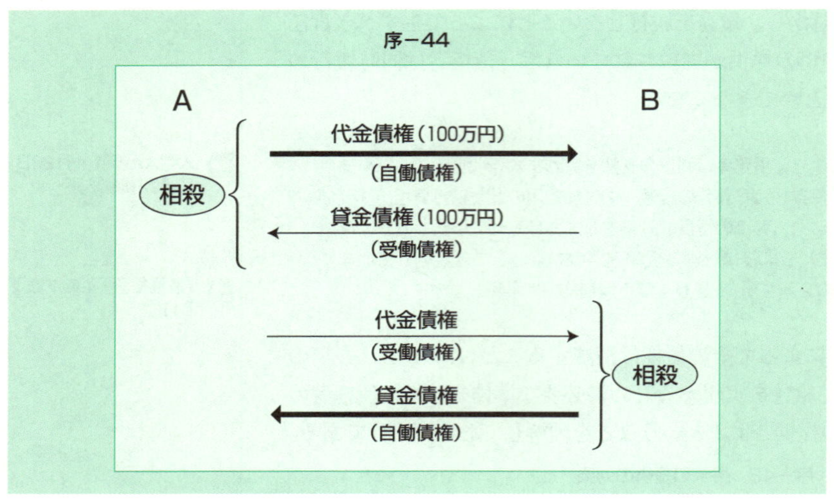

【2】売買で問題が生じたときの処理

売買契約が成立し、債権債務が有効に発生したとしても、両当事者がその自己の債務を完全に履行して互いに満足をして契約が終了すればよいのであるが、契約が約束どおりに履行されずに問題が生じる場合がある。

どのような問題が生じるのかを簡単に概観しておこう。

← 「履行不能」とは

債務を履行できないことを**履行不能**とよぶのですが、従来は、契約成立時に履行がすでに不可能な場合と、契約成立後に履行が不可能となった場合とを区別していました。前者を**原始的不能**（げんしてきふのう）、後者を**後発的不能**（こうはつてきふのう）といいます。

← 原始的不能と後発的不能

たとえば、軽井沢の別荘の売買契約をしたところ、当事者の知らない間にその別荘が契約の前の日に火事で燃えてなくなっていた、というような場合が原始的不能の場面です。これに対して、契約した後であって引き渡す前に火事で燃えてしまったという場合が後発的不能の場面になります。

この両者で法的な処理が違ってくるというのが、改正前民法下の通説的な考えでした。前者では債権は成立しないが（無効）、後者は債権が成立する（有効）と理解されていました。

しかし、平成29年改正民法下では、一般的には、前者も含めて債権は成立し、次に述べる債務不履行として統一的な処理をするため、原始的不能と後発的不能とを区別する必要はないといわれています。詳しくは、内容に関する有効要件（客観的有効要件）のところや、債権法で詳しく説明します。

→ 4章3節
→ 『債権総論』1章1節④【2】

序－45

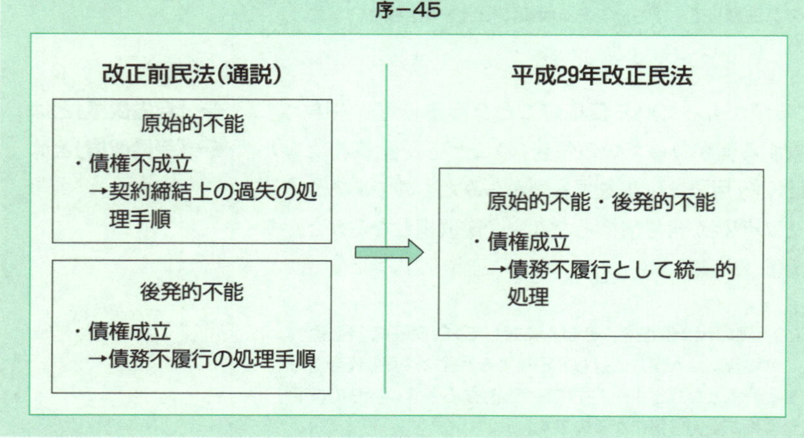

➡『債権総論』2章3節[1]

(1) 債務不履行

(a) 債務不履行の意義

債務の本旨に従った履行がなされないことを、**債務不履行**という。債務不履行といった場合には、単に債務の本旨に従った履行がなされないことをさすこと(事実としての不履行)と、債務者の帰責性(帰責事由＝責めに帰すべき事由)によって債務の本旨に従った履行がなされないことをさすときがある。

←「債務不履行」とは

(b) 債務不履行の類型

この債務不履行は、3つに分類するのが伝統的通説である(三分説)。

第1に、履行が可能であるのに履行期が来ても履行しないことを、**履行遅滞**という(412条、415条1項本文前段)。たとえば、AのBに対する代金債権があるところ、Bが弁済期になっても弁済しない場合には、Bの代金債務は履行遅滞となる。

←「履行遅滞」とは

第2に、履行が不可能なために履行しないことを、**履行不能**という(412条の2、415条1項本文後段)。たとえば、AがBの有する有名画家の絵画を購入した(特定物売買)ところ、絵画の引渡し日前にBの自宅が火事になり、絵画が滅失した場合には、Bの絵画引渡し債務は履行不能である。

←「履行不能」とは

第3に、債務者が履行したものの、その履行が不完全であったため債務の本旨に従った履行とはいえないことを、**不完全履行**という。たとえば、AがBから6客で1組のティーカップを購入したところ、Bの引き渡したティーカップのうち1客にひびが入っていた場合には、Bの引渡し債務は不完全履行である。

←「不完全履行」とは

序−46

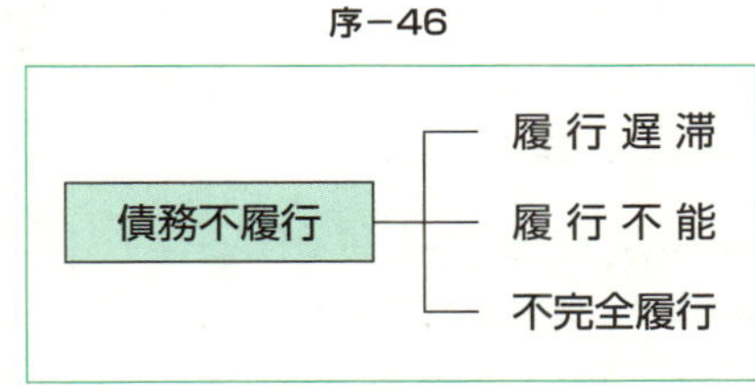

序−47　債務不履行の種別

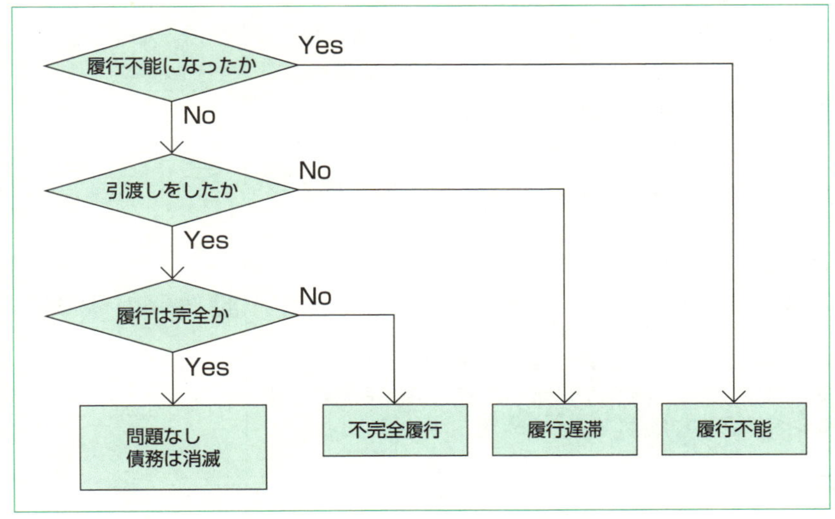

(c) 効果

債務不履行の効果としては、次の3つをあげることができる。

(i) **履行強制**

第1は、**履行強制**(**履行の強制**、**強制履行**)であり、これは、債権の内容それ自体の履行を強制することである。言い換えると、債務者が債務を履行しない場合に、債権者が、国家の力を借りて債権の本来の内容を強制的に実現することをいう。国家の力を借りるとは、具体的には、強制執行制度によることである。

← 「履行強制」とは

履行強制の具体的方法としては、直接強制、代替執行、間接強制の3つの方法があるが(414条1項本文)、詳しくは債権総論で学ぶことになる。

➡『債権総論』2章2節

なお、履行強制には、**債務者の帰責事由は不要**である。債務を履行するのは債務者として当然のことであるため、履行されない場合には、債務者に帰責事由がなくても、履行を強制することができるのである。

(ii) **損害賠償の請求**

第2は、**損害賠償の請求**である。債権者は、債務者に対して、債務不履行に基づいて損害の賠償を請求することができる(415条)。

債務不履行による損害賠償の場合には、**「その債務の不履行が契約その他の債務の発生原因及び取引上の社会通念に照らして債務者の責めに帰する」ことができる事由(帰責事由)が必要**となる(415条1項ただし書参照)。

なお、損害賠償請求については、債務不履行に基づく損害賠償請求のほかに、不法行為に基づく損害賠償請求も認められる(709条)。不法行為については、債権の発生原因のところで説明したので確認しておいてほしい。

➡『債権総論』2章3節1【3】

➡ 1【7】(2)(c)

(iii) **契約の解除**

第3は、**契約の解除**である。契約の解除とは、契約が締結された後に、その一方の当事者の意思表示によって、その契約がはじめから存在しなかったのと同様の状態に戻す効果を生じさせる制度をいう(540条1項、545条1項本文)。

← 「契約の解除」とは

➡『債権各論』1章4節

> そもそも、いったん有効に成立した契約は、相手の同意がないかぎり、これを解消することはできないのが原則です。しかし、一定の事由がある場合には、契約の解除といって、一方的に契約がなかった状態に戻す権利が認められるのです。その典型的な場合が債務不履行に基づく契約の解除であり、法律の規定に基づいて解除権が発生します。

債務不履行による解除は、平成29年改正民法のもとでは、**債権者を契約の拘束力から解放するための制度**と位置づけられている。そうであれば、債務者に帰責事由があることは理論的には解除の要件ではないことになる。そこで、平成29年改正民法は、債務不履行があれば債務者に帰責事由がない場合であっても、債権者は、契約を解除することができると規定した(541条、542条)。解除の要件として、**債務者の帰責事由は不要**なのである。

← 平成29年改正

このような契約の解除には、**催告による解除**(**催告解除**)と、**催告によらない解除**(**無催告解除**)とがあるが、詳しくは債権各論で学習する。

➡『債権各論』1章4節2

> ここにいう債権者というのは、債務不履行となった債務の債権者のことであり、この者の一方的意思表示によって契約は解除されます。売買契約の場合には、売主も買主も債権者なので、どちらをさしているのかで混乱しないようにしてください。

(iv) **その他の債務不履行の効果**

> そのほか、債務不履行の効果として、**追完請求権**をあげることもできます。ただ、追完請求権は履行請求権(本来の請求権)の一態様と位置づけることもできます。なお、追完

← 「追完請求権」とは

請求権については、売買の箇所に562条の規定が設けられています(後述する担保責任の内容です)。この規定は、559条を介して有償契約一般に準用されます。

ここで、有償契約などの契約に関する一般的な概念について改めて説明をしておきます。

双務契約とは、契約の各当事者が互いに対価的な意義を有する債務を負担する契約をいいます。たとえば、売買でいうと、売主が品物を引き渡す義務(引渡債務、財産権移転義務)を負うのは、買主が代金を支払う義務(代金債務、代金支払義務)を負担するからであるという関係にあることを意味します。売主・買主が互いに対価的な債務を負担し合うということです。

← 「双務契約」とは

これに対して、**片務契約**とは、①一方の当事者のみが債務を負うか、または②双方の当事者が債務を負担するが、それが互いに対価たる意義を有しないものをいいます。①の例が贈与、②の例が使用貸借です。

← 「片務契約」とは

双務契約と片務契約という言葉と似た概念で混同しやすいものに、有償契約と無償契約とがあります。

有償契約とは、当事者が互いに対価的な意味を有する出えん(経済的損失)をする契約をいい、そうでない契約を**無償契約**といいます。有償契約の例としては、売買、賃貸借、請負などを、無償契約の例としては、贈与、使用貸借をあげることができます。贈与や使用貸借は、対価関係なしにただで物をあげたり、貸したりする契約だからです。

← 「有償契約」とは
← 「無償契約」とは

双務契約と片務契約の区別と、有償契約と無償契約の区別との違いについてですが、ともに当事者が対価的意義を有する給付をなすか否かにあるとすると、その違いがどこにあるのかが問題となります。

← 双務契約と片務契約の区別と有償契約と無償契約の区別との差異

この点については、双務・片務の区別が債務の負担の有無という形式面に着目したものであるのに対し、有償・無償は対価的な財産上の支出(経済的損失)を伴うかという実質面に着目したものです。

たとえば、利息付消費貸借についてみると、この場合には、貸主は金銭その他の物の給付をする義務を負い、借主は金銭その他の物の返還義務と利息支払義務を負いますが、貸主の給付は、契約の成立要件であって(587条)、契約に基づく債務ではない(契約の効果として債務が発生するわけではない)から、言い換えると貸主は出えん(経済的損失)はするが、債務は負担しないから、双務契約ではありません。しかし、貸主と借主の各義務は、契約の成立からその効果である債権債務のその内容の実現までの過程をみれば対価関係(出えんはする)といえるから、有償契約です。したがって、双務契約はことごとく有償契約ですが、利息付消費貸借のように、有償契約は必ずしも双務契約ではありません。

有償契約と双務契約

	双務契約	片務契約
有償契約	売買契約	利息付消費貸借契約
無償契約	—	贈与契約 無利息消費貸借契約

序−48

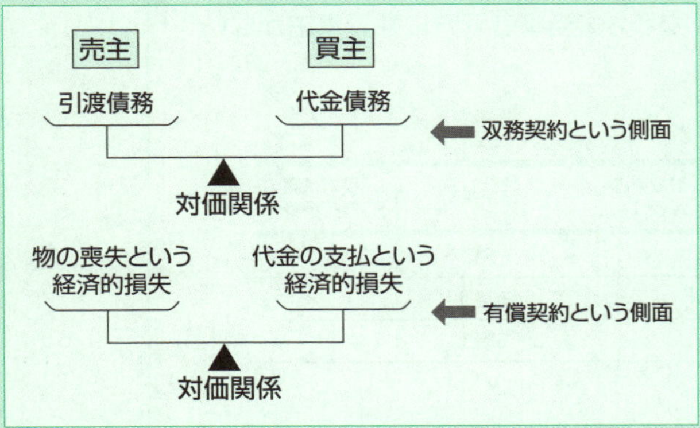

なお、次に触れる危険負担は双務契約において問題になり、担保責任は有償契約において問題になることを覚えておいてください。

(2) 危険負担

➡『債権各論』1章3節4

(a) 総説

(i) 意義

危険負担とは、双務契約において、一方の債務が履行不能である場合に、債権者は反対債務の履行を拒絶することができるかという問題である。

←「危険負担」とは

ここにいう履行不能には、後発的不能だけでなく、原始的不能も含まれると考えられています(原始的不能と後発的不能とを区別して考えない立場を前提とします)。

(ii) 危険負担の規律

a　原則――履行拒絶権の肯定

「当事者双方の責めに帰することができない事由によって債務を履行することができなくなったときは、債権者は、反対給付の履行を拒むことができる」(536条1項、履行拒絶権構成)。これが危険負担の原則である(履行拒絶権の肯定)。

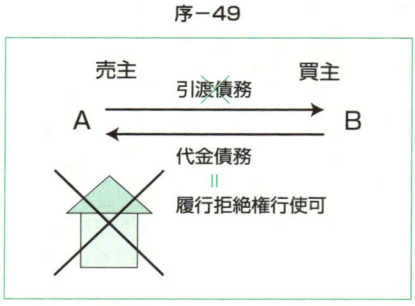

序－49

b　536条1項の適用範囲

➡部会資料79－3・17頁

債務の履行が不能となった場合のうち、①その履行不能について債務者に帰責事由があるときは、債務者は本来の債務の履行に代わる填補賠償債務を負担し、危険負担の規律(536条1項)は適用されない。この場合に、債権者が自己の反対給付債務を拒む根拠として機能するのは、533条の同時履行の抗弁権(債務者の填補賠償債務の履行との同時履行)である。

他方、②その履行不能について債権者に帰責事由があるときは、後述する536条2項の規律が適用され、債権者は自己の反対給付債務の履行を拒絶することができないことになる。

このように、債務の履行が不能となった場合のうち、①債務者に帰責事由がある場合、②債権者に帰責事由がある場合には、いずれも危険負担の規律(536条1項)は適用されない。したがって、危険負担の規律(536条1項)が適用されるのは、上記①および②の場合を除く場合、すなわち③当事者双方に帰責事由がない場合のみである。

536条1項の適用範囲

	債務者の帰責性	債権者の帰責性	適用条文	反対債務の履行拒絶
双務契約上の債務の履行不能	○	×	533	○
	×	○	536Ⅱ	×
	×	×	536Ⅰ	○

(iii) 例外――履行拒絶権の否定

民法は、債権者が反対債務の履行を拒絶することができないとするのが適切な場合(**履行拒絶権の否定**)として、次の２つを定めている。

a　債権者の責めに帰すべき事由による履行不能の場合(536条２項前段)

債権者の責めに帰すべき事由によって債務を履行することができなくなったとき、債権者は、反対給付の履行を拒むことができない(536条２項前段)。

序－50

売主
買主
引渡債務
A
B
代金債務
＝
履行拒絶権行使不可
放火

しかも、この場合には債権者は、後述する、履行不能を理由とする契約の解除をすることもできません(543条)。また、契約の解除ができなくなるのは、履行不能の場合だけでなく、債務不履行一般(履行遅滞や不完全履行を含みます)です。

b　受領遅滞が生じた後に、当事者双方の責めに帰することができない事由によって債務の履行が不能となった場合(413条の２第２項)

受領遅滞後に当事者双方の責めに帰することができない事由によって履行不能となったとき、その履行不能は、**債権者の責めに帰すべき事由によるものとみなされる**(413条の２第２項)。その結果、反対給付の履行を拒絶することができなくなる(536条２項前段)。

序－51

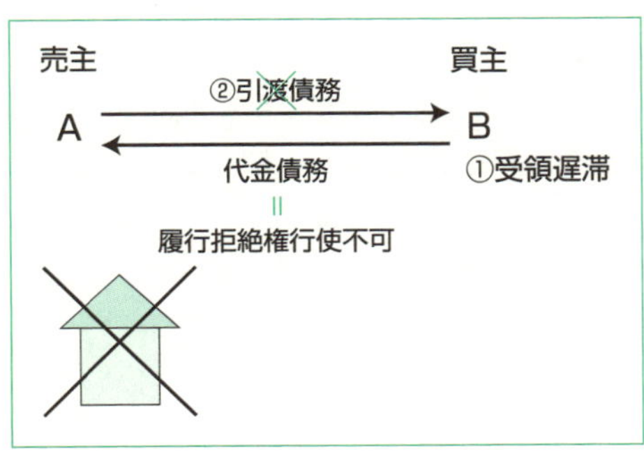

前述したように、この場合にも、債権者は、履行不能を理由とする契約の解除をすることができません(543条)。

(b)　解除制度との関係

平成29年改正民法のもとでの危険負担の制度は、双務契約において、債務者の責めに帰することができない事由によって債務の履行が不能となった場合に、債権者が債務者からの反対債務の履行請求を拒絶することができるか否かという効果と結びつけられた(**履行拒絶権構成**)。この場合にも、債権者は反対債務の履行を拒絶することができるだけであって、**反対債務が消滅するものではない**。

したがって、債権者が、債務の履行不能を理由として反対債務を消滅させるためには、債務不履行による**契約の解除**(解除の意思表示)をしなければならないのである。

(c)　**同時履行の抗弁権との関係**

前に触れた同時履行の抗弁権は、債務の履行が不能とはなっていないが履行はされていない場合に、債権者が自己の反対給付債務の履行を拒む根拠として機能するものである。

→ 部会資料79-3・17頁

前に触れたように、履行不能について債務者に帰責事由があるときも、債務者は本来の債務の履行に代わる塡補賠償債務を負担しますので、危険負担の規律(536条1項)は適用されません。

これに対して、危険負担の制度は、債務の履行が不能となった場合に、債権者が自己の反対給付債務の履行を拒む根拠として機能するものである。

ただし、いずれの場合においても、自己の反対給付債務を確定的に消滅させたい債権者は、債務不履行による**契約の解除**をすることになる。

(3)　担保責任

→ 『債権各論』2章2節③【1】(4)

(a)　**総説**

改正前民法のもとでは、担保責任の法的性質について、売主の契約上の債務とは別に法律が特に定めた責任(法定責任)であるのか(法定責任説)、それとも売主の不履行による責任(債務不履行責任、契約責任)であるのか(契約責任説)について争いがあった。

そして、従来の通説は、法定責任説の立場から、特定物に関しての原始的瑕疵・不能のときのみ適用されるのが担保責任であると考えていた。すなわち、特定物売買においては、目的物を現状で引き渡せば足りるから(改正前483条)、その物さえ引き渡せば、原始的瑕疵・不能があっても、債務者(売主)としては債務を免れ、債権者(買主)は債務者(売主)に対して債務不履行責任を問うことはできない。しかし、これでは買主の保護に欠けるため、担保責任の規定は、有償契約における等価的な均衡を保つために、法が特に買主保護のために定めたものと解していたのである。

しかし、平成29年改正民法は、売主の担保責任の法的性質を売主の債務不履行による責任(債務不履行責任、契約責任)としている。改正前民法下での契約責任説を採用したものである。

← 平成29年改正

平成29年改正民法のもとでは、担保責任は債務不履行による責任とされたので(契約責任説の採用)、特定物か不特定物かを問わず、担保責任を問うことができます。ですから、たとえば事例を処理する場合に、特定物か不特定物かで場合分けをすることは不要となります。また、損害賠償の範囲などの議論も債務不履行と同じように考えれば足りますし、契約の解除に帰責事由が不要となるのも同じです。

ただし、次に説明するように、契約不適合の種類に応じて、担保責任の内容に差異があります。

(b)　**担保責任の内容**

平成29年改正民法は、担保責任の内容として、売主が買主に対し目的物を引き渡したり、権利を移転したりしたが、その契約の内容に適合しない場合(**目的**

物の契約不適合・移転した権利の契約不適合）について、買主の追完請求権、代金減額請求権、損害賠償請求・契約の解除を認めている（この規定は、559条を介して有償契約一般に準用される）。

概略を表で示すと、次のようになる。

不適合の種類		規律の内容	条文
目的物の契約不適合	種類、品質または数量の契約不適合	追完請求権	562
		代金減額請求権	563
		損害賠償請求・契約の解除	564
	種類または品質の契約不適合（追加的規律）	担保責任の期間の制限	566
		競売における担保責任の特則の対象外	568Ⅳ
移転した権利の契約不適合	移転した権利の契約不適合（他人に一部が帰属する権利の不移転を含む）	追完請求権、代金減額請求権、損害賠償請求権・契約の解除	565
	契約に適合しない抵当権等	費用の償還請求	570

(4) 受領遅滞

➡『債権総論』2章4節

(a) 意義

←「受領遅滞」とは

受領遅滞とは、債務の履行につき受領その他債権者の協力を必要とする場合に、債務者が弁済の提供をしたにもかかわらず、債権者が必要な協力をしないために、履行遅延の状態にあることをいう。

たとえば、Aが、Bに対して、自己の有する甲自動車を売却し、引渡し期日に甲自動車をBのもとに持参したとする。ところが、Bは、駐車場の手配が未了であったため、甲自動車の受領を拒絶した。この状態が受領遅滞である。

この場合に、Aが、やむをえず甲自動車を持ち帰ったとき、本来ならば発生しなかったはずの保管料が発生したり、甲自動車を持ち帰る途中で交通事故にあって甲自動車が滅失・毀損したりすることがある。このような事態が生じたときに、その危険をだれが負担するべきかが受領遅滞の問題である。

(b) 要件

←受領遅滞の要件

①債務者が債務の本旨に従った履行の提供をしたこと、
②債権者が債務の履行を受けることを拒み、または受けることができないこと

である。

(c) 効果

←受領遅滞の効果

(i) 保存（注意）義務の軽減

債務の目的が特定物の引渡しであるときは、債務者は、履行の提供をした時からその引渡しをするまで、自己の財産に対するのと同一の注意をもって、その物を保存すれば足りる（413条1項）。すなわち、債務者は、もともと善管注意義務を負っていたところ（400条）、受領遅滞後は、保存義務が軽減され、自己の財産に対するのと同一の注意義務を負うにとどまる（保存〔注意〕義務の軽減）。

(ii) 増加費用の（債権者）負担

受領遅滞によって履行の費用が増加したときは、その増加額は、債権者の負担となる（413条2項）。

たとえば、債権者の受領遅滞によって、債務者が目的物を倉庫に持ち帰り、債

権者が受領するまでの間の保管料がかかったときは、当該保管料は債権者の負担となる。

(iii) **受領遅滞中の履行不能(危険の移転)**

この点については前にも触れたが、受領遅滞後に当事者双方の責めに帰することができない事由によって履行不能となったときは、その履行不能は、**債権者の責めに帰すべき事由によるものとみなされる**(413条の2第2項)。その結果、債権者は、履行不能を理由として**契約を解除することができない**(543条)。また、**反対給付の履行を拒絶することもできなくなる**(536条2項前段)。

(5) **債権の実現に問題が生じた場合の処理**

← 債権の実現に問題が生じた場合の処理

➡『債権総論』1章1節6

ここで債権の実現に問題が生じた場合の処理について、概説しておこう。債権総論で学ぶところでもあるので、概略を理解しておけば足りる。

債権の実現に問題が生じた場合には、その債権が履行(追完)可能か否かによって処理手順が大きく分かれる。

(a) **履行(追完)が可能な場合**

← 履行が可能な場合

履行(追完)可能であれば、債権者は、債務者に対して、履行(追完)を求めることとなる(追完請求権。412条の2第1項参照、562条1項本文、559条)。

(b) **履行(追完)が不可能な場合**

← 履行が不可能な場合

履行(追完)が不可能な場合には、履行不能となる。この場合には、履行不能について①債務者に帰責事由があるのか、②債務者にも債権者にも帰責事由がないのか、③債権者に帰責事由があるのか、によって3つに分かれる。

(i) **①債務者に帰責事由がある場合**

← 債務者に帰責事由がある場合

債務者に帰責事由がある場合には、債務者が債務不履行に基づく損害賠償責任を負う(415条1項、2項1号)。また、履行不能であるため、債権者は契約を無催告解除をすることができる(542条1項1号)。

(ii) **②債務者にも債権者にも帰責事由がない場合**

← 債務者にも債権者にも帰責事由がない場合

債務者にも債権者にも帰責事由がない場合には、債権者は債務不履行に基づく損害賠償請求をすることができない(415条1項ただし書)。もっとも、債権者は、契約を解除することができる(542条1項1号)。平成29年改正により、解除に債務者の帰責事由は不要となったからである。また、債権者は、契約を解除するまでの間、反対給付の履行を拒絶することができる(536条1項、危険負担の規律、履行拒絶権の肯定)。

(iii) **③債権者に帰責事由がある場合**

← 債権者に帰責事由がある場合

債権者に帰責事由がある場合には、債権者は債務不履行に基づく損害賠償請求をすることができない(415条1項ただし書)。また、債権者は契約を解除することもできない(543条)。さらに、債権者は、反対給付の履行を拒絶することもできない(536条2項、履行拒絶権の否定)。

なお、平成29年改正によって、一般に、原始的不能であっても契約は有効に成立するという理解がされています(412条の2第2項)。そのため、平成29年改正民法のもとでは、原始的不能か後発的不能かによる処理手順の分岐は生じないことになります。

➡『債権総論』2章3節2【2】(3)(b)

← 平成29年改正

序－52

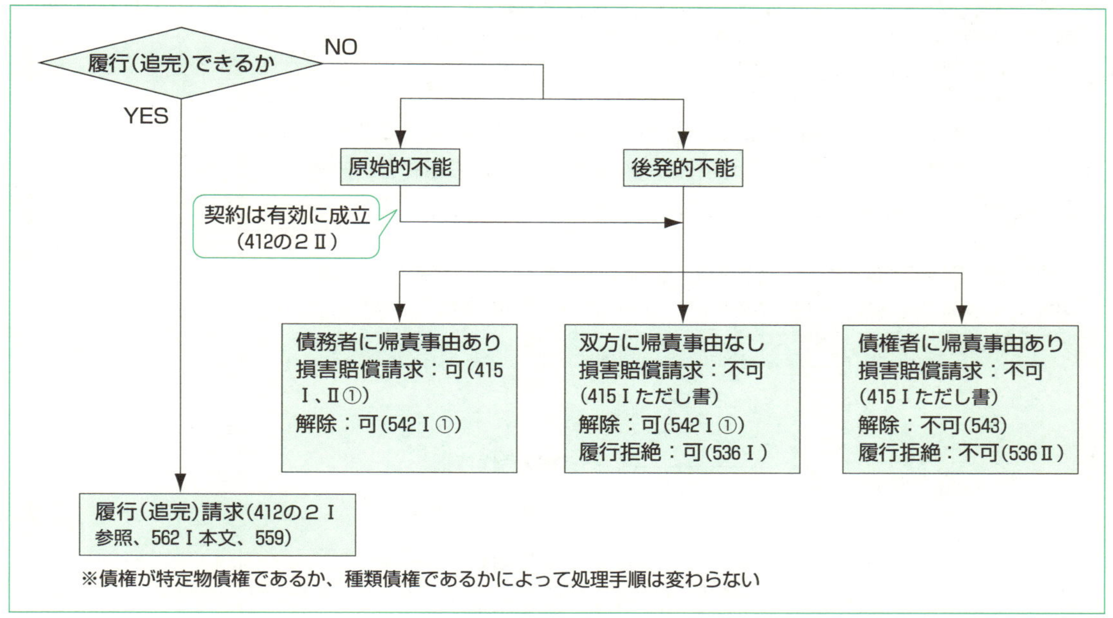

5 債権の保全と担保の基本概念

【1】債権の効力と責任財産

債権とは、すでに述べたように、ある特定の人（債権者）がほかの特定の人（債務者）に対して、ある特定の行為をすること（あるいはしないこと）を請求しうる権利である。すなわち、債権は、債務者が債権者の請求に任意に履行をしてくれることによって、はじめて実現するものなのである。したがって、債務者がその履行に応えてくれない場合には、債権には経済的な価値がないことになる。

←「債権」とは

このように、債務者が債務を任意に履行しない場合に、債権者が、国家の力を借りて債権の本来の内容を強制的に実現することを履行強制といい、具体的には強制執行制度によることになる。

←「履行強制」とは

わが国では、私人が司法手続によらずに自己の権利を実現すること（いわゆる**自力救済**）を認めていません。自力救済を認めると、社会の平和が乱れ、国の司法秩序が崩壊するからです。ですから、わが国では、自力救済を禁止した代償として、国家権力を背景とする強制執行制度を備えたのです。

強制執行とは、私法上の請求権を国家権力によって強制的に実現する手続をいう。言い換えると、債務不履行の債務者に対して、裁判所などの公的機関を通して強制的に取り立てる手続のことをいう。強制執行手続では、裁判所または執行官が債務者の責任財産を差し押さえ、それを換価し、得られた金銭を債権者に交付することになる。

←「強制執行」とは

序－53

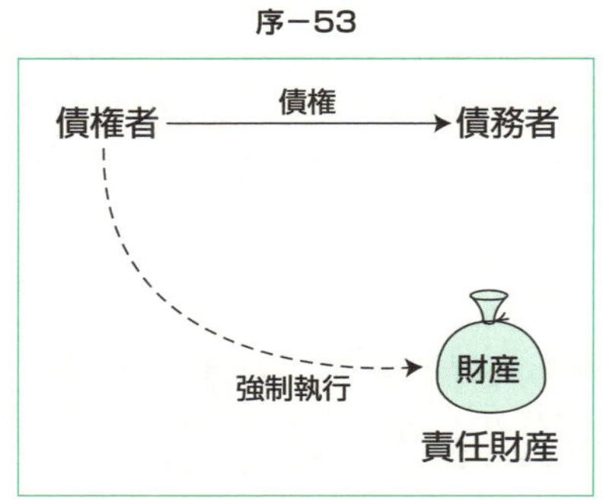

責任財産とは、厳密にいえば、強制執行の対象となりうる債務者の財産(債務者の総財産から、担保権の対象となっている特別財産と差押禁止財産を除いたもの)をいいます。詳しくは、民事執行法で学習することになります。

←「責任財産」とは

しかし、このような強制執行もまた、債務者に財産がなければ実現を図ることはできない。すなわち、債務者に責任財産がない状態、すなわち債務者が無資力である場合には、債権をもっていても意味がないということになる。

たとえば、債権者が債務者に対し1億円の債権を有していたとしても、債務者に資産がなくて1円も払えないという状態にあるならば、その1億円の債権は経済的には無価値ということになるわけです。

序−54

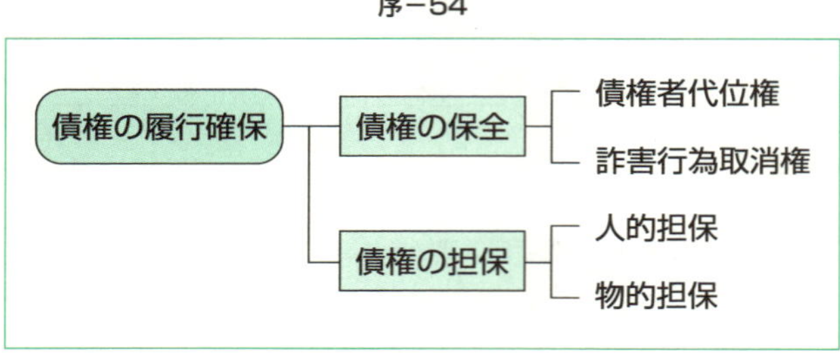

【2】責任財産の保全——債権者代位権と詐害行為取消権

➡『債権総論』5章

(1) 総説

債権者は、債務者の責任財産を保全するための手段を採らなければならない場合がある。その手段が、債権者代位権(423条以下)と詐害行為取消権(424条以下)である。

近代市民法において、人は、その有する財産について、その意思により自由に取り扱い、処分することができます(**財産処分の自由**)。したがって、自己の有する権利を行使することも、行使せず放置することも自由であり、自己の有する財産を他人に売却することも、贈与することも自由です。その結果、その人の財産が減少したとしても、他人がその人の財産処分に干渉することはできないのが原則です。

しかし、債権者の有する金銭債権の効力は、前に触れたように、債務者の責任財産に左右されます。債権者の立場からすると、債務者に財産処分の自由を認めた結果、責任財産が失われ、自己の債権の満足が図られなくなるという結果は不当です。

そこで、民法は、一定の場合に債務者の財産処分の自由を制限し、責任財産を保全することで強制執行を準備するための制度を設けました。それが債権者代位権(423条以下)と詐害行為取消権(424条以下)です。

←「債権者代位権」とは

←「詐害行為取消権」とは

➡ 部会資料73A・27頁、39頁

債権者代位権と詐害行為取消権の趣旨は、債務者の責任財産に不足を生じるおそれがある場合において、債権者が債務者の財産管理に干渉してその責任財産を保全することによって、強制執行の準備をする点にある。

債務者は、第三債務者に対して財産処分の自由・権利を有しますが、これを行使しなくてもよいのが原則です。ただ、一定の場合には、債権者が債務者に代わってこれを行使することができます。これが債権者代位権です。また、債務者は、受益者に対して財産処分の自由を有するので、たとえば贈与をしてもよいのが原則ですが、一定の場合には、債権者は、この贈与を取り消すことができます。これが詐害行為取消権です。

序－55　債権者代位権と詐害行為取消権

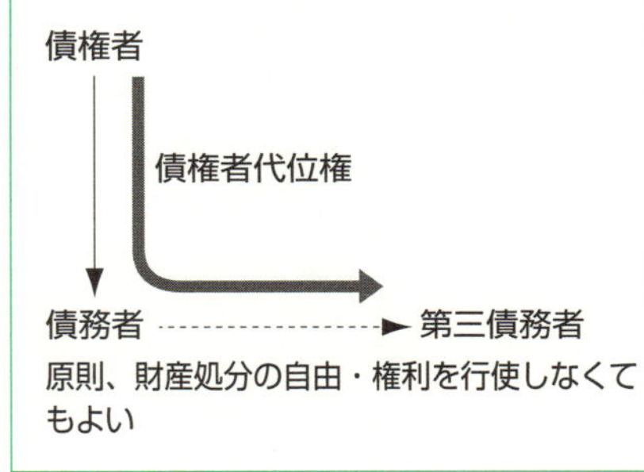

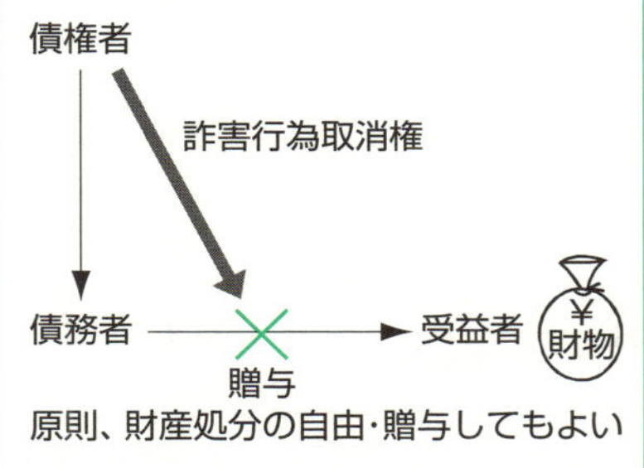

⑵　債権者代位権

➡『債権総論』5章2節

←「被保全債権」とは
←「被代位権利」とは
←「債権者代位権」とは

債務者が自己の有する権利を行使しないことがある。そこで、債権者は自己の債務者に対する債権(これを**被保全債権**という)を保全するために、債務者に属する権利(これを**被代位権利**という)を行使することができるのである。これを**債権者代位権**とよぶ(423条1項本文)。

序－56

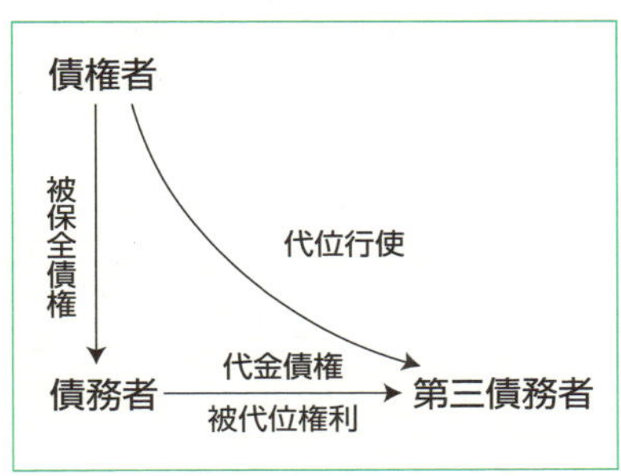

たとえば、債務者が他の第三者に対して100万円の売買代金債権をもっていたとします。債務者は、自分でその債権を請求しても、すぐに債権者にもっていかれてしまうので、請求せずに放置しています。ところが、債務者がその債権を請求しないと、その債権は消滅時効にかかってしまい、結局債務者の責任財産が減少してしまうことになる場合があります。そこで、債権者は、債務者に代わってその第三者に100万円を請求できることとしました。これが債権者代位権です。

⑶　詐害行為取消権

➡『債権総論』5章3節

←「詐害行為取消権」とは

詐害行為取消権とは、債務者が債権者を害することを知ってした行為の取消しを、債権者が裁判所に請求することができる権利をいう(424条1項本文)。**債権者取消権**ともいう。

債務者が自己の有している財産を財産隠しなどの目的で、第三者に贈与してしまったとします。本来ならば、債務者の財産しか責任財産にならないので、第三者に譲渡された財産に関しては、債権者はいっさい強制執行していくことができないはずです。しかし、それでは強制執行されそうになった債務者がみずからの財産をすべて知り合いなどに贈与することによって、事実上強制執行を免れることを許してしまうことになり、それでは、強制執行制度が立ち行かなくなってしまいます。

そこで、このような場合に、債権者は、債務者に対する被保全債権を保全するために、債務者から第三者に対して行われた贈与契約を取り消すことができるという制度を定めています。これを詐害行為取消権とよぶのです。

序－57

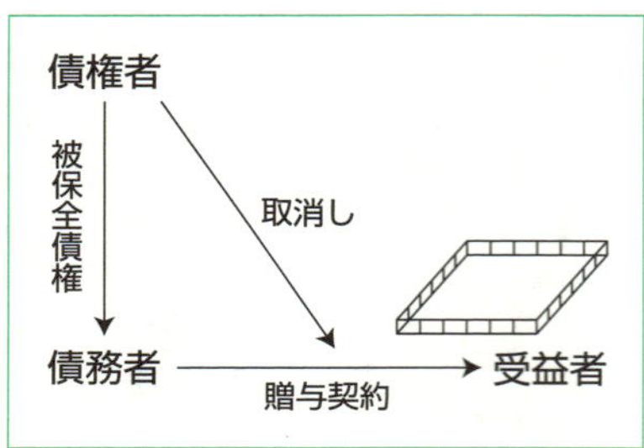

このように、債権者代位権と詐害行為取消権は、債務者の責任財産に不足を生じるおそれがある場合に、債権者が債務者の財産管理に干渉してその**責任財産を保全**することによって、**強制執行の準備**をするためのものであることをおさえておこう。

【3】担保

⑴ 担保の意味

以上のように、債務者の責任財産を保全する制度(債権者代位権と詐害行為取消権)を用意したとしても、いざ強制執行の段階になったならば、債権者はみな自己のもっている債権額に応じて平等に配当を受けることになる。このように、同一の債務者に対して、複数の債権者がいる場合には、すべての債権者は平等に取り扱われなければならないという原則を、**債権者平等の原則**という。この場合には、債権を取得した順番や債権額に応じて優先権があるということはいっさいなく、みな債権額に応じて平等なのである。

← 「債権者平等の原則」とは

たとえば、債務者の責任財産が100万円しかなかったとします。そして、自分が債務者に対して100万円の債権をもっているとします。自分１人しか債権者がいないのであれば、その債務者の100万円はまるまる自分のところへ配当されることになります。ところが、その債務者にはほかにもう１人債権者がいて、その債権者もまた債務者に対し100万円の債権を有していた場合には、各債権者はみずからの債権額に応じて割合的にしか、強制執行の成果を配当してもらうことはできません。すなわち、この場合には、各債権者は50万円ずつの配当しか受けられないことになるわけです。

序－58

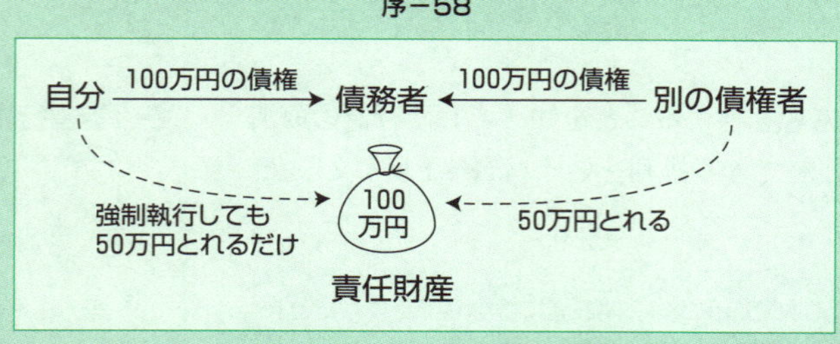

しかし、これでは、債権者は、自己の有している債権を確実に確保することができないから、損害を被ってしまう。そこで、債権者があらかじめその債権を確実に回収できるようにするために、担保というものを設定しておく。

担保には、**人的担保**と**物的担保**との２種類がある。

➡『債権総論』６章５節[1]【1】

⑵ 人的担保

人的担保の典型例は、**保証**である。債権者が担保しようとして有している債権を**被担保債権**(これを債務者の側からみて、**主たる債務**〔**主債務**〕とよぶこと

← 「被担保債権」とは
← 「主たる債務(主債務)」とは

がある)、その債務者を**主たる債務者**(**主債務者**)とよぶ。

保証債務とは、主たる債務者がその債務を履行しないときに、保証人がその履行をする責任を負うという債務をいう(446条1項)。本来、債権は債務者に対してのみ請求することができるが、保証人を立てることによって、保証人にも請求することができるようになり、被担保債権の回収がより確実になるのである。

← 「主たる債務者(主債務者)」とは
← 「保証債務」とは

序－59

債権者
主たる債務
被担保債権
保証債権
主債務者
保証人

ただし、保証などの人的担保は、比較的容易に設定できる利点があるものの、第三者(保証人など)の資力を引当てにする点で担保力の変動が大きいという欠点がある。

保証は、手軽ではありますが、保証人の資力に依存することになるので、担保としての確実性はやや低いのです。

(3) 物的担保

→『物権法』6章1節1

(a) 総説

物的担保の典型例として、**抵当権**があげられる。債権者は本来、債権者平等の原則によって、他の債権者よりも優先して弁済を受けることはできない。そこで、ある特定の物について強制執行してそのうえで優先的に弁済を受けられるような制度が要請される。これが**物的担保の制度**である。

たとえば、債権者が債務者に対する被担保債権からの債権回収を確保するために、債務者が所有する土地に抵当権を設定したとする。このような抵当権は、目的物の経済的な価値(これを**交換価値**という)を把握し、債務者が弁済できないときに、その抵当権の目的物を競売にかけ、その売却代金から優先的に弁済を受けられることになる権利(担保物権)である。

← 「交換価値」とは

(b) 担保物権の効力

→『物権法』6章1節4

(i) 優先弁済的効力

このように、債務の弁済を得られないときには、債権者は目的物を換価したうえ、他の債権者に先立って弁済を受けることができる。物の交換価値を債権者が把握するこうした効力のことを、担保物権の**優先弁済的効力**という。担保物権としての本質的機能は、この優先弁済的効力にある。

← 「優先弁済的効力」とは

優先弁済的効力が担保物権の本質的機能であるとはどういうことでしょうか。これは、排他的な効力を有する物権を設定したからなのです。債権には排他性がなく債権者はみな平等になってしまいますが、物権には排他性があり、自分だけのものと主張できることを思い出してください。

(ii) **留置的効力**

物的担保には、抵当権のほかに、留置権、先取特権、質権などがある。留置権と質権は、目的物を留置、すなわち債権者の手元におくことによって、担保としての機能を果たすものである。これは、債権担保のため目的物を債権者の手許に留置し、債務者に心理的圧迫を加えることにより債務の弁済をうながす担保物権である。すなわち、物の使用価値を債権者がとりあげるものであり、これを担保物権の**留置的効力**という。

← 「留置的効力」とは

なお、先取特権と抵当権には、このような留置的効力は認められていません。

そのほか、**収益的効力**というものがあります。これは、担保物権のなかで、債権者が目的物からの収益により優先弁済を受けるものであり、質権のうち不動産質権がこれを有しますが、あまり活用されていませんので、例外的効力にとどまるものです。

← 「収益的効力」とは

ここで、人的担保と物的担保に共通する概念として、付従性と随伴性があげられますので、説明しておきます。

➡ 『物権法』6章1節3【1】【2】、『債権総論』6章5節1【2】(3)、(4)

付従性とは、主たる債務が発生しないかぎり、保証や抵当権などの担保も発生しないし、主たる債務が弁済によって消滅したような場合には、保証や抵当権もまた消滅するということをいいます。

← 「付従性」とは

序−60

随伴性とは、主たる債務の債権者がその債権を譲渡することによって、保証債務や抵当権なども一緒に移転することをいいます。主たる債権とともに移転することを、随伴性とよぶわけです。

← 「随伴性」とは

序−61

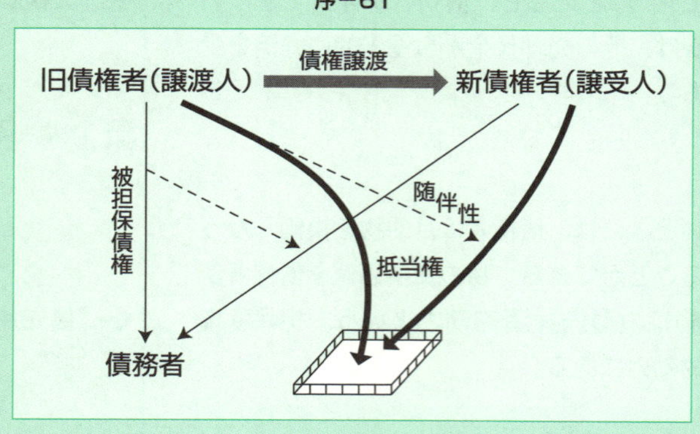

(c) **担保物権の内容**

➡ 『物権法』6章1節1、2

ここで、各担保物権の内容を簡単に概観しておこう。

担保物権とは、債務者または第三者に属する財産のうえに、債権の履行の確保のために債権者が優先的に権利を行使することが法律上認められる物権をいう。このような担保物権には、抵当権や質権のように、当事者間の設定行為によって

← 「担保物権」とは

はじめて生じる**約定担保物権**と、留置権や先取特権のように、一定の立法政策に基づき、法律上当然に生じる**法定担保物権**とがある。

← 約定担保物権と法定担保物権

(i) 抵当権(369条以下)

➡『物権法』7章

← 「抵当権」とは

抵当権とは、債務者または第三者が占有を移さないで債務の担保に供した不動産につき、抵当権者が他の債権者に先立って、自己の債権の弁済を受ける権利をいう(369条1項参照)。

抵当権は物的担保の代表格であり、その最大の特色は、目的物の占有を設定者の手元にとどめたままの担保であり、担保権者に優先弁済権があるという点である。また、対象は、不動産にかぎられる(動産抵当は民法では認められていない)。

序－62

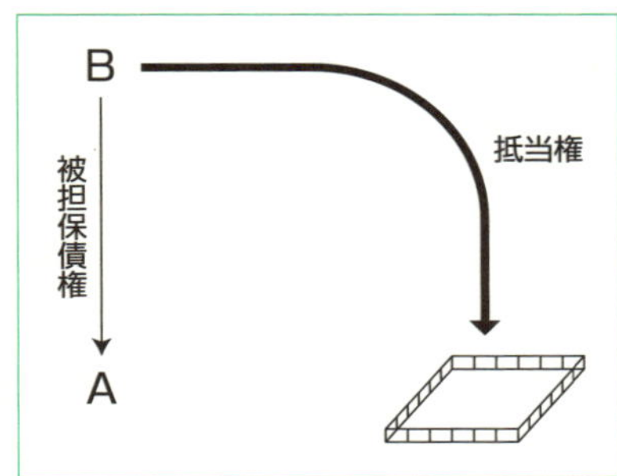

ここでは、まず抵当権のイメージをつかんでもらうために、どのように抵当権が設定され、どのようにして抵当権者は優先弁済を受けるのか、すなわち抵当権の成立から実行までについて、「Aが、Bに対する債務を担保するために、自己所有の土地に抵当権を設定した」というケースを例にとって概観することにします。

まず、①AとBとの間で、抵当権設定契約が締結されます(ただし、抵当権設定者は、必ずしも債務者自身である必要はなく、債務者以外の第三者でもかまいません。債務者以外の第三者が抵当権を設定した場合を、**物上保証**といいます)。この場合には、抵当権の登記がなされるのが通常です。

← 「物上保証」とは

次に、②抵当権が設定された後でも、抵当権が実行されるまでは、A(設定者・債務者)は抵当権の目的物を占有し、従前どおり使用収益を続けることができます(非占有担保)。

そして、③Aは、もし土地の価格がB(抵当権者・債権者)に対する債務の額を上回っているのであれば、同じ土地に重ねてCのために抵当権を設定することもできます(Cは、2番抵当権者となります)。

序－63

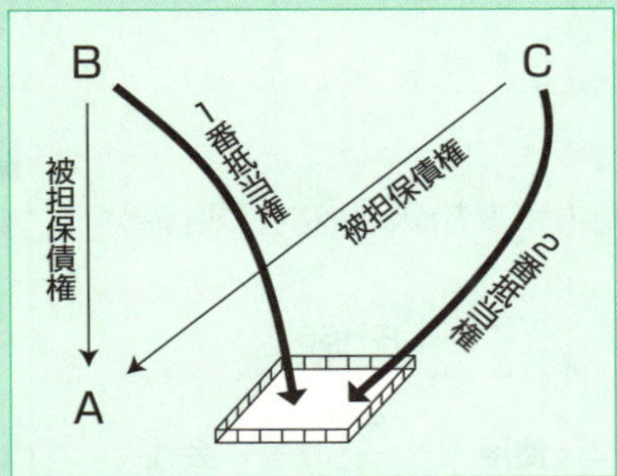

その後、④もし、Aが債務を弁済しなければ、Bは、裁判所に対し、抵当権の実行を申し立てます。抵当権が実行されれば、土地に設定されていた抵当権はすべて消滅します。

⑤売却代金は、裁判所の作成した配当表に従って債権者の優先順位に応じて配当されます。抵当権者に優先的に配当した残りは一般債権者に配当され、もし、配当に参加したす

べての債権者に弁済してなお残額があれば、債務者に返還されます。

(ii) 質権(342条以下)

➡『物権法』8章

←「質権」とは

質権とは、担保の目的物の占有を債権者(質権者)に移転して、債権者(質権者)は、弁済があるまでこの目的物を留置して、間接的に弁済を強制するとともに、弁済がない場合には、この目的物につき、他の債権者に優先して弁済を受けるという約定担保物権をいう。

債務者たる質権設定者は目的物を利用できなくなり、質権者は弁済を受けるまで目的物を留置することで弁済を間接的に強制することができる。

序−64

質屋 —貸金債権→ 債務者

質屋 ↓質権

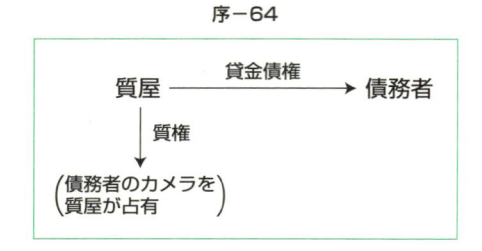

(債務者のカメラを質屋が占有)

(iii) 留置権(295条以下)

➡『物権法』9章

←「留置権」とは

留置権とは、他人の物を占有している者が、その物に関して生じた債権を有する場合に、その弁済を受けるまでその物を留置することによって、債務者の弁済を間接的に強制することのできる担保物権をいう。

目的物に関して生じた債権について法律上当然に発生するものなので、法定担保物権の一種である。この留置権には、被担保債権が弁済されるまで目的物を留置しておく留置的効力があるが、優先弁済的効力(優先弁済権)はない。

なお、売買契約のような双務契約においては、代金の支払があるまでは目的物を留置しておけるという点において、**同時履行の抗弁権**(533条)と同様の機能を果たす。

序−65

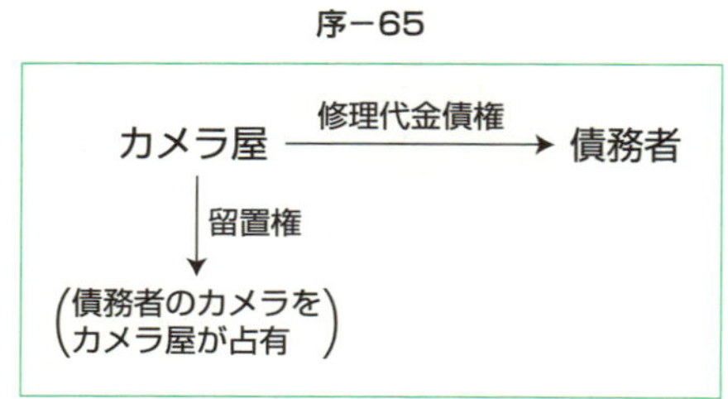

(iv) 先取特権(303条以下)

➡『物権法』10章

←「先取特権」とは

先取特権とは、法律の定めのある特殊の債権を有する者が、債務者の財産から優先弁済を受ける権利をいう。

序−66

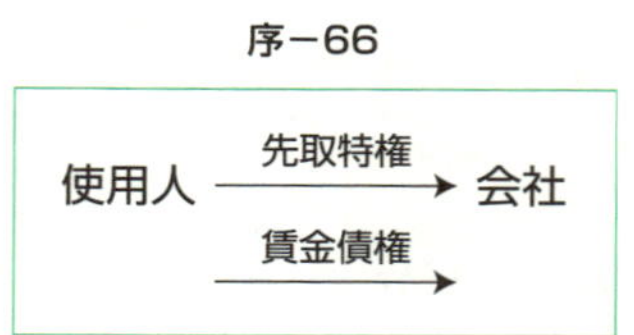

法律に定めた一定の債権を担保するため、優先弁済的効力(優先弁済権)を生じる担保物権であり、法律の規定により当然に発生する法定担保物権である。たとえば、使用人の給料はその会社が倒産したときでも、優先的に支払ってもらえることになっている。これは、法律上、先取特権があるとされているからである。

序章……民法入門

3. 民法の考え方

1 法的三段論法

民法も法律であるから、**法的三段論法**という手法を使って、紛争を解決していくことになる。すなわち、規範を定立して、その規範に事例で問題となっている事実をあてはめて、解決をしていくわけである。このときに、規範となるべき法律の内容が明らかでない場合に、それをはっきりさせることを**法律の解釈**という。

← 「法律の解釈」とは

これに対して、小前提たる事実、すなわち当事者がどのような法律行為(契約など)をしたのかがはっきりしないときに、それを明らかにする作業を**法律行為の解釈**とよび、法律行為の解釈とは、法律行為の内容の確定・補充をいう。

← 「法律行為の解釈」とは

法律の解釈と法律行為の解釈とは、意味が違うので注意をしてほしい。

序－67

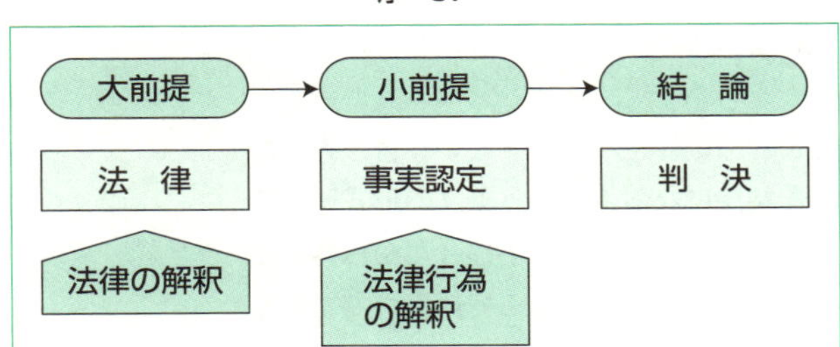

たとえば、背信的悪意者排除論(背信的悪意者論)があるとします。177条の「第三者」の解釈です。判例が、「第三者」を、(当事者および包括承継人以外の者であって、かつ、)登記の欠缺を主張するにつき正当な利益のある第三者に限定すると制限解釈し、背信的悪意者は「第三者」から排除されるべきだというのが大前提での法律の解釈です。

具体的な問題において、この人は背信的悪意者にあたるのかという認定をするのが小前提での法律行為の解釈になります(法律行為の解釈については、後に詳しく説明します)。

→ 4章1節3

2 民法の思考方法

民法の思考方法(考え方)について、次の4点をあげておく。常に意識して勉強してほしい。

【1】 価値判断と法律構成

民法のような私法は、市民社会のルールなので、市民の感覚に合う必要がある。民法などの民事に関連する紛争を**民事紛争**というが、これが起こったときに、裁判官はまず当事者の言い分をよく聞いて、もっとも妥当で公平な結論を探すこ

← 「民事紛争」とは

とになる。そして、次にそれを理論づけるための法律を探すのである。つまり、法律によってその結論を正当化するのである。

序－68

価値判断

紛争 ――――→ 解決

法律構成

要するに、結論が先にあって、法律はそれを説得するための手段として機能するといってもよい。法律的な説明の仕方のことを**法律構成**といい、妥当な結論のことを**価値判断**ということもある。民法を勉強するときには、こうした結論の妥当性(価値判断)が先にあって、それを説得するための法技術として法律構成があるという感覚になじむことが大切になってくる。極論すれば、あくまでも法律は結論を説得するための法技術にすぎないのである。もちろん、バランスのとれた結論というのはいったい何か、という価値判断がまず先になければならない。

←「法律構成」とは

←「価値判断」とは

このように、民法の勉強においては、価値判断と法律構成との区別をしっかりと意識できるようになることが重要である。

【2】原則修正パターン

前述した価値判断と、それを説得するための法律構成という発想は、具体的には、**原則修正パターン**という考え方として現れてくる。

何度か改正されているとはいえ、そもそも民法は明治時代にできた法律であり、それをそのまま適用するとどうしても時代に合わないという場面もでてくる。その場面を現在の感覚に合うように、解釈によって修正していかなければいけない。それが法律家の仕事である。

これを判決や試験の答案にあてはめると、原則修正パターンという書き方となる。条文を形式的に適用するとこのような結論になる、という条文の形式適用の結果をまず指摘する(原則)。次に、それでは価値判断として不都合だから修正をしなければいけない、という修正の必要性を示す。実は、ここで結論がでているわけである。そして、最後にどのようにしてその修正した結論を論理的に法律構成すべきだろうかというところで法律の解釈を示す(法律構成)。ここは許容性といってもよい。

以上のように、条文の形式適用としての原則、原則を修正する必要性としての価値判断、そして原則を修正することができる許容性としての法律構成という順序で判決や答案を書いていくことになる。

序－69

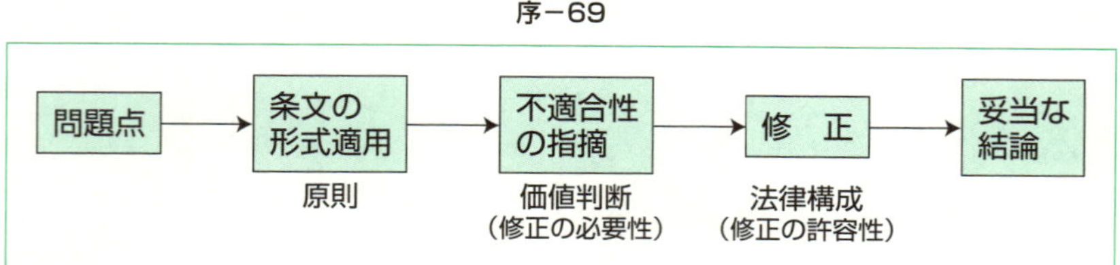

なお、このパターンで考えるときには、民法の条文を形式的に適用したときにどのような結論になるのか、ということをしっかりと学んでおかなければならない。本来の条文の予定しているところをしっかりと指摘できるかは説得力に大きく影響する。そのうえで、価値判断としてそれではおかしい、というきわめて常識的な判断がつくようにしなければならない。そして最後に、その価値判断を理

論づけるための法律構成として、条文の解釈による修正というものを行うことになる。この修正の際に、類推解釈や反対解釈などを行っていくことになる。

ここで、改めて法の解釈について言及しておきます。

法の解釈としては、まず文理解釈（文言解釈）と論理解釈があげられます。**文理解釈**は、条文の普通の意味に従うものであり、通常の一般的な解釈方法です。**論理解釈**は、必ずしも文字だけにこだわらずに論理的に解釈しようとするものです。すなわち、民法全体を論理的に構成してそのなかに各条文を位置づけ、全体的調和のもとで当該条文の意味内容を得ようとする解釈方法です。これらは、条文を形式的に適用する場合に使われる解釈といってよいでしょう。

これに対して、修正する際には、類推解釈などさまざまな解釈がとられます。

類推解釈は、類似したＡとＢの２つの場合について、Ａについてだけ規定がある場合において、Ｂにも同様の解釈を認めるものであり、他方で、**反対解釈**は、この場合に、Ｂには同様の解釈を認めないものです。しかも、これらの解釈は、法の適用範囲という意味においては、対象を拡張したり、縮小（限定）したりするものですから、**拡張解釈**や**縮小解釈**（**限定解釈・制限解釈**）ともなりうるのです。

法律の解釈をしている際には、常に、どのような解釈をしているのか意識してみてください。

また、この修正のための法律構成として使われることが多いのが、**信義誠実の原則**、**信義則**（１条２項）と**権利濫用の禁止**（１条３項）である（詳しくは、後に触れる）。これらは、**一般条項**とよばれるが、具体的に紛争を解決するための法律や条文がない場合に、最後の手段として活用される。

➡ １章１節④【2】、【3】

【３】必要性と許容性

民法をはじめとする法律の答案のなかで、理由づけを書かなければいけない場面が多々ある。論点の理由づけを考える際には、いつも**必要性**と**許容性**という視点をもっておくと、有効である。なぜ、そのような解釈が必要なのか。そしてまた、なぜそのような解釈が可能なのか、というこの２点を考えるわけである。

先の原則修正パターンでは、価値判断が修正の必要性で、法律構成が修正の許容性ということになる。

【４】効果から考える

民法の問題は、効果から考えていくと、うまく整理できる場合が多い。たとえば、カメラを買ったところ、ちょっと気のつかないところに故障があったとする。そうすると、買主としてはどのような手段を採ることができるかということが問題となる。この場合に、買主としてとることができる方法、すなわち効果をまず考えるわけである。

たとえば、契約を解消（解除）して代金を返してもらったり、損害賠償を請求したりすることや、代金が未払いであれば、その支払を拒むことや故障のないカメラを引き渡してもらうことなど、効果（買主がしたいこと）を考えたうえで、そのような効果を生じさせるためには、どのような要件をみたす必要があるのか、ということを考えていくわけである。

このように、民法の問題を検討する際には、常に効果から考えていくという癖をつけておくと、民法全体を視野に入れた勉強をすることができるようになる。たとえば、損害賠償請求といった場合には、債務不履行に基づく損害賠償請求や不法行為に基づく損害賠償請求などがすぐに思い浮かべられるようになる。

3 民法学習の視点

このようにして、民法全体を常に視野に入れて考えることが大切である。たとえば、債権、物権を常に視野に入れて考えることが大切である。民法の規定は相互に関係し合っている。先ほど見たように同じ効果を生じさせるためにも、いろいろな方法がある。そこで、常に民法全体を視野に入れて民法全体から考えることが必要となる。

民法は、総則、物権、債権、親族、相続という5つのパートに分かれていると説明したが、これらを分断して理解するのではなく、常に一体として考えていくことが必要である。たとえば、売買契約ひとつとっても、実は、総則、物権、債権にまたがった知識が必要になる。条文上、売買契約は債権の一部にでてくる(555条以下)。しかし、そこだけを考えても、売買契約における問題を解決できないことは、これまでのところをみても明らかであろう。

常に民法全体を意識すること。これが、民法を学んでいくうえではもっとも重要なことである。

4 法制執務用語(法令用語)について――条文の読み方

日本語としてはいずれを使用しても構わないが、法制執務用語(法令用語)としては、意図的に使い分けがなされている場合がある。これをある程度知らないと、条文が正確に読めないことになる。そのすべてをあげることはできないが(詳しくは右欄の文献をひもといてほしい)、特に知っておくべき基本的な用語を指摘しておくことにする(なお、本書では、接続詞は、条文や判例などの引用の場合を除いて、[および]、[ならびに]、[または]、[もしくは]というように、ひらがなで表記している)。

→「最新法令の読解法」、「条文の読み方」参照

【1】[及び]と[並びに]

⑴ 並列型

単純に並列するときは、[A及びB]、[A、B、C及びD]として**及び**のみを用いる。ただし、体言が並ぶときは[及び]の前に読点(、)を打たないが、用言が並ぶときは読点を打つ。

⑵ 階層型

[及び]と[並びに]が複数のレベルで構成されているときは、1番小さな段階に1回だけ[及び]を用い([及び]は常に最小単位の接続のことをさす)、それより大きい段階には、すべて[並びに]を用いる。

e.g.688条の見出し

清算人の職務及び権限並びに残余財産の分割方法

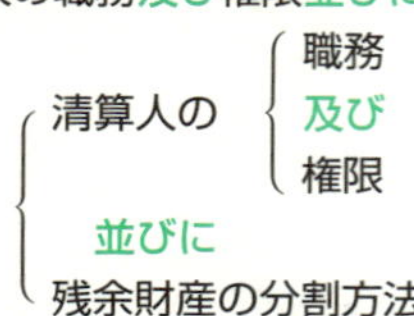

【２】［又は］と［若しくは］

⑴　並列型

単純に並列するときは、［Ａ又はＢ］、［Ａ、Ｂ、Ｃ又はＤ］として**又は**のみを用いる。

ただし、体言が並ぶときは［又は］の前に読点（、）を打たないが、用言が並ぶときは読点を打つ。

⑵　階層型

［又は］と［若しくは］が複数のレベルで構成されているときは、１番小さな段階に１回だけ［若しくは］を用い（［若しくは］は常に最小単位の接続のことをさす）、それより大きい段階には、すべて［又は］を用いる。

e.g.138条

「期間の計算方法は、法令若しくは裁判上の命令に特別の定めがある場合又は法律行為に別段の定めがある場合を除き、この章の規定に従う。」

法令（特別の定めがある場合）
若しくは
裁判上の命令に特別の定めがある場合
又は
法律行為に別段の定めがある場合

【３】［場合］、［とき］、［時］

⑴　［場合］と［とき］

(a)　原則

［場合］と［とき］は、いずれも、仮定的条件を表す用語であり、［とき］も、時点や時間を表すものではなく、［場合］と同じ意味で使用する。

原則として、［場合］と［とき］のどちらを使ってもよい。

(b)　例外――２つの条件を重ねる場合

２つの条件を重ねる場合には、最初の大きな条件は［場合］で表し、次の小さな条件には［とき］を用いる。

e.g.201条

「占有保持の訴えは、妨害の存する間又はその消滅した後１年以内に提起しなければならない。ただし、工事により占有物に損害を生じた場合において、その工事に着手した時から１年を経過し、又はその工事が完成したときは、これを提起することができない」

⑵　［とき］と［時］

［とき］には、時間的概念としての意味がないのに対し、漢字の［時］は、ある時点を瞬間的に捉えておさえる場合に用いられる（⑴(b)も参照）。

e.g.116条

「追認は、別段の意思表示がないときは、契約の時にさかのぼってその効力を生ずる。ただし、第三者の権利を害することはできない」

【４】［その他の］と［その他］

⑴　［その他の］

［その他の］は、後ろに続く語句が前におかれる語句を含む、より広い意味を示す場合に用いられる。要するに、前におかれる語句は、後ろに続く語句の例示ということになる。

e.g. 1．34条

「法人は、法令の規定に従い、定款その他の基本約款で定められた目的の範囲内において、権利を有し、義務を負う」

○「定款」は、「基本約款」の例示

2　33条2項

「学術、技芸、慈善、祭祀、宗教その他の公益を目的とする法人、営利事業を営むことを目的とする法人その他の法人の設立、組織、運営及び管理については、この法律その他の法律の定めるところによる」

○「学術、技芸、慈善、祭祀、宗教」は、「公益」の例示

○「公益を目的とする法人」、「営利事業を営むことを目的とする法人」は、「法人」の例示

○「この法律」（民法）は、「法律」（全般）の例示

⑵ 「その他」

⑴に対して、「その他」は、その前後の語句を並列の関係で並べる場合に用いられる。

e.g.145条

「時効は、当事者（消滅時効にあっては、保証人、物上保証人、第三取得者その他権利の消滅について正当な利益を有する者を含む。）が援用しなければ、裁判所がこれによって裁判をすることができない。」

○「保証人」、「物上保証人」、「第三取得者」と「権利の消滅について正当な利益を有する者」とは並列（前三者は後者の例示ではない）

キーワードチェック

次の基本概念を自分の言葉で説明してみよう。

うまく言えたら次に進んでみよう。はっきりしないときはもう一度確認を。こうした概念をはっきりさせてから先に進もう。Festina lente（ゆっくりいそげ！）

□法律関係
□契約
□人　　権利能力　　意思能力　　行為能力
□不動産　　従物
□売買契約が有効に成立した場合の効果は
□物権とは
□債権とは
□債権の発生原因を４つ
□事務管理
□不当利得
□不法行為
□契約の成立要件
□契約の有効要件
□有効、無効、取り消しうるとは
□心裡留保の意義と効果は
□（通謀）虚偽表示の意義と効果は
□比較衡量の際に重要な民法上の２つの価値は
□錯誤とは
□代理の要件は
□条件とは　期限とは
□物権の性質を２つ　　その内容は
□対抗要件主義とは
□背信的悪意者とは
□公示の原則と公信の原則
□即時取得（善意取得）
□物権の種類
□特定物と不特定物
□同時履行の抗弁権
□履行　　弁済
□相殺
□自働債権　　受働債権
□債務不履行
□危険負担
□受領遅滞
□責任財産
□債権者代位権
□詐害行為取消権
□人的担保の具体例
□物的担保の具体例

第1章……民法総説

1. 民法総説

1 民法の全体構造

【1】民法の全体像の確認

→ 序章3節3

これから民法の本体の勉強に入っていくが、序章の民法学習の視点のところで触れたように、民法の勉強をしていく際には、民法全体を常に視野に入れておく必要がある。

図1－1を見てほしい。

1－1

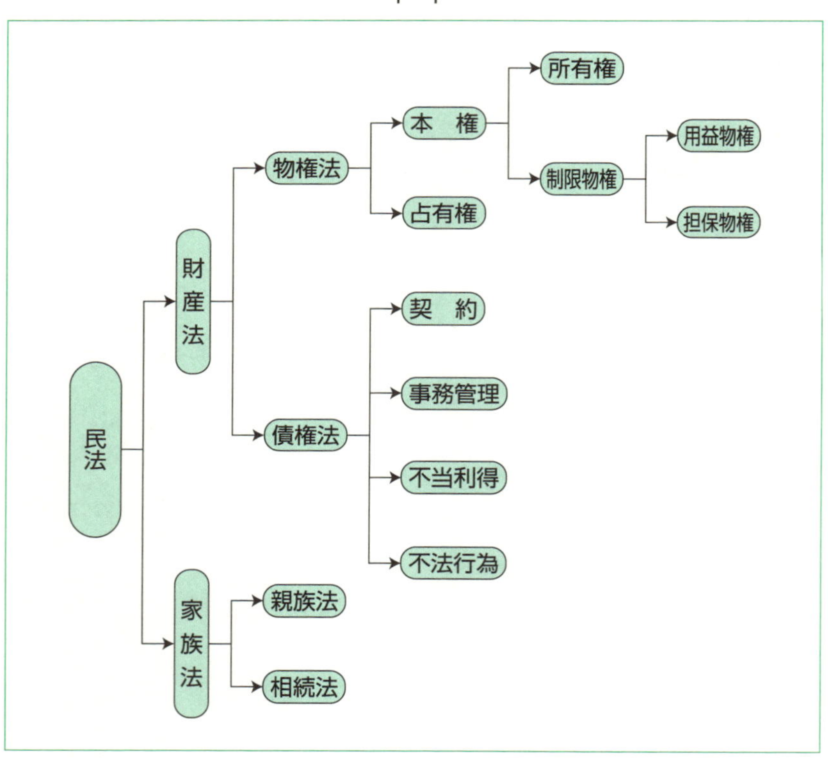

民法は、市民の生活関係を、大きく**財産法**と**家族法(身分法)**とに分け、前者を**物権法**と**債権法**とに分け、後者を**親族法**と**相続法**とに分ける。

わたしたちの市民の生活関係(衣食住の生活)は、おおざっぱにいえば、物を支配するというような物との関係と、約束事を含めた人とのつながりから成り立っています。前者の中心が**所有権**、後者の中心が**契約**であり、これらは民法の二大支柱といわれています(この点は、2でも触れます)。これが、財産法の内容です。

財産法についてみていくと、まず、物権法は、更に**本権**に関する部分と**占有権**に関する部分とに分けられる。本権は、**所有権**と**制限物権**とに分かれ、制限物権は更に、**用益物権**と**担保物権**とに分かれる。物権法では、こうした物権の分類のほかに、物権変動が中心テーマになる。

> 上記の概念を少し説明しますと、本権とは、物を支配する権原を本体とする権利をいい、占有権に対比して用いられる権利です。占有権は、占有しているという事実状態をそのまま保護しようとする制度をいい、物を支配する権原は必要とされません。
>
> 所有権は、**使用**、**収益**、**処分**という支配権のすべてを有している**全面的支配権**である(206条)のに対し、制限物権は、使用、収益、処分という支配権の態様が一部に制限(限定)される物権です。
>
> 制限物権のうち用益物権は、支配権の態様が**使用**と**収益**に限定される物権です(そのため、用益物権とよばれるのです)。これに対して、担保物権は、債権を保全することを物権の効力に依拠して達成しようとする物権です。担保物権は、債権が弁済されない場合に、担保に供された物を売却、換価してしまうことができる物権ですから、支配権の態様からみれば、**処分**の権限を有する物権となるのです。

次に、債権法の分野では、**契約**、**事務管理**、**不当利得**、**不法行為**という4つの債権の発生原因が重要である。特に契約は、その効力発生までの過程を分析することが重要となる。そして、これらによって発生した債権がどのような効力をもっているのか、たとえば債務不履行、危険負担、担保責任等のさまざまな問題を分析する必要がある。そして、この債権がどのようにして移転し、また、消滅するのかという過程も勉強していく。民法典は、13種類の契約(典形契約)を規定しているが、そのなかでは、売買契約、賃貸借契約、請負契約が特に重要である。また、この債権のなかで特に、金銭債権の履行をどのように確保していくのかという方法が、債権の保全と債権の担保である。このように、債権法は、債権の発生、債権の効力、そして債権の履行の確保という大きな流れでできあがっているといえる。

以上が財産法の大きな枠組みである。

以上に対して、家族法は、**親族法**と**相続法**とに分かれる。親族法は、親子関係や婚姻関係が中心となる。これに対して、相続法では、どのような財産が相続の対象となり、いかなる手続で相続が行われているのかをみていくことになる。

以上のように、民法は範囲が広いから、しっかりとメリハリをつけて、重要なポイントをまず把握してしまうこと、そして何度も回すこと、それが民法を得意にする秘訣である。

【2】民法総則の位置づけと本書の構成

本書では、民法総則という分野を勉強していくことになるが、民法総則の分野は、民法全体、特に財産法に共通して問題となる部分について規定している。民法総則は、民法全体(特に財産法)の共通項をくくりだしている通則規定である。

> このように、日本の民法は、市民の生活関係を、大きく財産法と家族法(身分法)とに分け、前者を物権法と債権法とに分け、後者を親族法と相続法とに分けたうえで、これらすべてに共通する通則規定である民法総則を定める分類・体系をとっています。これは、ローマ法を基幹とする**パンデクテン体系**(Pandekten System)に由来しています。このことは、序章でも説明しました。

→ 序章1節③【2】

それでは、民法総則は、何を共通項としているのであろうか。

本書に即して説明していくと、この1章1節の民法総説では、民法典の基本原理、民法で扱う権利である私権、私権行使の制限などを検討する。

2章は、私権の主体である自然人と法人をみていくことにする。自然人の分野では、権利能力、意思能力および行為能力という3つの能力を中心に勉強していくことになる。法人の分野では、法人の能力と権利能力なき社団・財団の分野が中心的な学習となる。法人の能力については、権利能力、行為能力および不法行為能力をみていくことになる。

3章では、私権の客体である物について触れておく。

そして、4章では私権の変動、これと関連して、6章では効果帰属要件(代理権)、7章では効力発生要件(条件・期限)など一連の流れをみていく。この流れ、構造をしっかりと把握しておくと、将来、民事訴訟法の学習が非常に効率的なものとなる。なお、5章は、無効と取消しについて改めて整理することになる。

最後に、8章で時効を学習する。ここでは、時の経過によって権利が発生したり(取得時効)、消滅したり(消滅時効)する場面であり、この分野をもって、民法総則の学習が終わる。

2 民法典の基本原則(民法の指導原理)

【1】総説

民法は、前述したように**所有権**と**契約**を二大支柱として構成され、これらが自由と平等の精神に支えられ、**所有権絶対の原則**と**契約自由の原則**として現れる。また、**過失責任の原則**(**過失責任主義**)も民法典の基本原則としてあげられることがある。

この3つの基本原則は、現在ではその反省をふまえ制限がされているが、依然として民法典の根幹をなす基本原則であることに変わりはない。順にみていくことにする。

そのほか、基本原則として権利能力平等の原則をあげる学説もあります。**権利能力平等の原則**とは、個人はすべて完全な権利主体性を認められ、法的に対等なものとして扱われるという原則をいいます。

わが国では、「私権の享有は、出生に始まる」と規定している3条1項が、この原則の現れといわれています(3条1項の内容については、後述します)。

権利能力平等の原則は、現在では当然のことのように思えるかもしれませんが、かつて、奴隷が物と同様に権利の客体とされた時代があったことや、現在においても、いわゆる人身売買とよばれる取引が存在することなどを想起すれば、この原則の重要性は損なわれることがないといえます。

←「権利能力平等の原則」とは

→ 2章1節1【2】(1)

【2】所有権絶対の原則

(1) 意義

所有権絶対の原則とは、所有権にかぎらず、自由競争の結果得られた財産は国家によって尊重され侵されることがないという考え方をいう。**財産権不可侵の原則**あるいは**私的財産権絶対の原則**ともいう。

←「所有権絶対の原則」とは

所有権は物を全面的に支配する権利(全面的支配権)であり、近代社会では、他人はもちろんのこと国家権力といえども、自由にその目的物を支配し、その物に対する権利の行使を侵害してはならない。

憲法29条1項は「財産権は、これを侵してはならない」と定め、これを受けて、民法206条は、「所有者は、……自由にその所有物の使用、収益及び処分をする権利を有する」と規定している。

⑵ その制限

しかし、今日、所有権絶対の原則を強調しすぎると、富める者の自由を重視することになるから、公共の福祉(私権の社会性)や、信義誠実の原則、権利濫用の禁止の適用により、所有権は制限されている。

公共の福祉、信義誠実の原則および権利濫用の禁止の内容については、後に触れます。

憲法29条2項は「財産権の内容は、公共の福祉に適合するやうに、法律でこれを定める」、3項は「私有財産は、正当な補償の下に、これを公共のために用ひることができる」と定めている。また、民法は、「私権は、公共の福祉に適合しなければならない」(1条1項)、「権利の行使及び義務の履行は、信義に従い誠実に行わなければならない」(1条2項)、「権利の濫用は、これを許さない」(1条3項)とし、「法令の制限内」における所有物の使用、収益、処分を規定している(206条)。

➡『憲法』10章3節[3]、[4]

【3】契約自由の原則

⑴ 意義

契約自由の原則とは、契約当事者の自由な意思に従って契約関係が形成されるという原則をいう。

←「契約自由の原則」とは

契約自由の原則は、**私的自治の原則**あるいは**意思自治の原則**(自分の生活関係を自由な意思で律することができるという原則)のもと、自由競争によって能力のある者が自由に財産を取得することができるという考え方に基づくものである。

←「私的自治の原則」とは

このような契約自由の原則の内容は、契約を締結しまたは締結しない自由(**契約締結の自由**。521条1項)および契約の相手方を選択する自由(**相手方選択の自由**。521条1項)、契約の内容を決定する自由(**内容決定の自由**。521条2項)および契約締結の方式の自由(**方式の自由**。522条2項)である。

←契約自由の原則の内容

←平成29年改正

契約自由の原則と次に述べるその制限の具体的な内容は、債権各論で詳しく学ぶことになります。

なお、私的自治の原則と意思自治の原則では多少意味が異なるとされていますが、試験対策という観点からはあまり気にしなくてもよいでしょう。また、私的自治の原則と契約自由の原則の関係については、いろいろな理解の仕方があるとされていますが、本書では立ち入らないことにします。

➡『債権各論』1章1節[2]

➡四宮＝能見・民法総則202頁

⑵ その制限

しかし、今日、契約の自由を強調しすぎると、かえって企業や裕福な人たちの自由だけを尊重することになって、一般市民の利益が害される。そのため、現在においては、多くの点で契約自由の原則に修正が加えられるにいたっている。

上記の各自由について、民法は、「法令に特別の定めがある場合を除き」(521条1項)、「法令の制限内において」(521条2項)、「法令に特別の定めがある場合」(522条2項)と規定して、除外、留保などを定めている。

私的自治の原則と、**公平**という概念は、財産法の分野における解釈の方向性として機能することが多いので、ここで説明していておくことにします。

まず、私的自治の原則（意思自治の原則）は、自分の生活関係を自由な意思で律することができるという原則をいいますが、これは市民社会においては、人が権利を取得したり、義務を負ったりするのは、みずからの意思でそれを望んだときだけであるということを現したものといえます。簡単にいえば、みずからの意思によらなければ権利を取得したり、義務を負ったりすることはないという、憲法の自由主義の経済活動における現れといえます。そして、この私的自治の原則は、**静的安全**の保護の要請を背後から根拠づけることになります。

1－2

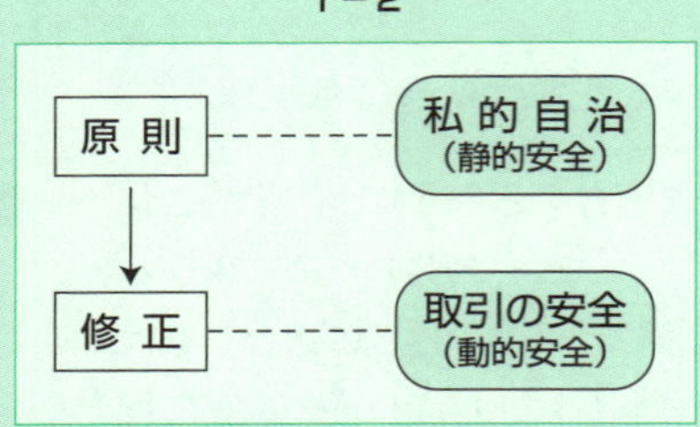

すなわち、私的自治の原則によれば、自分の意思によらなければ財産を奪われることはないのですから、動的安全よりも静的安全が民法の原則となるのです。そして、動的安全（取引の安全）は、あくまでも原則修正パターンを使って思考し、答案を書くうえで、修正原理として使用することになるのです。

次に、公平の概念ですが、憲法14条１項前段は「すべて国民は、法の下に平等であ」ると規定していますが、この考え方が、民法の分野では公平という考え方として現れてくるのです。特に、人々の意思に基づくさまざまな法律関係（契約）ではない分野では、公平という概念がでてくることが多いのです。**不法行為**や**不当利得**では、公平という概念がキーワードとなります。ただし、平成29年改正のもとでは、不当利得の分野では公平（衡平）という概念だけでは説明できないとされています（類型論）。詳しくは債権各論で学習します。

→『債権各論』５章

→『債権各論』４章

いずれにせよ、民法、特に財産法は、ある財産をめぐって、人と人とが争った場合に、その紛争をうまく解決するための法律ですから、そこでは私的自治の原則や公平という考え方がはたらくという視点を理解してください。

【４】過失責任の原則（過失責任主義）

⑴　意義

過失責任の原則（**過失責任主義**）とは、行為者が責任を負わなければならないのは、行為者に故意または過失がある場合にかぎるとする考え方をいう。言い換えると、過失（故意を含む）がなければ、損害賠償責任を負わされることはないという原則である。**自己責任の原則**ともいう。

←「過失責任の原則」とは

個人の自由な活動を理想とした近代法は、行為者の意思を媒介することなしにはその者に責任を帰せしめないものとし、民法も過失責任主義を採用し、過失がなければ不法行為は成立しないと規定している（709条）。すなわち、不法行為に基づく損害賠償請求権が発生するためには、加害者の故意または過失が必要なのである。

→『債権各論』５章序節1【2】

改正前民法下では、従来の通説は、債務不履行における帰責事由（債務者の責めに帰すべき事由、改正前民法415条）を過失責任主義に結び付けて理解していましたが、帰責事由という言葉を抽象的に言い換えたにすぎない等の批判がありました。

平成29年改正民法は、債務不履行に関して、帰責事由＝過失という過失責任主義を否定し、債務の内容等との関係で債務者がなすべきことをしなかったかどうかを問題にすべきという観点から、「契約その他の債務の発生原因及び取引上の社会通念」に照らして帰責事由の有無を判断することを明示しました(415条1項ただし書)。

ただし、この改正の趣旨は、従来の実務運用をふまえ、帰責事由についての判断枠組みを明確化したにとどまり、実務の在り方が変わることは想定されていないと指摘されています。また、415条1項ただし書の規定により、改正前民法下における「債務者の責めに帰することができない事由」の解釈原理が変更されたとまで評価することは困難なように思われるとの指摘もあります。

➡ 部会資料68A・6頁、潮見・改正法68頁

➡ 『債権総論』2章3節[2]【3】

➡ 一問一答75頁

➡ 伊藤・新民法(債権関係)の要件事実Ⅰ139頁

⑵ その制限

今日では、公害訴訟などの事例を考えるとき、過失の有無を問わないで企業の責任を認めてよい場合がありうる。

鉱業法や大気汚染防止法、製造物責任法などの法律は無過失責任を定めている。また、民法には、原則として行為者(加害者)側の責任を認めつつ、一定の場合に免責を認める条文(中間責任)もある(民715条など)。

➡ 『債権各論』5章3節[6]

これらの無過失責任や中間責任は、利益の帰するところに損失もまた帰するという**報償責任**や、危険源を創造したり管理したりしている者は、その危険源から生じた損害について責任を負担しなければならないという**危険責任**を根拠にしている。

➡ 『債権各論』5章序説[1]【2】、3節[2]、[3]

3 私権

【1】意義

私権とは、私法上の権利をいう。公法上の権利を意味する**公権**と対をなす概念である。

← 「私権」とは

私権の確立は、近世の個人主義、自由主義に基づくものであり、その結果、私権は絶対的であり、不可侵のものとされるにいたった。

法律関係は、権利と義務とが対峙する構造(権利義務関係)であり、私法上の法律関係における権利が私権である。民法では、義務よりも権利(私権)を中心に構成されている(1条1項、3条1項等参照)。

【2】分類

私権には、いくつもの分類の仕方があります。そのいくつかを紹介しておきます。なお、これらの分類について、現時点では、おおよそのイメージがもてればよいです。ここで必ず記憶しようと思わずとも民法を学習していくと、何度もでてくるので自然と頭に入ることでしょう。

(1) 権利の内容からみた分類

私権は、その内容をなす生活上の利益を標準として、財産権、身分権および人格権に分けられる(身分権と人格権をあわせて、非財産権ということもある)。

(a) 財産権

財産権とは、財産上の利益を内容とする権利をいう。民法以外の領域では、著作権や特許権などのような知的財産権(無体財産権)も重要であるが、民法上は、財産権は**物権**と**債権**とに分けられる。

← 「財産権」とは

民法の財産法は物権と債権をめぐる法律問題ですから、民法を勉強するうえでは、物権とは何か、債権とは何かということが、非常に重要な役割を果たすことになります。この物権と債権の具体的なイメージをしっかりともっておくことが大切なので、ここで少し詳しく説明します。

物権とは、物に対する支配権をいい、債権とは特定の人(債務者)に対して一定の行為を要求しうる権利をいいます。

← 物権の特徴 絶対性と排他性

つまり**物権**というのは、物を直接支配する権利ということです。「これは私の所有物だ。ここの土地に私は抵当権を付けている」というふうに、具体的に直接その物を支配することになるわけで、だれに対しても主張することができます。だれに対しても主張できるということは、絶対権ということであり、**絶対性**があるといいます。そしてまた、「この土地は私の土地だ。私の所有権があるんだ」と言ったら、その他の人は、その土地の所有権を取得できず、主張もできません。「私だけのものだ。他の人は出ていってくれ」と言えます。同一の物の上に同一内容の複数の物権は存在しえないという意味です。これを物権の**排他性**とよびます。

1－3

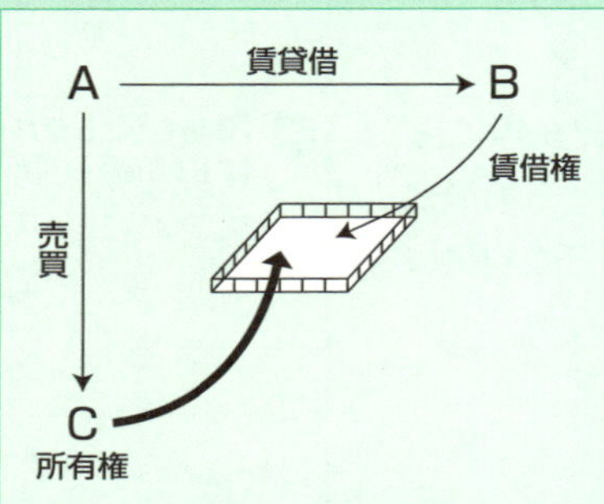

← 物権の優先的効力の具体例

さらに、同じ内容の物権と債権が同じ物の上に成立するときは、物権が優先します。これを物権の**優先的効力**といいます。たとえば、「これは私がＡさんから買ったんだから私の所有地だ」と主張するＣさんの所有権と、「その土地は、Ａさんから借りましたよ」というＢさんの賃借権がぶつかったとしましょう。１つの土地ですからＢさんとＣさんと２人がその土地をそれぞれ全部使うわけにはいきません。どちらかの主張をとると、もう一方はその土地を使えないことになります。所有権は物権で、賃借権は債権です。このような場合は、所有権という物権のほうが優先するのです。これを物権の優先的効力といいます。

← 債権の特徴

以上に対して、**債権**は、人に対して一定の行為を要求しうるだけの権利です。要求しうるだけですから、債務者のほうが、「わかりました。じゃあそれに従いましょう」と言ってくれないかぎりは、これは何も意味をもたないことになります。そこで、債権というのは、あくまでも債務者に対してしか主張しえないという意味で、相対権であり、債権は**相対性**をもっているということになります。さらに、債権には**排他性**がありません。つまり、同じような内容の債権というものを多くの人が、併存して複数もつことができるのです。たとえば、ＢさんがＡさんに甲土地を売り、ＡさんはＢさんに甲土地引渡請求権をもっていたとします。この場合に、後にＢさんがＣさんにも甲土地を売ったとすると、ＣさんもＢさんに対して甲土地引渡請求権を有するといえるのです。ですから、甲土地を引き渡せという債権は、ＡさんがＢさんに対してもつこともできるし、同時にＣさんがＢさんに対してもつこともできるわけです。このように債権には排他性がありません。

→ 『債権各論』２章６節[1]【3】(1)(a)

また、債権は、前述したとおり、物権に負けてしまいます。これは「売買は賃貸借を破る」などという標語で表現されることもあります。ただし、この債権が物権に負けてしまうという性質には例外があります。**不動産賃借権**という債権だけは、その不動産賃借権の登記を備えることによって、物権に優先するような力をもつことができるようになります(605条)。また、借地権、借家権の場合にも、例外的に物権に優先することができる場合が規定されています(借地借家10条、31条)。

→ 近江・講義Ⅰ20頁

そのほか、財産権の内容として、社員権や管理権(財産管理権)をあげる立場もありますので、紹介しておきます(ただし、管理権は、次にあげる「(2)権利の作用(法律上の力)・行使からみた分類」に位置づけられることもあります)。

← 「社員権」とは

→ 『会社法』１章２節[1]【2】(2)

社員権とは、法人のうち社団法人の構成員が有する団体上の権利をいいます。会社法の分野では、株式会社における社員（株主）の地位を**株主権**といい、剰余金配当請求権や残余財産分配請求権などの自益権、議決権や監督是正権などの共益権が重要な内容となっていますが、民法（一般法人法）上の社員権は、それと比べると経済的にはそれほど重要な役割を果たしていません。社員については、２章の法人のところで学びます。

管理権（財産管理権）は、処分権に対して、他人の財産における保存、利用・改良行為（管理行為）という意味で用いられたり（28条前段、103条、953条等）、処分権や代理権を含む意味で用いられたりすることがあり、その概念は必ずしも確立していないと指摘されています。

親権者の財産管理権（824条本文）や後見人の財産管理権（859条１項）は、自然人の行為能力のところや親族法の分野で学習します。

→ ２章２節[2]【１】(1)
←「管理権」とは
→ 近江・講義Ⅰ20頁
→ 四宮・民法総則27頁
→ 川井・民法総則16頁
→ ２章１節[3]【２】(2)(b)、【３】(2)(b)
→ 『親族・相続』４章１節[2]【７】、５章１節[2]【３】(2)(a)

(b) 身分権

身分権とは、身分上の利益を内容とする権利をいう。夫婦、親子、相続などをめぐる権利である。

←「身分権」とは

２条は、「この法律は、**個人の尊厳**と**両性の本質的平等**を旨として、解釈しなければならない」と規定しているが、この規定は特に身分権について尊重されよう。

２条は、憲法24条（家族生活における個人の尊厳と両性の平等）の規定を受けて、1947（昭和22）年に追加された規定です。

→ 『憲法』７章２節[3]【３】(3)

(c) 人格権

人格権とは、人格上の利益を内容とする権利をいう。民法上、身体、自由、名誉（710条）、生命（711条）のような人格上の利益が明文で保護されているが、それ以外の貞操、プライバシーなどについても、権利または法律上保護された利益が認められる。

←「人格権」とは
→ 『債権各論』５章１節[2]【２】(6)(7)

人格権の侵害があった場合には、損害賠償請求のほか、侵害行為の差止請求が認められることがある（判例）。これらは、不法行為の分野で学習する。

→ 最大判昭和61年６月11日（百選Ⅰ４事件）

(2) 権利の作用（法律上の力）・行使からみた分類

私権は、権利の作用あるいは権利の行使のしかたから、支配権、請求権、形成権および抗弁権に分けられる。

(a) 支配権

支配権とは、一定の客体（物、知能的作物など）について直接に支配力を及ぼし、また、他人の干渉を排除しうるという意味において、支配的作用を本質とする権利のことをいう。言い換えれば、権利者の意思だけで権利の内容を実現できる権利であり、これが支配という意味である。

←「支配権」とは

たとえば、所有権その他の物権のほか、著作権や特許権などの知的財産権や人格権もこれに属する。

(b) 請求権

請求権とは、一定の人に対して一定の行為（作為または不作為）をなすべきことを求めうる請求的作用を本質とする権利のことをいう。言い換えれば、他人の行為（作為のみならず不作為でもよい）を媒介として、はじめて権利内容を実現することのできる権利である。

←「請求権」とは

たとえば、金銭の給付を求める債権、土地の利用を求める賃借権などのほか、不法占拠者に対して明渡しを求める所有者の権利（物権的請求権、物上請求権）がこれに属する。

(c) 形成権

形成権とは、権利者が自分だけの意思表示によって一方的に法律関係を発生、変更、消滅せしめるという意味で、形成的作用を本質とする権利をいう。言い換えれば、相手方の行為を必要とせず、一方的な意思表示だけで新たな権利状態を形成することのできる権利である。

← 「形成権」とは

たとえば、取消権(120条以下)、解除権(540条以下)、予約完結権、地代等増減請求権(借地借家11条)、借賃増減請求権(借地借家32条)などがこれに属する。

形成権は、合意によって法律関係が形成されるという民法の原則に対する例外的な権利であるから、法律の規定または合意(たとえば、相手方への解約権の付与)がなければ成立しない。

→ 5章1節3

→ 『債権各論』1章4節、2章2節2【2】(1)(c)、6節6【2】(5)(b)、【3】(4)(b)

→ 川井・民法総則17頁、近江・講義Ⅰ19頁

(d) 抗弁権

抗弁権とは、自分に対する他人の権利、ことに請求権のはたらきを阻止しうる作用を有する権利をいい、もっぱら他人からの攻撃を食いとめるための防御の手段である。

← 「抗弁権」とは

たとえば、売主が買主に対して代金を請求した場合に、買主が売主に対して引渡しがあるまで代金の支払を拒絶するという同時履行の抗弁権(533条)のほか、保証人の有する催告および検索の抗弁権(452条、453条)などがこれに属する。

→ 『債権各論』1章3節3

→ 『債権総論』6章5節4【1】(1)

そのほか、絶対権と相対権という分類もありますので、改めて説明しておきます。

絶対権とは、権利の効力がすべての人に及ぶものをいいます。物権がその典型です。たとえば、土地の所有者は、それを侵害するすべての者に対して、自分の所有地であると主張することができます(**絶対性**)。

← 「絶対権」とは

これに対して、**相対権**とは、権利の効力が特定の相手方に対してのみ及ぶものをいいます。債権がその典型です。債権の効力は、債務者に対してしか主張することができないのが原則です(**相対性**)。もっとも、これには例外があって、第三者に対しても損害賠償請求や妨害排除請求をすることができる場合があります(第三者による債権侵害)。

← 「相対権」とは

→ 『債権総論』1章3節

4 私権行使の制限

【1】公共の福祉(私権の社会性)

前述した物権や債権などの私権は、自由に行使することができるのが原則である。すなわち、私権の確立は、近世の個人主義、自由主義に基づくものであり、その結果、私権は絶対的であり、不可侵のものとされるにいたった。

もっとも、資本主義社会の発展は種々の矛盾を生みだすことになり、そこから私権の絶対性に対する反省が生まれ、私権が社会共同生活との関連でみられるようになった。

民法も、「私権は、**公共の福祉**に適合しなければならない」と規定し(1条1項)、私権の社会性を宣言している。私権の内在的制約を示すものである。

1条に定める公共の福祉(1項)、信義誠実の原則(2項)、権利濫用の禁止(3項)の相互の関係については、公共の福祉が原理を宣言し、信義誠実の原則、権利濫用の禁止がその適用を示していると解されている(通説)。

→ 我妻・講義Ⅰ33頁

上記3原則の相互の関係については、それぞれの条項が独立した意味をもつという見解もありますが、具体的な差異はあまりなく、上記通説のように理解しておけば足ります。

→ 川井・民法総則12頁

なお、公共の福祉や信義誠実の原則、権利濫用の禁止、更には公序良俗(90条)のように、具体的基準がなく抽象的基準しか定められていない条項を**一般条項**という。一般条項を過度に適用すると、裁判が恣意的になるおそれがあるので、その適用には慎重さが要請されると解されている。

←「一般条項」とは

以下では、信義誠実の原則(1条2項)と権利濫用の禁止(1条3項)について説明していく。

【2】信義誠実の原則(信義則)

(1) 意義

信義誠実の原則とは、社会共同生活の一員として、互いに相手の信頼を裏切らないように誠意をもって行動することを要求するルールのことをいう。

←「信義誠実の原則」とは

➡ 我妻・講義Ⅰ34頁

1条2項は、「権利の行使及び義務の履行は、信義に従い誠実に行わなければならない」とし、信義誠実の原則を規定している(この原則を略称して、単に**信義則**とよばれる)。

信義則は、元来、債権法に関する原則として発展したが、民法は、信義則を「権利の行使及び義務の履行」全般に関する指導原理(一般原則)としているので、債権法のみならず物権法や家族法などの領域においても使われる。なお、信義則は、訴訟法においても解釈上重要な役割を果たすことから、民事訴訟法2条において、「当事者は、信義に従い誠実に民事訴訟を追行しなければならない」と規定されている。

➡ 我妻・講義Ⅰ39頁

➡ 『民事訴訟法』9章2節6【1】

(2) 機能

信義則の主な役割は、次項の【3】と同様に、法の規定を形式的に適用すると不当な結果が生じる場合に、これを是正する点にある。

信義則の機能としては、学説上、さまざまな分類がなされているが、具体例がイメージしやすいことから、法律行為(特に契約)の解釈の基準(契約内容について、信義則を考慮して解釈したり、確定したりする機能)のほか、任意規定の法創造の根拠を付与する機能(①実体法にない義務を認める根拠、②債権関係における実体法にない権利を認める根拠、③債権関係における実体法の権利の制限の根拠)をあげる立場に従って説明していくことにする。なお、法律行為の解釈の基準については、4章の法律行為のところで説明する。

➡ 平野・民法総則11頁以下

➡ 4章1節3【3】

信義則の機能については、4つに分類する立場(法具体化機能、正義衡平的機能、法修正機能、法創造機能)、3つに分類する立場(権利義務の具体化、規範の創造、法律行為の解釈に分けるもの、信義則による規範の具体化、信義則の規範の修正、信義則による規範の補充に分けるもの)、2つに分類する立場、(法規範形成機能(積極的機能)=義務者側の行為準則と、規範抑制機能(消極的機能)=権利者側の行為規範)など、さまざまな分析がなされています。

ただ、どのように分類するかという点よりも、民法全般において、どのようなところ(場面)で、信義則がどのような機能を有しているのかを意識することが大切です。民法を勉強する際には、常に意識してください。

➡ 菅野・信義則および権利濫用の研究8頁

➡ 四宮=能見・民法総則23頁

➡ 佐久間・総則447頁

➡ 辻・民法総則33頁

(a) 信義則上の義務の根拠づけ

信義則は、取引関係(契約、契約締結前または後の法律関係)の行為規範を規律し、取引関係における当事者の義務およびその内容を根拠づけたり、明らかにしたりする。もとより、契約で合意されている場合には、解釈により解明されるが、契約で取り決められていない場合には、実質的にはそのような義務を規定する任意規定を創造するに等しいとされる。

具体的には、**保護義務**、**安全配慮義務**、**契約準備段階における信義則上の注意義務**(**契約交渉の不当破棄**)、**情報提供義務**(**説明義務**)などがあげられる(後二者は、**契約締結上の過失理論**に関連する)。

➡『債権総論』2章3節[2]【2】(4)、『債権各論』1章2節[6]

(b) 債権関係における権利の根拠づけ

信義則は、あるべき法の規定がない法の欠缺(けんけつ)事例において、欠缺補充の方法として直さいの条文根拠となる場合がある。

具体的には、**債権の消滅時効完成後に自認行為をした債務者の時効援用**(判例)や、**事情変更の原則による契約の解除や改訂(契約改訂)**があげられる(事情変更の原則の意義については、(3)で触れる)。

➡8章5節[3]【2】

➡最大判昭和41年4月20日
(判例シリーズ15事件)

➡『債権各論』1章1節[3]【2】(3)

(c) 債権関係における権利制限の根拠づけ

信義則は、実体法によって認められている債権関係上の権利の行使を制限するために機能することがある。これによって、その問題の権利の内容または妥当範囲が制限され、条文により権利の制限原理を創造するに等しいとされる。

具体的には、無権代理人が本人を相続した場合に、無権代理人が本人の立場で追認を拒絶することは信義則に反して許されないとする見解(資格併存説・信義則説)や、賃貸借契約における**信頼関係破壊の法理**があげられる(ただし、この法理は、賃貸人の解除権の制限だけでなく、解除権の拡張の機能をも有している。詳しくは、債権各論で学習する)。

➡6章4節[4]【1】(1)

➡『債権各論』2章6節[4]【3】(2)(b)、[5]【1】(3)

(3) 信義則の派生原則

信義則を根拠として、そこから派生する原則あるいは法理が主張されることがある。主なものとしては、禁反言の原則、クリーン・ハンズの原則および事情変更の原則があげられる。簡単にみておこう。

(a) 禁反言の原則

禁反言の原則とは、みずからの先行の行為と矛盾する行為は禁止されるという原則をいう。**矛盾行為禁止**あるいは**矛盾的態度の禁止**ともいう。

⬅「禁反言の原則」とは

先に示した、債権の消滅時効完成後に自認行為をした債務者の時効援用(判例)や、無権代理人が本人を相続した場合に、無権代理人が本人の立場で追認を拒絶することは信義則に反して許されないとする見解(資格併存説・信義則説)などは、禁反言の原則の例とされる。

➡8章5節[3]【2】

➡最大判昭和41年4月20日
(前出)

➡6章4節[4]【1】(1)

(b) クリーン・ハンズの原則

クリーン・ハンズの原則とは、英米法における「衡平法に訴えようとする者は、潔い手をもっていなければならない」という原則をいう。

⬅「クリーン・ハンズの原則」とは

708条本文は、「不法な原因のために給付をした者は、その給付をしたものの返還を請求することができない」と規定しているが(不法原因給付)、この規定は、給付者の心情を責める点で、クリーン・ハンズの原則と同一の思想のうえに立っているものと説明される。不法原因給付については、債権各論で学習する。

➡『債権各論』4章2節[3]【4】

(c) 事情変更の原則

事情変更の原則とは、契約締結後、その基礎となった事情の当事者の予見しえない変更のために、当初の約束に当事者を拘束することがきわめて苛酷になった場合に、契約の解除または改訂が認められるという法理をいう。**事情変更の法理**ともいう。

⬅「事情変更の原則」とは

大審院は、土地の売買契約成立後、その履行期前に統制令(宅地建物等価格統制令)が施行されて売買価格につき認可を要するにいたった場合に、長期間その履行を延期せざるをえない「不安定ナル契約」から免れられないというのは、「信義ノ原則ニ反スルモノ」であり、当事者は契約を解除することができると判示している。事情変更の原則についても、債権各論で学習する。

➡ 大判昭和19年12月6日民集23巻613頁

➡ 『債権各論』1章1節3【1】

信義則の派生原則としては、そのほか、権利行使がない状態が長期にわたる場合に、消滅時効にかかっていなくとも、信義則上権利行使を許さないという**権利失効の原則**などがあげられます。ほかに、177条における**背信的悪意者排除論**(判例)も含まれるといえます。

➡ 8章2節1【3】
➡ 『物権法』2章4節5【2】
➡ 最判昭和43年8月2日民集22巻8号1571頁

【3】権利濫用の禁止

(1) 意義

権利濫用の禁止とは、たとえ権利者であっても、身勝手な権利主張は許されないという原則をいう。

← 「権利濫用の禁止」とは

▶2017年第1問

1条3項は、「権利の濫用は、これを許さない」と規定している。これを、**権利濫用禁止の法理**あるいは単に**権利濫用法理**という。

権利は自由に行使することができるのが原則である。しかし、権利者自身に合理的な権利行使を促す必要があるばかりか、たとえ外形上権利の行使のようにみえても、権利主張によって私権の社会性に反し、権利の行使として是認することのできない場合には、他者あるいは社会の利益との調整が必要となる。

このように、権利濫用の禁止は、個人の行動準則(行為規範)として機能するだけでなく、権利主張をめぐる具体的な紛争において裁判規範として機能する。

ここで少し、一般的確実性と具体的妥当性について説明をしておきます。

法律の適用や解釈を考えていく場合には、**一般的確実性**、これは法律関係が確実であること、形式的に安定していること、別の言い方をすれば、いつも同じような結論になること、更に法律に書いてあるのだからこのような結論になるだろうというように予測できることが重要です。このような、一般的確実性、**法的安定性**、**予測可能性**、**形式性**、**画一性**などとよぶ考え方は、法律の適用や解釈においてとても重要です。

しかし、他方で、法律の適用や解釈を考えていく場合には、一般的には法的安定性が必要であるけれども、ある事案では例外的に、個別具体的に考えると、一般的解釈では不都合な結果を生じる場合があります。具体的公平の見地から、例外的に原則を修正しなければならない場面がでてくるのです。これを**具体的妥当性**などとよびますが、法律はあくまでもその事案における当事者間の紛争を妥当に解決するための基準なのですから、結論が明らかに不当なときは、その結論を押しつけるわけにはいかず、その事案での具体的妥当性にも十分に配慮しなければならないのです。

要するに、原則(一般論)としてはこのような結論になりますが、この事件においては例外的にこのような結論で考えるべきである、ということになるわけです。

例外として考える場合に重要なのは、先に示した必要性と許容性です。ただし、具体的妥当性に基づく例外は、一般的な原則に対する例外ですから予測がつかなくなります。例外をあまりに認めると原則の意味がなくなります。このように、一般的確実性や法的安定性と、具体的妥当性は、ときとして相反することになります。そして、このような場合に、前に触れた原則修正パターンという考え方をしていきますが、そのときの例外は、厳格に慎重に判断します(あくまでも、例外ですから)。

そして、この例外の価値判断を正当化する法律構成として、信義則や権利濫用の禁止が使われるのです。

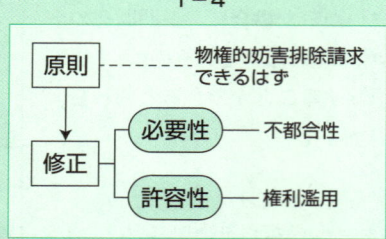

1－4

原則		物権的妨害排除請求できるはず
↓		
修正	必要性	不都合性
	許容性	権利濫用

たとえば、隣人が自分の敷地にはみだすようなかたちで建物を建てようとしていたとします。なるべく早い段階で知らせてやればいいものを、気づいていながらわざわざ完成するまで待って、莫大な費用が掛かった後で、その部分をどかせと言うのはあまりにひどいというような場合です。その場合、権利濫用の概念が登場して、権利の行使といえども例外的に許されないこともあるというわけです。

こうした場合に、権利濫用の概念によって、権利(物権的請求権)の行使といえども、例外的に許されないことを認めようというわけです(後述する判例を参照してください)。

⑵ 要件(判断基準)

権利濫用の要件(判断基準)について、沿革的には、他人を害する目的で権利を行使するという害意を要すると考えられていたが(主観説)、民法にはそのような限定はないことから、今日の学説では、権利の行使が客観的に不当であれば足りるという見解(客観説)が有力である。

➡ 幾代・民法総則17頁

この点については、基本的には客観説でよいが、主観説を排除する必要はなく、害意があるときには権利濫用は認められやすいと解すべきであろう。すなわち、権利主張者とその相手方との利益の客観的比較衡量を中心として、主観的要素(害意)をも考慮しつつ、濫用かどうかを総合して判断すべきである(総合説)。

➡ 川井・民法総則11頁、四宮＝能見・民法総則31頁、近江・講義Ⅰ24頁

⑶ 効果

権利濫用の効果としては、次の3つがあげられている。

第1に、**権利行使が濫用となるときは、権利の行使の効果が生じない。**たとえば、所有権に基づく妨害排除請求が権利濫用となる場合には、所有権の行使自体が認められない。この点について、判例(**宇奈月温泉事件**)は、所有権の侵害があっても、それによる損失の程度がいうに足りないほど軽微であり、しかも、これを除去するのに莫大な費用を要する場合において、第三者が不当な利得を企図し、特に必要がないのに侵害にかかる物件を買収し、所有者として侵害の除去を請求することは、社会観念上所有権の目的に違背し、その機能として許されるべき範囲を逸脱するものであって、権利の濫用になり、妨害排除請求は認められないとしている。

➡ 大判昭和10年10月5日(百選Ⅰ1事件)

第2に、**権利行使が濫用となる場合に、その行為によって相手方の利益を害しているときは、権利行使者に不法行為による損害賠償責任が生じる**(709条)。たとえば、土地所有者による行為が、近隣の生活妨害となったり、公害となったりする場合である。この点について、判例(**信玄公旗掛松事件**)は、鉄道路線の近くにあった信玄公旗掛松が汽車の煤煙によって枯死した場合において、松の所有者が鉄道会社に対して損害賠償請求を求めた事例で、権利の行使が社会観念上被害者が認容すべきものと一般的に認められる程度を超えたときは、権利行使の適当な範囲内にあるものとはいえず、不法行為となるとしている。

➡ 大判大正8年3月3日(百選Ⅰ2事件)

第3に、**権利行使の濫用が著しいときは、権利の剥奪が認められること**

がある。たとえば、親権喪失があげられる。834条本文は、「父又は母による虐待又は悪意の遺棄があるときその他父又は母による親権の行使が著しく困難又は不適当であることにより子の利益を著しく害するときは、家庭裁判所は、子、その親族、未成年後見人、未成年後見監督人又は検察官の請求により、その父又は母について、親権喪失の審判をすることができる」と規定している。

➡『親族・相続』4章1節4【2】

(4) 信義則と権利濫用の禁止の適用範囲

信義則(1条2項)と権利濫用の禁止(1条3項)の適用範囲については争いがある。

この点について、原則として、信義則が特別の権利義務で結ばれた対人関係、したがって主として債権法に、権利濫用の禁止が対社会関係、したがって主として物権法に適用され、両者の適用範囲は異なるとする見解(適用範囲区別説)と、信義則と権利濫用の禁止の適用範囲を厳密に区別する必要はなく、両者は相互に関連し両者相まって私権の社会性を定めたものとする見解(適用範囲非区別説)とがある。判例は、信義則と権利濫用の禁止の区別を必ずしも明確にしているとはいえないとして、適用範囲非区別説の立場をとっていると評価されている。

➡我妻・講義Ⅰ38頁

➡川島・民法総則52頁

➡最判昭和32年7月5日民集11巻7号1193頁、最判昭和37年5月24日民集16巻5号1157頁、最判昭和47年6月15日民集26巻5号1015号、最判昭和51年5月25日民集30巻4号554頁

この問題も、具体的な結論に差異が生じるわけではなく、説明方法の違いにすぎないので、判例の立場(適用範囲非区別説)で理解しておけば足ります。

5 私権の実現

【1】自力救済の禁止

わが国では、私人が司法手続によらずに自己の権利を実現すること(いわゆる自力救済)を認めていない(自力救済の禁止)。自力救済を認めると、社会の平和が乱れ、国の司法秩序が崩壊するからというのが原則的禁止の理由である。したがって、権利者といえども、実力の行使は原則として違法となり、不法行為(709条)を構成する。

わが国は、自力救済を禁止した代償として、国家権力を背景とする**強制執行制度(履行強制)**を備えています。権利者は、国家の助力を得て、すなわち司法手続を通じて、私権を実現し、妨害を排除すべきことになるのです。

履行強制については、債権総論で学習します。

➡『債権総論』2章2節

【2】自力救済禁止の例外

もっとも、無銭飲食の犯人を捕まえて支払わせるように、自力救済が公序良俗に反しない場合は別であるとされている。この点について、判例も、例外的に、①「法律の定める手続によったのでは、権利に対する違法な侵害に対抗して現状を維持することが不可能又は著しく困難であると認められる緊急やむを得ない特別の事情が存する場合においてのみ」、②「その必要の限度を超えない範囲内」であれば、許されるとしている。

➡川井・民法総則19頁

➡最判昭和40年12月7日民集19巻9号2101頁

1. 自然人

本章では、私権(権利)の主体を説明する。

私権の主体は、自然人と法人とに分かれる。本節では、自然人の権利能力、意思能力および行為能力という3つの能力を中心に勉強していくことにする。

次節では、法人を扱い、そこでも法人の能力(権利能力、行為能力、不法行為能力)がでてくるが、自然人と法人とでは、学習すべき能力の内容が違ってくるので、注意しておいてほしい。

そして、このような能力の話は、契約などの有効性(契約の有効要件)に影響することになる。たとえば、制限行為能力者の行為として取り消しうる契約が問題となることが多い。

1 権利能力

【1】意義

権利能力とは、私法上の権利義務の主体となる地位・資格のことをいう。

← 「権利能力」とは

すなわち、自然人は、権利能力者であり、権利義務の主体となる。自然人は、債権や物権などあらゆる権利をもつことができるし、あらゆる義務を負担することができるのである。このような主体となる地位・資格のことを権利能力という。法人格ともいう。

それでは、どのような自然人が権利能力を取得するのでしょうか。

人間(自然人)であれば無条件に、つまり生まれてから死ぬまでの間、権利能力をもつとされます。生まれてから死ぬまで、すなわち生きている人間はすべて権利能力者となっているのです。

ただし、権利能力の始期に関しては、これから述べるように、例外があります。これに対して、権利能力の終期に関しては、死亡まで権利能力を有するという点には例外がありません(ただし、死亡の判断基準については、後述するように争いがあります)。

【2】権利能力の始期

(1) 出生

3条1項は、「私権の享有は、出生に始まる」と規定し、権利能力の始期は出生であるとしている。

出生の時点については、民法上に規定がなく争いがあるが、通説は、出生とは母体から胎児が全部露出すること(生きて母体から完全に分離した時)と解している(全部露出説)。

← 「出生」とは

➡ 我妻・講義Ⅰ51頁、川井・民法総則23頁

民法では、相続関係などの法律関係を考慮して、出生児にどの時点から権利・義務の主体としての地位を与えるのか適当かという観点から、出生の時点が判断されるため、全部

露出説が通説となっています。そのほかに、古い学説としては、生きて母体から完全に分離しただけでは足りず、独立の呼吸を始めるにいたった時とする見解もありましたが(独立呼吸説)、通説に従っておけばよいでしょう。

これに対して、刑法では、堕胎罪(刑212条)と殺人罪(刑199条)とを区別する基準として出生があったか否かが問題とされるため、侵害(攻撃)を防ぐという観点から、判例・通説は、出生とは母体から胎児が一部露出することで足りるとしています(一部露出説)。この点は、刑法各論で学習するところです。

➡ 大判大正8年12月13日刑録25輯1367頁

➡ 『刑法各論』1章1節[2]【1】

なお、出生届およびそれに基づく戸籍の記載は、出生の証明に関する有力な証拠であるが、唯一の証拠方法ではない。すなわち、出生届等は、実体関係を左右するものではなく、それゆえ、医師や助産師等の証明により、これをくつがえすことができる。また、出生届等は、権利能力の取得にも関係がない点に注意してほしい。

(2) 胎児

▶2014年第1問

(a) 出生擬制

出生によって権利義務の主体となる資格を取得するのが原則であるが(3条1項)、民法は、相続などの重要な問題に関しては、胎児についての3つの例外(特則)を定めている。すなわち、①**不法行為の損害賠償請求**(721条)、②**相続**(886条1項)、③**遺贈**(965条・886条)において、「胎児は、……**既に生まれたものとみなす**」と規定している(**出生擬制**)。

← 3つの例外の具体例

たとえば、父が交通事故で亡くなった時、すでに生まれているその父の子は、父が殺されたという不法行為に関して、加害者に対して損害賠償請求ができます。他方で、父の子がまだ生まれていない胎児の場合には権利能力者でないため、損害賠償請求権をもつことはできません。また、生まれた時にはすでに父が殺されたという不法行為は終了しているので、交通事故を起こした加害者に対して損害賠償請求はできないというのが原則です。しかし、父が事故で亡くなったのが生まれる直前だった場合は損害賠償請求ができない一方、事故で亡くなったのが生まれた直後だった場合は損害賠償請求ができるというのでは不公平です。そこで、胎児であっても、そのような不法行為の損害賠償請求との関係では、すでに生まれている、すなわち権利能力の主体であるとみなすことで、胎児の段階で行われた不法行為についても損害賠償請求をできるとしているのです。

この不公平性は相続の場面でも妥当します。たとえば、子が生まれる直前にその子の父が病気で亡くなったとすると、子は父の死亡時には胎児なので、相続して財産権を取得できない一方、子が生まれた直後に父が亡くなった場合には、子は父の財産を相続できるということになります。そこで、相続の場面においても、胎児をすでに生まれているとみなし、胎児の相続権を認めているのです。

遺贈というのは、遺言によって財産を譲り渡すことだと思ってください。現時点では、遺言によって贈与することぐらいに思ってもらえばよいです。たとえば、父がもう死にそうだといったときに、自分の財産はすでに生まれている長男に半分あげる、もう半分は今母のお腹の中にいる子ども、弟か妹かわかりませんけれども、その子どもにあげる、なんて遺言を書いたとしても、それは有効ですよ、ということを言っています。

ただし、これらの3つの場面はすべて、文言上は明らかではありませんが、子どもが生きて生まれたことが前提です。残念ながら死産だった、というときには、原則どおり権利能力は認められません。

(b) 出生擬制の法的構成──「既に生まれたものとみなす」という文言の意味

●論点Bランク

ここにいう「既に生まれたものとみなす」という文言の意味について、学説上争いがある。

この点について、判例(**阪神電鉄事件**)は、不法行為の損害賠償請求(721条)に

➡ 大判昭和7年10月6日民集11巻2023頁

関して、権利能力のない胎児に損害賠償請求権は帰属しないものの、胎児が出生したときに遡及的に権利能力を取得するとしている(人格遡及説または停止条件説)。これに対して、学説には、損害賠償請求権に関しては胎児の時点で権利能力を有しており、死産の場合にはさかのぼって権利能力を失うと解する見解がある(制限人格説または解除条件説)。

← 停止条件説とは

➡ 内田Ⅰ93頁、平野・民法総則38頁

← 解除条件説とは

➡ 川井・民法総則24頁、近江・講義Ⅰ38頁、山野目・概論Ⅰ45頁、中舎・民法総則45頁、潮見・相続法20頁

人格遡及説(停止条件説)に立つと、胎児が出生する前の時点で胎児を代理することはできないため、胎児の代理人が加害者との間で締結した和解契約の効力は胎児に帰属せず無効となる。

胎児はすでに生まれたものとみなすというときに、お腹の中にいる胎児の段階ですでに権利能力をもっていて、そしてそれが死産だったときにはさかのぼって権利能力がなかったことになるのか、それとも、胎児のままでは権利能力をもっていないが、生きて生まれたときにはじめて、「いや実はね、胎児のときも権利能力をもっていたことにするんですよ」というように、さかのぼって権利能力があったことにするのかというのは考え方が分かれるところです。

← 学説の対立

判例・通説は、後者の考え方を採ります。すなわち、**停止条件説**とよばれる考え方です。停止条件というのは、権利の発生が条件にかかっているものをいいます。したがって、この停止条件説は、胎児は胎児のままでは権利能力をもっておらず、生きて生まれたことを停止条件として、不法行為のときだとか、相続開始のときにさかのぼって、権利能力を取得したことにします。ですから、胎児の段階では権利能力はないため、胎児の段階で、その胎児を代理して、母親が何か法律行為(たとえば、示談契約)をするということは認められません。法定代理人というものは、胎児の段階では付けられないのです。

← 停止条件説の考え方

これに対して、**解除条件説**という考え方は、その逆で、胎児は胎児のままでも権利能力を取得しているが、胎児が死産だった場合、死体で生まれてしまった場合には、さかのぼって権利能力はなくなるとします。ですから、胎児の段階でも権利能力があることになるので、母親が法定代理人として、不法行為に基づく損害賠償請求とか、遺産の分割とかを代理して行うことができるということになります。ただ、この解除条件説でも、注意をしなければならないのは、胎児の段階で権利能力が認められるのは、あくまでも損害賠償請求、相続および遺贈の3つについてのみということです。ですから、たとえばお母さんが生まれてくる赤ちゃんのために、その胎児の代理人としてマンションの売買契約をしておいてあげるなどということは、もちろん認められないのです。

← 解除条件説の考え方

「胎児は……既に生まれたものとみなす」ということの意味をいかに解すべきか。

●論点Bランク

A説 人格遡及説・停止条件説(判例・通説)

➡ 大判昭和7年10月6日(前出)

▶結論：胎児は胎児のままでは権利能力をもたず、生きて生まれれば、不法行為の時点や相続開始の時点にさかのぼって権利能力を取得すると考える。

▶理由：①現行法上、胎児の財産を管理する法定代理人制度が存在しない。

②胎児である間に法定代理人が胎児を代理して権利を処分することが、かえって胎児にとって事実上不利益をもたらすおそれがある(たとえば、胎児の不法行為に基づく損害賠償請求権が法定代理人の示談により放棄されてしまう場合)。

B説 制限人格説・解除条件説

➡ 川井・民法概論24頁、近江・講義Ⅰ38頁

▶結論：胎児は胎児のままで権利能力を取得し、胎児が死体で生まれれば、さかのぼって権利能力を失うと考える。

▶理由：胎児の母に法定代理人たる地位を認めるべきである。

▶備考：解除条件説のなかには、胎児の間の権利能力を、保存行為（たとえば、損害賠償請求権のために担保をとるなど）を行う権利能力に限定する見解がある（保存行為限定説）。この見解は、保存行為に限定する条文上の根拠として、胎児の間の法定代理権の内容について規定がないため、103条を類推適用することができるとする。

→ 我妻・講義Ⅰ52頁、幾代・民法総則28頁

2－1

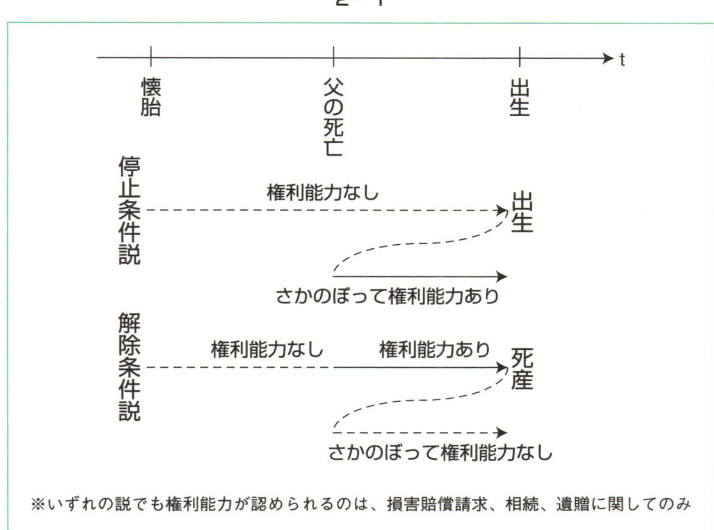

※いずれの説でも権利能力が認められるのは、損害賠償請求、相続、遺贈に関してのみ

近時では、**胎児となる時期**はいつか、という新しい問題が提起されています。生命医学に関わる科学技術の進歩により、人工授精、凍結受精卵、精子・卵子の冷凍保存がまれなことでなくなると、胎児の特則（721条、886条１項、965条）の適用をめぐって紛争が生じることになります。また、ここでの議論の実益は、胎児前の状態であれば、法律上は「物」（85条）でしかないということにあると指摘されています。ちょっと非倫理的な問題となりえますが、「物」であるということになれば、それを所有することができますし、売買などによって「処分」をすることもできることになるのです（206条参照）。

→ 中舎・民法総則46頁

→ 3章1節1【1】

このような胎児となる時期については、①受精卵が胎盤に着床した時点とする見解（胎盤着床説・医学における通説）、②卵子が受精した時からとする見解（受精説）、③着床を停止条件とする見解（着床したら受精時にさかのぼって胎児と認める見解、受精時説または停止条件付受精説）などがあります。

→ 新ハイブリット民法総則42頁［良永］

→ 近江・講義Ⅰ38頁、中舎・民法総則45頁

また、いわゆる**死後懐胎子**も問題となっています。つまり、体外受精の方法による受精卵は、着床が失敗したときに備えて複数つくられることがあるのですが、現在ではこれを冷凍保存する技術も確立しています。そのため、この技術を使うと、父死亡後に胎児となり出生する子（死後懐胎子とよばれます）が生じる場合がでてしまいます。父親が死亡した時点では胎児にさえなっていなかったことになるのです。この場合に、子と父との親子関係を認めることができるか、父の死亡による相続（886条１項）を認めることができるかなどが問題になります。

この点について、判例は、父親の死後懐胎子が死後認知を求められた事例において、傍論的に、「死後懐胎子については、その父は懐胎前に死亡しているため、……相続に関しては、死後懐胎子は父の相続人になり得ないものである。また、……被代襲者である父を相続し得る立場にない死後懐胎子は、父との関係で代襲相続人にもなり得ない」としています。民法（実親子関係における法制）は、死後懐胎子と死亡した父との親子関係を想定していないことから、両者には法律上の親子関係に関する基本的な法律関係が生じる余地はないと考えられているのです。

→ 最判平成18年９月４日（百選Ⅲ34事件）

さらに、**代理母によって生まれた子の母子関係**が争われています。この点について、判例は、代理出産で生まれた子はその子を懐胎出産した代理母がその子の母親であって、卵子を提供した女性との間には母子関係は成立しないとしました。

→ 最決平成19年３月23日（百選Ⅲ35事件）

【3】権利能力の終期

(1) 死亡

(a) 総説

権利能力の終期であるが、自然人の権利能力は死亡によってのみ終了する。これには例外はない。

権利能力の終期、つまりおよそ人でなくなる時期については、民法上規定されていません。しかし、死亡の後にも権利能力を保ち続けるという事態は想定困難ですから、権利能力の終期は死亡のほかには考えられないと説明されます。

さらに、次のように説明されることもあります。権利能力を失うというのは、その者の権利義務、つまり財産について相続が開始することですから、相続開始時期に関する規定が権利能力の終期についての規定となります。民法は、この点について、「相続は、死亡によって開始する」(882条)と規定しています。したがって、「死亡」が権利能力の終期となると説明されることもあるのです。

➡ 山野目・概論Ⅰ46頁

➡ 平野・民法総則38頁

死亡したか否かおよび死亡の時期については、相続関係などさまざまな法律関係に影響を与えることになる。

(b) 死亡の判断基準

死亡の判断基準については、従来、心臓死を前提として、脈拍停止、呼吸停止、瞳孔散大の三徴候で判断してきた(心臓停止説)。しかし、近時は、脳死をもって人の死とする考え方(脳死説)が主張されるようになってきている。

いわゆる臓器移植手術に関連して、1997(平成9)年に**臓器の移植に関する法律**(臓器移植法)が成立し、その後、2009(平成21)年には、死とは脳死を含むという一般的な考え方を前提とした法改正がなされました。

しかし、死亡に脳死を含めると、死の概念に幅が生じることになって、死亡の時間的順序が問題となる相続関係の場面でどのように取り扱うべきかという問題が生じる。そのため、民法上の死亡の解釈としては、ひとまずは、従来の心臓停止説を採用しておけばよいであろう。

「死亡」の判断基準の問題は、死亡を生物学的・科学的に解明する問題ではなく、社会通念の問題であるから、究極的には立法による解決が望ましいとの見解があります。ただ、解釈論としても、臓器移植で脳死判定がなされた場合には、民法(私法上の権利関係について)でも死亡と扱うべきとの見解も唱えられています。

➡ 平野・民法総則39頁

➡ 中舎・民法総則47頁、潮見・相続法12頁

(c) 死亡の証明の困難に対処する制度

以上のような死亡は、医師の死亡診断書または死亡検案書によって認定され(戸86条2項)、やむをえない事由によってこれらを得ることができないときは、「死亡の事実を証すべき書面」(死亡目撃者の事実陳述書)によって確認される(戸86条3項)。

しかし、このような死亡の証明が困難な場合も少なくなく、それに対処する制度としては、認定死亡、同時死亡の推定および失踪宣告がある。

順に見ていこう。

(2) 認定死亡(戸89条)

戸籍に死亡を記載するためには、死亡診断書等の添付が必要となるが(戸86条2項、3項)、死体が発見されないときは、死亡診断書等を添付することはできな

い。しかし、たとえば炭鉱のガス爆発などのように、死亡の確認はないが、危難に出会ったため、諸般の事情から死亡が確実とされる場合がある。

そこで、戸籍法は、「水難、火災その他の事変によって死亡した者がある場合には、その取調をした官庁又は公署は、死亡地の市町村長に死亡の報告をしなければならない。但し、外国又は法務省令で定める地域で死亡があったときは、死亡者の本籍地の市町村長に死亡の報告をしなければならない」と規定している(戸89条)。これが**認定死亡**という制度である。これは、死亡の蓋然性が高い場合に、いちおう死亡として取り扱おうとする便宜的な制度にすぎないから、生存の確証がでてくると、当然に効力を失うことになる(判例)。

←「認定死亡」とは

➡ 最判昭和28年4月23日民集7巻4号396頁

認定死亡という制度は、戸籍法上の便宜的な制度にすぎません。後に触れる失踪宣告と異なり、生存の確証があれば当然に効力を失うし、死亡認定が取り消されなくても、個別の訴訟において反証をあげて覆すことができるのです。

(3) 同時死亡の推定(民32条の2)

(a) 意義

同時に数人の者が死亡し、そのどちらが先に死亡したのかが明らかでない場合には、どのように扱うべきであろうか。相続に関して問題となる。たとえば、父親と息子が飛行機に乗って旅行していた最中に、飛行機が墜落して2人とも死亡したとする。その場合に、父親と息子のどちらが先に死亡したのか、その死亡の先後が不明なことがある。

この場合に、32条の2は、「数人の者が死亡した場合において、そのうちの1人が他の者の死亡後になお生存していたことが明らかでないときは、これらの者は、同時に死亡したものと推定する」と規定している。これが**同時死亡の推定**である。この規定は、昭和34年の伊勢湾台風による家族ぐるみの被害を教訓として、昭和37年の民法改正で導入された制度である。

←「同時死亡の推定」とは

ちなみに、上の例のように、同じ機会に死亡した場合(同時危難の場合)にのみ同時死亡の推定がはたらくものではないので注意してください。たとえば、同じ日に、父親が山で遭難して死亡し、息子が海水浴で溺れて死亡したというように、機会が異なっても、死亡の前後が判明しなければ(死亡の先後不明の場合)、同時死亡の推定ははたらきます。

また、全員の死亡時期が不明である必要もありません。ある者の死亡時期が明確な場合であっても、他の者との先後が不明なときも含まれます。

このような同時死亡の推定の規定の趣旨は、どちらが先に死亡したのかによって相続の内容が異なってくる場合があるので、紛争が生じないように同時に死亡したこととして、両者の間では相続を生じさせない点にある。

たとえば、Aに、父親と妻と子どものBがいたとします。AとBが死亡した場合において、Aが先に死んでいたときには、相続人は妻とBということになります(887条1項、890条)。さらに、妻はBの相続人でもあるわけですから、結局はAの財産は全部妻が承継することになるわけです(889条1項1号)。これに対して、子どものBのほうが先に死んだときには、子どもBの相続人はAと妻ということになります(889条1項1号)。Aの遺産は、父親と妻で相続することになるわけです(889条1項1号、890条)。また、ABが同時に死亡した場合も、同じようにAからBへの相続はなく、BからAへの相続もないということになります。このように、死亡の時期の先後関係が権利関係に大きな影響を及ぼすことになりますので、そこで同時に死亡したものと推定するという条文をおいたわけです。

2－2

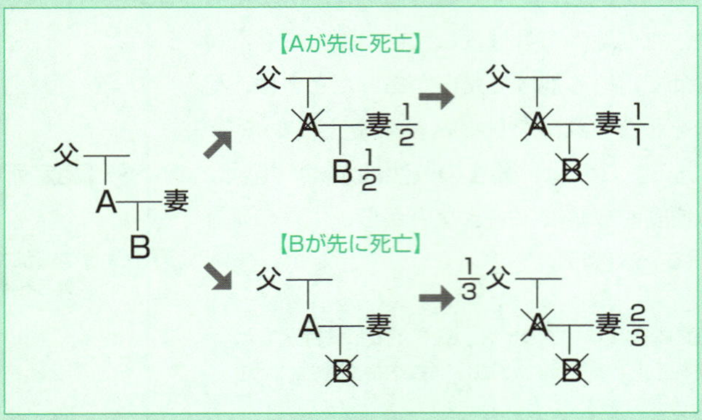

(b) **要件・効果**

同時死亡の推定の要件・効果は、①数人の者が死亡したが、②それらの者の死亡の先後が明らかでないときは、これらの者は**同時に死亡としたものと推定**され、(32条の2)、**死者の間で相続が生じない**ということである。ここにいう推定は、**法律上の推定**であり、これと異なる事実を証明すれば、推定を覆すことができ、証明されたところに従い、死亡の順序が定まることになる。要するに、同時死亡の推定に不満のある者には、反対の証拠をあげて、異時死亡を証明する余地は残されているのである。

法律上の推定とは、経験則があらかじめ法規化され(推定規定)、法規の適用として行われる場合をいいます。詳しくは民事訴訟法で学習する内容ですので、現時点ではあまり気にせず、そのようなものかと思って読み進めてください。

← 「法律上の推定」とは

→『民事訴訟法』11章4節④【2】

以上のような推定が覆されないかぎり、死者の間に相続は生じない。もっとも、前例でBに更に子どもCがいれば、CはBを代襲してAの財産を相続することができる(**代襲相続**。887条2項)。ただし、AがBに遺贈していても遺言者Aと受遺者Bが同時に死亡したと推定されるときは、その遺贈は失効し(994条1項)、したがって、Cは、Bを代襲して遺贈を受ける余地はない。

代襲相続というのは、おじいちゃん、お父さん、自分がいるという事案で、自分のお父さんが先に死んでいたときには、おじいちゃんの財産は、お父さんを飛び越して、自分が相続できる、ということです。887条2項には「相続の開始以前に死亡したとき」とあり「以前」とは同時も含むと解されるので、代襲相続が生じると解されています。

(4) 失踪宣告

(a) **総説**

不在者の生死不明の状態が継続し、しかも、死亡の蓋然性が高いにもかかわらず、そのまま放置しておくことは、その家族や債権者などの利害関係人にとってはなはだ迷惑である。すなわち、死亡が確定できないとすると、その相続人は相続することができないし、配偶者は再婚することができなくなる。そのため、このような利害関係人のために、長期の生死不明者をめぐる法律関係を安定させる必要がある。

そこで、民法は、一定の条件のもとに家庭裁判所が失踪の宣告をすると、その者を死亡したものとみなすことにした。これが**失踪宣告**の制度である(30条)。

← 「失踪宣告」とは

← 失踪宣告制度の趣旨

たとえば、失踪してしまったとか、または船が沈んでしまったけれども、ひょっとしたら、無人島に流れついて生きているかもしれない、そのような生死不明の場合に、どう扱ったらいいのか。これが失踪宣告という制度なのです。その人が、たとえば財産を残していたり、またはその人に家族があったりする場合があります。そうすると、残された財産や残された家族の身分関係をどうしたらいいのでしょうか。もし死んでいるのであれば相続させたりすることになるし、生きているのであれば、ちゃんと生きているので財産を管理したりしなければなりません。生死不明の場合に、はっきりしないまま、ずるずると日がたってしまうと、残された家族などが非常に迷惑します。そこで、死亡とみなしてしまえというのが、失踪宣告なのです。

死亡とみなしてしまうというのは、ずいぶん酷な話だと思うかもしれませんが、ここで死亡とみなすというのは、あくまでも残された財産関係と身分関係、具体的には相続を開始させて、婚姻関係があったのならそれを解消するためだけに死亡とみなすのです。決してどこか別の場所で、元気に暮らしている人を死んだものとみなして権利能力まで奪うという意味ではありません。簡単にいえば、相続させたり、婚姻を解消させて、残された妻が再婚できるようにするための制度が失踪宣告だと思ってください。

(b) **失踪宣告の要件**

失踪宣告は、家庭裁判所が以下の実質的要件と形式的要件をみたした場合に、審判によって行う(30条、家事39条、家事別表第1の56)。

(i) **実質的要件**

a　不在者の生死が明らかでないこと

「不在者の生死が……明らかでない」とは、不在者について、何らの消息もないために、生存の証明も死亡の証明もできないことをいう。

b　生死不明が一定期間継続すること

失踪の期間は、失踪の態様によって、**普通失踪**と**特別失踪(危難失踪)**とに分けられる。

← 普通失踪と特別失踪(危難失踪)

①普通失踪

普通失踪の失踪期間は、失踪者の生存が証明された最後の時から「**7年間**」である(30条1項)。

②特別失踪(危難失踪)

特別失踪の失踪期間は、「戦地に臨んだ者、沈没した船舶の中に在った者その他死亡の原因となるべき危難に遭遇した者の生死が、それぞれ、戦争が止んだ後、船舶が沈没した後又はその他の危難が去った後**1年間明らかでないとき**」である(30条2項)。

(ii) **形式的要件**

a 「利害関係人の請求」

失踪宣告は、「利害関係人の請求」を待って、家庭裁判所がする(30条)。

ここにいう「**利害関係人**」とは、失踪宣告を求めるについて**法律上の利害関係を有する者**(たとえば、配偶者、相続人)であって、単なる債権者など事実上の利害関係を有するにすぎない者は含まれない(判例)。

← 「利害関係人」とは

➡ 大決昭和7年7月26日民集11巻1658頁

すなわち、判例は、失踪したAの妻BがC男と内縁関係となり、その間に生まれた子Dを、A・B間の子として戸籍に記載したが、その後、Cが、Dが自分の子であることを証明するためにAの失踪宣告を請求した事案において、Cは、事実上の利害関係を有するが、法律上の利害関係を有する者ではないとして、請求を否定した。なぜなら、Aの失踪により直接に法律関係が生ずるのはBとの婚姻関係と財産(相続)関係のみであって、DがCの子であるか否かは、Aの失踪宣告とは無関係だからである。

b　公示催告の手続

失踪宣告の申立てがあると、家庭裁判所は、失踪者の消息を知っている者は届け出るように求める**公示催告の手続**をとる。公示催告をしてから、普通失踪の場合には3か月の公告期間、特別失踪の場合には1か月の公告期間が必要である(家事148条3項)。

← 公示催告の手続

なお、民法は「失踪の宣告をすることができる」と規定しているが(30条1項)、家庭裁判所は、その要件がみたされている場合には、失踪宣告をしなければならない。

(c)　失踪宣告の効力(効果)

(i)　総説

失踪の宣告を受けた者は、普通失踪の場合には「期間が満了した時」に、特別失踪の場合には「危難が去った時」に、「死亡したものとみなす」(31条)。

「死亡したものとみな」されるので、相続が開始し(882条)、婚姻は解消し、配偶者は再婚することができる。なお、これにより、本人(失踪者)は戸籍から除斥される(戸23条後段)。

(ii)　失踪宣告の効力の及ぶ範囲

死亡したものとみなされるのは、失踪した場所を中心とする法律関係について、失踪者が死亡した場合と同じ法律効果を認めることにとどまり、本人が生きていて、売買をしたり、家を借りたりすることを妨げるものではない。すなわち、失踪宣告をされた者に対して、権利能力や行為能力を奪うものではないという点に注意してほしい。

(iii)　「死亡したものとみなす」の意義――死亡擬制主義

「死亡したものとみなす」とは、死亡の推定とは異なり、本人が生きているとか、異なる時期に死亡したとかいう主張は、次に述べる失踪宣告の取消しの請求においてしか許されないということを意味する。すなわち、死亡の効果を阻止するためには、失踪宣告を取り消さなければならず、反証をあげただけでは死亡の効果がさかのぼって否定されることはないのである(**死亡擬制主義**)。この趣旨は、人の生死に関する法律関係を画一的に取り扱おうとする点にある。

← 「死亡したものとみなす」とは

← 死亡擬制主義

> たとえば、失踪していたお父さんがふらふらと帰ってきたとします。その場合に、「なんだ生きてたんだ、じゃあ相続はなかったことにしましょう。それから、結婚もあなたが死んだと思ったので再婚をしたんだけれども、じゃあ再婚はなかったことにしましょう」なんてことに当然になるのかというと、そうではありません。失踪宣告の取消しという手続をとらなければならないのです。

(iv)　死亡効果の発生時期

失踪宣告によって「死亡したものとみなす」時期は、普通失踪の場合には**失踪「期間が満了した時」**であり、特別失踪の場合には、「**危難が去った時**」である。

> 特別失踪の場合にも、従来、普通失踪の場合と同様に、期間満了の時(要するに、危難が去った時から1年間経った時)とされていたのですが、危難によって死亡したとみなさ

れる者が失踪期間の間生きていたとみるのは常識的ではないという理由で、1962年の民法改正により「危難が去った時」に死亡したものとみなされるようになりました。

2－3

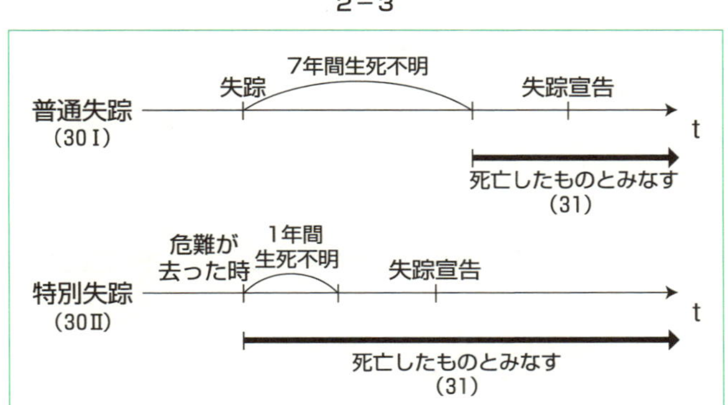

以上のように、死亡の効果は失踪「期間が満了した時」または「危難が去った時」までさかのぼるのであるから、それらの時から失踪宣告までになされた利害関係人の行為は、失踪宣告によって影響を受けることになる。

たとえば、「期間が満了した時」または「危難が去った時」から失踪宣告までの間に、本人(失踪者)を被告として確定判決が言い渡され、その後失踪宣告がなされたとします。

2－4

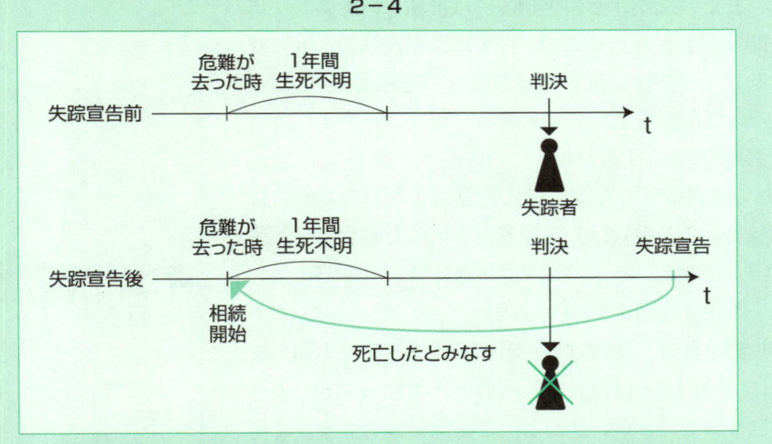

この場合には、失踪者は、確定判決よりも前の時点で死亡したものとみなされますから、確定判決の時点ではすでに相続が開始していたことになります。ですので、この判決の効力は相続人に対しては及ばないと解されています。

➡ 四宮＝能見・民法総則91頁

(d) 失踪宣告の取消し

(i) 総説

失踪者が生存することまたは死亡とみなされた時と異なる時に死亡したことの証明があったときは、家庭裁判所は、本人(失踪者)または利害関係人の請求により、失踪の宣告を取り消さなければならない(32条1項前段)。これが**失踪宣告の取消し**である。

← 「失踪宣告の取消し」とは

(ii) 失踪宣告取消しの要件

次の実質的要件および形式的要件をみたす場合には、家庭裁判所は、失踪の宣告を取り消さなければならない(32条1項前段)。

a　実質的要件

「失踪者が生存すること」または宣告によって死亡とみなされた時と「異なる時に死亡したこと」である。

b　形式的要件

「本人又は利害関係人の請求」があることである。

(iii)　失踪宣告取消しの効果

a　遡及効の原則

家庭裁判所によって失踪宣告取消しがなされると、失踪宣告ははじめからなかったのと同一の効力を生じる(**遡及効の原則**)。すなわち、失踪宣告を原因として生じた権利義務の変動は生じなかったことになる。

← **遡及効の原則**

はじめからなかったのと同一の効力を生じるということは、相続した財産は、相続しなかったことになるため、本人に戻すことになります。婚姻も消滅しなかったことになるため、後からした再婚は不適切という状態になります。そこで、取引の安全を考えたり、または善意の者を保護したりする例外的な制度があるのです。これが、次に述べる32条1項後段と2項です。

b　遡及効の制限

遡及効の原則を貫くと、失踪宣告の取消しまでの間になされたすべての財産移転行為が無効となってしまい(121条参照)、第三者に不測の損害を与え、取引の安全を害するおそれがあるし、また、配偶者との婚姻関係は復活し、配偶者が再婚していた場合には、困難な問題が生じる。そこで、民法は、遡及効の原則に対して、①**善意の行為の有効という例外**(32条1項後段)と、②**直接取得者の返還義務の範囲の例外**(32条2項ただし書)を認めている。

①　善意の行為の有効という例外(32条1項後段)

失踪宣告の取消しは、「失踪の宣告後その取消し前に善意でした行為の効力に影響を及ぼさない」(32条1項後段)。この趣旨は、失踪宣告を信じた善意者を保護しようとする点にある。他の規定(93条2項、94条2項、95条4項、96条3項、110条など)と同様に、**外観保護・善意者保護の制度**である。

→ 4章2節③【3】、④【4】(1)、⑤【4】、⑥【5】、6章5節③

ここにいう「**善意**」(32条1項後段)とは、失踪宣告が事実に反することを知らなかったことをいうが、具体的に「善意」者とはだれをいうのか、すなわちどのような場合がこの例外にあたるかについては、争いがある。この点については、財産取得行為(契約)の場合と身分行為の場合とで分けて論じられている。

まず、**財産取得行為**の場合であるが、たとえば本人(失踪者)Aの土地を妻Bが相続し、BがこれをCに売却したとする。この場合に、BCともに善意であることを要するか、それともCが善意であれば足りるかが問題となる。

●論点Bランク

2−5

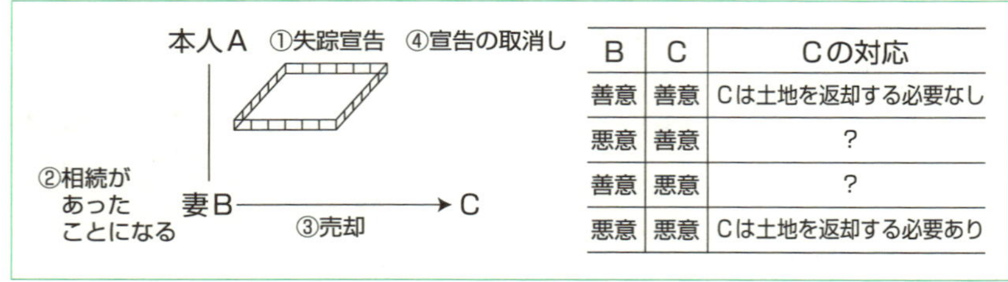

B	C	Cの対応
善意	善意	Cは土地を返却する必要なし
悪意	善意	?
善意	悪意	?
悪意	悪意	Cは土地を返却する必要あり

注意してほしいのは、相続人である妻Bは、常に返還する義務を負うということです。失踪者Aから直接権利を取得した者(相続人、受遺者、生命保険金受取人などの直接取得者・処分行為者)は、たとえ善意であっても保護されないのです。

すなわち、32条1項後段で保護しようとしているのは、失踪宣告を信頼して新たに取引関係に入った者(受益者)ですが、ここにいう相続人Bは、失踪宣告を信じたから財産(土地)を取得したわけではありませんので、外観保護・善意者保護という理由で直接取得者Bを保護する必要はないのです。

この点について、判例は、失踪者は失踪宣告を取り消したにもかかわらず、本来の権利状態を回復することができないという不利益を受けるのであるから、財産取得行為(契約)による場合には、その双方が善意でなければならないとする(双方善意説)。

→ 大判昭和13年2月7日民集17巻59頁

→ 我妻・講義Ⅰ111頁

したがって、判例の双方善意説によれば、Cが権利を有効に取得するためには、相続人Bと相手方のCとが善意でなければならないことになります。繰り返しになりますが、相続人Bは、たとえ善意であっても、32条1項後段で保護されないことには注意してください。

なお、Cが更にDへ転売した場合には、双方善意説によれば、転得者Dが権利を有効に取得するためには、CとDとが善意でなければならないことになります。

これに対して、通説は、相続人等の直接取得者(処分行為者)が悪意であっても、その後の取得者(受益者)が善意であれば、権利を有効に取得するとしている(取得者善意説)。

→ 川井・民法総則6頁、四宮＝能見・民法総則93頁、近江・講義Ⅰ90頁

32条1項後段が、善意者保護の制度であることからすれば、他の規定(93条2項、94条2項、95条4項、96条3項、110条など)と同様に、取得者善意説の立場でかまわないであろう。

取得者善意説によれば、先の例でCが更にDへ転売した場合には、たとえ受益者Cが悪意であっても、転得者Dが善意であれば、Dは権利を有効に取得することになります。

ここで気をつけてほしいのは、上記の双方善意説あるいは取得者善意説のいずれの説に立つかにかかわらず、失踪宣告の取消しによって影響を受けるのは、所有権移転を生じる処分行為(物権行為)、たとえばBC間の売買に基づく所有権移転行為のみであるということです。言い換えると、債権債務を発生させるだけの債権行為、たとえばBC間の売買の約束は、原則として影響を受けないのです。

→ 四宮＝能見・民法総則93頁

したがって、双方善意説でBまたはCが悪意であったり、取得者善意説でCが悪意であったりした場合には、BC間の売買は他人物売買となり、BはAから土地を取得して買主Cに権利(所有権)を移転する義務を負います(561条)。よって、売主Bが、土地の所有権を取得できなかった場合には、買主Cは、Bに対し、債務不履行責任として損害賠償請求(415条1項)・解除(541条、542条1項1号)をすることができるのです。

詳しくは、債権各論で学習することになりますが、平成29年改正民法下では、改正前民法と異なり、権利の全部が他人に属する場合の他人物売買については担保責任(改正前民法561条参照)の問題ではなく、債務不履行の一般原則がそのまま適用されることになりました。

→ 『債権各論』2章2節③【1】(3)

また、改正前民法561条後段は、他人の権利の売買における売主の担保責任の内容について、「契約の時においてその権利が売主に属しないことを知っていたときは、損害賠償の請求をすることができない」と規定していましたが、平成29年改正民法により、改正前民法561条後段の規定は、「売主が売買の目的たる権利の移転をどこまで引き受けていたかについての契約解釈が重要な意味を有する」という認識のもと、「義務を履行したか否

→ 百選Ⅱ101頁〔髙〕

→ 部会資料75A・8頁

→ 部会資料75A・21頁

かを問題とすれば足り、買主が悪意であることのみを理由に一律に救済を否定すべき理由はない」ものとされて、削除されました。

●論点Bランク

さらに、善意者(C)の権利取得が認められるとして、その次の転得者(善意者Cからの譲受人D)が悪意の場合に、転得者は権利を取得することができるか(**絶対的構成**・絶対的取得)、それとも悪意の転得者は権利取得を失踪者(本人)に主張することができないとすべきか(**相対的構成**・相対的取得)が問題となる。

ここでの問題は、先の例でいうと、双方善意説であればBC双方が善意であること、取得者善意説であればCが善意であることを前提として、悪意の転得者Dは保護されるのか(絶対的構成)、それとも保護されないのか(相対的構成)という点にあります。いったん善意者(BおよびC〔双方善意説〕またはC〔取得者善意説〕)が出現した以上、その後の取得者Dがたとえ悪意であっても保護されるのか否かという問題です。

2−6

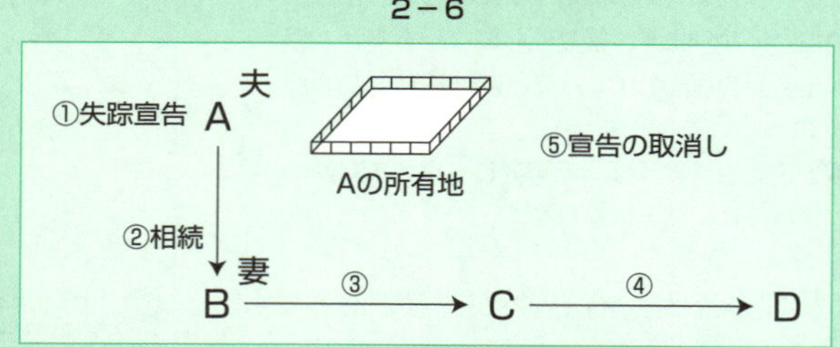

ちなみに、相対的というのは、相対立する二当事者間でのみ法律効果が生じることをいい、二当事者に関係しない第三者には効力が及ばないことが導かれます。これに対して、絶対的というのは、法律効果が対世的に生じることをいい、だれに対しても効力が及ぶことが導かれます。

➡ 近江・講義Ⅰ91頁

この問題は、善意者を保護する他の制度(93条2項、94条2項、95条4項、96条3項、110条など)でも生じる。詳しくは、虚偽表示に関する94条2項の箇所で説明するが、法律関係の早期安定の観点から、絶対的構成に従って処理すべきである。

➡ 4章2節④【4】(4)(b)

次に、**身分行為**の場合であるが、たとえば失踪宣告によって失踪者Aとその妻Bとの婚姻関係が解消したため、BがC男と婚姻(再婚)したところ、Aが帰来した場合、すなわちAが生存していることがわかり、失踪宣告が取り消された場合に、AB間の前婚(旧婚姻)およびBC間の後婚(新婚姻)はどうなるであろうか。32条1項後段は、財産取得行為だけでなく、婚姻のような身分行為に適用されるかという問題である。

2−7

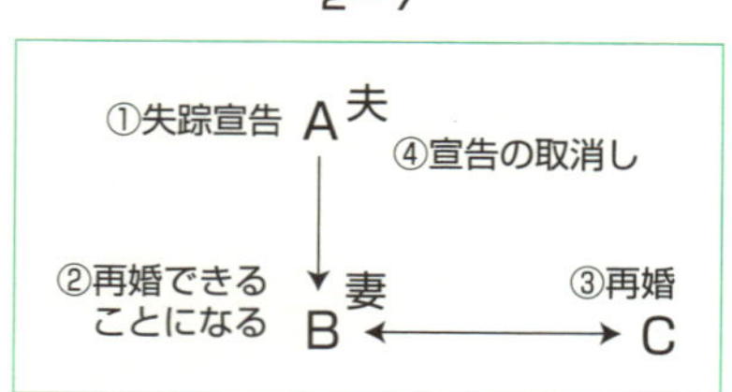

この問題は、重婚などについての前提知識が必要となるため、説明をしておくことにします(詳しくは、親族法で学習することになります)。

すぐ上の事例の場合に、何ら規定がないとすれば、失踪宣告の取消しによってAB間の前婚が復活しますが、失踪宣告の取消しのみではBC間の後婚は当然には無効となりません。ですから、ABとBCの重婚関係が生じます。重婚の場合には、重婚の禁止(732条)の規定に反することになるので、不適法な婚姻の取消し(744条)の規定に基づき、「各当事者」(BC)、「その親族又は検察官」(744条1項本文)、「当事者の配偶者」(A)(744条

➡『親族・相続』2章1節③【2】(2)
➡ 四宮＝能見・民法総則93頁

２項)は、ＢＣ間の後婚を取り消すことができます。ＢＣ間の後婚は取消原因となるので、ＡＢ間の前婚が保護されることになります。

しかし、民法は、「配偶者の生死が３年以上明らかでないとき」を裁判上の離婚原因(事由)として規定して(770条１項３号)います。残存配偶者Ｂとしては、失踪者Ａの長期間の生死不明を理由に離婚することができたくらいですから、価値判断としては、ＡＢ間の前婚を無条件に保護するのは妥当でなく、一定の場合にはＢＣ間の後婚を保護するべきことになるでしょう。

なお、重婚は、刑法上犯罪となります(刑184条)。

→『刑法各論』７章１節6

この点については、従来の通説は、民法32条１項後段を適用し、双方善意を婚姻にも要求して解決していたが(後述Ｑ2のA－１説)、現在では、32条１項後段を適用せず、常に後婚だけが有効であり、前婚は復活しないという見解(後述Ｑ2のB－１説)が有力である。32条１項後段適用説にも不適用説にも、さまざまな処理方法があるので、Ｑ2でその結論(帰結)を確認しておいてほしい。

32条１項後段は、婚姻のような身分行為に適用されるか。

●論点Ｂランク

A説　32条１項後段適用説

▶結論：32条１項後段を適用して解決すべきである。

A-1説　(従来の通説〔我妻、川井〕)

→我妻・講義Ｉ111頁、川井・民法総則65頁

▶結論：32条１項後段の解釈について、当事者双方が善意であることを要求し、婚姻(再婚)の場合にも、両当事者の善意を要求する。その結果、両当事者が善意の場合には後婚のみが残るが、そうでない場合には前婚が復活して重婚状態が生じる。そして、前婚について離婚原因(770条１項１号または５号)となり、後婚について取消原因(732条、744条)となる。

▶理由：財産取得行為の場合と結論を異にする必要がない。

A-2説　(石田穣)

→石田・民法総則143頁

▶結論：婚姻(再婚)の両当事者が悪意である場合にのみ、前婚が復活し重婚になるが、両当事者が善意である場合のみならず、いずれかが善意であればその者の保護のために、前婚は復活しない。

B説　32条１項後段不適用説

▶結論：32条１項後段は身分関係には適用されず、この規定を離れて解決すべきである。

B-1説　(現在の有力説[内田、四宮＝能見、平野])

→四宮＝能見・民法総則74頁、内田Ｉ99頁、平野・民法総則50頁、中舎・民法総則53頁

▶結論：常に後婚だけが有効であり、前婚は復活しない(あとは、慰謝料、財産分与の問題として処理する)。

▶理由：身分関係については、現在の事実状態を優先すべきである(かりに、再婚の一方当事者が悪意であったとしても、７年以上も家を空けて帰ってきた夫との婚姻関係を復活させて、現に生活している後婚のほうをなかったものとせよというのは、不合理である)。

▶備考：残存配偶者が失踪者との元の婚姻関係に戻りたいと考えるならば、後婚については770条１項５号(「婚姻を継続し難い重大な事由」があるとみる)により離婚することができる。

→四宮＝能見・民法総則74頁

B-2説　(近江)

▶結論：後婚について善意・悪意を問わず常に前婚を復活させ重婚とし、当事者の協議に委ねるべきである(実際的処理としては、中心にある残存配偶者の意思・選択に任せるべきである)。

→ 近江・講義Ⅰ91頁、北川・民法総則64頁

② 直接取得者の返還義務の範囲の例外

「失踪の宣告によって財産を得た者は、その取消しによって権利を失う」(32条2項本文)のであるから、本来、原状回復義務(**全部〔額〕返還義務**、**全部〔全面〕返還の原則**)を負うはずであるが、善意者保護の観点から、「失踪の宣告によって財産を得た者」は、「**現に利益を受けている限度**においてのみ、その財産を返還する義務を負う」(32条2項ただし書)として、返還義務の範囲をいわゆる**現存利益**の返還に緩和している。

「失踪の宣告によって財産を得た者」とは、相続人、受遺者、生命保険金受取人など、**失踪宣告を直接の原因とする財産取得者**をいい、これらの者から，更に別個の行為によって財産を得た者(たとえば、相続人からの譲受人や転得者など)は含まれない。これらの譲受人や転得者などは、前述した32条1項後段によって保護されることになる。

← **「現に利益を受けている限度」(現存利益)とは**

「現に利益を受けている限度」(現存利益)の返還とは、現に手元に残っている利得を返還すればよく、費消してしまったものは返さなくてよいことを意味する。この趣旨は、善意の取得者を保護する点にある。そこで、通説は、売却代金を浪費した場合には現存利益は存しないから返還義務はないが、生活費にあてた場合には、必要な出費を免れたという利益が現存しているから返還義務があるとする。

たとえば、失踪者Aの子(成人)Bが唯一の相続人として、Aから500万円を相続したとします。そして、たとえばBが、その500万円のうち、①100万円を生活費にあて、②100万円を借金の返済にあて、③100万円を競馬で浪費し、④100万円を泥棒に入られ盗まれ、⑤100万円が預金口座に残っているとします。

この場合に、①②はその分について自分の財産が節約されていますので利益が現存しているといえますが、③④は浪費したり盗まれたりして現存利益が存しないことになるので、結局、①②の各100万円と⑤預金100万円の合計300万円が現存利益となります。

したがって、Aの失踪宣告が取り消された場合に、Bは、Aに対し、300万円を返還すればよいことになります。

③競馬で費消したら返さなくてもよいが、①節約して生活していたら返さなければならないというのは、常識に反して奇妙に感じるかもしれませんが、ないものはないので仕方がないと説明されるのです。

→ 中舎・民法総則51頁

問題は、32条2項の適用範囲、すなわち32条2項は、32条1項後段と異なり、受益者の「善意」が要件とされていないが、悪意でも現存利益の返還でよいのかという点にある。

この点について、失踪宣告は不確定な法律関係を画一的に処理しようとする制度であるし、32条2項は善意・悪意を区別していないこと、失踪者にも原因があるので、すべてを返還させて保護されるだけの資格がないことを理由として、悪意であっても現存利益の返還でよいという見解がある(悪意者不問説)。

しかし、通説は、32条2項を善意(過失は問わない)の場合にのみ適用し、悪意の場合には704条によって全部返還義務を負うとしている(悪意者排除説)。悪意者を保護する必要はないので、通説の立場でよいであろう。

→ 四宮・民法総則72頁、高島・基礎理論88頁
→ 我妻・講義Ⅰ112頁、川井・民法総則66頁、四宮=能見94頁、平野・民法総則47頁

ここでのポイントは、不当利得の返還義務に関する703条、704条という原則的な規定と32条２項との関係をどのように捉えるかです。失踪宣告を直接の原因とする財産取得者は、その取消しによって「権利を失う」のですから（32条２項）、取得した財産またはその対価を保有する「法律上の原因」を欠くことになり（703条）、32条２項が**不当利得に関する規定**であることは明らかだからです。

この点について、703条は、善意の受益者は「利益の存する限度」（現存利益）での返還で足りるとし、他方で、704条は、悪意の受益者は、受益の返還（全部返還）のみならず、利息と損害賠償の支払を命じています。そうであれば、32条２項の現存利益の限度での返還は、善意に支えられた観念であることは明らかです。このように、32条２項が703条と共通する制度である以上、現存利益の限度での返還については、善意者に限定すべきであると考えることになります。悪意者は、704条によって全額返還義務を負うべきなのです（利息と場合によって損害賠償を支払うことになります）。

結局、このように理解すると、32条２項は、703条と同じことを規定したことになり、不当利得の原則を確認したものにすぎないということになりますが、703条、704条のほかに32条２項があるからという形式的な理由だけで、32条２項に独自の存在理由があるかのように解釈する必要はないとされています。

➡ 四宮＝能見・民法総則94頁、平野・民法総則47頁

なお、平成29年改正民法において、無効の効果としての原状回復義務の規定（121条の２）が新設されたことから、いわゆる**給付利得**（なんらかの契約関係があってその契約関係の清算の対象である利得）については、703条、704条の適用はないと解されています（いわゆる**類型論**の立場。詳しくは債権各論で学習します）。703条、704条は、いわゆる**侵害利得**（契約関係がなくてもっぱら他人の財貨によって受けている利益）について適用されると解されているのです（なお、その他の類型である求償利得や費用利得の位置づけについては争いがありますが、この点も債権各論で学習します）。

➡ 『債権各論』４章１節2【2】

32条２項では、失踪者と受益者との間に何ら契約関係があったわけではありませんから、給付利得の問題ではなく、侵害利得の問題と捉えることができると考えられます。ですから、類型論の立場からしても、32条２項を703条、704条と共通する制度と理解することができると思われます。

(iv) 時効による取得

失踪宣告によって直接（たとえば相続人）に、または、間接（たとえば相続人からの転得者）に財産権を取得した者が、財産を長期占有して取得時効の要件を備えた場合（20年〔162条１項〕または10年〔162条２項〕）には、失踪宣告が取り消されたとしても、取得時効が成立するので、権利関係について影響を受けない。

【４】権利能力の制限――特別権利能力

(1) 総説

近代民法の出発点は、すべての自然人に人格を認め、権利能力を平等に付与する点にある。すなわち、自然人は、権利義務の主体となる資格を有し、権利義務の帰属点となる（これを、**一般的権利能力**を有するという）。したがって、外国人も、日本人と同様に権利能力を有するが、外国人には、特定の権利を取得することが制限される場合がある。このような特定の権利を享有しうる資格を**特別権利能力**という。

⬅ 「一般的権利能力」とは

⬅ 「特別権利能力」とは

(2) 外国人の地位

(a) 意義

「**外国人**」とは、日本国籍を有しない自然人をいう。無国籍人も外国人である。外国人については、基本的人権以外の点では憲法上の保障がなく、合理的な理由があれば、人権侵害とならない範囲で権利能力を制限することは許容されると解されている。

⬅ 「外国人」とは

そのため、国家政策の遂行や相互保証の観点から、「外国人は、法令又は条約の規定により禁止される場合を除き、私権を享有する」(3条2項)と規定し、外国人の権利能力は、法令や条例によって制限することができるとされている。

(b) **法令による権利能力の制限**

たとえば、国家賠償請求権(国賠6条)、鉱業権(鉱業17条)、特許権(特許25条)などは、相手国において日本人に対する権利能力の保証(相互保証)がある場合にのみ認められている。

なお、条約による権利能力の制限は、現在のところは存在しない。

2 意思能力

【1】総説

(1) 意思能力が必要とされる根拠

人は、みずからの意思に基づいてのみ権利を有し義務を負う。すなわち、近代法のもとでは、各人は契約などによってみずから法律関係を形成していく自由がある反面、自由な意思で形成した法律関係に拘束される(**私的自治の原則**あるいは**意思自治の原則**)。その具体的な現れとして、人が契約などの法律行為をするには、法律行為の結果を判断するだけの精神能力などといわれる、意思能力を有しなければならない。したがって、その論理的な帰結として、意思能力を欠く者の行為は、意思に基づくものとはいえず(**意思の欠缺**)、そのような行為から法律効果は発生しない、すなわち当然無効となる。

→ 1章1節2【3】(1)

そこで、民法は、「法律行為の当事者が**意思表示をした時**に意思能力を有しなかったときは、その**法律行為**は、**無効**とする」と規定した(3条の2)。

← 平成29年改正

上の説明は、私的自治の原則のもと、意思能力を欠く法律行為が無効とされる根拠として、**意思の不存在(意思の欠缺・意思の欠如)**をあげる伝統的な意思理論からの説明です。

他方で、近時の有力説では、一定の判断能力を欠く者に取引に関する一般的ルールをそのまま適用することは妥当でないとして、意思の不存在のほかに、理解したり判断したりする能力が低下した者、すなわち**意思無能力者の保護**という点を強調します。この有力説によれば、法律行為の効力を否定するのは、このような意思無能力者を保護する限度で認められることになるので、効果の点で違いが生じることになると指摘されています(後述する意思無能力による無効の主張権者の問題など)。有力説の立場は、伝統的な意思理論と矛盾するものではありませんので、この有力説の視点をももっているとよいでしょう。

→ 平野・民法総則176頁、中舎・民法総則129頁、Sシリーズ I 40頁[河内]

平成29年改正事項	意思能力	B3

法律行為を有効にするためには、法律行為の当事者がその法律行為を行った結果(法律行為に基づく権利義務の変動)を理解するに足る精神能力を備えていることが必要である。この能力を意思能力といい、判例は、意思能力を欠く状態でされた法律行為は無効であるとしていた。そして、改正前民法において、意思能力を欠く状態でされた法律行為が無効であることについては、判例だけでなく学説上も争いはなかったが、意思能力に関する一般的な規定が設けられていなかった。

しかし、意思能力に関する一般的な規定がなかったため、意思能力を欠く状態でされた法律行為が無効であるというルールがわかりにくい状態にあった。一方、高齢化社会の進展に伴い、判断能力が減退した高齢者をめぐる財産取引上のトラブルが増加しており、これに伴って、意思能力に関する紛争も年々増加する傾向にある。そのため、判断能力が低下した高齢者をめぐる財産取引上のトラブルに対応するための規律として、意思能力に関する規律の

→ 部会資料73A・26頁、一問一答13頁

→ 大判明治38年5月11日(百選 I 5事件)

重要性が高まっていた。

そこで、平成29年改正民法は、意思能力を有しない者の法律行為は無効とする旨の規定を設けた(3条の2)。

なお、意思能力を欠く場合に、意思表示ではなく法律行為が無効であるとしているのは、確定的に有効な法律行為をするための能力という点で意思能力と共通する行為能力に関する規定においては、意思表示の効力ではなく、法律行為の効力が問題とされている(5条、9条、13条、17条)ことに倣ったものである。

2−8

改正前民法		H29改正民法
規定なし	→	法律行為の当事者が意思表示をした時に意思能力を有しなかったときは、その法律行為は、無効とする(3の2)。

高齢化社会の進展に伴い、意思能力についての規律が必要とされることになった。そこで、判例法理を明文化し、意思能力を欠く場合には法律行為が無効になることとした。

(2) 意思能力の意義(判断基準)

以上のような意思能力の具体的な意義については、学説上、大別して、①意思能力を**事理弁識能力**であると解して個別具体的な法律行為の内容にかかわらず**一律に**その存否が判断されるとする見解と、②その法律行為をすることの意味(法律行為に基づく権利義務の変動の意味)を理解する能力として**個別具体的な法律行為の内容に即してその存否が判断**されるとする見解とに分かれているが、平成29年改正民法においても特に規定を設けておらず、引き続き解釈に委ねられている。

→ 中間試案の補足説明7頁、部会資料73A・26頁、一問一答13頁、潮見・改正法2頁

この点については、意思能力は、私的自治の原則あるいは自己決定のために必要な能力であるから、後者の②の見解(多数説)を採用すれば足りよう。

平成29年改正では、意思能力は定義されませんでした。中間試案の段階では、「法律行為をすることの意味を理解する能力」とされていたのですが、一致した意見が得られなかったことから、意思能力の定義は規定されずに、引き続き解釈に委ねられることになったのです。

→ 部会資料73A・24頁

この点について、①の立場では、意思能力は、私的生活における人の一般的な属性としての**事理弁識能力**があるかどうかが問題となります。つまり、自分がこれから何をしようとしているのかについて認識することができる能力、あるいは自己の行為の法的な結果を認識・判断する能力があるかどうかです。

→ 平野・民法総則176頁

→ 我妻・講義Ⅰ60頁

→ 潮見・改正法2頁参照

①の立場では、意思能力は、すべての法律行為に**一律(定型的、抽象的)**に必要とされる最低限度の能力であると考えられることになります。「小学校に入学する程度の知的・精神的成熟度(6歳程度)が一応の目安となる」との指摘があります。また、5～6歳児程度の者が意思無能力者として想定される事例があげられることもありますが、他方で、意思能力は「小学校入学時ないし小学校低学年(7～10歳)程度の知的成熟度」と説明されることもあり、年齢は一定していません。

→ 平野・民法総則176頁

→ 潮見・相続法369頁

→ 山野目・概論Ⅰ57頁、近江・講義Ⅰ42頁、中舎・民法総則128頁、Sシリーズ民法Ⅰ46頁[河内]、新ハイブリッド民法総則46頁[良永]

→ 近江・講義Ⅰ44頁

→ 佐久間・総則80頁

これに対して、②の立場では、意思能力は、**その法律行為をすることの意味(法律行為に基づく権利義務の変動の意味)を理解する能力**(私的自治の原則、つまり私的自治理論を背景とした、自己の行為の結果(権利の取得と義務の負担)を判断できる精神状態、あるいは自己の行為の利害得失を判断する知的能力)があるか否かが問題となります。この立場では、法律行為の内容に即して意思能力の有無が判断されるとされますが、おおよそ7～10歳(小学校低学年)程度の精神能力である、あるいは「一般に、7歳程度の知的

→ 中間試案の補足説明8頁、近江・講義Ⅰ42頁、中舎・民法総則128頁、リーガルクエスト民法Ⅰ34頁[佐久間]、新ハイブリッド民法総則46頁[良永]

→ 山本・講義Ⅰ39頁

判断能力が一応の目安とされている」と指摘されています。ただ、実際には、**個々の具体的な事案ごとに、当該行為時における行為者の精神能力の程度、当該行為の性質・態様などを勘案して総合的に判断**されることになります(その意味では、「意思能力とはどの程度の成熟度であるかと問われても、一律にこの年齢と決めることのできる性質のものではなく、一概に答えられないはずである」との指摘もあります)。

なお、注意してほしいのは、いずれの立場でも、6歳児や7～10歳児の意思表示が特に問題となるわけではないという点です(これらの幼児は、後述する未成年者(制限行為能力者)に該当することになりますから、法定代理人の同意がなければ、法律行為を取り消すことができます〔5条2項〕)。ですから、意思能力の有無は、実際には、高齢者や知的障害のある者の意思表示として問題となるのであって、その際の知能の程度が小学校入学時(6歳児)程度とみるのか、小学校低学年(7～10歳児)程度とみるのかという点が問題となるのです。

そのほか、意思能力の意義については、成年被後見人の「日常生活に関する行為」には行為能力が認められる(9条ただし書)ことと関係して、難しい問題がありますが、この点は成年被後見人のところで説明します。

➡ 潮見・相続法370頁

➡ 本節3【3】(3)

← 「責任能力」とは

意思能力に類似する概念として責任能力があります。**責任能力**とは、自己の行為が違法なものであるとして法律上非難されるものであることを弁識しうる能力をいい、不法行為から生じる損害賠償の責任を負わせるための能力です。条文上は、「自己の行為の責任を弁識するに足りる知能」(712条)または「自己の行為の責任を弁識する能力」(713条)と表現されます。未成年者についての責任能力の有無の境界は11歳から14歳程度といわれており、平均すると12歳程度です。詳しくは、債権各論の不法行為で学ぶことになります。

➡ 『債権各論』5章1節5【1】

	意思能力		責任能力
学説	①説	②説	
能力の定義	事理弁識能力	その法律行為をすることの意味(法律行為に基づく権利義務の変動の意味)を理解する能力	自己の行為の責任を弁識する能力
能力の具体的な内容	すべての法律行為に一律(定型的、抽象的)に必要とされる最低限度の能力	法律行為の内容に即して意思能力の有無が判断される	自己の行為が違法なものであるとして法律上非難されるものであることを弁識しうる能力
想定年齢	6歳程度＊1	7～10歳程度＊2	12歳程度

＊1　7～10歳程度と説明されることもある。
＊2　一律にこの年齢というように決めることのできる性質のものではなく、一概に答えられないはずであるとの指摘もある。

3条の2は、「法律行為の当事者が**意思表示をした時**に意思能力を有しなかったときは、その法律行為は、無効とする」と規定していますが、中間試案においては、「法律行為の時に」とされていたものが、最終的に「意思表示をした時に」に変更されました。その理由は、以下のとおりです。

法律行為と意思表示の区別を前提として(両者の関係については、法律行為のところで説明します)、法律行為である契約は、**承諾時**に成立することとされていますが(522条1項)、契約が無効となるのは、契約(法律行為)成立時ではなく、**申込み(意思表示)時**に申込者が意思無能力であった場合であることが明確化されました。すなわち、意思表示は、到達時に効力が生ずるのですが(97条1項)、意思表示の通知を発信した後に意思無能力となっても効力は妨げられません(97条3項)。ですから、申込みの発信時(意思表示をした時)に意思無能力となる場合に無効となると規定したのです(ただし、526条)。なお、意思表示の受領能力について、「意思能力を有しなかったとき」が付け加えられています(98条の2。この点については後述します)。

ちなみに、前述したように、**無効**とされる(効力が問題とされる)のは、意思表示ではなく、**法律行為**である点にも注意してください(3条の2参照)。

➡ 詳解改正民法15頁[田中]

➡ 4章1節1【2】(2)

➡ 4章2節2【4】(3)

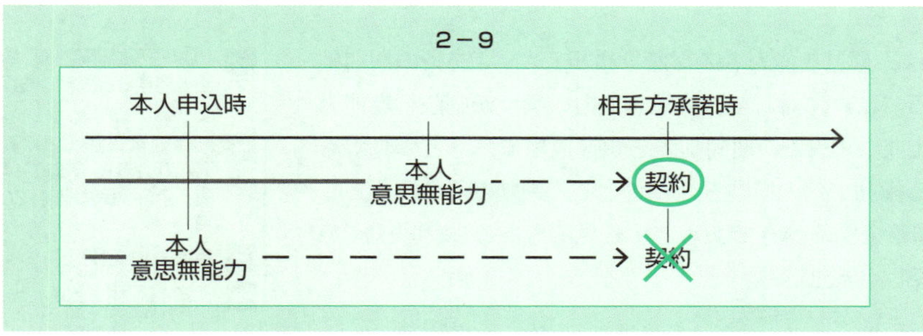

【2】意思無能力による無効をめぐる諸問題

⑴ 総説――意思無能力による無効

▶平成22年度第1問

←「意思無能力」とは

意思無能力とは、意思能力がない状態をいう。意思無能力の状態で意思表示がされた法律行為は、無効である（3条の2）。

その効果は、無効の一般原則に従うが、以下のような諸問題がある。

無効の一般原則については、無効と取消しのところで詳しく説明しますが、①特定人の行為を待つことなく、その法律行為の効力が最初から生じないこと、②追認によって有効とすることができないこと（119条本文）、③だれに対する関係でも効力が生じ、だれに対しても無効を主張することができること（絶対効、絶対的無効）、④期間制限がなく、いつでも主張することができることがあげられます。

→ 5章1節1【2】、2【1】

⑵ 無効と取消しの二重効

意思無能力による無効と、次に述べる行為能力の制限による取消しの関係（無効と取消しの二重効）が議論されているが、この点は、行為能力のところで触れる。

⑶ 意思無能力による無効の主張権者

意思無能力による無効をだれが主張することができるか。

この点について、無効の一般原則によれば、無効は、取消しと異なり、だれでも主張することができると考えられている（絶対効）。しかし、意思無能力による無効は、意思無能力者を保護するための制度であるから、意思無能力者の側からしか無効を主張することができないと考えるべきである。

意思能力が必要とされる根拠として、近時の有力説は、一定の判断能力を欠く者に取引に関する一般的ルールをそのまま適用することは妥当でないとして、意思の欠缺のほかに、理解したり判断したりする能力が低下した者（意思無能力者）を保護するという点を強調します。**意思無能力者という弱者を保護するという政策的判断**の結果として説明する立場です。この立場からは、意思無能力者の側からしか無効を主張することができないということをうまく説明することができます。

→ 佐久間・総則80頁、81頁参照、中舎・民法総則129頁参照

⑷ 主張期間の制限

無効は、いつでも主張することができるから、意思無能力による無効も期間制限がないのが原則である。しかし、意思無能力による無効は意思無能力者の側からしか主張することができないとの立場からすると、その主張権者がかぎられているという点で、取消しと類似することになる（120条参照）。そうだとすれば、意思無能力による無効の効果の点についても、取消しと近づけるべきではないか、具体的には、取消しと同様に意思無能力による無効にも、取消権の期間の制限規定（126条）を（類推）適用して、無効主張の期間に制限を設けるべきではないかが

問題となる。

この点について、多数説は、意思無能力者の保護を重視して、126条の期間制限を(類推)適用しないとする。これに対して、意思無能力の制度が制限行為能力制度を補完する役割を重視して、126条の期間制限を類推適用すべきとの見解もある。さらに、信義則による権利失効の原則を介在させて、失効の基準期間として126条を勘案する程度の調整を図るべきであるとする見解もある(権利失効の原則の内容については、改めて詳しく後述する)。

→ 川井・民法総則21頁、四宮=能見・民法総則46頁

→ 新版注釈民法(1)297頁[篠原]、近江・講義Ⅰ44頁、中舎・民法総則130頁

→ 百選Ⅰ13頁[河上]

→ 1章1節4【2】(3)

平成29年改正民法では、無効の効果としてのすでに受領した利得の返還の範囲について、意思無能力を理由とする無効の場合には、その行為によって「現に利益を受けている限度」(現存利益)でのみ返還義務を負うとされています(121条の2第3項前段)。これは制限行為能力を理由とする取消しの効果と同じです。具体的な内容については、取消しのところで学びます。また、現存利益の意味については、失踪宣告のところを参照してください。また、現存利益の返還を定める703条(不当利得)のところでも学習します。

→ 5章1節1【4】(2)(b)(iii)

→ 1【3】(4)(d)(iii)b②

→ 『債権各論』4章2節1【3】(2)(b)(i)

3 行為能力

【1】総説

(1) 意義

行為能力とは、単独で確定的に有効な法律行為をなしうる能力をいう。

← 「行為能力」とは

前述したように、意思能力を有しているか否かは、意思表示がなされた時の状態に着目して(3条の2参照)、当該当事者について個別に問題とされるため、意思能力の存否は個別的に証明され、判断されることになる。

しかし、その証明は困難なことが多く、その証明ができなければ、結局、法律行為は有効とされ、意思無能力者が不利益を被るおそれがある。また、意思無能力者と取引をした相手側に損害を与えることがあるため、取引の安全の観点から、意思無能力を定型化し、取引の相手方からわかりやすくすることが要請される。

そこで、意思無能力者の保護を確実にするとともに、取引の相手方に不測の損害を与えないようにする制度を設ける必要がある。

1999(平成11)年改正前は、このような行為能力を欠いている者を行為無能力者といい、具体的には、未成年者、**禁治産者**、**準禁治産者**(浪費者を含む)が規定されていましたが、成年後見制度が新設され、未成年者、成年被後見人、被保佐人、特定の法律行為につき補助人の同意を要する被補助人は、**制限能力者**とよばれることになりました。

そして、その後2004(平成16)年の改正により、**制限行為能力者**に改められました。

(2) 行為能力制度・制限行為能力者制度

以上のような観点から、民法は、通常の成人であれば行為能力を有するとしたうえで、意思能力が完全でない者を定型的に、**未成年者**、**成年被後見人**(旧禁治産者)、**被保佐人**(旧準禁治産者)および**被補助人**に分類し、これらの者は単独で確定的に有効な法律行為をなしうる能力(行為能力)が制限されていると扱うこととした(**行為能力制度、制限行為能力者制度**)。なお、被補助人は、常に行為能力が制限されるわけではなく、補助人の同意がないと単独で行為をすることができないとされた場合にのみ行為能力が制限される(17条1項)にすぎない点に注意をしてほしい(13条1項10号括弧書。詳しくは後述する)。

→ 3【5】(1)

ただし、上記の説明では、他の制限行為能力者はともかく、未成年者の行為能力が制限される理由としては十分ではありません。すなわち、前述したように、多数説によれば、意思能力の下限は、7～10歳児程度の判断能力とされています。そうだとすれば、たとえば15歳くらいの子には問題なく意思能力が認められます。にもかかわらず、20歳(18歳)に達しないと、未成年者として行為能力が認められないとされているのです。未成年者を、意思能力が完全でない者と定型的にみることはできないのです。

そのため、有力な見解は、未成年者の場合に行為能力が制限されるのは、意思能力が不十分だからではなく、社会的な経験が十分でないために、適切な判断ができない危険があることを考えて、特別に行為能力を制限したものと説明します。未成年者であっても、幼児の場合はともかく、意思能力はありますから、この見解の理解でよいでしょう。

➡ 2【1】(2)

➡ 四宮＝能見・民法総則47頁

そして、これらの制限行為能力者は、法律行為を有効に行うことができないので、民法は、その利益を図るために保護機関(保護者)を設けた。すなわち、未成年者には**親権者**・**未成年後見人**、成年被後見人には**成年後見人**、被保佐人には**保佐人**、被補助人には**補助人**を設けた。なお、親権者・未成年後見人および成年後見人は、**法定代理人**である(法定代理人の内容については、代理のところで説明する)。

➡ 6章1節2【2】(1)

このような制限行為能力者が単独で行った行為は、**取り消す**ことができる。

制限行為能力者	保護機関(保護者)
未成年者	親権者・未成年後見人
成年被後見人	成年後見人
被保佐人	保佐人
被補助人*	補助人

＊被補助人は、常に行為能力が制限されるわけではなく、補助人の同意がないと単独で行為をすることができない場合にのみ、行為能力が制限される(17Ⅰ)。

このうち、後見制度(未成年後見、成年後見、補佐、補助)における保護機関の権限については、親族の分野で詳しく説明しますので、民法総則の分野では、制限行為能力の点を中心として説明するにとどめます。

成年後見制度(成年後見、保佐、補助)は、**自己決定尊重の理念**と**本人保護**との調和を図るため、従来の禁治産・準禁治産制度に代わって、平成11年改正により導入された制度です。高齢化社会への対応と障害者福祉の観点から、高齢者、知的障害者、精神障害者等の1人ひとりの判断能力に応じた、柔軟で利用しやすい制度の実現をめざすものです。

➡ 『親族・相続』5章

(3) 無効と取消しの二重効

➡ 5章1節1【3】

意思無能力による無効と、行為能力の制限による取消しの関係(無効と取消しの二重効)が議論されている。すなわち、制限行為能力者が同時に意思無能力者であるとき、意思表示の効果はどうなるかが問題となる。

この点については、制限行為能力の取消しのみを認める見解もあるが、通説は、制限行為能力者側は、取消しと無効の主張のどちらも認められるとしている。制限行為能力者の保護という点からは、通説の立場でよいであろう。

➡ 船橋・民法総則45頁
➡ 松坂・総則89頁、川井・民法総則37頁

制限行為能力者が同時に意思無能力者であるとき、意思表示の効果はどうなるか。たとえば、制限行為能力者である成年被後見人(8条)が泥酔して意思無能力の状態で法律行為をなした場合、その行為を取り消しうるか、無効か。

●論点B⁺ランク

A説　二重効肯定説（通説）

▶結論：二重効を認めるべきである。すなわち、制限行為能力を主張して取り消してもよいし、意思無能力を主張して無効を主張してもよい。

▶理由：①無効も取消しも法律行為の効果発生を否認する手段にすぎない。

②いずれも主張しうると解するのが、制限行為能力者の保護に資する。すなわち、取消しよりも無効のほうが時効にかからない点などから制限行為能力者に有利であると解されるところ、意思無能力者が、後見開始の審判を受けたことにより無効の主張ができなくなるのは不当である。

③「無効」の意味も表意者保護の観点から理解し、制限行為能力者の側からしか無効の主張ができないと解すれば、いずれを主張しても重要な点で「取消し」との差はなくなるから、不当でもない。

B説　二重効否定説

▶結論：制限行為能力の取消しのみ認める。

▶理由：意思無能力制度の特則として取引の安全の観点も加味して制限行為能力制度を定めたのであるから、一般的な意思無能力無効ではなく特別規定としての制限行為能力取消しが優先する。

以下、未成年者、成年被後見人、被保佐人および被補助人について、順に検討していくことにする。

（法定）成年後見制度（後見、保佐、補助）の場合には、後に触れるように、本人（成年被後見人、被保佐人、被補助人）が精神上の障害による判断能力（事理弁識能力）が低下した状態になってはじめて機能し、成年後見人、保佐人、補助人は、家庭裁判所が職権によって選任することになっています（7条、11条、15条）。したがって、いかに本人の自己決定を尊重するといっても、それが本当に本人が望み、十分に本人の利益を反映した意思決定となっているかについて疑問が残ります。そのため、自己決定尊重の観点から、自分の判断能力が不十分になる状況に備えて、判断能力がしっかりしているときに自分で後見人（**任意後見人、任意後見受任者**）を選任するという制度が望ましいことになります。

そこで、1999（平成11）年に成立した**任意後見契約に関する法律**において、本人が将来に備えて委任契約により後見を依頼する**任意後見制度**が導入されました。

ただし、この制度の場合には、自分の判断能力が不十分となった段階で後見人が活動を始めることになるのですが、本人はこの段階では自分が選んだ後見人がきちんと事務を処理してくれるかを監督する能力を失っています。そのため、任意後見制度を導入する場合には、任意後見人を監督する者を選任することが必要となります。

そこで、任意後見契約に関する法律では、家庭裁判所が**任意後見監督人**を選任することとされました（任意後見4条）。

任意後見制度については親族法で詳しく説明しますので、本書では、【3】以下において、法定成年後見制度を中心に説明することにします。

➡『親族・相続』5章5節

詳しくは、親族法で学習することになりますが、身分上の行為は、財産上の行為のように、経済的利害の打算に基づくものではなく、本人の意思を尊重すべきものですから、制限行為能力者制度はそのまま適用されるわけではありません。

たとえば、成年被後見人が婚姻をするには、その成年後見人の同意を要しません（738条。ただし、意思能力は必要と解されています）。

また、遺言について、962条は、行為能力の制限に関する「第5条、第9条、第13条及び第17条の規定は、遺言については、適用しない」としています。具体的には、未成年者であっても、15歳に達した者は、単独で遺言をすることができますし（961条、962条・5条）、成年被後見人も、意思能力を回復していれば、単独で遺言をすることができます（973条、962条・9条）。更に被保佐人も被補助人も、単独で遺言をすることができるのです(962条・13条、962条・17条)。

【2】未成年者

(1) 意義

未成年者とは、20歳未満の者をいう。民法は、「年齢20歳をもって、成年とする」(4条)と規定することから、20歳未満の者が未成年者となる。

←「未成年者」とは

未成年者は、意思能力がないか(幼児の場合)、社会的な経験が十分でないために、適切な判断ができない危険があることから、制限行為能力者とされている。

2018(平成30)年の成年年齢の引下げに関する民法改正により、4条は、「年齢18歳をもって、成年とする」と改められ、未成年者は、18歳未満の者ということになりました。その立法理由としては、「社会経済情勢の変化に鑑み、成年となる年齢及び女の婚姻適齢をそれぞれ18歳とする等の措置を講ずる必要がある」という点があげられています。なお、婚姻年齢に関する731条も、「婚姻は、18歳にならなければ、することができない」と改められ、男女を問わず、婚姻適齢は18歳となります。この規定は、2022年4月1日から施行されます。

← 平成30年改正

期間の計算の方法については後述しますが、期間の初日は、算入しないというのが原則です(**初日不算入の原則**、140条本文)。しかし年齢計算ニ関スル法律1項によれば、「年齢ハ出生ノ日ヨリ之ヲ起算ス」るとして、例外的に初日を参入することになっています。たとえば、4月1日生まれの者は、4月1日から計算して、翌年3月31日が終わると満1歳となります(年齢計算ニ関スル法律2項・民143条2項)。

➡ 7章2節2【2】(1)

未成年者も婚姻すると成年者とみなされていました(成年擬制〔753条〕)。この趣旨は、婚姻によって新たな経済単位の担当者になることと、制限行為能力者のままでは婚姻の独立性を害するおそれがあることを考慮した点にあります。

ただ、平成30年改正により、成年の年齢が18歳と改められたため、753条は削除されました(この規定は、2022年4月1日から施行されます)。

← 平成30年改正

(2) 保護者——親権者・未成年後見人——法定代理人

(a) 総説

未成年者の意思無能力あるいは判断能力の不十分さを補完し、もって未成年者を保護する必要がある。このような未成年者の保護は、親権者である父母によって行われるのが原則であるが(818条、819条)、「未成年者に対して親権を行う者がないとき、又は親権を行う者が管理権を有しないとき」(838条1号)は、未成年後見人によって行われる(838条から841条まで)。

未成年後見人は複数選任することができるし(840条2項参照。842条の削除)、法人を未成年後見人に選任することもできる(840条3項括弧書参照)。

(b) 財産管理権・代理権・同意権

以上のような親権者および未成年後見人は、民法に規定され、未成年者の財産を管理し、かつ、その財産に関する法律行為についてその子を代表(代理)するので(財産管理権、代理権〔824条本文、859条1項〕)、法定代理人とよばれる(5条1項本文参照)。このように、親権者および未成年後見人は、未成年者を代理して法律行為を行うことができる(代理権)ほか、未成年者の法律行為に同意を与えることもできる(同意権〔5条1項本文〕)。同意は、黙示でもよく(判例)、内容を予

➡ 大決昭和5年7月21日新聞3151号10頁

見しているのであれば包括的に与えてもよいと解されている。

財産管理権と代理権の関係について、一体として代理権あるいは財産管理権と理解する見解と、両者を概念的に区別して考える見解とがあります。

後者の見解は、財産管理権と代理権とは実際には分離して機能するわけではないが、代理権は代理権の授与(法定または任意)が必要であるのに対し、財産管理権(管理行為)は、一定の地位にある者が、代理権を有しなくても行うことができるものであるから、両者を概念的に区別して考えるべきであるとします。

➡ 我妻・親族法335頁
➡ 近江・講義Ⅰ50頁

(c) 取消権

未成年者が法定代理人の同意を得ずに法律行為を行った場合には、法定代理人はその法律行為を取り消すことができる(**取消権**〔5条2項、120条1項〕)。

なお、法定代理人(親権者・未成年者後見人)は、取り消すことができる行為を、追認することができる(**追認権**〔122条〕)。追認は、**事後の同意**である。取消しまたは追認は、取引の相手方にしなければならない(123条)。

以上のように、未成年者が無分別に財産を失わないように保護を図っている。

(3) 未成年者の行為能力

(a) 原則

前述したように、未成年者が法律行為(たとえば、契約や解除等)をするには、その法定代理人の同意を得なければならず(5条1項本文)、これに反する法律行為は取り消すことができる(5条2項)。この取消権は、法定代理人だけでなく、未成年者本人も行使することができる(120条1項)。取り消された行為は、はじめから無効であったものとみなされ(121条)、**「現に利益を受けている限度」**(**現存利益**)で返還義務を負う(121条の2第3項後段)。

2－10

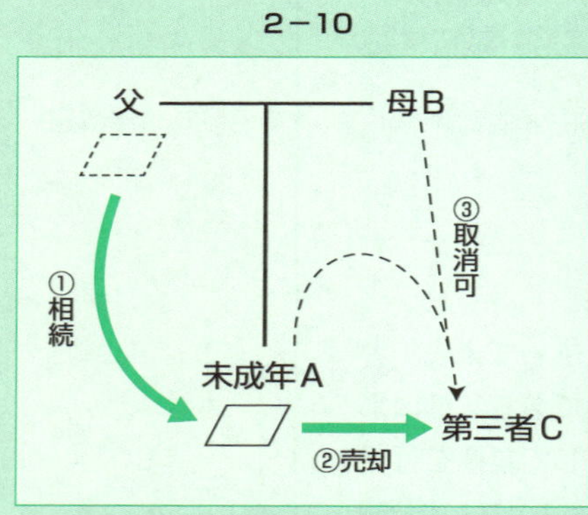

たとえば、未成年者Aが、父から相続した不動産を、親権者である母Bの同意を得ないで、第三者Cに売却したとしましょう。この場合に、親権者Bだけでなく、未成年者Aも取消しをすることができます(5条2項、120条1項)。そして、BまたはAが取消しをすれば、売買契約ははじめから無効となりますので(121条)、Aは、Cからその不動産を取り戻すことができます(121条の2第1項)。もちろん、Aは、Cに対し、受け取った売却代金を返還しなければなりませんが、現存利益を返還すれば足ります(121条の2第3項後段)。現存利益の意味については、失踪宣告のところで説明しましたので、そちらで確認しておいてください。また、債権各論でも学習します。

➡ 本節[1]【3】(4)(d)(iii)
➡ 『債権各論』5章2節[1]【3】(2)(b)(i)

(b) 例外――未成年者が単独で行うことができる行為

次の(i)から(iii)までの行為は、未成年者が単独で行うことができ、法定代理人の同意は不要である。なお、単独で行うことができるわけではないが、(iv)労働契約についてもここで触れる。

(i) 「単に権利を得、又は義務を免れる法律行為」(5条1項ただし書)

たとえば、未成年者が贈与を受けたり、借金の返済免除を受ける契約を結んだりすることである。これらの法律行為は、未成年者にとって有利にこそなれ、不利になることはないので、取り消すことができないのである。

(ii) 自由財産の処分(5条3項)

学資や特定の旅費として親(法定代理人)からもらった金銭のように、「法定代理人が目的を定めて処分を許した財産」は、「その目的の範囲内において、未成年者が自由に処分することができる」(5条3項前段)。

また、毎月の小遣銭のように、「目的を定めないで処分を許した財産」も、未成年者は自由に処分することができる(5条3項後段)。

(iii) 営業を許された未成年者の営業に関する行為(6条1項)

「一種又は数種の営業を許された未成年者は、その営業に関しては、成年者と同一の行為能力を有する」(6条1項)。この趣旨は、営業を許された以上、その営業に属する行為を単独ですることができないとすると困るからである。

たとえば、八百屋を営むことを許可されたにもかかわらず、野菜の仕入れ等について、いちいち法定代理人の同意が必要であるとすれば、その未成年者は八百屋を営むのに困ってしまいます。そのため、八百屋の営業に関しては、成年者と同一の行為能力を有することにしたのです。そして、この八百屋の営業に関することであれば、資金の借入れ、店舗の購入、店員の雇入れなども、成年者と同様に行うことができるのです。

ここにいう「営業」とは、広く営利を目的とする独立の計画的・継続的事業をいい、自由職業も含む(判例は、芸妓稼業も含むとする)。ただし、使用者のもとで従業員(労働者)として働くのは、ここにいう「営業」にはあたらない(労働契約については、次の(iv)で触れる)。この場合には、使用者の指図に従って行動するのであって、独立に取引をするのではないからである。

← 「営業」とは

➡ 大判大正4年12月24日 民録21輯2187頁

なお、営業の許可をいったん与えたとしても、「未成年者がその営業に堪えることができない事由があるときは、その法定代理人は、第4編(親族)の規定に従い、その許可を取り消し、又はこれを制限することができる」(6条2項)。

(iv) 労働契約について

労働基準法58条1項は、「親権者又は後見人は、未成年者に代って労働契約を締結してはならない」と規定して、未成年者の保護のために法定代理人の代理権(民824条)を制限している。したがって、未成年者自身が雇主と労働契約の締結をすることになる。

しかし、民法5条1項本文の適用が排除されるわけではないので、未成年者と雇主の労働契約の締結については、法定代理人の同意が必要となる(裁判例)。

➡ 大阪高判昭和54年7月18日 刑月11巻7・8号768頁

なお、労働契約を締結した未成年者は、その労働契約に関して訴訟行為をすることができる(民訴31条ただし書)。特に賃金支払請求訴訟については、未成年者本人が独立して提起することができる点に注意してほしい。

【3】成年被後見人

(1) 意義

成年被後見人とは、精神上の障害により**事理を弁識する能力を欠く常況**にある者であって、一定の者の請求により、家庭裁判所から後見開始の審判を受けた者をいう(7条、8条参照)。

← 「成年被後見人」とは

これは、高度の精神病や認知症にかかるなど精神上の障害の程度が判断能力の喪失・欠如にいたっており、法律的な事柄がわからないために自分で有効な意思表示ができなくなってしまっている者を、成年後見人を付することによって保護しようとする制度である(8条)。

(2) 保護者——成年後見人——法定代理人

(a) 総説

成年被後見人には成年後見人が付されるが(8条)、これは、家庭裁判所が、後見開始の審判をするときに、職権で選任する(843条)。

成年後見人は複数選任することができ(843条3項参照)、法人を成年後見人に選任することもできる(843条4項括弧書参照)。ただし、本人保護と自己決定尊重の観点から、成年被後見人の心身の状態ならびに生活および財産の状況、成年後見人となる者の職業および経歴ならびに成年被後見人との利害関係の有無、成年被後見人の意見その他いっさいの事情を考慮しなければならない(843条4項)。

(b) 財産管理権・代理権

成年後見人は、成年被後見人の財産を管理し、かつ、その財産に関する法律行為について成年被後見人を代表(代理)するので(財産管理権、代理権〔859条1項〕)、法定代理人である。

なお、成年後見人は、成年被後見人に代わって、その居住の用に供する建物またはその敷地について、売却、賃貸、賃貸借の解除または抵当権の設定その他これらに準ずる処分をするには、家庭裁判所の許可を得なければならない(859条の3)。

(c) 取消権

また、成年後見人は、成年被後見人の法律行為を取り消すことができる(取消権〔120条1項、9条本文。ただし、9条ただし書〕)。なお、成年後見人は、取り消すことができる行為を、追認することもできる(追認権〔122条〕)。

(3) 成年被後見人の行為能力

後見開始の審判によって、本人は行為能力が制限される。すなわち、成年被後見人の法律行為は、取り消すことができる行為となる(9条本文)。この場合に、成年後見人だけでなく、成年被後見人も取り消すことができる(120条1項)。

ただし、「日用品の購入その他日常生活に関する行為」については、取消しの対象とされない(9条ただし書)。たとえば、成年被後見人が食料品店で食料品を購入する場合である。この場合には、成年被後見人の自己決定尊重の観点から、行為能力を認めているわけである。

ここにいう行為能力と意思能力(3条の2)との関係については、難しい問題があります。すなわち、「日常生活に関する行為」(9条ただし書)について行為能力が認められているとしても、行為(意思表示)をした時に意思能力を有しなかったこと(意思無能力)を理由として、法律行為の無効を主張することはできるのでしょうか。この点は、意思能力のところで触れた、意思能力の定義に関する争いが関係します。

この点について、意思能力を**事理弁識能力**であると解して個別具体的な法律行為の内容にかかわらず**一律に**その存否が判断されるとする見解に立てば、7条の後見開始の審判の要件である**「事理を弁識する能力を欠く常況」**は、意思能力を欠く常況と同じことを意味することになります。ですから、この見解では、成年後見人は、「日常生活に関する行為」についても、成年後見人に意思能力がなかったことを証明して、容易に無効を主張することができることになります。

しかし、この見解に対しては、成年後見人にそのような主張を認めることは、「日常生活に関する行為」について行為能力を認めることによって成年被後見人の自己決定を尊重

→ Sシリーズ民法Ｉ45頁〔河内〕

→ 本節[2]【1】(1)

するという趣旨に合致しないという批判があります。

これに対して、意思能力の**個別具体的な法律行為の内容に即してその存否が判断**されるとする見解に立てば、意思能力の有無は一律(定型的、抽象的)に考えるわけではありませんから、「日常生活に関する行為」については意思能力があるが、それ以外の行為(たとえば、不動産の売買や手形行為)については意思能力(具体的意思能力)がないということもありえます。そうすると、この立場からは、「日常生活に関する行為」については意思能力があるが、それ以外の行為については意思能力がない場合でも、7条の後見開始の審判の要件である「事理を弁識する能力を欠く常況」に該当すると考えることになります。そうだとすれば、後見開始の審判を受けた成年被後見人は、「日常生活に関する行為」については、行為能力だけではなく原則として意思能力もあることになります。この立場の結論としては、「日常生活に関する行為」については、意思無能力を理由として無効を主張することはできないことになるのです。

ただし、この立場でも、日用品の購入のような「日常生活に関する行為」であっても、たとえば成年被後見人が1日に何度も同じ物を購入するような場合には、成年後見人は、成年被後見人が意思表示をした時に意思能力がなかったことを証明して、法律行為の無効を主張することができると解すべきであるという指摘がなされています。1日に何度も同じ物を購入するような場合には、行為能力はあるが、例外的に意思能力はないと考えるのです。

➡ Sシリーズ民法Ⅰ46頁[河内]

「日常生活に関する行為」以外の行為については、成年被後見人には行為能力はなく(9条本文)、成年後見人が成年被後見人を代理してこれらの法律行為を行うことになる(財産管理権、代理権〔859条1項〕)。

なお、成年被後見人が「日常生活に関する行為」以外の行為を成年後見人の同意を得て行った場合であっても、成年後見人および成年被後見人は、その行為を取り消すことができると解されている。なぜなら、成年被後見人は、「日常生活に関する行為」以外の行為(法律行為)については事理を弁識する能力、つまり具体的意思能力を欠く常況にあると解されるので、事前に同意を与えて単独で行為させることは本人保護のために望ましくないからである。すなわち、成年後見人は、親権者や未成年後見人の場合の未成年者の法律行為と異なり、成年被後見人の法律行為に同意を与えることはできない(**同意権はない**)と解される。

➡ Sシリーズ民法Ⅰ47頁[河内]

(4) 後見開始審判の取消し

7条に規定する後見の原因が消滅したときは、家庭裁判所は、一定の者の請求により、後見開始の審判を取り消さなければならない(10条)。後見開始の審判が取り消されると、被後見人であった者は、行為能力を回復する。

【4】被保佐人

(1) 意義

被保佐人とは、精神上の障害により**事理を弁識する能力が著しく不十分**である者であって、一定の者の請求により、家庭裁判所から保佐開始の審判を受けた者をいう(11条、12条参照)。

← 「被保佐人」とは

(2) 保護者——保佐人

(a) 総説

被保佐人には**保佐人**が付されるが(12条)、これは、家庭裁判所が、保佐開始の審判をするときに、**職権で選任**する(876条の2第1項)。876条の2第2項が、843条3項、4項括弧書を準用しているので、**複数**の保佐人を選任したり、**法人**を保佐人に選任したりすることができる。

本人保護と自己決定尊重の観点から、被保佐人の心身の状態ならびに生活および財産の状況、保佐人となる者の職業および経歴ならびに被保佐人との利害関係の有無、被保佐人の意見その他いっさいの事情を考慮しなければならないことは、成年後見人の場合と同様である(876条の2第2項・843条4項)。

(b) 同意権・取消権

保佐人は、被保佐人に対し、後述する一定の重要な法律行為について同意を与える権限(**同意権**)を有する(13条1項本文各号、2項本文)。ただし、保佐人の同意を得なければならない行為について、保佐人が被保佐人の利益を害するおそれがないにもかかわらず同意をしないときは、家庭裁判所は、被保佐人の請求により、保佐人の**同意に代わる許可**を与えることができる(13条3項)。このように、法は、被保佐人に対する自己決定権にも配慮している。

また、(3)で述べる、被保佐人が保佐人の同意を要する行為(13条1項本文、2項)について、保佐人の同意なしに、あるいは保佐人の同意に代わる家庭裁判所の許可なしに行った場合には、保佐人は、その行為を取り消すことができる(**取消権**〔13条4項、120条1項〕)。なお、保佐人は、取り消すことができる行為を、追認することもできる(**追認権**〔122条〕)。

(c) 代理権

家庭裁判所は、**特定の法律行為**について保佐人に**代理権**を付与する旨の審判をすることができる(876条の4第1項)。

保佐の場合には、一定の重要な法律行為(13条1項本文各号、13条2項本文)について保佐人の同意を得ることが必要ですが、その法律行為をするのは被保佐人自身ですから、保佐人が被保佐人に代わってする権限(代理権)は当然には与えられません。しかし、保佐の場合には、補助の場合と同様に、本人保護のために保佐人に代理権を与えることが適当な場合もありえます。

そこで、876条の4第1項は、保佐人に代理権を与えることができることとしたのです。

ただし、保佐人に代理権を与えると、被保佐人(本人)の希望しない結果が生じる可能性があるので、被保佐人以外の者により代理権付与の審判をするには被保佐人の同意を必要とする(876条の4第2項)。ここでも、被保佐人の自己決定権に対する配慮がなされている。

なお、成年後見人が成年被後見人に代わって居住用不動産を処分するには、家庭裁判所の許可が必要とされている規定(859条の3)は、保佐人の場合に準用されている(876条の5第2項)。

(3) 被保佐人の行為能力

被保佐人は、(a)以下に掲げる行為をするには、保佐人の同意を必要とする(13条1項本文)。ただし、「日用品の購入その他日常生活に関する行為」(9条ただし書)については、保佐人の同意を要しない(13条1項ただし書)。

保佐人の同意を得なければならない行為については、保佐人の同意なしに、あるいは保佐人の同意に代わる許可なしに行った場合には、被保佐人は、その行為を取り消すことができる(13条4項、120条1項)。

(a) 「元本を領収し、又は利用すること」(1号)

「**元本**」とは、利息、賃料その他民法にいう法定果実(88条2項)を生じる財産、すなわち貸金、賃貸した不動産などである。 ←「元本」とは

(b)　**「借財又は保証をすること」（２号）**

判例は、「借財」のなかには手形の振出等の手形行為を含むとしているが、学説では、手形の振出自体は有効とし、手形の原因関係のみを取り消すことができるとする見解が有力である。また、判例は、「借財」には時効完成後の債務の承認を含むとしている（類推適用）。

(c)　**「不動産その他重要な財産に関する権利の得喪を目的とする行為をすること」（３号）**

1999（平成11）年の改正前民法の規定は、「又ハ重要ナル**動産**に関スル」となっており、文言上は、債権、有価証券、知的財産権などは含まれなかったため、判例は、株式、電話加入権などについて、旧12条１項３号（現13条１項３号）の類推適用で解決していた。しかし、この改正により、「その他重要な**財産に関する権利**」とされ、この点は立法的に解決された（民法の口語化は平成16年改正による）。

(d)　**「訴訟行為をすること」（４号。なお、民訴32条、34条２項参照）**

「**訴訟行為**」とは、民事訴訟において原告となって訴訟を遂行する行為をいう。相手方が提起した訴えまたは上訴について訴訟行為をするには、保佐人の同意を要しない（民訴32条１項）。

(e)　**「贈与、和解又は仲裁合意……をすること」（５号。なお、549条以下、695条以下、民訴32条２項、仲裁２条１項）**

これらは、いずれも本人に不利となる要素が含まれるものである。

「**贈与**」とは、他人に対して贈与することをいい、単に贈与を受けることは含まれない。

「**和解**」とは、当事者が互いに譲歩をしてその間に存する争いをやめることを約することによって、その効力を生ずる契約をいう（695条）。

「**仲裁合意**」とは、「既に生じた民事上の紛争又は将来において生ずる一定の法律関係（契約に基づくものであるかどうかを問わない。）に関する民事上の紛争の全部又は一部の解決を１人又は２人以上の仲裁人にゆだね、かつ、その判断……に服する旨の合意」（仲裁２条１項）をいい、仲裁人の仲裁判断は裁判所の確定判決と同一の効力を有する（仲裁45条）。

(f)　**「相続の承認若しくは放棄又は遺産の分割をすること」（６号）**

これらは、いずれも財産関係の変動の決断について、総合的な判断が必要とされるものである。それぞれの意義および内容については、相続法に譲る。

(g)　**「贈与の申込みを拒絶し、遺贈を放棄し、負担付贈与の申込みを承諾し、又は負担付贈与を承認すること」（７号）**

これらは、いずれも本人にとって不利益となりうる契約である。それぞれの意義および内容については、債権各論および相続法に譲る。

(h)　**「新築、改築、増築又は大修繕をすること」（８号）**

これらを目的とした請負契約をすることであり、いずれも大きな出費が伴う。

(i)　**「第602条に定める期間を超える賃貸借をすること」（９号）**

602条の期間を超える賃貸借は、処分行為と解されるためである。602条の期間内の賃貸借（短期賃貸借）は管理行為であるから、保佐人の同意を要しない。

→ 大判明治39年５月17日民録12輯758頁、大判大正３年11月20日民録20輯959頁、大判昭和８年４月10日民集12巻574頁

→ 大判大正８年５月12日民録25輯851頁

→ ８章５節③【2】

→ 大判明治40年７月９日民録13輯806頁

→ 大判昭和９年５月５日民集13巻562頁

← 「贈与」とは

← 「和解」とは

→ 『債権各論』２章13節①

← 「仲裁合意」とは

→ 『親族・相続』９章２節、10章

→ 『債権各論』２章１節④【2】、『親族・相続』12章３節②

→ 『債権各論』２章６節②【2】

(j)「前各号に掲げる行為を制限行為能力者(未成年者、成年被後見人、被保佐人及び第17条第1項の審判を受けた被補助人をいう……)の法定代理人としてすること」(10号)

← 平成29年改正

被保佐人は他の制限行為能力者の法定代理人となることができるが、その場合には当該保佐人の行為は取り消すことができなくなるためである。これは、102条ただし書(制限行為能力者が他の制限行為能力者の法定代理人としてした行為)の趣旨と同じである。平成29年改正により新設された規定であるが、その内容は102条(代理人の行為能力)のところで説明する。

→ 6章3節2【2】

(k) 家庭裁判所が特に指定する行為(13条2項)

以上の(a)から(j)までのほかに、家庭裁判所は、保佐人の同意を必要とする行為を指定(追加)することができる(13条2項本文)。ただし、この場合であっても、9条ただし書に規定する行為は、指定することができない(13条2項ただし書)。

(4) 保佐開始審判の取消し

11条本文に規定する保佐の原因が消滅したときは、家庭裁判所は、14条1項に掲げる者の請求により、保佐開始の審判を取り消さなければならない(14条1項)。

なお、後見開始あるいは補助開始の審判をする場合に、本人が被保佐人であるときは、家庭裁判所は、保佐開始の審判を取り消さなければならない(19条)。

【5】被補助人

(1) 意義

← 「被補助人」とは

被補助人とは、精神上の障害により**事理を弁識する能力が不十分**である者であって、一定の者の請求により、家庭裁判所から補助開始の審判を受けた者をいう(15条1項参照)。

本人以外の者の請求により補助開始の審判をするには、**本人の同意**を得なければならない(15条2項)。補助を受けるかどうかは本人の自己決定・意思に委ねられており、この点が後見や保佐との大きな差異といえる。

前述したように、被補助人は、常に行為能力が制限されるわけではなく、被補助人の同意がないと単独で行為をすることができないとされた場合にのみ行為能力が制限される(17条1項。なお、13条1項10号括弧書参照)。

(2) 保護者――補助人

(a) 総説

被補助人には**補助人**が付されるが(16条)、これは、家庭裁判所が、補助開始の審判をするときに、**職権で選任**する(876条の7第1項)。なお、**複数**の補助人を選任したり、**法人**を補助人に選任したりすることができる(876条の7第2項・843条4項括弧書)。

前述した成年後見人は代理権を、保佐人は同意権を、それぞれ当然に有するのに対して、補助人の場合には、当然に同意権や代理権を有するわけではない。補助開始の審判の際に、補助人に対して同意権を与えるのか、代理権を与えるのか、あるいはその双方を与えるのかの審判をすることになっている(15条3項。なお、17条1項、876条の9第1項参照)。

(b) 同意権・取消権

同意権は、**特定の法律行為**に関して補助人に対して与えられるが(17条1項本文)、この同意を要する行為は、保佐の場合の同意を要する行為(13条1項)の一部にかぎられる(17条1項ただし書)。また、本人以外の者の請求により同意権を与える審判をする場合には、本人の同意を得なければならないとされており(17条2項)、本人の自己決定権に委ねられている。さらに、保佐の場合と同様に、補助人の同意を得なければならない行為について、補助人が被補助人の利益を害するおそれがないにもかかわらず同意をしないときは、家庭裁判所は、被補助人の請求により、補助人の同意に代わる許可を与えることができる(17条3項)。

このようにして、補助人の同意が必要であるとされた行為について、被補助人が補助人の同意を得ずに行った場合には、補助人は、これを取り消すことができる(取消権〔17条4項、120条1項〕)。なお、補助人は、取り消すことができる行為を、追認することができる(追認権〔122条〕)。

(c) 代理権

代理権についても、特定の法律行為に関して補助人に対して与えられるが(876条の9第1項)、本人以外の者の請求による場合には、本人の同意がなければならない(876条の9第2項・876条の4第2項)。ここでも、代理権を与えるか否かは本人の自己決定権に委ねられているのである。

成年後見人が成年被後見人に代わって居住用不動産を処分するには、家庭裁判所の許可が必要であるとする規定(859条の3)は、補助人の場合にも準用される(876条の10第1項)。

(3) 被補助人の行為能力

被補助人は、常に行為能力が制限されるわけではなく、被補助人の同意がないと単独で行為をすることができないとされた場合にのみ、行為能力が制限される(17条1項)。そして、被補助人の行為能力が制限されるか否かは、補助人に代理権のみが与えられたか、補助人に同意権が与えられたかによって異なる。

(a) 補助人に代理権のみが与えられた場合

この場合には、被補助人の行為能力は制限されないので、被補助人は、補助人に代理権を与えられた行為を含めて、すべての行為を有効にすることができる。

(b) 補助人に同意権が与えられた場合

この場合には、同意を得なければならない「特定の法律行為」(17条1項本文)に関しては、被補助人の行為能力は制限される。

補助人の同意を得なければならない行為であって、その同意またはこれに代わる許可を得ないでしたものは、取り消すことができる(17条4項)。この場合の取消権は、補助人のみならず被補助人も行使することができる(120条1項)。

(4) 補助開始審判の取消し

15条1項本文に規定する補助の原因が消滅したときは、家庭裁判所は、18条1項に掲げる者の請求により、補助開始の審判を取り消さなければならない(18条1項)。また、補助人の同意権付与の審判および代理権付与の審判をすべて取り消す場合には、家庭裁判所は、補助開始の審判を取り消さなければならない(18条3項)。

なお、後見開始の審判または保佐開始の審判をする場合に、本人が被補助人であるときは、家庭裁判所は、補助開始の審判を取り消さなければならない(19条)。

制限行為能力者の対比

	未成年者	成年被後見人	被保佐人	被補助人
保護者	親権者 未成年後見人	成年後見人	保佐人	補助人
取り消しうる場合	5Ⅱ(同意を得ない場合)	9本文	13Ⅳ(13ⅠⅡにより同意を要するとされる行為につき同意を得なかった場合)	17Ⅳ(審判により同意を要するとされた行為につき同意を得なかった場合)
取り消せない場合	5Ⅰただし書、Ⅲ、6Ⅰ	9ただし書	13ⅠⅡにより同意を要するとされる行為以外(13ⅠⅡただし書・9ただし書の行為は常に取り消せない)	審判により同意を要する(17Ⅰ)とされた行為以外
保護者の権能	同意権(5Ⅰ本文) 代理権(824本文、859Ⅰ) 財産管理権(824本文、859Ⅰ)	代理権(859Ⅰ) 財産管理権(859Ⅰ)	同意権(13Ⅰ各号、Ⅱ本文) 代理権(876の4) 財産管理権*	同意権(17Ⅰ本文) 代理権(876の9) 財産管理権*
取消権・追認権の有無	取消権(120Ⅰ) 追認権(122)	取消権(120Ⅰ) 追認権(122)	取消権(120Ⅰ) 追認権(122)	取消権(120Ⅰ) 追認権(122)

＊　保佐人・補助人につき、一定の範囲で代理権が認められるため、解釈上財産管理権を肯定することもできる。

【6】制限行為能力者の相手方の保護

(1)　総説

制限行為能力者が単独でなした行為はいちおう有効であるが、取り消すことができるので、相手方は不安定な地位におかれる。そのため、民法は、取消権の期間制限(短期消滅時効)を定めているが(126条)、この制度によっても、相手方の不安定な地位は相当長く続く可能性がある。

そこで、民法は、相手方の保護のために、相手方の催告権(20条)と詐術による取消権の排除(21条)を認めている。

制限行為能力者側から取り消されるかもしれないという相手方の不安定な地位を解消する制度としては、①相手方の催告権(20条)のほか、本文で示した②取消権の期間制限(126条〔追認をすることができる時から5年、行為の時から20年〕)と③法定追認(125条)とがあげられます。②③の制度は、取消しのところで説明します。

➡ 5章1節3【4】(4)、【5】

(2)　相手方の催告権(20条)

制限行為能力者の相手方は、その法律行為が取り消されるかどうかわからないという不安定な地位にあります。このような不安定な地位を解消する制度が、相手方の催告権ですが、ここでのポイントは、催告を受けた者が**単独で追認することができる場合には追認したものとみなされ、単独で追認することができない場合には取消しがあったとみなされる**という点です。具体的にみていきましょう。

第1に、制限行為能力者(未成年者、成年被後見人、被保佐人、補助人の同意を要する被補助人〔13条1項10号括弧書参照〕)の相手方は、その制限行為能力者が**行為能力者**(行為能力の制限を受けない者)**となった後**、その**行為能力者**に対し、1か月以上の期間を定めて、その期間に取り消すことができる行為を追認するかどうかを確答すべき旨の催告をすることができる(20条1項前段)。この場合に、その行為能力者がその期間内に確答を**発しないとき**は、その行為を**追認したも**

のとみなされる(20条1項後段。なお、例外的に発信主義を採用している理由については、後述する)。

→ 4章2節[2]【4】(1)(a)

←「みなす」と「推定する」

「**みなす**」という用語の意味は、「**推定する**」(32条の2、136条1項、186条、188条、250条など)とは区別されますので、注意してください。

「推定する」の場合には、いちおうそうした効力を生じさせるだけで、反証が許されますが、「みなす」の場合には、法律上当然そうした効力が生じるということです。ですから、ここでは、確答を発しなかったが、追認の意思はなかった、という反証をあげることは許されないのです。

第2に、制限行為能力者の相手方が、制限行為能力者が行為能力者とならない間に、その法定代理人、保佐人または補助人に対し、その権限内の行為について同様の催告をした場合に、催告を受けた者が、定められた期間内に確答を発しないときも、その行為を追認したものとみなされる(20条2項)。

第3に、後見人が後見監督人の同意を得なければすることができない行為のように、「特別の方式を要する行為」については、1か月以上の期間を定め、その期間内にその方式を具備した旨の通知を発しないときは、その行為を取り消したものとみなされる(20条3項、864条)。

←20条3項の内容

20条3項は、一見して、何を規定したものであるかよくわからないと思いますし、基本書でもその内容を説明しているものが少ないので、詳しく説明します。

「特別の方式を要する行為」とは、沿革的にはいろいろあるのですが、平成11年改正下では、後見人が後見監督人の同意を必要とする範囲内の行為をする場合(864条)を意味するとされています(手元にある六法を見てください。20条の規定の後に、*などが付いた参照条文欄があると思いますが、そこには、「特別の方式を要する行為」の例として、864条があげられているはずです)。

そして、864条は、「後見人が、被後見人に代わって営業若しくは第13条第1項各号に掲げる行為をし、又は未成年被後見人がこれをすることに同意するには、後見監督人があるときは、その同意を得なければならない。ただし、同項第1号に掲げる元本の領収については、この限りではない」と規定しています。

すなわち、本来、後見人は、被後見人の財産上の行為について広く代理権を有し(859条1項)、また、未成年後見人の場合には、未成年者が財産上の行為をなすには同意権を有します(5条以下)。しかし、864条は、成年被後見人・未成年者の利益に配慮して、後見人が、成年被後見人・未成年者の営業および財産上重要な行為(13条1項1号から10号まで〔ただし、1号の元本の領収は除く〕)をする場合で、成年後見監督人・未成年後見監督人があるときは、成年後見監督人・未成年後見監督人の同意を得なければ、成年後見人や未成年後見人は、営業や財産上重要な行為を代理したり、同意したりすることはできないと規定しています。後見人が後見監督人の同意を得なければすることができない行為(「特別の方式を要する行為」)について規定しているのです。

そうすると、20条3項は、**後見監督人の同意が必要となる場合**についての規定ということになります。

この場合に、相手方は、成年後見人・未成年後見人に対し、1か月以上の期間を定め、その期間内にその行為を追認するか否かについて確答すべき旨を催告することができます。そして、成年後見人・未成年後見人がこの期間内に成年後見監督人・未成年後見監督人の同意を得て追認するという通知を発しないときは、その行為は取り消したものとみなされるのです(20条3項)。

要するに、ここでの成年後見人・未成年後見人は、後見監督人の同意がなければ、**単独で追認することができない**ので、催告に対して確答しない効果として、**取り消したものとみなされる**のです。

第4に、制限行為能力者の相手方は、被保佐人または補助人の同意を要する被補助人に対しては、1か月以上の期間を定め、その期間内に保佐人または補助人の追認を得るべき旨を催告することができる(20条4項前段)。この場合に、その被保佐人または被補助人がその期間内にその追認を得た旨の通知を発しないときは、その行為は取り消したものとみなされる(20条4項後段)。

本人に対する催告・無確答の場合の効果

未成年者	行為能力制限時→催告無効
	成年後→追認(20Ⅰ後段)
成年被後見人	行為能力制限時→催告無効
	審判取消後→追認(20Ⅰ後段)
被保佐人	行為能力制限時→取消し(20Ⅳ後段)
	審判取消後→追認(20Ⅰ後段)
被補助人	行為能力制限時→取消し(20Ⅳ後段)*1
	審判取消後→追認(20Ⅰ後段)

＊1　当該行為について、補助人に同意権が与えられていて、本人が単独で行為ができない場合(20Ⅳ)。

保護者に対する催告・無確答の場合の効果

親権者	追認(20Ⅱ)
未成年後見人	追認(20Ⅱ)
	未成年後見監督人の同意が必要である場合→取消し(20Ⅲ)
成年後見人	追認(20Ⅱ)
	成年後見監督人の同意が必要である場合→取消し(20Ⅲ)
保佐人	追認(20Ⅱ)*2
補助人	追認(20Ⅱ)*2

＊2　保佐人・補助人への催告に対する無確答は、その行為について同意権・取消権がある場合に、追認の効果が生じる(20Ⅱ、13Ⅰ、Ⅱ、17Ⅰ)。

(3)　詐術による取消権の排除(21条)

(a)　総説

「制限行為能力者が行為能力者であることを信じさせるため詐術を用いたときは、その行為を取り消すことができない」(21条)。

制限行為能力者を保護するといっても、制限行為能力者が「詐術」を用いたことによって相手方に対し自己を行為能力者と信じさせたような場合には、制限行為能力者側に取消権を認めて保護をするのは妥当でない。

そこで、民法は、制限行為能力者が「詐術」を用いた場合には、制限行為能力者側の取消権を排除(剝奪)した(21条)。

(b)　要件

(i)　「行為能力者であることを信じさせるため」詐術を用いたこと

通説は、保護者(法定代理人、保佐人、補助人)の同意があったと誤信させようとした場合も、これにあたると解している(裁判例。21条類推適用説もある)。

なお、制限行為能力者であることを相手方が知った以上は、相手方としては保護者の同意があったか否かを確認する義務があるとの見解もある。

(ii)　「詐術を用い」たこと

ここにいう「詐術」とは何かが問題となる。

この点について、初期の判例は、単に行為能力者であると陳述するだけでは詐術にならず、積極的に詐術の手段を用いることを要するとしていた。しかし、その後の判例は、このような積極性を求めなくなり、自分が行為能力者であると述

→ 近江・講義Ⅰ77頁、山野目・概論Ⅰ81頁

→ 新潟地判昭和44年10月31日
判時586号86頁

→ 平野・民法総則199頁

→ 四宮＝能見・民法総則80頁

●論点Bランク
（論証1）

→ 大判大正5年12月6日
民録22輯2358頁、
大判大正6年9月26日
民録23輯1495頁

→ 大判昭和5年4月18日
民集9巻398頁

べただけでも詐術にあたるとしたり、旧準禁治産者が「自分には相当の資産があるから安心してくれ」と言ったことであっても詐術にあたるとしたりした。

➡ 大判昭和8年1月31日民集12巻24頁

現在の判例は、上記各判例の流れの中間的な立場にあり、制限行為能力者の単なる黙秘は詐術にあたらないが、**制限行為能力者であることを黙秘していた場合であっても**、それが制限行為能力者の**他の言動などと相まって、相手方を誤信させ、または誤信を強めたと認められるとき**は、詐術にあたるとしている。

➡ 最判昭和44年2月13日(判例シリーズ1事件)

「詐術」の意味について、判例は上記のように推移してきましたが、そのほとんどの事例は、1999(平成11)年改正前の旧準禁治産者(とりわけ浪費者)の事件に関してのものでした。旧準禁治産者の事件では、旧無能力者制度による弊害を緩和して、できるかぎり取引の安全を図ろうとしていたのです。

しかし、この改正により準禁治産は保佐と名称を変更し、しかも、浪費者は保佐の対象とはならなくなりました。他方で、補助の制度が導入され、「事理を弁識する能力が不十分である者」(15条1項本文)も制限行為能力者になることができるようになりました。

したがって、被保佐人については、平成11年改正前よりも制限行為能力者を保護する方向にはたらき、他方で、被補助人については、制限行為能力者保護よりも取引安全の保護の方向にはたらく可能性があると指摘されています。また、より端的に、高齢化社会の到来に対応して平成11年に改正された法定後見制度のもとでは、「詐術」の有無の判断は慎重になされるべきであり、安易に詐術の成立による取消権の排除を認めるべきではないとの評価もあります。

なお、未成年者については、未成年者が年齢を偽って成人と述べた場合に、「詐術」といえるかが問題となりえますが、一般に、未成年者の場合には「詐術」の認定は慎重になされるべきといわれています。

(iii) 相手方が行為能力者であると信じたこと

詐術があっても、相手方が制限行為能力者であることを知っていた場合には、21条は適用されない。そのような相手方を保護する必要はないからである。

また、学説では、21条は取引安全保護のための規定であるから、制限行為能力者であると誤信した相手方に過失がある場合には21条は適用されないという見解がある(「信じ」たの意味を善意かつ無過失に制限解釈する)。これに対しては、相手方は行為者が制限行為能力者であるか否かを確認しなかったことにより取消しというリスクを負う以上、詐術が用いられた場合にはそのリスクが軽減されてもよく、取消権の排除について相手方に無過失までは要求できないという見解もある(「信じ」たの意味を文理解釈する)。

➡ 近江・講義Ⅰ79頁、平野・民法総則199頁

➡ 中舎・民法総則139頁

さらに、詐術があっても、相手方が制限行為能力者であると誤信しなければ、21条の適用はないと解されている(裁判例)。

➡ 茨木簡判昭和60年12月20日判時1198号143頁

(c) 効果

制限行為能力者側は、その行為を取り消すことができない(21条)。他方で、制限行為能力者の相手方からは、そもそも制限行為能力を理由として取り消すことはできない。

問題は、制限行為能力者が「詐術」を行った場合には、相手方は、96条1項の「詐欺」を理由として取り消すことができないかである。この点について、有力な見解は、ここにいう「詐術」が当然に96条1項の「詐欺」にあたるわけではないが、行為能力者であることが重要な契約の場合(他人の財産を運用・管理する契約など)には、相手方に「詐欺」を理由とする取消しを認めてよいとする(「詐欺」の内容につ

➡ 四宮=能見・民法総則82頁

いては、後述する)。

> 制限行為能力者の取消しには、第三者保護の規定はありません。そのため、**取消前の第三者**との関係では、制限行為能力者の保護が優先されます。ただし、**取消後の第三者**との関係では、第三者は一定の場合に保護されてよいのではないかが問題となります。
> この点については、177条の対抗問題として処理する見解(177条適用説)と、94条2項の類推適用により処理する見解(94条2項類推適用説)とに分かれますが、詳しい内容は、詐欺における取消後の第三者のところで、詳しく説明します。

→ 4章2節6

●論点B⁺ランク

→ 4章2節6【5】(2)(d)(ii)

4 住所

【1】はじめに

人間は、一定の場所と密接な関係をもって社会生活を営み、法律関係を形成するものである。住所の制度は、そのような一定の場所を基準として法律上も処理するのが合理的で便利であるという考えに基づくものである。

> 民法第1編第1章第4節は「住所」の制度を規定しています。22条が住所、23条が居所、24条が仮住所に関する規定です。
> 住所等はさまざまな法律上の意味をもちますが、民法だけでなく、その他の法律においてもその効果が与えられています。初学者の方は、現時点ではそういうものかという程度で読み飛ばしていただいてよいのですが、他の法律を学習した後に、立ち返ってその内容を確認しておいてください。

【2】住所

(1) 意義

住所とは、「各人の生活の本拠」をいう(22条)。

←「住所」とは

(2) 「生活の本拠」

(a) 意義

「生活の本拠」とは、人の生活の中心である場所をいう。

住所の決め方については、住民登録や本籍地といった基準で形式的・画一的に住所を決める立場(形式主義)もあるが、民法は、このような形式的な基準によらずに、実質的な生活をしている場所を住所とする立場(実質主義)によることとしている。

(b) 住所の個数

住所の個数については、各人に1つとする単一説(住所単一説)と、複数あってよいとする複数説(法律関係基準説)とがある。

この点について、従来は、単一説が支配的な見解であったが、現在では、法律関係ごとに生活の本拠が異なることもありうるし、それを認めることには支障はないとして、複数説が通説となっている。

→ 我妻・講義Ⅰ95頁、川井・民法総則53頁、近江・講義Ⅰ80頁

> たとえば、住所の民法上の効果として、弁済の場所(484条1項後段)と相続開始の場所(883条)があげられるのですが、同一人であっても、法律関係ごとに生活の本拠(住所)が異なっていても問題はないと考えられています。営業に関する法律関係ではA地が住所で、家庭(家族)生活に関する法律関係ではB地が住所、ということがあってもよいのです。

ただし、判例のなかには、公職選挙法上の住所に関してであるが、「その人の

→ 最判昭和35年3月22日(行政百選Ⅰ30事件)

生活にもっとも関係の深い一般的生活、全生活の中心をもって」住所とすべきであり、「私生活面の住所、事業活動面の住所、政治活動面の住所等を分離して判断すべきものではない」として、抽象論として単一説的な立場を説くものがある。

(c) **住所を定める基準**

住所を定める基準については、大きく、その人の定住の意思を尊重する立場(主観説、主観主義、意思主義)と、諸般の客観的事実から法規範に照らして判断する立場(客観説、客観主義)に分けられるが、定住の意思は外部から認識しにくいから、第三者が不測の損害を受けるおそれを避けるため、現在では、客観説が判例・通説である。

➡ 最判昭和27年4月15日民集6巻4号413頁、最判平成23年2月18日判時2111号3頁(税法上の住所について)

➡ 我妻・講義Ⅰ95頁

近時の判例においても、住所を移転させる目的で転出届が出されたとしても、実際に生活の本拠を移転していなかったときは、住所を移転したものと扱うことはできないとされている。

➡ 最判平成9年8月25日判時1616号52頁

ただし、客観説による場合であっても、本人の意思がまったく考慮されないわけではなく、本人の意思を含めた諸事情によって住所を認定すべきであろうといわれている。

➡ 我妻・講義Ⅰ94頁、川井・民法総則52頁

(3) **効果**

住所には、さまざまな法律効果が与えられている。

(a) **民法上の効果**

民法上の効果としては、次のものがあげられる。

①不在者・失踪の基準(25条、30条)
②債務を履行する場所を定める基準＝弁済の場所(484条1項)
③相続開始の場所(883条)

たとえば、特定物の引渡し以外の物(借金など)の返済をする債務者は、弁済場所について特別の合意をしていない場合には、弁済時の「債権者の現在の住所」においてしなければならない(484条1項後段。これを**持参債務の原則**というが、この点は債権総論で学習する)。

➡ 『債権総論』4章1節[2]【2】(2)

(b) **その他の法律上の効果**

民法以外の法律において「住所」に与えられる効果としては、次のものがあげられる。

①手形・小切手行為の場所(手2条3項、4条、21条、22条2項、27条、小8条)
②国際私法における準拠法決定の基準(法適用通則5条、6条1項)
③裁判管轄の基準(民訴4条2項、人訴4条1項等)
④選挙権を行使することができる場所を決定する基準(公選9条2項)

【3】居所

⬅「居所」とは

居所とは、人が多少継続的に住居するが、その生活との関係の度合いが住所ほど密接でない場所をいう。居所は、住所を補充する機能を果たすものである。

「住所が知れない場合」には、居所を「住所とみなす」(23条1項)。そして、「日本に住所を有しない者は、その者が日本人又は外国人のいずれであるかを問わず、日本における居所をその者の住所とみなす」(23条2項本文)。ただし、渉外的法律関係について、「準拠法を定める法律に従いその者の住所地法によるべき場合」には、その法律による(23条2項ただし書)。たとえば、遺言の方式は、「遺言者が遺言の成立又は死亡の当時住所を有した地の法」による(遺言準拠2条3号)。

【4】仮住所

契約など法律行為の当事者が、その「行為について仮住所を選定したときは、その行為に関しては、その仮住所を住所とみなす」(24条)。

仮住所は、取引の便宜上、当事者の合意によって定められるものであり、住所のように定住の事実を要するものではない。

← 仮住所

本籍とは、国民の身分関係を公証登録する公簿、すなわち戸籍を編成する基準をいいます(戸6条、9条、13条参照)。要するに、人の戸籍の所在場所で、戸籍編製のもとになるものです。

本籍は、戸籍を編製し表示するための手段にすぎませんので、「住所」制度とはまったく関係がない点に注意してください。本籍と住所は一致している場合もありますが、まったく別のものです。本籍は、住所と無関係に、国内ならどこにおいてもよいのです。

← 「本籍」とは

5 不在者の財産管理

【1】意義

不在者とは、従来の住所または居所を去った者をいう(25条1項前段括弧書)。

← 「不在者」とは

不在者については、不在者の残した財産が散逸するのを防ぐためにも、また、債権者などの利害関係人の利益を保護するためにも、なんらかの善後措置を講じる必要がある。

そこで、民法は、不在者の財産管理制度を設けている(25条から29条まで)。

← 「不在者の財産管理制度」とは

【2】不在者の財産管理

(1) 総説

不在者の財産管理制度は、不在者が、財産管理人をおかなかった場合と、財産管理人をおいた場合に分けて、講じている措置を異にする。

なお、不在者に法定代理人がいる場合には、法定代理人(親権者、後見人)が法律の規定に従って不在者の財産を管理することになるから(824条本文、859条1項)、特別の措置を講じる必要はない。

(2) 不在者が財産管理人をおかなかった場合

(a) 財産管理人の選任

不在者が財産管理人をおかなかったときは、家庭裁判所は、利害関係人または検察官の請求により、その財産の管理について必要な処分を命ずることができる(25条1項前段)。もっとも、その後に不在者みずから財産管理人をおいたときは、この命令は取り消されることになる(25条2項)。家庭裁判所が命ずる「必要な処分」の主なものは、財産管理人の選任である。

(b) 財産管理人の権限

家庭裁判所が選任した財産管理人(選任管理人)は法定代理人であり、財産管理人の権限は、選任の審判で別段の定めがなされないかぎり、103条に掲げられている権限の範囲(管理行為)にかぎられ、これを超える行為については家庭裁判所の許可を得なければならない(28条前段)。

103条は、権限の定めのない代理人の権限に関する規定です。掲げられている管理行為とは、「保存行為」(1号)と「代理の目的である物又は権利の性質を変えない範囲内において、その利用又は改良を目的とする行為」（利用・改良行為）（２号）ですが、内容については、代理のところで説明します。

→ ６章２節1【３】(2)

そのほか、家庭裁判所が選任した財産管理人については、委任契約における受任者の権利義務の規定（644条、646条、647条、650条）が準用される（家事146条６項）。

また、家庭裁判所は、財産管理人に財産の管理および返還について相当の担保を立てさせることができ（29条１項）、また、不在者の財産のなかから、相当な報酬を管理人に与えることができる（29条２項）。

(3) 不在者が財産管理人をおいている場合

(a) 財産管理人の選任

不在者自身が選任した財産管理人（委任管理人）は**任意代理人**であり、財産管理人の権限は、原則として委任契約によって定まり（権限の定めがなければ103条の適用がある）、報酬の有無についても委任契約によって定めることになる（648条参照）。

(b) 財産管理人の権限

前述したように、財産管理人の権限は、原則として委任契約によって定まるが、次の２つの場合には、委任契約によることができず、国家の関与が必要となる。

(i) 「本人の不在中に管理人の権限が消滅したとき」（25条１項後段）

「本人の不在中に管理人の権限が消滅したとき」は、不在者に財産管理人がいない場合と同じ状態になるから、不在者が財産管理人をおかなかった場合（25条１項前段）と同じように取り扱われる（25条１項後段）。

(ii) 「その不在者の生死が明らかでないとき」（26条）

不在者が財産管理人をおいた場合であっても、「その不在者の生死が明らかでないとき」は、本人による財産管理人の監督はもはや期待することができず、本人のためにも社会的見地からも、国家による監督が必要となる。

そこで、この場合には、家庭裁判所は、利害関係人または検察官の請求により、財産管理人を改任することができる（26条）。この場合には、家庭裁判所は従来の財産管理人を監督しつつ、同人に選任管理人とほぼ同じような権限と義務を与えることもできる（27条２項、３項）。

2. 法人

本節では、法人を扱っていくが、法人も、自然人と同じく、人すなわち権利義務の主体である。

2006(平成18)年の改正前の民法典では、法人について多くの規定が存在していたが、法人法制の改正によって、「一般社団法人及び一般財団法人に関する法律」(一般法人法)、「公益社団法人及び公益財団法人の認定等に関する法律」(公益法人認定法)および「一般社団法人及び一般財団法人に関する法律及び公益社団法人及び公益財団法人の認定等に関する法律の施行に伴う関係法律の整備等に関する法律」(整備法)が公布されたことに伴って、民法の公益法人制度が廃止されるとともに、民法の法人の箇所は大幅な変更を受けることになった。

本節では、民法のほか、適宜、一般法人法、公益法人認定法および整備法にも触れるが、5法人の管理、6法人の解散・登記、7合併その他の規制の分野は、主に会社法で学ぶ事項であり、民法の学習としては細かいので、重要論点以外は条文で確認しておく程度でよい。1法人総説、2法人の種類および3法人の設立は多くの基本的事項を含むので、十分に理解してほしい。4法人の能力と、8権利能力なき社団・財団の分野は、試験対策という観点から重要である。

1 法人総説

【1】法人の意義

(1) 意義

法人とは、自然人以外のもので、法律上、権利義務の主体たりうるものをいう。

すなわち、法人は、一定の目的のもとに結集した**人の組織体(集団)**、または一定の目的のために提供された**財産の集合体**に対して、法が権利能力(法主体性・法人格)を付与したものである。前者を**社団**、後者を**財団**(目的財産)という(社団法人と財団法人の意義については、後述する)。

← 「法人」とは

→ 2【1】

(2) 法人制度の意義・機能

ある団体が法人格を取得し、権利義務の主体たりうることの意味、すなわち法人制度の意義あるいは機能(法人制度の必要性)として、次の2点があげられる。

第1に、団体が取引などの積極的活動を行ううえでの法人の意味である。

すなわち、団体が法人格を取得すると、その団体の名前で契約を締結するなどの取引行為を行うことができるし、訴訟において、自己(団体)の名で行動することができる。契約書に全構成員の名前を書いたり、全構成員の名で訴えたりすることは、不要となるのである。

→ 四宮＝能見・民法総則96頁

← 法人制度の意義①

たとえば、ある団体が不動産を購入する場合にも、全構成員の名前で契約をしなければならなかったり、相手方が履行してくれないときには、全構成員の名で相手方を訴えたりしなければならないというのでは、非常に不便です。しかも、相手方としても、団体が代金を支払ってくれない場合に、全構成員を相手にして訴訟をしなければならないということも、同様に不便です。

この場合に、団体の名で契約したり、訴訟をしたりすることができれば、団体にとっても相手方にとっても非常に便利です。このように、法人制度は、多数当事者の法律関係を単純化することができる法技術なのです。

← **法人制度の意義②**

第2に、取引の結果生じる権利・義務の帰属および責任に関しての法人の意味である。

まず、**権利の帰属**についてであるが、権利は、団体の構成員(社員)や代表者(代表権のある理事)に帰属するのではなく、団体そのものに帰属する。そして、法人になれば、その名(団体の名)で不動産の登記をすることができるのである。これによって、団体自身の財産が名実ともにできることになる。

後で触れるように、判例では、法人格を有しない団体(権利能力なき社団)は、その所有する不動産について、団体名で登記をすることができないとされています。しかし、法人格を取得すれば、その名で登記をすることができるので、構成員から独立した財産関係を実現することができるのです。

➡ 最判昭和47年6月2日民集26巻5号957頁

次に、**義務の帰属と責任**についてであるが、法人である団体が負担した債務は団体自身に帰属し、構成員(や代表者)の債務にはならない。そして、このように団体自身が義務の主体(債務者)となるのであるから、団体の債務は、団体自身の財産で弁済することになり、その構成員(や代表者)は原則として自分の固有財産で団体の債務を弁済する必要はないことになる。

法人の財産と構成員の財産とは遮断されることになります。したがって、法人の債権者は、構成員の財産を差し押さえることはできないし、逆に、構成員個人の債権者は、法人の財産を差し押さえることはできなくなるのです。

2−11

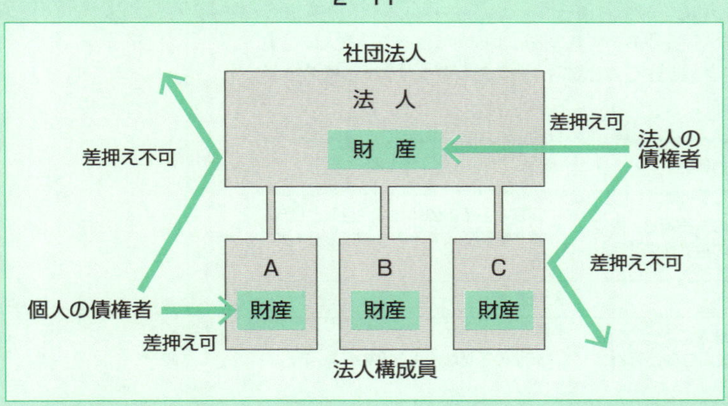

このように、法人制度は、団体を権利・義務の主体にすることによって、構成員の個人財産から分別された団体財産をつくるための法技術なのです。

【2】法人本質論(法人学説)

自然人以外の法人になぜ権利能力を与えるのか、法人はいかなる社会的実体を有するものであるのか。これがいわゆる法人本質論(法人学説)という問題である。

法人本質論は、きわめて抽象的な議論であり、後述するように、現在では実益に乏しい議論であるとも指摘されています。しかし、法人の能力などを学習するうえで、ある程度の役割を果たすともいえますので、ここで概略を説明しておくことにします。

→ (2)

(1) 学説

法人本質論としては、主に次のような説が唱えられていた。

(a) 法人擬制説

法人擬制説は、権利主体は本来自然人にかぎられるが、法人は、法が特に自然人に擬制して権利主体たる資格を認めたものであるとする説である。この説では、法人は対外関係処理の法技術にすぎず、構成員や機関個人の独立性に注目することになる。

← 法人擬制説

(b) 法人否認説

法人否認説は、法人擬制説の一種であり、法人の実体は、その基礎になる自然人または財産にすぎないとする説である。

← 法人否認説

(c) 法人実在説

法人実在説は、法人は、１個の社会的実在であり、その実在(実体)に法が権利主体性を認めたものであるとする説であり、従来の通説である。この説では、法人について実在としての団体性に注目し、構成員や機関個人をそのなかに没せしめることになる。

← 法人実在説

この説は、社会的実在(実体)を何とみるかにより、さらに、法人は団体意思を有する社会的有機体であるとする有機体説、権利主体たるに適する法律上の組織体と考える組織体説、独立の社会的作用を担当する集団が法人の実体だとすれば十分だとする社会的作用説などに分かれる。

最後の社会的作用説は、公益法人、株式会社など各種の法人が社会的活動をしていることを社会的事実として率直に捉え、そこから出発して、法人は自然人と同じように社会的に実在するものと考えるのである。

→ 我妻・講義Ⅰ126頁

法人本質論では、法人擬制説と法人実在説のいずれの説によるかによって、法人に対するさまざまな法律関係の理論構成に差異が生じると説明されることがあります。その主要な点を示すと次の表のようになります。

	法人擬制説	法人実在説
基本的視点	対外関係処理の法技術で、構成員や機関個人の独立性に注目	実在としての団体性に注目し、構成員や機関個人をそのなかに没せしめる
機関の捉え方	代理人	代表者
法人の行為能力	理事という代理人によってのみ行為をする(法人自身の行為は存在しない)	機関の行為は法人自身の行為
法人の不法行為能力	法人の不法行為能力は存在しない(一般法人78は創設規定)	法人は機関を通じて、不法行為をなしうる(一般法人78は確認規定)
法人の活動範囲	厳格になる傾向	広く認められる傾向
法人設立	法律の要件にかなうことが重要	統一体としての実在の存在を重視

法人擬制説と法人実在説の差異については、特に法人の行為能力で論じられるので、この点は後にも触れることにします。

→ 本節4【3】

⑵ 法人本質論の評価

法人本質論は、国家による法人禁圧が解かれる過程において、一定の歴史的背景のもとに一定の課題(それぞれの時代の法政策・価値判断)を反映したものにすぎないと評されていることから、現在では実益に乏しい議論であるとか、意味がないなどと指摘されている。

法人の能力に関する34条は、「法人は、法令の規定に従い、定款その他の基本約款で定められた目的の範囲内において、権利を有し、義務を負う」と規定しています。これは、一見すると法人擬制説的な規定のようですが、34条の規定の「目的の範囲」の制限の意味については後述するように学説が分かれており、他の法人学説による説明も可能です。

➡ 本節4【2】(2)(c)(ii)

また、理事の代表権に関して、一般法人法77条1項本文は、「理事は、一般社団法人を代表する」と規定していますが、これは、一見すると法人実在説的な立場を採用している規定のように読めます。「代表」の意義について、法人実在説の見地より、理事以外に本人(法人)の行為はなく、理事が法人のためにした行為の効果はすべて法人に帰属するという特殊な法律関係と捉えられるからです。しかし、「代表」の意義について、学説の立場は分かれています(代表は代理と同義であり、団体の代表を代理というにすぎないとする説もあります)。

➡ 本節5【1】(1)(b)(ii)b

このように、現在では法人本質論の(法人学説)いずれの説によるかによる演繹的・機械的解釈をするべきではなく、個々の問題について妥当な結論を導けば足りるとする見解も有力です。

➡ 四宮＝能見・民法総則99頁

現在では、法人を構成する契機として、実体的契機、価値的契機、技術的契機(法人格)の3つに分析されています。

← **実体的契機**

実体的契機とは、社会的・経済的観点からみて取引の主体となるのに適した実体が存在しなければならないことを意味します。

← **価値的契機**

価値的契機とは、政策的見地から価値判断を加え、その社会の歴史的・社会的事情のもとで取引の主体となるに値すると判断したものにかぎって法人格を付与することを意味します。

← **技術的契機**

技術的契機とは、法人は自然人でない存在を権利義務の統一的な帰属点たらしめる技術であることを意味します。

そして、現在では、上記のような法人を構成する契機から、法人学説が次のように比較されることもあります。

➡ 四宮＝能見・民法総則100頁、新ハイブリッド民法総則79頁[山田]

法人擬制説 ―― 技術的契機を重視する
法人否認説 ―― 実体的契機の一部を重視する
有機体説 ―― 実体的契機を重視する
組織体説 ―― 実体的契機と価値的契機を重視する

【3】法人格否認の法理

⑴ 意義

前述したように、法人制度が、団体を権利義務の主体にすることによって、構成員の個人財産から分別された団体財産をつくるための法技術にすぎないとすれば、法人格がまったく形骸にすぎなかったり、脱法目的で濫用されたりするような場合には、法人格をそのまま認めることは適当でない。

このように、競業避止義務を負った者が義務回避のために法人形態を利用してこの義務を事実上免れようとする場合や、債権者詐害・脱税などのために法人形式を利用する場合のように法人格が不正目的のための隠れみのとして濫用されるときに、法人格を否認してその背後にある社会的実体を把握しようとする法理を、法人格否認の法理という。

このような法人格否認の法理を適用した場合には、法人であっても実質的には個人企業にすぎないものと考えて取引した相手方に、その取引が法人との取引か個人との取引かがわからないような場合には、相手方は、法人格を否認してその背後にある個人の責任を追及することができる(判例)。要するに、法人格否認の法理は、法人格を悪用して責任逃れをする法人における代表者個人の責任を認めるものである。

この法理について実定法上の根拠はないが、信義則(1条2項)あるいは権利濫用の禁止(1条3項)にその根拠が求められている。

注意してほしいのは、法人格を否認するという意味は、法人であることを否定してしまうというものではなく、当該紛争(事案)においては法人として独立の法主体性を認めないということです。当該事案にかぎって適用される法理なのです。

法人格否認の法理は、会社法でより詳しく学習することになります。

(2) 判例――形骸化事例と濫用事例

判例上、法人格否認の法理が適用されたのは、法人格の形骸化の場合と、法人格の濫用の場合である。

前者は、実質的に個人企業に等しい株式会社が賃借中の店舗について、家主と代表者個人との間に合意解除の和解が成立し、これに基づいて会社に対して明渡請求がなされた事案について、この法理を適用し、和解の効力は会社に及ぶとした。

後者は、居室の明渡し、延滞賃料などの債務を負った会社が賃貸人の履行請求の手続を誤らせるために新会社を設立した事例について、この法理を適用し、新会社の法人格を否定した。

←「法人格否認の法理」とは

→ 最判昭和44年2月27日(判例シリーズ商法3事件)

→ 1章1節4【2】、【3】

→『会社法』2章1節1【3】

← 形骸化事例と濫用事例

→ 最判昭和44年2月27日(前出)

→ 最判昭和48年10月26日(民訴百選7事件)

【4】法人改革

(1) 総説

民法典には、法人に関して、かつては多くの規定が存在していたが、38条から84条までの規定が削除され、現在は33条から37条までのわずか5か条が存在するだけである。すなわち、平成18年の法人法制の改正によって、一般法人法、公益法人認定法および整備法が公布され、これに伴って、民法上の従来の公益法人制度を廃止するとともに、民法の法人の箇所は大幅な変更を受けることになった。

(2) 法人改革の基本的視点

法人制度改革の基本的視点は、次の3つである。

(a) 一般法人(非営利法人)の原則化

第1に、従来の公益法人の理念を捨て、剰余金の分配を目的としない社団・財団について、その事業の公益性の有無にかかわらず、一般法人(一般社団法人・一般財団法人)としたことである。

(b) 公益法人の厳格化

第2に、一般法人のうち、特に公益事業を実施するものについては、公益認定等委員会による厳格な公益認定を受けることによって、公益法人となることができるということである。

(c) 行政的裁量の排除

第３に、主務官庁の行政的裁量に依存する許可主義を排除し、一定の要件を充足することにより設立できる**準則主義**を導入したことである(許可主義、準則主義の意義については後述する)。 → 3【1】

2 法人の種類

法人は、さまざまな視点から分類される。ここでは、社団と組合との峻別論についても触れることにする。なお、権利能力なき社団・財団は、7で触れる。

【1】法人の種類

(1) 社団法人と財団法人

社団法人とは、一定の目的のもとに結集した**人の組織体(集団)**を基礎とする法人をいい、**財団法人**とは、一定の目的のために提供された**財産の集合体**を基礎とする法人をいう。前者の例としては、一般社団法人や株式会社等の会社、後者の例としては、一般財団法人、相続財産法人があげられる。 ←「社団法人」とは ←「財団法人」とは

社団法人は人の集団であるから、**社員**を不可欠の要素とするのに対し、財団法人は財産の集合体であるから、社員は存在しない。社員の有無は、法人の組織、運営、管理などの面において大きな違いが生ずる。

> 前に触れたように、法人のうち社団法人の構成員が有する団体上の権利を**社員権**といいます。

→ 1章1節3【2】(1)(a)

(2) 公益法人・営利法人・非営利法人

(a) 公益法人

公益法人とは、「学術、技芸、慈善、祭祀、宗教その他の公益を目的とする法人」をいう(33条２項)。すなわち、**不特定多数人の利益**(公益)を目的とする法人である。 ←「公益法人」とは

公益法人は、従来、改正前民法34条により法人格を取得していたが、平成18年の法人制度の改正によって、一般法人法によって法人格を取得し(一般社団法人、一般財団法人)、公益法人認定法に従って、公益認定を受けるようになった。

ただし、「学術、技芸」を目的とするのは私立学校法、「慈善」を目的とするのは社会福祉法、「祭祀、宗教」を目的とするのは宗教法人法により、それぞれ学校法人、社会福祉法人、宗教法人となることから、民法上の公益法人は、主として「その他の公益」を目的とするものである。

(b) 営利法人・非営利法人

営利法人とは、「営利事業を営むことを目的とする法人」をいう(民33条２項)。すなわち、対外的な事業活動で利益を得て、これを**構成員(社員)に分配**することを目的とする法人である。構成員(社員)への利益分配を目的とするのであるから、営利法人は、人の集団である社団法人にかぎられる。営利法人の例は、株式会社、持分会社(合名会社、合資会社、合同会社)である(会社２条１号)。 ←「営利法人」とは

これに対して、対外的な事業活動で利益を得ても、これを構成員に分配することを目的にしない法人は、**非営利法人**である。一般法人法に基づき設立される法人は、非営利法人である(公益認定を受けると、公益法人となる)。 ←「非営利法人」とは

「その他の法人」(民33条2項)は、公益法人でも営利法人でもない法人のことをいいますが、これには、非営利法人のほか、いろいろな法人がこの範疇に含まれます。たとえば、公益でも営利でもない目的、すなわち中間的な目的を有する法人や、自治会や町内会などの地縁団体(地自260条の2第1項)もここに含まれます。
「その他の法人」が非営利法人にかぎられないことに注意してください。

⑶ 外国法人と内国法人

外国法人とは、日本の法人、すなわち内国法人ではない法人をいう。

← 「外国法人」とは

外国法人と内国法人の区別の基準については争いがあるが、通説は、外国法人とは外国法に準拠して設立された法人であり、内国法人とは日本法に準拠して設立された法人であると解している(準拠法説、設立準拠法主義)。

外国法人の活動には制約がある。すなわち、外国法人は、国、国の行政区画および外国会社を除き、その成立を認許しない(民35条1項本文)。ただし、法律または条約の規定により認許された外国法人は、このかぎりではない(35条1項ただし書)。この規定により認許された外国法人は、日本において成立する同種の法人と同一の私権を有する(35条2項本文)。ただし、外国人が享有することのできない権利および法律または条約中に特別の規定がある権利については、このかぎりでない(35条2項ただし書)。外国法人の登記については、37条を参照のこと。

なお、外国会社については、会社法第6編(817条から823条まで)が定める。

⑷ 公法人と私法人

公法人とは、国家的公共の事務を遂行することを目的とし、公法に準拠して成立された法人をいう。たとえば、国、公共団体、土地改良区があげられる。

← 「公法人」とは

これに対して、私法人とは、私人の自由な意思決定による事務遂行のために、私法に準拠して設立された法人をいう。たとえば、会社、一般社団法人・一般財団法人、私立学校があげられる。

← 「私法人」とは

通説は、公法人と私法人とを区別するのは困難であり、また、区別の実益もないとしている。公法人も、法律行為、不法行為に関しては私法人と対等に権利主体となるなど、両者の区別自体が相対的なものだからである。

【2】社団と組合の峻別論

⑴ 峻別論

民法は、一方で、人の組織体(集合)を法人(社団)として認めているが(33条以下)、他方で、団体としての組合制度を規定している(667条以下)。組合契約とは、各当事者が出資をして共同の事業を営むことを約することによって、その効力を生ずる契約をいい(667条1項)、組合契約によって結成される団体が組合である。組合は、契約による人々の集合体であるにとどまり、法人格を有するものではない(組合の詳しい内容については、債権各論で学習する)。

← 「組合契約」とは

➡ 『債権各論』2章11節

それでは、社団と組合とはどのような関係にあるのだろうか。社団と組合の峻別論として議論されてきたところである。伝統的な通説は、以下のように説明する。

社団と組合は、人の結合体としての団体という点では共通するが、その結合度に強弱がみられる。すなわち、社団は、結合度が強く、単一体として存在し構成員はその内に埋没し、構成員の変動によって影響を受けない団体であるのに対し、組合は、結合度が弱く、構成員の個性が強く、構成員の契約によって団体が形成されている。そのため、以下のような差異がある。

	社　団	組　合
構成員	結合度が強く、構成員の個性が弱い	結合度が弱く、構成員の個性が強い
内部規則	定款	組合契約
加入・脱退	自由	加入→全員の同意が必要(677の２Ⅰ) 脱退→原則自由(678)
業務執行方法	機関が執行	各組合員または委任を受けた者(業務執行者)が執行(670ⅠからⅢまで)
財産・債務の帰属	社団に帰属(構成員から独立)	財産は全構成員に合有的に帰属(通説) 債務は組合のみならず組合員も併存的に責任を負う(675Ⅱ)
解散	社員総会の決議(一般法人148③)	やむをえない事由があるときは各組合員の請求で可(683)
払戻し	不可	可(681)

⑵　社団と組合の相対化

近時は、以上のような差異は単なる理念的対立にすぎないとして、社団と組合の連続性を認めた柔軟な解決をしようとする見解が有力である。

➡ 内田Ⅰ220頁、四宮＝能見・民法総則109頁、平野・民法総則63頁、中舎・債権法308頁

すなわち、社団については民法ではなく、一般法人法に規定があるだけであり、民法は組合についてのみ規定しているだけにすぎないし、現実の団体のなかには、両者の中間的なものも少なくなく、たとえば組合の形式をとるもののなかでも、継続的存在を予定し、代表者の定めのあるものは、社団に準ずる団体性を有すると考えられる。

したがって、社団あるいは組合の規定の適用は条文ごとに個別的にその妥当性を判断して決めるべきであり、双方の規定を混合的に適用してもかまわないなどと解されている。

3　法人の設立

【1】法人設立の諸原則

⑴　法律による成立──法人法定主義

「法人は、この法律その他の法律の規定によらなければ、成立しない」(民33条1項)。これを**法人法定主義**という(**法律準拠主義**ともいう)。「その他の法律」とは、該当する社団・財団に法人格を与えている法律のことをいい、一般法人法、会社法、地方自治法、労働組合法など多くの法律がある。

⑵　準則主義

法人をどのような手続で設立させるかについて、従来は、主務官庁による許可主義をとってきたが、平成18年の法人法制の改正により、**準則主義**に変更した(一般法人22条、163条)。準則主義や許可主義の意義については、次で述べる。

⑶　法人設立の諸主義

法人の設立に関しては諸主義がある。一方では、国家の承認がなければ設立が認められない法人があり、他方では、なんらかの団体または財産の結合体があれば法律上当然に設立が認められる法人があるが、その中間にもいくつかの段階のものがある。以下では、主な諸主義について説明する。

(a)　特許主義

特許主義とは、法人を設立するためには特別の法律の制定を必要とする主義をいう。この主義は、団体が国家の財政・金融などに関する国家政策に重要な影響があるためにとられるものである。この立法方式で設立された法人を**特許法人**という。たとえば、日本銀行(日銀6条)、日本政策金融公庫、日本赤十字社、独立行政法人都市再生機構などの独立行政法人である。なお、現在では、民営化されているものも多い(日本航空、日本郵政、NTT、JRなど)。

←「特許主義」とは

(b)　許可主義

許可主義とは、設立を許可するかどうかを主務官庁の自由裁量に委ねる主義をいう。2006(平成18)年改正前の公益法人は、この主義がとられていた。

←「許可主義」とは

(c)　認可主義

認可主義とは、法律の定める要件を具備し主務官庁の認可を受けることによって法人が設立されるという主義をいう。要件を具備していれば主務官庁は必ず認可しなければならない。学校法人(私学30条、31条)、各種協同組合(生協57条から59条の2まで、農協59条から61条まで)、社会福祉法人(社福31条、32条)などがこの主義をとる。

←「認可主義」とは

なお、自治会、町内会などの地縁団体も、地域的な共同活動のため不動産に関する権利等を保有するために、市町村長の認可により法人となることができる(地自260条の2第1項)。

(d)　認証主義

認証主義とは、法人格取得に関し所轄庁の認証(確認行為)を要するという主義をいう。認可手続をより簡易化したものである。「規則の認証」を必要とする宗教法人(宗法12条から14条まで)や、「設立の認証」を必要とする特定非営利活動法人(いわゆるNPO法人)(非営利活動10条、12条)がこの主義をとる。この主義は、前者については憲法で保障された信教の自由(憲20条1項、2項)の尊重という見地から、後者については市民活動への国家の過度の干渉を抑止するという政策的見地から、それぞれ採用されている。

←「認証主義」とは

➡ 平野・民法総則74頁

(e)　準則主義

準則主義とは、法律の定める一定の組織を具備した場合に当然に法人とする主義をいう。一般社団法人・一般財団法人(一般法人3条、22条、163条)、会社法上の会社(会社26条、49条、575条、579条)、労働組合(労組11条)などがこの主義をとる。

←「準則主義」とは

この主義をとる場合には、通常、設立登記をすることが法人設立の要件とされており(設立登記主義。一般法人22条、163条、301条、302条、会社49条、579条、労組11条)、設立登記の際に、登記官が要件の具備について審査する(形式的審査権)。

(f)　当然設立主義

当然設立主義とは、法律の規定によって当然に法人とされる主義をいう。相続人不在の場合の相続財産法人(民951条)や地方公共団体(地自2条1項)がこの主義をとる。

←「当然設立主義」とは

(g)　自由設立主義

自由設立主義とは、法人の設立に何ら形式的要件を設けないで、任意に設立させる主義をいう。スイスでは、非営利社団についてこの主義がとられているが、わが国では、法人法定主義を採用しているから(民33条1項)、自由設立主義によ

←「自由設立主義」とは

るものはない。

(h) 強制主義

強制主義とは、団体が国家・社会一般の利害に重大な関係がある場合に、国家が法人の設立または法人への加入を強制する主義をいう。弁護士会(弁護31条2項、34条、45条3項、47条、50条)、司法書士会(司書52条、57条、58条、62条)などがこの主義をとる。

←「強制主義」とは

「弁護士会は、その所在地において設立の登記をすることによって成立する」(弁護34条1項)という意味では、弁護士会は準則主義の例としてあげられることもあります。

諸主義	具体例	法人を認める基準
特許主義	日本銀行	特別の法律の制定
許可主義	平成18年民法改正前の公益法人	主務官庁の自由裁量に委ねる
認可主義	学校法人 社会福祉法人	法律の定める要件を具備し主務官庁の認可を受けること →要件を具備していれば必ず認可しなければならない
認証主義	宗教法人 特定非営利法人	法律の定める要件を具備し、所轄庁の認証(確認行為)を受けること
準則主義	一般社団・財団法人 会社法上の会社	法律の定める一定の組織を具備した場合に当然に法人となる*
当然設立主義	相続財産法人 地方公共団体	法律の規定によって当然に法人となる
自由設立主義	スイスの非営利社団法人	法人の設立に何ら形式的要件を設けない
強制主義	弁護士会 司法書士会	国家が法人の設立(または法人への加入)を強制

* 通常、準則主義では、設立登記をすることが法人設立の要件とされており、設立登記の際に、登記官による要件具備についての審査がある。

(4) 登記による設立──設立登記主義

法人および外国法人は、この法律その他の法令の定めるところにより、登記をするものとする(民36条)。そして、一般社団法人、一般財団法人は、その主たる事務所の所在地において、設立の登記をすることによって成立する(一般法人22条、163条、301条、302条)。登記は、法人設立の効力発生要件である。

(5) 設立・組織・運営・管理に関する法律準拠

「学術、技芸、慈善、祭祀、宗教その他の公益を目的とする法人、営利事業を営むことを目的とする法人その他の法人の設立、組織、運営及び管理については、この法律その他の法律の定めるところによる」(民33条2項)。すなわち、法人は、設立、組織、運営および管理に関しても民法その他の法律に準拠しなければならない。

【2】一般法人の設立

一般法人の設立について、一般社団法人と一般財団法人とに分けて説明し、その後、公益法人の認定について解説することにする。

(1) 一般社団法人の設立

一般社団法人の設立には、定款の作成、設立時理事等の選任、主たる事務所の所在地における設立の登記が必要である。

なお、一般社団法人が活動するためには財産が必要であるが、**設立時の財産保有規制は設けられていない**。

(a) **定款の作成**

定款とは、法人の根本規則またはその内容を記載した書面をいう。

← **「定款」とは**

一般社団法人を設立するには、その社員になろうとする者(設立時社員)が共同して定款を作成し、その全員がこれに署名または記名押印しなければならず(一般法人10条)、**公証人の認証**を受けなければ、その効力を生じない(一般法人13条)。

一般社団法人の設立行為(定款の作成)の法的性質について、定款の作成は２人以上の設立者が共同で行う法律行為であるが、契約のように相互の間に債権債務を発生させることを目的とする行為でないから、**合同行為**(同一方向に向けられた複数の意思表示によって成立する法律行為)であると解されている(合同行為の内容については、法律行為のところで説明する)。

➡ ４章１節1【3】(1)

定款には、①目的、②名称、③主たる事務所の所在地、④設立時社員の氏名または名称および住所、⑤社員の資格の得喪に関する規定、⑥公告方法、⑦事業年度を記載しなければならない(一般法人11条１項)。これを**必要的記載事項**といい、１つを欠いても定款は無効である。以上のほか、**相対的記載事項**(一般法人法の規定により定款に定めがなければ効力を生じないとされる事項〔一般法人12条前段〕)、**任意的記載事項**(前記２点以外であって、一般法人法の規定に反しない事項〔一般法人12条後段〕)を記載することができる。

← **「必要的記載事項」とは**

← **「相対的記載事項」とは**

← **「任意的記載事項」とは**

一般社団法人においては、「社員に剰余金又は残余財産の分配を受ける権利を与える旨」の定款の定めは、その効力を有しない(一般法人11条２項)。非営利を目的とする一般法人制度の趣旨に反するからである。

(b) **設立時理事等の選任**

一般社団法人を設立するためには、設立時理事の選任が必要である(一般法人15条１項、17条)。理事会設置一般社団法人では、３人以上の選任が必要であり(一般法人16条１項)、そのなかから過半数で、設立時代表理事が選任される(一般法人21条１項、３項)。

そのほか、設立時監事、設立時会計監査人を選任することができ、法人類型によっては選任しなければならない(一般法人15条２項、17条)。

設立時理事および設立時監事は、選任後遅滞なく、一般社団法人の設立の手続が法令または定款に違反していないことを調査しなければならない(一般法人20条１項)。この趣旨は、準則主義による法人設立の適正を担保する点にある。

(c) **設立の登記**

以上の調査が終了した日または設立時社員が定めた日のいずれか遅い日から２週間以内に、主たる事務所の所在地において**設立の登記**を行い(一般法人301条１項)、これによって一般社団法人が成立する(一般法人22条)。したがって、登記は、一般社団法人設立の効力発生要件である。

なお、設立の登記は、一般社団法人を代表すべき者(設立時代表理事)が申請する(一般法人318条１項)。

(2) 一般財団法人の設立

一般財団法人の設立には、**定款の作成**、定款に記載された**財産の拠出**、**設立時評議員、設立時理事等の選任**、主たる事務所の所在地における**設立の登記**が必要である。

(a) **定款の作成**

一般財団法人を設立するには、設立者が定款を作成し、その全員がこれに署名または記名押印しなければならず(一般法人152条1項)、定款は、**公証人の認証**を受けなければ、その効力を生じない(一般法人13条)。また、設立者は、**遺言**で、一般法人法153条、154条に定める必要的記載事項および任意的記載事項等を定めて、一般財団法人を設立する意思を表示することができる(一般法人152条2項前段)。この場合においては、遺言執行者は当該遺言の効力が生じた後、遅滞なく、当該遺言で定めた事項を記載した定款を作成し、これに署名または記名押印しなければならない(一般法人152条2項後段)。

定款には、①目的、②名称、③主たる事務所の所在地、④設立者の氏名または名称および住所、⑤設立者が拠出する財産およびその価額、⑥設立に際して評議員となる者(設立時評議員)、理事となる者(設立時理事)および監事となる者(設立時監事)の選任に関する事項、⑦会計監査人設置一般財団法人(会計監査人をおく一般財団法人)であるときは、設立時会計監査人の選任に関する事項、⑧評議員の選任および解任の方法、⑨公告方法、⑩事業年度を記載しなければならない(**必要的記載事項**〔一般法人153条1項〕)。**相対的記載事項**(一般法人154条前段)、**任意的記載事項**(一般法人154条後段)については、一般社団法人と同じである。

一般財団法人においては、①理事または理事会が評議員を選任または解任する旨の定款の定め、②設立者に剰余金または残余財産の分配を受ける権利を与える旨の定款の定めは、その効力を有しない(一般法人153条3項)。

(b) **財産の拠出**

設立者は、公証人による定款の認証後遅滞なく、定款に記載された**財産を拠出**しなければならない(一般法人157条1項)。これは、財産を基礎にする法人であるという一般財団法人の性格に由来するものである。

一般財団法人の設立行為(設立者による財産の拠出)の法的性質について、社団と同様に契約でないことは明らかであるが、2人以上の者の共同の行為を必要とするものではないから、**相手方のない単独行為**(1つの意思表示によって成立する法律行為)と解されている(単独行為の内容は、法律行為のところで説明する)。 → 4章1節1【3】(1)

設立者は、合計**300万円以上**の財産の拠出が必要とされる(一般法人153条2項)。なお、事業年度2期連続して純資産額が300万円未満となることは解散事由とされているから(一般法人202条2項)、純資産が300万円以上であることは、一般財団法人の存続要件でもある。

生前の処分で財産の拠出をしたときは、当該財産は、一般財団法人の成立の時から一般財団法人に帰属する(一般法人164条1項)。また、遺言で財産の拠出をしたときは、当該財産は、遺言が効力を生じた時から一般財団法人に帰属したものとみなされる(一般法人164条2項)。この趣旨は、拠出された財産が相続人に帰属することを防止する点にある。

設立者(またはその相続人)は、一般財団法人の成立後は、錯誤、詐欺または強迫を理由として財産の拠出の取消しをすることができない(一般法人165条)。この趣旨は、法人成立後は法人の財産について利害関係を有する者が多数にのぼりうるため、法人の財産を安定させる点にある。 ← 平成29年改正

(c) **設立時評議員、設立時理事等の選任**

一般財団法人を設立するためには、設立時評議員、設立時理事、設立時監事を

選任しなければならない(一般法人153条1項6号、159条1項)。また、会計監査人設置一般財団法人を設立しようとする場合には、設立時会計監査人の選任も必要となる(一般法人153条1項7号、159条2項)。

設立時評議員と設立時理事は、それぞれ3人以上でなければならず(一般法人160条1項)、設立時理事のなかからその過半数で設立時代表理事を選任しなければならない(一般法人162条1項、3項)。

設立時理事および設立時監事は、選任後遅滞なく、財産の拠出の履行が完了していることと、一般財団法人の設立の手続が法令または定款に違反していないことを調査しなければならない(一般法人161条1項)。

(d) 設立の登記

以上の調査が終了した日または設立時社員が定めた日のいずれか遅い日から2週間以内に、主たる事務所の所在地において**設立の登記**を行い(一般法人302条1項)、これによって一般財団法人が成立する(一般法人163条)。したがって、登記は、一般財団法人設立の効力発生要件である。

なお、設立の登記は、設立時代表理事が申請する(一般法人319条1項)。

一般社団・財団法人の設立

		一般社団法人		一般財団法人	
定款の作成	法的性質	合同行為		単独行為	
	必要的記載事項(一般法人11Ⅰ、153Ⅰ)	①目的 ②名称 ③主たる事務所の所在地 ④設立時社員の氏名または名称および住所 ⑤社員の資格の得喪に関する規定 ⑥公告方法 ⑦事業年度		①目的 ②名称 ③主たる事務所の所在地 ④設立者の氏名または名称および住所 ⑤設立者が拠出する財産およびその価額 ⑥設立に際して評議員となる者(設立時評議員)、理事となる者(設立時理事)および監事となる者(設立時監事)の選任に関する事項 ⑦会計監査人設置一般財団法人(会計監査人をおく一般財団法人)であるときは、設立時会計監査人の選任に関する事項 ⑧評議員の選任および解任の方法 ⑨公告方法 ⑩事業年度	
遺言による設立		×		○	
財産の拠出		×		○ 設立者は、合計300万円以上の財産の拠出が必要	
設立時理事等の選任 ○必要 △法人類型によって必要 ×不要		設立時理事	○	設立時理事(3人以上)	○
		設立時代表理事	△	設立時代表理事	○
		設立時評議員	×	設立時評議員(3人以上)	○
		設立時監事	△	設立時監事	○
		設立時会計監査人	△	設立時会計監査人	△
設立の登記		効力発生要件		効力発生要件	

(3) 公益法人法

(a) 総説

公益法人は、2006(平成18)年の法人法制の改正前は民法によって設立されてきたが、この改正(2008年施行)によって**公益法人認定法**により認定されることになった。すなわち、一般社団法人および一般財団法人のなかから行政庁の公益認定(公益法人認定4条)を受けることによって、**公益社団法人**(公益法人認定2条1

号）および**公益財団法人**（公益法人認定２条２号）になることが認められることになった。

公益法人認定法に基づいて公益法人であると認定されれば、公益事業目的を実施しなければならず、公益目的事業財産について公益目的を行うために使用しなければならない。そして、公益法人は、計算書類等を一般人の閲覧に供することや監督官庁（内閣総理大臣または都道府県知事、公益法人認定３条）に対し提出する義務を負担し、監督官庁（行政庁）による監督を受けることになる。他方で、公益目的事業に関わる活動を促進しつつ適正な課税の確保を図るため、税法上の優遇を受けることになる（公益法人認定58条）。

(b)　**公益目的事業**

公益目的事業とは、「学術、技芸、慈善その他の公益に関する別表各号に掲げる種類の事業であって、不特定かつ多数の者の利益の増進に寄与するもの」をいう（公益法人認定２条４号）。

← **「公益目的事業」とは**

公益法人については、常識的なことは教養として知っておいたほうがよいですが、試験対策という観点からはあまり重要ではありません。イメージをつかんでもらうために、以下では、別表各号に掲げる公益目的事業の具体的な範囲を表であげておきますが、一度その内容を確認しておけば十分でしょう。

①学術、科学技術の振興
②文化、芸術の振興
③障害者、生活困窮者、事故・災害・犯罪による被害者の支援
④高齢者の福祉の増進
⑤勤労意欲のある者に対する就労支援
⑥公衆衛生の向上
⑦児童・青少年の健全育成
⑧勤労者の福祉の向上
⑨教育・スポーツ等による国民の心身の健全な発達、豊かな人間性の涵養
⑩犯罪防止、治安維持
⑪事故・災害の防止
⑫人種・性別等による不当な差別、偏見の防止・根絶
⑬思想・良心の自由、信教の自由、表現の自由の尊重・擁護
⑭男女共同参画社会の形成等のよりよい社会の形成の推進
⑮国際相互理解の促進・開発途上にある海外地域に対する経済協力
⑯地球環境の保全、自然環境の保護・整備
⑰国土の利用・整備・保全
⑱国政の健全な運営確保
⑲地域社会の健全な発展
⑳公正・自由な経済活動の機会の確保・促進、その活性化による国民性格の安定向上
㉑国民生活に不可欠な物資、エネルギー等の安定供給の確保
㉒一般消費者の利益の擁護・増進
㉓前記事業のほか公益に関する事業として政令で定めるもの

4　法人の能力

【1】総説

法人の能力の問題は、次の３つに分けることができる。

①法人はいかなる範囲の権利義務をもつことができるか、という**法人の権利能力**の問題

← **法人の権利能力**

②法人はいかなる種類の行為を行うことができ、だれがいかなる形式でいかなる行為をしたときに法人の行為となるか、という**法人の行為能力**の問題

③法人はだれのいかなる不法行為について損害賠償責任を負担するのか、という**法人の不法行為能力**の問題

①と②は、法人全般にわたって問題となる民法34条に関する問題である。また、③は、一般法人法78条に規定されているが、この規定は、学校法人(私学29条)、社会福祉法人(社福45条の17第3項)、医療法人(医療46条の6の4)、特定非営利活動法人(非営利活動8条)などに準用され、また、会社法にはこれと同旨の規定がおかれている(会社350条、600条)など、法人一般に通用する理論である。

結局、①から③までは、法人全般にわたって問題となる。以下、順に検討していこう。

← 法人の行為能力

← 法人の不法行為能力

法人の能力の問題は、法人本質論(法人学説)の一部として争われてきました。

特に②の法人の行為能力の有無の問題は、法人擬制説と法人実在説との見解の対立が反映して議論されています。ただし、前述したように、現在では法人学説はあまり意味がないという立場があり、このような立場からは、一般的に、②法人の行為能力の問題を独立した項目として説明していませんし、「目的の範囲」(民34条)の判断の議論を、①法人の権利能力のなかで論じています。

いずれの立場・分類で理解してもよいのですが、本書では、伝統的な立場である②法人の行為能力を独立の項目としたうえで、「目的の範囲」の判断などの議論を②法人の行為能力で論じることとします。

なお、前述しましたが、③法人の不法行為能力についても、法人本質論に関連して問題となります。

→ 1【2】

→ 我妻・講義Ⅰ153頁、松坂・総則136頁、双書(1)83頁[半田]、近江・講義Ⅰ126頁、新ハイブリッド民法総則90頁[山田]

【2】法人の権利能力

(1) 民法34条の規定の意味

34条は、「法人は、法令の規定に従い、定款その他の基本約款で定められた目的の範囲内において、権利を有し、義務を負う」と規定している。

法人は、権利義務の主体であって、権利能力を有する。法人が権利を有し義務を負うための行為は、代表者を通じて行われるところ、一般社団法人では、理事が代表者である(一般法人77条)。「代表」の意義については後述する。

法人であれば、権利能力を有することになりますが、法人格を取得しない以上は、いくら実質的に法人と同様の組織を有し、行動をしても、その効果は構成員各自に帰属することになりそうです。しかし、そのような社団にも、できるだけ法人に近い効果を与える必要がある場合もありえます。これを**権利能力なき社団理論**といいますが、これについては後述します。

→ 本節8【1】

(2) 権利能力の制限

法人は権利能力を有するが、法人の権利能力には自然人にはない種々の制限がある。法人はいかなる範囲の権利義務をもつことができるかという問題である。

一般に、①**性質による制限**、②**法令による制限**および③**目的による制限**に分けられているので、本書でもこれに従って説明していくことにする。

権利能力の制限 ①性質による制限 ②法令による制限 ③目的による制限

これらの制限に反する法律行為がなされた場合には、その法律行為は無効である(ただし、目的による制限に反する場合については、後述するように争いがある)。

→ (c)(ii)

← 性質による制限

(a) ①性質による制限

法人は、自然人と異なり、肉体を有しないから、肉体を基礎にする権利義務をその性質上享有することができない。たとえば、親権、婚姻、養子縁組のような身分行為による身分権を取得することができないし、生命権、身体上の自由権(奴隷的拘束からの自由〔憲18条など〕)は享有することができない。

相続権についても同様であり、法人は相続人になりえませんが、包括受遺者にはなれるとされています。包括遺贈を受けたときは、「相続人と同一の権利義務を有する」ことになります(民990条)。

→ 『親族・相続法』12章3節2【3】

法人といえども、名誉、信用などの人格権を有することができる。判例には、法人の名誉が侵害され金銭評価の可能な無形の損害を被ったと認められるときは、その損害賠償請求をすることができるとしたものがある(名誉権侵害については、債権各論で学習する)。

→ 最判昭和39年1月28日民集18巻1号136頁

→ 『債権各論』5章1節2【2】(7)(a)

← 法令による制限

(b) ②法令による制限

「法人は、法令の規定に従い、……権利を有し、義務を負う」(34条)のであるから、その権利能力の範囲についても法令によって制限される。たとえば、法人は、他の一般法人の役員(理事、監事)や評議員になることができないし(一般法人65条1項1号、173条1項、177条)、株式会社の取締役や監査役になることはできないとされている(会社331条1項1号、335条1項)。また、清算法人の権利能力は清算の目的の範囲内でのみ認められる(一般法人207条、会社476条、645条、破35条)。

自然人についても似ているところがあります。たとえば、婚姻年齢(18歳〔男〕・16歳〔女〕。平成30年改正により2022年4月からは、男女ともに18歳)に達しなければ婚姻することはできません(民731条)。ここでは、2022年4月以降を前提に説明します。

← 平成30年改正

成年被後見人や被保佐人は、婚姻以外に、一般社団法人、一般財団法人の役員(一般法人65条1項2号、177条)や、株式会社の取締役になることもできません(会社331条1項2号)。そういう意味では、自然人の資格も法律により制限されることはあります。

しかし、自然人はそもそも、婚姻の当事者でないとか、法人の役員や取締役となる法的資格がないというのではありません。本来その資格があるけれども、ある種の状態にある場合は、その資格が制約されているにすぎません。その状態が解消され、成年(18歳)に達したり、成年被後見人や被保佐人でなくなったりしたら、当然、そのような制約もなくなるのです。自然人の制約の場合には、個別的・一時的な資格制限であり、そもそもその地位に就くことができないというものではないのです。

→ 佐久間・総則354頁

以上に対して、法人の場合には、法令による制限が解消されることはなく、そもそもその地位に就くことができません。ですので、権利能力に対する制限となるのです。自然人と法人とでは、制限の意味合いが異なるので、注意してください。

なお、自然人の権利取得は、**法律**によってしか制限されないと解されていますが、法人の権利取得は、民法34条が「法令」による制限を定めているので、**命令**(行政機関によって制定される法規)によっても制限されうるとされています(命令の内容については、憲法で学習します)。

→ 川井・民法総則83頁

→ 『憲法』17章1節3【2】(1)(a)

(c)　③目的による制限

← 目的による制限

(i)　総説

34条は、法令による制限のほかに、「法人は、……定款その他の基本約款で定められた**目的の範囲内**において、権利を有し、義務を負う」と規定している。

法人は、基本約款において、その**目的**を定めている(必要的記載事項。一般法人11条1項1号、153条1項1号、会社27条1号、576条1項1号など)。会社を例にすると、その目的としては「当会社は、次の事業を営むことを目的とする」としたうえで、その具体的な業務をあげている。たとえば、衣料品の販売を目的とする会社であれば、「衣料用繊維製品、羽毛、紳士服、婦人服、子供服、肌着、身の回り品の輸出入並びに販売」、「紳士服・婦人服・子供服・スポーツ用衣類の企画・製造並びに輸出入販売」、「紳士服、婦人服、子供服等の各種衣料用繊維製品の企画、デザイン、製造、販売並びに輸出入業」などの業務があげられる。

会社以外では、たとえば日本弁護士連合会は、弁護士法45条2項の定める目的に基づいて、その会則3条において、「本会は、弁護士及び弁護士法人の使命及び職務に鑑み、その品位を保持し、弁護士及び弁護士法人の事務の改善進歩を図るため、弁護士、弁護士法人及び弁護士会の指導、連絡及び監督に関する事務を行うことを目的とする」としています。

(ii)　「目的の範囲」の制限の意味

●論点Aランク

基本約款に定められた法人の目的によって制限されるものは何かについては、争いがある。34条の規定(「目的の範囲」)は法人の何を制限した規定か、また、「目的の範囲」外の行為(理事が「目的の範囲」を超えた事項について法律行為をした場合)の効力はどうなるかが問題となるのである。

主な見解としては、**権利能力・行為能力制限説**、**行為能力制限説**、**代表権(代理権)制限説**がある。以下、各説の内容を概説する。

いずれの説であっても、性質による制限、法令による制限は妥当します。そして、それらの制限に反する法律行為がなされた場合には、その法律行為は無効である点には違いがありません。
ここでの議論は、目的による制限にかぎっている点に留意しておいてください。

a　権利能力・行為能力制限説

← 権利能力・行為能力制限説

→ 我妻・講義Ⅰ156頁

34条の規定は、一般に権利能力に関する制限を定めた規定であると同時に、行為能力の範囲(制限)を定めた規定であるとする説であり、通説である。この説は、法人自身の行為があるという法人実在説的な考え方に基づくものである。34条の文言からは、権利能力の制限と解することが素直である。判例も、権利能力の制限であるとする。

→ 大判昭和16年3月25日民集20巻347頁、最判昭和44年7月4日(後出重要判例)、最大判昭和45年6月24日(後出)、最判平成8年3月19日(後出重要判例)

→ 近江・講義Ⅰ128頁

→ 川井・民法総則84頁

この説による場合には、「目的の範囲」外の行為は絶対的に無効であり、追認(113条)の余地もないことになる。

基本書のなかには、上記の説(権利能力・行為能力制限説)を、権利能力制限説として紹介しているものがあります。
また、権利能力制限説と権利能力・行為能力制限説とを分けて紹介し、前者は、法人の権利能力(のみ)を制限した説と捉えるものもあります(この権利能力制限説からは、判例の立場も権利能力制限説に位置づけられます)。

学説名にこだわる必要はありませんが、基本書を読む際には、各基本書において唱えられている説の内容に十分注意してください。

b　行為能力制限説

34条の規定は、法人の行為能力の範囲を定めたものとする説である。すなわち、34条の「目的の範囲」とは、法人の享有しうる権利の種類がその法人の目的によって制限されるという意味ではなくて、その目的の範囲内の行為によって権利を有し義務を負うという意味であるというものである。この説も、法人実在説的な考え方に基づくものである。

この説による場合には、「目的の範囲」外の行為も追認によって有効になりうるとされる(ただし、いちおう有効であるものの取消し可能な行為が追認されうるのか、当初から無効の行為が追認により有効になりうるのかについて、はっきりしないという指摘がある)。

←行為能力制限説

➡ 松坂・総則135頁

c　代表権制限説

34条によって制限されるのは、法人(すなわち理事)の活動(代表権・代理権)およびその結果としての権利義務の帰属の範囲であって、法人の権利能力そのものの範囲でなく、法人の権利能力は、性質・法令の許すすべての財産上の権利義務について無制限に認められるとする説である。この説は、法人擬制説的な考え方に基づくものである。取引法の一般原則という広い土俵のうえで法人の法律関係を処理しようとする説といえる。

この説による場合には、「目的の範囲」外の行為は無権代理行為となるから、追認することができる(目的範囲内の行為であると無過失で信じた相手方との間では、表見代理が成立しうる)。

←代表権制限説

➡ 川島・民法総則112頁、幾代・民法総則126頁、内田Ⅰ243頁

34条の規定は、法人の何を制限した規定か。

●論点Bランク(論証2)

A説　権利能力・行為能力制限説

➡ 我妻・講義Ⅰ156頁

▶結論：34条の規定は、一般に権利能力に関する制限を定めた規定であると同時に、行為能力の範囲(制限)を定めた規定である。

▶理由：①34条は法人が定款その他の基本約款で定められた「目的の範囲内において、権利を有し、義務を負う」と規定している。

②法人はある目的のために組織され活動し、社会的作用を営むものであるから、その権利能力・行為能力もその範囲に制限される。

③「目的の範囲」外の行為により法人の財産的基礎を損なうことを防止し、法人が本来の目的のために財産を使用するように図るべきである。

▶批判：①不法行為や債務不履行をすることを目的(のひとつ)とする法人はおよそありえないため、法人の不法行為責任や債務不履行責任を負うことの説明に窮する。

②「目的の範囲」に属しない行為の効力がおよそ法人に帰属しえない(絶対的に無効となる)とすることは、相手方の信頼を不当に害し、取引の安全を害する(A説は、この点の不都合は、「目的の範囲」を柔軟に解釈することにより回避する)。

B説　行為能力制限説

➡ 松坂・総則135頁

▶結論：34条の規定は、法人の行為能力の範囲を定めたものとする。

▶理由：法人は、法人の性質または法令による制限以外は、およそ法律上の権利義務を有しうる(目的によって権利能力が制限されるということはない)。

▶批判：①(A説から)法人に追認権を認めると、基本約款の目的を変更することなく、法人のその時々の決定により目的の範囲外の行為を実質的に有効にすることができることになり、これでは、基本約款に法人の目的を定める意味が失われることになりかねない。
②(A説から)法人に追認権を認めると、法人は有利な行為だけを追認して利益を得、不利な行為は追認せずに不利益を免れることができることになり、これは法人に制限行為能力者と同様の選択権を認めることになるが、法人が自律とそれに対する厳しい責任を求められてよい存在であることを考えると、その結果は適当とはいえない。
③(C説から)「目的の範囲」外の行為について行為能力を有しないとすると、理事が「目的の範囲」外の行為をした場合に、有効な行為を前提とする契約責任等が法人に帰属するはずがないことになり、取引の安全を害する。

C説　代表権制限説

➡ 川島・民法総則112頁、幾代・民法総則126頁、内田Ⅰ243頁

▶結論：34条によって制限されるのは、法人(すなわち理事)の活動(代表権・代理権)およびその結果としての権利義務の帰属の範囲であって、法人の権利能力そのものの範囲でなく、法人の権利能力は、性質・法令の許すすべての財産上の権利義務について無制限に認められる。
▶理由：34条が理事の代表(代理)権を制限した規定であって、法人の権利能力や行為能力を否定した規定ではないとすれば、理事が「目的の範囲」外の行為をしたときも追認や表見代理の規定の準用により取引の安全を図ることができる。
▶批判：①34条が権利の帰属を扱っている側面を無視している。
②行為能力制限説に対する批判①②と同じ。
③取引相手の信頼保護のための表見代理の成立には疑問がある。ⓐ目的による制限は34条に由来する、すべての法人に存在する客観的制限であるところ、そのような制限を知らない者は信頼保護に値しないのではないか、ⓑ目的の範囲による制限の趣旨は法人とその構成員をはじめとする利害関係人の保護を図る点にあるところ、この趣旨から無効とされるべきときは、取引相手の利益を害することになろうとも、その取引は無効とすべきではないか。

2006(平成18)年改正前の民法43条(現34条)においては、商法学者を中心として、内部的義務説(内部的責任説)という見解が主張されていました。この説は、営利法人に関して主張され、法人の目的は対内的に業務執行権を制限したものにすぎず、対外的には「目的の範囲」外の行為でも有効であるとした(ただし、相手方が悪意・重過失のときは無効としました)うえで、「目的の範囲」外の行為を行った代表者は、対内的な責任として損害賠償責任や懲戒の責任が追及されるにとどまるとしていました。

← **内部的義務説**

しかし、このように解すると、34条の文言から遠ざかってしまい、民法上採用しにくいという批判があるほか、2006年に成立した一般法人法によって、民法に法人の通則規定のみをおくことになり、改正前民法43条は34条に移動し、民法の規定として存続することになったことから、立法論としてはともかく、解釈論として会社に34条を適用することを否定すべきであると主張することは困難になったと批判されています。

➡ 新ハイブリッド民法総則92頁[山田]

【3】法人の行為能力

法人の行為能力については、自然人の行為能力とは異なった考察が必要とされています。すなわち、自然人の場合には、単独で確定的に有効な法律行為をなしうるかどうかを考えたのに対し、法人の場合には、いかなる種類の行為を行うことができ、何人がいかなる形式でいかなる行為をしたときに法人の行為となるかを問題にしています。

➡ 1節3【1】(1)

また、前に触れたように、基本書のなかには、法人の行為能力を独立した項目としていないものもありますので、基本書を読む際には、その点に留意してください。

(1) 意義

法人の行為能力は、法人はいかなる種類の行為を行うことができ、だれがいかなる形式でいかなる行為をしたときに法人の行為となるかという問題である。この問題は、法人本質論(法人学説)をめぐる法人実在説と法人擬制説(あるいは法人否認説)とで見解の対立がある。法人実在説は法人の行為能力を肯定するのに対し、法人擬制説は法人の行為能力を否定する。

法人実在説を前提とすれば、法人の代表機関である理事の行為が法人自身の行為とされる。たとえば、理事が法人のために不動産を買えば、それは法人が買ったことになるし、理事が法人名で手形を振り出せば、法人自身が振り出したことになる。したがって、理事は、法人の代理人ではなく、代表機関であるといわれる(代表説)。

これに対して、法人擬制説(あるいは法人否認説)を前提とすれば、法人は権利義務の帰属点であるだけであり、法人自身の行為はありえないことになる。したがって、法人は、代理人たる理事の代理行為によってのみ権利義務を取得するわけである(代理説)。なお、法人擬制説に立っても、代表権制限説を採用するときは、法人の行為という観念自体を否認することになる。

一般法人法77条1項、78条の「代表」権の意義について、法人実在説の見地からは、理事以外に本人(法人)の行為はなく、理事が法人のためにした行為の効果はすべて法人に帰属するという特殊の法律関係を代表といい、代理と異なると理解することになります(代理区別説)。これに対して、法人擬制説の見地からは、代表は代理と同義であり、団体の代表を代理と説明するにすぎないということになります(代理同一説)。

ただし、法人本質論(法人学説)のところで説明したように、法人本質論が現在では実益に乏しい議論であるという立場からは、あまり議論されていません。また、代表か代理かという議論は、結論に差異はないことから、実益があるとはいえないという指摘もあるところです。

いずれにせよ、法人の行為能力の場合には、法人自身の行為というものが認められるかどうかという点が問題となることをおさえておいてください。

➡ 我妻・講義Ⅰ160頁、328頁

➡ 川島・民法総則122頁

➡ 本節①【2】

(2) 行為能力の範囲——「目的の範囲内」(民34条)の判断

(a) 問題の所在と一般的判断基準

法人の行為を現実に担当する者は、代表機関である**理事**である(株式会社では代表取締役にあたるものである)。法人の行為能力の範囲は、権利能力の範囲と同様である(34条)。性質による制限、目的による制限がある。

理事の行為が「目的の範囲」(34条)外とされた場合には、法人にはその効力(効果)は帰属しないのであるから(無効)、次に述べる不法行為責任(一般法人78条)も発生しないことになる(ただし、理事個人が責任を負うことは別の問題である。この点は後述する)。これに対して、理事の行為が「目的の範囲内」(民34条)とされた場合には、不法行為責任は当然として、理事の代表権が制限されている場合であっても、一般法人法77条5項や表見法理規定の適用がありうることになる。そこで、「目的の範囲内」(民34条)に属するか否かの判断が問題となる。

➡ 【4】(2)(a)

民法34条は、英米法の**ウルトラ・ヴァイレス(Ultra Vires)(能力外)の理論**に従って起草されたといわれています。この一般的な意味としては、付与された権能を超える行為のことをいい、法人の権利能力を目的の範囲内にかぎり、それを超えた行為を無効とするものです。

ここで注意をしてほしいのは、「目的の範囲内」に属するか否かは、権利能力・行為能力制限説、行為能力制限説および代表権制限説のいずれの立場であっても問われる問題だということです。

そして、基本約款の目的によって制限されるのが何であったとしても(いずれの立場にあっても)、ある行為が「目的の範囲内」に属さないとされれば、その行為の効果は当然には法人に帰属しないことになり(無効)、この場合には、相手方の保護(信頼)＝取引の安全が害されることになります。他方で、法人にとっても、財政的基盤の確立という観点からは、「目的の範囲」外とされることを除けば、実質的に問題のない行為を制限される必要はないのであり、行為の自由を合理的理由もなし過度に制約されることは好ましいことではありません。

したがって、ある行為が「目的の範囲」に属するか否かの判断は安定的にされるべきですし、「目的の範囲」はあまり狭く判断されるべきではありません(法人擬制説に立つとしても、柔軟に解釈することになります)。

この点については、相手方の保護(取引の安全)と、法人の活動を広くすることによる財政的基盤の確立との調和の観点から、一般論としては、「目的の範囲内」の行為とは、定款に定められた「目的」自体とは同一ではなく、その「目的」を達成するために相当なすべての行為を意味するものと解すべきである。

➡ 我妻・講義Ⅰ157頁

判例は、一般的判断基準として、目的の範囲内の行為とは、基本約款に明示された目的に該当する行為にかぎられず、その**目的を遂行するために直接または間接に必要な行為のいっさいを含む**とし、また、ある行為が法人の目的を遂行するために必要であるかどうかは、その行為が目的の遂行のために現実に必要であったかどうかを問わず、**行為の客観的な性質に即して抽象的に判断されるべきである**としている。

➡ 大判大正元年12月25日民録18輯1078頁、最判昭和27年2月15日(判例シリーズ商法1事件)

➡ 最判昭和30年11月29日民集9巻12号1886頁、最判昭和44年4月3日民集23巻4号737頁

ただ、判例は、営利法人の場合と非営利法人の場合とではその取扱いを異にしていると評価されている。この点を見ていくことにする。

(b) 営利法人の場合

営利法人(会社)の場合について、判例は、解釈を緩和して、一般的判断基準で示したとおり、「目的の範囲内」の行為とは、目的を遂行するために直接または間接に必要な行為のいっさいを含むとし、それは、行為の客観的性質に即して抽象的に判断されるべきであるとしている。

➡ 大判昭和6年12月17日新聞3364号17頁、最判昭和27年2月15日(前出)、最判昭和30年11月29日(前出)、最大判昭和45年6月24日(判例シリーズ商法2事件)(八幡製鉄政治献金事件)

もう少し詳しくいうと、判例は、目的遂行に必要か否かは、問題となっている行為が、定款記載の目的に現実に必要であるかどうかの基準によるべきではなく、定款の記載自体から観察して客観的、抽象的に必要であるかどうかの基準に従って決すべきものと解しています(客観的抽象説)。

たとえば、定款には記載のない鉄道会社の石炭採掘権の取得や、会社の政治献金なども「目的の範囲内」の行為であるとしている。後者の判例は、憲法で学習する。本書では載せないが、憲法を学習するときに意識しつつ判例を読んでほしい。

➡ 大判昭和6年12月17日(前出)、最大判昭和45年6月24日(前出)

(c) 非営利法人の場合

●論点Bランク(論証3)

以上に対して、非営利法人の場合について、判例は、営利法人の場合よりも「目的の範囲」を厳格に解釈しているようである。ただ、判例の解釈は一定していないと評されている。

もう少し説明すると、非営利法人に関して、判例は、定款の目的自体に包含されない行

為であっても目的遂行に必要な行為は法人の「目的の範囲内」に属するとして、比較的ゆるやかに解しているものの、他方で、「目的の範囲内」を比較的厳格に解釈し、具体的事情を考慮して判断している場合もあります(具体的事情説)。

具体的には、農業協同組合がその財政的(経済的)基盤を確立するため、りんご移出業者からその販売委託を受ける目的で、上記業者(非組合員)に資金を貸し付けた場合や、信用協同組合が、法定の除外例には該当しない非組合員から預金を受け入れた場合には、比較的ゆるやかに解して「目的の範囲内」の行為とする。

これに対して、農業協同組合の非組合員に対する貸付行為や、労働金庫の非組合員に対する貸付行為など(員外貸付)は、比較的厳格に解して、「目的の範囲」外の行為であるとする。

→ 最判昭和33年9月18日民集12巻13号2027頁

→ 最判昭和35年7月27日民集14巻10号1913頁

→ 最判昭和41年4月26日(判例シリーズ2事件)

→ 最判昭和44年7月4日(後出重要判例)

判例上、協同組合等の員外貸付は無効とされていますが、次のような具体的事情が考慮されていると評価されています。

すなわち、協同組合等は、国家から税法上・金融上の保護が与えられているため、員外貸付のような一般金融市場へ進出することは国家の政策として禁止されています。そこで、協同組合等による員外貸付の無効の事例は、こうした政策を「目的の範囲」の解釈を通じて実現していると評価することができるのです。

→ 新ハイブリッド民法総則96頁[山田]

★重要判例(最判昭和44年7月4日〔百選Ⅰ84事件〕)

「労働金庫法が58条においてその事業の範囲を明定し、その99条において役員の事業範囲外行為について罰則を設けていること、同法がその会員の福利共済活動の発展およびその経済的地位の向上を図ることを目的としていることに鑑みれば、労働金庫におけるいわゆる員外貸付の効力については、これを無効と解するのが相当であって、この理は、農業協同組合が組合員以外の者に対し、組合の目的事業と全く関係のない貸付をした場合の当該貸付の効力についてと異るところはない(最高裁判所昭和……41年4月26日第3小法廷判決……)。本件において、所論の貸付が前記労働金庫の会員でない者に対する目的外の貸付であったことは原審の確定するところであるから、右貸付行為はこれを無効とすべきが相当であり、原審がこれを有効なものと判示した点は、所論指摘のとおり、法令の解釈適用を誤ったものというべきである。

しかしながら、他方原審の確定するところによれば、上告人は自ら虚無の従業員組合の結成手続をなし、その組合名義をもって訴外労働金庫から本件貸付を受け、この金員を自己の事業の資金として利用していたというのであるから、仮りに右貸付行為が無効であったとしても、同人は右相当の金員を不当利得として訴外労働金庫に返済すべき義務を負っているものというべく、結局債務のあることにおいては変りはないのである。そして、本件抵当権も、その設定の趣旨からして、経済的には、債権者たる労働金庫の有する右債権の担保たる意義を有するものとみられるから、上告人としては、右債務を弁済せずして、右貸付の無効を理由に、本件抵当権ないしその実行手続の無効を主張することは、信義則上許されないものというべきである。ことに、本件のように、右抵当権の実行手続が終了し、右担保物件が競落人の所有に帰した場合において、右競落人またはこれから右物件に関して権利を取得した者に対して、競落による所有権またはこれを基礎とした権原の取得を否定しうるとすることは、善意の第三者の権利を自己の非を理由に否定する結果を容認するに等しく、信義則に反するものといわなければならない。」

【争点】 ①労働金庫の会員外の者に対する貸付(員外貸付)の効力。
②員外貸付が無効とされる場合において、債務者においてその債務を担保するために設定された抵当権の実行による所有権の取得を否定することが許されるか。

【結論】 ①無効である。
②労働金庫の員外貸付が無効とされる場合においても、貸付が判示のような事情のもとにされたものであって、その債務を担保するために設定された抵当権が

実行され、第三者がその抵当物件を競落したときは、債務者は、信義則上、その競落人に対し、競落による所有権の取得を否定することは許されない。

【備考】 本判決は、員外貸付を無効とし、成立における付従性から抵当権も無効であることを出発点としながら、事案の特殊性から、信義則違反を理由に抵当権設定者による抵当権自体や実行手続の無効主張を退ける余地を開いたものである。

2－12

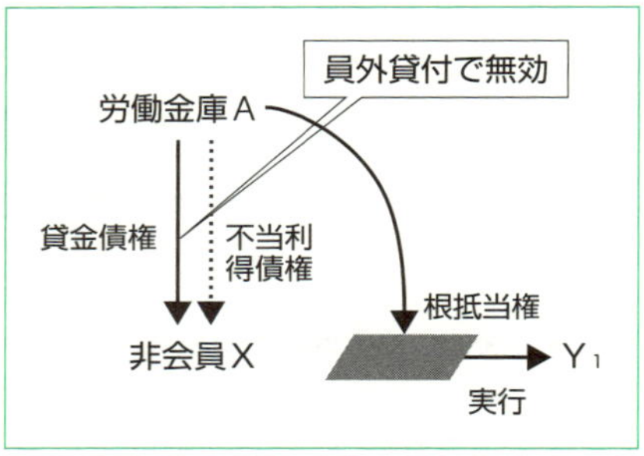

また、判例は、強制加入団体である税理士会が行った政治献金について、税理士会の目的の範囲外の行為として無効としつつも、他方で、同じく強制加入団体である司法書士会が行った異例の多額の震災復興寄附は目的の範囲内とする。

➡ 最判平成８年３月19日（後出重要判例）

➡ 最判平成14年４月25日 判タ1108号４頁（群馬司法書士会事件）

★重要判例〈南九州税理士会政治献金事件〉（最判平成８年３月19日〔百選Ｉ７事件〕）

「１　税理士会が政党など〔政治資金〕規正法上の政治団体に金員の寄付をすることは、たとい税理士に係る法令の制定改廃に関する政治的要求を実現するためのものであっても、法49条２項〔現６項〕で定められた税理士会の目的の範囲外の行為であり、右寄付をするために会員から特別会費を徴収する旨の決議は無効であると解すべきである。」

(1)「民法上の法人は、法令の規定に従い定款又は寄付行為で定められた目的の範囲内において権利を有し、義務を負う（民法43条〔現34条〕）。この理は、会社についても基本的に妥当するが、会社における目的の範囲内の行為とは、定款に明示された目的自体に限局されるものではなく、その目的を遂行する上に直接又は間接に必要な行為であればすべてこれに包含され（最高裁昭和……27年２月15日第二小法廷判決……同30年11月29日第三小法廷判決……参照）、さらには、会社が政党に政治資金を寄付することも、客観的、抽象的に観察して、会社の社会的役割を果たすためにされたものと認められる限りにおいては、会社の定款所定の目的の範囲内の行為とするに妨げないとされる（最高裁昭和……45年６月24日大法廷判決……参照）。

(2) しかしながら、税理士会は、会社とはその法的性格を異にする法人であって、その目的の範囲については会社と同一に論ずることはできない。

税理士は、国税局の管轄区域ごとに一つの税理士会を設立すべきことが義務付けられ（法〔税理士法〕49条１項）、……税理士会の目的は、会則の定めをまたず、あらかじめ、法において直接具体的に定められている。すなわち、法〔税理士法〕49条２項〔現６項〕において、税理士会は、税理士の使命及び職責にかんがみ、税理士の義務の遵守及び税理士業務の改善進歩に資するため、会員の指導、連絡及び監督に関する事務を行うことを目的とする」。「さらに、税理士会は、税理士の入会が間接的に強制されるいわゆる強制加入団体であり、法に別段の定めがある場合を除く外、税理士であって、かつ、税理士会に入会している者でなければ税理士業務を行ってはならないとされている（法〔税理士法〕52条）」。

(3)「税理士会は、以上のように、会社とはその法的性格を異にする法人であり、その目的の範囲についても、これを会社のように広範なものと解するならば、法の要請する公的な目的の達成を阻害して法の趣旨を没却する結果となることが明らかである。

(4) そして、税理士会が前記のとおり強制加入の団体であり、その会員である税理士に実質的には脱退の自由が保障されていないことからすると、その目的の範囲を判断するに当たっては、会員の思想・信条の自由との関係で、次のような考慮が必要である。……法が税理士会を強制加入の法人としている以上、その構成員である会員には、様々の思想・信条及び主義・主張を有する者が存在することが当然に予定されている。したがって、税理士会が右の方式により決定した意思に基づいてする活動にも、そのために会員に要請される協力義務にも、おのずから限界がある。

特に、政党など規正法上の政治団体に対して金員の寄付をするかどうかは、選挙における投票の自由と表裏を成すものとして、会員各人が市民としての個人的な政治的思想、見解、判断等に基づいて自主的に決定すべき事柄であるというべきである」。

(5)「そうすると、前記のような公的な性格を有する税理士会が、このような事柄を多数決原理によって団体の意思として決定し、構成員にその協力を義務付けることはできないというべきであり(最高裁昭和……50年11月28日第三小法廷判決……参照)、税理士会がそのような活動をすることは、法の全く予定していないところである。税理士会が政党など規正法上の政治団体に対して金員の寄付をすることは、たとい税理士に係る法令の制定改廃に関する要求を実現するためであっても、法49条2項所定の税理士会の目的の範囲外の行為といわざるを得ない。

2　以上の判断に照らして本件をみると、本件決議は、Yが規正法上の政治団体であるK税政〔税理士政治連盟〕へ金員を寄付するために、Xを含む会員から特別会費として5000円を徴収する旨の決議であり、Yの目的の範囲外の行為を目的とするものとして無効であると解するほかはない。」

【争点】 ①税理士会が政党など政治資金規正法上の政治団体に金員を寄付することは、税理士会の目的の範囲内の行為か。
②政党など政治資金規正法上の政治団体に金員を寄付するために特別会費を徴収する旨の税理士会の総会決議の効力。

【結論】 ①目的の範囲外の行為である。
②総会決議は無効である。

以上のとおり、非営利法人の場合について判例の解釈は一定していませんが、総じて、「目的の範囲内」を厳格に解しているといえるでしょう。この考え方の基底には、法人の財政的基盤の安定を図ることによって、構成員の利益を保護しようとする、いわば後見的保護主義の思想が存すると説明されています。この説明は、具体的事情説とも整合するものといえます。

➡ 双書(1)88頁〔森泉〕

(3) 「目的の範囲」外の行為の効力

「目的の範囲」外の行為については、法人の責任は発生しない。この場合には、決議に賛成した社員、理事および執行した理事等の責任(一般不法行為責任〔709条〕)が発生し、これらの者は、共同不法行為責任(719条1項)を負う。

【4】法人の不法行為

法人の不法行為については、法人の不法行為能力の問題、すなわち法人自体の不法行為責任(一般法人78条)の問題のほか、あわせて理事等機関個人の不法行為責任(民709条)についても検討することにする。

(1) 法人の不法行為能力——一般法人法78条の責任

(a) 意義

法人は、一定の要件のもとで不法行為責任を負う。すなわち、「一般社団法人は、代表理事その他の代表者がその職務を行うについて第三者に加えた損害を賠償する責任を負う」(一般法人78条。一般財団法人については、一般法人法197条が78条を準用している。以下では、一般社団法人の場合を前提に説明する)。

一般法人法78条の規定は、法人自身の不法行為責任の規定ですが、この規定の理解は、法人本質論(法人学説)によって理解を異にします。

法人実在説からは、法人自体の不法行為は成立し、一般法人法78条はこのことを確認し、かつ、その要件を定めたものと説明することになります(確認説)。すなわち、一般法人法78条は、法人の不法行為能力を定めた当然の規定(注意規定)と解することになります。この説からは、**法人自身の不法行為**を認めることになるのです(それゆえ、**法人の不法行為能力**と表現されます)。

これに対して、法人擬制説あるいは法人否認説からは、本来法人自体の不法行為は成立しないところ、一般法人法78条は政策的に不法行為責任を創設したものと説明することになります(創設説)。この説からは、法人の不法行為責任は、常に他人の行為について認められる代理責任(**代位責任**)ということになります。

なお、そのほかに、報償責任の原理から説明する見解もあります(報償責任説)。すなわち、法人は機関や被用者を通じて利益を得ているのだから、その過程で生じた不法行為についても責任を負うべきであるとします。被用者の行為について使用者の責任を認める使用者責任(民715条)と同様に、政策的に一般不法行為(709条)を修正して法人の代表者の行為について法人の責任を認めたと説明する説です(使用者責任については、債権各論で学びます)。ただ、報償責任説は、確認説あるいは創設説と対立するものではなく、これらの説の根拠を説明するものにすぎないとの指摘もされています。

➡ 我妻・講義Ⅰ161頁

➡ 内田Ⅰ256頁

➡ 『債権各論』5章3節[2]

➡ 川井・民法総則88頁

ところで、法人は、一般法人法78条によらなくても、すなわち他人の行為を介さなくても、直接不法行為責任を負う場合もあります(法人自身の過失責任)。たとえば、法人が土地所有者として工作物責任(民717条1項)を負う場合や、製造者として製造物責任(製造物3条)を負う場合などです(工作物責任や製造物責任は、債権各論で学習します)。

さらに、学説では、公害事件等のように法人の違法な活動から被害が生じたことは明らかであるが、法人の組織内のだれにどのような故意または過失による行為があったのかを特定することが難しい場合において、法人の組織内の代表機関等の行為を介さずに、法人そのものを加害行為者とみて、法人の不法行為責任を問うことができるとする見解が有力です。企業組織体としての民法709条の過失を問題とする見解です(企業責任論)。ただし、多数の裁判例は、この点について消極的な立場を採用しています。

➡ 『債権各論』5章3節[3]、[6]【3】

➡ 熊本地判昭和48年3月20日 判時696号15頁

➡ 最判平成7年6月23日(行政百選Ⅱ223事件)、大阪高判平成14年12月26日 判時1812号3頁

(b) **成立要件**

一般社団法人の代表理事その他の代表者が、その職務を行うについて第三者に損害を加えた場合に、一般社団法人の不法行為が成立する(一般法人78条)。

(i) **「代表理事その他の代表者」の行為であること**

「**代表理事その他の代表者**」とは、代表理事のほか、一時代表理事の職務を行うべき者(一般法人79条2項)、代表理事の職務代行者(一般法人80条)、清算人・代表清算人(一般法人214条)などの代表機関をいう。この趣旨は、代表機関の行為について法人の責任を認める点にある。

なお、法人の被用者の不法行為について、判例・通説は、民法715条(使用者責任)を適用している。

➡ 大判大正6年4月7日 民録23輯690頁(会社の支配人の事例)

➡ 我妻・講義Ⅰ162頁

➡ 『債権各論』5章3節[2]

使用者責任(715条)については債権各論で学びますが、一般法人法78条においては、法人と代表者との関係が密接であることを理由とする、民法715条1項ただし書のような、選任・監督について過失がなかったことをもって法人の責任を免除する規定はありませんので、注意してください。

(ii) **「職務を行うについて」された行為であること**

「職務を行うについて」の意義については、使用者責任における「事業の執行に

ついて」(民715条1項本文)の意義と同様に、外形から判断される(**外形標準説**、**外形理論**)。すなわち、外形的にみて「目的の範囲内」(34条)の行為と認められる職務行為の場合であって、相手方(被害者)の保護のためにも職務執行は広く解されるべきである。

この点について、判例は、法人の代表者が他人の利益あるいは私利を図る目的で行った行為であっても、「事業ノ執行」(旧民44条)にあたるとしている。もっとも、判例は、外形上は理事の職務行為であると認められる場合であっても、相手方が、当該行為が理事の職務行為に属しないことを**知り**または知らなかったことについて**重大な過失**があるときは、法人は改正前民法44条〔現一般法人78条〕の損害賠償責任を負わないとしている。

→ 大判大正7年3月27日刑録24輯241頁、最判昭和41年6月21日民集20巻5号1052頁
→ 最判昭和50年7月14日民集29巻6号1012頁

この要件の内容および外形標準説の問題点については、債権各論の使用者責任のところで詳しく説明することにします。

→ 『債権各論』5章3節2【2】(2)

(iii) **不法行為の一般的要件をみたすこと**

法人の理事その他の代表者の行為について、不法行為の一般的要件(民709条)をみたしたときに、法人の不法行為責任が成立する。すなわち、①故意・過失、②権利または法律上保護される利益の侵害、②損害の発生、④因果関係(、⑤不法行為の成立を阻却する事由のないこと)である。

これらの要件についても、債権各論の不法行為で学習する。

→ 『債権各論』5章1節

(c) **効果**

以上のような要件をみたした場合には、法人は、損害賠償義務を負い(一般法人78条)、民法709条以下の規定が適用されることになる。たとえば、消滅時効については724条、724条の2の規定によることになるし、過失相殺については722条2項の適用があることになる。

(d) **一般法人法78条と民法110条との関係――代表者の越権行為と法人の責任**

法人の代表者が越権行為をして相手方に損害を生じさせた場合には、一般法人法78条の責任(不法行為責任)と、民法110条の表見代理責任(契約責任)とが生じうる。特に、市町村長が法律で定めた権限を越えて市町村の名義で行為をしたために相手方が損害を被った場合に、相手方は、その市町村に対し、一般法人法78条に基づく請求および民法110条に基づく請求をすることができるかが問題とされている。たとえば、市長が、自己の負債を弁済する目的で、本来必要とされている市議会の議決を経ずに市名義で手形を振り出した場合に問題となる(判例)。

→ 最判昭和41年6月21日(前出)

この点については、取引の安全を保護する観点から、取引行為はまず取引行為としての効力を維持すべきであるから、まず民法110条の適用を考慮し、その適用要件が否定された場合に一般法人法78条を適用すべきであろう(重畳的適用説・民法110条優先適用説)。

この問題は、代表理事が**法令**による代表権の制限に反して取引的不法行為(代表者の越権行為・権限外の行為)をした場合の問題なので、**定款**または**社員総会の決議**によって代表権の制限(**内部制限**)を定めた一般法人法77条5項の適用はありません。

また、民法110条は権限外行為(越権行為)の表見代理の規定です。後に説明する代理の分野を勉強してから戻ると理解できることが多いでしょう。

さらに、不法行為責任と表見代理責任(契約責任)の違いを整理した後に問題の所在が明確になると思います。そのため、不法行為の分野を勉強した後に理解しやすくなります。

→ 6章5節3
→ 6章5節

以下に、この２つの責任の差異を表にしておきます。
　これは、あくまでも民法全般の不法行為の分野を学んだ後に理解できれば足りるので、ここでわからなくても焦る必要はありません。
　(2)の顕名というのは、「本人のためにすることを示」すことを意味します（99条１項）。

	一般法人法78条の責任（不法行為責任）	民法110条の表見代理責任（契約責任）
(1)主体	「代表理事その他の代表者」に限定	基本代理権を有している者であれば足りる
(2)顕名	不要	必要（民99Ⅰ）
(3)被害者の主観的事情	代表機関の職務行為に属さないことについて善意無重過失が必要（判例）＊1	代表権の不存在について善意無過失（「正当な理由」）が必要（民110）＊1
(4)保護される第三者の範囲	直接の相手方にかぎられない	直接の相手方にかぎる（判例）
(5)行為	取引行為のみならず、事実行為にも適用される	取引行為にかぎられる
(6)請求（責任）の内容	損害賠償請求（不法行為責任）	履行請求（契約責任）
(7)過失相殺	適用（民722Ⅱ）＊2	適用なし＊2
(8)消滅時効	損害および加害者を知った時から３年（724①） 不法行為の時から20年（724②）＊3	権利を行使することができることを知った時（主観的起算点）から５年（166Ⅰ①） 権利を行使することができる時（客観的起算点）から10年（166Ⅰ②）＊3

＊1　軽過失の場合、民法110条責任は成立しないが、一般法人法78条は成立しうる。
＊2　過失相殺の適用があると、中間的で柔軟な解決が可能となるのに対し、適用がないと、オールオアナッシングの解決となる。ただし、民法110条の表見代理責任（契約責任）の場合にも、解釈上、過失相殺の規定を適用する余地はあろう。
＊3　それぞれ生命・身体の侵害の特則がある（724の2、167）。

→ 6章3節1【1】

→ 最判昭和50年7月14日（前出）

→ 最判昭和36年12月12日民集15巻11号2756頁

一般法人法78条と民法110条の関係。

●論点Ｂランク（論証４）

A説　一般法人法78条適用説（民法110条適用排除説）

▶結論：民法110条の適用を排除し、一般法人法78条のみを適用すべきである。
▶理由：不法行為プロパーの問題である。

B説　民法110条適用説（一般法人法78条適用排除説）

→ 川島・民法総則130頁

▶結論：一般法人法78条の適用を排除し、民法110条のみを適用すべきである。
▶理由：代表者の越権行為は、相手方保護の表見代理の問題である。

C説　重畳的適用説

▶結論：一般法人法78条と民法110条の重畳的適用を認める。

C-1説　民法110条優先適用説

→ 我妻・講義Ⅰ165頁、四宮・民法総則104頁、星野・概論Ⅰ140頁、近江・講義Ⅰ135頁

▶結論：まず民法110条の適用を考慮し、その適用要件が否定された場合に一般法人法78条を適用すべきである。
▶理由：不正な行為が法律行為である場合（取引的不法行為の場合）には、取引の安全を保護するために取引行為としての効力の維持に努めるべきである。

C-2説　選択的適用説

▶結論：一般法人法78条と民法110条のいずれでも選択的に適用することができる(相手方は、一般法人法78条と民法110条のいずれかの要件事実を立証してその適用を主張しうる)。

▶理由：一般法人法78条と民法110条とでは、要件・効果に大差はないので、相手方はいずれの責任を追及してもよい。

→ 川井・民法総則92頁、石田[穣]・民法総則322頁

判例は、市長が、自己の負債を弁済する目的で、本来必要とされている市議会の議決を経ずに市名義で手形を振り出した事案において、2006(平成18)年改正前民法44条1項(現一般法人78条)を適用したものと、条例により町長に一定の価格以下の町有の不動産を売却する権限を認めている場合に、その制限を超える町有不動産の売却がされた事案において、民法110条を適用したものがある。

→ 最判昭和41年6月21日(前出)

→ 最判昭和39年7月7日民集18巻6号1016頁

> 上記の判例の立場については、重畳的適用説のうち、民法110条優先適用説を採用しているという評価と、選択的適用説を採用しているという評価があります。
>
> 法人の代表者が法人のためでなく自己の利益のために法人を代理する行為をしたとき(代表権の濫用)についても議論されていますが、この点は法人の管理のところで説明します。
>
> また、一般法人法78条と民法110条の関係と同様に、715条と110条の関係も問題となりますが、この点については表見代理(110条)のところで説明します。

→ 本節5【1】(1)(b)(ii)d

→ 6章5節3【3】

2−13　法令による公法人の長の制限

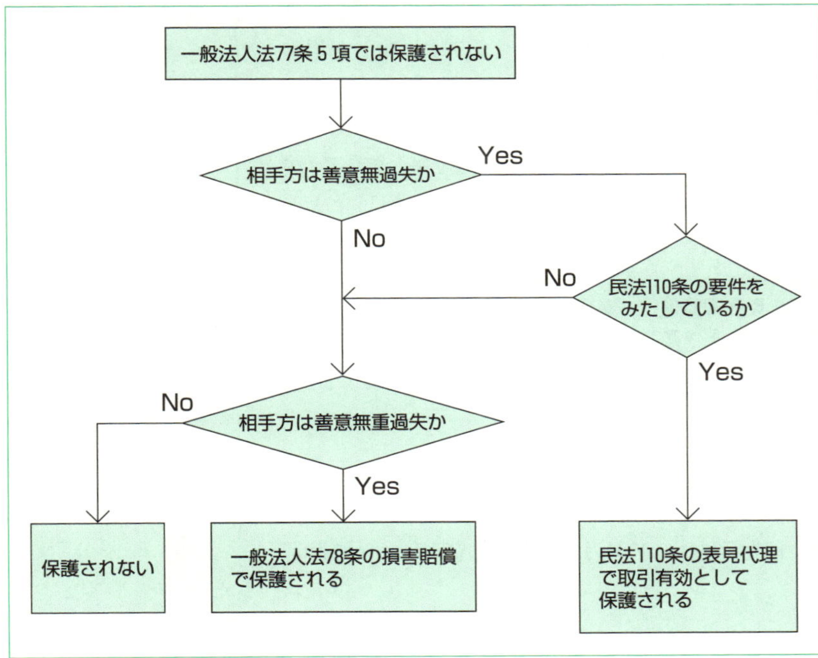

(2)　理事等機関個人の不法行為責任

(a)　一般不法行為責任(709条)

●論点Bランク(論証5)

法人が一般法人法78条により不法行為責任を負う場合に、行為者である理事等の機関個人も不法行為責任(民709条)を負うかが問題となるが、結論として、機関個人としても不法行為責任を負う点については争いはない。判例も、代表者個人の責任の追及を肯定している。

→ 大判昭和7年5月27日民集11巻1069頁

ただ、その理由づけについては、法人本質論(法人学説)によって異なります。

法人実在説からは、一般法人法78条が法人自身の不法行為能力を認めた規定であると解したとしても、代表機関は法人の行為を形成する一面と機関個人たる一面との二面性をもち、後者の関係では理事等機関個人の不法行為責任を生ずると考えられると説明します。理事は、法人の代表機関であると同時に、法主体性を有する1個の自然人であるとして、**法人の機関と個人との二面性**を有することを根拠とするのです。

これに対して、法人擬制説あるいは法人否認説からは、一般法人法78条を他人の行為について認められる代理責任(**代位責任**)を認めたものと解するので、不法行為をした理事個人が責任を負うのは当然であると説明することになります。

なお、機関個人も不法行為責任を負う場合には、法人の損害賠償債務と機関個人の損害賠償債務とは、連帯債務(民436条)の関係となると解される。また、法人が損害を賠償した場合には、法人は理事個人に対して求償権を有することになる。

複数人の不法行為(共同不法行為など)の債務の関係について、改正前民法下では、いわゆる不真正連帯債務の関係になるとされていましたが、平成29年改正民法のもとでは、(真正の)連帯債務の関係になると理解されています(ただし、反対説もあります)。不真正連帯債務の概念については、債権総論や債権各論で学ぶことになります。

➡『債権総論』6章4節3【3】(2)、『債権各論』5章3節5【3】(2)

(b) **理事等の第三者に対する損害賠償責任(職務懈怠による不法行為責任)**

役員等(理事、監事または会計監査人)は、「その職務を行うについて悪意又は重大な過失」があったときは、当該役員等は、これによって第三者に生じた損害を賠償する責任を負う(一般法人117条1項)。

この責任の性質については、通説は、職務執行について悪意・重過失があった場合の法定責任であって、民法709条の不法行為責任とは異なると解している(法定責任説)。したがって、この法定責任説の立場からは、一般法人法117条1項の責任は、民法709条の不法行為責任と競合することになる(請求権競合)。

この責任は、会社法429条1項の責任(役員等(=役員(取締役、会計参与、監査役)、執行役、会計監査人)の第三者に対する損害賠償責任)と同じ性質のものです。会社法で詳しく学ぶことになります。

➡『会社法』8章11節3

5 法人の管理

以下では、一般社団法人と一般財団法人とに分けて、各々の管理について説明していくことにする。

【1】一般社団法人の管理

(1) 機関

すべての法人において、基本的意思の決定機関、業務執行機関が必要であるところ、一般社団法人には、規模、目的などにおいて多種多様なものがありうるため、法定の必置の機関(必須設置機関)は最小限にとどめ(社員総会と理事)、機関設計について各法人の自治を広く認めるという原則的立場がとられている。

一般社団法人の機関設計としては、①社員総会、理事、②社員総会、理事、監事、③社員総会、理事、監事、会計監査人、④社員総会、理事、理事会、監事、⑤社員総会、理事、理事会、監事、会計監査人、という５通りが認められています（社員総会と理事は必須設置機関で、それ以外は任意設置機関です）。

機関設計に関する規律については、会社法で詳しく学びますので、民法では、必須設置機関以外は機関設計が自由化されていることを知っておけば十分です。

→『会社法』８章１節3

(a)　社員総会――必須設置機関

社員総会とは、社員全員からなる、一般社団法人の基本的意思を決定する機関をいう。

社員総会は、この法律に規定する事項および一般社団法人の組織、運営、管理その他一般社団法人に関する**いっさいの事項**について決議をすることができるが（一般法人35条１項、**理事会非設置一般社団法人**の場合）、**理事会設置一般社団法人**においては、社員総会は、**この法律の規定する事項**および**定款で定めた事項**にかぎり、決議をすることができる（一般法人35条２項）。ただし、社員総会は、社員に剰余金を分配する旨の決議をすることができない（一般法人35条３項。そのほか、一般法人36条以下）。

(b)　理事――必須設置機関

(i)　理事の選任等

一般社団法人には、１人または２人以上の理事をおかなければならない（一般法人60条１項）。理事会設置一般社団法人においては、理事は３人以上でなければならない（一般法人65条３項）。

理事は、法人の代表機関であり（一般法人77条１項本文）、理事を通じて法人の行為が行われるが、社員総会の決議によって選任される（一般法人63条１項）。一般社団法人と理事との関係は、委任に関する規定に従うとされているので（一般法人64条）、理事は、善良な管理者の注意義務を負う（**善管注意義務**、民644条）。また、理事は、法人の行為をする機関であるから、自然人にかぎられるなど、理事の資格についての定めがある（一般法人65条１項。そのほか、一般法人66条以下）。

(ii)　理事の代表権等

a　総説

理事は、定款に別段の定めがある場合を除き、一般社団法人（理事会設置一般社団法人を除く）の**業務を遂行**する（一般法人76条１項）。

また、理事は、一般社団法人を**代表**する（一般法人77条１項本文）。ただし、他に代表理事その他一般社団法人を代表する者を定めた場合は、このかぎりではない（一般法人77条１項ただし書）。

さらに、代表理事は、一般社団法人の業務に関するいっさいの裁判上または裁判外の行為をする権限を有する（一般法人77条４項）。

b　「代表」の意義

一般法人法77条１項本文は、理事の「代表」権を定めているが、「代表」の意義については、前述したように法人本質論（法人学説）と関連して争いがある。

法人実在説の見地からは、理事以外に本人（法人）の行為はなく、理事が法人のためにした行為の効果はすべて法人に帰属するという特殊の法律関係を代表といい、代理と異なると理解することになる（代理区別説）。これに対して、法人擬制説の見地からは、代表は代理と同義であり、団体の代表を代理と説明するにすぎ

→我妻・講義Ⅰ160頁、328頁

ないということになる(代理同一説)。

ただし、前述したように、代表か代理かという議論は、結論に差異はないことから、実益があるとはいえないという指摘もある。

c　理事の代表権に加えた制限

理事の代表権に加えた制限としては、①法令による制限、②定款や社員総会の決議による制限(内部制限)、③法人との競業・利益相反取引による制限があります。

理事の代表権に加えた制限
- ①法令による制限
- ②定款や社員総会の決議による制限(内部制限)
- ③法人との競業・利益相反取引による制限
- ④目的による制限(代表権制限説)

①法令による制限は、一般法人法78条と民法110条との関係のところで触れました。③競業・利益相反取引による制限については後述します。ここでは、②定款や社員総会の決議による制限について説明していきます。

なお、34条の規定は法人の何を制限した規定か(「目的の範囲」の制限の意味)について、代表権制限説によれば、④目的による制限も、理事の代表権に加えた制限に位置づけられることになります。

法人の代表者は、法人の業務いっさいについて権限を有するのが原則であるが(**包括的代表権(包括的代理権)**、一般法人77条1項、4項参照)、**定款**や**社員総会の決議**によって理事の代表権を制限することができる(**内部制限**)。

もっとも、理事の代表権に加えた制限は、善意の第三者に対抗することができない(一般法人77条5項)。

一般法人法77条5項は、規定の仕方からして、権限外行為の表見代理(民110条)の特別規定と解されています。

「善意」の意義については、以下のような問題がある。

ここにいう「善意」とは、理事の代表権に制限が加えられていることを知らないことをいい、「善意」についての主張立証責任は、第三者にあると解される(判例・通説)。この点について、代表権の制限は法人側の事情であるとして、法人側に第三者の悪意の主張立証責任を負わせるべきであるとの見解もあるが、第三者の善意は事実上推定されるであろうから、判例・通説の立場でよいであろう。

また、理事の代表権は本来無制限であり(包括的代表権)、任意代理の場合と異なり、法人の内部制限の有無について第三者に調査義務を課すのは酷であるから、「善意」には無過失は要件とされないと解すべきである(通説。判例も、無過失不要説に立つ)。もっとも、判例は、重大な過失のある第三者は保護されないと解している。ただし、上記の調査義務を課すのは妥当でないことを徹底して、善意のみで足りる(重過失があっても保護される)という見解も有力である。

それでは、理事の代表権に加えた制限に関する定款の定めについては悪意であるが、理事会の承認等があると信じた第三者は保護されるのであろうか。この点について、判例は、民法110条の類推適用を認めて、第三者は保護されうるとしている。すなわち、第三者が理事の代表権の制限につき善意といえない場合であっても、第三者が当該具体的行為につき理事会の決議等を得て適法に法人を代表する権限を有するものと信じ、かつ、このように信ずるにつき正当の理由があるときは、110条を類推適用し、法人はこの行為につき責任を負うとしている。

→ 川島・民法総則122頁
→ 本節4【3】(1)
→ 川井・民法総則94頁
●論点B+ランク
(論証6)
→ 近江・講義Ⅰ140頁
→ 最判昭和60年11月29日(後出重要判例)
→ 内田Ⅰ254頁、四宮=能見・民法総則133頁
→ 川井・民法総則96頁
→ 幾代・民法総則128頁、川井・民法総則95頁
→ 最判昭和60年11月29日(後出重要判例)
→ 最判昭和47年11月28日民集26巻9号1686頁
→ 山本・民法講義Ⅰ497頁、中舎・民法総則456頁
→ 最判昭和60年11月29日(後出重要判例)

★重要判例（最判昭和60年11月29日〔判例シリーズ８事件〕）

「漁業協同組合は、水産業協同組合法45条〔現39条の４第２項前段〕の準用する民法53条、54条〔現会社法349条５項〕の規定により、定款の規定又は総会の決議によって特定の事項につき理事が代表権を行使するためには理事会の決議を経ることを必要とするなどと定めて理事の代表権を制限することができるが、善意の第三者に対してはその制限をもって対抗することができないものであるところ、右にいう善意とは、理事の代表権に制限が加えられていることを知らないことをいうと解すべきであり、また、右の善意についての主張・立証責任は第三者にあるものと解すべきである。そして、第三者が右にいう善意であるとはいえない場合であっても、第三者において、理事が当該具体的行為につき理事会の決議等を得て適法に漁業協同組合を代表する権限を有するものと信じ、かつ、このように信じるにつき正当の理由があるときには、民法110条を類推適用し、漁業協同組合は右行為につき責任を負うものと解するのが相当である。」

【争点】 ①水産業協同組合法45条（現39条の４第２項前段）の準用する改正前民法54条（現会社法349条５項）にいう「善意」の意義。

②水産業協同組合法45条（現39条の４第２項前段）の準用する改正前民法54条（現会社法349条５項）の「善意」の主張立証責任。

③漁業協同組合の理事の行為と民法110条の類推適用の可否。

【結論】 ①水産業協同組合法45条（現39条の４第２項前段）の準用する改正前民法54条（現会社法349条５項）にいう「善意」とは、理事の代表権に制限を加える定款の規定または総会の決議の存在を知らないことをいうと解すべきである。

②水産業協同組合法45条（現39条の４第２項前段）の準用する改正前民法54条（現会社法349条５項）の「善意」の主張立証責任は、第三者にあるものと解すべきである。

③第三者が水産業協同組合法45条（現39条の４第２項前段）の準用する改正前民法54条（現会社法349条５項）にいう善意であるとはいえない場合であっても、第三者において、漁業協同組合の理事が当該具体的行為につき同組合を代表する権限を有するものと信じ、かつ、このように信じるにつき正当の理由があるときは、民法110条を類推適用し、同組合はその行為につき責任を負うものと解するのが相当である。

【備考】 会社法349条５項の規定は、一般法人法77条５項と同様に、株式会社の代表取締役の代表権に制限を加えた制限は、善意の第三者に対抗することができないとするものである。

➡ 百選Ⅰ31事件

前に触れたように、一般法人法77条５項は、理事の代表権が**定款**または**社員総会の決議**によって制限されている場合の問題です。

これに対して、理事の代表権が**法令**によって制限されているときは、一般法人法77条５項の適用はありません。法令による代表権の制限の場合には、法の不知は許さないという考え方のもとに、第三者が善意かどうかにかかわらず、違法行為となり、そのうえで、前述のように、法人の「目的外」の行為、法人の不法行為、代表者の越権行為などの問題として処理されるのです。

d　代表権の濫用

理事が代表権の範囲内に属する行為を自己または第三者の利益を図るために行った場合（**代表権の濫用**）について、改正前民法下の判例は、心裡留保に関する93条ただし書類推適用説を採用していたが、平成29年改正によって代理人の権限濫用に関する107条により処理されることになった。

代理権の濫用（107条）については、代理のところで説明する。

➡ 最判昭和38年９月５日民集17巻８号909頁、最判昭和44年４月３日民集23巻４号737頁

← 平成29年改正

➡ ６章２節③【３】(1)

(iii)　理事の所持

理事が法人のためにある物を占有するときは、法人の占有が成立する。この場

合、理事は法人の機関(占有補助者)として所持するのであって、理事には独自の占有があるとはいえない。そのため、判例は、法人の不法占有を理由とする引渡請求訴訟の被告は理事ではなく法人であるとして、法人の理事には被告適格を認めない。また、判例は、法人の理事および被用者を被告とする建物明渡請求訴訟において、被告が法人の機関または使用人として建物管理行為をしており独自の占有をしていないと主張するには、特別の理由を必要とするとしている。

➡ 最判昭和32年2月15日(百選Ⅰ66事件)

➡ 最判昭和31年12月27日集民24巻661頁

(iv) 忠実義務

理事は、法令および定款ならびに社員総会の決議を遵守し、一般社団法人のため忠実にその職務を行わなければならない(忠実義務、一般法人83条)。

← 忠実義務

(v) 競業・利益相反取引の制限

理事は、次に掲げる場合には、社員総会において、当該取引につき重要な事実を開示し、その承認を受けなければならない(一般法人84条1項)。

①理事が自己または第三者のために、一般社団法人の事業の部類に属する取引をしようとするとき(競業取引、1号)。

②理事が自己または第三者のために、一般社団法人と取引をしようとするとき(利益相反取引〔直接取引〕、2号)。

③一般社団法人が理事の債務を保証することその他理事以外の者との間において、一般社団法人と当該理事との利益が相反する取引をしようとするとき(利益相反取引〔間接取引〕、3号)。

← 競業取引

← 利益相反取引(直接取引)

← 利益相反取引(間接取引)

民法108条の規定(自己契約および双方代理等)は、承認を受けた一般法人法84条1項2号の取引については、適用しない(一般法人84条2項)。

(vi) 社員による理事の行為の差止め(差止請求権)

社員は、理事が一般社団法人の目的の範囲外の行為その他法令もしくは定款に違反する行為をし、またはこれらの行為をするおそれがある場合に、当該行為によって当該一般社団法人に著しい損害が生ずるおそれがあるときは、当該理事に対し、当該行為をやめることを請求することができる(差止請求権、一般法人88条1項)。

← 差止請求権

(vii) 理事に関するその他の規定

その他、理事に関しては、代表理事に欠員を生じた場合の措置(一般法人79条)、理事の職務を代行する者の権限(一般法人80条)、一般社団法人と理事との間の訴えにおける法人の代表(一般法人81条)、表見代表理事(一般法人82条)、理事の報酬等(一般法人89条)の規定がある。

(c) 理事会

一般社団法人は、定款の定めによって、理事会をおくことができる(一般法人60条2項。任意設置機関)。理事会は、理事のなかから代表理事を選定しなければならない(一般法人90条2項3号、3項。そのほか、一般法人91条以下)。

(d) 監事

一般社団法人は、定款の定めによって、監事をおくことができる(一般法人60条2項。任意設置機関)。監事の権限は、理事の職務の執行を監査するとともに、監査報告を作成することにある(一般法人99条1項)。また、監事は、いつでも、理事および使用人に対して事業の報告を求め、または監事設置一般社団法人の業務および財産の状況の調査をすることができる(一般法人99条2項。そのほか、一般法人100条以下)。

(e) 会計監査人

一般社団法人は、定款の定めによって、**会計監査人**をおくことができる(一般法人60条2項。任意設置機関)。会計監査人は、一般社団法人の計算書類およびその附属明細書を監査する(一般法人107条1項前段)。この場合に、会計監査人は、会計監査報告を作成しなければならない(一般法人107条1項後段。そのほか、一般法人108条以下)。

(f) 役員等の損害賠償責任

(i) 役員等の一般社団法人に対する損害賠償責任

理事、監事または会計監査人(役員等)は、その任務を怠ったときは、一般社団法人に対し、これによって生じた損害を賠償する責任を負う(一般法人111条1項)。理事が競業制限の規定に違反して取引したときは、当該取引によって理事または第三者が得た利益の額は、損害の額と推定される(一般法人111条2項)。

(ii) 役員等の第三者に対する損害賠償責任(職務懈怠による不法行為責任)

前述したように、役員等が「その職務を行うについて悪意又は重大な過失」があったときは、当該役員等は、これによって第三者に生じた損害を賠償する責任を負う(一般法人117条1項)。この責任の性質について、通説は、民法709条の不法行為責任とは異なる法定責任と解している(法定責任説)。

➡ 本節4【4】(2)(b)

(iii) 役員等の連帯責任

役員等が一般社団法人または第三者に生じた損害を賠償する責任を負う場合に、他の役員等も当該損害を賠償する責任を負うときは、これらの者は、**連帯債務者**とする(一般法人118条)。

(2) 計算

一般社団法人の会計は、その行う事業に応じて、一般に公正妥当と認められる会計の慣行に従うものとする(一般法人119条。そのほか、一般法人120条以下)。**会計の原則**についての規定である。

(3) 基金

基金とは、一般社団法人に拠出され、法人が拠出者に返還義務を負う財産をいう。基金制度は、資金調達および財産的基礎の維持を図る制度であって、株式会社の資本制度に代わるものである。

← 「基金」とは

基金を引き受ける者の募集(一般法人131条から140条まで)、基金の返還(一般法人141条から145条まで)の規定がある。

(4) 定款の変更

一般社団法人は、その成立後、社員総会の決議によって、定款を変更することができる(一般法人146条)。

(5) 事業の譲渡

一般社団法人が事業の全部を譲渡するには、社員総会の決議によらなければならない(一般法人147条)。

【2】一般財団法人の管理

(1) 一般財団法人の機関

一般財団法人の機関は、一般社団法人のそれとほぼ同じであるが、社員総会が存在しない点、および**評議員**、**評議員会**が必須設置機関である点において異なる(一般法人170条1項)。

大規模一般財団法人は、会計監査人をおかなければならない(一般法人171条)。

⑵　評議員・評議員会

(a)　総説

評議員および評議員会は、理事の業務執行を監督し、かつ、法人の重要な意思決定に関与する。

財団は、社団と異なり、社員または社員総会という機関はなく、設立者が財団法人を設立した後は、その意思は定款に基づいて実現されることになる。そのため、一般財団法人の設立後に、法人の業務執行機関に対するチェック機関として機能させるため、評議員で組織される評議員会という制度を設けたのである。

(b)　選任

評議員は、定款で定める方法によって選任する。

(c)　評議員等についての定め

一般財団法人と評議員等との関係(一般法人172条)、評議員の資格等(一般法人173条)、評議員の任期(一般法人174条)、評議員に欠員が生じた場合の措置(175条)、理事、監事または会計監査人の解任(一般法人176条)、一般社団法人に関する規定の準用(一般法人177条)、評議員の報酬等(一般法人196条)の規定がある。

(d)　評議員会についての定め

評議員会は、すべての評議員で組織され(一般法人178条１項)、一般法人法に規定する事項および定款で定めた事項にかぎり、決議をすることができる(一般法人178条２項)。一般法人法の規定により評議員会の決議を必要とする事項について、理事、理事会その他の評議員会以外の機関が決定することができるとすることを内容とする定款の定めは、その効力を有しない(一般法人178条３項。そのほか、一般法人179条以下)。

(e)　理事・理事会・監事・会計監査人

一般社団法人の規定が準用されるほか、社員総会を評議員会に読み替えるなどの規定がある(一般法人197条)。

⑶　役員等の損害賠償責任

一般社団法人の規定が準用されるほか、社員総会を評議員会に読み替えるなどの規定がある(一般法人198条)。

⑷　計算

一般社団法人の規定が準用されるほか、社員総会を評議員会に読み替えるなどの規定がある(一般法人199条)。

⑸　定款の変更

一般財団法人は、その成立後、**評議員会の決議**によって、定款を変更することができる(一般法人200条１項本文)。ただし、目的および評議員の選任・解任の方法にかかる定款の定めについては、このかぎりではない(一般法人200条１項ただし書)。

上記ただし書の規定にかかわらず、設立者が上記定款の定めを評議員会の決議によって変更できる旨を定款で定めたときは、評議員会の決議によって定款の定めを変更することができる(一般法人200条２項)。また、一般財団法人は、その設立の当時予見することのできなかった特別の事情により、上記ただし書の定款の定めを変更しなければその運営の継続が不可能または著しく困難となるにいたったときは、裁判所の許可を得て、評議員会の決議によって定款の定めを変更することができる(一般法人200条3項)。この趣旨は、柔軟な運営を可能とする点にある。

⑹ 事業の譲渡

一般財団法人が事業の全部の譲渡をするには、評議員会の決議によらなければならない(一般法人201条)。

6 法人の解散・登記

【1】法人の解散

⑴ 一般社団法人の解散

一般社団法人は、次に掲げる事由によって解散する(一般法人148条)。

①定款で定めた存続期間の満了(1号)
②定款で定めた解散の事由の発生(2号)
③社員総会の決議(3号)
④社員が欠けたこと(4号)
⑤合併(合併により当該一般社団法人が消滅する場合にかぎる)(5号)
⑥破産手続開始の決定(6号)
⑦解散を命ずる裁判(7号)

休眠一般社団法人(登記が最後にあった日から5年を経過したもの)は、みなし解散も認められる(一般法人149条)。

そのほか、一般社団法人の継続(一般法人150条)、解散した一般社団法人の合併の制限(一般法人151条)の規定がある。

⑵ 一般財団法人の解散

一般財団法人は、次に掲げる事由によって解散する(一般法人202条1項)。

①定款で定めた存続期間の満了(1号)
②定款で定めた解散の事由の発生(2号)
③基本財産の滅失その他の事由による一般財団法人の目的である事業の成功の不能(3号)
④合併(合併により当該一般財団法人が消滅する場合にかぎる)(4号)
⑤破産手続開始の決定(5号)
⑥解散を命ずる裁判(6号)

そのほか、⑦貸借対照表上の純資産額が事業年度・その翌事業年度に連続300万円未満となった場合にも解散となる(一般法人202条2項、3項)。

一般社団法人と同様に、休眠一般財団法人のみなし解散等が規定されている(一般法人203条から205条まで)。

【2】法人の清算

⑴ 清算の開始原因

一般社団法人または一般財団法人は、次に掲げる場合には、一般法人法206条以下の定めるところにより、清算をしなければならない(一般法人206条)。

①解散した場合(1号)
②設立の無効の訴えにかかる請求を認容する判決が確定した場合(2号)
③設立の取消しの訴えにかかる請求を認容する判決が確定した場合(3号)

(2) 清算法人の能力

清算法人(清算をする一般社団法人または一般財団法人)は、清算の目的の範囲内において、清算を結了するまではなお存続するものとみなす(一般法人207条。そのほか、一般法人208条以下)。

7 合併その他の規制

【1】合併

(1) 合併契約の締結

一般社団法人または一般財団法人は、他の一般社団法人または一般財団法人と合併をすることができる(一般法人242条前段)。この場合においては、合併をする法人は、合併契約を締結しなければならない(一般法人242条後段)。

(2) 合併の種類

合併には、他の法人を吸収する**吸収合併**(一般法人244条から253条まで)と、新たな法人を誕生させる**新設合併**(一般法人254条から260条まで)とがある。

← 吸収合併と新設合併

【2】雑則

一般社団法人および一般財団法人(一般社団法人等)を通じて、雑則の定めがある。

(1) 解散命令

裁判所は、次に掲げる場合において、公益を確保するため一般社団法人等の存立を許すことができないと認めるときは、法務大臣または社員、評議員、債権者その他の利害関係人の申立てにより、一般社団法人等の解散を命ずることができる(261条1項)。

①一般社団法人等の設立が不法な目的に基づいてされたとき(1号)

②一般社団法人等が正当な理由がないのにその成立の日から1年以内にその事業を開始せず、または引き続き1年以上その事業を休止したとき(2号)

③業務執行理事が、法令もしくは定款で定める一般社団法人等の権限を逸脱しもしくは濫用する行為または刑罰法令に触れる行為をした場合において、法務大臣から書面による警告を受けたにもかかわらず、なお継続的にまたは反復して当該行為を行ったとき(3号)

(2) 訴訟・非訟

(a) 訴訟

(i) 一般社団法人における責任追及の訴え

社員は、一般社団法人に対し、書面その他の法務省令で定める方法により、設立時社員、設立時理事、役員等または清算人の責任を追及する訴えの提起を請求することができる(一般法人278条1項本文)。

会社法における**株主による責任追及等の訴え(代表訴訟)**に相当するものである。

➡『会社法』8章12節[1]

(ii) その他の訴訟

その他、一般社団法人等の組織に関する訴え(一般法人264条から277条まで)、一般社団法人等の役員等の解任の訴え(一般法人284条から286条まで)の規定がある。

(b) 非訟

非訟事件の管轄(一般法人287条)、解散命令の手続に関する特則(296条から298条まで)の規定がある。

(3) 登記・公告

(a) 登記

一般法人法の規定により登記すべき事項は、登記の後でなければ、これをもって善意の第三者に対抗することができない(一般法人299条1項前段)。登記の後であっても、第三者が正当な事由によってその登記があることを知らなかったときは、同様とする(一般法人299条1項後段)。

故意または過失によって不実の登記をした者は、その事項が不実であることをもって善意の第三者に対抗することができない(一般法人299条2項)。

(b) 公告

一般社団法人等は、公告の方法として、次に掲げる方法のいずれかを定めることができる(一般法人331条1項)。

①官報に掲載する方法(1号)
②時事に関する事項を掲載する日刊新聞紙に掲載する方法(2号)
③電子公告(3号)
④以上のほか、不特定多数の者が公告すべき内容である情報を認識することができる状態におく措置として法務省令で定める方法(4号)

【3】罰則

一般社団法人等が準則主義によって成立するということは、その反面として、不適切な行為や違法行為も容易に行われうることになる。

そこで、一般法人法は、法人制度の公正な運用を図るため、種々の罰則の規定を設けている(一般法人334条から344条まで)。

8 権利能力なき社団・財団

【1】総説

本節ですでに説明したように、法人であれば、権利・義務が団体そのものに帰属するという法律的処遇を受けるが、法人格を得ない以上は、実質的に法人と同様の組織を有し、行動をしても、その効果は構成員各自に帰属することになる。しかし、このような社団は、法人格を得ていないというだけであって、個人の活動とは明らかに異なるものである。

→ 本節1【1】(1)、4【2】(1)

そこで、このような社団に対し、できるだけ法人(一般社団法人)に近い効果を与えようとするのが、**権利能力なき社団理論**である。

←「権利能力なき社団理論」とは

権利能力なき社団のほか権利能力なき財団も問題となりますが、主に前者について議論されています。そこで、前者を中心に説明し、最後に後者にも簡単に触れることにします。

【2】権利能力なき社団

(1) 意義

権利能力なき社団(権利能力のない社団)とは、社団の実体を有するが、法

←「権利能力なき社団」とは

人格をもたない団体をいう。団体としての実体を有しながら、法律上、権利・義務の帰属主体たりえないことから、権利能力なき社団とよばれているのである。

かつて、わが国では、公益と営利の中間にあって、中間法人(労働組合、農業協同組合、自治会〔地縁による団体〕、政党など)のような特別法が制定されていない分野(同窓会、PTA、学生自治会、学会、クラブ、互助会、サークルなどの中間的団体)においては、法人の設立ができなかった。その後、2001(平成13)年に成立した中間法人法(平成14年施行)によって、これらの中間的団体にも、法人格取得の道が開かれ、2006(平成18)年に成立した一般法人法もこの方針を承継し、現在においては中間的団体にも法人格取得の道が開かれている。

しかし、一般法人法のもとでも、法人設立の手続をとらない団体にあっては、権利能力なき社団が存在しうる。2006(平成18)年の民法改正および一般法人法の制定によって、一般社団法人の設立が簡単になったとはいえ、手続の面倒さを嫌って法人格の取得を避ける場合には、今後も権利能力なき社団が利用されることが予想される。

法律で特別に強制されないかぎり、法人格の取得は義務ではありません。団体が法人ではなく権利能力なき社団として活動する自由を認めざるをえないのです。したがって、今後も権利能力なき社団がなくなることはないといえます。そのため、権利能力なき社団理論の重要性はなお存続するといわれています。

(2) 要件

民法には、権利能力なき社団についての要件および効果を定める規定はありません。これに対して、民事訴訟法29条には、法人でない社団で代表者の定めがあるものは、その名において訴え、または訴えられることができると規定しています。民事訴訟法29条が、訴訟法上の解決を図っているのとは別に、実体法上、どのような団体が、どのような場合に(要件)、どのような権利を取得し、義務を負う(効果)のかが問題となります。効果については、次の(3)で触れます。

➡『民事訴訟法』4章2節3

判例は、権利能力なき社団について、次の(成立)要件をあげている。この要件は、しっかりおさえておこう。

➡最判昭和39年10月15日(後出重要判例)

←**権利能力なき社団の要件**

①**団体としての組織を備えていること**
②**多数決の原則が行われていること**
③**構成員の変更にもかかわらず、団体そのものが存続していること**
④**その組織において代表の方法、総会の運営、財産の管理その他団体としての主要な点が確定していること**

★重要判例(最判昭和39年10月15日〔百選Ⅰ 8事件〕)

「法人格を有しない社団すなわち権利能力のない社団については、民訴46条〔現民訴29条〕がこれについて規定するほか実定法上何ら明文がないけれども、権利能力のない社団といいうるためには、団体としての組織をそなえ、そこには多数決の原則が行なわれ、構成員の変更にもかかわらず団体そのものが存続し、しかしてその組織によって代表の方法、総会の運営、財産の管理その他団体としての主要な点が確定しているものでなければならないのである。しかして、このような権利能力のない社団の資産は構成員に総有的に帰属する。そして権利能力のない社団は『権利能力のない』社団でありながら、その代表者によってその社団の名において構成員全体のため権利を取得し、義務を負担するのであるが、社団の名において行なわれるのは、一々すべての構成員の氏名を列挙することの煩を避けるために外ならない(従って登記の場合、権利者自体の名を登記することを要し、権利能力なき社団においては、その実質的権利者たる構成員全部の名を登記できない結果として、その代表者名義をもって不動産登記簿に登記するよりほかに方法がないのである。)。」

「原審が適法に確定した叙上の事実関係によれば、いわゆるＡ支部は、支部という名称を有し、その規約は前記本部の定款と全く同旨のものであったが、しかし、それ自体の組織を有し、そこには多数決の原則が行なわれ構成員の変更に拘らず存続をつづけ、前記の本部とは異なる独立の存在を有する権利能力のない社団としての実体をそなえていたものと認められるのである。従って、訴外Ｃと右権利能力のない社団であるＡ支部の代表者との間で締結された本件土地賃貸借契約により、いわゆるＡ支部の構成員全体はＡ支部の名の下に本件土地の賃借権を取得したものというべく、右と同趣旨の原判決は正当である。」

【争点】 ①権利能力のない社団の成立要件。
②権利能力のない社団の資産の帰属。

【結論】 ①権利能力のない社団が成立するためには、団体としての組織を備え、多数決の原則が行われ、構成員の変更にかかわらず団体が存続し、その組織において代表の方法、総会の運営、財産の管理その他団体としての主要な点が確定していることを要する。
②権利能力のない社団がその名においてその代表者により取得した資産は、構成員に総有的に帰属するものと解すべきである。

⑶ 効果

効果として、財産(権利)の帰属、債務と責任の負担、その他に分けて説明する。

(a) 財産(権利)の帰属

(i) 財産の帰属形態――法的性質

●論点Ｂランク（論証７）

権利能力なき社団の財産は、だれにどのように帰属するか、財産の帰属形態の法的性質が問題となる。

この点について、判例は、権利能力なき社団が社団の名において取得した財産は**構成員全員に総有的に帰属**するといい(総有説)、また、社員による分割請求事件についても、社員は社団の財産に関し分割請求を有するものではないとしている。

→ 最判昭和39年10月15日（前出重要判例）
→ 最判昭和32年11月14日民集11巻12号1943頁、最判昭和49年９月30日民集28巻６号1382頁

学説では、社団の単独所有が認められるとする社団単独帰属説、権利能力なき社団の財産は構成員の共同所有に属するという共同所有説(この説は、更に共有説、合有説、総有説〔通説〕に分かれる)、有限責任かどうか、分割請求が認められるかどうかなどの問題に応じ個別的処理をしようとする分析論(個別的処理説)などがある。

→ 石田［穣］・民法総則410頁、北川・民法総則91頁
→ 川島・民法総則139頁、川井・民法総則107頁
→ 我妻・講義Ｉ133頁
→ 星野・概論Ｉ152頁、近江・講義Ｉ121頁

総有という説明が不明確であるという批判もあるが、試験対策という観点からは、判例・通説の立場である総有説でよいであろう。

← 共同所有の３類型

民法上の共同所有の形態は、３種類が想定されています。共有、合有、および総有です。

← 「共有」とは

共有というのは、具体的な持分が認められるものであり、民法上の原則的な共同所有の形態です(249条)。そこでは持分の処分や持分の分割請求などが認められています。

← 「合有」とは

合有は、潜在的な持分というものはあるけれども、具体的な持分が認められないような共同所有の形態をいいます。民法上の組合の形態で所有する財産がこれにあたります(通説)。潜在的な持分が認められるだけだというのは、具体的には、脱退してその組合をでていくときに、持分の払戻しが認められるだけだということです。具体的な持分がないということは、その持分を譲渡したり、持分の分割を請求したりすることなどは認められないのです。

← 「総有」とは

総有は、潜在的な持分すらありません。すなわち、持分というものを観念できない共同所有の形態です。みんなで共同所有はしているが、それぞれの構成員の持分というもの

を観念しないのですから、実際はその共同所有財産をみんなで共同して使うことができるだけ、使用・収益ができるだけ、ということになります。その財産を処分したりすることはできないのです。

さて、この3種類のうちのどれが一番、権利能力なき社団の共同所有の形態にふさわしいでしょうか。社団法人と変わらない実体をもつのが、権利能力なき社団です。そこで、社団法人の財産関係にもっとも近いものを選べばいいということになります。では、社団法人の財産は、どういうかたちで所有されているのでしょうか。この点について、一般社団法人であれ会社であれ、法人においては構成員の具体的な持分というものは観念できません。構成員は、その社団の財産に対して持分をもっていないと考えていくのです。ということは、持分を観念できない、きわめて抽象的な概念としての共同所有形態である総有が、一番、社団法人の財産関係によく似ているのではないかと考えられます。そこで、権利能力なき社団の財産も、総構成員に総有的に帰属すると考えることになるのです。具体的には、みんなの共同所有だけれども、その団体を脱退したからといって、返してもらうことはできないし、その持分を処分したりすることはできません。共同して利用することができるだけだということになります。

← 権利能力なき社団における共同所有形態

共同所有形態

共同所有の性質	具体例	使用・収益	潜在的持分（払戻し）	具体的持分	持分の処分	分割の請求
共有	共同相続した財産（判例）	○	−	○	○	○
合有	組合の財産（通説）	○	○	×	×	×
総有	権利能力なき社団の財産（通説）	○	×	×	×	×

→ 最判昭和30年5月31日民集9巻6号793頁

(ii) 不動産の登記方法

権利能力なき社団の財産である不動産の登記方法が問題となる。

この点ついて判例は、代表者の個人名義で登記するか、社団構成員全員の共有名義で登記するほかないとしている（代表者個人名義説）。その際肩書を付すことは許されない。登記実務も同様である。その理由としては、①不動産登記法が権利能力なき社団に登記申請人たる地位を認めていないこと（不登18条、不登令3条1号、2号は、自然人と法人の登記申請しか予定していない）、②権利能力なき社団では登記簿謄本抄本などにより団体の存在や代表者の代表権の有無を表示する方法がないこと、③現行法制上、権利能力なき社団の印鑑登録を認める法規はなく、登記申請時に印鑑証明書によって登記義務者の同一性や申請の真正を確認することができないことがあげられている。

→ 最判昭和47年6月2日民集26巻5号957頁

登記官は、登記申請の受理について形式的審査権をもっているにとどまり、実質的審査権がありません。ですから、登記簿謄本抄本や印鑑証明書の添付もなく登記申請を受けた登記官としては、申請人の申請をそのまま受け付けざるをえず、その結果、実体に沿わない虚無の登記（強制執行や滞納処分を免れるため権利能力なき社団にする）が生じる危険があります。

なお、判例は、規約等で定められた手続で代表者でない構成員を登記名義人にすることも可能としている。

→ 最判平成6年5月31日（百選Ｉ78事件）

しかし、判例の代表者個人名義説に対しては、実体と登記の不一致が存続し、権利能力なき社団または不動産取引の相手方に不利益を与えるという弊害が生じるとの批判がある。そのため、学説上は、権利能力なき社団の名義で登記をすることを認める社団名義説、社団代表者であることを示す肩書付きでの代表者個人名義の登記を認める代表者肩書説などが主張されている。

上記の判例への批判は、法人法制の不備から中間団体が法人になれなかった時代に始まったものです。しかし、2001(平成13)年に中間法人法が制定され、更に2006(平成18)年に一般法人法が制定され、一般法人が広く認められるようになった現在においては、個人財産からの分離を望んで、自己の不動産を保持しておきたいのであれば、法人にすればよいのであって、そうしていない以上は不利益を被ってもやむをえないでしょう。したがって、判例の立場を支持してよいという指摘もなされています。

判例の代表者個人名義説を採るとしても、権利能力なき社団の財産を代表者の個人財産と信頼した第三者を保護するべきかという問題があります。

具体的には、①権利能力なき社団Aの代表者はBであったが、B個人の債権者Cが代表者B個人名義で登記されている不動産甲を差し押さえた場合に、権利能力なき社団Aは、Cに対し、第三者異議の訴え(民執38条)を提起することができるか、②社団不動産乙を代表者Bが個人名義で登記されているのを奇貨として自己の財産と称し第三者Dに対し譲渡した場合に、Dは、その不動産を取得することができるかが問題となります。

2−14 ①のケース

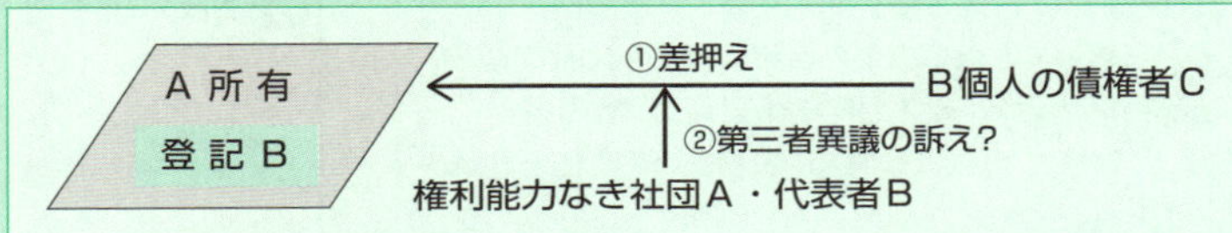

2−15 ②のケース

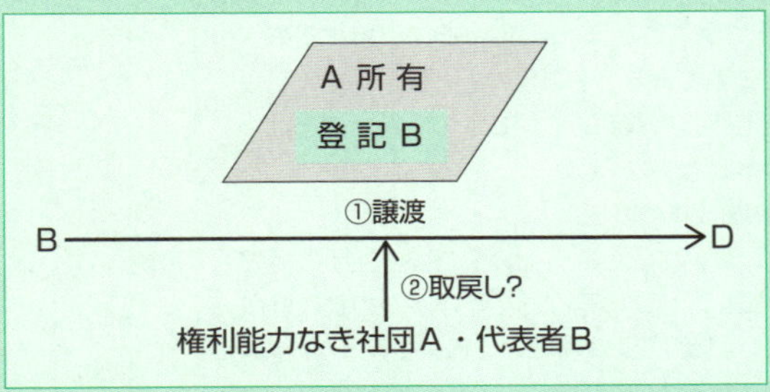

この点について、通説は、唯一の可能な方法の登記をした権利能力なき社団を第三者に対する関係で保護するのでなければ、権利能力なき社団としての活動が保障されることはないこと、代表者個人名義説が登記実務である以上、真正な登記をすることができたのにあえて個人名義の登記をした場合にはあたらず、虚偽の外観作出に対する帰責性はないから、94条2項を類推適用する基礎を欠くことなどを根拠として、①権利能力なき社団Aは、Cに対し、第三者異議の訴えを提起することができるし、②Dは、その不動産を取得することができないとしています。

しかし、前述したように、一般社団法人が広く認められるようになった現在においては、個人財産からの分離を望み、確実に保全すべき不動産を有したいのであれば、法人にすればよいのであって、そうしていない以上は不利益を被ってもやむをえないといえることから、第三者の利益を犠牲にしてまで権利能力なき社団を保護するのは不当であるという批判もあります。そのため、現在では、94条2項の類推適用や、94条2項と110条の類推適用により、善意無過失の第三者を保護する見解も唱えられています。この見解によって保護されれば、①権利能力なき社団Aは、Cに対し、第三者異議の訴えを提起することができないし、②Dは、その不動産を取得できることになります。

94条2項の類推適用や、94条2項と110条の類推適用については、後に詳しく説明します。

➡ 石田[穣]・民法総則218頁

➡ 幾代・民法総則150頁、四宮＝能見・民法総則174頁、川井・民法総則109頁、近江・講義Ⅰ123頁

➡ 佐久間・総則384頁、中舎・民法総則469頁

➡ 新版注釈民法(2)102頁[森泉]、北川・民法総則97頁、川井・民法総則110頁

➡ 4章2節④【5】

(iii) **銀行預金**

銀行実務においては、銀行預金は肩書つきの代表者名義が認められている。

(b) **債務と責任の負担**

(i) **構成員の責任の有無**

●論点B⁺ランク

権利能力なき社団と取引をした相手方は、権利能力なき社団の構成員に対して個人的債務あるいは責任を追及することができるかが問題となるが、判例・通説は、これを否定している。

→ 最判昭和48年10月9日（後出重要判例）

その理由として、判例は、権利能力なき社団の債務が社団の構成員全員に一個の義務として総有的に帰属し、社団の総有財産だけがその責任財産となることをあげる。前述した総有説からの理由づけである。ただ、総有という説明が不明確であるとして、端的に非営利団体では、社団の相手方よりも構成員の利益を重視し、有限責任となると解すれば足りる、という理由づけをする見解もある。

→ 石田［穣］・民法総則215頁、川井・民法総則108頁

学説では、非営利目的の団体の場合には判例のように解してもよいが、収益を構成員に分配することを目的とする営利団体や、脱退に際し持分の払戻しが認められる団体では、構成員の責任を認めるべきであるとする見解も有力である。

→ 四宮＝能見・民法総則175頁

→ 百選Ⅰ９事件

★重要判例（最判昭和48年10月９日〔判例シリーズ３事件〕）

「権利能力なき社団の代表者が社団の名においてした取引上の債務は、その社団の構成員全員に、一個の義務として総有的に帰属するとともに、社団の総有財産だけがその責任財産となり、構成員各自は、取引の相手方に対し、直接には個人的債務ないし責任を負わないと解するのが、相当である。

これを本件についてみると、訴外Aが権利能力なき社団としての実体を有し、Ｙらはいずれもその構成員であること、Aの代表者である訴外BがAの名においてＸらと取引をし、Ｘらが本訴で請求する各債権は右取引上の債権であることは、原判決(その引用する第一審判決を含む。以下同じ。)が適法に確定するところである。右事実のもとにおいて、Ｙらが、Ｘらの本訴各請求債権について、Ｘらに対し直接の義務を有するものでないことは、叙上の説示に照らし、明らかであるといわなければならない。」

【争点】 権利能力なき社団の取引上の債務と社団構成員の責任。

【結論】 権利能力なき社団の代表者が社団の名においてした取引上の債務は、社団の構成員全員に一個の義務として総有的に帰属し、社団の総有財産だけがその責任財産となり、構成員各自は、取引の相手方に対し個人的債務ないし責任を負わない。

(ii) **代表者の責任**

●論点Bランク

権利能力なき社団と取引をした相手方は、権利能力なき社団の財産が不足するときは、社団の代表者の責任を追及することができるか。

この点について、判例は、権利能力なき財団についての事例であるが、権利能力なき財団の代表者が振り出した手形について代表者は個人的には責任を負わないとしたものがある。

→ 最判昭和44年11月４日民集23巻11号1951頁

学説では、一種の担保責任として代表者の責任を認める肯定説や、構成員が有限責任を負わない場合には、代表者には社団債務について保証責任を負わせるべきであるという見解も有力であるが、後述するように代表者の行為が不法行為(709条)の要件を備えたときに不法行為責任を問えることはともかく、代表者であるというだけで当然にその責任を認めるのは疑問であり、否定説でよいであろう。

→ 川島・民法総則139頁、森泉・民法総則111頁

→ 四宮＝能見・民法総則175頁、近江・講義Ⅰ125頁

→ 北川・民法総則96頁、川井・民法総則109頁、内田Ⅰ228頁

(iii) **不法行為責任**

権利能力なき社団の不法行為責任については、一般法人法78条を類推適用して、

その責任を認めるべきである。

また、前述したように法人が一般法人法78条により不法行為責任を負う場合には、理事等の機関個人も不法行為責任(民709条)を負うのと同様に、権利能力なき社団の不法行為に関し代表者も不法行為責任を負うと解すべきである。

➡ 我妻・講義Ⅰ133頁、川井・民法総則110頁

➡ 本節④【4】(2)(a)

➡ 川島・民法総則139頁、川井・民法総則110頁

(c) その他

(i) 当事者能力

権利能力なき社団は、訴訟上の当事者能力を有する。すなわち、「法人でない社団又は財団で代表者又は管理人の定めがあるものは、その名において訴え、又は訴えられることができる」(民訴29条)。

なお、判例は、登記請求権に関しても、権利能力なき社団は、構成員全員に総有的に帰属する不動産について、その所有権の登記名義人に対し、当該社団の代表者の個人名義に所有権移転登記手続をすることを求める訴訟の原告適格を有するとしている。もっとも、代表者が登記請求権を有するので、代表者も原告になることができる(判例)。

➡ 最判平成26年2月27日民集68巻2号192頁

➡ 最判昭和47年6月2日(前出)

(ii) 内部関係

権利能力なき社団の内部関係について、一般社団法人の規定が類推適用されると解されている。

【3】権利能力なき財団

(1) 意義

権利能力なき財団とは、一定の目的のために結合した財産であって、寄附者その他特定の個人の財産から分離され、かつ、管理機構も備えて、社会生活上独立した実体をもっているけれども、法人格を取得していないものをいう。

⬅ 「権利能力なき財団」とは

(2) 法律関係

権利能力なき財団の要件、効果などは、基本的に、権利能力なき社団の場合と同様に解してよいであろう。

ただし、権利能力なき財団の権利・義務の帰属に関しては、構成員(社員)が存在しないため財団自体に帰属すると解されている(判例)。

➡ 最判昭和44年6月26日民集23巻7号1175頁

> 権利能力なき財団では、構成員(社員)がいないので、構成員(社員)全員に総有的に帰属する権利と債務という説明はできません。しかし、当該組織が権利能力なき財団とされる場合には、その代表者によって当該組織のために負担することになった債務は、権利能力なき財団の債務として、その財団の債務が引当財産となるのです。

➡ 四宮＝能見・民法総則178頁

また、前述したように、判例は、権利能力なき社団の債権者に対し、権利能力なき社団のみの責任を認め、代表者の個人責任を否定しているが(手形振出の事例)、権利能力なき社団の場合と同様に、代表者の責任を認めるべきであるという見解もある。

➡ 最判昭和44年11月4日(前出)

➡ 四宮＝能見・民法総則178頁、近江・講義Ⅰ125頁

○×問題で実力チェック

01 母親が妊娠中に受けた投薬のため胎児が被害を被った場合、母親は、胎児を代理して、加害者と和解することができる。(H. 9 -31問)

→ × 停止条件説。大判昭和7年10月6日

02 Aの生死が7年間明らかでなかったことから、Aについて失踪宣告がされた場合には、Aは、7年間の期間が満了した時に死亡したものとみなされる。('17-3問-イ)

→ ○ 30条1項、31条前段。1節1【3】(4)(c)(iv)参照

03 沈没した船舶の中に在ったAについて失踪宣告がされた場合には、Aはその沈没事故の後1年が経過した時に死亡したものとみなされる。('17-3問-ア)

→ × 30条2項、31条後段。1節1【3】(4)(c)(iv)参照

04 未成年者は、法定代理人の同意を得ずにした法律行為を単独で取り消すことができる。(H.28-1問)

→ ○ 120条1項。1節3【2】(2)(c)参照

05 未成年者は、貸金の領収については法定代理人の同意を要する。(S.41-25問)

→ ○ 貸金を領収すると債権を失うので5条1項ただし書に不該当。1節3【2】(3)(b)(i)参照

06 未成年者であっても、許可された特定の営業に関しては、行為能力を有する。('08-2問)

→ ○ 6条1項。1節3【2】(3)(b)(iii)参照

07 Aが精神上の障害により事理を弁識する能力を欠く常況にある場合でも、Aが成年に達するまでは、家庭裁判所は、Aについて後見開始の審判をすることができない。('17-1問-エ)

→ × 7条。1節3【3】(1)参照

08 未成年後見人が選任されている未成年者については、後見開始の審判をして成年後見人を付することはできない。(H.18-20問)

→ × 7条参照。1節3【3】(1)参照

09 成年被後見人が、後見人の同意を得ずに電気料金を支払った行為は、取り消すことができない。('08-3問)

→ ○ 9条ただし書。1節3【3】(3)参照

10 成年被後見人が建物の贈与を受けた場合、成年被後見人は、当該贈与契約を取り消すことができない。('06-20問)

→ × 9条ただし書に不該当。1節3【3】(3)参照

11 成年被後見人が日常生活に関する行為以外の法律行為を行った場合、あらかじめ当該法律行為について成年後見人の同意を得ていたときでも、成年被後見人は、当該法律行為を取り消すことができる。('06-20問)

→ ○ 1節3【3】(3)参照

12 保佐人の同意を得なければならない行為について、被保佐人の利益を害するおそれがないのにもかかわらず保佐人が同意をしないとき、被保佐人は、家庭裁判所に対し、保佐人の同意に代わる許可を請求することができる。('12-1問-ウ)

→ ○ 13条3項。1節3【4】(2)(b)参照

13 保佐人は被保佐人に代わって特定の法律行為をなすことができる場合がある。(S.54-35問改題)

→ ○ 876条の4。1節3【4】(2)(c)参照

14 被保佐人が、貸金返還請求の訴えを提起するには保佐人の同意を要するが、被保佐人を被告として提起された貸金返還請求訴訟に応訴するには保佐人の同意は要しない。(H.18-20問)

→ ○ 応訴することは、13条4号の「訴訟行為」にあたらない。1節3【4】(3)(d)参照

15 精神上の障害により事理を弁識する能力が不十分である者は、みずから補助開始の審判を請求することができない。('12-1問-ア)

→ × 15条1項。1節3【5】(1)参照

16　被補助人の判断能力の低下の程度はさまざまであり、多様な必要性に対応しなければならないことから、13条１項所定の行為ではない行為についても、補助人に対して同意権が付与されることがある。（H.15-33問改題）

→ ×　17条１項ただし書。1節3【5】(2)(b)参照

17　補助開始の審判がされる場合においても、補助人は当然に代理権を付与されるわけではない。（'08-３問）

→ ○　876条の９第１項。1節3【5】(2)(c)参照

18　成年被後見人Aが、Bとの間で、B所有の不動産を代金1000万円で購入する旨の契約を締結した。この場合、BがAの成年後見人Cに対して１か月の期間内にAの行為を追認するか否かを確答すべきことを催告し、Cがこの期間内に確答を発しなかったときはAの行為を取り消したものとみなされる。（'07-３問）

→ ×　20条２項・20条１項後段。1節3【6】(2)参照

19　一般社団法人Aについて設立の登記がされていなければ、Aは、法人ではなく、権利能力なき社団ということになる。（H.13-27問改題）

→ ○　一般社団法人において登記は成立要件である（一般法人22条）。2節3【2】(1)参照

20　一般社団法人の代表者が選任した代理人が、その職務を行うにつき他人に損害を加えた場合には、法人は、一般法人法78条に基づいて損害賠償の責任を負う。（S.57-59問改題）

→ ×　大判大正9年6月24日。715条責任のみが問題となる。２節4【4】(1)(b)(i)参照

21　法人は解散の登記をなしたときにその権利能力を失う。（S.51-７問）

→ ×　一般法人法207条。2節6【2】参照

22　権利能力なき社団の構成員は、社団の資産について、持分権を有しない。（H.７-24問）

→ ○　資産は総構成員に総有的に帰属。２節8【2】(2)参照

23　判例によれば、権利能力なき社団の財産は、その構成員の総有的に帰属するから、構成員の１人に対して金銭債権を有する債権者は、当該構成員の有する総有持分にかぎりこれを差し押さえることができる。（'08-４問）

→ ×　最判昭和32年11月14日。２節8【2】(3)(a)(i)参照

24　判例によれば、権利能力なき社団が取得した不動産については、権利能力なき社団名義で所有権の登記をすることはできず、権利能力なき社団の代表者たる肩書きを付した代表者名義で所有権の登記をすることができるにすぎない。（'08-４問）

→ ×　最判昭和47年６月２日。2節8【2】(3)(a)(ii)参照

25　Aらを構成員とする団体が法人である場合には、Aら個人の債務について団体の財産が責任財産となることはない。（S.58-41問）

→ ○　２節8【2】(3)(a)(iii)参照

第3章………私権の客体

1. 私権の客体

第2章において、私権(権利)の主体、すなわち自然人と法人をみてきた。民法典は、私権の主体については一般的規定をおいているが(第1編第2章「人」、第3章「法人」)、これから学ぶ私権の客体(私権の主体と並んで権利を構成する要素である)については、その全体を通じての一般的規定をおいていない。

ただ、民法典は、私権の客体の全体からすれば一部である「物」についてだけは特別に規定を設けている(第1編第4章「物」)。以下順にみていく。

私権(権利)の客体とは、私権の主体が一定の社会的利益を享受するために対象とするものをいいます。ですから、物権が一定の物を直截・排他的に支配することを内容とし、債権が債務者に特定の行為(給付)を請求することを内容とするように、物権における物だけでなく、債権における債務者の行為も私権の客体なのです。そのほか、知的財産権における知的創作物(発明、意匠、著作権など)、人格権における人格的利益、相続権における遺産なども、私権の客体です。

民法は、上記のさまざまな私権の客体のうち、その一部である「物」(もっぱら物権における物とされるもの)についてだけ特別に規定しているのです。要するに、私権の客体=「物」にかぎられないという点に注意してください。

なお、こうした「物」(85条)は、物権一般の客体となるための要件を定めているから、(民法総則ではなく)物権総則(物権編)のなかにおかれてもよい規定といえるとの評価もあります。

←「私権の客体」とは

1 物

【1】意義

85条は、「この法律において『物』とは、有体物をいう」と規定している。ここにいう有体物の意義については争いがある。

通説は、有体物とは空間の一部を占める外界の物質、すなわち固体、液体、気体であるとする(有体物限定説)。これに対して、有体物とは法律上の排他的支配の可能性のあるものであり、電気なども有体物とみるべきであるという見解(管理可能説)も有力である。判例も、管理可能説に立つと分類されている。

←「物」とは

←「有体物」とは

➡ 川島・民法総則142頁、四宮=能見・民法総則180頁

➡ 我妻・講義Ⅰ202頁、近江・講義Ⅰ150頁

➡ 大判明治36年5月21日刑録9輯874頁、大判昭和12年6月29日民集16巻1014頁

ここでの争いは、物を有体物にかぎるか(有体物限定説)、それとも無体物を有体物とみるべきか(管理可能説)という点です。電気のようなエネルギーは無体物です。ただ、電気を物と同様に扱うという結論については争いがなく、ただ、その説明方法が異なるだけであり、実益のない議論といわれています。

たとえば、電気を勝手に利用した者に対して、電気会社は、管理可能説によれば、電気も物に含まれるので、電気の所有権侵害に基づいて損害賠償請求をすることができる(709条)のに対し、有体物限定説によれば、電気は物に含まれないが、85条を類推適用できるので、所有権侵害の場合に準じて損害賠償請求をすることができることになります。結局、結論に差異はないのです。

【2】要件

「物」(85条)の要件としては、①有体性、②非人格性、③支配可能性、④独立性・単一性があげられる。

(1) 有体性

この点については、【1】で述べたとおりである。

(2) 非人格性

人(生身の人間の体)は、権利の主体であって、有体物ではあるが「物」ではなく、権利(物権)の客体とならない。

死体(遺体)、遺骨は、「物」であるが、特殊な規律を受ける。かつての大審院判例は、遺骨の所有権は相続人に属するとしていたが(相続人帰属説)、遺骨は慣習に従って祭祀を主宰すべき者に帰属するという判例もある(大審院判例が維持されているとみるかについては議論がある)。

➡ 大判大正10年7月25日民録27輯1408頁

➡ 最判平成元年7月18日家月41巻10号128頁

また、血液、頭髪、臓器など人間から分離された人間の細胞や組織の一部は、公序良俗(90条)に違反しないかぎり、また、「法令の制限内」(206条)において「物」となり、権利(所有権)の客体となるし、売買などによって「処分」することもできる。

なお、胎児前の状態(受精卵)であれば、「物」となる点については、前述した(ただし、受精卵〔特に凍結したもの〕については、胎児と扱うべきであり、「物」として扱うことはできないという見解もある)。

➡ 2章1節1【2】(2)(b)

➡ 近江・講義Ⅰ151頁

(3) 支配可能性

所有権など物権の客体は、排他的支配が可能なものでなければならない。たとえば、星や海のようにそもそも支配自体が、不可能なものや、反対に、大気のようにだれにも利用可能なものは、「物」とはいえない。

(4) 独立性・単一性

所有権など物権の客体となる「物」は、独立の物でなければならず、物の一部であってはならない(独立性)。

また、個々の集合は、原則として「物」として扱われない(単一性)。

以上のように、物権の客体となるためには、原則として特定の独立した単一の物でなければなりません。この独立性と単一性を要求することを**一物一権主義**といいます。その意義と、独立性の例外(一筆の土地など)、単一性の例外(集合物譲渡担保など)については、物権法で詳しく学習します。

➡ 『物権法』1章1節3

2 物の分類

【1】不動産と動産

(1) 総説

物は、不動産と動産とに分けられる(86条)。すなわち、86条は、不動産を積極的に定義したうえで(1項)、不動産以外の物をすべて動産としている(2項)。

(2) 不動産

(a) 総説

不動産とは、「土地及びその定着物」をいう(86条1項)。以下では、土地と定着物とに分けて説明する。

⬅ 「不動産」とは

(b) 土地

(i) 意義

土地とは、地表を中心として、人の支配および履行の可能な範囲内でその上下に及ぶ立体的存在をいい、地面のみならず、湖沼、河川も含まれる。地中物(地中の鉱物、岩石など)は、土地の構成部分にすぎず、独立の不動産ではないが(判例)、特別法による例外があり、鉱業法は、まだ採掘されていない鉱物について国に採掘・取得の権能を認めている(鉱業2条)。以下、土地について若干問題となる点について触れておく。

← 「土地」とは

→ 大判大正7年3月13日 民録24輯523頁

(ii) 一筆の土地

土地の個数は、登記簿上の記載によって人為的に区分され、登記簿上一個の物とされている土地は、一筆の土地とよばれる(物権法でも学習する)。

→ 『物権法』1章1節③【2】

しかし、一筆の土地の一部であっても所有権を移転し(判例)、また、時効取得の対象とすることができる(判例)。なぜなら、土地は所有者の行為によって互いに独立した数個の土地に分割することができ、分割のために土地台帳や登記その他の方法により公認される必要がないからである。ただし、物権の変動を第三者に対抗するためには、分筆登記をしたうえで、所有権移転登記をする必要がある(民177条)。

→ 大連判大正13年10月7日 (百選Ⅰ10事件)、最判昭和30年6月24日 民集9巻7号919頁

→ 大連判大正13年10月7日 民集3巻509頁

→ 『物権法』2章4節

(iii) 海面下の土地

海面下の土地は、所有権の客体たる土地にあたるであろうか。この点について、判例は、海はそのままの状態では、所有権の客体たる土地にあたらないが、国が一定範囲を区画し、他の海面から区別して排他的支配を可能にしたうえで、公用を廃止し、私人の所有に帰属させた場合には、その区画部分は所有権の客体たる土地にあたるとしている。

→ 最判昭和61年12月16日 民集40巻7号1236頁

また、判例は、公有水面埋立法に基づく埋立免許を受けて埋立て工事が完成した後、竣功認可がなされていない土地であっても、公有水面埋立法所定の原状回復義務の対象とならなくなった場合には、土地として私法上所有権の客体となるとしている。

→ 最判平成17年12月16日 民集59巻10号2931頁

(c) 定着物

(i) 意義

定着物とは、継続的に土地に固着して使用されることがその物の取引上の性質と認められるものをいう。すなわち、土地に継続的に付着し物理的、社会的に容易に分離しにくい物である。建物が典型であるが、樹木や石垣のほか、機械もそれが土地または建物に造りつけられたときは定着物となる(判例)。

← 「定着物」とは

→ 大判明治35年1月27日 民録8輯1巻77頁

これに対して、仮植中の草木のように、一時の用に供するために土地に付着するものは定着物にあたらない(判例)。

→ 大判大正10年8月10日 民録27輯1480頁

(ii) 建物

建物は、土地の定着物であるが、土地とは別に登記の制度が設けられ、独立の所有権の客体となる。したがって、建物は、常に土地から独立した別個の不動産である。すなわち、新築した建物の所有権が付合(242条)によって土地所有権に吸収されることはないし、土地に設定された抵当権の効力が地上建物に及ぶこともない(370条)。

建築中の建物はいつから独立の不動産となるか。この点について、判例は、木材を組み立てて地上に定着させ屋根を葺きあげた段階、あるいは単に切り組を済

→ 大判大正15年2月22日 民集5巻99頁

→ 大判昭和8年3月24日 民集12巻490頁

ませて、降雨をしのぎうる程度に土居葺（どいぶき）を終わったにとどまる段階ではまだ法律上の建物といえないが、独立に雨風をしのげる程度、屋根および荒壁を有していれば、床や天井を備えていなくてもよいとしている。

→ 大判昭和10年10月1日（百選Ⅰ11事件）

この点に関連して、建築中の建物に第三者が工事を加えて完成させた場合の所有権はだれに帰属するかという問題がありますが、物権法で学習することになります。

→ 『物権法』4章3節3【2】

建物の個数は、土地と異なり、登記簿によるのではなく、建物の物理的構造、周囲の建物との関係、所有者の意思などを考慮して社会通念によって決せられる。

(iii) 立木

立木は、本来、土地の定着物として、土地所有権と一体をなすものである。すなわち、立木は、原則として土地の一部である。しかし、実際には、立木のみを土地から独立した物として目的物とする慣習が、古くから存在していた。そこで、明治42年に「立木ニ関スル法律」（立木法）が制定され、**立木法によって登記された立木（樹木の集団）**は、土地とは別個独立の不動産であり（立木1条）、土地と分離して立木を譲渡したり、立木に抵当権を設定したりすることができるとされた（立木2条2項）。

もっとも、**立木登記された立木（樹木の集団）**は、実際にはほとんど利用されていません。これに対して、**立木登記をしない樹木の集団や個々の樹木**は、原則どおり土地の一部として扱われますが、これに**明認方法**（たとえば、樹皮を削り、あるいは標木を立てて、これに所有者の氏名を墨書するなど所有権の所在を明らかにする**慣習上の公示方法**）を施して、独立の取引の目的物とする慣習が行われています。判例も、この慣習を承認していますので、これを施せば、土地とは別個の独立した物として扱われるのです。明認方法については、物権法で詳しく学習します。

→ 大判大正5年3月11日民録22輯739頁

→ 『物権法』2章6節

(iv) 未分離の果実

未分離の果実も、立木と同様に、土地から独立させうる定着物であり、密柑、桑葉、稲立毛（田に植栽されたままの成熟した稲）などは本来土地の定着物であるが、成熟すれば独立して所有権の対象となり、明認方法によってその所有権を第三者に主張することができる（判例）。

→ 未分離の蜜柑について、大判大正5年9月20日民録22輯1440頁、桑葉について、大判大正9年5月5日民録26輯622頁、稲立毛について、大判昭和13年9月28日民集17巻1927頁

(3) 動産

(a) 意義

動産とは、不動産以外のすべての物をいう（86条2項）。前述したように、仮植中の草木のように、一時の用に供するために土地に付着するものは定着物にあたらないから、動産である（判例）。

← 「動産」とは

→ 大判大正10年8月10日（前出）

入場券、乗車券、商品券、劇場観覧券などは動産ではなく、債権者を氏名によって特定せずに、その証券の正当な所持人を権利者とする債権（無記名債権〔現**無記名証券**〕）であるが、これらの無記名証券については、記名式所持人払証券に関する規定が準用される（520条の20）。

← 平成29年改正

→ 『債権総論』3章1節6【1】(5)

→ 一問一答212頁、潮見・改正法4頁

平成29年改正事項	改正前民法86条3項（無記名債権）の削除	C1

改正前民法86条3項は、「無記名債権は、動産とみなす」と規定していたが、平成29年改正民法は、520条の20において、無記名証券について記名式所持人払証券に関する規定を準用することにしたことから、改正前民法86条3項を削除した。

3－1　改正前民法86条３項(無記名債権)の削除

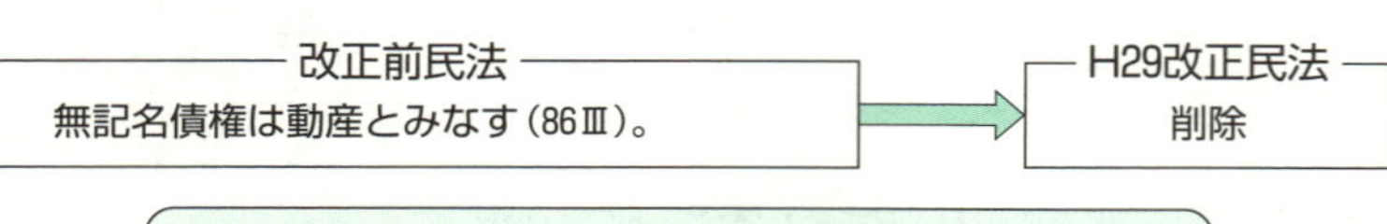

改正前民法
無記名債権は動産とみなす(86Ⅲ)。
H29改正民法
削除

改正後は520条の20において、無記名証券(改正前の無記名債権)について記名式所持人払証券に関する規定を準用することにしたことから、改正前民法86条３項は削除された。

(b)　**金銭**

金銭は、動産の一種であるが、その物体面ではなくその価値に意味があり、金銭の取得は、一定数額の価値の取得にすぎない。そのため、金銭の所有権は特段の事情のないかぎり占有とともに移転し(金銭は占有あるところに所有あり)、動産の即時取得に関する192条以下の規定は適用されない(判例)。

→ 最判昭和39年１月24日(百選Ⅰ77事件)

→ 『物権法』２章７節[2]【１】

→ 最判昭和29年11月５日刑集８巻11号1675頁

したがって、金銭が騙取されたり、盗まれたりした場合には、その騙取者あるいは盗取者が占有取得によりただちにその金銭の所有者となります。そのため、被騙取者や盗難被害者としては、不当利得返還請求権による保護の可能性が残るにすぎません。この点は、債権各論の多数当事者間の不当利得(騙取金銭による弁済)のところで学習します。

→ 『債権各論』４章２節[5]【２】(1)

(4)　**不動産と動産の区別**

不動産と動産とで区別することの意味は、特に、**公示方法**(177条、178条)と**公信力・公信の原則**(192条)の有無について、両者に相違があることにある(物権法で学習する)。

→ 『物権法』２章４節、５節、７節

その他、無主物の帰属(239条)、制限物権の種類(265条、270条、311条以下、325条以下、356条以下、369条)などで差異がある。

具体的な差異は、以下の表のとおりである。

不動産と動産

	対抗要件	公信力	先取特権	質権	抵当権	無主物先占	用益物権	買戻し
不動産	登記(177)	なし	債務者の特定の不動産(325) 登記を効力要件とする(東京高決昭和44年11月28日)	占有移転が成立要件(344) 登記が対抗要件	所有権・地上権・永小作権(369)	国庫に帰属(239Ⅱ)	265等	579
動産	引渡し(178)	即時取得(192)	債務者の特定の動産(311) 占有を要件とせず第三者に引き渡されると効力は及ばない(333)	占有移転が成立要件(344) 占有の継続が対抗要件(352)	抵当権の設定が原則として認められない	原始取得(無主物先占。239Ⅰ)	動産には認められない	動産には認められない ただし、特約があれば当事者間では有効

【２】主物と従物

(1)　**意義**

母屋と物置、家屋と建具などのように、２個の独立性を有する物が互いに経済的効用を補い合っている場合に、その補われている物(母屋、家屋)を**主物**、補っている物(物置、建具)を**従物**という。

← 「主物」とは

← 「従物」とは

民法は、個々の独立の物は処分の場合においてもそれぞれ独立になされることを原則としている。しかし、２個の物の間に客観的・経済的な主従結合関係がある場合には、法律的運命においても同一に取り扱い、その結合を破壊しないよう要請される場合が多い。そこで、民法は、こうした要請に応じて主物、従物の制度を設けた(87条)。

従物制度の意義(「従物は、主物の処分に従う」〔87条2項〕とされる根拠)について、社会経済的にみて物の経済的効用を保持させるのが望ましいとするのが趣旨だとする社会的効用説(通説)と、物の経済的効用を保持させようとする当事者の意思を推定するのが趣旨だとする意思推定説とがあります。すなわち、前者は主物の効用を高めるという社会経済上の必要性に求めるのに対し、後者は交換価値保持の観点から当事者意思の推測に求めるものです。

両者の違いは、従物の要件として、同一の所有者への帰属をあげるかどうかに影響します。

➡ 我妻・講義Ⅰ222頁

➡ 於保・民法総則講義140頁

⑵ 従物の要件

従物となるためには、以下の要件をみたす必要がある。

⒜ 主物の「常用に供する」物であること(87条1項参照)

主物の常用に供されるものであり、また、社会観念上継続して主物の効用をまっとうさせる機能を果たすものでなければならない。要するに、継続的に主物の効用を助けることが必要である。

⒝ 特定の主物に附属する物であること(場所的近接性)

主物に附属すると認められる程度の場所的関係にあることが必要である。ただし、従物は、主物と物理的に密接している必要はなく、多少離れた位置にあっても、客観的に主物の経済的効用を全うさせうる場所的関係にあればよい。

判例には、借地上に建てられたガソリンスタンドの店舗用建物を主物として、その敷地の地下に設置された地下タンクなどの設備も従物にあたるとしたものがある(抵当権の効力〔370条〕に関する判例)。

➡ 最判平成2年4月19日判時1354号80頁

➡ 『物権法』7章3節③【1】

⒞ 独立した物であること(独立性)

従物は、主物の構成部分として埋没するのではなく、主物から独立した物である必要がある。畳、ふすま、障子は建物の従物であるが、造作は建物の構成部分であって、従物ではない。

判例は、石灯籠および取外しのできる石庭等は、宅地の従物であるとする(抵当権の効力、370条)。

➡ 最判昭和44年3月28日(百選Ⅰ85事件)

➡ 『物権法』7章3節③【1】

⒟ 同一の所有者への帰属の有無

主物と従物がともに同一の所有者に帰属することが必要かについて、判例は、必要としている。

●論点Bランク

➡ 大判昭和10年2月20日刑集14巻111頁

この判例の立場は、意思推定説に適合します。交換価値保持という当事者意思の推測という点からは、同一の所有者に帰属することが必要だからです。また、従物の効果を「処分」との関連で規定する法文(87条2項)の体裁にも適合します。

これに対して、社会的効用説からは、従物の所有権が他人に帰属する場合であっても、87条の適用を認めることも理論的に可能です。別人の所有に帰属するとしても、主物の効用を高めるという社会経済上の必要がみたされるからです。たとえば、Aが主物をBに対して譲渡すれば、C所有の従物も処分されたことになります。ただし、Bが従物の所有権を取得するためには、Cの事後承諾を得るか、即時取得(192条)の要件を備える必要があります。

なお、以上のいずれの立場に立つかに関係なく、**従物は他人が附属させた場**

合でもよいという点に注意してほしい。主物の所有者が従物を附属させることは必要でないのである。

たしかに、87条1項は、物の所有者が「自己の所有に属する他の物」を附属させたことを要件とするため、他人が附属させた物は従物にあたらないようにも読めます。しかし、上記法文は通常の場合を規定したものにすぎず、他人の附属させた物が主物の所有者に帰属するにいたった後にも従物性を否定する理由はありませんから、他人が附属させた場合であっても、87条の適用はあると理解されています。たとえば、借家人が附属させた畳建具を家主が買い取った場合にも、87条は適用されるのです。

(3) 主物の処分の効果——従物と主物の関係

当事者間に別段の意思表示のないかぎり、「従物は、主物の処分に従う」(87条2項)。「処分」とは、売買による所有権の移転や抵当権の設定のように、権利義務を生じさせるすべての法律行為をいい、物権行為と債権行為とを問わない(通説。物権行為と債権行為の意味については、法律行為のところで触れる)。

← 「処分」とは

➡ 4章1節1【3】(3)

前述したように、判例は、石灯籠および取外しのできる石庭等は、宅地の従物であるとし、土地への抵当権設定の効果はこれらの物にも及ぶとする。

➡ 最判昭和44年3月28日(前出)

また、判例は、借地上に建てられたガソリンスタンドの店舗用建物を主物として、その敷地の地下に設置された地下タンクなどの設備も従物にあたるとし、根抵当権の実行により建物を買い受けた者は、同時に地下タンク等の所有権をも取得するとする。

➡ 最判平成2年4月19日(前出)

ここでもっとも問題となるのは、主物に対する抵当権の効力が抵当権設定後の従物にも及ぶかどうかです。この点は抵当権の効力のところで学習します。

➡ 『物権法』7章3節3【1】

(4) 従たる権利

主たる権利と従たる権利の関係についても、87条が類推適用される。たとえば、借地上の建物所有権が譲渡されると、敷地賃借権(借地権)も譲渡されたことになる(判例。ただし、判例は87条の類推適用による法律構成をとっておらず、意思表示の解釈により同一の結論に達しているとの評価もある)。

➡ 最判昭和47年3月9日民集26巻2号213頁、最判昭和52年3月11日民集31巻2号171頁

3－2

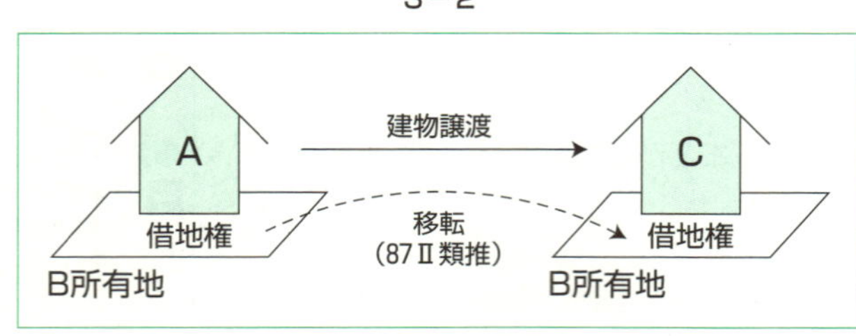

【3】元物と果実

(1) 意義

物より生ずる経済的収益を果実といい、果実を生ずる物を元物という。

← 「果実」とは
← 「元物」とは

果実は、収益権者の収入に帰属すべきものである。しかし、果実の観念および果実の生ずるまでに収益権者に移動があった場合の果実の分配について争いが生ずるおそれがある。そこで民法は、このような争いを防止するため、果実の帰属について規定を設けている(89条)。

(2) 果実の分類

果実には、天然果実と法定果実との２種類がある(88条)。

(a) 天然果実

天然果実とは、「物の用法に従い収取する産出物」をいう(88条１項)。すなわち、牛乳、羊毛、野菜、果物などのように、物(元物)の経済的用途に従って有機的に産出されるもののほか、鉱物、土砂などのように、物(元物)の経済的用途に従って無機的に採取されるものである。

← 「天然果実」とは

(b) 法定果実

法定果実とは、「物の使用の対価として受けるべき金銭その他の物」をいう(88条２項)。すなわち、地代、家賃、利息などのように、物(元物)の使用の対価として受ける金銭その他の物である。

← 「法定果実」とは

(3) 果実の帰属

(a) 天然果実

「天然果実は、その元物から分離する時に、これを収取する権利を有する者に帰属する」(89条１項)。ここにいう**収取権者**とは、元物の所有者(206条)、賃借権者(601条)、地上権者(265条)、永小作権者(270条)、不動産質権者(356条)などをいうが、元物についての法律関係の趣旨に照らして判断される。なお、当事者間の特約によってこの規定と別の定めをすることはできる。

← 「収取権者」とは

(b) 法定果実

「法定果実は、これを収取する権利の存続期間に応じて、日割計算によりこれを取得する」(89条２項)。たとえば、賃貸建物が譲渡されると、賃料は所有権存続期間の日割をもって分配される。

この規定は、権利の帰属を定めたものではなく、権利者間の内部関係を定めたものと解されている(通説)。したがって、これと異なる特約をすることはできる。

→ 川井・民法総則125頁、四宮＝能見200頁

(4) 使用利益

使用利益とは、元物そのものの利用による利益をいう。たとえば、居住利益である。

← 「使用利益」とは

使用利益の実質は果実と異ならないから、果実の収取権に関する規定(89条２項)や返還義務に関する規定(189条、190条)が類推適用されるべきである(判例)。

→ 大判大正14年１月20日民集４巻１頁

> 使用利益(運用利益)は、特に不当利得の分野で問題となります。債権各論で学習することになります。

→ 『債権各論』４章２節[1]【3】(3)(b)、[2]【3】(3)(a)

○×問題で実力チェック

01　動産には、土地およびその定着物のほか、無記名債権も含まれる。

→ ×　520条の20。1節②【1】(3)(a)参照

02　土地の所有者が所有する、石灯籠、取り外しのできる庭石は従物にあたる。('06-31問改題)

→ ○　87条1項。最判昭和44年3月28日。1節②【2】(2)(c)参照

03　主物の処分に際し、従物を除外したり従物のみを処分することも可能である。(S.40-14問)

→ ○　87条2項は任意規定。1節②【2】(3)参照

04　ガソリンスタンドが営まれている借地上の店舗用建物に設定された抵当権が実行された場合において、競売手続によりその所有権を取得した者は、抵当権設定当時に存した地下タンクの所有権をも取得する。

→ ○　最判平成2年4月19日。1節②【2】(3)参照

05　天然果実とは物の用法に従い収取する産出物で、乳牛の乳、鉱区から採掘する鉱物等である。収取権は原則として元物の所有者にあるが、善意の占有者、留置権者、質権者も収取権を有する。(S.40-14問)

→ ○　89条1項。1節②【3】(2)(a)参照

06　動産も不動産も先占によりその所有権を取得できる。(S.42-42問)

→ ×　239条

07　動産質権の対抗要件は占有の継続であるが、不動産質権の対抗要件は登記のみである。(S.42-42問)

→ ○　352条、177条

第4章………私権の変動

序. 私権の変動──総説

私権の変動とは、私法上の権利の発生・変更・消滅をいう。これを権利者(主体の側)からみれば、権利の得喪(取得・喪失)・変更ということができる。

私権のところで説明したように、民法が義務よりも権利(私権)を中心に構成していることから(1条1項、3条1項等)、私たちの生活は権利をとおして規制されているといえる。したがって、民法がどのような権利を、どのような場合に認め、それらの権利が、どのような場合に消滅し、または移転するかなどを正確に理解することが大切である。

これから、私権の変動のうち、契約が成立して有効に効力が発生するまでの過程をみていくことにする。次頁のチャートがその全体像である。これは、これから学習するに際し、何度も見返して、できるだけ早く頭に入れておいてほしい。

次節からの流れをあらかじめ示しておくと、1節では、私権の変動の原因としての法律行為について説明したうえで、契約の成立要件について、概要を説明していく。

2節から契約などの法律行為の有効要件に触れていくが、当事者に関する有効要件(主観的有効要件)のうち、権利能力、意思能力、行為能力については、すでに2章1節で説明したので、本章2節では意思表示の瑕疵(錯誤、詐欺、強迫)・不存在(心裡留保、虚偽表示)について説明していくことにする。

3節では、内容に関する有効要件(客観的有効要件)について説明する。

当事者に関する有効要件や内容に関する有効要件を欠いた場合には、無効・取消しとなるが、これは5章1節で説明する。

効果帰属要件は、代理の場合に問題となるが、これは6章で説明する。なお、法人の代表権については、すでに2章2節で説明した。

効力発生要件としては、条件・期限が問題となるが、この点は7章1節で説明する。

以上について、それぞれの位置づけを意識して読み進んでほしい。

←「私権の変動」とは

➡ 1章1節③【1】

4－1　契約の成立から効力発生まで

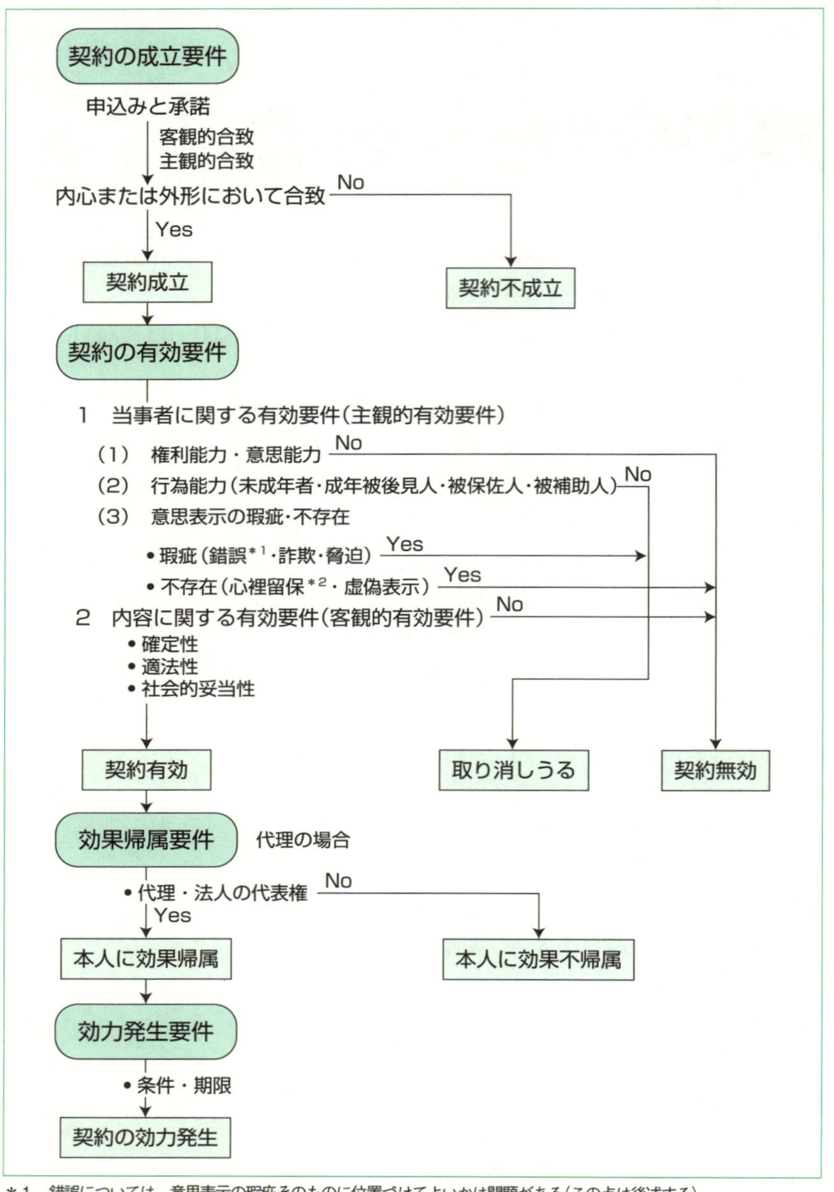

＊1　錯誤については、意思表示の瑕疵そのものに位置づけてよいかは問題がある(この点は後述する)。

＊2　相手方が悪意有過失の場合(93条1項ただし書)。

➡　2節2【3】(4)

第4章………私権の変動

1. 法律行為(契約)

本節では、私権の変動の原因としての法律行為について説明したうえで、法律行為のなかでもっとも典型的かつ重要な契約の成立要件について説明していく。

また、法律行為の解釈についても本節で触れておく。

1 法律行為

【1】序説――私権の変動

これまで何度も、契約や解除などの法律行為について触れてきましたが、本節では、改めて法律行為の意義などについて説明します。ただ、いきなり法律行為の意義を論じても、かえってイメージしにくくなるかもしれませんので、いま一度、私権の変動の意味について触れ、法律要件や法律効果のなかで法律行為の意義を説明することにします。

(1) 私権の変動――法律要件と法律効果

私権の変動とは、私法上の権利の発生・変更・消滅をいう。

←「私権の変動」とは

民法は、権利(私権)の変動を中心に規定しているから、何によって私権が変動するかは、民法の規定に示されていることになる。そして、民法は、通常、一定の要件事実が生ずると、その結果(効果)としての一定の私権の変動が生ずるというかたちで表現している。この要件事実を**法律要件**、その結果を**法律効果**とよび、私権の変動は、この法律効果の具体的内容として生ずる。

もう少し説明すると、民法を含めた実体法の規律のパターンは、一般に、一定の要件が存在すれば、一定の効果を生じるという形態をとります。これを法律学的にいうと、一定の法律要件のもとに一定の法律効果(私権の変動あるいは法律関係の変動)が発生することになるのです。

法律要件 があれば、 法律効果(私権の変動[発生・変更・消滅]) がある

たとえば、詐欺・強迫に即して説明すると、96条1項は、「詐欺又は強迫による意思表示は、取り消すことができる」と規定しています(詐欺・強迫の内容については、次節で説明します)。

➡ 2節6、7

これは、①詐欺または強迫されて法律行為(意思表示)をなした者がある場合には、この者のために、②その法律行為(意思表示)について取消権が生ずるということを意味します。①の部分が法律要件、②の部分が法律効果です。また、その効果の内容として、取消権(121条)が生じます。

(2) 法律要件――私権の変動原因(権利変動原因)

法律行為を発生させる法律要件(私権の変動原因)は、個々の事実に分析することができる。このように、法律要件を構成する事実を**法律事実**という。

たとえば、契約の法律要件は原則として申込みと承諾という2つの意思表示(法律行為)から構成されるほか、相続の法律要件は人の死亡という1つの法律事実

(**事件**あるいは**自然的事実**)で構成されるし、意思の関与はあるが、私権の変動が意思表示に対応しない意思の通知、観念の通知などの**準法律行為**(**法律的行為**)によって構成されることもある(それぞれの概念の詳しい内容は後述する)。

法律事実のうちでもっとも重要なものは、権利変動を欲する意思を表示する行為である**意思表示**である(法律行為と意思表示の関係については後述する)。

4－2

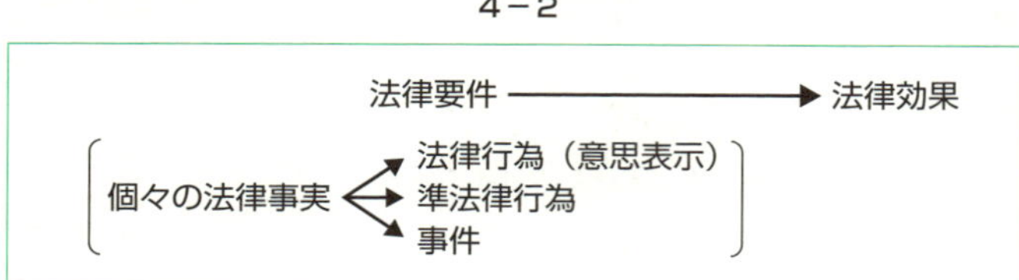

【2】法律行為

(1) 意義

まず、民法典を確認しましょう。民法典の第1編の総則には、第5章の法律行為という章がおかれています。そのうえで、第1節として総則、第2節として意思表示となっています。

ただ、法律行為と意思表示の関係や意思表示の意義についての規定はありません。第2節の意思表示の93条から96条までは、意思表示の効力が否定される場合(心裡留保、通謀虚偽表示、錯誤、詐欺・強迫)が規定されているにすぎないのです。

法律行為とは、私法上の権利義務を発生させる私人の行為をいう。より厳密にいうと、1個または数個の**意思表示を要素**とし、意思表示に対応する私権の変動という**法律効果**を生じさせる**法律要件**と定義される。すなわち、法律行為は、法律上の効果を発生させようとする当事者の意思表示を要素として成立する私権の変動原因である。

← 「法律行為」とは

具体的には、売買や賃貸借のような債権関係を成立させる**契約**(522条1項)、所有権の移転や抵当権の設定など物権関係を成立させる**物権行為**(176条)、相殺(506条1項)や契約の解除(540条1項)のように債権関係を消滅、解消する行為があげられる。そのほか、婚姻(742条1号参照)のように身分関係を生じさせる行為や、遺言(902条、908条)のようにみずからの死後の相続上の効果を生じさせる行為などである。

このように、法律行為は、自然人や法人の財産や身分関係の形成、変動(要するに、私権の変動)について、きわめて重要な役割を果たしている。

民法典の基本原則(民法の指導原理)のなかで、自分の生活関係を自由な意思で律することができるという**私的自治の原則**(**意思自治の原則**)をあげたが、このような私的自治の実現のための手段が法律行為である。

➡ 1章1節2【3】

(2) 法律行為と意思表示の関係

法律行為とは、前述のように、1個または数個の意思表示を要素とし、意思表示に対応する私権の変動という法律効果を生じさせる法律要件をいう。これに対して、**意思表示**とは、権利変動を欲する意思を表示する行為をいう。より厳密に定義すると、一定の私権の変動(法律効果の発生)を欲する意思を外部に対して表現するものである。

← 「法律行為」とは

← 「意思表示」とは

法律行為と意思表示の関係であるが、法律行為は、意思表示を構成要素として

➡ 四宮＝能見・民法総則204頁

いるが、法律効果は、契約ではすべて法律行為から生じるのであって、意思表示はその要素にすぎないと説明される。あるいは、法律行為は、法律効果が直接に発生する行為であるのに対し、意思表示は、法律効果の発生を意欲してする表示行為であると説明される。

➡ 近江・講義Ⅰ162頁

後述する法律行為の種類(意思表示に関連する分類――単独行為・契約・合同行為)の知識を前提とするので、後から立ち戻って読んでほしいのですが、法律行為と意思表示の関係について、イメージをもってもらうために詳しく説明します。

簡単にいうと、法律行為とは、意思表示プラスαと理解してください。

すなわち、契約についてみると、売買契約など、契約は原則として申込みという意思表示と承諾という意思表示の合致によって成立します(諾成契約、522条1項)。言い換えると、契約では、一方当事者の意思表示(申込みまたは承諾)だけでは法律行為は生じません。契約では2つ(以上)の意思表示が構成要素となるのです。ただし、契約には、意思表示の合致(当事者の合意)のほかに、一方の当事者が物の引渡しその他の給付をなすことを成立要件とする契約(要物契約。たとえば消費貸借〔587条〕。ただし、諾成的消費貸借も認められます〔587条の2〕)や、契約の成立に書面の作成その他の方式を具備することが必要な契約(要式契約。たとえば諾成的消費貸借〔587条の2〕、保証契約〔446条2項。なお、3項〕)による書面があげられます(諾成契約、要物契約、要式契約などの内容は、後述しますが、詳しくは債権各論で学習します)。ここでは、法律行為は、2つ(以上)の意思表示だけでなく、更にプラスα(物の引渡しや書面の作成等)が必要となるのです。

➡ 『債権各論』1章1節[1]【2】

それでは、単独行為(1つの意思表示によって成立する法律行為)ではどうでしょうか。この場合には、1つの意思表示によって法律効果が生じるので、常に意思表示=法律行為となりそうです(取消しや解除など)。ただし、単独行為であっても、遺言のように、意思表示のほかに方式(形式的要件)を要求するものもあります(要式行為、960条)。ですから、単独行為の場合であっても、法律行為は1つの意思表示だけでなく、さらにプラスα(たとえば方式)が必要となる場合もあるのです。

➡ 『親族・相続』12章2節[1]

基本書でも、法律行為は、意思表示を要素に含むが、意思表示以外の要素を必要とすることもあると説明されています。

➡ 佐久間・総則36頁

(3) 他の私権の変動原因――法律行為に該当しないもの

前述した法律行為の定義から、ある人の行為が法律行為に該当しない場合が明らかになる。具体的には、法律事実のうち、私権の変動をもたらす他の原因としては、**意思表示を要素としない**準法律行為(法律的行為)や事件(自然的行為)などがあげられる。

(a) 準法律行為(法律的行為)

← 「準法律行為」とは

準法律行為とは、意思表示によらずに法律上の効果を発生させる行為をいう。すなわち、準法律行為は、その行為のなかに意思的・精神的な要素が含まれている点で法律行為と類似するが、その意思に従って法律効果が認められるわけではない(意思表示を要素としない)点で法律行為と異なり、法が独自の観点から法律効果を認めるものである。換言すると、意思に基づく行為ではあるが、ある条文規定でそれがある効果を生じさせる要件とされているにすぎないものである。準法律行為は、**法律的行為**ともよばれる。

準法律行為は、法律行為に準じた扱い(類推適用)がなされることもあるが、具体的な場合については個別的に検討すべきであると解されている。

弁済の性質については、法律行為説と準法律行為説(弁済意思を必要とせず、単に客観的に債務の内容に適した給付行為があればよいとする見解)が対立していますが、準法律行為説が通説です。この点は債権総論で説明します。

➡ 『債権総論』4章1節[1]【2】

具体的には、意思の通知、観念の通知、感情の表示に細分化される。

(i) 意思の通知

意思の通知とは、自己の意思を他人に通知する私法上の行為をいう。一定の意思(意欲)の通知(発表)であるが、その意思内容は、その行為から生じる法律効果以外のものに向けられる点で、意思表示と異なる。法律効果の発生を意思内容としないのである。もっとも、法は、意思の通知があれば、一定の効果を付与する。たとえば、**催告**(20条、150条、412条3項、541条)、**受領の拒絶**(493条、494条参照)などがあげられる。

← 「意思の通知」とは

債権者が債務者に対して行う期日までに支払えという履行の催告行為(412条3項)は、意思の通知であっても、その行為によって意思どおりの効果(期日までに返済等をしてもらうという効果)が生じるわけではありません。これによって法律によって定められた効果(期日までに支払わないときは、債権者は当初の契約を解除することができるという効果〔541条〕)が生じるだけです。ですから、意思の通知は、意思表示ではないのです。

なお、さらに、このような意思の通知でも、法律によって一定の効果(たとえば、時効の完成を6か月間猶予するという法律効果〔150条1項〕)が付与されます。

→ 8章4節2【2】(4)

→ リーガルクエスト民法Ⅰ 119頁[山下]

(ii) 観念の通知

観念の通知とは、一定の事実を他人に通知する私法上の行為をいう。一定の事実の通知であって、意思の発表という要素を含まない点で、意思表示と異なる。

← 「観念の通知」とは

たとえば、社員総会の招集通知(一般法人39条)、**代理権授与の表示**(民109条)、**権利の承認**(152条)、**債権譲渡の対抗要件としての通知**(467条1項)などがあげられる。

債権譲渡の対抗要件としての通知(467条1項)は、その行為のなかに、譲渡を認識して通知するという意思的・精神的な要素が含まれてはいます。しかし、債権譲渡人の意思に従って対抗要件の法律効果が認められるわけではありません。ですから、この通知は、意思表示ではありません。ただし、債権譲渡の通知があったという事実に対して、法は対抗要件の具備という効果を付与しているのです。

(iii) 感情の表示

感情の表示とは、意思、事実と区別された意味での感情を発表する行為をいう。旧民法814条2項の宥恕がその例であったが、現行法上は適切な例がない。

← 「感情の表示」とは

以上のような、意思の通知や観念の通知などは、精神作用が表示されるものですから、**表現行為**といわれています。

← 「表現行為」とは

準法律行為には、このような表現行為のほか、一定の外形的な行為が本体であり、その際の意思(精神作用)の表示は従たる地位を占めるものがあります。これを**非表現行為**といいます。無主物先占(239条1項)や遺失物拾得(240条)における所有の意思や、事務管理(697条以下)での他人のためにする意思などです。

← 「非表現行為」とは

事務管理について説明すると、事務管理は、本人の費用償還義務(702条1項)や管理者の事務管理継続義務(700条本文)などの法律上の効果が発生しますが、これは、当事者が欲したために与えられる効果ではなく、法律上当然に生ずる効果なので、準法律行為の一種と解されているのです。

→ 『債権各論』3章1節1【2】

(b) 事件(自然的行為)

事件とは、一定の法律効果を発生させるが、それ自体、人の精神作用に基づかない事実をいう。**自然的行為**ともいう。

← 「事件」とは

たとえば、人の死亡、時の経過、果実の分離、物の滅失などがあげられる。

意思表示を要素とせずに、権利義務関係を発生させるものとして、**事実行為**をあげることもできます。たとえば、不法行為は、「故意又は過失によって他人の権利又は法律上保護される利益を侵害した」という事実によって、損害賠償請求権を発生させます(709条)。不法行為の加害者には損害賠償責任を負うという意思がないとしても、損害賠償責任(法律効果)を負わされるという点において、不法行為は、法律効果を欲してする法律行為ではありません。

なお、不法行為のほか、一定の法律効果を発生させるが、法律的な違法行為として、債務不履行(415条)をあげ、両者を法律事実のうち**違法行為**と分類する基本書もあります(法律行為や準法律行為を**適法行為**と分類します)。

以上のように、法律事実は、基本書ではさまざまな分類がなされていますが、分類方法にこだわる必要はありません。試験対策という観点からは、法律行為とそれ以外の準法律行為、事件などとの違いを理解しておけば足ります。

【3】法律行為の種類

法律行為には、以下のような種類がある。

(1) 意思表示に関連する分類——単独行為・契約・合同行為

(a) 単独行為

単独行為とは、1つの意思表示によって成立する法律行為をいう。次にあげる契約(双方行為)と異なって、相手方の意思を必要としないものである。

← 「単独行為」とは

これは、**相手方のある単独行為**(取消し〔5条、9条、96条、424条など〕、契約の解除〔540条1項〕、債務の免除〔519条〕など)と、**相手方のない単独行為**(一般財団法人の設立行為〔一般社団152条以下〕、遺言〔民960条以下〕、相続の承認・放棄〔915条以下〕)とに分けられる。

➡ 2章2節③【2】(2)

(b) 契約

契約とは、2人以上の意思表示の合致によって成立する法律行為をいう。言い換えると、当事者の相対立する意思表示が合致することによって成立する法律行為である。**双方行為**ともいう。

← 「契約」とは

契約を成立させるためには、**申込み**だけでなく、相手方の**承諾**という意思表示が必要であるから、意思表示の数は複数(通常は2つ)である。また、次の合同行為と異なり、2つ(2人)以上の意思表示が**相対立**するものである(表意者間で債権債務を発生させることを目的とするものである)。

契約は、複数当事者の関与によって、彼らが相互に拘束されるという効果を発生させる法律行為です。売買契約でいうと、当事者である売主と買主がそれぞれ1人であることが多く、この場合、相対立する2つの意思表示(申込みと承諾)によることになりますが、当事者の一方(または双方)が複数の場合もあるので、この場合は2人(2つ)**以上**の意思表示の合致により、契約がなされることもあるのです。

(c) 合同行為

合同行為とは、同一方向に向けられた複数の意思表示によって成立する法律行為をいう。2つ以上の意思表示の合致によって成立する点では契約とは異ならないが、意思表示が相対立するものとしてではなく、**同一目的に向けられている**点で契約と異なるものである。たとえば、一般社団法人の設立行為(一般法人10条以下)があげられる。

← 「合同行為」とは

➡ 2章2節③【2】(1)

上記の理解は通説によるものです。従来の学説では、２人以上の設立者の意思の合致であるから契約であると説明されていたこともあったのですが、通説は、一般社団法人の設立行為は、法人設立という目的のために必ず２つ以上の設立者が合同してなすということから、合同行為と解されているのです。

なお、組合の性質については、合同行為説もあるが、双務契約説が一般的な理解である（組合の性質については、債権各論で学習する）。

➡『債権各論』２章11節[1]【2】

4－3

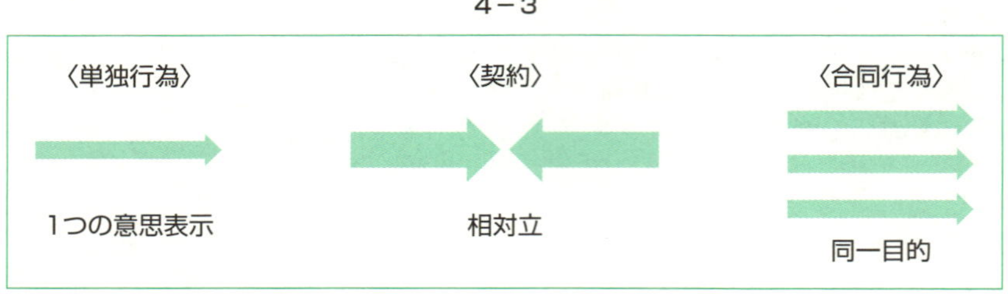

⑵ 要式性に関連する分類——要式行為・不要式行為

← 「要式行為」とは

要式行為とは、法律が定める一定の方式に従ってなされないと成立しない法律行為をいう。たとえば、婚姻は当事者の意思表示の合致があっても、届出がなければ成立しないし（739条１項）、遺言も、民法の定める方式に従って遺言書というかたちで意思表示がなされないかぎり、成立しない（960条）。

← 「不要式行為」とは

これに対して、**不要式行為**とは、意思表示以外に特別な方式を必要としない法律行為をいう。たとえば、契約の解除（540条１項）は、相手方への意思表示のみで行うことができる。

平成29年改正民法は、契約について、原則として方式は自由であるが（**方式の自由**）、「法令に特別の定めがある場合」は除く、という規定を設けました（522条２項）。契約は、原則として不要式契約なのですが、諾成的消費貸借（587条の２）、保証契約（446条２項）などでは、書面という要式が必要となるのです（要式契約）。

➡ １章１節[2]【３】⑴、『債権各論』１章１節[2]

⑶ 債権行為・処分行為（物権行為・準物権行為）

← 「債権行為」とは

債権行為とは、債権上の効果を発生・消滅させる行為をいう。たとえば、売買、賃貸借、消費貸借などの契約である。

4－4

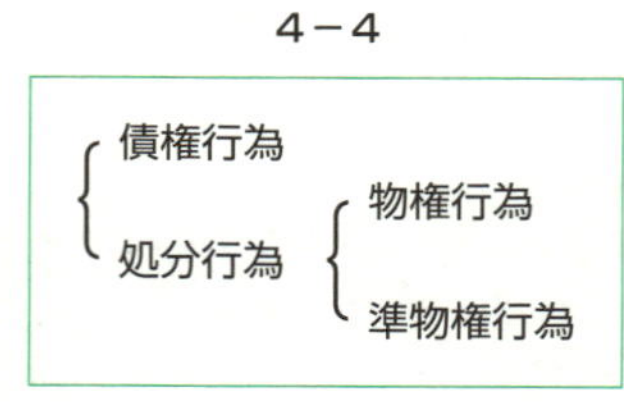

← 「処分行為」とは

これに対して、**処分行為**とは、財産権の処分を目的とする行為をいい、これには、物権行為と準物権行為とがある。

← 「物権行為」とは

← 「準物権行為」とは

物権行為とは、物権を発生・消滅させる行為をいう。たとえば、所有権の移転や抵当権の設定である。これに対して、**準物権行為**とは、物権以外の権利をただちに発生・消滅させて履行問題を残さない行為をいう。たとえば、債権譲渡（466条以下）や債務の免除（519条）である。

← 財産行為と身分行為

← 有償行為と無償行為

← 生前行為と死後（死因）行為

そのほか、法律関係によって変動する関係が、財産関係かあるいは身分関係かという観点からの区別として**財産行為**と**身分行為**に、履行の給付が対価を伴うか否かによる区別として**有償行為**と**無償行為**に、生前に効果を生ずるか否かによる区別として、**生前行為**と**死後（死因）行為**（遺言〔985条〕、死因贈与〔554条〕）に、それぞれ分類されます。

さらに、有因行為と無因行為という分類もあります。**有因行為**とは、法律行為がその原因あるいは原因行為と不可分なものであり、原因が欠けたり原因行為が無効であったりしたときには法律行為が無効となる法律行為をいい、**無因行為**とは、そうではなくて原因が欠けたり原因行為が無効であったりしても法律行為は独立して有効とされる法律行為をいいます。

たとえば、売買代金支払のために振り出された約束手形は、手形の原因となった売買代金債権とは別に手形金支払債権を表章します。したがって、売買契約が無効であっても手形行為は無効ではありませんし、いったん有効に成立した売買契約が後に解除されても手形上の権利は消滅しません。このように、手形行為と原因行為とは無因の関係にあるとされています(無因証券性)。この点は手形法で学習します。

また、売買という債権行為によって所有権の移転という物権行為をした場合において、売買が錯誤取消しなどによって無効となったときに、所有権の移転の効力が生じなかったとみるべきか、という物権行為の無因性という問題がありますが、この点は、物権法で学びます。

←「有因行為」とは

←「無因行為」とは

➡『商法・手形小切手法』5章2節[1]

➡『物権法』2章2節[1]【3】

2 契約の成立要件

基本書では、法律行為の成立という項目立てがなされることが多いのですが、その内容は法律行為のうち契約についての説明がほとんどです。また、本書では、法律行為のうちもっとも典型的かつ重要な契約の申込みと承諾を、契約の成立要件と位置づけています。ですので、以下では契約の成立要件として、説明します。

法律行為のうちでもっとも典型的かつ重要な契約は、原則として当事者間の意思表示の合致によって成立する。

【1】原則的要件――諾成主義の原則

(1) 意思表示の合致――諾成契約

契約とは、当事者の相対立する意思表示が合致することによって成立する法律行為をいう。

←「契約」とは

522条1項は、「契約は、契約の内容を示してその締結を申し入れる意思表示(以下「申込み」という。)に対して相手方が承諾をしたときに成立する」と規定している。

←平成29年改正

すなわち、契約は、原則として、AがBに対し「甲車を100万円で売ろう」と言い(**申込み**)、BがAに対し「甲車を100万円で買おう」と言って(**承諾**)、A・B間の**意思表示の合致**によって成立するのである(**諾成契約**、522条1項)。

契約成立の態様としては、そのほかに、交叉申込みや意思実現(527条)がありますが、この点は契約総論で学習します。

➡『債権各論』1章2節[1]【2】

(2) 契約の成立

(a) 意思表示の合致の内容――客観的合致と主観的合致

契約が成立するためには、「売ろう」「買おう」というような相対立する意思表示が存在し、この意思表示が「甲車を100万円で売買する」というように、**契約の客観的内容において一致**(**客観的合致**)するとともに、**相手方の意思表示と結合して契約を成立させようとしているとみられること**(**主観的合致**)が要件となる。

客観的合致というのは、契約の客観的内容において一致することをいいます。何をいくらで買うかという点において、両者の意思表示が合致していることが必要なのです。

また、主観的合致というのは、相手方の意思表示と結合して契約を成立させようとすることをいいます。「この人と契約したい」と、互いに認識して理解していることです。

(b) 不合致と合意

AがBに対し「甲車を100万円で売ろう」と言い、BがAに対し「乙車を100万円で買おう」と言っても、この両者には、契約の客観的な内容における一致(客観的合致)を欠くから、合意がない。このような不合意(不合致)には、当事者が知っている**意識的不合意**と、Aが甲車と言ったのを、Bが乙車と誤解して一致しない表示をした場合のように、当事者の一方または双方が不合致を自覚しない**無意識的不合意**とに分けられるが、いずれの場合であっても契約は成立しない。

問題は、Aが甲車と言ったのを、Bが乙車と誤解しながらも、単に「その車を買おう」と言った場合に、合意があったといえるか否かである。

ここでの問題は、客観的合致と主観的合致とが意思(内心)においてなされていれば当然に契約は成立しますが、かりに、意思(内心)において一致がない場合でも、表示(外形)において一致があれば、契約は成立するかという問題です。

AとBとは、意思(内心)では甲車と乙車とで一致していませんが、「甲車(その車)」という表示(外形)では一致しているので、この場合には、合意があったといえるかが問題となるのです。意思の合致か表示の合致かという契約成立の認否の問題とされたり、内心の意思が一致しないときの契約の成否の問題とされたりします。

この点について、判例は、合意の成立には当事者が内心に有していた真意が合致することが必要であるとの立場(意思合致説)から、この場合には、合意はなく**契約は不成立**とみる。

➡ 大判昭和19年6月28日(百選Ⅰ18事件)

これに対して、通説は、合意は双方の表示行為の客観的な意味内容が合致することによって成立する立場(意思表示合致説)から、この場合には、客観的合致があり**契約は成立**するとし、ただ、客観的に合致した内容と表意者の真意との間にくい違いがある場合には、**錯誤(95条)の問題で処理**するという。

➡ 川井・民法総則170頁、四宮＝能見・民法総則245頁、近江・講義Ⅰ167頁

通説(意思表示合致説)からの流れを示すと、次頁の図4－5のようになる。

もう少し詳しく説明しますと、契約の成立と契約の解釈の問題について、通説(意思表示合致説)は、**契約の成立に関する表示主義の立場**に立って、契約の拘束力が生ずる根拠を、契約をする各当事者が、それぞれ**意思表示を信頼したからである**という点に求めます。そのため、契約の成立を判断する際には、信頼の対象が一致しているか、すなわち意思表示が**客観的な表示レベルで合致しているか**を判断するし、また、契約の内容を確定する際にも、相手方から見て成立することが期待される権利義務関係がどのようなものかを**表示の客観的な意味が何か**で判断するのです。この立場は、意思表示の客観的な表示に対する信頼を重視して契約の成立の判断と解釈を行うため、**客観説**ともよばれます。

➡ 四宮＝能見・民法総則245頁、リーガルクエストⅠ125頁[山下]、百選Ⅰ39頁[大中]

これに対して、判例(意思合致説)は、**契約の成立に関する意思主義の立場**に立って、契約の拘束力が生ずる根拠を、契約をする各当事者が、それぞれの**意思により権利義務関係を引き受けたこと**に求めます。そのため、契約の成立を判断する際には、同じ権利義務関係を引き受けようとしていたか、すなわち意思表示が**主観的な意思レベルで合致しているか**を判断するし、また、契約の内容を確定する際にも、両当事者が意思表示に対して、**主観的にどのような意味を与えようとしたか**で判断しようとするのです。この立場は、意思表示の主観的な意味を重視して契約の成立の判断と解釈を行うため、**主**

観説ともよばれます。

4－5　契約成立過程の処理手順

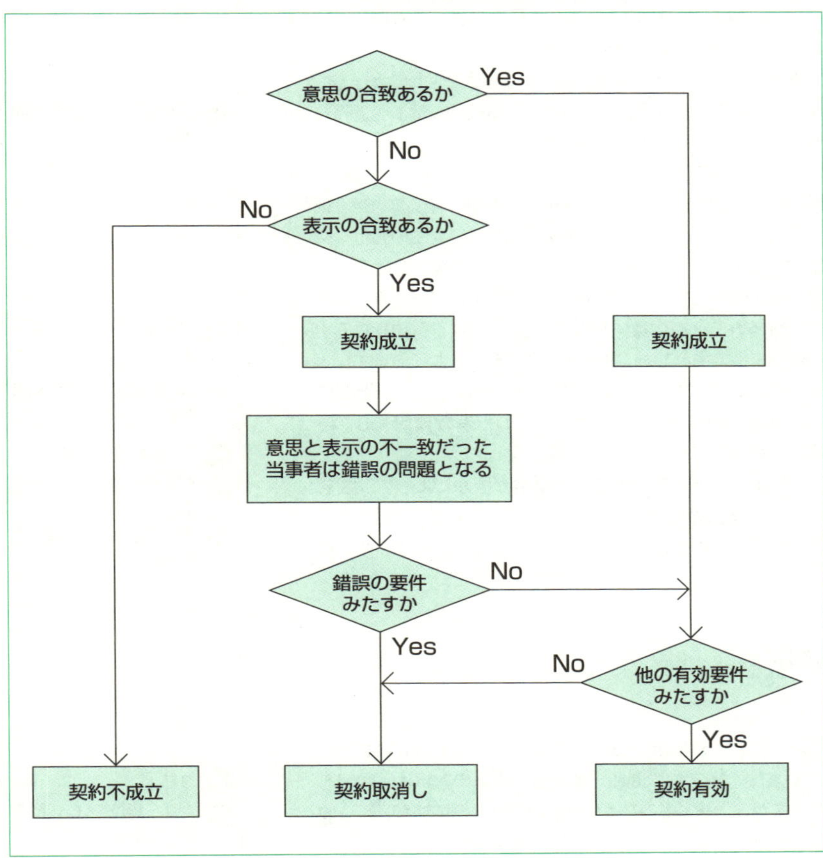

【２】例外的要件（諾成主義に対する例外）――要物契約・要式契約の場合

要物契約や要式契約の場合には、以上の要件のほかに特別の要件が必要となる。

⑴　要物契約の場合

要物契約とは、当事者の合意のほかに、一方当事者が物の引渡しその他の給付をなすことを成立要件とする契約をいうが、この場合には、物の引渡し等が契約の成立要件となる。たとえば、消費貸借の場合である（587条。なお、諾成的消費貸借の場合には、物の引渡し等は不要である〔587条の２〕）。

⑵　要式契約の場合

要式契約とは、契約の成立に書面の作成その他の方式を具備することが必要な契約をいうが、この場合にも、契約の成立には「書面の作成その他の方式を具備すること」が必要である（522条２項）。たとえば、諾成的消費貸借（587条の２）、保証契約（446条２項、３項）の場合である。

契約の分類については、契約総論で詳しく説明しますが、次の点だけは、早い段階でイメージを抱いておくとよいです。

まず、民法の定める13種類の契約を**典型契約（有名契約）**といいます。民法第３編第２章第２節「贈与」から第14節「和解」までの13種類の契約です。民法典の目次で13種類

➡『債権各論』１章１節1【２】

← **「典型契約（有名契約）」とは**

を確認しておいてください。これら以外の契約を、**非典型契約(無名契約)**といいます。
次に、契約の各当事者が互いに対価的な意義を有する債務を負担するか否かによって、**双務契約**と**片務契約**とに分類されます。両者の区別の実益は、同時履行の抗弁権(533条)、危険負担(536条)などが、もっぱら双務契約に適用されることにあります。双務契約は、売買や賃貸借など、片務契約は、使用貸借をイメージしてください。
さらに、互いに対価的な意義を有する出えん(経済的損失)をする契約か否かによって、**有償契約**と**無償契約**とに分類されます。両者の区別の実益は、有償契約にはすべて売買の規定が原則として準用されるということにあります(559条)。
双務契約・片務契約と、有償契約・無償契約との違いについては、イメージがわきにくいと思いますが、**利息付消費貸借**は、有償契約ですが片務契約であり、有償契約=双務契約ではないという点をおさえておいてください。利息付消費貸借では、貸主の給付は契約の成立要件であって(587条)、契約に基づく債務ではないから、双務契約ではありませんが(片務契約)、契約の成立からその効果である債権関係の実現までの過程をみれば対価的関係(経済的損失はする)といえるから、有償契約なのです(詳しくは、契約総論で学習します。なお、利息付諾成的消費貸借の場合でも、片務・有償契約とされています)。
加えて、当事者の意思表示の合致のみで成立する契約であるか否かによって、**諾成契約**と**要物契約**とに分類されます。要物契約の具体例は、本文で示した**消費貸借**(587条)のほか、**質権設定契約**(344条)、**手付契約**があげられます。
最後に、契約の成立に書面その他の方式を具備することが必要か否かによって、**要式契約**と**不要式契約**とに分類されます。具体例は本文で示したとおりです。
現時点では、おおざっぱでよいので、それぞれの内容をイメージしておいてください。

← 「非典型契約(無名契約)」とは

← 双務契約と片務契約

← 有償契約と無償契約

→ 『債権各論』2章4節1【2】(2)

← 諾成契約と要物契約

→ 『物権法』8章2節1

→ 『債権各論』2章2節2【2】(2)(a)

← 要式契約と不要式契約

3 法律行為の解釈

法律行為が有効に成立するには、まず、その内容(目的)が確定されなければなりません。3節「内容に関する有効要件」のうち、1確定性の問題です。法律行為の解釈は、内容を確定するにあたって問題となりますから、基本書のなかには、確定性(契約内容の確定)のところで触れられているものもあります。
本書では、本節の法律行為のなかで説明していますが、法律行為の解釈は、内容に関する有効要件のうち、確定性に関係する問題であることを意識しておいてください。

→ 3節1

→ 近江・講義Ⅰ166頁、平野・民法総則117頁

【1】法律行為の解釈の意義

法律行為の解釈とは、法律行為の内容の確定・補充をいう。

← 「法律行為の解釈」とは

法律行為の内容は、当事者間の紛争解決の基準となる。ところが、契約などの法律行為は、その内容が不明確なことが多く、この場合には、裁判官は、裁判上、その法律行為の内容を確定しなければならないし、また、かりに、法律行為に不完全な点があれば、裁判官は合理的判断により内容を補充しなければならない(**補充的契約解釈**)。さらに、法律行為が一見完全であっても、それが不合理なときには、裁判官は技術を駆使して、法律行為の補充の名のもとに、法律行為の内容を変更することもある(**矯正的契約解釈**)。

【2】法律行為の解釈の性質

法律行為の解釈が事実問題かそれとも法律問題かについては、争いがある。

民事訴訟法(特に上告制度)を学習していないとよくわからないと思いますので、初学者

は読み飛ばしてもよいですが、ここでの問題は、次のような点にあります。
　すなわち、法律行為の解釈が事実問題であるとすれば、その認定の違法を理由とする上告は認められないのに対し、法律問題であるとすれば、上告や上告受理の対象となります。そのため、両者の区別は、民事訴訟法上、上告や上告受理の理由(民訴318条、312条3項)となるか否かという点に実益があります。

この点について、判例は、原則として事実問題であるとしたうえで、解釈の基準が実験則、取引の通念等に反するときは法律問題になるとしているが、学説は一般に、解釈とは法律行為が有すべき意味を決定することであるから、法律行為の解釈は常に法律問題になるとしている。

→ 大判大正2年11月20日民録19輯983頁、大判大正10年5月18日民録27輯939頁

→ 我妻・講義Ⅰ258頁、川井・民法総則133頁

【3】法律行為の解釈の基準——当事者の真意の探究と信義則

(1) 法律行為の解釈と意思・信義則

法律行為の補充にあたっては、当事者が真にどのような効果を欲したかを探求しなければならない。もっとも、真意とは、主観的意図ではなく、客観的・合理的な意図を意味するから、裁判官は、真意の探究という名のもとに、実際には、当事者の現実的意図とは離れた内容へ、法律行為の内容を変更することが多い。真意の探究のプロセスのなかで、当事者の真意と異なった内容が導かれることもあるのである。

民法総説で触れたように、信義則(民1条2項)にはさまざまな機能があるが、**法律行為の補充**の基準ともなる。すなわち、契約は、信義則や取引慣行を考慮して解釈されなければならない。判例は、AがBに差し入れた「証」の文言の解釈について、原審が信義則によりこれを判断したのが正当か否かについて、信義則は「ひろく債権法の領域に適用されるものであって、ひとり権利の行使、義務の履行についてのみならず、当事者のした契約の趣旨を解釈するにもその基準となる」としている

→ 1章1節④【2】(2)

→ 最判昭和32年7月5日民集11巻7号1193頁

(2) 例文解釈

例文解釈とは、当事者の法律行為の文言が単なる例として掲げられたにとどまり、当事者が真にこれに拘束される意思はないとして、契約上の文言を無視する解釈をいう。印刷された書面による契約や約款(付合契約)において用いられる(約款による契約については、契約総論で学習する)。特に不動産の賃貸借契約において例文解釈がとられたことが多い。

← 「例文解釈」とは

→ 『債権各論』1章2節④

もっとも、法的安定性との調和の観点から、正面から例文解釈という名のもとに文言を無視するのではなく、当事者の真意を探究したり信義則を適用したりして法律行為の文言を修正するほうが説得的であるといわれることもある。

【4】任意規定

任意規定とは、法律の規定のうち、それが絶対的に適用されるのではなく、当事者の意思が不明確なときにそれを補充するための規定をいう。すなわち、法律の規定があっても、単に当事者の意思が不明確な場合に備えて、紛争解決の基準となる規定をおいたにすぎず、意思や慣習が優先することを前提とした規定である。条文に即していうと、「法令中の公の秩序に関しない規定」(91条)のことである。**公の秩序に関する規定**である**強行規定**と区別される(強行法規の内容につ

← 「任意規定」とは

いては、内容に関する有効要件のなかで説明する)。

このように、任意規定は、当事者の意思を補充するための規定であるから、任意規定と異なる意思があれば意思のほうが優先する。すなわち、「法律行為の当事者が法令中の公の秩序に関しない規定と異なる意思を表示したときは、その意思に従う」と規定している(91条)。当事者が積極的に任意規定と異なったある慣習によるという意思表示をしたときは、意思が優先するのである。たとえば、弁済の場所は、特定物の引渡しを目的とする場合以外は、債権者の住所とされているが(持参債務の原則。484条1項)、合意によって、債務者の住所において取り立てること(取立債務)としてもよい。

→ 3節2【2】

→『債権総論』4章1節2【2】(2)(b)

民法の規定において、任意規定と強行規定との区別は、明文のある場合のほかは、必ずしも明白とはいえず、法規の趣旨により判断すべきであるが、大まかにいえば、財産法上、取引の基礎をなす物権法に強行規定が多く、契約に関する債権法に任意規定が多いといえる。また、社会の倫理を基礎とする身分法は、原則として強行規定である。

【5】任意規定と異なる慣習——事実たる慣習

(1) 意義

事実たる慣習とは、法律行為の解釈の基準となる慣習をいう。人々は慣習を前提として生活し取引をしているのであるから、ひとたび紛争が生じたときは、慣習を基準として紛争を解決するのが妥当である。そこで、民法は、「法令中の公の秩序に関しない規定と異なる慣習がある場合において、法律行為の当事者がその慣習による意思を有しているものと認められるときは、その慣習に従う」と規定した(92条)。これは、**慣習を任意規定よりも優先**させる趣旨である。

← 「事実たる慣習」とは

(2) 要件

事実たる慣習(92条)を適用するための要件は、次の2つである。

(a) 慣習が公の秩序に関しないことであること

この点については、92条の規定からして特に問題はない。

(b) 当事者が慣習による意思を有しているものと認められること

前述したように、当事者が積極的に任意規定と異なったある慣習によるという意思表示をしたときは、意思が優先することになるから(91条)、「当事者がその慣習による意思を有しているものと認められるとき」(92条)というのは、**当事者が反対の意思を表示していないかぎり**ということを意味することになる。換言すれば、慣習の果たす一般的な役割に意味があって、慣習は意思によるものではないから、当事者が特に慣習を排斥する意思を示さないかぎり、慣習が当然に適用されると解されている。そして、当事者が慣習の存在を知りながら反対の意思を表示しないときは、これによる意思を有するものと推定される(判例)。

→ 大判大正10年6月2日(百選Ⅰ19事件)、最判昭和40年11月2日民集19巻8号1927頁

すなわち、判例では、新潟市にある会社が仙台市にある会社に「塩釜レール入り」で肥料用豆粕を売り渡した場合には、売主がまず肥料を塩釜駅に送付し、代金は同駅に肥料が到着した後に受領するという慣習があり、法律行為の当事者が慣習の存在を知りながら特に反対の意思を表示しないときには、これによる意思を有するものと推定したものがある。

→ 大判大正10年6月2日(前出)

なお、当事者が慣習の存在を知っている必要があるか否かについては争いがあるが、通説は、不要と解している。

→ 我妻・講義Ⅰ253頁、川井・民法総則136頁

⑶ 事実たる慣習(民92条)と慣習法(法適用通則3条)との関係

⒜ 問題の所在

これまで述べてきたとおり、民法92条では、**慣習が任意規定に優先**している。すなわち、事実たる慣習は、法律行為に関するかぎり任意規定に優先して適用される。

ところが、法の適用に関する通則法(法適用通則)3条は、「公の秩序又は善良の風俗に反しない慣習は、法令の規定により認められたもの又は法令に規定されていない事項に関するものに限り、法律と同一の効力を有する」と規定している。これによれば、**法令(任意規定)が慣習法に優先**することになる。

そこで、民法92条と法適用通則法3条との関係が問題となる。

民法92条　→　事実たる慣習　>　任意法規
法適用通則法3条　→　慣習法　<　法令(任意規定)

⒝ 学説

通説は、法適用通則法3条の慣習は慣習法(法的確信あるいは義務意識を伴う慣行)であり、民法92条の慣習は事実たる慣習(法的確信あるいは義務意識を伴わない慣行)であるというように、両者を区別する(峻別説)。両者は内容を異にするものであるとするのである。この説によれば、次のような優先順位となる。

→ 我妻・講義Ⅰ251頁

事実たる慣習　>　法令(任意規定)　>　慣習法

しかし、この説に対しては、高度の規範性を有する慣習法が任意規定に優先せず、低度のものと考えるべき事実の慣習が任意法規を改廃するのは矛盾するとの批判がある。現在の有力説は、慣習法と事実たる慣習とは適用の要件と分野を異にするが、その内容の慣習は同一の性質を有するとしている(並列説)。

事実たる慣習(民92条)と慣習法(法適用通則3条)との関係。

A説　峻別説(通説)

→ 我妻・講義Ⅰ251頁

▶結論：法適用通則法3条の慣習は慣習法(法的確信あるいは義務意識を伴う慣行)であり、民法92条の慣習は事実たる慣習(法的確信あるいは義務意識を伴わない慣行)である。
▶内容：①慣習法が人々の法的確信に支えられたものであることを要するのに対し、事実たる慣習はその必要がない。
②慣習法が当事者の意思表示とは無関係に法としての効力を有するのに対し、事実たる慣習は意思表示の内容となって効力を有する。
③慣習法が法適用通則法3条(旧法例2条)によると任意規定を改廃する効力を有しないのに対し、事実たる慣習は任意法規を改廃する効力を有する。
▶備考：①優先順位は、事実たる慣習>法令(任意規定)>慣習法、となる。
②判例もこの立場であり、事実たる慣習は法則としての効力を有しない単純な慣習の事実であって法律行為の当事者の意思を補充するものにすぎないとされている。
▶批判：高度の規範性を有する慣習法が任意規定に優先せず、低度のものと考えるべき事実の慣習が任意法規を改廃するのは矛盾する。

→ 大判大正3年10月27日民録20輯818頁、大判大正5年1月21日民録22輯25頁
→ 川井・民法総則137頁

B説　並列説

▶結論：慣習法と事実たる慣習とは適用の要件と分野を異にするが、その内容の慣習は同一の性質を有する。

B-1説　例外説＝一般法：特別法説(四宮＝能見)

→ 四宮＝能見・民法総則217頁

▶結論：民法92条は法律行為について法適用通則法３条の例外あるいは特則を定めたとみて民法92条を優先的に適用する（一般的には、法適用通則法３条の定めるように制定法が慣習に優先するが、民法の領域では私的自治が認められるので、特に慣習の優先が認められる）。

▶備考：優先順位は、強行規定>慣習＝慣習法>任意規定、となる。

B-2説　任意法規有無峻別説（近江・中舎）

→ 近江・講義Ⅰ170頁、中舎・民法総則84頁

▶結論：法適用通則法３条にいう慣習は法令に規定がまったく存在していない事柄に関する慣習であるのに対し、民法92条にいう慣習は任意規定が存在している事柄に関する慣習であるから、両者は重ならない。

▶備考：優先順位は、強行規定>任意規定のある慣習>規定がない場合の慣習、となる。

ここまでは、法律行為の解釈について、主に契約を念頭において説明をしてきました。そのほかに、遺言の解釈が問題となりますが（遺言者の意思を探究すべきとされます）、この具体的な内容の説明は、相続法の分野に譲ることにします。

また、遺言以外の単独行為の解釈や、合同行為の解釈についても、近時議論されはじめていますが、試験対策という観点からはそれほど重要ではないので、本書では割愛します。

→ 『親族・相続』12章３節1【1】

第4章……私権の変動

2. 当事者に関する有効要件

1 総説

本節では、私権の変動の原因としての法律行為の有効要件のうち、当事者に関する有効要件（主観的有効要件）として、意思表示を中心に説明する。

非常に大切な分野であるので、しっかりと理解してほしい。

2 意思表示

【1】意思表示の意義

意思表示とは、権利変動を欲する意思を表示する行為をいう。たとえば、契約の申込み・承諾や、契約の解除（540条1項）などがあげられる。

←「意思表示」とは

1節で述べたとおり、意思表示は、法律行為の構成要素である。すなわち、意思表示が存在しなければ法律行為は成立しない。

→ 1節1【2】(2)

したがって、意思表示は、法律行為が効力を生じ、当事者がそれに拘束される根拠であると同時に、いったん成立した法律行為であっても、意思表示の効力が否定されれば、それを要素として成り立っている法律行為もまた効力が否定されるという意味で、**法律行為の効力否定原因（根拠）**でもあると説明される。

→ 佐久間・総則77頁、中舎・民法総則153頁、リーガルクエスト民法Ⅰ150頁［山下］

【2】意思表示の構造

(1) 総説

意思表示は、主として、一定の法律効果を欲する意思としての**内心的効果意思**と、それを外部に表明する行為である**表示行為**によって構成されている。また、意思表示の要素として考慮するか否かについて見解が分かれる概念として、効果意思を外部に表示しようとする意思である**表示意思（表示意識）**がある。そのほか、意思表示の要素ではないものの、内心的効果意思の前提に存在するものとして、**動機**がある。

→ 四宮＝能見・民法総則223頁、中舎・民法総則155頁、リーガルクエスト民法Ⅰ151頁［山下］

たとえば、Aが、Bの営む骨董品店において、絵画甲について売買の申込みの

4－6

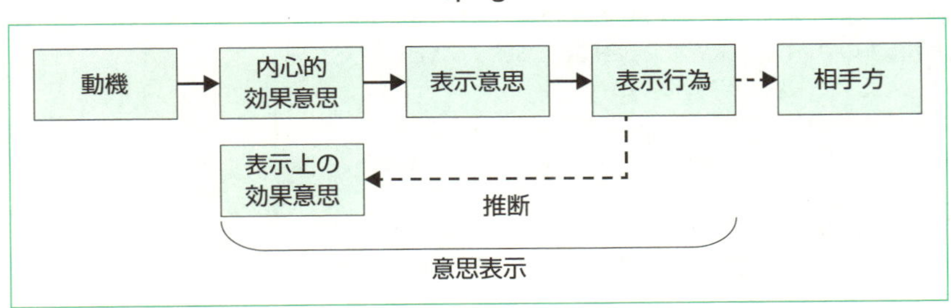

意思表示をする場合、次のようなプロセスを経ることとなる。①絵画甲は有名画家の作品であると思う(動機)、②絵画甲を購入しようと決める(内心的効果意思)、③Bに絵画甲の売買の申込みをしようと思う(表示意思)、④Bに「絵画甲を売ってくれ」と言う(表示行為)。

(2) 表示行為

意思表示が成立するためには、**表示行為**の存在が不可欠である。

← 表示行為

表示行為には、文書や口頭での伝達のように意思の表明が明確にわかるもののほか、行動や態度による表明(うなずく等)も含まれる。また、場合によっては、何もしないこと(不作為)や沈黙も表示行為と評価されうる。たとえば、AがBの土地を長年にわたって無断で使用しており、Bもこれを知りつつ何らAに対して異議を述べなかった場合には、AB間に土地の使用貸借契約の申込みと承諾があったと判断されうる。

明示的になされてはいないものの意思表示があったと評価されるものを、**黙示の意思表示**といいます。

黙示の意思表示といえるためには、明示の意思表示があったと同等に評価できる場合でなければなりません。たとえば、事業者が、消費者に対して、「受領後3日以内に返品がない場合には、契約を承諾したものとみなす」という条項つきで、無断で商品を送りつけた場合(このような商法をネガティブオプション〔送り付け商法〕といいます)、そのような条項を無視しても、承諾の意思表示がない以上は契約が成立することはありません(特定商取引59条1項参照)。

→ 中舎・民法総則156頁

← 「黙示の意思表示」とは

(3) 内心的効果意思

表示行為が意思表示の成立に不可欠であるのに対して、**内心的効果意思**は、意思表示の成立に不可欠の要件ではない。その理由は、表示行為があれば、それに対応する内心的効果意思がなくとも、社会的には表意者の意思表示があったと評価できる点にある。この場合に、表示行為から推断される効果意思を**表示上の効果意思**という。

→ 山本・民法講義Ⅰ124頁、中舎・民法総則157頁

← 「表示上の効果意思」とは

このように、内心的効果意思がなくとも、意思表示はいちおう有効に成立する。もっとも、内心的効果意思がないことは、後に説明する心裡留保(93条)等の規定によって、意思表示の無効・取消事由となる。

(4) 動機

動機は、効果意思を形成するうえで重要ではあるものの、意思表示の本体とは区別され、意思表示の効力に原則として影響を及ぼさない。

← 「動機」とは

しかし、法律行為の基礎とした事情について錯誤がある場合には、一定の要件をみたせば意思表示の取消事由となる(95条1項2号、2項)。この点については、後で説明する。

→ 本節5

意思表示のプロセスは、動機から表示行為にいたるまでの過程を細かく分析した結果であって、実際には瞬間的に行われるものであり、表意者本人も各段階を意識することはないでしょう。

特に、動機と効果意思は、実際には連続的なものであり、区別が難しいことがあります。動機と効果意思の区別に迷ったときは、法律行為の当事者の意思表示が合致した内容を考えるとよいでしょう。

たとえば、絵画甲を100万円で売買する場合には、「絵画甲を100万円で売買する」という意思が効果意思であり、それ以外のこと(絵画甲が本物か偽物か、100万円という値

段が適正か否か、絵画甲が今後値上がりするか否か等)はすべて動機に属します。

(5) 表示意思(表示意識)

表示意思(表示意識)が欠ける場合とは、たとえばワインの競売市場で手を挙げれば申込みがあったとされる慣習がある場合において、これを知らない観光客が遠くにいる友人を呼ぶために手をあげたときが該当する。

← 表示意思(表示意識)

意思表示の成立に表示意思(表示意識)が必要か否かについては、争いがある。

この点について、必要説は、表示意思(表示意識)が欠ける場合には、およそ意思表示をしようという意思すらない以上、表意者を非難することはできないということを根拠として、意思表示の成立を否定する。

これに対して、不要説(通説)は、意思表示が成立するためには表示行為があれば足りることを強調し、表示意思(表示意識)がある必要はないとする。不要説は、表示意思(表示意識)がない場合には、内心的効果意思もないと考えられるため、錯誤(95条)の問題として処理すれば足りるとする。

➡ 四宮＝能見・民法総則224頁

【3】意思表示の基本原理

▶2009年第2問

意思表示の基本原理については、意思主義と表示主義の対立がある。これは、いったん成立した意思表示の効力を判断するにあたって、意思と表示のいずれを重視するかの考え方の違いである。

(1) 意思主義

意思主義とは、意思表示の効力を判断するにあたって、内心的効果意思を重視する見解をいう。すなわち、意思主義は、意思表示は表示行為があれば成立するものの、表意者がそれに拘束されるためには、表意者の内心の意思に基づいたものであることを必要とする。表示に対応する内心的効果意思が存在しない場合には、意思表示の効力が否定されることとなる。

←「意思主義」とは

意思主義の背景には、自身のことは自身で決めるという自己決定の原理がある。

(2) 表示主義

表示主義とは、意思表示の効力を判断するにあたって、表示を重視する見解をいう。すなわち、表示主義は、表意者の内心は外部からはわからない以上、その人の意思の表明であるとしてなされた表示から推断される意思(表示上の効果意思)を尊重すれば十分であるとする。表示に対応する内心的効果意思が存在しない場合であっても、意思表示の効力が否定されることはない。

←「表示主義」とは

表示主義の背景には、みずから表示をした以上は表示内容どおりの義務を課されてもやむをえないという帰責性の原理と、表示に対する相手方や社会全体の信頼を保護すべきという信頼保護の原理がある。

(3) 折衷主義

通説は、意思主義と表示主義は二律背反的なものではなく、意思表示の効力が問題となる場面ごとにどのような原理を優先させて効力を判断することが適合的かを考えるべきとする。

後に説明する93条から96条までの規定は、基本的には内心の意思を重視する意思主義的立場をとりつつも、相手方や第三者を保護する必要がある場面では表示主義的立場をとっており、民法は折衷的な立場を採用していると解される(折表主義)。

	意思表示の当事者間		第三者保護規定
	原　則	例　外	
心裡留保	有　効 (93Ⅰ本文)	悪意有過失の相手方に対しては無効 (93Ⅰただし書)	善意の第三者に無効を主張できない(93Ⅱ)
虚偽表示	無　効 (94Ⅰ)	な　し	善意の第三者に無効を主張できない(94Ⅱ)
錯　誤	取消し可 (95Ⅰ柱書)	行為者に重過失がある場合は取消し不可(95Ⅲ)*	善意無過失の第三者に取消しを主張できない(95Ⅳ)
詐　欺	取消し可 (96Ⅰ)	な　し	善意無過失の第三者に取消しを主張できない(96Ⅲ)
強　迫	取消し可 (96Ⅰ)	な　し	な　し

部分が表示主義、その他が意思主義
* 相手方が悪意重過失の場合、共通錯誤の場合は取消し可

(4) 意思の不存在と瑕疵ある意思表示

→ 四宮＝能見・民法総則、225頁、中舎・民法総則163頁、リーガルクエスト民法Ⅰ153頁[山下]

(a) 意義

← 「意思の不存在」とは
← 「瑕疵ある意思表示」とは

外形的には表示行為があるものの、それが内心の効果意思を伴わない場合を**意思の不存在(意思の欠缺・意思の欠如)**という。これに対して、表示行為に伴う内心の効果意思はあるものの、意思の形成過程に瑕疵がある場合を**瑕疵ある意思表示**という。

(b) 改正前民法下での位置づけ

改正前民法は、心裡留保(93条)、虚偽表示(94条)および錯誤(95条)を意思の不存在と捉え、各要件をみたす場合の効果を無効としていた。また、改正前民法は、詐欺および強迫(96条)を瑕疵ある意思表示と捉え、各要件をみたす場合の効果を取消しとしていた。これは、瑕疵ある意思表示では表示行為に伴う内心の効果意思があり、その形成過程に瑕疵があるにすぎないため、効果を取消しとすることで、取消権者に意思表示を有効とするか否かのイニシアティブを与えたものである。

→ 本節5

また、このような整理は、改正前民法の起草当時、錯誤が、後述する表示の錯誤に限定して理解されていたことにも由来する。すなわち、改正前民法の起草者は、錯誤の意義を、内心的効果意思を欠く場合である表示の錯誤に限定して捉えていたため、意思の不存在の一類型として規定した。

このように、改正前民法の起草当時は、内心的効果意思を欠く場合の意思表示を無効とし、内心的効果意思の形成が不完全な場合の意思表示を取り消しうるものとする意図で、錯誤の効果を無効とした。

(c) 平成29年改正民法下での位置づけ

しかし、その後の判例法理によって、いわゆる動機の錯誤の場合にも、一定の要件をみたせば意思表示が無効となることが確立した。動機の錯誤は、内心的効果意思の形成が不完全な場合の意思表示であるから、内心的効果意思を欠く場合の意思表示のみが無効と扱われるという原則が維持できなくなった。

また、判例は、錯誤の効果を無効としつつ、表意者保護のための規定であることから、無効を主張しうる主体を原則として表意者に限定するなど、取消しに近い扱いを認めていた(**相対的無効、相対的取消し**)。

そこで、平成29年改正民法は、意思の不存在＝無効、瑕疵ある意思表示＝取消し、という従来の分類を貫徹せず、動機の錯誤も錯誤の一場合として規定しつつ、表示の錯誤の場合も含めてその効果を取消しとした。

← 平成29年改正

平成29年改正民法は、95条において、意思の不存在として理解される表示の錯誤だけでなく、瑕疵ある意思表示として理解される動機の錯誤も明文で規定しました。このような錯誤に関する改正は、95条以外の条文の文言にも影響しました。

まず、代理行為の瑕疵に関する101条１項は、改正前からもともと「意思の不存在、詐欺、強迫」と規定しており、平成29年改正の議論でも要綱案の段階までこの文言が維持されていました。

→ 要綱案２頁

しかし、第97回会議の際に検討された部会資料87-1では、「意思の不存在、錯誤、詐欺、強迫」となり、「錯誤」という文言が追記されました。この理由は、「今回の改正で、動機の錯誤も95条に明文で規定することになりますので、現在の101条１項のように意思の不存在、詐欺、強迫とだけ書きますと、動機の錯誤に相当する部分が抜け落ちていることになります。そこで、意思の不存在と詐欺の間に、錯誤という文言を入れることにしました」と説明されています。

→ 部会資料87-1・2頁
→ 第97回会議議事録10頁［金関係官発言］

もっとも、意思の不存在と詐欺の間に錯誤という文言を入れた場合には、意思の不存在として理解される表示の錯誤が「意思の不存在」と「錯誤」のどちらの文言に振り分けられるのかという疑問が生じます。この点について、部会の事務局はあまり大きな問題と捉えておらず、規定のシンプルさを重視した旨説明しています。

ほかにも、取消権者に関する平成29年改正民法120条２項は、「錯誤、詐欺又は強迫によって取り消すことができる行為は、瑕疵ある意思表示をした者」と規定しています。

この点について、平野教授は、「錯誤は意思不存在ではなく瑕疵ある意思表示の一種であることを示そうとした」ものと評価しています。他方で、平成29年改正民法が表示の錯誤と動機の錯誤を二元的に規定していることからすると、平野教授のように一元論的に理解してよいかは定かではありません。

→ 平野・新債権法の論点と解釈22頁

少なくとも、意思の不存在と理解される表示の錯誤の効果も取消しとされていることから、改正前民法起草時に考えられていた「内心的効果意思を欠く意思表示＝無効」という考え方自体は否定されたとみることができるでしょう。

→ 詳解改正民法66頁［山下］

以上に対して、近江教授は、ドイツでの理論を基礎として、錯誤を無意識的な意思の欠如（意思の不存在）に位置づけ、「意識した意思の欠如ではないのだから、それを有効とするか無効とするかは錯誤者の判断に委ねる趣旨である」と説明して、取り消しうる行為としています。そのうえで、「今般の改正錯誤法は、このような視点から理論化されなければならない」としています（基本書のなかには、同様に、錯誤を「無意識による意思の欠缺」と分類するものもあります）。

→ 近江・講義Ⅰ186頁、219頁
→ 石口・要論Ⅰ173頁

4－7

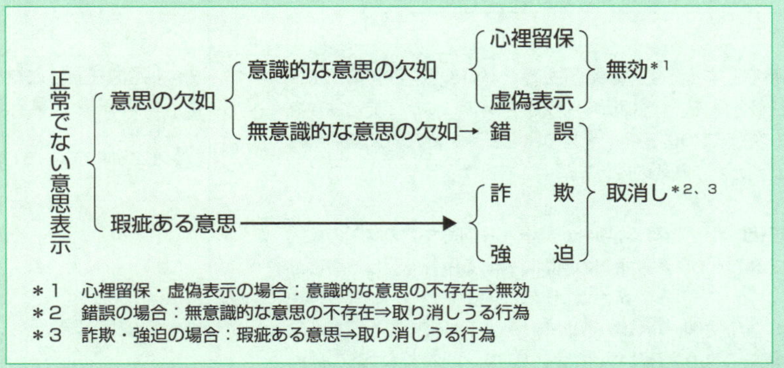

他方で、中舎教授は、意思表示規定の解釈にあたっては、形式的な分類に捉われることなく、それぞれの規定の趣旨と機能に即した理解をすることが必要であり、今日で意味のある整理は、表意者の帰責性に応じた整理であるとして、以下のような表を掲げています。

→ 中舎・民法総則164頁

概　念	帰責性	当事者間の効力	保護される第三者
心裡留保(93)	強	原則有効・例外無効	善意
虚偽表示(94)		無効	善意
錯誤(95)		取消し	善意無過失
詐欺(96)		取消し	善意無過失
強迫(96)	弱	取消し	なし

今後、更なる議論がなされると思われますが、少なくとも、意思の不存在＝無効、瑕疵ある意思表示＝取消し、という従来の分類は維持されないということだけはおさえておいてください。

【4】意思表示の到達・受領

(1) 意思表示の到達

(a) 到達主義

➡ 部会資料66A・6頁

⬅「到達主義」とは

意思表示は、その通知が相手方に到達した時からその効力を生ずる(97条1項)。このように、到達時を意思表示の効力発生時期とする考え方を**到達主義**という。民法が到達主義を採用した趣旨は、以下の点にある。

意思表示は、①**表白**(たとえば、書面の作成)、②**発信**(たとえば、書面の投函)、③**到達**(相手方の支配圏内に入ること)、④**了知**(たとえば、相手方が書面を読むこと)というプロセスを経る。

この場合に、到達以前に意思表示の効力発生を認めると相手方がみずから回避することのできない不利益を被るおそれがある。他方で、相手方の了知まで要するとすると、相手方が了知を拒めば意思表示の効力発生を阻止できることとなり、妥当でない。そこで、表意者と相手方のバランスを考慮して、③到達した時から意思表示の効力が生じる立場を採用した(97条1項)。

4－8

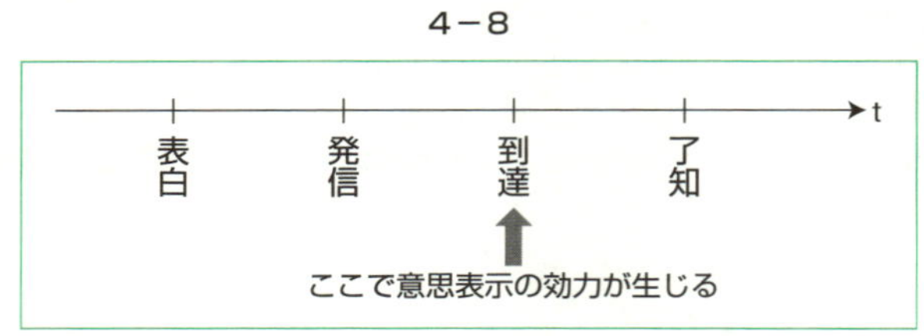

⬅「発信主義」とは

➡『債権各論』1章2節[2]【3】

➡ 部会資料77A・51頁

発信時を意思表示の効力発生時期とする考え方を**発信主義**といいます。改正前民法は、契約の成立時期について特則を設け、承諾の意思表示の効力発生時期について発信主義を定めていました(改正前526条1項)。この趣旨は、承諾の意思表示を待たずに契約の効力を発生させることで、承諾者がただちに契約の履行に着手できるようにする点にありました。

しかし、通信手段が発達した現代においては、当事者が発信から到達までの時間の短縮を望めば様々な手段が提供されているため、到達主義の原則に対する例外を設ける必要が乏しいとの指摘がありました。

⬅ 平成29年改正

そこで、平成29年改正民法は、発信主義の例外を定めていた改正前526条1項を削除しました。これにより、契約の承諾の意思表示についても、97条1項の到達主義の原則が妥当することとなりました。

➡ 中舎・民法総則91頁

➡ 2章1節[3]【6】(2)

なお、平成29年改正民法のもとでも、行為能力者となった制限行為能力者に対する催告への確答(20条1項後段)は、追認拒絶の確答を発信すれば追認擬制を免れることができるので、例外的に発信主義がとられています。

平成29年改正事項　意思表示の効力発生時期　B1・B3

改正前民法97条1項は、隔地者(発信と到達との間に場所的な隔たりのある者)に対する意思表示の効力発生時期について規定していた。これに対して、隔地者以外の者(対話者)に対する意思表示の効力発生時期については規定が設けられていなかった。隔地者以外の者に対する意思表示では、表白、発信、到達、了知が通常同時に生じるため、意思表示の効力発生時期が問題となることが事実上少ないからである。

しかし、たとえば、相手方が故意に耳をふさいで表意者の発言を聞かないような場合など、理論的には到達と了知とが分かれうるとの指摘があった。また、隔地者以外の者に対する意思表示についても、表意者と相手方との利害のバランスから、到達主義の考え方が妥当すると考えられる。

そこで、平成29年改正民法は、隔地者以外の者に対する意思表示についても到達主義が適用されることを明確にするため、改正前民法97条1項の「隔地者に対する意思表示」という文言を単に「意思表示」に改めた。

→ 部会資料66A・7頁、一問一答25頁、潮見・改正法12頁、平野・民法総則242頁

4－9　意思表示の効力発生時期

改正前民法
隔地者に対する意思表示は、その通知が相手方に到達した時からその効力を生ずる(97Ⅰ)。

→

H29改正民法
意思表示は、その通知が相手方に到達した時からその効力を生ずる(97Ⅰ)。

改正前民法では隔地者に対する意思表示の効力のみを規定していた。しかし、隔地者以外の者に対する意思表示であっても表意者と相手方との利害のバランスから到達主義が妥当であると考えられた。そこで隔地者以外の者に対しても到達主義が妥当することを示すため、単に「意思表示」に改めた。

(b)　**到達の意義**

← 「到達」とは

「**到達**」とは、**意思表示が相手方の了知可能な状態におかれること**をいうと解される。了知可能な状態とは、意思表示が**相手方の支配圏内に入ること**をいい、相手方がその意思表示のあったことを現に了知する必要はない(判例)。

→ 最判昭和43年12月17日 民集22巻13号2998頁

たとえば、意思表示の通知を郵送して相手方の郵便受けに入れられた場合や、相手方の同居の親族が受け取った場合などには、相手方の支配圏内に入ったといえる(判例)。

→ 大判明治45年3月13日 民録18輯193頁

(c)　**受領拒絶**

← 平成29年改正

郵便物の受領を正当な理由なく拒絶するなど、相手方が正当な理由なく意思表示の通知が到達することを妨げたときは、その通知は、通常到達すべきであった時に到達したものとみなされる(97条2項)。正当な理由の有無については、表意者がその不存在の立証責任を負うと解される。

→ 中舎・民法総則92頁

正当な理由なく到達を妨げた場合の例として、たとえば意思表示の通知が不在のため返戻された場合に、相手方がその内容を推知することができ、かつ、受取方法の指定によって受領することができたときなどがある(判例)。

→ 最判平成10年6月11日(百選Ⅰ25事件)

平成10年判決は、遺留分減殺(現遺留分侵害額請求)の意思表示が記載された内容証明

郵便が留置期間の経過により差出人に還付された場合に、受取人が、不在配達通知書の記載その他の事情から、その内容が遺留分減殺の意思表示または少なくともこれを含む遺産分割協議の申入れであることを十分に推知することができ、また、受取人に受領の意思があれば、郵便物の受取方法を指定することによって、さしたる労力、困難を伴うことなくその内容証明郵便を受領することができたなどの事情のもとでは、遺留分減殺の意思表示は、社会通念上、受取人の了知可能な状態におかれ、遅くとも留置期間が満了した時点で受取人に到達したものと認められる、としたものです。

平成29年改正事項　意思表示の受領拒絶　B3

改正前民法は、意思表示の受領を望まない相手方が受領を拒絶している場合について、明文規定を設けていなかった。

もっとも、改正前民法のもとでも、解釈によって、受領拒絶に正当な理由がない場合には、実際に受領していなくても到達があったとしていた(判例)。

そこで、平成29年改正民法は、意思表示が相手方の支配圏内に入るという客観的状態が生じていない場合であっても、相手方の態様を考慮して「到達」があったと扱われる場合を明記した(97条2項)。

→ 部会資料66A・8頁、一問一答25頁、潮見・改正法12頁

→ 大判昭和9年10月24日新聞3773号17頁、大判昭和11年2月14日民集15巻158頁

4－10　意思表示の受領拒絶

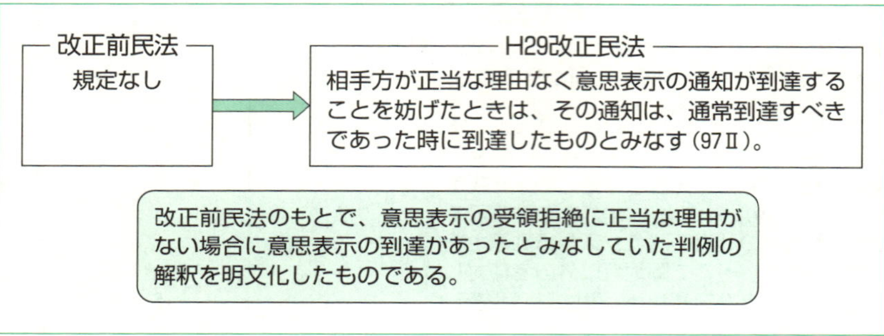

(d)　**意思表示の撤回**

意思表示は、相手方に到達した後は原則として撤回することができない。その反面、相手方に到達する前の意思表示は撤回することができる。

ただし、契約の申込みの意思表示については、特則が設けられている(523条、525条)。詳細は債権各論で説明するが、民法は、承諾期間の定めの有無と、当該申込みが隔地者間でなされたか対話者間でなされたかによって取扱いを異にしている。

→ 『債権各論』1章2節[2]

(e)　**通知後の死亡・意思能力または行為能力喪失**

← 平成29年改正

意思表示は、表意者が通知を発した後に死亡し、意思能力を喪失し、または行為能力の制限を受けたときであっても、そのためにその効力を妨げられない(97条3項。平成29年改正による3条の2〔意思能力〕の新設に伴い、意思能力の喪失が付け加えられた)。この趣旨は、意思表示は発信された時点で完成しているため、発信後の死亡等は意思表示の効力に影響を及ぼさない点にある。

→ 川井・民法総則199頁

ただし、契約の申込みの意思表示については、特則が設けられている(526条)。詳細は債権各論で説明するが、民法は、申込者が、死亡等の事実が生じたとすればその申込みは効力を有しない旨の意思を表示していたとき、または、その相手方が承諾の通知を発するまでにその事実が生じたことを知ったときは、申込みの効力が生じないとしている。

→ 『債権各論』1章2節[2]【1】(3)(c)

(f) みなし到達条項

意思表示の当事者間であらかじめ一定の事実が生じた場合に意思表示が到達したものとみなす旨の合意をしておくことは可能である(**みなし到達条項**)。

→ 平野・民法総則246頁、中舎・民法総則95頁

しかし、社会的妥当性を欠く場合には、公序良俗違反で無効となりうる(90条)。また、消費者契約の場合には、消費者の利益を一方的に害する条項として無効となりうる(消費契約10条)。さらに、銀行取引の場合には、みなし到達条項が設けられていることがあるが、第三者に対する効力はないと解されている。たとえば、みなし到達条項によって到達したものと擬制された相殺の意思表示を、相殺によって消滅する債権の差押債権者に対して対抗することはできないと解されている(裁判例)。加えて、債権譲渡通知のように、権利変動について第三者との優劣を判定する手段としての対抗要件に関わるものについても、みなし到達条項は適用されないと解されている(裁判例)。

→ 東京高判昭和58年1月25日 判時1069号75頁

→ 東京高判平成27年3月24日 判時2298号47頁

⑵ 公示による意思表示

表意者が相手方を知ることができず、またはその所在を知ることができないときは、公示の方法による意思表示が可能である(98条1項)。**公示による意思表示**の制度は、意思表示の相手方が行方不明である場合や、相手方が死亡したもののその相続人がわからない場合などに、意思表示を到達させることができなくなる表意者を救済する手段として設けられた。

→ 中舎・民法総則93頁

公示による意思表示は、裁判所の掲示場に掲示し、かつ、その掲示があったことを官報に掲載する等の方法によって実施され(98条2項)、最後の官報掲載等の日から2週間を経過した時に、相手方に到達したものとみなされる(98条3項本文)。ただし、表意者が相手方を知らないこと、または、その所在を知らないことについて過失があったときは、到達の効力を生じない(98条3項ただし書)。

⑶ 意思表示の受領

意思表示は、到達によってその効力を生じる。これは、受領者が意思表示を了知する能力を有していることを前提としている。意思表示を了知する能力を**受領能力**という。意思表示の受領者が受領能力を欠く場合には、当該意思表示の効力は生じない。もっとも、受領能力を有しない者のほうから意思表示の効力発生を主張することは可能である。

←「受領能力」とは

98条の2柱書本文は、受領能力を有しない者として、意思無能力者、未成年者、成年被後見人をあげている(平成29年改正による3条の2〔意思能力〕の新設に伴い、意思表示の受領能力に関して、「相手方がその意思表示を受けた時に意思能力を有しなかったとき」が付け加えられた)。これに対して、被保佐人と被補助人は、受領能力を有する(98条の2柱書本文反対解釈)。

← 平成29年改正

受領能力を有しない者に対する意思表示は、原則として効力を生じないものの、受領者の法定代理人が意思表示を知った場合や、受領者が意思能力を回復し、または行為能力者となった場合には、その時点から意思表示の効力が生じる(98条の2柱書ただし書、1号、2号)。

3 心裡留保(93条)

【1】意義

心裡留保とは、表意者が表示行為に対応する内心的効果意思のないことを自

←「心裡留保」とは

覚しながら意思表示を行うことをいう。たとえば、Aが、実際には売却する意思がないにもかかわらず、Bに対して「自動車を50万円で売る」旨の意思表示をする場合があげられる。

4−11

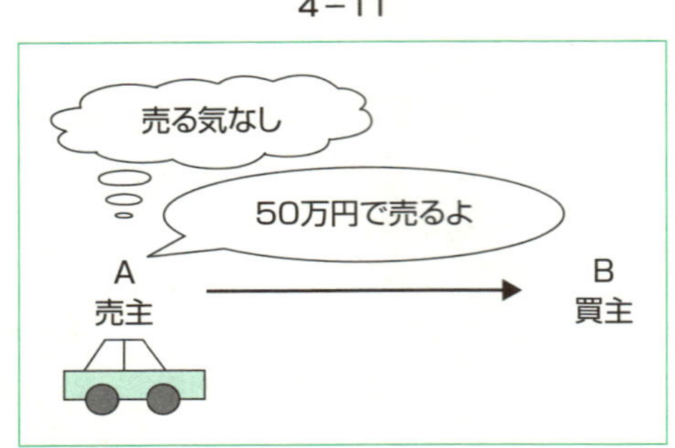

心裡留保は、表意者に権利義務関係を創設する意思がない反面、相手方が表示上の効果意思を信用した場合には相手方を保護する必要が生じるため、両者のバランスを調整する必要がある。

心裡留保には、①**非真意表示**（表意者が相手方に真意の不存在が知られることを予期して行う心裡留保をいう。いわゆる冗談の類の発言である）と、②**詐欺的心裡留保**（真意の不存在が相手方に知られることを予期しておらず、表意者が少なからず欺罔の意思を伴う心裡留保をいう）の２種類がある。

←「非真意表示」とは

←「詐欺的心裡留保」とは

この点について、学説には、詐欺的心裡留保の場合には表意者の帰責性が重いため、相手方保護の要件を緩和するべき（無効となる場面を限定するべき）と主張する見解がある。もっとも、条文上は、非真意表示と詐欺的心裡留保とで相手方保護規定の要件を区別していない。

➡ 平野・民法総則147頁

平成29年民法改正の過程において、詐欺的心裡留保の場合における相手方保護規定の要件について、相手方に過失があっても保護される（相手方が悪意の場合にかぎって無効となる）旨の規定を設けることが検討されました。

しかし、非真意表示と詐欺的心裡留保の区別が困難である等の反対意見があったため、両者を区別することなく善意無過失が相手方保護の要件とされました。

➡ 中間試案の補足説明12頁

【2】効果――当事者間

(1) 原則

心裡留保による意思表示は、**原則として有効**である（93条１項本文）。この趣旨は、表示行為がある以上、相手方はそれを信頼するのが通常である点にある。したがって、表意者は、表示上の効果意思に沿った内容の意思表示をしたものとして扱われる。

(2) 例外

しかし、相手方がその意思表示が表意者の真意ではないことを知り、または知ることができたときは、その意思表示は無効となる（93条１項ただし書）。すなわち、**相手方が悪意または善意有過失の場合**には、心裡留保による意思表示は**無効**となる。この趣旨は、相手方が悪意または善意有過失の場合には相手方の信頼を保護する必要がない点にある。相手方の悪意または善意有過失の立証責任は、心裡留保による意思表示の無効を主張する表意者にある。

←平成29年改正

平成29年改正事項	心裡留保の相手方保護要件	B1

改正前民法93条ただし書は、心裡留保の相手方が保護される要件として「表意者の真意を知り、又は知ることができたとき」としていた。

しかし、相手方が表意者の真意の内容までは知らなかったとしても、相手方が真意と異なる意思表示をしていることを知り、または知ることができた場合には、その意思表示が不完全なものであることについての認識または認識可能性があったのであるから、意思表示の有効性について相手方の正当な信頼があるとはいえない。

そこで、平成29年改正民法は、相手方の善意・悪意の対象が「その意思表示が表意者の真意ではないこと」であることを明確にした(93条1項ただし書)。

部会資料66A・1頁、一問一答18頁、潮見・改正法6頁

4－12　心裡留保の相手方保護要件

改正前民法		H29改正民法
意思表示は、表意者がその真意ではないことを知ってしたときであっても、そのためにその効力を妨げられない。ただし、相手方が表意者の真意を知り、又は知ることができたときは、その意思表示は、無効とする(93)。	→	意思表示は、表意者がその真意ではないことを知ってしたときであっても、そのためにその効力を妨げられない。ただし、相手方がその意思表示が表意者の真意ではないことを知り、又は知ることができたときは、その意思表示は、無効とする(93Ⅰ)。

相手方の真意を知らずとも、真意と異なる意思表示をしていることを知ることができたときは、意思表示について正当な期待があるとはいえないから、相手方の悪意の対象が「その意思表示が表意者の真意ではないこと」であることを明確化した。

なお、表意者が意思表示の無効を主張しない場合に、相手方から無効を主張することができるかについては、見解が分かれている。この点については、93条1項本文が相手方保護の規定であることから、相手方がその保護を欲しない場合には無効の主張を認めてよいとする見解がある一方で、93条1項ただし書が表意者保護の規定であることから、表意者が無効を主張できない場合には相手方に無効の主張を認める必要はないとする見解もある。

幾代・民法総則242頁、内田Ⅰ49頁

近江・講義Ⅰ190頁、中舎・民法総則171頁

← 平成29年改正

【3】善意の第三者の保護

(1)　総説

前述したとおり、心裡留保による意思表示について相手方が悪意または善意有過失の場合には、その意思表示は無効となる(93条1項ただし書)。しかし、この場合であっても、意思表示の無効を**善意の第三者に対抗することはできない**(93条2項)。この趣旨は、表示行為に対する善意の第三者の信頼保護を優先して**取引の安全**を図る点にある。すなわち、93条2項は**権利外観法理**に由来する規定である。

たとえば、Aが、Bに対して、実際には贈与する意思がないにもかかわらず、「甲不動産を贈与する」旨の意思表示をしたものの、Bは当該意思表示が冗談であることを知っていた。しかし、Bは、甲不動産を、事情を知らないCに売却してしまったとする。

この場合には、AのBに対する贈与の意思表示は無効であるため(93条1項ただし書)、本来であれば、Cは無権利者であるBから甲不動産を取得することはで

きないはずである。しかし、このような結論は、Cの取引の安全を害することとなる。そこで、93条2項は、Aは、意思表示の無効を善意のCに対抗することができないとした。その結果、AB間の贈与契約は、当事者間では無効であるが、Cとの関係では有効と扱われるため、Cが甲不動産の所有権を取得し、Aは甲不動産の所有権を失う。

4－13

悪意　善意
A —①→ B —②→ C
無効
(93Ⅰただし書)
①の無効を対抗できない（93Ⅱ）

⑵　「第三者」(93条2項)の意義

← 「第三者」とは

93条2項のいう「第三者」とは、**表意者と相手方およびその代理人や包括承継人以外の者で、心裡留保の意思表示の目的に法律上の利害関係を有するにいたった者**をいう。たとえば、心裡留保の相手方から目的物を取得した者などがあげられる。

⑶　「善意」(93条2項)の意義

← 「善意」とは

93条2項によって第三者が保護されるためには、「善意」であることが必要である。ここでいう「善意」とは、**第三者が利害関係を有した時点で、それが心裡留保によりなされたことを知らなかったこと**をいう。**第三者が知らなかったことについて過失がある場合や、対抗要件を備えていなかった場合であっても保護される**。これは、心裡留保による意思表示をした表意者の帰責性が大きいためである。ただし、善意であることの立証責任は、第三者が負う。

平成29年改正事項	心裡留保の第三者保護要件	B3

改正前民法93条は、94条や96条と異なり、無効となる意思表示を前提として新たに法律上利害関係を有するにいたった第三者の保護に関する規定を設けていなかった。

しかし、判例は、94条2項を類推適用して第三者を保護し、その要件として、善意であればよく無過失であることを要しないとしていた。

そこで、平成29年改正民法は、判例法理を明文化した(93条2項)。

→ 部会資料66A・2頁、一問一答18頁、潮見・改正法6頁

→ 最判昭和44年11月14日民集23巻11号2023頁、大判昭和12年8月10日新聞4181号9頁

4－14　心裡留保の第三者保護要件

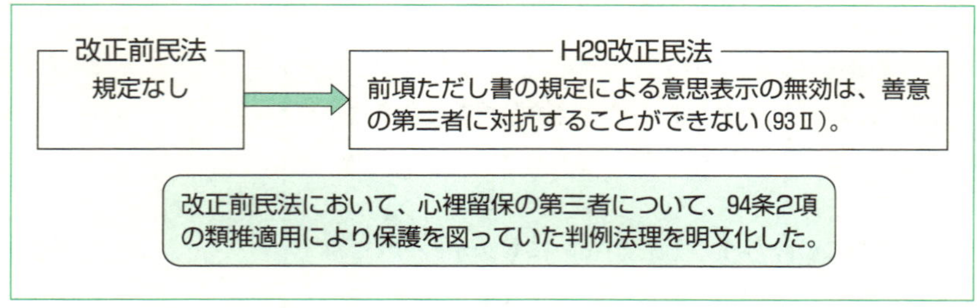

改正前民法
規定なし
H29改正民法
前項ただし書の規定による意思表示の無効は、善意の第三者に対抗することができない(93Ⅱ)。
改正前民法において、心裡留保の第三者について、94条2項の類推適用により保護を図っていた判例法理を明文化した。

【4】93条の適用範囲

⑴　単独行為への適用の有無

→ 川井・民法総則154頁、中舎・民法総則173頁

93条は、単独行為にも適用されると解される。相手方のある単独行為(取消し

や解除など)だけでなく、相手方のない単独行為(寄附行為や遺言、共有持分の放棄など)にも適用されると解される。相手方のない単独行為の場合には、93条1項ただし書の適用はない。もっとも、当該意思表示によって権利義務を取得した者がいる場合(たとえば、共有持分の放棄によって他の共有者の持分が増加する場合など)には、93条1項ただし書の類推適用を認めるべきであろう。

⑵　合同行為への適用の有無

➡ 川井・民法総則155頁

93条は、一般社団法人や会社の設立のための定款作成という合同行為にも適用があると解される(会社の設立について、判例がある)。

➡ 大判昭和7年4月19日 民集11巻837頁

⑶　身分行為への適用の有無

➡ 川井・民法総則155頁、中舎・民法総則174頁

93条は、当事者の意思を尊重すべき婚姻や縁組などの身分行為には適用がないと解される(判例)。なお、身分行為の無効については、特別の規定がある(742条1号、802条1号など)。

➡ 最判昭和23年12月23日 民集2巻14号493頁

⑷　準法律行為への適用の有無

➡ 川井・民法総則155頁

93条が準法律行為にも適用されるか否かは、個別具体的に検討すべきと考えられている。たとえば判例は、債権譲渡の事実がないにもかかわらず債権者が債権譲渡通知をした事例について、93条の適用を否定したうえで、債権譲渡の効果は生じないとした。

➡ 大判昭和16年3月11日 民集20巻176頁

4　虚偽表示(94条)

【1】意義

(通謀)虚偽表示とは、当事者間に意思表示の効果不発生の合意(通謀)があるため、意思表示の効力が否定されることをいう。たとえば、Aが、債権者Cからの差押えを回避するため(財産隠しのため)に、Bと通謀して、自己の所有する土地をBに売却したことにして虚偽の売買契約書を作成し、土地の所有権移転登記手続をする場合があげられる。

← 「(通謀)虚偽表示」とは

4－15

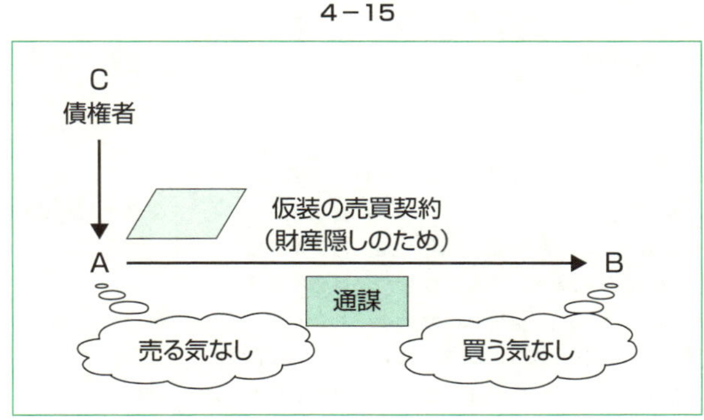

【2】要件

➡ 川井・民法総則158頁

⑴　虚偽の意思表示であること

虚偽表示と認められるためには、「**虚偽の意思表示**」であることが必要である(94条1項)。「虚偽の意思表示」とは、真実は法律行為をする意思がないのに、法律行為の外形があることをいう。

← 「虚偽の意思表示」とは

(2) 相手方との通謀があること

虚偽表示と認められるためには、意思表示を「相手方と通じてした」こと、すなわち**相手方との通謀**が必要である(94条1項)。

このように、相手方との通謀が要件となることから、94条が、単独行為や相手方のない意思表示にも適用されるかが問題となる。

この点について、単独行為であっても相手方のある意思表示(取消しや契約の解除など)については、94条の適用があると解されている(判例)。また、相手方のない単独行為(共有持分の放棄など)についても、94条の類推適用を認めた判例がある。

また、合同行為についても、当該意思表示によって利益を得る者が存在し、その者との間で了解したうえで意思表示がなされたような場合には、実質的に通謀虚偽表示があったものとして、94条1項類推適用が認められると解される(判例)。

これに対して、身分上の行為については、表意者の意思を最大限尊重する必要があるため、そもそも真意を欠く意思表示として無効であり、94条は適用されない(判例)。後述する94条2項の適用が問題とならない点に意義がある。ただし、遺産分割協議や相続放棄などのように、財産上の効果を伴う行為については、94条が適用される余地がある。

← 94条の適用範囲

➡ 川井・民法総則158頁、中舎・民法総則189頁

➡ 最判昭和31年12月28日 民集10巻12号1613頁

➡ 最判昭和42年6月22日 民集21巻6号1479頁

➡ 最判昭和56年4月28日 民集35巻3号696頁

➡ 大判明治44年6月6日 民録17輯362頁、大判大正11年2月25日 民集1巻69頁

【3】効果――当事者間

相手方と通じてした虚偽の意思表示は、**無効**である(94条1項)。

虚偽表示による意思表示は無効であるから、表意者は、相手方に対してすでに引き渡していた物があればその返還を請求することができるし、すでに受け取っていた物があればその返還をしなければならない(121条の2第1項)。

> 虚偽表示が無効とされる根拠については、さまざまな説明の仕方があります。
>
> たとえば、虚偽表示には表意者の意思が存在しないから意思表示が無効となるという説明や、虚偽表示は当事者間に①かたちだけの契約をする合意と、②その契約の効力を否定する合意が存在するところ、②の合意の効力によって、①のかたちだけの契約の効力が否定されるから意思表示が無効となるという説明があります。

➡ 川井・民法総則158頁

➡ 平野・民法総則150頁

> 虚偽表示の背後には、当事者の真意に基づく別の法律行為が隠されている場合があります。この場合の当該法律行為を**隠匿行為**といいます。
>
> たとえば、Aは、自己の所有する甲不動産について、真実はBに贈与したものであるところ、脱税目的で、売買したことにして虚偽の売買契約書を作成した場合があげられます。この場合には、売買契約は虚偽表示であるのに対して、贈与契約は隠匿行為にあたります。
>
> 隠匿行為は、真意に基づく法律行為であり、有効と解されています。もっとも、後で説明するとおり、善意の第三者(94条2項)に対しては、当事者は外形どおりの責任を負うこととなるため、隠匿行為の効力を主張することができない点に注意が必要です。

← 「隠匿行為」とは

【4】善意の第三者の保護

▶ 予備2011年

(1) 総説

虚偽表示の効果は無効である(94条1項)。しかし、この効果は、**善意の第三者に対抗することができない**(94条2項)。この趣旨は、虚偽表示により法律行為がなされた場合に、表示上の効果意思によって外観上作出された虚偽の権利義

務関係を信頼した第三者を保護する点(**権利外観法理**、**表見法理**)にある。

たとえば、Aが、債権者からの差押えを回避するために、Bと通謀して、自己の所有する甲不動産をBに売却したことにして、甲不動産の所有権移転登記手続をした。ところが、Bは、何も事情を知らないCに甲不動産を売却し、所有権移転登記手続をしてしまったとする。

この場合には、AB間の売買契約は虚偽表示により無効であるから(94条1項)、Bは甲不動産の所有権を取得することはできない。そのため、無権利者Bから甲不動産を購入したCも、甲不動産の所有権を取得できないはずである。しかし、このような結論は、Cの取引の安全を害することなり妥当でない。

そこで、94条2項は、このような場合に、虚偽表示による無効の効果を善意の第三者に対抗できないこととした。その結果、Cは甲不動産の所有権を取得することができ、Aは甲不動産の所有権を失うこととなる。

ここにいう「対抗」することができないというのは、権利者が、一定の事情のために自己の権利を主張することができない(追及効の制限)という意味です。AB間の虚偽表示は本来的に無効ですから、真の権利者はAであり、Aは、だれに対しても自己の権利を主張(対抗)することができるはずですが、自己に責めに帰せられるべき事由(帰責事由)があるため、善意の第三者に対しては、権利行使を拒否されるのです。そして、その効果(反射的効果)として、第三者Cは、無権利者であるBから、権利を取得できることになると考えるのです。しかし、これは、あくまでもAが権利行使を否定された結果であって、AB間の虚偽表示が有効とされたり、Bが直接権利を取得したりすることでは決してないと理解されています。

このような取扱いは、無権利者から権利を承継することができないという近代法の大原則(無権利法理)の例外的措置とされます。そして、この理解は、次項の94条2項によって善意の第三者Cが保護されると、表意者Aから第三者Cへ直接所有権が移転すると理解する法定承継取得説につながります。

→ 近江・講義Ⅰ193頁

(2) 「善意の第三者」(94条2項)の意義

94条2項によって保護される「善意の第三者」とは、どのような者をいうか。

(a) 「第三者」の意義

←「第三者」とは

ここでいう「**第三者**」とは、**表意者と相手方およびその代理人や包括承継人以外の者で、かつ、虚偽表示の目的について法律上の利害関係を有するにいたった者**をいう(判例・通説)。たとえば、虚偽表示の相手方から目的物を譲り受けた者や、差押債権者、抵当権の設定を受けた者などがあげられる(判例)。これに対して、一般債権者や目的物である土地の上の建物賃借人は、第三者にあたらない(判例)。

→ 大判大正5年11月17日民録22輯2089頁、最判昭和45年7月24日民集24巻7号1116頁

→ 我妻・講義Ⅰ291頁

→ 最判昭和28年10月1日民集7巻10号1019頁、最判昭和48年6月28日民集27巻6号724頁、大判昭和6年10月24日新聞3334号4頁

→ 大判昭和18年12月22日民集22輯1263頁、最判昭和57年6月8日判時1049号36頁

第三者の範囲について、説明を補足しましょう。

目的物である土地の上の建物賃借人は第三者にあたらない、とするのが判例です。これは、次のような場面を想定しています。

Aが、債権者からの差押えを回避するために、Bと通謀して、自己の所有する甲土地をBに売却したことにして甲土地の所有権移転登記手続をしました。その後、Bは、甲土地の上に乙建物を建て、何も事情を知らないCに賃貸しました。この場合のCが「善意の第三者」にあたるかという問題です。

原則として、AB間の売買契約は虚偽表示によって無効です(94条1項)。そうなると、Bは無権原で乙建物を建てていることになります。すなわち、Aは、Bに対して、甲土地所有権に基づいて乙建物の収去を請求することができます。

ところが、乙建物は、現在Cが使用しています。何も事情を知らないCにしてみれば、ある日突然、自宅から追い出されてしまうわけですから、保護してあげないとかわいそうだといえるでしょう。そこで、Cが「善意の第三者」にあたるかどうかが問題となったわけです。

しかし、判例は、Cは「善意の第三者」にあたらないと結論づけました。その理由は、Cは乙建物について利害関係人ではあるものの、虚偽表示の目的物である甲土地との関係では直接の利害関係人ではないから、という点にあります。

この問題について、学説には、建物賃借人も法律上の利害関係を有するとして、「善意の第三者」にあたるとする見解も主張されています。いずれの結論でもかまいませんので、きちんと理解しておきましょう。

→ 四宮＝能見・民法総則233頁

4－16

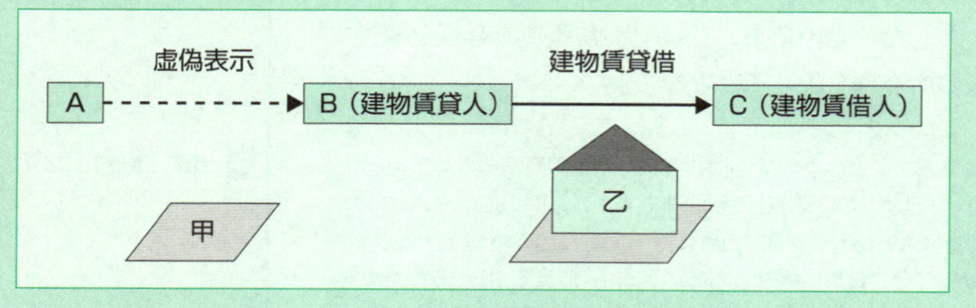

【94条2項の「第三者」にあたる例】

e.g.1 不動産の仮装譲受人から更に譲り受けた者

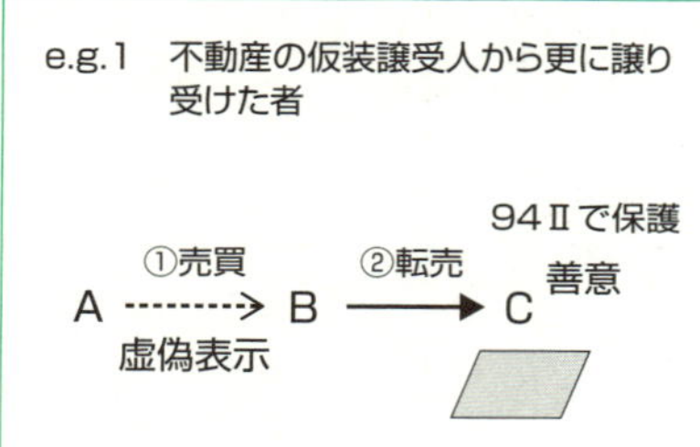

e.g.2 不動産の仮装譲受人から抵当権を取得した者

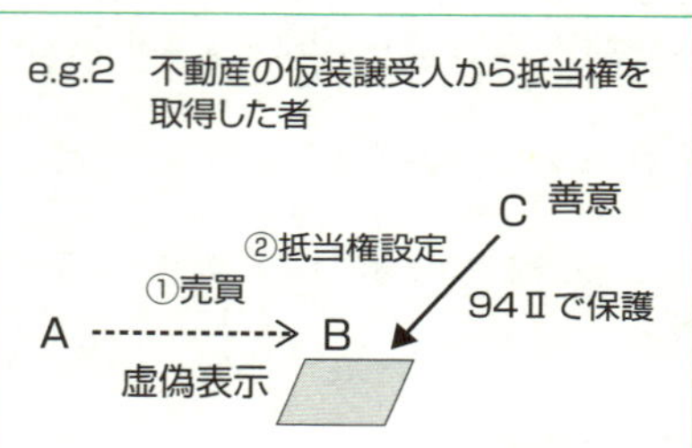

e.g.3 仮装の抵当権者からの転抵当権者

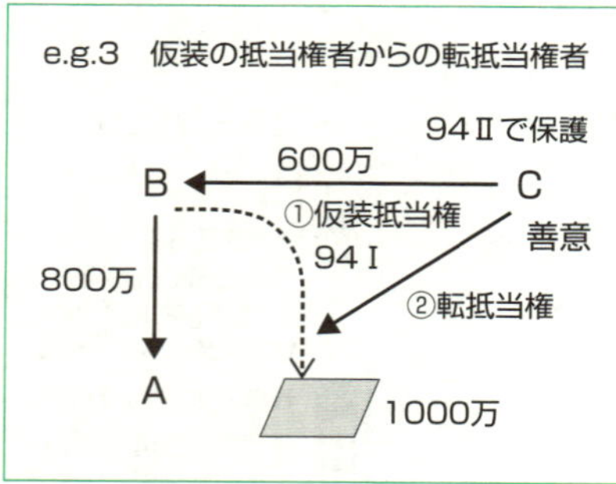

e.g.4 虚偽表示の目的物の差押債権者

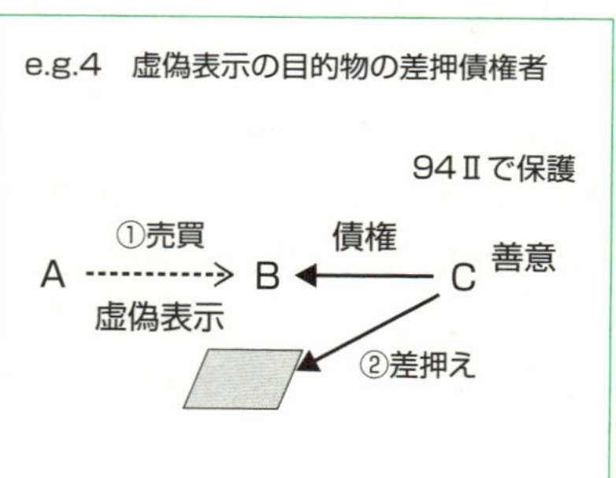

e.g.5 仮装債権の譲受人

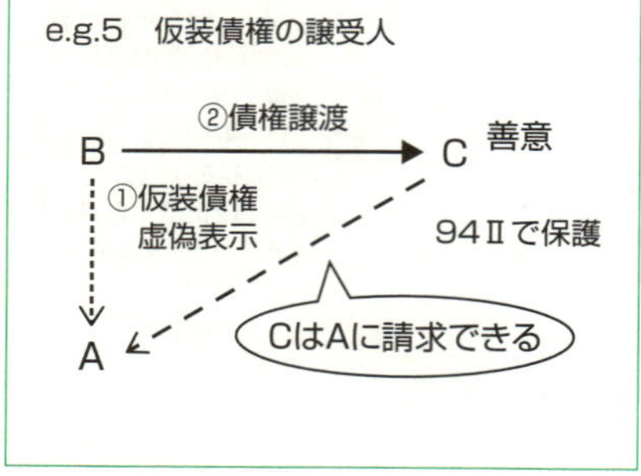

【94条2項の「第三者」にあたらない例】

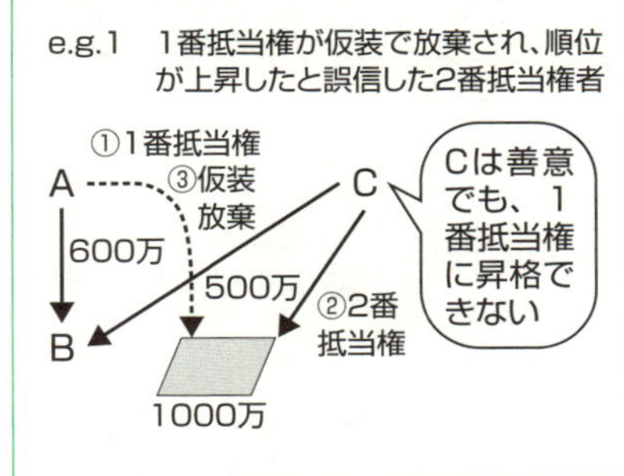
e.g.1　1番抵当権が仮装で放棄され、順位が上昇したと誤信した2番抵当権者
①1番抵当権
③仮装放棄
A
C
600万
500万
②2番抵当権
B
1000万
Cは善意でも、1番抵当権に昇格できない

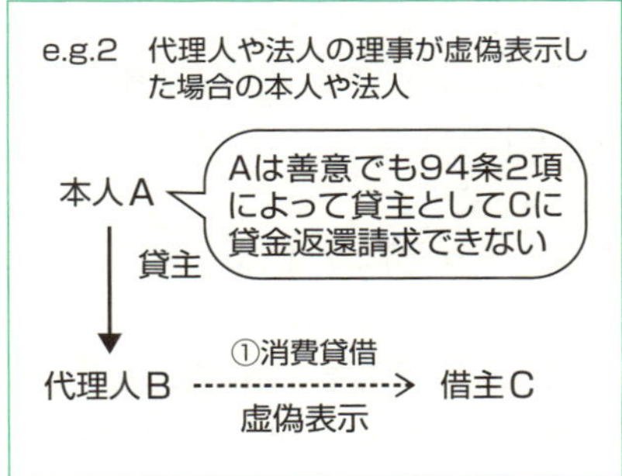
e.g.2　代理人や法人の理事が虚偽表示した場合の本人や法人
本人A
Aは善意でも94条2項によって貸主としてCに貸金返還請求できない
貸主
①消費貸借
代理人B
借主C
虚偽表示

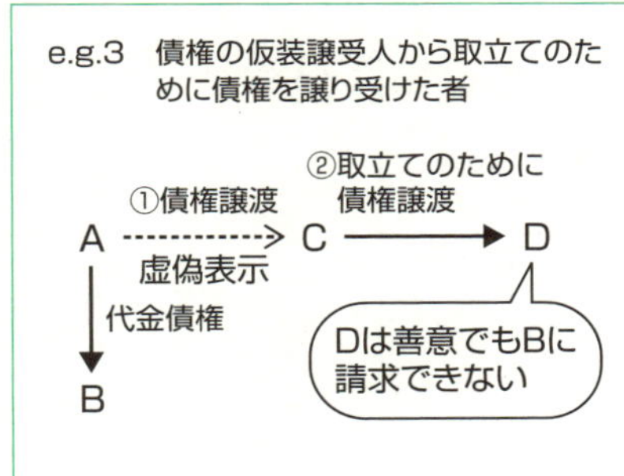
e.g.3　債権の仮装譲受人から取立てのために債権を譲り受けた者
①債権譲渡
②取立てのために債権譲渡
A
C
D
虚偽表示
代金債権
B
Dは善意でもBに請求できない

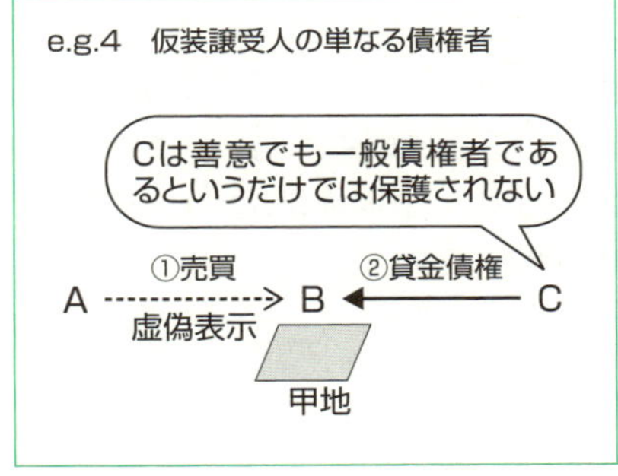
e.g.4　仮装譲受人の単なる債権者
Cは善意でも一般債権者であるというだけでは保護されない
①売買
②貸金債権
A
B
C
虚偽表示
甲地

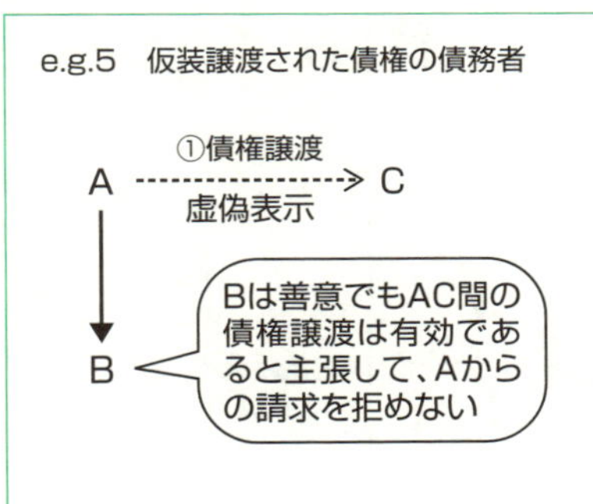
e.g.5　仮装譲渡された債権の債務者
①債権譲渡
A
C
虚偽表示
B
Bは善意でもAC間の債権譲渡は有効であると主張して、Aからの請求を拒めない

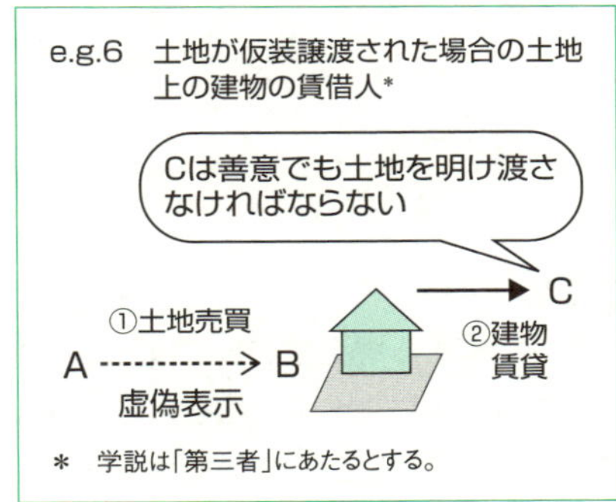
e.g.6　土地が仮装譲渡された場合の土地上の建物の賃借人*
Cは善意でも土地を明け渡さなければならない
C
①土地売買
②建物賃貸
A
B
虚偽表示
＊　学説は「第三者」にあたるとする。

(b)　**第三者の「善意」の判定時期**

「善意」とは、第三者が利害関係を有した時点で、それが虚偽表示であると知らなかったことをいう。利害関係を有した後に悪意になってもかまわない(判例)。

(c)　**善意の立証責任**

善意の第三者に該当することの立証責任は、第三者にあると解される(判例)。ただし、悪意を主張する側に立証責任があるという立場も有力である。

(3)　**善意の第三者が保護されるための要件**

善意の第三者が保護されるための要件として、①無過失まで必要か、②登記を具備することまで必要か(対抗要件の要否)という問題がある。

(a)　**無過失の要否**

この点について、無過失まで必要とする見解は、94条2項の趣旨(権利外観法理)にかんがみれば、第三者の保護要件としてその者の信頼が正当なものであることが要求されるところ、虚偽表示について過失により知らなかった第三者の信頼は保護に値しないという点を理由とする。

しかし、判例は、虚偽表示をした表意者の帰責性が大きいことから、「善意の

←「善意」とは

→ 最判昭和55年9月11日民集34巻5号683頁

→ 最判昭和35年2月2日(民訴百選63事件)、最判昭和41年12月22日民集20巻10号2168頁

→ 我妻・講義Ⅰ292頁、幾代・民法総則258頁、近江・講義Ⅰ201頁

●論点Aランク

→ 幾代・民法総則257頁、四宮＝能見・民法総則234頁

→ 大判昭和12年8月10日新聞4181号9頁

第三者」とは虚偽表示を知らなかった第三者を広く含む概念であり、**虚偽表示を知らなかったことに過失がある者も保護される**とした。通説も無過失不要説に立つ。保護される第三者に虚偽表示の有無についての調査義務を課すのは妥当でないから、判例・通説の無過失不要説でよいであろう。

→ 我妻・講義Ⅰ292頁、川井・民法総則162頁

(b) **登記（対抗要件）の要否**

●論点Aランク（論証８）

この点について、登記を必要とする見解は、94条２項による保護を受けるためには権利取得行為としてなすべきことを尽くすべきという発想から、登記を具備していることを要求する（この意味で、通常の対抗要件としての登記とは異なることから、**権利保護〔資格〕要件としての登記**とよばれる）。しかし、判例は、「善意の第三者」として保護されるにあたって登記を具備している必要はないとする。この判例の立場をおさえておこう。

→ 川井・民法総則165頁

→ 最判昭和44年５月27日民集23巻６号998頁

すなわち、第三者は真の権利者とは前主後主の関係にあり、対抗関係に立たないのであるから、対抗要件としての登記は不要である。また、虚偽の意思表示をした真の権利者の帰責性は大きいので、真の権利者保護の必要性は低く、第三者を保護すべきであるから、権利保護（資格）要件としての登記も不要と解すべきであろう。

4－17

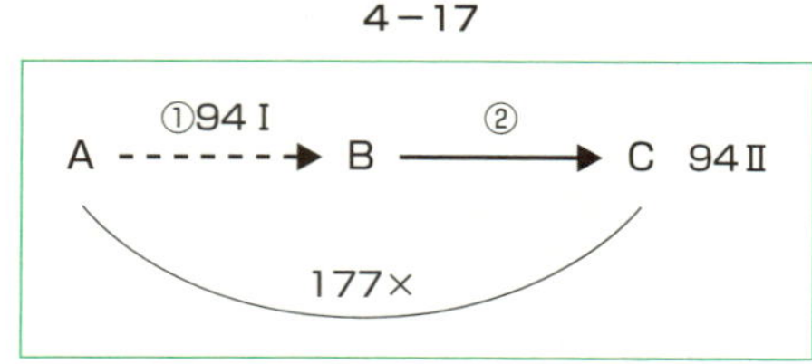

(4) **第三者からの転得者**

(a) **第三者が悪意、転得者が善意の場合**

●論点Aランク（論証９）

ＡＢ間の虚偽表示によってＡの所有する甲土地がＢに仮装譲渡された場合において、Ｂが甲土地をＣに譲渡した後、更にＣが甲土地をＤに譲渡したとする。この場合のＤ（転得者）も、94条２項にいう「第三者」に該当するか。

この点については、転得者の取引の安全を保護すべき要請は、直接の第三者の場合と異ならないことから、「第三者」（94条２項）のなかには、直接の第三者からの転得者も含まれると解される（判例・通説）。したがって、かりにＣが虚偽表示について悪意であったとしても、Ｄが善意であれば、94条２項によって保護されることになる。

→ 最判昭和45年７月24日（前出）

→ 北川・民法総則151頁、四宮＝能見・民法総則233頁、近江・講義Ⅰ195頁

4－18

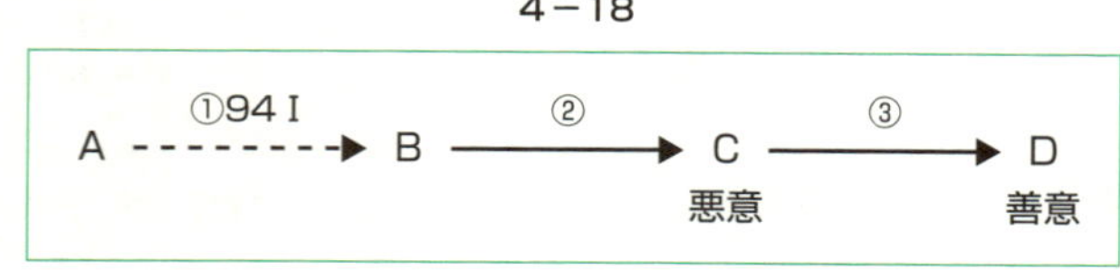

その理由としては、ＢとＣは、いわば同一の地位にあり、一体として扱うべきだからであるという点があげられています。ＢとＣを一体として扱う（ＣもＢと同様に、通謀虚偽表示の当事者として扱う）ことによって、Ｄが「第三者」であると理解することになるのです。

→ 川井・民法総則164頁

(b) **第三者が善意、転得者が悪意の場合**

●論点Aランク（論証10）

それでは、Ｃが虚偽表示について善意であったところ、悪意のＤが転得した場

合にはどうなるか。

4－19

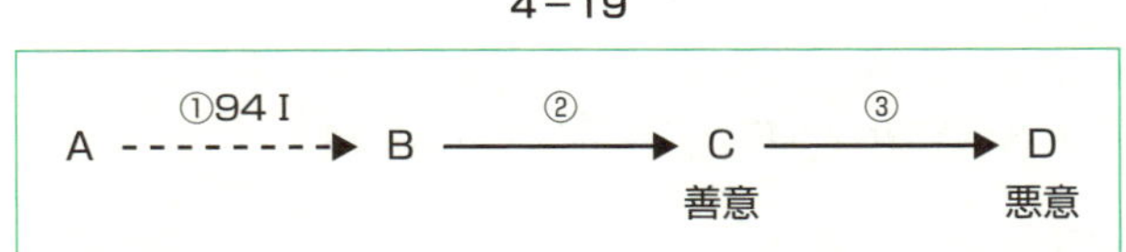

この点について、学説では、権利を取得した転得者の善意・悪意をその都度判断して保護すべきか否かを決定する見解が主張されている(**相対的構成**)。すなわち、第三者の善意・悪意にかかわらず、善意の転得者であれば保護され、悪意の転得者であれば保護されないこととなる。この見解によれば、悪意の転得者Dは、真の所有者Aから目的物の返還を請求された場合には、これを拒絶することができない。その結果、悪意の転得者Dは、第三者Cに対して、他人物売買(561条)が履行不能に陥ったとして、売買契約を解除して売買代金の返還を請求することとなる(542条1項1号、545条1項本文)。しかし、このような結論は、善意の第三者Cを保護したことにはならない(取引の効力を不安定にするものであるし、複雑な処理となる)。

➡ 星野・概論I97頁、川島・民法総則281頁

判例・通説は、いったん善意の第三者が保護を受けると、第三者からの転得者は善意・悪意を問わず保護されるとする(**絶対的構成**)。この見解の根拠は、善意で取得した第三者が次の者に目的物を売却する機会を損なわないようにする点にある。法律関係の早期安定の観点からすると、絶対的構成に従って処理すべきである。

➡ 大判大正3年7月9日刑録20輯1475頁

➡ 我妻・講義I292頁、幾代・民法総則258頁、川井・民法総則164頁

なお、絶対的構成をとる場合には、悪意の転得者が善意の第三者を、いわばダミーのように介在させることで94条2項による保護を獲得しようとする場面が想定される。しかし、このような場合には、信義則(1条2項)や権利濫用の法理(1条3項)などの一般条項や、第三者と転得者を同一人とみて処理することで対応すればよいと考えられる。

第三者	転得者	対抗の可否
悪意	善意	対抗できない*
悪意	悪意	対抗できる
善意	善意・悪意を問わない	対抗できない(絶対的構成)

＊　相対的構成か絶対的構成かという問題ではなく、「第三者」に転得者が含まれるかという問題である。判例・通説は、転得者も含むと解しているので、対抗できないことになる。

➡ 最判昭和45年7月24日(前出)

➡ 北川・民法総則151頁、四宮＝能見・民法総則233頁、近江・講義I195頁

⑸　94条2項の効果

94条2項の要件をみたす場合には、当該第三者に対して虚偽表示による無効の効果を「対抗」することができなくなる。すなわち、表意者の側から第三者に対して無効であることを主張することはできない。他方で、第三者の側から無効を主張することは妨げられない。

ところで、無効であることを主張できないことと、実体法上の権利が移転することとはイコールではありません。ここでは、94条2項によって善意の第三者が保護されることに関して、どのような理論構成によって実体法上の権利が移転すると説明するのかについて、2つの考え方を説明します。権利取得の法的構成の問題です。

1つ目の見解は、**順次取得説**とよばれる見解です。この見解は、94条2項によって善

意の第三者Cが保護されると、表意者Aから相手方B、相手方Bから第三者Cと順次所有権が移転すると理解するものです。

２つ目の見解は、**法定承継取得説**とよばれる見解です。この見解は、94条２項によって善意の第三者Cが保護されると、表意者Aから第三者Cへ直接所有権が移転すると理解する見解です。

両説の違いは、表意者Aが目的物を第三者Dに譲渡した場合に、CとDのいずれが所有権を取得するのかという問題で顕在化します。

4－20

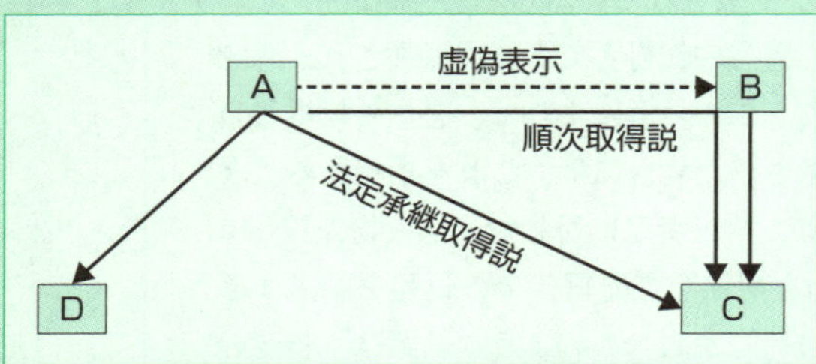

この点について、法定承継取得説によれば、この場合、目的物はAを基点として、CとDに二重譲渡されたこととなります。したがって、CとDとで先に対抗要件を備えた者が優先することになります(177条)。判例・通説の立場です。

これに対して、順次取得説によれば、対抗関係に立つのはBとDということになります。この場合には、Bは虚偽表示の際に対抗要件を備えていることが多いため、BがDに優先し(177条)、Bからの取得者であるCもまたDに優先することになります。そのため、学説には、この場合のBの登記は無意味であるとして、CとDの対抗要件具備の先後で優劣を決すべきとする見解があります。

以上のような見解の対立がありますが、説明のしやすさという観点からも、法定承継取得説で理解しておけば足ります。また、以上の説明は、平成29年改正によって創設された93条２項についても妥当すると考えられます。

なお、上記各説は、訴訟における94条２項の善意の第三者としての主張の位置づけを異にします。法定承継取得説では、攻撃防御方法上、予備的抗弁に位置づけられるのに対し、順次承継説では、再抗弁に位置づけられます。要件事実を学習していないと理解できないので、学習した後に立ち戻ってみてください。

●論点Aランク（論証11）

➡ 最判昭和42年10月31日 民集21巻８号2232頁

➡ 四宮＝能見・民法総則236頁、近江・講義Ⅰ201頁

➡ 四宮・民法総則167頁

【5】94条２項類推適用

▶2016年第１問、予備2017年

(1) 意義

すでに説明したとおり、94条２項が適用される前提として、表意者と相手方とが通謀して虚偽の外観を作出したことが必要となる(94条１項)。

したがって、通謀虚偽表示に基づかない虚偽の外観を信頼した第三者は、94条２項の(直接)適用を受けないこととなる。たとえば、Aが、差押えを免れる目的で、Bに黙って自己の所有する甲土地の所有権移転登記手続をしていた場合において、Bが虚偽の外観を利用して、事情を知らない第三者Cに甲土地を売却したときは、Cに94条２項を(直接)適用する前提を欠いている。

しかし、この場合において、Cが保護される余地がないとすれば、Cの取引の安全が著しく害される。

●論点Aランク

94条２項の趣旨は、虚偽の外観作出につき重大な帰責事由のある表意者の静的安全よりも、虚偽の外観を信頼した第三者の動的安全を保護するという**権利外観法理**にある。権利外観法理に基づく規定は民法上さまざまなものが存在するところ、共通の特徴として、①**真の権利者の権利を失わせる理由があること**

(帰責性、外観への与因)、②虚偽の外観が作出されること(外観の存在)、③虚偽の外観に対する信頼が正当なこと(外観への信頼)、という3つの要素を含んでいる。

そうであれば、①真の権利者に虚偽表示に匹敵する重大な帰責事由がある場合において、②虚偽の外観が作出されており、③第三者が虚偽の外観に対して正当な信頼を抱いたときは、94条2項を類推適用して第三者の保護を拡大する余地がある。

以下では、どのような場合に、どのような要件のもとで94条2項が類推適用されるのかについて、判例法理の発展を概観する。

(2) 判例法理の類型

94条2項類推適用が問題となった判例の事案は、真の権利者が虚偽の外観の作出や存続にどのように関与したのかによって、大まかに、意思外形対応型、意思外形非対応型および外形与因型の3つに分けられる。

従来は、意思外形対応型の場合と意思外形非対応型の2つに分け、第三者の信頼について、前者は善意、後者は善意無過失と説明されてきましたが、最近の判例では、第3類型(いわゆる外形与因型)にあたる場合が登場したことから、近時の基本書では、この第3類型をも取り込んで類型化されています。

ただ、判例の類型化の仕方は基本書によってまちまちですが、本書では、あまり細かく類型化するのを避けて、従前の意思外形対応型(外形自己作出型と外形他人作出型)と意思外形非対応型のほかに、第3類型(外形与因型)を加えるように整理しました。

類型の名称にこだわる必要はありませんが、基本書を読む際には、類型の違いは意識しておきましょう。

- 意思外形対応型
  - 外形自己作出型
  - 外形他人作出型
- 意思外形非対応型
- 第3類型(外形与因型)

→ 四宮・民法総則170頁

→ 最判平成18年2月23日(後出重要判例)

→ 四宮＝能見・民法総則238頁、山本・民法講義Ⅰ169頁、中舎・民法総則193頁、佐久間・総則134頁、平野・民法総則163頁、新ハイブリッド民法総則173頁[中川]

(a) 意思外形対応型

●論点Aランク(論証12)

←「意思外形対応型」とは

←「外形自己作出型」とは

←「外形他人作出型」とは

意思外形対応型とは、真の権利者の意思と第三者の信頼した外形とが対応する場合をいう。意思外形対応型は、更に真の権利者自身が外形をつくりだした**外形自己作出型**と、他人がつくりだした外形を真の権利者が事後に承認した**外形他人作出型**に分けられる。

外形自己作出型は、たとえば真の権利者が差押えを免れる目的でみずから所有権移転登記を他人に移した場合などがあげられる。この場合には、94条2項類推適用により、虚偽の外観を信頼した**善意**の第三者は保護される(判例)。

→ 最判昭和41年3月18日民集20巻3号451頁

これに対して、外形他人作出型は、たとえば他人が権利証や印鑑などを勝手に利用して所有権移転登記を移した場合に、真の権利者がその外形を後から承認したときがあげられる。この場合にも、94条2項類推適用により、虚偽の外観を信頼した**善意**の第三者は保護される(判例)。もっとも、真の権利者が虚偽の外観を承認したとまではいえないような場合(単なる放置の場合や、真の権利者が権利回復に向けて行動を起こしていた途中の場合など)をどう処理するかについては、今後の課題であるとされる。

→ 最判昭和45年9月22日(後出重要判例)

★重要判例（最判昭和45年９月22日〔判例シリーズ４事件〕）

「およそ、不動産の所有者が、真実その所有権を移転する意思がないのに、他人と通謀してその者に対する虚構の所有権移転登記を経由したときは、右所有者は、民法94条２項により、登記名義人に右不動産の所有権を移転していないことをもって善意の第三者に対抗することをえないが、不実の所有権移転登記の経由が所有者の不知の間に他人の専断によってされた場合でも、所有者が右不実の登記のされていることを知りながら、これを存続せしめることを明示または黙示に承認していたときは、右94条２項を類推適用し、所有者は、前記の場合と同じく、その後当該不動産について法律上利害関係を有するに至った善意の第三者に対して、登記名義人が所有権を取得していないことをもって対抗することをえないものと解するのが相当である。けだし、不実の登記が真実の所有者の承認のもとに存続せしめられている以上、右承認が登記経由の事前に与えられたか事後に与えられたかによって、登記による所有権帰属の外形に信頼した第三者の保護に差等を設けるべき理由はないからである（〔最判昭和45年４月16日民集24巻４号266頁〕）。」

【争点】 不実の登記が所有者の知らない間に他人によってなされた場合に、第三者が保護されるか。

【結論】 所有者が不実の登記のされていることを知りながらこれを存続させることを明示または黙示に承認していたときは、94条２項類推適用により、善意の第三者は保護される。

→ 百選Ⅰ21事件

(b)　意思外形非対応型

← 「意思外形非対応型」とは

●論点Ａランク（論証13）

意思外形非対応型とは、真の権利者の意思と第三者の信頼した外形とが対応していない場合をいう。たとえば、Ａが、Ｂと通謀し、自己の所有する甲不動産について、将来Ｂに売却する旨の売買予約を仮装して仮登記をした。ところが、Ｂは、Ａに無断で、甲不動産について売買を原因とする所有権移転の本登記をしたうえで、第三者Ｃに甲不動産を売却した。

このように、真の権利者が虚偽の登記をしたものの、自身の関知しないところで当該登記が変更され、変更後の外観を信頼して第三者が取引をした場合には、当該変更後の外観について真の権利者の承認はない。この点で、意思外形対応型に比べて真の権利者の帰責性は小さい。

→ 最判昭和43年10月17日 民集22巻10号2188頁

そこで、判例は、「**民法94条２項、同法110条の法意に照らし**、外観尊重および取引保護の要請」から、**善意無過失の第三者**にかぎり保護されるとした。

(c)　第３類型――外形与因型

← 「外形与因型」とは

●論点Ａランク（論証14）

外形与因型とは、真の権利者がみずから外観を作出したわけでも、その作出・存続を承認したわけでもないが、外観の作出または存続が可能となった原因が真の権利者にある場合をいう。たとえば、Ａが、自己の所有する甲不動産について、地目変更のためと騙されて登記申請書類をＢに交付したところ、Ｂが甲不動産について所有権移転登記をし、第三者Ｃに売却したような場合があげられる。

外形与因型も、意思外形非対応型と同様に、意思外形対応型に比べて真の権利者の帰責性は小さい。しかし、真の権利者のあまりにも不注意な行為によって虚偽の外観が作出された場合において、その帰責性の程度が、みずから虚偽の外観作出に積極的に関与した場合やこれを知りながらあえて放置した場合と同視しうるほど大きなものであるときは、「**民法94条２項、110条の類推適用**により」**善意無過失の第三者**は保護されうる（判例）。

→ 最判平成18年２月23日（後出重要判例）

★重要判例（最判平成18年２月23日〔百選Ⅰ22事件〕）

判例は、前提事実として、上告人が本件不動産の登記済証を合理的な理由もないのにＡ

に預けて数か月間にわたってこれを放置していたことや、２回にわたって印鑑登録証明書４通をＡに交付し、本件不動産を売却する意思がないのにＡの言うままに本件売買契約書に署名押印するなど、Ａによって本件不動産がほしいままに処分されかねない状況を生じさせていたにもかかわらず、これを顧みることなく、さらに、本件登記がされた日にＡの言うままに実印を渡し、Ａが上告人の面前でこれを本件不動産の登記申請書に押捺したのに、その内容を確認したり使途を問いただしたりすることもなく漫然とこれを見ていた、と認定した。

「そうすると、Ａが本件不動産の登記済証、上告人の印鑑登録証明書及び上告人を申請者とする登記申請書を用いて本件登記手続をすることができたのは、上記のような上告人の余りにも不注意な行為によるものであり、Ａによって虚偽の外観（不実の登記）が作出されたことについての上告人の帰責性の程度は、自ら外観の作出に積極的に関与した場合やこれを知りながらあえて放置した場合と同視し得るほど重いものというべきである。そして、前記確定事実によれば、被上告人は、Ａが所有者であるとの外観を信じ、また、そのように信ずることについて過失がなかったというのであるから、民法94条２項、110条の類推適用により、上告人は、Ａが本件不動産の所有権を取得していないことを被上告人に対し主張することができないものと解するのが相当である。」

【争点】 真の権利者がみずから外観を作出したわけでも、その作出・存続を承認したわけでもないが、外観の作出または存続が可能となった原因が真の権利者にある場合（外形与因型）に、第三者が保護されるか。

【結論】 虚偽の外観（不実の登記）が作出されたことについての真の権利者の帰責性の程度が、みずから外観の作出に積極的に関与した場合やこれを知りながらあえて放置した場合と同視し得るほど重いものというべき場合は、94条２項、110条の類推適用により、善意無過失の第三者は保護される。

意思外形対応型	外形自己作出型	善意（94Ⅱ類推適用）
	外形他人作出型	善意（94Ⅱ類推適用）
意思外形非対応型	—	善意無過失（94Ⅱ、110の法意）
第３類型（外形与因型）	—	善意無過失（94Ⅱ、110類推適用）

外形与因型の場合には、なぜ「110条の法意」ではなく、「110条の類推適用」なのかについてはさまざまな理解がありうるとの指摘がなされています。細かいところですので、読み飛ばしてもかまいませんが、２つの考え方を紹介しておきます。

平野教授は、「『法意』と『類推適用』の使い分けの趣旨は不明であり、94条２項の類推適用により、真の権利者と帰責事由の程度に応じて第三者に無過失まで要求すべきか否かを考えればよいと思われる」としています。

これに対して、潮見教授は、判例が110条について「法意」や「類推適用」といった表現を使い分けている点について、以下のように解説しています。

すなわち、意思外形非対応型について判断した判例は、94条の類推適用を基礎にすえたうえで、権利者の意思（故意）により作出された第一の外形により登記名義人となった者の背信行為によって、第一の外形を越えた第二の外形が作出された点を捉えて、94条２項の類推の枠組みに110条の基本的考え方（法意）を組み込み、第三者を保護するための要件として善意無過失を要求したものと理解するのが素直です。つまり、94条２項を類推適用するにあたり、110条の法意を考慮して、第三者の主観的要件として善意無過失を要求したものと理解することができるとします。

これに対して、外形与因型は、外形の作出について権利者の意思（故意）がありません。そのため、権利者の帰責性要件の緩和と第三者保護要件の厳格化のために110条の類推適用がされていると理解することができるとするのです。

➡ 四宮＝能見・民法総則240頁

➡ 平野・民法総則164頁

➡ 法学教室461号95頁［潮見］

5 錯誤(95条)

【1】総説

(1) 意義

← 「錯誤」とは

錯誤とは、内心的効果意思と表示の不一致を表意者自身が知らない場合をいう(二元論を前提とする定義)。たとえば、100ドルと記載すべきところを100円と誤記してしまった場合や、ドルとユーロが同じ価値であると誤信して100ドルのつもりで「100ユーロ」と言ってしまった場合などがあげられる。

→ 部会資料12－2・30頁、Sシリーズ民法Ⅰ134頁[安永]、新ハイブリット民法総則175頁[中川]

錯誤では、意思表示の構造で説明した概念が繰り返してでてきます。用語の意味がわからなくなってしまった場合には、そのつど、意思表示の説明を読み返し、用語の意味を確認しましょう。

→ 本節2【2】

(2) 錯誤の分類(態様)

錯誤は、意思表示の構造のうちどの部分と表示との不一致かによって、**表示の錯誤**(表示行為の錯誤、意思不存在の錯誤)と**動機の錯誤**(事実錯誤、基礎事情の錯誤)に分類されてきた。

← 平成29年改正

平成29年改正民法は、表示の錯誤を「**意思表示に対応する意思を欠く錯誤**」(95条1項1号)、動機の錯誤(事実錯誤)を「**表意者が法律行為の基礎とした事情についてのその認識が真実に反する錯誤**」(95条1項2号)として規律しているが、更に以下のとおり分類される。

基本書ではさまざまな分類の仕方がなされていますが、本書では、あまり細かくないオーソドックスな分類に従っています。

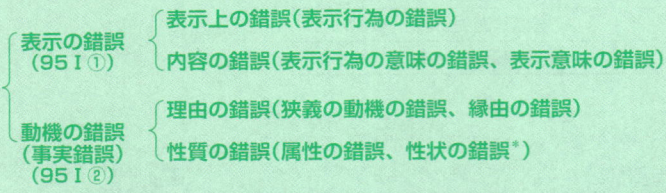

→ 山本・民法講義Ⅰ179頁、佐久間・総則145頁、Sシリーズ民法Ⅰ135頁[安永]、新ハイブリット民法総則177頁[中川]

- **表示の錯誤**(95Ⅰ①)
  - **表示上の錯誤(表示行為の錯誤)**
  - **内容の錯誤(表示行為の意味の錯誤、表示意味の錯誤)**
- **動機の錯誤(事実錯誤)**(95Ⅰ②)
  - **理由の錯誤(狭義の動機の錯誤、縁由の錯誤)**
  - **性質の錯誤(属性の錯誤、性状の錯誤*)**

* 性状の錯誤を、表示行為に対応する意思の欠缺(95Ⅰ①)(表示行為の錯誤)と、法律行為の基礎とした事情についての誤認(95Ⅰ②)(動機の錯誤)とに振り分ける見解もある。

→ 四宮＝能見・民法総則249頁

4－21

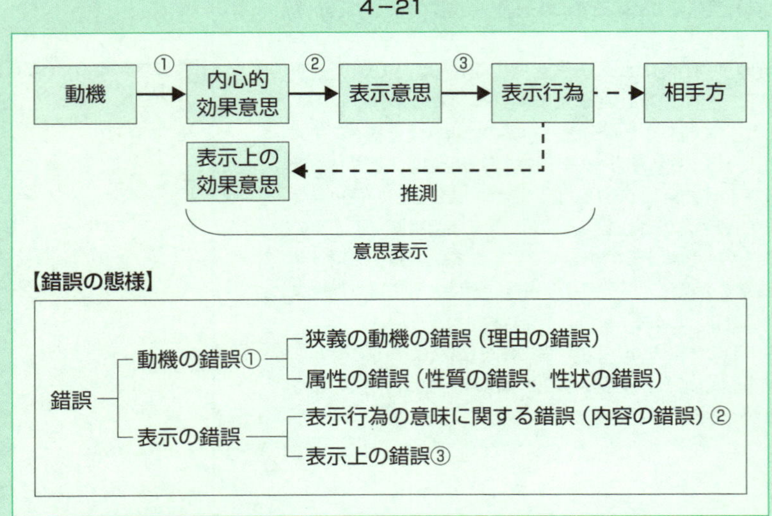

具体的にいうと、動機の錯誤(事実錯誤)は意思表示の構造のうち①について、内容の錯誤は②について、表示上の錯誤は③について、それぞれ不一致がある場合です。

以下、順に説明していくことにする。

(a) 表示の錯誤

表示の錯誤とは、思い違いにより、意思どおりの表示をしていない場合をいう。表示の錯誤では、表示に対応する内心的効果意思が存在しない(意思の不存在)。

← 「表示の錯誤」とは

表示の錯誤は、表示上の錯誤と内容の錯誤の2つに分けられる。

(i) 表示上の錯誤

表示上の錯誤とは、表意者が使用するつもりのない表示手段を使用した場合をいう。言い間違いや書き間違いが典型例である。表示行為の錯誤ともいう。意思表示の構造との関係では、内心的効果意思と表示意思のどちらも欠けている状態である。

← 「表示上の錯誤」とは

たとえば、100ドルと記載すべきところを100円と誤記してしまった場合や、2年と言うべきところを3年と言い間違えてしまった場合があげられる。

(ii) 内容の錯誤

内容の錯誤とは、表意者が意図した表示手段を用いているものの、その表示の意味内容を誤解している場合をいう。表示行為の意味の錯誤、表示意味の錯誤ともいう。意思表示の構造との関係では、表示意思はあるものの、内心的効果意思が欠けている状態である。

← 「内容の錯誤」とは

たとえば、ドルとユーロが同じ価値であると誤信して100ドルのつもりで「100ユーロ」と言ってしまった場合や、1グロス(12ダースのこと)を6個セット(2分の1ダース)と誤信して、60個購入するつもりで10グロス(10×12×12=1440個)を注文してしまった場合があげられる。

(b) 動機の錯誤(事実錯誤)

動機の錯誤とは、意思どおりの表示をしているが、その意思の形成過程で思い違いがあり、それに基づいて意思表示を行った場合をいう。事実錯誤ともいう。動機の錯誤では、表示に対応する内心的効果意思は存在しており、その前提となる動機に瑕疵がある(瑕疵ある意思表示)。

← 「動機の錯誤」とは

動機の錯誤は、理由の錯誤と性質の錯誤の2つに分けられる。

(i) 理由の錯誤

理由の錯誤とは、意思表示を行う間接的な理由に関する錯誤をいう。狭義の動機の錯誤、縁由の錯誤ともいう。

← 「理由の錯誤」とは

たとえば、Aが、Bの所有する甲土地(時価1000万円)は、近い将来、近隣に新駅が開設されるため地価が数倍に上がるという話を聞いて、Bから甲土地を1500万円で買ったところ、新駅開設は単なるうわさ話にすぎないことが判明した。この場合には、Aは、甲土地を1500万円で購入する意思をもってそのとおりの表示をしているため、表示の錯誤はない。しかし、そもそもAが甲土地を1500万円で購入する意思をもったのは、甲土地の地価が数倍に上がると思ったからである。

このような意思表示を行う間接的な理由に関する錯誤が理由の錯誤である。

(ii) 性質の錯誤

性質の錯誤とは、意思表示の対象である人や物の性質に関する錯誤をいう。

← 「性質錯誤」とは

属性の錯誤、性状の錯誤ともいう。

たとえば、Aは、Bから、ゴッホが描いたとされる絵画甲を500万円で購入した。しかし、専門家に鑑定してもらったところ、絵画甲は偽物であることが判明した。この場合には、Aは、絵画甲を500万円で購入する意思をもってそのとおりの表示をしているため、表示の錯誤はない。しかし、そもそもAが絵画甲を500万円で購入する意思をもったのは、絵画甲がゴッホの描いた本物だと思ったからである。

このような性質に関する錯誤が性質の錯誤である。

内容の錯誤と動機の錯誤の違いについて、もう少し詳しく見てみましょう。

本文を読んだ方のなかには、「1グロス(12ダースのこと)を6個セット(2分の1ダース)と誤信した」のは動機ではないか、そうであればこの例は動機の錯誤ではないか、と思った方がいるかもしれません。しかし、これは誤解です。

表示の錯誤と動機の錯誤の違いは、意思と表示が一致しているか否かという点にあります。

この例では、表示は10グロス(1440個)ですが、意思は60個であり、意思と表示が一致していません。したがって、この例は表示の錯誤(内容の錯誤)にあたります。

→ 山本・民法講義Ⅰ180頁

(iii) 動機の錯誤と平成29年改正

← 平成29年改正

a　二元論

→ 新ハイブリット民法総則179頁[中川]

伝統的通説は、意思表示の成立過程の心理的分析に基づき、動機と効果意思とを明確に区分したうえで、錯誤とは、内心的効果意思と表示の不一致を表意者自身が知らない場合であるとした。そして、動機の錯誤は、表示に対応する内心的効果意思は存在しており、その前提となる動機に瑕疵があるにすぎないため、改正前民法95条にいう「錯誤」には原則として含まれないとした。

このような伝統的通説は、表示の錯誤と動機の錯誤を分けて捉えることから、二元論とよばれた。

← 「二元論」とは

→ 最判昭和29年11月26日民集8巻11号2087頁、最判平成元年9月14日判時1336号93頁、最判平成28年1月12日(後出重要判例)

判例も、二元論に立脚したうえで、一定の要件をみたす場合には動機の錯誤にも改正前民法95条の適用を認めていた。

このような二元論に対しては、表示の錯誤と動機の錯誤の限界づけは困難な場合があるうえ、錯誤が問題となる事案の多くが動機の錯誤に関するものであるから、動機の錯誤を救済しなければ改正前民法95条の規定が無意味になるなどの批判がなされた。

→ 川井・民法総則172頁

b　一元論

そこで、改正前民法95条にいう「錯誤」には、表示の錯誤だけでなく動機の錯誤も含まれるとする見解(一元論)が有力に主張された。

← 「一元論」とは

一元論は、錯誤の要件として、従来、主として表意者側の事情のみに着目していたことを問題視し、相手方の信頼保護および取引安全の見地から、相手方に保護されるべき正当な信頼があることを要件として設定し、表示の錯誤と動機の錯誤を統一的な要件のもとで扱うべきとする。

c　平成29年改正民法――二元的に規定

このように、錯誤論の理解についてはさまざまな見解が主張されていたため、平成29年改正の際も議論が二転三転することとなった。

→ 一問一答19頁

最終的に、平成29年改正民法は、動機の錯誤は原則として意思表示の効力を妨げないものの、一定の要件をみたす場合には動機の錯誤にも改正前民法95条の適用を認めるという判例法理をもとに、表示の錯誤と動機の錯誤(平成29年改正民法のもとでは**事実錯誤**とよぶのが適切である)を二元的に規定した。

もっとも、後述するように、事実錯誤の要件をどのように理解すべきかについては、判例法理をどのように理解するかと関連して見解が分かれる。

→ 本節5【2】(2)(b)(ii)

【2】要件

錯誤を理由に意思表示が取り消されうるものとなる要件は、表示の錯誤(95条1項1号)と事実錯誤(95条1項2号、2項)とで異なる。

そこで、以下では、表示の錯誤と事実錯誤とに共通する要件から説明し、その後に、それぞれに特有の要件について説明する。

共通する要件	
(1) 意思表示が(4)に掲げる「錯誤に基づく」であること(95 I 柱書、錯誤と意思表示との間の因果関係)	
(2) 「錯誤が法律行為の目的及び取引上の社会通念に照らして重要なものである」こと(95 I 柱書、錯誤の重要性)	
(3) 表意者に「重大な過失」(重過失)のないこと(95Ⅲ)*1	
表示の錯誤に特有の要件	**事実錯誤に特有の要件**
(4) 「意思表示に対応する意思を欠く錯誤」であること(95 I ①)	(4) 「表意者が法律行為の基礎とした事情についてのその認識が真実に反する錯誤」であること(95 I ②)
—	(5) 「その事情が法律行為の基礎とされていることが表示されていた」こと(95 II)*2

＊1 錯誤が表意者の重過失による場合であっても、例外的に、相手方に悪意または善意重過失(95Ⅲ①)があったときと、共通錯誤(95Ⅲ②)のときには、取り消すことができる。
＊2 「その事情」とは、事実錯誤の要件(4)の事情である。

(1) 共通する要件

← 平成29年改正

(a) 錯誤と意思表示の間の因果関係

錯誤を理由に意思表示が取り消されうるものとなるには、意思表示が「錯誤に基づく」ものであることが必要である(95条1項柱書)。すなわち、表意者が錯誤に陥らなければ、その意思表示をしなかったという**主観的因果関係**が要求される。

(b) 錯誤の重要性

▶2014年第1問

錯誤を理由に意思表示が取り消されうるものとなるには、「錯誤が法律行為の目的及び取引上の社会通念に照らして重要なものである」ことが必要である(95条1項柱書)。すなわち、**錯誤が客観的に重要なものであること**が要求される。この趣旨は、軽微な錯誤によって意思表示を取り消しうるものとすると、取引の安全が過度に害される点にある。

平成29年改正事項　錯誤によって意思表示の効力を否定する要件　B2・C1

改正前民法95条は、錯誤によって意思表示の効力を否定する要件として、「法律行為の要素に錯誤があった」ことを要求していた。この文言の意義について、改正前民法のものでは、錯誤と意思表示との主観的因果性とその錯誤の客観的重要性によって判断するという判例法理が確立していた。

もっとも、このような判例法理は、改正前民法95条の文言から素直に読み取ることは困難であった。

そこで、平成29年改正民法は、錯誤によって意思表示の効力を否定する要件を判例法理に即して改めた(95条1項柱書)。

→ 部会資料76A・1頁、78A・2頁、83-2・1頁、一問一答19頁、潮見・改正法7頁

→ 大判大正7年10月3日民録24輯1852頁、大判昭和8年6月8日刑集12巻771頁

4－22 錯誤によって意思表示の効力を否定する要件

改正前民法		H29改正民法
意思表示は、法律行為の要素に錯誤があったときは、無効とする（95Ⅰ本文）。	→	意思表示は、次に掲げる錯誤に基づくものであって、その錯誤が法律行為の目的及び取引上の社会通念に照らして重要なものであるときは、取り消すことができる（95Ⅰ柱書）。

判例は、「法律行為の要素に錯誤があった」という文言について、錯誤と意思表示の主観的因果性とその錯誤の客観的重要性により判断していた。しかし、条文上かかる解釈を読み取るのは困難であったことから、明文化した。

錯誤の客観的重要性の存否は、「法律行為の目的及び取引上の社会通念に照らして」判断される。具体的には、法律行為の類型や個別の事情から、**通常一般人ならその点についての錯誤がなければ意思表示をしなかったといえるか**が基準となる。

たとえば、第1に、売買契約の場合には、通常は売主・買主がだれであるかは重要ではないため、この点の錯誤は客観的重要性を欠く（判例）。もっとも、買主がだれかについて、代金債務の履行の確実性を特に重視したなどの特段の事情がある場合には、買主に関する錯誤は客観的重要性が認められうる（判例）。

➡ 大判明治40年2月25日民録13輯167頁

➡ 最判昭和29年2月12日民集8巻2号465頁

第2に、消費貸借契約の場合には、貸主がだれであっても借主が負う返還債務の内容は変わらないため、貸主がだれかについての錯誤は客観的重要性を欠く（判例）。これに対して、借主がだれかは返還債務の履行可能性に大きく影響するため、通常は、借主の同一性・性状の錯誤には客観的重要性が認められる（判例）。

➡ 大判大正7年7月3日民録24輯1338頁

➡ 大判昭和12年4月17日判決全集4輯8号3頁

第3に、保証契約の場合には、主たる債務者がだれであるかは保証人の負担に大きく影響するため、通常は、主たる債務者の同一性・性状の錯誤には客観的重要性が認められる（判例）。

➡ 大判昭和9年5月4日民集13巻633頁

(c) 重過失のないこと

(i) 原則

錯誤が表意者の「**重大な過失**」（**重過失**）によるものであった場合には、原則として、表意者は意思表示を取り消すことができない（95条3項柱書）。この趣旨は、表意者の帰責性が大きい場合には取消権の行使を制限し、相手方を保護すべき点にある。

➡ 新ハイブリット民法総則181頁［中川］

重過失とは、悪意に準じる意思態様であり、当該表意者の職業・経験、取引の種類や目的などを考慮したうえで、表意者が著しく注意を欠いていたことをいう。重過失の主張・立証責任は、取消権の行使を否定しようとする**相手方**にある。

← 「重過失」とは

95条3項について、電子消費者契約の場合について、電子消費者契約及び電子承諾通知に関する民法の特例に関する法律に特則が設けられています。

電子消費者契約とは、要するに、コンピュータ・システムの映像面を介して締結される消費者と事業者との間の契約をいいます（電子消費者特例2条1項）。電子消費者契約の場合において、消費者側に一定の表示の錯誤があったときは、民法95条3項が適用されず、重過失による意思表示であっても取り消すことができます（電子消費者特例3条）。この趣旨は、電子消費者契約では消費者側の単純な誤操作によって意思表示がなされる場面が想

➡ 新ハイブリット民法総則182頁［中川］

← 「電子消費者契約」とは

定されるところ、単純な誤操作には重過失が認められやすいことから、取消しを広く認めて消費者を保護する点にあります。

(ii) 例外

錯誤が表意者の重過失による場合であっても、例外的に、以下の2つのときは、取消権の行使が可能となる。これらの例外は、改正前民法のもとでほぼ異論のない学説の見解を明文化したものである。

← 平成29年改正

➡ 一問一答20頁

平成29年改正事項	表意者に重過失がある場合の取扱い	B2・C1

改正前民法95条ただし書は、表意者に重過失があったときは表意者が錯誤無効を主張することはできないと規定しており、その例外の有無やその要件については何ら規定していなかった。

しかし、学説上は、表意者に重過失がある場合であっても、表意者が錯誤に陥っていることを相手方が知っていたときや、相手方が同一の錯誤に陥っていたときには、相手方には保護に値する信頼がないため、表意者は錯誤に基づいて意思表示の効力を否定することができるという見解が有力に主張されていた。

そこで、平成29年改正民法は、改正前民法のもとでの支配的な見解に従って、表意者に重過失がある場合であっても、例外的に、錯誤に基づいて意思表示の効力を否定できる場面を明文化した(95条3項)。

➡ 部会資料76A・4頁、一問一答20頁、潮見・改正法10頁

4－23 表意者に重過失がある場合の取扱い

改正前民法

ただし、表意者に重大な過失があったときは、表意者は、自らその無効を主張することができない(95ただし書)。

→

H29改正民法

錯誤が表意者の重大な過失によるものであった場合には、次に掲げる場合を除き、第1項の規定による意思表示の取消しをすることができない(95Ⅲ)。

①相手方が表意者に錯誤があることを知り、または重大な過失によって知らなかったとき。

②相手方が表意者と同一の錯誤に陥っていたとき。

改正前民法では表意者に重過失がある場合に錯誤無効の主張ができないことを規定するのみでその例外規定はなかったが、学説上の支配的見解を明文化したものである。

a　相手方の悪意または善意重過失(95条3項1号)

相手方が表意者の錯誤について悪意または善意重過失の場合には、取消しをすることができる(95条3項1号)。この趣旨は、相手方が悪意または善意重過失の場合には、相手方保護という取消権制限の趣旨が妥当しない点にある。

▶2009年第2問

b　共通錯誤(95条3項2号)

相手方が表意者と同一の錯誤に陥っていた場合には、取消しをすることができる(95条3項2号)。このような場合を**共通錯誤**という。この趣旨は、両当事者が同じ錯誤に陥っている以上、相手方保護のために取消権を制限する必要性が欠ける点にある。

← 「共通錯誤」とは

たとえば、AとBが、Bの所有する甲土地(時価1000万円)の近隣に新駅が開設されるため、近い将来、地価が数倍に上がるという話を前提として、甲土地を1500万円で売買したところ、新駅開設は単なるうわさ話にすぎず、うわさの真

偽を確かめるのはきわめて容易であったとする。この場合には、Aの錯誤は重過失によるものではあるが、Bも同一の錯誤に陥っているため、例外的に取消権の行使が許される。

(2) 特有の要件

(a) 表示の錯誤に特有の要件

表示の錯誤の場合には、「意思表示に対応する意思を欠く錯誤」である必要がある(95条1項1号)。すなわち、表示に対応する内心的効果意思が存在しないことが必要となる。

表示の錯誤の要件を、事実錯誤と共通の要件と、表示の錯誤に特有の要件とをあわせて整理し直すと、次のようになります。

(1) 「意思表示に対応する意思を欠く錯誤」であること(95 I ①)
(2) 意思表示が(1)に基づいて行われたこと(95 I 柱書)
(3) 「錯誤が法律行為の目的及び取引上の社会通念に照らして重要なものであること」(95 I 柱書)
(4) 表意者に「重大な過失」(重過失)のないこと(95 III)*

* 錯誤が表意者の重過失による場合であっても、例外的に、相手方に悪意または善意重過失(95 III ①)があったときと、共通錯誤(95 III ②)のときには、取り消すことができる。

(b) 事実錯誤に特有の要件

← 平成29年改正

平成29年改正事項	動機の錯誤(事実錯誤)	B2・C1

動機の錯誤の場合には、表示の錯誤と異なり、表意者は、意思表示の内容自体は正確に理解して表示している。また、動機に錯誤があるといっても、表意者の動機が相手方には明らかではないケースも少なくないと考えられる。したがって、動機の錯誤の場合に、表示の錯誤と同様の要件でその効力を否定したのでは、取引の安全を著しく害するおそれがある。

そのため、改正前民法のもとで、判例は、動機の錯誤は原則として意思表示の効力に影響しないものの、動機が表示されて法律行為または意思表示の内容となっていた場合には、意思表示が無効となるとしていた。

そこで、平成29年改正民法は、従来の判例法理を踏襲するものとして、動機の錯誤を明文化し、要件を整理した(95条1項2号、2項)。

もっとも、判例法理の理解など、見解の一致が得られなかった点もあることから、詳細な意味内容については解釈に委ねられた部分が少なくない。

➡ 部会資料76A・2頁、78A・1頁、79B・1頁、83-2・1頁、一問一答22頁、潮見・改正法8頁

➡ 法律行為の内容として、大判大正6年2月24日民録23輯284頁、最判昭和29年11月26日(前出)、最判昭和45年5月29日集民99号273頁、意思表示の内容として、最判昭和37年12月25日集民63号953頁、最判平成元年9月14日(前出)

4−24 動機の錯誤

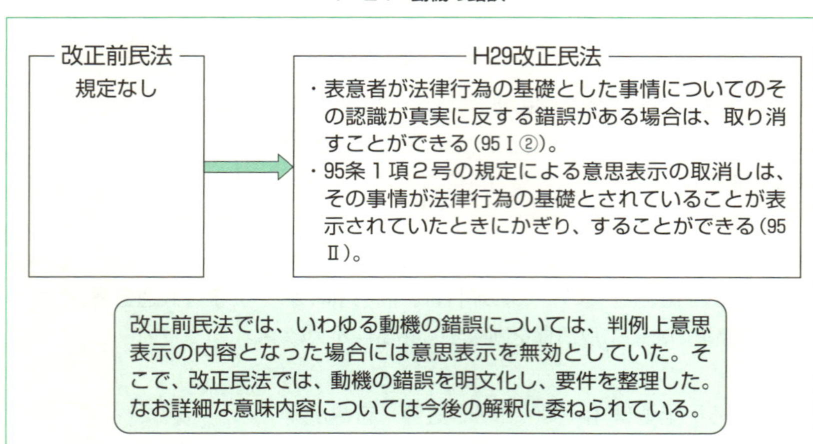
改正前民法
規定なし
H29改正民法
・表意者が法律行為の基礎とした事情についてのその認識が真実に反する錯誤がある場合は、取り消すことができる(95 I ②)。
・95条1項2号の規定による意思表示の取消しは、その事情が法律行為の基礎とされていることが表示されていたときにかぎり、することができる(95 II)。
改正前民法では、いわゆる動機の錯誤については、判例上意思表示の内容となった場合には意思表示を無効としていた。そこで、改正民法では、動機の錯誤を明文化し、要件を整理した。なお詳細な意味内容については今後の解釈に委ねられている。

(i)　法律行為の基礎事情の誤認

事実錯誤の場合には、「表意者が法律行為の基礎とした事情についてのその認識が真実に反する錯誤」である必要がある(95条1項2号)。「表意者が法律行為の基礎とした事情」とは、**表意者が法律行為をするにあたり、ある事情について真実であるという認識のもとで意思表示をした場合の、その事情**をいう。改正前民法のもとでは、意思表示の動機または理由(縁由)と分類されていた事情である。

意思表示の時点で真偽が確定しない事情は、基礎事情とならない。たとえば、近隣に新幹線の駅を設置する計画が進行中であるため、近い将来、土地の値段が上がるという認識をもって土地を購入したところ、実際には土地の値段が上がらなかったという場合に、「土地の値段が上がる」という誤った認識は基礎事情の誤認とはいえない。しかし、「近隣に新幹線の駅を設置する計画が進行中である」という事情は、意思表示の時点で真偽の確定が可能な事情であるから、基礎事情の誤認になりうる。

→ リーガルクエスト民法Ⅰ 174頁[山下]

何が基礎事情となるかという点は、少し細かいところです。もっとも、論文試験においてあてはめをする場合に、正しく指摘できるか否かで解答者の理解が採点者に伝わりますので、意識しておいたほうがよいでしょう。

(ii)　基礎とされていることの表示

また、事実錯誤の場合には、「**その事情が法律行為の基礎とされていることが表示されていた**」ことが必要となる(95条2項)。

「その事情が法律行為の基礎とされていることが表示されていた」とは、表意者にとって法律行為の動機となった事情が契約の当然の前提とされていたなど、法律行為の基礎とされ、その旨が表示されていたといえる場合をいう。

→ 一問一答22頁、リーガルクエスト民法Ⅰ178頁[山下]

明示的に表示されていた場合のほか、**黙示的に表示されていた場合も含まれる**。たとえば、離婚に伴う財産分与について、財産分与をする者には課税されないことが財産分与の意思表示の基礎とされていたケース(実際には、財産分与をする者には課税される)において、表意者が明示的にその旨を表示していないとしても、財産分与にいたる経緯等から、相手方においてもその旨を認識することができ、黙示的に表示されていたと評価できるときは、95条2項の要件をみたすと考えられる(判例)。

→ 最判平成元年9月14日(前出)

事実錯誤の要件を、表示錯誤と共通の要件と、事実の錯誤に特有の要件とをあわせて整理し直すと、次のようになります。

(1)　「表意者が法律行為の基礎とした事情についてのその認識が真実に反する錯誤」であること(95Ⅰ②)
(2)　意思表示が(1)に基づいて行われたこと(95Ⅰ柱書)
(3)　「錯誤が法律行為の目的及び取引上の社会通念に照らして重要なものである」こと(95Ⅰ柱書)
(4)　「その事情が法律行為の基礎とされていることが表示されていた」こと(95Ⅱ)＊1
(5)　表意者に「重大な過失」(重過失)のないこと(95Ⅲ)＊2

＊1　「その事情」とは、要件(1)の事情である。
＊2　錯誤が表意者の重過失による場合であっても、例外的に、相手方に悪意または善意重過失(95Ⅲ①)があったときと、共通錯誤(95Ⅲ②)のときには、取り消すことができる。

平成29年改正の際、事実錯誤に特有の要件をどのようにするかについては、比較的早い段階から判例法理を維持することでコンセンサスが得られていました。しかし、そもそも判例自体が使用する文言等に揺らぎがあるうえ、判例法理の理解の仕方が学説によって分かれていたことから、要件の明文化は困難を極めました。

改正前民法のもとでの判例は、動機の錯誤に95条を適用するための要件として、①動機が表示され、**意思表示の内容**となることを要求するものと、②動機が表示され、**法律行為の内容**となることを要求するものとがありました。

このような判例の表現の揺らぎについて、平成29年改正民法の際の議論では、「判例において厳密に使い分けられていないことからも明らかなように、実質的には異なる内容を意味するものではないと考えられる」とされています。

しかし、判例法理の理解について、表意者が動機を表示していることに重点をおく見解(**動機表示重視説**)と、相手方がそのことを受け入れていることにも重点をおく見解(**内容化重視説**)の2つの考え方が主張されました。

最終的に、平成29年改正民法は、「従来の判例実務を踏襲する趣旨である」として、動機表示重視説と内容化重視説の両者に配慮した文言を採用し、詳細な意味内容は解釈に委ねることとしました。

学説上は、内容化重視説が有力であり、「その事情が法律行為の基礎とされていることが表示されていた」という文言は、当該事情が法律行為の基礎とされているとの表意者の認識が相手方に了解されて法律行為の内容となっていたとの意味で理解すべきことになります。また、平成29年改正民法案提出後にだされた判例も、動機の表示だけでは足りず、法律行為の内容となることが必要であるとしています。

→ 最判昭和37年12月25日(前出)、最判平成元年9月14日(前出)

→ 大判大正6年2月24日(前出)、最判昭和29年11月26日(前出)、最判昭和45年5月29日(前出)

→ 部会資料76A・3頁

→ 部会資料79B・2頁

→ 部会資料83-2・3頁

→ 一問一答23頁

→ 潮見・改正法9頁、中舎・民法総則219頁

→ 最判平成28年1月12日(後出重要判例)

★重要判例(最判平成28年1月12日〔百選Ⅰ24事件〕)

「信用保証協会において主債務者が反社会的勢力でないことを前提として保証契約を締結し、金融機関において融資を実行したが、その後、主債務者が反社会的勢力であることが判明した場合には、信用保証協会の意思表示に動機の錯誤があるということができる。意思表示における動機の錯誤が法律行為の要素に錯誤があるものとしてその無効を来すためには、その動機が相手方に表示されて法律行為の内容となり、もし錯誤がなかったならば表意者がその意思表示をしなかったであろうと認められる場合であることを要する。そして、動機は、たとえそれが表示されても、当事者の意思解釈上、それが法律行為の内容とされたものと認められない限り、表意者の意思表示に要素の錯誤はないと解するのが相当である(〔最判昭和37年12月25日集民63号953頁、最判平成元年9月14日集民157号555頁〕参照)。」

【争点】 意思表示における動機の錯誤が法律行為の要素に錯誤があるものとして、その無効をきたすのはどのような場合か。

【結論】 その動機が相手方に表示されて法律行為の内容となり、もし錯誤がなかったならば表意者がその意思表示をしなかったであろうと認められる場合であることを要する。そして、動機は、たとえそれが表示されても、当事者の意思解釈上、それが法律行為の内容とされたものと認められないかぎり、表意者の意思表示に要素の錯誤はないと解するのが相当である。

平成29年改正の際、動機の錯誤に関する規律の一部として、相手方が事実と異なることを表示した(不実表示)ために生じた事実錯誤の取消しに関する規定を設けることが検討されました。これは、相手方が事実と異なる表示をしたために表意者が事実錯誤(動機の錯誤)に陥った場合には、それが法律行為の内容になっていなくても取り消すことができるとする規定です。

しかし、議論の結果、このような不実表示に関する規定を別途設けなくとも、不実表示の事案は95条2項の要件をみたすと考えられることから、規定は設けられませんでした。

→ 中間試案の補足説明13頁

→ 部会資料83－2・3頁

【3】効果──当事者間

表意者は、錯誤による意思表示を**取り消すことができる**(95条1項柱書)。この趣旨は、表意者を保護する点にある。

平成29年改正

平成29年改正事項	錯誤の効果	B2・C1

改正前民法95条は、錯誤の効果を意思表示の無効としていた。

しかし、改正前民法のもとでも、錯誤の趣旨が表意者保護にあることから、錯誤無効は絶対的な無効ではなく、表意者のみが無効を主張することができる(相手方や第三者は原則として無効を主張できない)という相対的無効(相対的取消し)と理解されていた。

また、平成29年改正により、事実錯誤(動機の錯誤)が明文化されたところ、事実錯誤は、従来、瑕疵ある意思表示と理解されていたものであるから、意思不存在=無効という従来の通説に基づく分類は維持できなくなった。

そこで、平成29年改正民法は、錯誤の効果を取消しに近いものとして扱ってきた判例法理に即して、錯誤の効果を無効から取消し可能に改めた(95条1項柱書)。

→ 部会資料76A・1頁、一問一答20頁、潮見・改正法7頁

→ 最判昭和40年9月10日民集19巻6号1512頁

4－25　錯誤の効果

改正前民法		H29改正民法
意思表示は、法律行為の要素に錯誤があったときは、無効とする(95本文)。	→	意思表示は、次に掲げる錯誤に基づくものであって、その錯誤が法律行為の目的及び取引上の社会通念に照らして重要なものであるときは、取り消すことができる(95Ⅰ柱書)。

改正前民法において錯誤による無効は表意者のみが主張できるとしていた判例法理、また改正民法において動機の錯誤が明文化されたことにより錯誤が意思の不存在のみの性質を有するとはいえなくなったことをふまえ、錯誤の効果を取り消すことができるとした。

取消権を行使することができるのは、表意者本人またはその代理人もしくは包括承継人である(120条2項)。取り消された行為は、はじめから無効であったものとみなされる(121条)。もっとも、表意者は追認することができる(122条)。また、取消権には、追認できる時から5年、行為時から20年の期間制限がある(126条)。

改正前民法のもとでは、錯誤の効果は無効とされていたものの、原則として、無効を主張できるのは表意者のみであると解されていました(相対的無効)。

このような理解を前提として、判例は、第三者が債権者代位権行使の前提として売買契約の錯誤無効を主張するためには、表意者が錯誤を認めていることを要件としました。

債権者代位権(423条)の意味について、詳しくは債権総論で説明しますが、要するに、一定の場合には、債権者は債務者の有する権利を代わりに行使することができるのです。この判例の事案では、債権者Aが、自身の債務者Bに対する債権を保全するために、BとCの間の売買契約は錯誤により無効であるとして、BのCに対する売買代金返還請求権を代わりに行使しようとしました。判例は、AがBC間の売買契約の錯誤無効を主張するためには、表意者であるBが錯誤を認めていることを必要としたのです。

→ 最判昭和45年3月26日民集24巻3号151頁

→ 『債権総論』5章2節

4－26

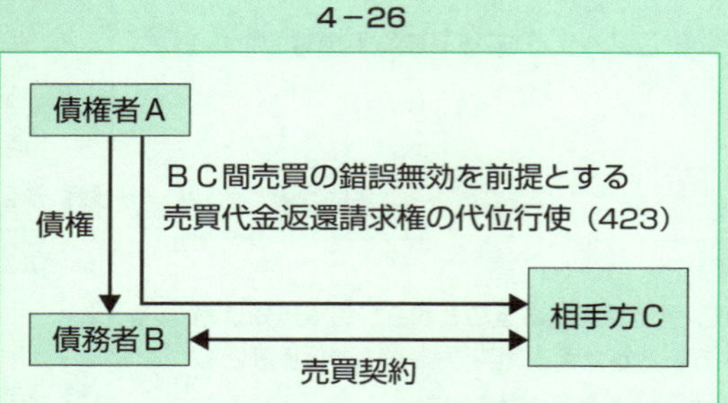

もっとも、平成29年改正によって錯誤の効果を取り消すことができると改められたことからすると、第三者は、債権者代位権の要件をみたせば、表意者が錯誤を認めているか否かにかかわらず、債権者代位権に基づいて表意者の取消権を代位行使することができるとも考えられるでしょう。

➡ リーガルクエスト民法Ⅰ181頁[山下]

【4】善意無過失の第三者保護

← 平成29年改正

⑴　総説

錯誤による意思表示の取消しは、**善意無過失の第三者に対抗することができない**(95条4項)。この趣旨は、意思表示が有効であることを前提として、それが取り消しうるものであると知らずに取引をした第三者の信頼を保護する点にある。

たとえば、Ａが、錯誤によって、自己の所有する甲不動産をＢに売却したところ、Ｂは、何も事情を知らないＣに甲不動産を売却してしまったとする。

この場合には、ＡＢ間の売買契約は錯誤により取り消すことができるから(95条1項)、Ａが意思表示を取り消せば、売買契約は遡及的に無効となり、Ｂは甲不動産の所有権を取得することができない(121条)。そのため、Ｃは、無権利者から甲不動産を購入したこととなり、甲不動産の所有権を取得できないはずである。しかし、このような結論は、Ｃの取引の安全を害することとなり、妥当でない。

そこで、95条4項は、このような場合には、Ａにも錯誤に陥った点で少なからず帰責性があるといえることから、錯誤による意思表示の取消しを善意無過失のＣに対抗することができないこととした。その結果、Ｃは、甲不動産の所有権を取得することができ、Ａは甲不動産の所有権を失うこととなる。

⑵　善意無過失の「第三者」(95条4項)の意義

← 「第三者」とは

95条4項にいう「第三者」とは、**錯誤による意思表示が有効である間に、新たに法律上の利害関係を有するにいたった者**をいうと解される。また、この「第三者」は、錯誤による意思表示が有効である間に現れた者、すなわち**取消前の第三者**をいうと解される。さらに、第三者が保護されるためには、**善意無過失**であることが必要である(95条4項)。

← 「第三者」の範囲（射程）

これらの要件の解釈は、詐欺に関する96条3項と同様であるため、詐欺の項を参照してほしい。

➡ 本節6【5】⑵

平成29年改正事項	錯誤における第三者保護規定	B3

改正前民法95条は、錯誤により無効とされた意思表示を前提として新たに法律上の利害関係を有するにいたった第三者が現れた場合に、当該第三者を保護する規定を設けていなかった。

しかし、改正前民法のもとでも、詐欺に関する96条3項の第三者保護規定を類推適用することなどによって、第三者を保護するべきであると考えられていた。

そこで、平成29年改正民法は、詐欺に関する96条3項を参考に、錯誤の場合についても第三者保護規定を設けた(95条4項)。

→ 部会資料76A・5頁、一問一答20頁、潮見・改正法10頁

4－27　錯誤における第三者保護規定

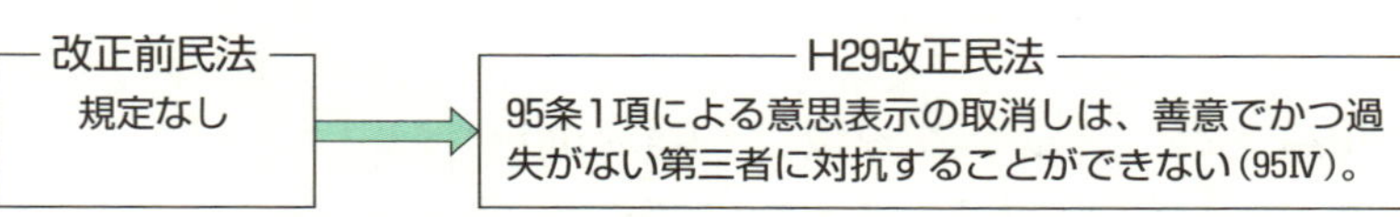

改正前民法
規定なし
H29改正民法
95条1項による意思表示の取消しは、善意でかつ過失がない第三者に対抗することができない(95Ⅳ)。

改正前民法では第三者保護の規定がないために、第三者を保護する余地がないようにみえるが、それでは第三者に酷であり、詐欺などとの均衡を図る必要もあることから、96条3項の類推適用などの法律構成が唱えられた。そこで、規律内容を明確にするため、95条4項において第三者保護規定が導入された。

平成29年改正民法下における目的物の契約不適合と錯誤の関係(改正前民法下における瑕疵担保責任と錯誤との関係)については、債権各論で触れることにします。

→『債権各論』2章2節③【1】(4)(e)

6　詐欺(96条)

【1】意義

詐欺とは、人を欺罔して錯誤に陥らせる行為をいう。たとえば、Aが、Bに対して、Bの所有する100万円の絵画甲を「偽物だから1万円の価値しかない」とうそをつき、Bから1万円で購入する場合があげられる。

←「詐欺」とは

【2】要件

(1)　表意者に対する違法な欺罔行為があること

違法な欺罔行為とは、**社会通念上相当でない方法によって人をだますこと**をいう。社会通念上相当か否かは、当事者の地位や知識(専門家か、消費者かなど)、具体的状況を考慮して判断する。社会通念上相当でないとまではいえない、いわゆるセールストークは、違法な欺罔行為にあたらない。

→ リーガルクエスト民法Ⅰ184頁[山下]

欺罔行為は、積極的に虚偽の事実を告げる行為が典型例である。もっとも、状況によっては、より消極的な、真実を告げない行為が欺罔行為と評価されることもある。沈黙による詐欺が認められるかについて、裁判例には、**欺罔行為者が信義則上、情報提供の義務を負っている場合には、沈黙による詐欺が認められる**としたものがある。

→ 東京地判昭和53年10月16日 下民集29巻9～12号310頁

(2)　欺罔行為により表意者が錯誤に陥ったこと

96条が適用されるためには、**欺罔行為によって表意者が錯誤に陥ったという因果関係**が必要である。

もともと錯誤に陥っていた表意者が欺罔行為によって錯誤を強めて意思表示をした場合であっても、詐欺によって自由な意思形成が妨げられたといえれば、96条の適用が認められる。

ここでいう錯誤は、表意者の自由な意思形成を妨げるものであれば足り、95条のように重要な錯誤である必要はない。すなわち、錯誤取消しが認められない場合であっても、詐欺取消しが認められることはありうる。

⑶　表意者が錯誤により意思表示したこと

96条が適用されるためには、**錯誤と意思表示との間にも因果関係が必要**である。

⑷　欺罔行為者に故意があること

96条が適用されるためには、欺罔行為者に２段階の故意が必要である。第１に、**表意者を錯誤に陥らせようとする故意**が必要である。第２に、**当該錯誤に基づいて意思表示をさせようとする故意**が必要である。いずれかの故意が欠ければ、詐欺にはあたらない(判例)。

➡ 大判大正６年９月６日民録23輯1319頁

【３】効果──当事者間

詐欺による意思表示は、**取り消すことができる**(96条１項)。この趣旨は、被詐欺者を保護する点にある。

取消権を行使することができるのは、表意者本人またはその代理人もしくは包括承継人である(120条２項)。取り消された行為は、はじめから無効であったものとみなされる(121条)。もっとも、表意者は追認することができる(122条)。また、取消権には、追認できる時から５年間、行為時から20年間の期間制限がある(126条)。

【４】第三者による詐欺(96条２項)

← 平成29年改正

当事者ではない第三者が詐欺を行った場合には、【２】の要件に加えて、**意思表示の相手方が詐欺の事実を知り、または知ることができたこと**が必要である(96条２項)。この趣旨は、相手方が直接詐欺を行ったわけではないため、取引の安全を考慮して取消しの範囲を限定する点にある。

平成29年改正事項	第三者の詐欺による意思表示	B2

➡ 部会資料66Ａ・３頁、一問一答24頁、潮見・改正法11頁

改正前民法96条２項は、第三者の詐欺による意思表示について「相手方がその事実を知っていたときに限り」取り消すことができるとしていた。

第三者の詐欺による意思表示を取り消す要件をどのようにするかは、表意者が錯誤に陥った経緯について関知しない相手方の利益と、表意者の利益をどのように調整するかという問題である。この点、心裡留保においては、相手方がその意思表示が心裡留保であることを知っていた場合だけでなく、過失によって知らなかった場合にも無効主張が認められる(93条１項ただし書)。これと比較すると、第三者の詐欺による意思表示の場合は、表意者はだまされて意思表示をしたのであり、みずから虚偽の意思表示をした心裡留保と比べて帰責性は小さいといえる。したがって、第三者に騙された表意者の利益は、心裡留保をした表意者の利益と比べて、少なくとも同程度に保護すべきである。

そこで、平成29年改正民法は、心裡留保の場合との均衡を考慮して、第三者の詐欺による意思表示の場合には、相手方が悪意の場合だけでなく、詐欺の事実を「知ることができたとき」にも取り消すことができるとした(96条２項)。

4－28　第三者の詐欺による意思表示

改正前民法		H29改正民法
相手方に対する意思表示について第三者が詐欺を行った場合においては、相手方がその事実を知っていたときにかぎり、その意思表示を取り消すことができる（96Ⅱ）。	⇒	相手方に対する意思表示について第三者が詐欺を行った場合においては、相手方がその事実を知り、または知ることができたときにかぎり、その意思表示を取り消すことができる（96Ⅱ）。

第三者による詐欺は、表意者がだまされて意思表示をしたものであって、心裡留保に比べて帰責性は小さいといえる。そこで、少なくとも心裡留保と同程度に保護すべきという利益衡量から相手方が悪意の場合のみならず、詐欺の事実を知ることができた場合にも表意者の取消しを認めた。

【5】善意無過失の第三者の保護

(1)　総説

詐欺による意思表示の取消しは、**善意無過失**の第三者に対抗することができない（96条3項）。この趣旨は、意思表示が有効であることを前提として、それが取り消しうるものであると知らずに取引をした第三者の信頼を保護する点にある。

たとえば、Aが、Bにだまされて、自己の所有する甲不動産をBに売却したところ、Bは、何も事情を知らないCに甲不動産を売却してしまったとする。

この場合には、AB間の売買契約は詐欺により取り消すことができる（96条1項）から、Aが意思表示を取り消せば、売買契約は遡及的に無効となり、Bは甲不動産の所有権を取得できない（121条）。そのため、Cは、無権利者から甲不動産を購入したこととなり、甲不動産の所有権を取得できないはずである。しかし、このような結論は、Cの取引の安全を害することとなり妥当でない。

そこで、96条3項は、このような場合にはAにも錯誤に陥った点で少なからず帰責性があるといえることから、詐欺による意思表示の取消しを善意無過失のCに対抗できないこととした。その結果、Cは甲不動産の所有権を取得することができ、Aは甲不動産の所有権を失うこととなる。

(2)　善意無過失の「第三者」（96条3項）の意義

(a)　「第三者」の意義

第三者が保護されるためには、96条3項の「第三者」に該当する必要がある。ここでいう「第三者」とは、**詐欺による意思表示が有効である間に、新たに法律上の利害関係を有するにいたった者**をいう。たとえば、詐欺者が詐欺によって目的物を取得した場合に当該目的物を譲り受けた者や、差押債権者、抵当権の設定を受けた者などがあげられる。

← 「第三者」とは
●論点Aランク
（論証15）

これに対して、一般債権者は第三者にあたらない。判例は、第1順位の抵当権者が詐欺によって抵当権を放棄した場合に、順位が上昇した第2順位の抵当権者は、新たに契約をして取得した利益ではなく、反射的な利益を得ているにすぎないとして、第三者にあたらないとした。

→ 大判明治33年5月7日
民録6輯5巻15頁

(b)　善意無過失

← 平成29年改正

第三者が保護されるためには、**善意無過失**である必要がある（96条3項）。善意無過失が要求される理由は、詐欺により錯誤に陥った表意者の帰責性は心裡留保や虚偽表示の表意者の帰責性より小さいことから、第三者が保護されるための要件を加重して均衡を図る点にある。

平成29年改正事項　第三者保護規定　B2

➡ 部会資料66A・5頁、一問一答24頁、潮見・改正法12頁

改正前民法96条３項は、詐欺取消しを「善意の第三者」に対抗できないと規定しており、文言上、第三者の過失の有無を問題としていなかった。

しかし、虚偽表示の表意者と比べて、詐欺による意思表示をした表意者は、帰責性が小さいといえる。そのため、詐欺による意思表示を信頼した第三者を保護するにあたっては、当該第三者の信頼が94条２項の第三者よりも保護に値するものであることを要求しなければ、バランスを欠くとの指摘があった。

そこで、平成29年改正民法は、虚偽表示の場合との均衡を考慮して、第三者の主観的要件として善意無過失を要求した（96条３項）。

４－29　第三者保護規定

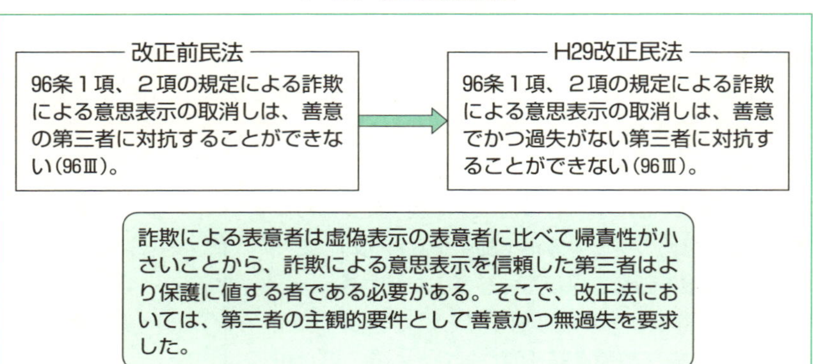

(c)　**登記の要否**

94条２項と同様に、目的物が不動産の場合に96条３項の第三者が保護されるための要件として登記を具備することまで必要かという問題がある。

この点について、通説は、96条３項が適用される場合には表意者と第三者とは対抗関係になく（前主後主の関係）、取引の安全の保護という趣旨からも**登記は不要**と解する（不要説）。

➡ 川島・民法総則301頁、四宮・民法総則188頁

これに対して、本来ならば取り消されて権利を失うはずの第三者が例外的に保護されるためには、できるだけのことをしたということが必要であり、みずからの権利を保護するための要件として登記が必要であると解する見解もある（権利保護〔資格〕要件説）。

➡ 我妻・講義Ⅰ312頁、川井・民法総則190頁、近江・講義Ⅱ97頁

この点について、判例は、96条３項の第三者について「対抗要件を備えた者に限定しなければならない理由は、見出し難い」としており、不要説を採用したもののように読める。しかし、この判例は、詐欺による農地売買がなされた事案であるところ、農地売買は知事の許可がなければできないため（農地５条）、詐欺をした買主が仮登記をし、第三者は付記登記を備えていた。このことから、判例は第三者ができるかぎりのことをしていた事例において保護を肯定したにすぎず、およそいっさいの登記をしていない第三者について保護を認めたものではないとの評価もある。

➡ 最判昭和49年９月26日（後出重要判例）

➡ 判批（法協93巻５号823頁［星野］

★重要判例(最判昭和49年9月26日〔判例シリーズ6事件〕)

「おもうに、民法96条第1項、3項は、詐欺による意思表示をした者に対し、その意思表示の取消権を与えることによって詐欺被害者の救済をはかるとともに、他方その取消の効果を『善意の第三者』との関係において制限することにより、当該意思表示の有効なことを信頼して新たに利害関係を有するに至った者の地位を保護しようとする趣旨の規定であるから、右の第三者の範囲は、同条のかような立法趣旨に照らして合理的に画定されるべきであって、必ずしも、所有権その他の物権の転得者で、かつ、これにつき対抗要件を備えた者に限定しなければならない理由は、見出し難い。」

「本件売渡担保契約により、Yは、Aが本件農地について取得した右の権利を譲り受け、仮登記移転の附記登記を経由したというのであり、これにつきXが承諾を与えた事実が確定されていない以上は、YがXに対し、直接、本件農地の買主としての権利主張をすることは許されないとしても……本件売渡担保契約は当事者間においては有効と解しうるのであって、これにより、Yは、もし本件売買契約について農地法5条〔現3条〕の許可がありAが本件農地の所有権を取得した場合には、その所有権を正当に転得することのできる地位を得たものということができる。

そうすると、Yは、以上の意味において、本件売買契約から発生した法律関係について新たに利害関係を有するに至った者というべきであって、民法96条3項の第三者にあたると解するのが相当である。」

【争点】 不動産について対抗要件を備えていない第三者は96条3項の第三者にあたるか。

【結論】 あたる。

【備考】 本件事案では、第三者は売渡担保契約により農地について仮登記移転の附記登記を経由していた。

➡ 百選Ⅰ23事件

(d) 第三者となるべき時期

(i) 96条3項の「第三者」の範囲

●論点Aランク(論証16)

「第三者」は、いつまでに利害関係に入れば保護されるのか。

この点について、96条3項の趣旨は、意思表示が有効であることを前提として、それが取り消しうるものであると知らずに取引をした第三者の信頼を保護する点にある。言い換えると、取消しによる遡及的無効の結果として、第三者の法的地位が覆されてしまうのを防ぐという点にある。

このような趣旨からすれば、96条3項の「第三者」は、詐欺による意思表示が有効である間に現れた者、すなわち**取消前の第三者**をいうと解される。したがって、意思表示が取り消された後に現れた者(いわゆる取消後の第三者)は、96条3項の「第三者」にあたらない。たとえば、AがBの詐欺によって甲不動産をBに譲渡したものの、詐欺に気づいて意思表示を取り消した。しかし、Bは、甲不動産の所有権移転登記が抹消されていなかったことから、Cに甲不動産を譲渡したとする。この場合におけるCは、取消後の第三者であるから、96条3項の「第三者」にあたらない。

(ii) 取消後の第三者

前述したように、96条3項の「第三者」について、取消前の第三者をいうと解すると、詐欺取消後に利害関係を有するにいたった第三者は96条3項によって保護されないことになる。しかし、常に第三者が保護されないとすると、取引の安全を害することになる。そこで、一定の場合には第三者を保護すべきであるが、そのための法律構成をいかに解すべきかが問題となる。

➡ 大判昭和17年9月30日(百選Ⅰ55事件)

➡ 我妻・講義Ⅰ313頁、316頁

この点について、判例・通説は、このような場合を**177条の対抗問題**とし、AとCのいずれが先に対抗要件を備えたかによって優劣を決する(177条適用説)。

判例・通説は、Aの取消しによってあたかもBから不動産の所有権が戻ってくるように考えるのです。そのため、これを**復帰的物権変動論**とよぶこともあります。この理論は、取消しの遡及効は、あくまでも法的な擬制であって、現実には取り消されるまでは取り消しうる行為も有効に存在していたのであり、取消しの時点であたかも所有権の復帰があったかのように考えることもできるとするのです。

←「復帰的物権変動論」とは

4−30

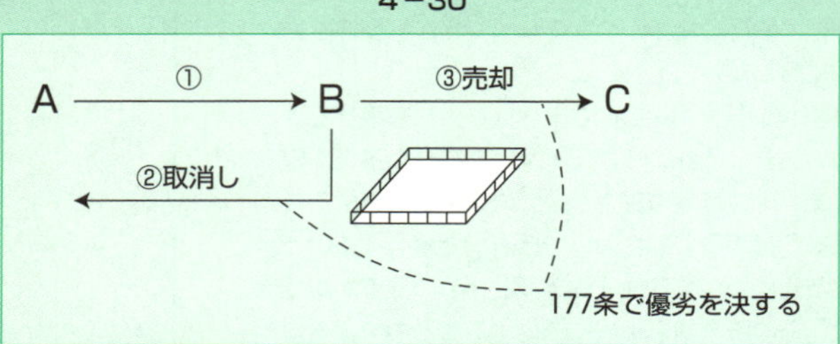

この判例・通説のポイントは、第三者は悪意であっても保護されてしまうことになる点ですが(177条の「第三者」について悪意者包含説を前提とします)、これは、取り消したにもかかわらず、登記を元に戻さないAよりも、Cのほうを保護すべきであるという価値判断がはたらいているからです。すなわち、判例・通説の考え方は、登記と実体とはできるだけ一致させるべきである、という強い要請があることを前提に、その要請に適うような方向で解釈しているわけです。たとえ契約を取り消したとしても、登記を元に戻さないかぎりは土地を取られてしまうことがある、ということを示せば、取消しをした者はすぐに登記を取り戻そうとするであろう、すなわち実体と登記が一致する方向にはたらいていくことになるわけです。判例・通説の立場は、当事者間における個別的な取引安全よりも、登記で決するという画一的な処理によって、不動産取引秩序全体の安全をめざしているといえます。

なお、判例・通説の立場であっても、Cが背信的悪意者である場合には、「第三者」(177条)には該当しませんので(背信的悪意者排除論)、保護されません。

➡『物権法』2章4節5【2】

以上に対して、前述した**94条２項の類推適用**により、登記名義をBのままにしておいてこれを復帰させなかったAよりも善意の第三者Cを勝たせるべきであるという見解(94条２項類推適用説)も有力である。

➡ 幾代・民法総則436頁、川井・民法総則195頁、内田・民法Ⅰ94頁

この有力説は、取消しの遡及的無効という点を徹底して、Bは無権利者になったのであるから、第三者Cを無権利者Bからの譲受人と構成して、94条２項を類推適用するものです。この立場をとった場合には、第三者の善意だけでなく、本人Aの帰責性を要求します。たとえ第三者Cが善意であったとしても、本人Aの側に、取り消したにもかかわらず、登記を放置しておいたという帰責性がないかぎり、第三者Cは保護されないのです。

4−31

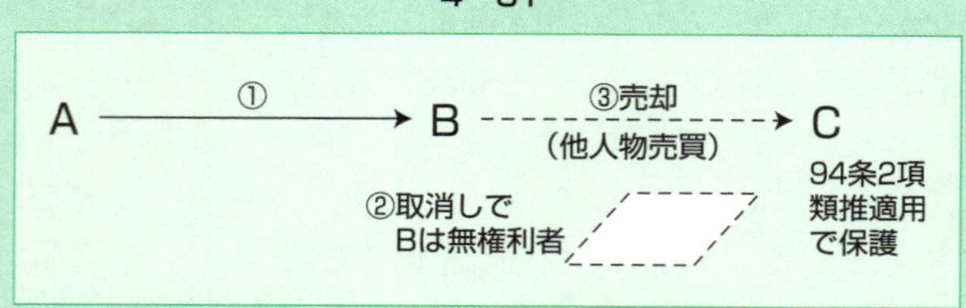

なお、この有力説に立った場合には、不動産については94条２項を類推適用しますが、動産については即時取得(192条)で保護されることになります。

取消後の第三者の保護について、177条適用説に立つのか、94条２項類推適用説に立つのかは、その内容を十分に理解しつつ、立場を決めておく必要がある。

取消後、被詐欺者が登記を復帰させる前に登場した第三者の保護をいかにして図るか。

●論点Aランク

A説　177条適用説(判例・通説)

▶結論：被詐欺者と第三者は対抗関係に立ち、登記を先に備えたほうが勝つ。

▶備考：177条の「第三者」の意義について悪意者包含説に立てば、第三者は悪意者でも保護されることになるが、背信的悪意者の場合には保護されないことになる(背信的悪意者排除論)。

▶理由：①取消しの遡及効は法的な擬制にすぎず、取り消されるまでは取り消すことができる行為も有効であるから、取消時点であたかも所有権の復帰があったのと同様に扱うことができる。そうだとすれば、詐欺取消しの相手方を起点とする二重譲渡があったのと同様に解することができる。

②取り消された以上、これによる法律関係の変動は迅速に公示し取引の安全を図るべきであり、これを怠る者は不利益を受けてもやむをえない。

③登記の有無という画一的基準で優劣を決するほうが不動産取引秩序の安定に資する。

▶批判：①取消前の第三者について取消しの遡及効を認めながら、取消後の第三者についてのみ取消しの遡及効を貫徹しないことは矛盾する。

②取消後の第三者は、悪意であっても登記を具備すれば保護されることになり、不当である。

→ 大判昭和17年9月30日(前出)

→ 我妻・講義Ⅰ313頁、316頁

B説　94条2項類推適用説

▶結論：94条2項の類推適用により、登記名義をBのままにしておいてこれを復帰させなかったAよりも善意の第三者Cを勝たせるべきである。

▶備考：この説は、更に細かく分かれ、①詐欺されたAの取消しの前後を問わず、Aの登記除去可能な時以降は94条2項の類推適用があるという見解と、②Aの取消時を基準とし、取消後Aが登記を放置していたときに94条2項が類推適用されるという見解がある。

▶理由：①取消しの遡及効に適合的である。

②第三者の善意・悪意や過失の有無を考慮したきめ細かな調整ができる。

▶批判：被詐欺者には、虚偽の外観を作出した者ほどの帰責性はなく、94条2項を類推する基礎を欠く。

→ 幾代・民法総則436頁

→ 川井・民法総則195頁、内田・民法Ⅰ94頁

詐欺と第三者

	適用条文	主観的要件	登記の要否
取消前の第三者	96Ⅲ	善意無過失	不要(通説)
取消後の第三者	177(判例・通説)	善意・悪意を問わない(ただし、背信的悪意者排除は排除される)	必要(177)

改正前民法では、錯誤による意思表示は無効とされていましたので、ある意思表示が、錯誤による無効の要件と詐欺による取消しの要件の双方をみたす場合に、いずれを優先的に適用すべきかという問題が論じられました。**錯誤と詐欺の二重効**という問題です。

この点について、無効な行為を取り消すことはできないという考え方も主張されましたが(二重効否定説)、いずれを適用するかは表意者の選択に委ねるべきであり、両方を主張してもよいという見解(二重効肯定説)が有力でした。

平成29年改正民法では、錯誤も、詐欺と同様に、意思表示の取消原因とされましたので(95条1項)、上記のような理論上の問題は解消されました。また、錯誤の場合にも、取消しと同様に、第三者保護規定が設けられましたので(95条4項)、いずれを主張しても効果の点では差がない(実益がない)ことになりました。

→ 我妻・講義Ⅰ311頁

平成29年改正民法のもとでも、表意者は、より立証のしやすいほうを選択すればよいし、両方を主張してもよいと解すべきです(二重効肯定説)。

➡ 平野・民法総則205頁、中舎・民法総則219頁、リーガルクエスト民法Ⅰ 184頁[山下]

7 強迫(96条)

【1】意義

強迫とは、違法に相手方を畏怖させて意思表示をさせる行為をいう。たとえば、Aが、Bに対して、Bの所有する絵画甲について「譲らないと痛い目を見ることになる」と申し向け、Bから甲を購入する場合があげられる。

← 「強迫」とは

【2】要件

➡ リーガルクエスト民法Ⅰ 187頁[山下]

⑴ 表意者に対する違法な強迫行為があること

強迫という用語は、もともと強暴・脅迫を縮めた造語である。したがって、強迫行為には、暴力行為や言葉によって脅す行為が含まれる。また、積極的な行為だけでなく、無言の圧力のような消極的な行為も含まれる。

強迫行為は、表意者の自由な意思形成を妨げる程度であれば足り、表意者の意思選択の自由を完全に奪うことまでは必要なく、表意者の意思選択の自由が完全に奪われた場合には、そもそも意思の不存在として当然に無効となる(判例)。

➡ 最判昭和33年7月1日 民集12巻11号1601頁

自由な意思形成が妨げられたか否かは、当該表意者を基準として判断するのであって、通常人を基準とするのではない。

また、違法性の有無は、行為の目的の正当性と手段の正当性とを相関的に考察して判断される。たとえば、債権者が債務者に対して債務の履行を求めることは、目的は正当であるが、そのために身体的危害を加える旨の言動を用いることは、手段として正当ではないため、違法となる(裁判例)。さらに、罪を犯した者を告訴・告発することは手段は正当であるが、告訴・告発すると告げて相手方から不当な利益を得ようとするときは、目的が正当ではないため、違法となる(判例)。

➡ 神戸地判昭和62年7月7日 判タ665号172頁

➡ 大判大正6年9月20日 民録23輯1360頁

⑵ 強迫行為により表意者が畏怖したこと

強迫行為によって表意者が畏怖したという因果関係が必要である。

⑶ 表意者が畏怖により意思表示をしたこと

表意者が畏怖したことによって意思表示をしたという因果関係が必要である。

⑷ 強迫行為者に故意があること

詐欺と同様に、強迫行為者に2段階の故意が必要である。第1に、**表意者を畏怖させようとする故意**が必要である。第2に、**当該畏怖に基づいて意思表示をさせようとする故意**が必要である。いずれかの故意が欠ければ、強迫にはあたらない。

【3】効果——当事者間

強迫による意思表示は、**取り消すことができる**(96条1項)。この趣旨は、被強迫者を保護する点にある。

取消権を行使することができるのは、表意者本人またはその代理人もしくは包括承継人である(120条2項)。取り消された行為は、はじめから無効であったものとみなされる(121条)。もっとも、表意者は追認することができる(122条)。また、取消権には、追認できる時から５年間、行為時から20年間の期間制限がある(126条)。

【４】第三者による強迫

詐欺の場合と異なり、第三者が強迫行為を行った場合であっても、追加的な要件が課されることなく、表意者は意思表示を取り消すことができる(判例)。この趣旨は、詐欺の場合よりも強迫の場合のほうが表意者を保護する必要性が高い点にある。

→ 最判平成10年５月26日(百選Ⅱ81事件)

【５】第三者保護規定の不存在

詐欺の場合と異なり、強迫の場合には第三者保護規定が設けられていない(96条３項は「詐欺による」意思表示としており、強迫による意思表示を含めていない)。したがって、**強迫の場合は、取消しの効果を善意無過失の第三者に対しても対抗することができる**。この趣旨は、強迫の場合、表意者の帰責性は詐欺の場合以上に小さく、表意者を犠牲にして第三者の信頼を保護するのは適当でない点にある。

ただし、取消後の第三者については、詐欺の場合と同様に、177条の対抗問題として処理されると解される(177条適用説)。

	詐欺	強迫
取消前の第三者	96Ⅲ	保護規定なし
取消後の第三者	177	177

なお、強迫による取消前の第三者は、上記のように、一般的には保護されないのですが、動産については192条(即時取得)の類推適用によって保護される余地があります。ここで、なぜ適用ではなく、類推適用になるかというと、この場合の第三者は、取消前に利害関係に入っているため、自分が利害関係に入った時点においては、契約はいちおう有効であったからです。したがって、自分の前主の無権利について善意無過失という、本来の即時取得のようなことはありえないわけです。自分が契約をした時点では、前主がなした契約は有効だったわけであり、前主は権利者であったのですから、192条の類推適用という処理をすることになります。すなわち、第三者が**原権利者と前主との間の譲渡行為に取消原因があること**について善意無過失ならば、192条の類推適用によって保護されることになるのです。

また、強迫の場合には、その**強迫の程度がきわめて強い場合**には、本人の有効な意思表示がなかったと考えざるをえない場合もあります。この場合には、前に触れたように、**その意思表示は当然無効**になってしまいます(判例)。結局、強迫の場合には、取消しの場合のほか、当然無効になる場合もあることを理解しておいてください。

→ 最判昭和33年７月１日(前出)

8 消費者契約法上の規定

消費者契約法は、民法の特別法であり、試験対策という観点からは、出題可能性は低いと思われます。錯誤や詐欺・強迫などとの違いについて、概括的に理解しておけば足ります。

【1】消費者契約法の概要

消費者契約法は、「消費者と事業者との間の情報の質及び量並びに交渉力の格差に鑑み、事業者の一定の行為により消費者が誤認し、又は困惑した場合等について契約の申込み又はその承諾の意思表示を取り消すことができることとする」等により、「消費者の利益の擁護を図り、もって国民生活の安定向上と国民経済の健全な発展に寄与することを目的」とする法律である(消費契約1条)。

消費者契約法は、消費者が「誤認」した場合と「困惑」した場合に、それぞれ意思表示を取り消すことができる旨の規定を設けている。これらの規定は、民法上の錯誤(95条)や詐欺・強迫(96条)による意思表示の取消し規定を補完するかたちで作用する。

【2】誤認に関する規定

事業者が消費者契約の締結について消費者に誤認を生じさせる勧誘行為をし、消費者がそれによって意思表示をしたときは、消費者は意思表示を取り消すことができる。

誤認を生じさせる勧誘行為には、①不実告知(消費契約4条1項1号)、②断定的判断の提供(消費契約4条1項2号)、③不利益事実の不告知(消費契約4条2項)という3つの類型がある。

⑴ 不実告知(消費契約4条1項1号)

不実告知とは、重要事項について事実と異なることを告げることをいう。消費者は、不実告知によって当該告げられた内容が事実であるとの誤認をし、それによって意思表示をしたときは、当該意思表示を取り消すことができる。

← 「不実告知」とは

⑵ 断定的判断の提供(消費契約4条1項2号)

断定的判断の提供とは、物品、権利、役務その他の当該消費者契約の目的となるものに関し、将来におけるその価額、将来において当該消費者が受け取るべき金額その他の将来における変動が不確実な事項につき断定的判断を提供することをいう。消費者は、断定的判断の提供によって当該提供された断定的判断の内容が確実であるとの誤認をし、それによって意思表示をしたときは、当該意思表示を取り消すことができる。

← 「断定的判断の提供」とは

⑶ 不利益事実の不告知(消費契約4条2項)

不利益事実の不告知とは、ある重要事項または当該重要事項に関連する事項について消費者の利益となる旨を告げ、かつ、当該重要事項について消費者の不利益となる事実(当該告知により当該事実が存在しないと消費者が通常考えるべきものにかぎる)を故意または重大な過失によって告げないことをいう。消費者は、不利益事実の不告知によって当該事実が存在しないとの誤認をし、それによって意思表示をしたときは、当該意思表示を取り消すことができる(4条2項本文)。ただし、当該事業者が当該消費者に対し当該事実を告げようとしたにもかかわらず、当該消費者がこれを拒んだときは、取り消すことができない(4条2項ただし書)。

← 「不利益事実の不告知」とは

【3】困惑に関する規定等

事業者が消費者契約の締結について消費者を困惑させる勧誘行為をし、消費者がそれによって意思表示をしたときは、消費者は意思表示を取り消すことができる。

消費者を困惑させる勧誘行為には、①不退去(消費契約4条3項1号等)、②監禁(消費契約4条3項2号)という2つの類型がある。また、便宜上、過量取引についても説明する。

⑴ 不退去(消費契約4条3項1号)

不退去とは、事業者に対し、消費者が、その住居またはその業務を行っている場所から退去すべき旨の意思を示したにもかかわらず、それらの場所から退去しないことをいう。消費者は、不退去によって困惑し、それによって意思表示をしたときは、当該意思表示を取り消すことができる。

← 「不退去」とは

⑵ 監禁(消費契約4条3項2号)

監禁とは、事業者が消費者契約の締結について勧誘をしている場所から消費者が退去する旨の意思を示したにもかかわらず、その場所から消費者を退去させないことをいう。消費者は、監禁によって困惑し、それによって意思表示をしたときは、当該意思表示を取り消すことができる。

← 「監禁」とは

⑶ 過量取引(消費契約4条4項)

事業者が消費者契約の勧誘をする際に、物品、権利、役務その他の消費者契約の目的となるものの分量、回数または期間がその消費者にとっての通常の分量等を著しく超えるものであることを知っていた場合には、消費者は意思表示を取り消すことができる(消費契約4条4項)。このような取引を**過量取引**という。

← 「過量取引」とは

3. 内容に関する有効要件

改正前民法下における伝統的な通説は、契約である場合を念頭に、内容に関する有効要件(客観的有効要件)として、その内容の確定性、実現可能性、適法性および社会的妥当性を必要とすると解していた。

平成29年改正民法下においても、後述するように、なお同様に考える見解もあるが(実現可能性も内容の有効要件としてあげる)、一般には、これから述べる、1確定性、2適法性(91条)、3社会的妥当性(90条)のみを問題とし、実現可能性は内容に関する有効要件としてあげられていない。

内容に関する有効要件のいずれか1つでも欠いた場合には、無効となります。

内容に関する有効要件(客観的有効要件)は、契約の内容面に着目して、どのような契約の内容であれば法的保護に値するか(有効な契約として認められるか)ということを検討していくものですが、これは、民法第3編(債権)の第1章(総則)第1節の表題「債権の目的」、つまり給付の要件に対応します。本シリーズの『債権総論』では、給付の要件として、給付の適法性、給付の実現可能性、給付の確定性にまとめて説明していますが(給付の実現可能性は、給付の要件としていません)、給付の適法性は、2適法性(91条)と3社会的妥当性(90条)をまとめたものです。

内容に関する有効要件(あるいは法律行為の有効要件)として、本書では、両者を分ける伝統的な立場(二元説)によって説明することにします。すなわち、強行規定違反(91条反対解釈)は2に関するものであり、公序良俗違反(90条)が3に関するものとする立場です。

なお、近時の有力説は、強行規定違反は公序良俗違反の一類型であり、強行規定違反という類型は独自の意義を有しないと解しています。要するに、適法性は、公序良俗違反(90条)の問題であり、強行規定違反については、法規に違反しているかを考慮しながら当該法律行為が公序良俗に違反しないか否かを判断すべきであるという立場です(一元説)。

ちなみに、経済性は、内容に関する有効要件(法律行為の対象となる給付の要件)とはなりません。つまり、「債権は、金銭に見積もることができないものであっても、その目的とすることができる」のですから(399条)、法律行為の内容として経済性をもつ必要はないのです。

➡『債権総論』1章1節4【1】、【2】、【3】

➡ 川井・民法総則138頁、145頁、四宮=能見・民法総則301頁、306頁、近江・講義Ⅰ172頁、175頁、Sシリーズ民法Ⅰ152頁、157頁[安永]

➡ 佐久間・総則188頁、平野・民法総則129頁、中舎・民法総則249頁

1 確定性

【1】総説

法律行為の内容は、**確定可能**でなければならない。そうでなければ、権利を確定し、強制的に権利を実現することはできないからである。換言すれば、内容の不確定な法律行為は、法律行為の効果を帰属させるのが不適当であるため、無効とされるのである。

たとえば、AがBとの間で、「自分の所有する土地を売却する」という内容の契約を締結したとする。その場合に、Aが数か所に土地を所有しており、どの土地が売却の対象と考えられるのかについて、契約の解釈によっても確定できない場合には、売買契約は無効である。

このように、内容の不確定な法律行為は無効となるというルールが内容の確定性である。

【2】法律行為(契約)の解釈との関係

もっとも、契約の文言などが明確でなくても、多くの場合には、法律行為(契約)の解釈の際に、当事者の目的、慣習、任意規定、条理などを用いて、法律行為(契約)内容を補充・確定することができる(補充的契約解釈)。この場合には、契約は無効とはならない。

法律行為の解釈は、1節3で説明しました。法律行為の解釈は、確定性に関係する問題なのです。

【3】確定の範囲

法律行為の内容の全部が確定している必要があるか、それとも重要な部分について確定していればよいかという問題がある。

一般には、全部が確定している必要はなく、当事者の定めた標準で確定しうるものであればよいと解されている。この点について、大審院判例は、分家に際し、不動産100円以上200円以下その他動産などを分家維持に不都合のないように贈与する旨の贈与契約をした事例において、「契約ニ依リ当事者カ或物ヲ給付スヘキコトヲ約シタル場合ニ於テ当初給付スヘキ物カ具体的ニ確定セサルモ其約旨カ或標準ニ従ヒ之ヲ確定シ得ヘキモノナルトキハ債権関係ノ発生ヲ妨ケサルヲ以テ債権者ハ其標準ニ従ヒ確定セラルヘキ物ノ給付ヲ請求スルノ権利アルモノトス」としている。

➡ 四宮＝能見・民法総則297頁

➡ 大判大正5年3月14日民録22巻360頁

ところで、改正前民法下の伝統的な通説は、内容に関する有効要件として、内容の**実現可能性**を問題にしていました。

改正前民法では、性質上、一般的には実現可能であるものの、契約締結時点で目的物が存在していなかった場合において、当該債権が有効か争われていました。たとえば、買主Aが売主BからBの所有する離島の別荘を購入したところ、実は売買の前日、火事で当該別荘が焼失していた場合があげられます。

伝統的な通説は、**原始的不能**(契約成立時に履行がすでに不可能な場合)と**後発的不能**(契約成立後に履行が不可能となった場合)を区別し、契約締結時点で給付が不可能であった原始的不能の場合には、契約は無効で、債権も発生しないと解していました。これに対して、従来の有力説は、原始的不能であっても契約は有効であり、債権が発生すると解していました(目的物の滅失について債務者に帰責性があれば、債務不履行となります)。

← 平成29年改正

平成29年改正民法は、有力説の立場を採用し、原始的不能であっても契約は有効に成立し、債務者に帰責性があれば債務不履行責任を追及することができることとしました(412条の2第2項)。

➡ 部会資料75A・2頁、83-2・35頁、一問一答73頁、潮見・改正法62頁

したがって、契約に関しては、実現可能性は有効であるための要件とはいえないと解されています。ですから、ほとんどの基本書では、実現可能性(内容の実現可能性)を、内容に関する有効要件としてあげていないか、不要とされたと説明しています(原始的不能の概念は放棄されたともいわれます)。つまり、原始的不能と後発的不能を区別する必要はないとされているのです。

➡ 佐久間・総則182頁、平野・民法総則183頁、中舎・民法総則115頁、SシリーズＳ民法Ｉ152頁[安永]リーガルクエスト民法Ｉ137頁[山下]

ただし、基本書のなかには、結論的には上記と同様の立場になるのですが、412条の2第2項について、「原始的不能＝契約無効の法律を維持したまま、原始的不能が当該債務者の帰責事由によるときは、損害賠償だけは認める、しかも履行利益の賠償を認めることを明らかにしたという理解」(解釈)もありうると説明しているものもあります。また、

➡ 四宮＝能見・民法総則299頁

実際に、平成29年改正民法下においても、なお原始的不能の概念をあげ、実現可能性を法律行為の有効要件としてあげる立場もあります(この立場では、従来どおり、後発的不能の場合にのみ法律行為として有効に成立することになります)。平成29年改正では、412条の2第2項は、契約の成立時に不能(原始的不能)であったことは、履行請求そのものは不能だが、不能によって生じた損害の賠償を請求することを妨げないことを規定したものと理解するのです。

今後更に議論されるところだと思いますが、本書(および本シリーズ)では、一般的な理解に立って、原始的不能の概念を不要とし(後発的不能と区別する実益はないと考えます)、実現可能性を内容に関する有効要件としてあげないことにします。

なお、一般的な理解では、一部不能の場合にも、原始的不能であるか後発的不能であるかによる区別はされません。いずれの場合にも、契約を有効としたうえで、412条の2(履行不能)、415条(債務不履行による損害賠償)、542条1項3号、542条2項1号(催告によらない解除)で処理されることになります。履行不能や債務不履行による損害賠償は債権総論で、催告によらない解除(無催告解除)は、債権各論(契約総論)で学習します。

→ 近江・講義Ⅰ171頁、新ハイブリット民法総則130頁[小野]、石口・要論Ⅰ149頁

→ 佐久間・総則183頁

→ 『債権総論』2章3節[1]、[2]

→ 『債権各論』1章4節[2]【2】【3】

2 適法性(91条)

前に触れたように、本書では、内容に関する有効要件(あるいは法律行為の有効要件)として、適法性と社会的妥当性とを分ける伝統的な立場(二元説)によって説明することにします。強行規定違反(91条反対解釈)は適法性に関するものであり、公序良俗違反(90条)が社会的妥当性に関するものとする立場です。

これに対して、強行規定違反は公序良俗違反の一類型であり、強行規定違反という類型は独自の意義を有しないという立場(一元説)は、起草者は強行規定違反の法律行為はすでに90条により無効であると考えて、そのうえで、91条は、92条における慣習の特別の効力と対比させるかたちで、当事者の意思が任意規定に優先するための要件を定めたにすぎない(法規に違反する法律行為であっても例外的に有効になる場合があることを定めたにすぎない)と捉えています。

一元説か二元説かで考え方を異にしますので、基本書を読む際には注意してください。

→ 川井・民法総則138頁、145頁、四宮=能見・民法総則301頁、306頁、近江・講義Ⅰ172頁、175頁、Sシリーズ民法Ⅰ152頁、157頁[安永]

→ 佐久間・総則188頁、平野・民法総則129頁、中舎・民法総則249頁

【1】総説――91条の趣旨

法律行為については、原則として、当事者の意図したとおりの効力が認められる(**法律行為自由の原則**)。特に契約に関しては、当事者の自由な意思に従って契約関係が形成される(**契約自由の原則**。その内容については、前述した)。しかし、法律行為の自由あるいは契約自由といっても無制限に認められるわけではなく、国家、社会上の目的からして好ましくない行為には、法は効力を与えず、これを無効とする。

← 「法律行為自由の原則」とは

← 「契約自由の原則」とは

→ 1章1節[2]【3】

このような法律行為の限界をかたちづくるものとして、公序良俗に反する行為が無効とされる(90条)。そのほか、公の秩序に関する規定(強行規定)に反する行為も無効とされる。

後者については、民法中に明確な規定は存在しないが、91条は、法律行為の当事者が「法令中の公の秩序に関」する規定(強行規定)と異なった意思を表示しても、その法律行為は本来の効力を生じないという趣旨を含んでいると解されている。すなわち、強行規定違反の法律行為は無効である(91条反対解釈。なお、91条の書かれざる原則規定により無効になると説明するものもある)。

【2】強行規定

⑴ 意義

強行規定とは、公の秩序に関する規定をいう。

すなわち、強行規定は、すでに述べた任意規定(当事者の意思によって排除できる法規)に対し、当事者の意思に左右されずに適用される規定である。

⑵ 任意規定との区別

民法の規定において、任意規定と強行規定との区別は、明文のある場合のほかは、必ずしも明白とはいえず、法規の趣旨により判断すべきである。

おおまかにいえば、財産法上、取引の基礎をなす物権法に強行規定が多く、契約に関する債権法に任意規定が多いといえる。また、社会の倫理を基礎とする身分法は、原則として強行規定である。ただし、債権法の分野の規定にも強行規定は存在する。判例は、やむをえない事由があっても脱退をすることができない組合契約は、強行規定である678条に反するとした。

← 「強行規定」とは

➡ 1節③【4】

➡ 1節③【4】

➡ 最判平成11年2月23日(後出重要判例)

★重要判例(最判平成11年2月23日〔百選Ⅰ17事件〕)

「民法678条は、組合員は、やむを得ない事由がある場合には、組合の存続期間の定めの有無にかかわらず、常に組合から任意に脱退することができる旨を規定しているものと解されるところ、同条のうち右の旨を規定する部分は、強行法規であり、これに反する組合契約における約定は効力を有しないものと解するのが相当である。けだし、やむを得ない事由があっても任意の脱退を許さない旨の組合契約は、組合員の自由を著しく制限するものであり、公の秩序に反するものというべきだからである。」

「本件規定〔会員の権利の譲渡及び退会に関して、オーナー会議で承認された相手方に対して譲渡することができる。譲渡した月の月末をもって退会とする。(これは、不良なオーナーをふせぐ為である。)との規定〕は、これを三1のとおりの趣旨〔本件規定は、本件クラブからの任意の脱退は、会員の権利を譲渡する方法によってのみすることができ、それ以外の方法によることは許さない旨を定めたものである〕に解釈するとすれば、やむを得ない事由があっても任意の脱退を許さないものとしていることになるから、その限度において、民法678条に違反し、効力を有しないものというべきである。このことは、本件規定が設けられたことについて一4のとおりの理由〔本件規定が設けられたのは、本件クラブが、資産として本件ヨットを有するだけで、資金的・財政的余裕がなく、出資金の払戻しをする財源を有しないこと、本件クラブでは、会員の数が少ないと月会費や作業の負担が増えるので,会員の数を減らさないようにする必要があることによるものである〕があり、本件クラブの会員は、会員の権利を譲渡し、又は解散請求をすることができるという事情があっても、異なるものではない。」

【争点】 やむをえない事由があっても任意の脱退を許さない旨の組合契約における約定の効力。

【結論】 無効である。

以上のような強行規定と区別すべきものとして、次にあげる取締規定や脱法行為がある。

【3】取締規定

⑴ 意義

取締規定とは、行政上の目的によって私法上の行為を制限する規定をいう。これは、強行規定と同様に行為を禁ずる行為ではあるものの、行政上の見地から行為を取り締まるのであって、倫理的にただちに不法とはいえないものである。

← 「取締規定」とは

たとえば、一定の行為について国家が免許を要求したり、物資の流通や価格を統制したりする法規である。

強行規定と取締規定とを区別する基準について、通説は、法規の立法趣旨、違反に対する社会の倫理的非難の程度、当事者間の正義・公正、一般取引に及ぼす影響などをあげている。

➡ 我妻・講義Ⅰ264頁

(2) 取締規定違反の行為の効力

取締規定に違反した行為について、法規の立法趣旨により私法上の効力を判断すべきであると解されているが、これは、①行政法規による行為そのものの禁止に違反した場合と、②行為の前提としての行政法規上の要件に違反した場合とに分けられる。

(a) 行政法規による行為そのものの禁止に違反した場合

(i) 総説

行政法規が一定の行為そのものを禁止している場合において、それに違反した行為は私法上の効力が否定されるかが問題となる。

明文のある場合(たとえば、農地３条７項)は別として、不明確な場合には、法の趣旨によって判断されるべきであって、一般的にその効力を論じることはできないと解されている。

> 農地法３条１項本文は、農地や採草放牧地についての所有権移転等の場合に、当事者が農業委員会の許可を受けなければならない旨規定し、その７項では、「第１項の許可を受けないでした行為は、その効力を生じない」と規定して、その効果を明文化しています。
> 問題は、上記のような明文がない場合です。

まず、第１に、法の禁止の趣旨が強度の場合、すなわち人々の生存・健康等に関わる禁止規定違反の行為については、私法上の効力をも否定すべきであると解される。この点について、判例は、アラレ菓子の製造販売業者が硼砂(ほうしゃ)の有毒性を知り、これを混入して製造したアラレ菓子の販売を食品衛生法が禁止していることを知りながら、あえてこれを製造のうえ、その販売業者に継続的に売り渡す契約は、90条により無効であるとしている。

➡ 最判昭和39年１月23日
民集18巻１号37頁
(有毒アラレ事件)

しかし、第２に、それ以外の単なる秩序的規定違反の場合には、罰則の適用はあっても、行為の効力を否定すべきではないと解されている。この点について、判例は、外国為替および外国貿易管理法の規定に違反した行為は刑事法上違法であるが、私法上有効であるとし、また、これに違反して締結した保証契約も私法上有効であるとしている。さらに、判例は、いわゆる不積・両建(預金を拘束しこれを担保にする貸付)は、独禁法19条に違反することがあるとしても、それが公序良俗に違反するような特別な場合を除き、ただちに私法上無効とはいえないとしている。

➡ 最判昭和40年12月23日
民集19巻９号2306頁
➡ 最判昭和50年７月15日
民集29巻６号1029頁
➡ 最判昭和52年６月20日
民集31巻４号449頁

> もっとも、第１の場合と第２の場合の限界は必ずしも明確とはいえません。結局、個々の法の趣旨と当該諸事情を考慮して、私法上の効力を判定しなければならないのです。
> 以下では、特に問題となった事例について説明します。

(ii) 問題となった事例

a　名板貸契約

名板貸契約(ないたがし)とは、営業者が営業上の名義を他人に貸与し、自己の名義で営業を許すことをいう。

← 「名板貸契約」とは

法律行為自由の原則から、一般的には名板貸契約は有効であって、ただ、名板貸人が第三者に対し責任を負う場合を生ずるにとどまる(109条、商14条)。しかし、法が一定の営業について営業者の資格を制限(法定)して名板貸を禁ずる場合における名板貸契約の効力が問題となる。

> 名板貸人の第三者に対する責任についてですが、名板貸しあるいは名義貸し(第三者に自己の名称や商号の使用を許すこと)は、表見代理における代理権授与の表示の重要な態様として、民法109条で問題となります(ここは表見代理のところで説明します)。また、商法上の名板貸責任(商14条)については、商法総則で学習します。会社が他人に対して自己の商号を使用して営業または事業をなすことを許諾した責任(会社の名板貸責任)については、会社法総則で学習します。
> ここでの問題は、上記のような名板貸人の第三者に対する責任の問題ではありません。法が一定の営業について営業者の資格を制限して名板貸を禁じる場合に、名板貸契約の効力が私法上も無効となるのか否かということが問題となります。

→ 6章5節2【2】(1)(b)
→ 『商法・手形小切手法』3章4節7
→ 『会社法』2章3節2【3】

この点については、禁止した法の趣旨により判断されるべきであるが、原則として、このような名板貸契約は私法上も無効と解されている。たとえば、金融商品取引法36条の3は、金融商品取引業者等が自己の名義をもって他人に金融商品取引業を行わせることを禁止し、また、商品先物取引法190条以下も、商品先物取引業者の資格を厳格に法定している。そのため、これらの場合の名板貸契約は無効となるというべきである(旧商品取引所法11条に関しての判例)。

4−32

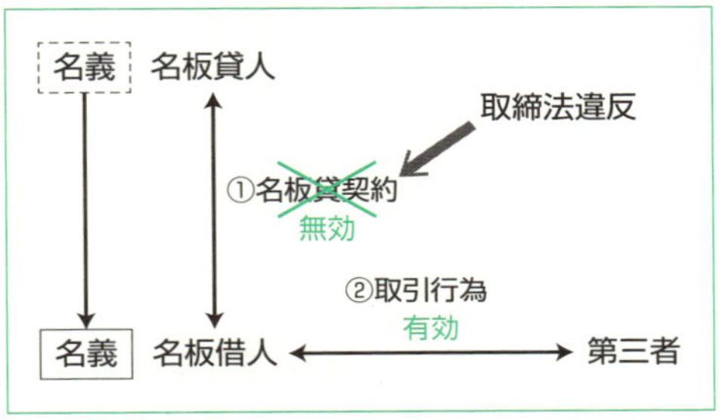

もっとも、名板借人が第三者とした取引行為は有効とみるべきである(判例)。

→ 大判大正15年4月21日民集5巻271頁
→ 大判昭和9年3月28日民集13巻318頁

b　斤先堀契約

斤先堀契約(きんさきぼり)とは、鉱業権者が鉱物の採掘権を第三者に委ね、鉱業を管理させる契約をいう。

← 「斤先堀契約」とは

旧鉱業法は、鉱業権は相続、譲渡、滞納処分および強制執行の目的とする場合のほか権利の目的とすることができないと規定していたので、その私法上の効力が問題とされ、判例は、斤先堀契約は無効とした。もっとも、斤先堀人と第三者との間の法律行為は、名板貸契約の場合と同様に、有効とみるべきである。

→ 大判大正2年4月2日民録19輯193頁

現行の鉱業法は、租鉱権(設定行為に基づき他人の鉱区において鉱業権の目的となっている鉱物を掘採しおよび取得する権利〔鉱業6条〕)を規定し(鉱業71条以下)、このような斤先堀契約を一定の要件のもとに合法としている。

c　経済統制法規違反

経済統制法規に違反した行為は無効かが問題となる。この点について、判例は、それぞれの法の立法趣旨を探って、経済統制法規違反として無効としたり、単なる取締法規違反として有効としたりする。

→ 最判昭和29年8月24日民集8巻8号1534頁、最判昭和30年9月30日民集9巻10号1498頁

なお、経済統制法規違反行為に基づく給付(物資統制法規に違反した給付や経済法違反の取引〔闇取引〕による給付)を不法原因給付(708条)とするかについて、判例は、708条の「不法」を限定し、返還請求を肯定する(「不法」性を否定する)ものが多いとされる(「不法」の意味については、不法原因給付の分野で学習する)。

→ 最判昭和35年9月16日民集14巻11号2209頁、最判昭和37年3月8日民集16巻3号500頁
→ 『債権各論』4章2節3【4】

(b) 行為の前提としての行政法規上の要件に違反した場合

一定の行為・営業について警察上の許可・認可・届出・登録等が必要であるにもかかわらず、それを受けないでした行為の効力が問題となる。

この点については、行為や営業についての規制はあっても、取引行為自体には影響はなく、行為は有効と解されている。たとえば、営業許可を得ていないいわゆる白タクは、道路運送法上は処罰の対象となるが(道運4条)、これに違反して客を乗せても、その運送契約は無効ではなく、運賃の請求をすることができる(判例)。また、目的の取引物について検査を要するにもかかわらず、検査を受けないでした行為も、有効と解されている。

➡ 最判昭和39年10月29日 民集18巻8号1823頁

さらに、単なる秩序的な規定違反の場合には、罰則の適用はあっても、行為の効力は必ずしも否定されない。禁止の趣旨がそれほど強くないからである。判例は、食品衛生法は単なる取締法規にすぎないから、食肉販売の許可を得ていない物が精肉を買い受けても、その売買契約は無効ではないとしている。

➡ 最判昭和35年3月18日(百選Ⅰ16事件)

【4】脱法行為

(1) 総説

脱法行為とは、強行規定には直接違反しないが、実質的に違反する法律行為をいう。

← 「脱法行為」とは

法律が明文で脱法行為を無効とする場合もあるが、明文のない場合には、その効果は、それぞれの場合に応じて具体的に判断されるべきである。

(2) 問題となった事例

(a) 譲渡担保

譲渡担保とは、設定者に占有を残し、譲渡担保権者が所有権を取得する動産担保の方法をいう。法形式上所有権を移転することによって担保とする方法である(詳しくは、物権法で学習する)。

← 「譲渡担保」とは

➡ 『物権法』11章2節

譲渡担保については、物権法定主義(175条)や質権の規定(345条、349条)に実質的に違反するので、これを脱法行為と解する余地があるが、判例は、従来の判例を変更して、これを有効とした。

➡ 大判大正3年11月2日 民録20輯865頁

こうした判例の態度の背景としては、一方で、民法が認める典型担保の手段が不備であること(特に動産に関する無占有の担保がないこと)、他方で、根強く取引社会で譲渡担保という慣習が形成されたことがあげられています。

そして、慣習は、任意規定を破るのみでなく、脱法行為というかたちで強行規定をも破ることがあるのです。この結果、法の不備が是正されることになったのです。

(b) 恩給担保

旧恩給法は、恩給を受ける権利を担保に供することを禁じていた。そこで、恩給権者が恩給の受領権限を債権者に委任することによって、実質的に恩給を担保に供する方法が行われたため、その効力が問題となったが、判例は、これを脱法行為として無効とした。

➡ 大判昭和16年8月26日 民集20巻1108頁

その後、何度となく改正が行われ、現在では、一定の金融機関は恩給を担保に供しうるとされている(恩給11条1項ただし書)。

3 社会的妥当性(90条)

【1】総説――公序良俗

(1) 公序良俗の意義

法律行為は自由であるが、限界がある。すなわち、民法は、「公の秩序又は善良の風俗に反する法律行為は、無効とする」と規定している(90条)。

公の秩序とは、国家・社会の一般的利益をいい、**善良の風俗**とは、社会の一般的倫理をいうが、両者はあいまって社会的妥当性を欠く行為の効力を否定し、その行為の実現に国家が協力しないという趣旨であり、一体的に扱うべきであるから、厳密に両者を区別する実益はないとされる。公の秩序または善良の風俗を略して、**公序良俗**という。

← 平成29年改正

← 「公の秩序」とは

← 「善良の風俗」とは

平成29年改正事項　「事項を目的とする」の文言の削除(90条)　B2

改正前民法90条は、効力が否定される行為について公序良俗に反する「事項を目的とする」法律行為と規定されており、その文言上は、法律行為の内容が公序良俗に反するもの(たとえば、人身売買など)が対象とされていた。

しかし、判例においては、公序良俗に反するかどうかは法律行為の内容のみによって判断されるのではなく、法律行為が行われた過程その他の諸事情が考慮されていた。たとえば、賭博の用に供することや賭博で負けた債務の弁済にあてるという動機のもとで行われた金銭消費貸借契約のように、法律行為の内容自体は公序良俗に反するものではない事案においても、その動機を相手方が知っている場合には法律行為を無効とするとしていた。

そこで、平成29年改正民法は、このことを条文上も明示するため、90条のうち「事項を目的とする」という部分を削除し、端的に公序良俗に反する法律行為を無効とする旨の規定に改めた(90条)。

➡ 部会資料73A・24頁、一問一答15頁、潮見・改正法5頁

➡ 最判昭和47年4月25日判時669号60頁、最判昭和61年9月4日判時1215号47頁

4－33 「事項を目的とする」文言の削除

改正前民法		H29改正民法
公の秩序又は善良の風俗に反する事項を目的とする法律行為は、無効とする(90)。	→	公の秩序又は善良の風俗に反する法律行為は、無効とする(90)。

改正前民法下の判例において、法律行為の内容のみならずその過程その他の事情が考慮されていたことから、文言上も法律行為の内容にとどまらないことを明文化した。

憲法では、私人間効力の問題として、憲法の人権規定が私法関係においても直接適用されるか(直接適用説)、民法90条の公序良俗規定のような私法の一般条項を媒介にして、憲法の規定を間接的に適用するか(間接適用説)という問題がありますが、判例・通説は、間接適用説を採用しています。

たとえば、判例は、男女の差別について、労働法上、女子の若年定年制は、雇用機会均等法に違反するが、民法上も、性別のみによる不合理な差別を定めたものとして90条に違反するとしています。

➡ 『憲法』6章3節

➡ 最大判昭和48年12月12日(判例シリーズ憲法6事件)、最判昭和56年3月24日(百選Ⅰ14事件)(日産自動車事件)

➡ 最判昭和56年3月24日(前出)

民法は、公序良俗を「法律行為」の総則として規定したが(第5章第1節)、公序良俗は、民法の基本的理念として、法律行為以外の分野、たとえば不当利得や不法行為の成立における判断の基準ともなりうる。

➡ 『債権各論』4章、5章

⑵ 公序良俗違反の判断時期（基準時）

公序良俗違反の判断時期（基準時）については、当該法律行為がなされた時点（法律行為時あるいは契約成立時）か、それとも後に公序良俗違反の有無を判断する時点かが問題となる。特に、法律行為（契約）が未履行であった場合に、後に履行請求を認めるか否かが問題となる。2つのケースが考えられる。

(a) 契約成立時点では公序良俗違反、履行時点では公序良俗違反ではない場合

4－34

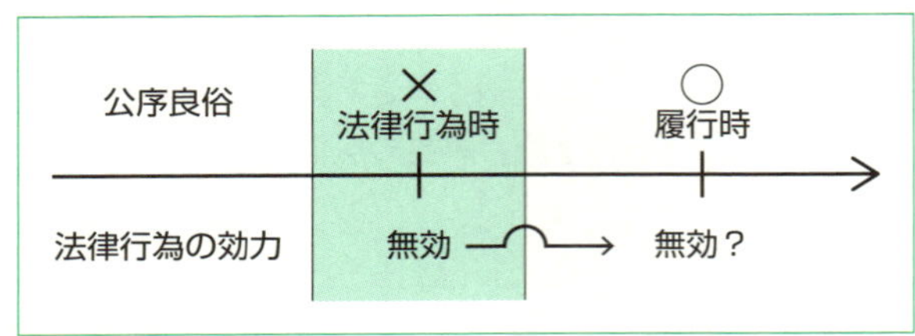

契約成立時点では公序良俗違反であったが、その後の判断基準が変化し、履行時点では公序良俗違反ではないとされる場合には、原則として無効と考えるべきである（履行請求をすることはできないし、すでに給付された物があれば返還請求が認められる）。なぜなら、いったん無効とされた契約は、当然には有効とはならないからである。

➡ 四宮＝能見・民法総則314頁、中舎・民法総則263頁

ただし、判断基準の変化後に、両当事者が追認したり、当事者の一方が任意に履行した給付を、相手方が保持することにしたりした場合には、公序良俗違反でなくなった時点において、新たな契約をしたのと同視することができるので、契約はその時から有効となると解すべきである。

(b) 契約成立時では公序良俗違反ではなく、履行時点では公序良俗違反の場合

問題は、契約成立時には公序良俗に反しなかった行為が、判断基準の変化により、後の履行時には公序良俗違反と判断されるようになった場合である。

4－35

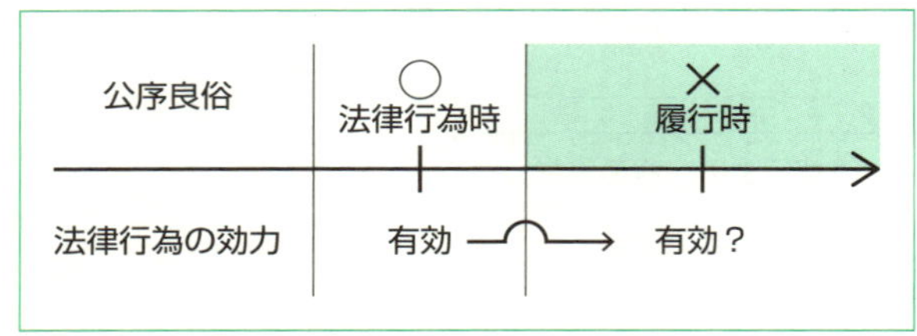

判例は、資金運用を託された証券会社が顧客に損失が生じた場合にそれを補填するという契約（損失補填契約あるいは損失保証契約）が締結された当時の証券取引法下において、同契約は私法上は有効であると解していた。その後証券取引法が改正されて、履行請求時には損失補填が禁止された事例において、このような損失補填契約を有効であるとししつも、同時に履行請求については、履行時の法律に反するので認められないとした。しかし、この判例の立場では証券会社が任意に履行することは認められる余地があることになるが、これを認めたのでは、損失補填の禁止が結果的に意味を失いかねないとの批判がある。

➡ 最判平成15年4月18日（後出重要判例）

そこで、学説では、契約成立時に有効であっても、履行時に公序良俗違反とされる場合には、契約自体が無効となる、すなわち履行が問題となる場合には、契約時だけでなく履行時にも公序良俗に反しないものでなければ、契約は全体とし

➡ 四宮＝能見・民法総則315頁

て無効と解すべきであるとの見解が有力である。国(裁判所)が公序良俗に反する結果の実現に手を貸すことは適当ではないから、この見解でよいであろう。

★重要判例(最判平成15年4月18日〔百選Ⅰ13事件〕)

「法律行為が公序に反することを目的とするものであるとして無効になるかどうかは、法律行為がされた時点の公序に照らして判断すべきである。けだし、民事上の法律行為の効力は、特別の規定がない限り、行為当時の法令に照らして判定すべきものであるが……、この理は、公序が法律行為の後に変化した場合においても同様に考えるべきであり、法律行為の後の経緯によって公序の内容が変化した場合であっても、行為時に有効であった法律行為が無効になったり、無効であった法律行為が有効になったりすることは相当でないからである。」

本件保証契約が締結された「当時において、既に、損失保証等が証券取引秩序において許容されない反社会性の強い行為であるとの社会的認識が存在していたものとみることは困難であるというべきである。」「そうすると、本件保証契約が公序に反し無効であると解することはできない。」

「Xの主位的請求は、本件保証契約の履行を求めるものであり、同法〔旧証券取引法〕42条の2第1項3号〔金融商取39条1項〕によって禁止されている財産上の利益提供を求めているものであることがその主張自体から明らかであり、法律上この請求が許容される余地はないといわなければならない。」

【争点】 法律行為が公序に反することを目的とするものであるかどうかを判断する基準時はいつか。

【結論】 法律行為が公序に反することを目的とするものであるとして無効になるかどうかは、法律行為がされた時点の公序に照らして判断すべきである。

【備考】 判例では、そのほか、証券取引法42条の2第1項3号(金融商取39条1項)が、平成3年法律第96号による同法の改正前に締結された損失保証や特別の利益の提供を内容とする契約に基づいてその履行を請求する場合を含め、顧客等に対する損失補てんや利益追加のための財産上の利益の提供を禁止していることは、憲法29条に違反しないとしている。

(3) 公序良俗違反の効果

公序良俗に反する行為は、無効である(90条)。この無効は絶対的無効(無効の絶対効)であり、追認によって有効とすることはできない。すなわち、119条ただし書の適用はない。

公序良俗違反(90条)や強行規定違反(91条反対解釈)の場合には、公益を保護するための無効(**公益的無効**)とされていますが、無効のところで改めて説明します。

また、従来、この無効は、法律行為全体の効力を否定するもの(**全部無効**)とされてきましたが、後述する暴利行為の一部については、契約の一部を無効にすれば足りる(**一部無効**)とされています。

➡ 5章1節2【2】(2)

➡ 【2】(1)(a)(ii)

また、公序良俗違反の行為が履行された場合には、原状回復の問題が生ずるが(121条の2)、不法原因給付となるから、原則として原状回復が許されないことになる(708条)。詳しくは、債権各論で学習する。

➡ 『債権各論』4章2節3【4】

▶2016年第1問

(4) 動機の不法

法律行為の内容そのものは公序良俗に違反しないが、その法律行為の動機(法律行為の基礎とした事情についての認識)が公序良俗に反する場合に、法律行為の効力がどうなるかが問題となる。いわゆる**動機の不法**の問題である。たとえば、金銭の消費貸借の動機が賭博の資金を得るためや賭博で負けた金銭の支払のためである場合や、包丁の購入の動機が人を殺傷することである場合である。

この点について、判例は、**動機が相手方に表示**されている場合にかぎり、法律行為も不法性を帯び、公序良俗に反し無効であるとする(表示説・表示無効説)。

大判昭和13年3月30日民集17巻578頁

我妻・講義Ⅰ284頁

> 判例の立場では、公序良俗に反する動機が相手方に示されていない場合には、内心の一方的な思い込みにすぎず、法律行為は無効とはなりません。この場合にも、すべて無効としていたのでは、取引の安全を害するからです。

その他、学説では、動機の違法性の程度と相手方の関与の程度・認識の有無を相関的に判断して有効または無効とする見解(相関関係説・総合判断説)、不法な企図を実現するための法律行為は当然に無効となり、ただ、相手方がその動機を知ることができなかった場合(善意無過失の場合)には、法律行為の効力に影響を及ぼさないという見解(原則無効説)などが主張されている。

四宮204頁、内田Ⅰ282頁、佐久間・総則195頁、平野・民法総則137頁

近江・講義Ⅰ175頁

> 相関関係説の立場から、表示説としてあげられている大審院判例は、事例判例であり、要件について一般論を明らかにしたものではないとの指摘がなされています。そのうえで、その後の判例が、相関関係説の立場を登場させる機会となっていると説明されて、判例を相関関係説に位置づけています。

大判昭和13年3月30日(前出)

最判昭和29年8月31日民集8巻8号1557頁(苛性ソーダ密輸資金融資事件)

平野・民法総則137頁

【2】公序良俗の分類

公序良俗は、さまざまな分類がなされるが、本書では、以下のように分類する。

(1) 財産的秩序に反する行為
(a) 暴利行為
(b) 他人に著しい損害を加える行為
(c) 営業自由の過度の制限
(d) 射幸行為
(e) 犯罪に関する行為
(f) 対価との結合が違反となる行為
(2) 倫理的秩序に反する行為
(a) 婚姻秩序に反する行為
(b) 親子間の道義に反する行為
(3) 自由・人権を害する行為
(a) 芸娼妓契約
(b) 差別の契約
(c) 思想・信条による差別
(d) 生命・身体を害する契約

以下、順に説明することにする。

(1) 財産的秩序に反する行為

(a) 暴利行為

(i) 意義

←「暴利行為」とは

暴利行為とは、他人の窮迫、軽率、無経験などにつけこんで、著しく不相当な財産的給付を約束させる行為をいう。暴利行為は無効とされる。経済的強者が弱者を搾取するのを防止するためである。たとえば、債務不履行に際し過大な賠償額の予約をする契約がこれにあたる(判例)。

大判昭和7年4月8日民集11巻582頁

大判昭和9年5月1日(百選Ⅰ15事件)

また、判例は、金銭消費貸借契約において、貸金債権が返済されない場合には、

その債権額をはるかに上回る額の生命保険解約返戻(へんれい)金を受け取るという内容の担保契約が結ばれた事例において、その契約を暴利行為として無効とした。この判例は、暴利行為の一般的定式を確立したリーディングケースとされている。

そのほか、従来は、不相当に高価な物による流担保契約、たとえば目的物の価格が被担保債権額を大幅に超える代物弁済予約契約などが問題となりましたが、判例において清算義務(担保の価値が貸付債権額を上回る場合には、その債権者から債務者に対し清算金を支払う義務)が認められ、その後昭和53年に仮登記担保法によって清算義務が法定されたので(仮登記担保3条1項)、現在では代物弁済予約について90条を問題する必要はなくなりました。仮登記担保法における清算義務については、物権法で学習します。

また、前記判例と同様の事案では、裁判所は現在では、譲渡担保契約が結ばれたとして、公序良俗違反とはしないであろうという指摘がなされています。すなわち、上記内容の担保契約は、現在では、解約返戻金の払戻債権を担保として譲渡担保契約が結ばれたと扱うでしょうが、譲渡担保契約では現在、仮登記担保法と同様に、清算義務が生じるという合理的なルールが生成されたため(判例)、公序良俗違反とはならないであろうとされています(譲渡担保契約における清算義務については、物権法で学ぶことになります)。

(ii) **要件**

前述したリーディングケースとされている判例によれば、暴利行為にあたるか否かは、次の要件によって判断される。

①**他人の窮迫・軽率または無経験を利用したこと**(主観的要件)
②**著しく過当な利益の獲得を目的とすること**(客観的要件)

平成29年改正の過程において、90条の規定に加えて、「相手方の困窮、経験の不足、知識の不足その他の相手方が法律行為をするかどうかを合理的に判断することができない事情があることを利用して、著しく過大な利益を得、又は相手方に著しく過大な不利益を与える法律行為は、無効とするものとする」などのかたちで、暴利行為の判例ルールを明文化し、更にはその考慮要素を明らかにする方向での検討がなされましたが、適切な要件について合意形成が困難であるとの理由から、採用は見送られました。

(iii) **効果**

暴利行為は、他の公序良俗に反する法律行為と同様に、無効であり(90条)、この無効は、法律行為全体の効力を否定するもの(全部無効)とされてきた。

しかし、暴利行為のうち、給付の不均衡を理由として公序良俗違反になるような場合には、契約の一部を無効にすれば足りると解されている(**一部無効**)。たとえば、過大な賠償額の予定がある場合には、不相当に過大な部分のみを無効として、賠償額を相当な限度にまで縮減して賠償を認めたり、過剰な担保を設定させる契約の場合には、債務額を不相当に超える部分だけを無効にしたりする(一部無効については、後の無効のところでも説明する)。

(b) **他人に著しい損害を加える行為**

特に他人の生存の基礎たる財産を失わせる行為は、自由競争の行きすぎであり、公序良俗に反する(判例)。

また、不動産の二重譲渡について公序良俗を適用した判例がある。

この判例は、AB間の山林の二重譲渡の事実を熟知していたCが、買主Bとの別の紛争について復讐しようとして、廉価な価格で買い受けて登記をした場合に、90条による無効を認めたものです。

➡ 最大判昭和49年10月23日 民集28巻7号1473頁
➡ 『物権法』11章4節[3]【2】
➡ 大判昭和9年5月1日(前出)
➡ リーガルクエスト民法I 142頁[山下]
➡ 最判昭和46年3月25日(百選I97事件)
➡ 『物権法』11章2節[2]【3】
➡ 大判昭和9年5月1日(前出)
← **暴利行為の要件**
➡ 百選I32頁[武田]
➡ 中間試案1頁
➡ 部会資料80B・1頁
➡ 5章1節[2]【3】(1)(c)
➡ 最判昭和25年4月28日 民集4巻4号152頁
➡ 最判昭和36年4月27日 民集15巻4号901頁

しかし、公序良俗は、その限界づけが難しいことから、むしろ物権法の枠内で解決するために、177条の背信的悪意者論(背信的悪意者排除論)によるべきであろうといわれています(背信的悪意者排除論は、物権法で学習します)。

→『物権法』2章4節5【2】

(c) **営業自由の過度の制限**

他人の営業を極端に制限する行為は、公序良俗に反する。

この点に関連して、判例は、牛乳販売会社が牛乳配達人を雇い入れるに際し、解雇後牛乳販売業を営業しない旨の、期間・区域を限定した競業禁止特約は、営業の自由を過当に制限するものとは認めがたいとして、この程度の制限は公序良俗に反しないとした。

→ 大判昭和7年10月29日 民集11巻1947頁

(d) **射幸行為**

社会の人々の労働意欲を失わせ、また、著しく損害を発生させる可能性を含む射幸行為は、健全な財産的秩序に反するので、公序良俗に反する。

たとえば、判例では、①借主が、賭博に負けた債務の弁済を目的とする旨を貸主に開示してした金銭消費貸借、②賭博に負けた第三者の債務の弁済のために小切手を振り出した者が、その支払につき所持人(賭博に勝った者)との和解によりした金銭支払の約束、③賭博の用に供されることを知りながらした金銭消費貸借は、それぞれ公序良俗に反し無効とされている。

→ 大判昭和13年3月30日 民集17巻578頁
→ 最判昭和46年4月9日 民集25巻3号264頁
→ 最判昭和47年4月25日 判時669号60頁

(e) **犯罪に関する行為**

刑法上の犯罪に関する法律行為は、公序良俗違反とされる場合が多い。

たとえば、入札における談合罪(刑96条の6第2項)は、同時に談合による不正行為として民法上も公序良俗違反となる(判例)。また、贓物(盗品等)の売買を委託する契約も公序良俗違反となる(判例)。

→ 大判大正5年6月29日 民録22輯1294頁、大判昭和14年11月6日 民集18巻1224頁
→ 大判大正8年11月19日 刑録25輯1133頁

(f) **対価との結合が違反となる行為**

行為自体は不法でなくても、それが本来金銭と結びつくべきでないのに金銭を対価とするため不法性を帯びることがある。たとえば、犯罪・不法行為をしないという約束のようなものである(判例)。

→ 大判明治45年3月14日 刑録18輯337頁

犯罪・不法行為をしないという約束は、対価がなくても当然のことですから、対価によって約束する場合には、逆に、対価なしには不法行為をすることに通じてしまうため、不法性を帯びるのです。

また、行為の性質上対価を伴うべきでない行為も同様である。

もっと明確なかたちで、「不法な行為をしないことを条件とする」法律行為は、明文上、無効とされます(132条後段)。このような条件を付した行為は、全体が公序良俗違反(90条)として無効となるからです(この点は、条件のところで学習します)。

→ 7章1節1【5】(2)

(2) **倫理的秩序に反する行為**

(a) **婚姻秩序に反する行為**

妾契約など、一夫一婦制を害することを目的とする法律行為は、無効である。売春取引も同様に、無効である(判例)。

もっとも、婚姻中の夫婦間で将来離婚する際の金銭の交付を約する行為は有効であるし(判例)、また、不倫関係を断つための手切金の契約も有効である(判例)。さらに、判例は、夫婦が別居状態で、夫婦間の子もすでに嫁いで独立しているよ

→ 大判昭和12年5月26日 民集16巻881頁
→ 大判大正6年9月6日 民録23輯1331頁
→ 大判大正12年12月12日 民集2巻668頁、大判昭和12年4月20日 新聞4133号12頁
→ 最判昭和61年11月20日 (百選Ⅰ12事件)

うな事情があった事例において、不倫の相手方である女性に、遺産の３分の１を包括遺贈することは、公序良俗に違反しないとしている。

(b) **親子間の道義に反する行為**

親子間の道義に反する行為は、それが著しい場合には公序良俗違反となることがある。たとえば、母と子が同居しないという父子間の契約は、公序良俗違反となる(判例)。

→ 大判明治32年３月25日 民録５輯３巻37頁

(3) **自由・人権を害する行為**

(a) **芸娼妓契約**

芸娼妓契約(げいしょうぎけいやく)とは、前借金に関する金銭消費貸借部分と、一定期間芸娼妓として稼働することを約し、その稼働からあげられる所得をもって前借金の返済にあてるという稼働契約部分とが結合したものをいう。その実質は、人身売買である。

←「芸娼妓契約」とは

この場合に、後者の芸娼妓としての稼働契約は、人身の自由を著しく拘束するものとして公序良俗に反し無効となるが(90条)、前者の金銭消費貸借契約も無効となるかが問題となる。

この点について、大審院判例は、後者の稼働契約を無効とし、前者の金銭消費貸借契約を有効として、一部無効として処理していたが、戦後の最高裁は、この契約の２つの部分は密接に関連し、不可分一体をなしているとし、稼働契約部分の無効は契約全体の無効をもたらすとした。すなわち、金銭消費貸借契約も無効であって、交付された前借金の不当利得返還も不法原因給付(708条)にあたり許されないとしたのである(一部無効については、後の無効のところでも説明する。また、不法原因給付の内容は、債権各論で学習する)。

→ 大判大正７年10月12日 民録24輯1954頁、大判大正10年９月29日 民録27輯1774頁

→ 最判昭和30年10月７日 民集９巻11号1616頁

→ ５章１節[2]【3】(1)(c)

→ 『債権各論』４章２節[3]【4】(2)(a)(i)

他方で、戦後は、バーやクラブなどで、客の飲食代金をホステスが保証することによって、売掛代金の確保を図る契約の効力が問題となっている。

この点について、判例は、クラブのホステスが顧客の当該クラブに対する飲食代金債務についてした保証契約は、ホステスにおいて自己独自の客としての当該顧客との関係の維持継続を図ることによりクラブから支給される報酬以外の特別の利益を得ることを目的として任意に締結したと認められるなどの事情がある場合には、公序良俗に反するものとはいえないとした。

→ 最判昭和61年11月20日 判時1220号61頁

この判例の事案は、上記保証契約が、店(経営者)の優越的地位を利用した**暴利行為**ではないかという点から争われたものと位置づけられることもあります。

→ 四宮＝能見・民法総則310頁、リーガルクエスト民法Ｉ143頁[山下]

(b) **差別の契約**

男女の差別について、労働法上、女子の若年定年制は、雇用機会均等法に違反するが、民法上も、性別のみによる不合理な差別を定めたものとして90条に違反する(判例。間接適用説については前述した)。

また、人種差別についても同様である。

(c) **思想・信条による差別**

人の思想・信条の自由を著しく害する行為や人を差別する行為も、公序良俗に反し無効となる。

もっとも、判例のなかには、企業が特定の思想を有する者の雇用を拒否しても公序良俗に反しないとしたものがある。

→ 最大判昭和48年12月12日 (判例シリーズ憲法６事件) (三菱樹脂事件)

(d) 生命・身体を害する契約

たとえば、殺人の契約である。判例には、著しく反社会性の強い各建物の建築を目的とする請負契約は、公序良俗に反し無効としたものがあるが、これは、安全性に欠け、居住者や近隣住民の生命・身体に危険のある違法建築についての事案である。

➡ 最判平成23年12月16日集民238号297頁

○×問題で実力チェック

01　制限行為能力者の相手方のする催告は、法律行為である。(S.60-59問類題)

➡ ×　意思の通知。1節1【2】(3)(a)(i)参照

02　債権者の債務者に対する履行の催告書を債務者の同居人が受領しても、その受領時に催告が債務者に到達したことにはならない。(S.58-35問)

➡ ×　催告は意思の通知であるが意思表示の規定を類推(97条1項)。1節1【2】(3)(a)(i)参照

03　弁済受領の拒絶は、法律行為である。(S.60-59問)

➡ ×　意思の通知。1節1【2】(3)(a)(i)参照

04　時効の更新事由となる債務の承認は、意思表示である。(H.10-40問)

➡ ×　観念の通知。1節1【2】(3)(a)(ii)参照

05　意思表示の例としては、契約の解除、無権代理行為の追認がある。(H.10-40問)

➡ ○　1節1【3】(1)(a)参照

06　駅前のタクシー乗り場でタクシーが客待ちをしている行為は意思表示であると考える余地がある。(H.16-26問)

➡ ○　申込みと解しうる。1節1【3】(1)(b)参照

07　甲の乙に対する意思表示を記載した書面が乙の住所に配達され、乙の妻がこれを受領しても、その当時乙が病気で入院していたときは、その意思表示は、配達時に乙に到着したことにならない。(S.58-35問)

➡ ×　最判昭和43年12月17日。2節2【4】(1)(b)参照

08　甲が乙に対して契約解除の意思表示を記載した書面を発送した後に死亡した場合には、その後にその書面が乙に配達されたときでも、解除の意思表示は、効力を生じない。(S.58-35問)

➡ ×　なお、契約の申込みにつき526条の特則がある(97条3項)。2節2【4】(1)(e)参照

09　甲が乙に対して契約の申込みの意思表示を記載した書面を発送した後に死亡した場合において、乙が甲の死亡の事実をその配達前に知っていたときは、申込みの意思表示は効力を生じない。(S.58-35問)

➡ ○　526条は、97条3項の例外にあたる。2節2【4】(1)(e)参照

10　公示による意思表示は、表意者が相手方の所在を知らないことにつき過失がある場合でも、民法所定の手続を終了したときは、相手方に到達したものとみなされる。(S.58-35問)

➡ ×　過失がある場合、公示送達による到達の効力を生じない(98条3項ただし書)。2節2【4】(2)参照

11　甲は、贈与の意思がないのに、ある不動産を乙に贈与する旨の意思表示をした。乙がこれを自分のものとして丙に売り渡した。乙が善意無過失であれば、丙の善意悪意を問わず丙は所有権を取得する。(S.37-55問)

➡ ○　甲乙間は心裡留保(93条1項)として有効であるので、承継取得できる。2節3【2】(1)参照

12　心裡留保の場合、相手方が表意者の真意を知らなかったとしても、知らないことについて重大な過失がなければ、その意思表示は有効である。('08-30問)

➡ ×　軽過失があれば無効(93条1項ただし書)。2節3【2】(2)参照

13　Aが、Bに対して、実際には甲不動産をBに管理させる意思を有していたにもかかわらず、Bに対して、「甲不動産を贈与する」旨の意思表示をした。Bはこれが真意ではないことを知っていたが、Aの真意は知らなかった。Aはこの意思表示の無効を主張することができる。

➡ ○　93条1項ただし書。2節3【2】(2)参照

14　表示と内心の意思とが異なる意味に解されることを表意者自身が知りながらそのことを告げないで意思表示をした場合、それがたとえ婚姻に関するものであっても、意思表示の相手方を保護するため、その意思表示は無効とならない。(H.19-1問)

➡ ×　身分行為に93条の適用はないと解される。2節3【4】(3)参照

15　虚偽の意思表示により譲り受けた目的物を差し押さえた仮装譲受人の一般債権者は「第三者」(94条2項)に当たる。(H.21-4問)

➡ ○　最判昭和48年6月28日。2節4【4】(2)(a)参照

16　判例によれば、当事者が相談のうえで売買契約を偽装した場合、買主の相続人が偽装の事実を知らなかったとしても、売主はこの者に対して意思表示の無効を主張することができる。('07-1問)

→ ○　大判大正9年7月23日。相続人は一般承継人にあたり、94条2項の「第三者」に含まれない。2節4【4】(2)(a)参照

17　AがC所有の土地を賃借し建物を建てた上、Bに当該建物を仮装譲渡し登記したところ、Cが賃借権の無断譲渡を理由としてAC間の賃貸借契約を解除した。この場合において、AはCに対して建物の譲渡が無効であると主張しうる。(H. 6-24問)

→ ○　Cは新たな利害関係人ではないから94条2項の「第三者」として保護されない。2節4【4】(2)(a)参照

18　表示上の錯誤は、表示意思と表示との不一致を表意者が知らない場合であり、言い間違いや書き間違いがその例である。(H. 8-36問)

→ ○　2節5【1】(2)(a)参照

19　意思表示の相手方が表意者の錯誤を認識していた場合であっても、表意者において錯誤に陥ったことについて重大な過失があったときは、表意者は、錯誤による取消しを主張することができない。(H.24-3-1問改題)

→ ○　95条3項1号。2節5【2】(1)(c)(ii)参照

20　AのBに対する甲土地の売買契約の意思表示について取消し事由たる錯誤があった場合でも、Aに自らの錯誤を理由としてその意思表示の取消しを主張する意思がないときには、Bは、Aの意思表示の取消しを主張することはできない。(H.27-2問改題)

→ ○　最判昭和40年9月10日。2節5【3】参照

21　相手方の詐欺により意思表示をした者は、善意無過失の第三者が現れても、相手方に対しては取消しを主張できる。(S.53-33問)

→ ○　2節6【3】参照

22　第三者の詐欺によって相手方に対する意思表示をした者は、相手方が第三者による詐欺の事実を知らなかった場合にも、その詐欺によって生じた錯誤が錯誤取消しの要件を満たすときは、相手方に対し、その意思表示の取消しを主張することができる。(H.25-2問改題)

→ ○　錯誤取消し(95条1項柱書)では、錯誤に陥った理由は問われない。ゆえに、このような場合でも錯誤取消しの主張は可能である。2節6参照

23　先順位抵当権者Aが、Bに欺罔され抵当権の放棄の意思表示をした。その後、Aが詐欺を理由に放棄を取り消し、事情を知らない後順位抵当権者Cに対して、その取消しを主張した。かかる主張は認められる。(H. 6-24問)

→ ○　2節6【5】(2)参照

24　相手方に欺罔された結果、法律行為に取消事由たる錯誤が生じ、その錯誤により意思表示をした場合には、錯誤による意思表示の取消しを主張することも、詐欺による意思表示の取消しをすることもできる。

→ ○　表意者保護の観点から、選択的主張が可能であると解される。2節6参照

25　強迫による意思表示の取消しが認められるためには、表意者が完全に意思の自由を失って意思表示をしたことを要する。(H.26-2問)

→ ×　相手方の畏怖に基づく意思表示が必要であり、かつ、それで足りる。2節7【2】(1)参照

26　第三者の強迫によって意思表示をした場合、意思表示の相手方が強迫の事実を知っているか、知らなかったことについて過失があった場合に限り、表意者は、強迫を理由としてその意思表示を取り消すことができる。(H.19-1問)

→ ×　強迫には96条2項のような規定がない。2節7【4】参照

27　民法上の詐欺に該当しない場合であっても、事業者が不動産の売買契約の締結について勧誘をするに際し、重要事項について事実と異なることを告げたことにより、消費者がその内容が事実であるとの誤認をして契約の申込みをしたときは、消費者は、その申込みを取り消すことができる。('10-3問-ウ)

→ ○　消費者契約法4条1項1号。2節8【2】(1)参照

28　債権の消滅時効が完成して、債務者が時効を援用した場合には、債務者において同一内容の債務を当然に負担する旨の債権者・債務者間の約定は、146条の脱法行為として無効である。(S.60-32問)

→ ○　公序良俗違反(90条)。3節2【4】参照

1. 無効と取消し

当事者に関する有効要件(主観的有効要件)を欠いた場合には、法律行為(契約など)または意思表示は、無効または取り消しうるものとなる。また、内容に関する有効要件(客観的有効要件)を欠いた場合には、法律行為または意思表示は無効となる。

無効と取消しについては、ここまで何度も触れてきたが、改めて内容を説明していく。新たに学習するものもあるので、しっかりと理解してほしい。

→ 4章2節
→ 4章3節

1 総説——無効と取消しの概念

【1】無効原因と取消原因

これまでに説明したところであるが、どのような場合に無効の効果や取消しの効果が認められるのか、法律行為あるいは意思表示の無効原因および取消原因について、整理しておく。

(1) 無効原因

①表意者が意思無能力であった場合(3条の2)
②公序良俗違反の法律行為(90条)
③強行規定違反の法律行為(91条反対解釈)
④心裡留保による意思表示の相手方が悪意または有過失の場合(93条1項ただし書)
⑤(通謀)虚偽表示(94条1項)

→ 2章1節2【1】(1)
→ 4章3節3
→ 4章3節2
→ 4章2節3【2】(2)
→ 4章2節4【3】

(2) 取消原因

①制限行為能力者による法律行為(5条2項、9条本文、13条4項、17条4項*)
②錯誤による意思表示(95条1項、2項)
③詐欺・強迫による意思表示(96条1項、2項)

＊ 17条1項の審判を受けた補助人

→ 2章1節3【2】(3)(a)、【3】(3)、【4】(3)、【5】(3)(b)
→ 4章2節5【3】
→ 4章2節6【3】、7【3】

そのほか、条件の一部規定での無効(131条から134条まで)や、婚姻、縁組などの親族法の領域での法律行為の無効・取消し(742条以下、802条以下)があげられます。

また、法律の規定上、「効力を生じない」とされていますが、無効と同じ意味をもつと説明されるものもあります。たとえば、無権代理(113条1項)、保証契約の書面性(446条2項)、遺言の方式に関するもの(968条3項以下)などです。

さらに、特別法には、無効原因として消費者契約法8条から10条までの不当条項、取消原因として消費者契約法4条における誤認・困惑・過量取引類型、特定商取引法における誤認類型(特定商取引9条の3、24条の3等)が規定されています。

→ 7章1節1【5】
→ 『親族・相続』2章1節4
→ 6章4節2【1】
→ 『債権総論』6章5節2【2】
→ 『親族・相続』12章2節1【2】
→ 4章2節8【2】、【3】

【2】無効と取消しの相違点

無効と取消しとは、結果的には法律行為の効力を否定する点では共通するが、その過程において異なる。

無効と取消しの基本的な相違点は、以下の表のとおりである。ただし、これらの相違点は、後述するように、今日では相対化しつつある（無効の取消化）。

→ ②【2】

	無効	取消し
①意思表示の要否	特定人の行為を待つことなく、その法律行為の効力は最初から生じない	その法律行為はいちおう有効であり（浮動的有効、不確定的有効）、特定人（取消権者）による取消（取消権、120）という意思表示があってはじめて、その法律行為の効力が法律行為の時にさかのぼって消滅する（121）
②追認の可否	追認によって有効とすることはできない（119本文）	取消権者（120）の追認によって、有効な法律行為として確定する（確定的有効、122）
③主張の当事者	だれに対する関係でも効力が生じず、だれに対しても無効を主張することができる（絶対効）	取消権者のみが法律行為の相手方に対して主張することができるにすぎない
④期間制限の有無	期間制限はなく、いつでも主張することができる	一定の期間（5年、20年）により取消権が消滅する（126）*

＊ 両期間の性質について、消滅時効か、それとも除斥期間か争いがある。

→ ③【5】(4)

【3】無効と取消しの二重効

以上のような無効と取消しの相違点に関連して、無効な行為の取消しが認められるかという問題がある。**無効と取消しの二重効**の問題である。たとえば、詐欺または強迫によって公序良俗違反の法律行為をした場合において、無効（90条）と取消し（96条1項）のいずれも主張することができるのか、それとも一方しか主張することができないのかという問題である。

たしかに、有効、無効の概念を自然科学的な意味で理解すれば、無効のためにすでに効力のないものを重ねて取り消すことはできないようにも思える。しかし、無効や取消しという概念は、法律行為や意思表示の効力を否定するという法的評価をする場合のひとつの論理構成のための概念にすぎない。そうであれば、無効な行為の取消しを認めることは可能である。

そこで、通説は、無効と取消しのいずれの要件もみたしている以上、無効と取消しの選択的主張は可能であると解している（二重効肯定説）。

→ 松坂・総則89頁、川井・民法総則37頁

無効と取消しの二重効については、このほか、意思能力による無効と行為能力の制限による取消しの関係が議論されていますが、この点は行為能力のところで説明しました。

→ 2章1節③【1】(3)

【4】無効・取消しの効果

(1) 総説

無効な法律行為は、最初から効力を生じない。また、「取り消された行為は、初めから無効であったものとみな」される（121条）。すなわち、無効または取消しにより法律行為はその効力を生じず、意図された法律効果（権利義務関係）は発生しないことになる。

(2) 原状回復義務（121条の2）

(a) 総説

無効または取消しにより法律行為の効力が生じず、その行為に基づいて債務の履行として給付を受けた者は、相手方を原状に回復させる義務（原状回復義務）を負う（121条の2）。121条の2は、平成29年改正により新設された規定である。

← 平成29年改正

121条の2は、給付利得（なんらかの契約関係があってその契約関係の清算の対象である利得）の原則についての規定とされています。詳しくは、不当利得（特に給付利得）のところで学習します。その内容を理解するためにはいわゆる類型論の立場を把握する必要があるので、現時点ではおおざっぱに理解しておけば足ります。

➡『債権各論』4章2節2

(b) 原状回復義務の内容

(i) 全部返還の原則（121条の2第1項）

121条の2第1項は、「無効な行為に基づく債務の履行として給付を受けた者は、相手方を原状に復させる義務を負う」と規定している（**全部返還義務**、**全部返還の原則**）。無効の効果として、給付受領者の原状回復義務を明記するものである。

不当利得として返還すべきもの、すなわち返還の目的物は、まず給付した原物（「給付したもの」〔705条、708条参照〕）である（**原物返還の原則**）。

しかし、原物の返還が不可能な場合には、**価格相当額の金員（価額）の返還**をすべきであると解されている（**価額返還義務**、**価額償還義務**、**価額賠償義務**）。

無効または取消しにより給付した原物（給付目的物）が損失者（所有者）に返還されるべき場合に、それまでの間にその物が果実を生じたり、滅失・損傷したりしたときは、それらを返還すべきかが問題となりますが、この点についても給付利得のところで詳しく学習することになります。

➡『債権各論』4章2節2【3】(3)

平成29年改正事項	原状回復義務	C2

改正前民法においては、無効な行為（取り消されて無効とみなされた行為を含む）に基づいて債務が履行された場合に当事者が果たすべき義務について、特別の規定は設けられていなかった。

この点については、不当利得の一般原則（703条、704条）がそのまま適用されると考えることもできたが、1つの契約から生じた結果の清算であることからすれば、有効な契約を解除した場合（545条参照）と同様に、当事者双方の義務が相互に関連するものとして処理をするのが合理的である。

そこで、平成29年改正民法は、不当利得の一般原則に対する特則として、「無効な行為」に基づいて債務が履行された場合には、当事者は原則として相手方を原状に回復させる義務を負う旨の規定を設けた（121条の2第1項）。

➡ 一問一答35頁

5－1

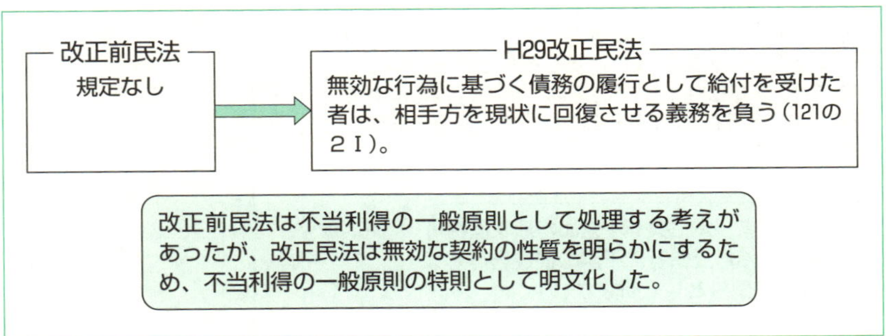

ただし、民法は、次の3つの場合には、「**現に利益を受けている限度**」での返還（**現存利益**の返還）で足りるとする（**利得消滅の抗弁**）。

現存利益の返還とは、現に手元に残っている利得を返還すればよく、消費してしまったものは返さなくてよいことを意味します。その具体的な内容は、失踪宣告の取消しのところで説明しましたので、確認しておいてください。
　また、同様に現存利益の返還を定める703条(不当利得)のところでも、現存利益の内容を説明します。

➡ 2章1節1【3】(4)(d)(iii)b②

➡『債権各論』4章2節1【3】(2)(b)(i)

(ii)　**無効な無償行為で善意の場合(121条の2第2項)**

「無効な**無償**行為に基づく債務の履行として給付を受けた者は、給付を受けた当時その行為が無効であること(給付を受けた後に前条の規定により初めから無効であったものとみなされた行為にあっては、給付を受けた当時その行為が取り消すことができるものであること)を**知らなかったとき**は、その行為によって**現に利益を受けている限度**において、返還の義務を負う」(121条の2第2項)。

この趣旨は、無償行為(たとえば、贈与)の場合に、給付受領者が善意であるときは、返還義務の範囲を現存利益にかぎることで給付受領者を保護する点にある。

平成29年改正事項	無効な無償行為で善意の場合	C2

➡ 部会資料66A・38頁、一問一答35頁、潮見・改正法30頁

　給付の原因となった法律行為が無効または取消可能であることを知らない給付受領者は、受領した給付が自分の財産に属すると考えており、費消や処分、更には滅失させることも自由にできると考えているから、受領した物が滅失するなどして利得が消滅したにもかかわらず、常に果実を含めた原状回復義務を負うとすると、給付受領者の信頼に反し、不測の損害を与えることになる。
　しかし、有償契約においては、給付受領者が反対給付を履行することなくして受領した給付を自己の物として保持することはできないのであり、善意者保護の趣旨は、逸出すると考えていた反対給付の返還を求めつつ、受領した給付については現存利益がないことを理由に返還を免れるという結論まで認めるものではない。そうすると、このような善意者保護は、無効な法律行為が有償契約である場合には必要ではないと考えられる。
　そこで、平成29年改正民法は、無効な法律行為が無償契約(たとえば、贈与)の場合には、善意者の返還義務の範囲が現存利益に限定されることとした(121条の2第2項)。

5－2　無効な無償行為で善意の場合

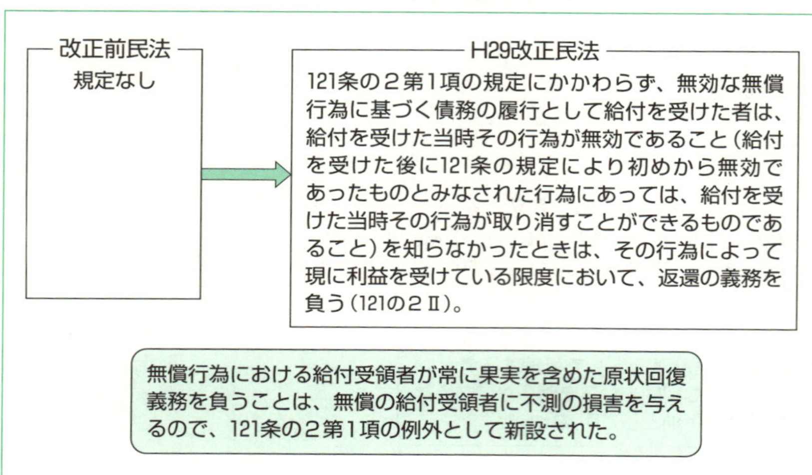

(iii)　**行為の時に意思能力を有しなかった場合(121条の2第3項前段)**

「**行為の時に意思能力を有しなかった者**は、その行為によって**現に利益を受けている限度**において、返還の義務を負う」(121条の2第3項前段)。

この趣旨も、行為の時に意思能力を有しなかった者の返還義務の範囲を現存利

益にかぎることで給付受領者を保護する点にある。すなわち、平成29年改正民法では、意思無能力の規定が新設されたが(3条の2)、これに伴い、意思能力を有しない者の保護を図る観点から、行為時に意思能力を有しなかった者の返還義務の範囲を「現に利益を受けている限度」にとどめるものである。

← 平成29年改正

→ 2章1節②【1】(1)

(iv) 制限行為能力者の行為の場合(121条の2第3項後段)

「**行為の時に制限行為能力者であった者**についても」、その行為によって**現に利益を受けている限度**において、返還義務を負う(121条の2第3項後段)。

この趣旨も、行為の時に行為能力に制限を受けていた者の返還義務の範囲を現存利益にかぎることで給付受領者を保護する点にある。改正前民法121条ただし書の規定を引き継いだものである。

> 契約が無効または取り消された場合の清算関係である、当事者相互の原状回復義務(121条の2)については、判例・学説ともに、同時履行の関係を認めていますが(533条類推適用)、その詳しい内容は債権各論で学習します。

→ 最判昭和28年6月16日民集7巻6号629頁、最判昭和47年9月7日民集26巻7号1327頁

→ 『債権各論』1章3節③【4】(3)(a)

2 無効

【1】総説——無効の一般原則

無効とは、法律行為の形式的な成立があっても、なんらかの原因により、効力が最初から生じないことをいう。言い換えると、何人の主張も待たずに、かつ、絶対的に効力のないものである。

← 「無効」とは

すなわち、法律行為が無効である場合には、特定人の行為を待つことなく、その法律行為の効力は最初から生じないし、追認によって有効とすることはできない(119条本文)。また、だれに対する関係でも効力が生じず(だれからでも主張することができる)、だれに対しても無効を主張することができるし(絶対効)、期間制限はなく、いつでも主張することができる。このような効力を有する無効を**絶対的無効**という。

もっとも、これには、次のような例外がある。

【2】例外

(1) 無効主張の相手方が制限される場合(第三者に対する対抗不能)

法律行為の無効は、だれに対しても主張することができるのが原則であるが、例外的に、当事者間のみに認められ、第三者との関係において主張できないことがある。

たとえば、心裡留保による意思表示の相手方が悪意または有過失の場合における意思表示の無効は、善意の第三者に対抗することができない(93条2項)。また、通謀虚偽表示の無効は、善意の第三者に対抗することができない(94条2項)。それぞれの内容については、心裡留保、通謀虚偽表示のところを参照してほしい。

→ 4章2節③【3】、④【4】

(2) 無効を主張できる者が制限される場合

法律行為の無効は、だれからでも主張することができるのが原則であるが、法文上「無効」とされていながら、例外的に特定人からその主張をすることができないと解釈される場合がある。

たとえば、意思無能力による無効は、意思無能力者を保護するための制度であ

るから、意思無能力者の側からしか無効を主張しえないと考えるべきである(この点は、意思無能力のところで説明した)。

➡ 2章1節2【2】(3)

民法が定める「無効」とされる場合としては、2つの態様があります。

第1に、公序良俗違反(90条)や強行規定違反(91条反対解釈)の場合のように、公益を保護するために無効とされる場合です(**公益的無効**)。

第2に、意思無能力(3条の2)、心裡留保(93条1項ただし書)、通謀虚偽表示(94条1項)の場合のように、表意者の私益を保護するために無効とされている場合です(**私益的無効**)。

無効の絶対効が妥当するのは、公益的無効の場合であって、私益的無効の場合には、むしろ取消しに近づけて扱うほうが、表意者保護という目的に適います(**無効の取消化**)。このように、取消しに近づける無効のことを**相対的無効**あるいは**相対的取消**といいます。

(3) 主張期間の制限

民法上、無効の主張期間の制限を定めた規定はないから、いつでも主張することができるのが原則である。

もっとも、相対的無効あるいは相対的取消の観点から、意思無能力の無効を主張することができる期間について、取消権の期間の制限規定(126条)を(類推)適用すべきであるかが問題となる。この点については、前述した。

➡ 2章1節2【2】(4)

無効はいつまでも主張することができるのが原則であるとしても、法律行為の目的物に対する権利を相手方が時効取得(162条、163条)したり、即時取得(192条)したりした場合には、原始取得となるので、無効に基づく返還請求に対して、取得時効または即時取得をもって対抗することができます。また、あまりに時機に後れて無効の主張がされた場合には、信義則違反(1条2項)や権利濫用(1条3項)とされることも考えられます。

また、法律行為の無効を原因とする原状回復請求権(121条の2)については、不当利得返還請求権(703条、704条)と同様に、消滅時効にかかりますが、その点は消滅時効のところで説明します。

➡ 8章2節4【1】(4)

【3】無効の諸問題

無効に関しては、一部無効、無効行為の追認、無効行為の転換が問題となる。

(1) 一部無効

(a) 総説

意思無能力者のした契約のように、**法律行為の内容の全部**に無効原因がある場合には、法律行為全体が無効となる。

これに対して、**法律行為の内容の一部**に無効原因があるだけの場合には、法律行為全体が無効となるのか(**全部無効**)、無効原因のある部分のみが無効となり、残部は有効のままなのか(**一部無効**)が問題となる。効果について、明文の規定がある場合と、明文の規定がない場合とに分けて説明する。

(b) 明文の規定がある場合

明文の規定がある場合には、その規定によることになる。たとえば、利息制限法1条は、「金銭を目的とする消費貸借における利息の契約は、その利息が次の各号に掲げる場合に応じ当該各号に定める利率により計算した金額を超えるときは、その**超過部分**について、**無効**とする」と規定する。条項の量的一部が無効となる場合である。

同様の規定として、民法278条1項後段(永小作権の存続期間)、360条1項後段(不動産質権の存続期間)、580条1項後段(買戻しの期間)、604条1項後段(賃貸借の存続期間)などがあげられる。

(c) 明文の規定がない場合

明文の規定の規定がない場合には、第1に、行為全体を無効にしなければ、法秩序に反する結果となると考えられるときには、全部無効とされる。

これに対して、第2に、法秩序に反するとまではいえないときには、できるかぎりその法律行為の効力を維持すべく、無効な部分を慣習、任意規定、条理などで補充して合理的な内容に改訂すべきであると解されている。法律行為の存続を望んでいる当事者の意思を尊重すべきだからである。

この場合には、裁判官が法律行為に介入して、当事者の当初の意思とは完全には一致しない効果が与えられることになります。

なお、この点に関連して、公序良俗違反のなかでも、特に暴利行為のうち、給付の不均衡を理由として公序良俗違反となるような場合には、一部無効となると解されていることについては、前に触れました。

➡ 4章3節③【2】(1)(a)(iii)

もっとも、第3に、無効部分を除いた残部だけでは、あるいは補充を行った後の法律行為では、当事者の当初の目的を達成することができず、法律行為の維持が当事者の意思に明らかに反するときは、その法律行為は全部無効となる。

これに関連して、芸娼妓契約が問題となります。繰り返しになりますが、大審院判例は、稼働契約を無効とし金銭消費貸借契約を有効として、一部無効として処理していましたが、戦後の最高裁は、この契約の2つの部分は密接に関連し、不可分一体をなしているとし、稼働契約部分の無効は契約全体の無効をもたらすとしました。

➡ 4章3節③【2】(3)(a)

➡ 大判大正7年10月12日民録24輯1954頁、大判大正10年9月29日民録27輯1774頁

➡ 最判昭和30年10月7日民集9巻11号1616頁

(2) 無効行為の追認(119条)

← 無効行為の追認

(a) 総説

119条本文は、「無効な行為は、追認によっても、その効力を生じない」と規定している。この規定の意味は、無効な行為の遡及的追認をすることができないということである。

この趣旨は、無効とは、法律行為または意思表示が、その成立当初から法律上当然に効力を生じないことに確定していることから、いかなる者の意思をもってしても、事後的に動かすことはできないという点にある。

(b) 非遡及的追認

← 非遡及的追認

119条ただし書は、無効な法律行為または意思表示であっても、「当事者がその行為の無効であることを知って追認をしたときは、**新たな行為**をしたものとみなす」と規定している。通常の追認(遡及的追認、122条)と異なり、**非遡及的追認**についての規定である。たとえば、虚偽表示の当事者が後にこれを追認した場合である。

もっとも、公序良俗違反(90条)の場合のように、内容の不当性を理由として法律行為が無効とされる場合には、その不当性が除去されていなければ、何度追認をしたとしても、新たな行為としての効力は生じない。

(c) 相対的無効の場合――遡及的追認①

← 遡及的追認の場合①

前述したように、無効には公益的無効と私益的無効との2つがあり、公益的無効の場合には絶対的無効が貫かれるが、私益的無効の場合には相対的無効とされ、取消しに近づけて扱うべきである。そうだとすれば、追認についても、遡及効を

認めることが表意者の意思に適うのであれば、**遡及的追認**を認めてもよいであろう(122条類推適用)。

(d) 他人行為の追認――遡及的追認②

← 遡及的追認の場合②

(c)の相対的無効の場合とは別に、無効の行為を追認して遡及的に有効とすることができる場合がある。

すなわち、119条によれば、無効な行為は追認しても遡及的に初めから有効な行為となることはないが(非遡及的追認)、後述するように、無権代理行為を本人が追認した場合だけは、別段の意思表示がないかぎり、その効力は遡及して、契約の時から有効な代理行為であったことになる(遡及効、116条本文)。この趣旨は、遡及効のある追認を認めても必ずしも本人の不利益になるわけではない点にある。遡及的に有効とすることが当事者の意思に適うのである。

→ 6章4節2【2】(4)

追認の遡及効の例外である「第三者の権利を害する」とき(116条ただし書)の意義については、無権代理のところで学習します。

→ 6章4節2【2】(4)

以上のような遡及的追認を認める趣旨は、ある物の所有者ではないが、それを自己のものであると称して他に処分した場合(他人物売買の場合)にも妥当する。そこで、他人物売買など他人の権利の処分行為の追認の場合については、明文の規定はないが、判例は、このような遡及的追認は遡及的な効力発生が真の権利者の意思であるとしたり、端的に116条の類推適用としたりして、その有効性を承認している。学説も、116条の類推適用により遡及的追認を認めている。

→ 大判昭和10年9月10日民集14巻1717頁
→ 最判昭和37年8月10日(後出重要判例)

他人物売買など他人の権利の処分行為の追認の場合には、他人の物を目的とした契約自体は有効ですが(債権的には有効、561条参照)、それだけでは相手方は、その物に対する権利(所有権などの物権)を取得することはできません。ですから、遡及的追認を認める実益があるのです(他人物の売主の責任については、債権各論で学習します)。

なお、他人の権利の処分行為の追認の場合には、物の所有権は、無権代理行為の追認の場合と異なり、所有者から非権利者・無権利者(売主)を経由して相手方(買主)に移転することになると解されています(561条は、他人物売買の場合には「売主は、その権利を取得して買主に移転する義務を負う」と規定しています)。ただし、処分権限の追認とみることができる場合には、無権代理行為の追認と同様に、物の所有権は、所有者から相手方(買主)に直接移転することになります。これを授権(授権処分)といいます。その内容は、代理制度総説で触れます。

→ 『債権各論』2章2節3【1】(3)
→ 6章1節3

★重要判例(最判昭和37年8月10日〔判例シリーズ12事件〕)

「或る物件につき、なんら権利を有しない者が、これを自己の権利に属するものとして処分した場合において真実の権利者が後日これを追認したときは、無権代理行為の追認に関する民法116条の類推適用により、処分の時に遡って効力を生ずるものと解するのを相当とする(大審院昭和……10年9月10日云渡判決……参照)。」

【争点】 Aが、Bの権利を自己の権利であるとして処分した場合に、Bがこれを追認したときは、その処分は、どのような効力が生ずるか。

【結論】 116条の類推適用により、処分のときにさかのぼって、Bについてその効力を生ずると解すべきである。

→ 百選Ⅰ38事件

(3) 無効行為の転換

(a) 意義

← 「無効行為の転換」とは

無効行為の転換とは、無効な法律行為が、他の有効な法律行為としての要件を備えている場合に、当事者も他の法律行為の効力を欲するであろうと認められるときに、その法律行為としての効力を認めることをいう。
これは、裁判所が法律行為に介入し、内容修正するものである。

無効行為の転換は、法律行為に裁判官が介入して、当事者の当初の意思とは完全には一致しない効果が与えられる点において、前述した一部無効と類似します。しかし、無効行為の転換では、別の法律行為の効果（内容修正）が認められるのに対し、一部無効では、無効部分を除去した残部の効果が認められるという違いがあります。

民法には、無効行為の転換を認める一般的な規定はないが、個別に認めている場合がある。たとえば、秘密証書遺言の要件を欠いていても自筆証書遺言としての効力を認める971条や、789条２項の準正によって嫡出子となるべき者について父母の嫡出子出生の届出が認知の届出の効力を有するとする戸籍法62条があげられる。

明文の規定がない場合であっても、一般に、以下の要件をみたす場合には、無効行為の転換を認めてよいと解されている。

➡ 佐久間・総則225頁、中舎・民法総則284頁

①無効な法律行為が他の法律行為の要件をみたしていること
②当事者が当初の法律行為の無効を知っていれば、別の法律行為としての効果を欲したであろうと認められること

無効行為の転換の可否は、不要式行為への転換と、要式行為への転換とで差があるので、以下では、場合を分けて説明する。

要式行為と不要式行為とは、法律行為に一定の方式を必要とするかどうかという分類です。この点は、法律行為のところで説明しました。

➡ 4章1節[1]【2】(2)

(b) 不要式行為への転換

不要式行為への転換の場合には、当初の無効の行為が不要式行為であれ、要式行為であれ、比較的広く認められる。たとえば、地上権設定契約としては無効なものを賃貸借契約として有効と認めたり、約束手形の振出しとしては無効なものを準消費貸借契約として成立を認めたりすることがあげられる。

手形や小切手は、一定の事項についての記載が法律上要求される性質をもつ要式行為です（要式証券性）。

➡『商法・手形法小切手法』5章2節[5]

もっとも、注文者が請負人の債務不履行を理由とする解除（民541条本文）をしたが、債務不履行は存在しないと判断される場合には、この意思表示を641条による解除の意思表示として有効とすることはできないと解されている（判例、通説）。その理由は、641条による解除は注文者の利益のために特に認められた損害賠償を伴う任意解除という特殊なものであって、債務不履行がないと信じて仕事を継続した請負人を保護する必要があるからである（注文者による任意解除〔641条〕の内容については、請負のところで学習する）。

➡ 大判明治44年1月25日民録17輯5頁

➡『債権各論』2章8節[3]【2】

(c) 要式行為への転換

要式行為への転換が認められるか否かについては、要式行為とした趣旨に反しないかぎり認められると解されている。前述した要件①に関連して、方式要件をどこまで緩和してよいかという問題である。

➡ 佐久間・総則225頁、リーガルクエスト民法Ⅰ 248頁［原田］

判例には肯定例と否定例とがあるが、無効行為の転換を簡単には認めない傾向にある。

肯定例としては、妻以外の女性との間にできた子（非嫡出子）を夫婦間の子（嫡出子）として届け出た場合には、認知（779条）として有効とされたものがある。自分の子であることを認め、それを届け出る意思があるといってよいからである。

→ 大判大正15年10月11日民集5巻703頁、最判昭和53年2月24日（百選Ⅲ30事件）

5－3

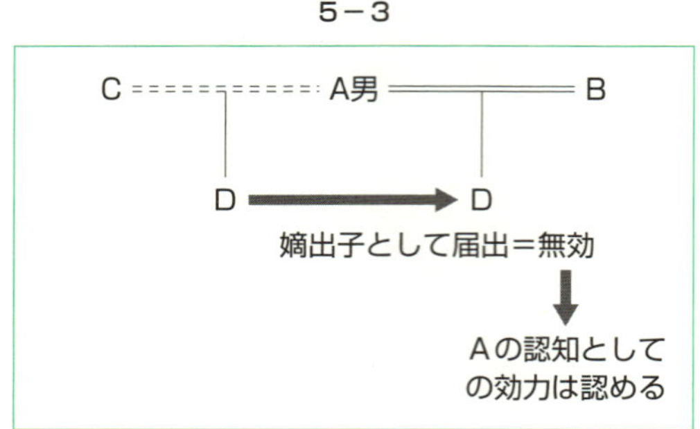

これに対して、否定例としては、①他人の子を嫡出子として届け出た場合（いわゆる「藁の上からの養子」）には、養子縁組として有効となることはないとされたものや、②自分の子でない者についてした認知届が養子縁組として有効となることはないとされている。判例は、これらの場合には、自分の子とする意思はあるが、それ以上に養子縁組の要式性を重視しているとの指摘がある。

→ 最判昭和25年12月28日民集4巻13号701頁、最判昭和50年4月8日（判例シリーズ95事件）

→ 最判昭和54年11月2日判時955号56頁

→ 中舎・民法総則284頁

5－4

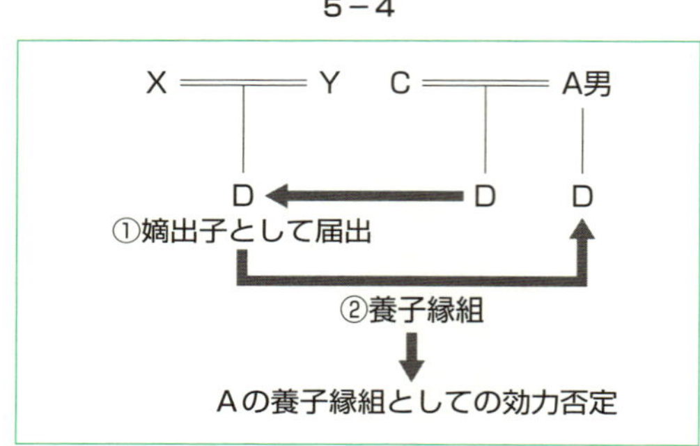

5－5

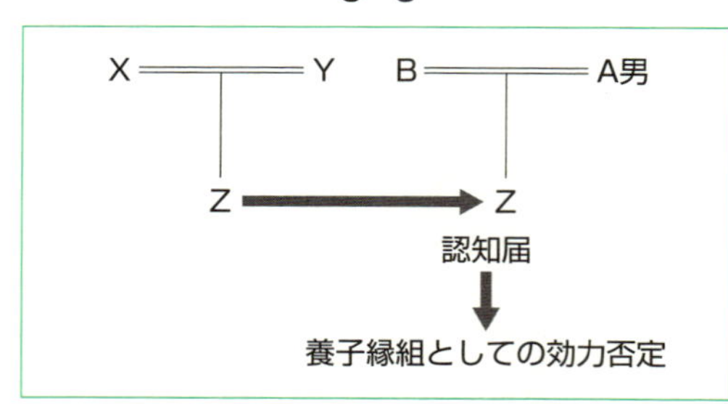

否定例①の虚偽の出生届による縁組の成否については、判例とは異なり、積極説もあります。この点は、親族法で学習します。

→ 『親族・相続』3章3節1【1】(2)(b)(iii)

3 取消し

【1】総説

(1) 意義

取消しとは、取消権者の一方的な意思表示によって法律行為の効力を遡及的

← 「取消し」とは

に消滅させるものをいう。ひとまず有効に成立している法律行為を、取消権者による相手方に対する取消しの意思表示によって、遡及的に無効とする単独行為である。

法律行為の効力を遡及的に消滅させるという点では解除(ただし、直接効果説を前提とする)と同じですが、取消しが契約締結時に存在する事由を根拠として契約の効力を消滅させるものであるのに対し、解除は、債務の不履行がある場合に発生するものであるという違いがあります(契約総論の解除のところでも触れます)。

➡『債権各論』1章4節1【3】(5)

法律行為が有効となるためには、行為者が行為能力を有し、かつ、意思表示の効果意思が正常に形成されなければならない。そのため、行為能力が制限されたり、意思が正常に形成されなかったりした場合には、その表意者を保護する必要がある。そこで、民法は、無効制度と並んで、取消しの制度を設けた(120条から126条まで)。

民法上、「取り消すことができる行為」(取消原因、120条)は、大きく分けて次の２つ(120条１項、２項参照。②を錯誤と、詐欺・強迫とに分けると３つ)である。

①行為能力の制限(未成年者、被成年後見人、被保佐人、17条１項の審判を受けた被補助人が単独でした行為〔５条２項、９条本文、13条４項、17条４項〕)

②錯誤、詐欺または強迫(95条１項、95条２項、96条１項、96条２項)

詐欺・強迫が瑕疵ある意思表示に分類されるのに対し、錯誤を瑕疵ある意思表示に位置づけられるかは問題がありますが、この点は前に触れました。

また、ここにいう取消しの制度の趣旨は、表意者の財産関係を保護する点にあります。ですから、身分関係の保護のための婚姻の取消し(743条)や縁組の取消し(803条)には、ここにいう取消しは原則として適用されません。

➡ 4章2節2【2】(4)

➡『親族・相続』2章1節4【2】、3章3節1【4】

(2) 取消しの構造

(a) 浮動的有効・不確定的有効

「取り消すことができる行為」(120条)は、法律行為としてはいったん有効に成立する。しかし、「取り消された行為は、初めから無効であったものとみな」される(121条)。したがって、取消しがなければ法律行為は有効のままであるが、取り消されることがありうるから、ここでの有効は、**浮動的有効**あるいは**不確定的有効**ということができる。

(b) 一方的意思表示

取消しは、相手方に対する一方的な意思表示である(123条)。したがって、取消しは、**単独行為**である法律行為であって、**形成権**である。

【2】要件

取消しの要件は、①取消権者による意思表示であること、②相手方に対する取消しの意思表示があることである。

(1) 取消権者による意思表示であること

民法上は、120条に列挙された者のみが取消権を有する。順に見ていくことにする。

(a) 制限行為能力者が単独で行為した場合(120条１項)

← 平成29年改正

「行為能力の制限によって取り消すことができる行為は、**制限行為能力者**(他の制限行為能力者の法定代理人としてした行為にあっては、当該他の制限行為能力者を含む。）又は**その代理人**、**承継人**若しくは**同意をすることができる者**に限り、取り消すことができる」(120条１項)。

(i) **制限行為能力者**

制限行為能力者(本人)は、**未成年者**、**成年被後見人**、**被保佐人**、**被補助人**(17条１項にいう特定の法律行為につき同意を要する旨の審判を受けた場合)である。

120条１項括弧書は、「他の制限行為能力者の法定代理人としてした行為にあっては、当該他の制限行為能力者を含む」と規定していますが、これは、102条ただし書の場合(法定代理人の場合)の取消権は、本人保護の観点から、代理行為をした制限行為能力者(その保護者)のほかに、本人(およびその承継人)が行使することができることを明らかにしたものです(102条ただし書の内容は、代理のところで説明します)。

→ 6章3節2【2】(2)

たとえば、未成年者(制限行為能力者)Ａの親権者(法定代理人)Ｂが成年被後見人(成年後見人Ｃが付されているとします)である場合において、ＢがＡを代理してなした代理行為は、Ｂの行為能力の制限を理由として取り消すことができます(102条ただし書。この場合のＢの代理行為は、９条本文により取り消すことになります。つまり、９条本文が取消しの根拠規定です)。

そして、この場合の取消権者ですが、制限行為能力者である法定代理人Ｂ、その保護者(成年後見人)Ｃのほか、実質的に保護を必要とする未成年者(制限行為能力者)Ａ(およびその承継人)もまた、取り消すことができるのです(120条１項)。

５－６

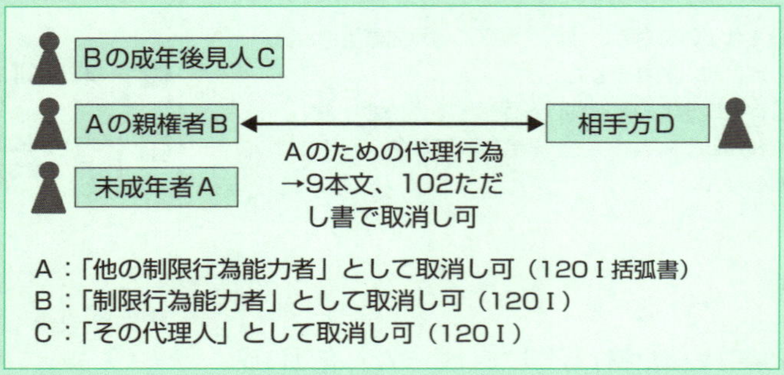

Ｂの成年後見人Ｃ

Ａの親権者Ｂ ←→ 相手方Ｄ

未成年者Ａ

Ａのための代理行為
→９本文、102ただし書で取消し可

Ａ：「他の制限行為能力者」として取消し可（120Ⅰ括弧書）
Ｂ：「制限行為能力者」として取消し可（120Ⅰ）
Ｃ：「その代理人」として取消し可（120Ⅰ）

なお、制限行為能力者が単独で行った取消しの意思表示は有効であると解すべきである(通説)。

→ 我妻・講義Ⅰ394頁参照

取消権の行使も法律行為(単独行為)ですから、制限行為能力者であるかぎり、単独で取り消すことはできないのではないかとの疑問が生じます。この点について、成年被後見人が後見人の同意を得ることなく取り消した場合には、**取り消すことができる取消し**になるという見解もあります。

→ 川井・民法総則278頁

しかし、このように解すると、いたずらに法律関係を複雑にし、相手方を不利益な地位に陥れることになります。そのため、通説は、制限行為能力者(本人)が単独で行った取消しの意思表示は、**有効**であると考えるのです。この本人の取消しは、特殊なものと解することになるのです。

→ 近江・講義Ⅰ305頁

(ii) **法定代理人(制限行為能力者の代理人)**

未成年者の法定代理人(親権者、未成年後見人)や、成年被後見人の後見人である。代理権付与の審判(876条の４)を受けた保佐人もこれに該当するが、保佐人は、次の同意権者として常に取消権を有する。

(iii)　同意権者

保佐人の同意を要する行為について、その同意またはこれに代わる家庭裁判所の許可(13条3項)を得ないでした被保佐人の行為は、同意権者である保佐人が取り消すことができる。

また、被補助人の特定の法律行為について、補助人の同意を要する旨の審判(17条1項)があった場合には、補助人も、特定の法律行為について同意権者として取消しをすることができる。

(iv)　制限行為能力者の承継人

承継人には、包括承継人と特定承継人とがある。

包括承継人とは、ある権利主体に属していた権利義務を包括的に引き継ぐ者をいい、たとえば相続人や合併会社がこれにあたる。これに対して、**特定承継人**とは、ある権利について権利者としての地位を譲り受けた者をいい、たとえば買主や賃借人の地位を承継した者がこれにあたる。

←「包括承継人」とは

←「特定承継人」とは

包括承継人が120条1項にいう「承継人」に該当することには異論はない。たとえば、未成年者Aがその所有する不動産を法定代理人の同意を得ないでBに対し贈与する契約を締結した後に死亡した場合には、Aの相続人Cは、贈与契約を取り消すことができる。

これに対して、特定承継人、すなわち目的物の買受人が法定代理人の同意を得ない未成年者Aであり、それを更に未成年者から買い受けたCが「承継人」に該当するかについては争いがあるが、次に触れる(b)(ii)のうち詐欺の場合に論じられるので、そこで説明することにする。

(b)　瑕疵ある意思表示の場合(120条2項)

「錯誤、詐欺又は強迫によって取り消すことができる行為は、**瑕疵ある意思表示をした者**又はその**代理人**若しくは**承継人**に限り、取り消すことができる」(120条2項)。

(i)　表意者

表意者(本人)、すなわち錯誤者、被詐欺者および被強迫者は、瑕疵ある意思表示をした者として取り消すことができる。

(ii)　表意者の代理人・承継人

ここにいう「**代理人**」とは、意思表示をした者の法定代理人のみならず、任意代理人も含まれる。

←代理人

「**承継人**」には、相続人や合併会社のような包括承継人が含まれることについては異論はない。たとえば、Aの所有する不動産をBがAの詐欺によって買い受けた後、Bが死亡した場合には、Bの相続人Cは、Bの「承継人」(包括承継人)として取り消すことができる。

←承継人

これに対して、目的物の買受人のような特定承継人が「承継人」に該当するかについては争いがある。従来の通説は、特定承継人も「承継人」に該当するとしていたが(包含説)、今日の多数説は、取消権のみを承継する特定承継人というのは考えられないとして、「承継人」に該当しないと解している(非包含説)。ただし、取り消しうべき行為について当事者の有する**法律上の地位(契約上の地位)が譲渡(移転)されたとみるべき場合**には、例外的に「承継人」に該当し、取消しをすることができるとする。

➡ 我妻・講義Ⅰ395頁、川島・民法総則420頁

➡ 幾代・民法総則430頁

➡ 注釈民法(4)264頁[奥田]、川井・民法総則280頁、四宮=能見・民法総則333頁

今日の多数説である特定承継人が「承継人」に該当しないが、法律上(契約上)の地位が譲渡されたとみるべき場合には、「承継人」に該当し取消しをすることができる、という意味を詳しく説明します。

目的物の買受人が転売をしたときは、後述する「取り消すことができる行為によって取得した権利の全部又は一部の譲渡」を受けた者に該当するので、法定追認に該当し(125条柱書本文5号)、確定的に有効となります(122条)。ですから、目的物の買受人である特定承継人は、通常、取消権者である「承継人」(120条2項)には該当しません。たとえば、AがBを詐欺して、Aの所有する不動産をBに売り、Bが更にこれをCに転売した場合には、Bは法定追認をしたことになりますので取消権は消滅し、Cは、Bから取消権を承継しないことになります。

たしかに、目的物の買受人BがCへ転売するにあたり、「異議をとどめたとき」は、法定追認にはならないので(125条柱書ただし書)、取消権の承継は認められそうです。しかし、Bに取消権があるとしても、Bから買い受けたCは、(BC間の法律行為に瑕疵があってこれを取り消すことができますが)他人であるBとAとの法律行為にまで干渉して、これを取り消す立場にはないと考えられます。

以上から、今日の多数説は、特定承継人は「承継人」には該当しないと解しているのです(非包含説)。

もっとも、BがCに対して買主の地位(法律上の地位・契約上の地位)を譲渡(移転)した場合には、その地位の譲渡に伴って取消権はCに移転します。ですから、この場合には、例外的に「承継人」に該当すると考えるのです。要するに、「承継人」に該当する特定承継人とは、本人の契約上の地位をそっくり譲り受けた者にかぎられ、契約取消権は、契約解除権と同様に、契約当事者たる地位と不可分なものと考えるのです。

すなわち、取り消しうべき行為によって成立した権利の承継人ではなく、取消しうべき行為についての当事者の有する法律上の地位の承継人(取消権の承継人)が「承継人」に該当すると考えるのです。

なお、以上は改正前民法下での議論ですが、平成29年改正民法によって、契約上の地位の移転に関する規定(539条の2)が新設されても、この議論は妥当すると思われます。

539条の2は、「契約の当事者の一方が第三者との間で契約上の地位を譲渡する旨の合意をした場合において、その契約の相手方がその譲渡を承諾したときは、契約上の地位は、その第三者に移転する」と規定しています。契約の相手方の「承諾」が必要となるのは、契約上の地位の移転には債務引受の要素が含まれるからです(詳しくは、債権総論で学習します)。

ただし、不動産賃貸借における賃貸人の債務は、不動産の所有者であればだれでも履行することができる債務(状態債務)なので、対抗要件を備えた不動産が譲渡されたときには、その賃貸人たる地位は、(賃借人の承諾なくして)譲受人に移転します(605条の2第1項。詳しくは、債権各論で学習します)。これも、平成29年改正により新設された規定です。たとえば、AがBから詐欺されて自己の土地上に賃借権を設定した後、その土地をCに譲渡したとします。この場合には、賃借人Bの承諾なくしてAの地位はCに移転しますので、Cは、「承継人」(120条2項)として取消権を取得することになります。

5−7

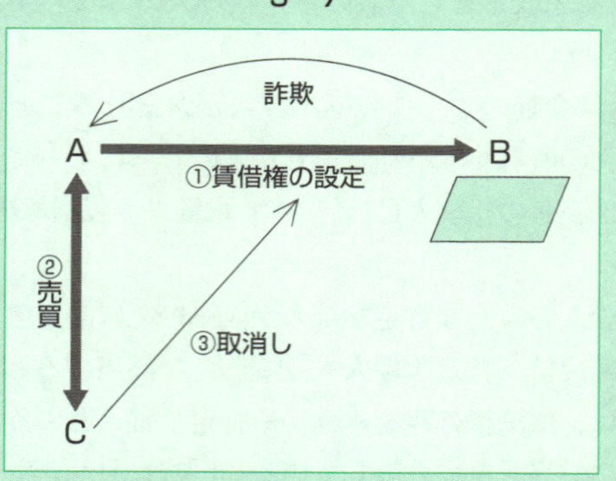

なお、保証人は、主たる債務者の「承継人」ではないので、取消権を行使することができないと解されている(判例)。

→【4】(4)(b)(i)e

→ 幾代・民法総則430頁、川井・民法総則280頁

→ 我妻・講義Ⅰ395頁

→ 中舎・民法総則288頁

→ 平野・民法総則228頁

→ 注釈民法(4)264頁[奥田]、川井・民法総則280頁、四宮=能見・民法総則333頁

← 平成29年改正

→『債権総論』3章3節2

→『債権各論』2章6節5【2】(2)(b)(ii)

→ 大判昭和20年5月21日民集24巻9頁

主たる債務者(主債務者)が詐欺により債務を負っている場合に、主債務者の保証人が取消権を行使することができるかが問題となります。上記判例は、上記のように否定していますが、保証債務を履行した後になって主債務者が債務を負担した契約を取り消した場合には、法律関係は錯綜してしまいます。しかも、保証債務は主債務の履行を確保するための担保であり、主債務者が取消権を行使して主債務の履行を免れる可能性がある場合に、保証人に全額の履行を強いるのは適当ではありません。そのため、従来の通説は、債権者から保証人に対し履行請求がなされた場合には、保証人は主債務者が取り消すか否かが確定していない間は、履行を拒絶する権利を有していると解釈していました。

平成29年改正民法は、上記通説の立場を受けて、主債務者が債権者に対して取消権を有するときは、これらの権利の行使によって主たる債務者がその債務を免れるべき限度において、保証人は、債権者に対して債務の履行を拒むことができると規定しました(457条3項)。この点は、債権総論の保証人の部分で詳しく学習します。

→ 我妻・講義Ⅳ484頁、川井・民法総則281頁

← 平成29年改正

→ 『債権総論』6章5節④【1】(2)(b)

取消権は、債権者代位権(423条)の行使の対象となると解されている。

→ 我妻・講義Ⅳ167頁、川井・民法総則282頁

債権者代位権については、債権総論で学びますが、その要件として被代位権利の存在があげられており(423条1項本文)、取消権などの形成権も、被代位権利になると解されているのです。

→ 『債権総論』5章2節②【3】(1)

(2) 相手方に対する取消しの意思表示があること

「取り消すことができる行為の相手方が確定している場合には、その取消し……は、相手方に対する意思表示によってする」(123条)。なお、所在不明の相手方に対する取消しの意思表示は、民事訴訟法上の公示送達によってすることができないと解されている(判例)。

→ 大判昭和7年12月21日民集11巻2480頁

ここにいう「**相手方**」とは、取り消されるべき行為(意思表示あるいは法律行為)の相手方をいう。

← 「相手方」とは

たとえば、未成年者AがBに不動産を売却し、Bがこれを更にCへ転売した場合であっても、Aの取消しの意思表示は、第三者Cではなく相手方Bに対して行うことになります。そのうえで、第三者Cに対して取消しの効果を主張することになるのです。もちろん、第三者Cに対抗することができるか否かは別論です(95条4項、96条3項参照)。

この点について、特に手形行為について取消しの意思表示はいかなる者に対してなすべきかが問題となる。判例は、取消しの場合の意思表示の相手方は手形を交付した直接の相手方にかぎるとしているが、学説上は、直接の相手方のみならず、現在の手形所持人に対してもその意思表示をなしうるとする見解も有力である。

→ 大判大正11年9月29日(手形小切手百選9事件)

→ 川島・民法総則421頁

この点については、手形法で詳しく学習しますので、ひとまずは判例の立場を理解しておいてください。

→ 『商法・手形法小切手法』6章4節①【2】(3)

取消しの「意思表示」の方法は問われない。すなわち、訴えその他の特別な形式によることを要しない(訴えの方法による必要はないとする判例)。また、取消しをするのに、取消原因を示す必要もない。

→ 大判明治33年12月5日民録6輯11巻28頁

【3】効果

「取り消された行為は、初めから無効であったものとみな」される(121条)。その結果、その法律行為から生じていた債権債務は遡及的に消滅し、その行為に基

づいて債務の履行として給付を受けた者は、相手方を原状に回復させる義務(原状回復義務)を負う(121条の2)。

原状回復義務の内容については、前述した。

→ 本節[1]【4】(2)(b)

【4】取り消しうべき行為の追認

(1) 意義

追認とは、取り消すことができる行為を取消権者が確定的に有効とする意思表示をいう。

← 「追認」とは

「取り消すことができる行為は、第120条に規定する者が追認したときは、以後、取り消すことができない」(122条)。その結果、その法律行為は最初から有効なものとして確定する(**確定的有効**)。

平成29年改正事項	122条ただし書の削除	B2

改正前民法122条ただし書は、「ただし、追認によって第三者の権利を害することはできない」と規定していたが、追認は取消しがなされないことが確定するだけで、これによって第三者の権利を害する事態は生じないと一般に解されていた。また、裁判例をみても、改正前民法122条ただし書を適用して事案を解決した例は見あたらなかった。

そこで、平成29年改正民法は、122条ただし書の規定を削除した。

→ 部会資料66A・39頁、一問一答34頁、潮見・改正法31頁

5－8

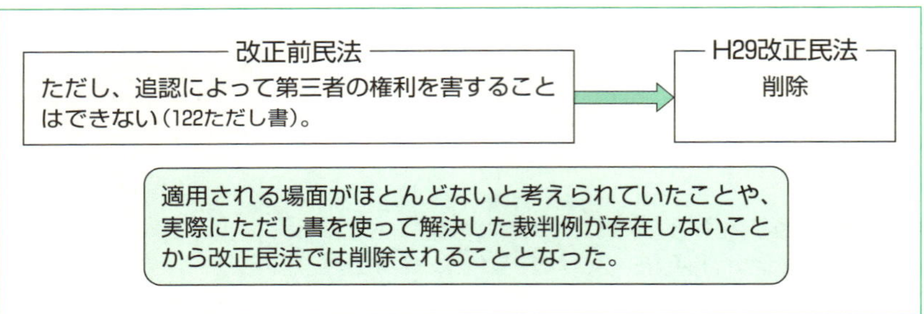

追認は、取消しと同様に、相手方に対する意思表示により行われる**単独行為**である(123条)。追認の性質については、**取消権の放棄**と解されている(通説)。

→ 我妻・講義Ⅰ398頁、川井・民法総則289頁

(2) 要件

追認の要件は、①追認権者による意思表示であること(122条)、②相手方に対する追認の意思表示であること(123条)のほか、③追認が「取消しの原因となっていた状況が消滅し」た後であること(124条1項前段)、④「取消権を有することを知った後」であること(124条1項後段)である(ただし、③については、後述するように要件とされない場合がある〔124条2項〕)。

← 平成29年改正

平成29年改正事項	追認の要件	B2

改正前民法は、文言上、追認について、「取消しの原因となっていた状況が消滅した後」にすることのみを要件としていた(改正前民法124条1項)。

しかし、判例は、これに加えて、追認をする者が取消権を有することを知っていることも必要であるとしていた。

そこで、平成29年改正民法は、上記判例に従い、追認は取消権を有することを知った後でなければその効力を生じない旨を明文化した(124条1項後段)。

なお、改正前民法124条2項は、「成年被後見人は、行為能力者となった後にその行為を了

→ 部会資料66A・40頁、一問一答37頁、潮見・改正法32頁

→ 大判大正5年12月18日民録22輯2529頁

知したときは、その了知をした後でなければ、追認をすることができない」と規定していたが、この内容は124条１項後段に含まれており、別途規定をおく必要がないため、平成29年改正民法ではこれを削除している。

5－9

改正前民法		H29改正民法
・追認は、取消しの原因となっていた状況が消滅した後にしなければ、その効力を生じない（124Ⅰ）。 ・成年被後見人は、行為能力者となった後にその行為を了知したときは、その了知をした後でなければ、追認をすることができない（同Ⅱ）。	⇒	・取り消すことができる行為の追認は、取消しの原因となっていた状況が消滅し、かつ、取消権を有することを知った後にしなければ、その効力を生じない（124Ⅰ）。 ・削除（124Ⅱ）

改正前民法において判例が必要としていた要件を改正124条１項において明確化した。これに伴い、改正前２項は改正124条１項後段に含まれるため削除された。

(a)　**追認権者による意思表示であること**

取り消すことができる行為は、120条に規定する者（取消権者）が追認したときは、以後、取り消すことができない（122条）。

(b)　**相手方に対する追認の意思表示であること**

「取り消すことができる行為の相手方が確定している場合には、……追認は、相手方に対する意思表示によってする」（123条）。この規定は、取消しとともに定められていることから、「相手方」の意義および追認の方法については、取消しで述べたことがあてはまる。

追認は、相手方に到達することが必要である（判例）。また、追認は意思表示であるから、取り消しうることを知り、かつ、取消権放棄の意思があることが必要である（判例。ただし、この点は平成29年改正により明文化されている）。

➡ 大判大正４年２月３日民録21輯66頁

➡ 大判大正５年12月18日（前出）

(c)　**追認が「取消しの原因となっていた状況が消滅し」た後であること**

追認は、「取消しの原因となっていた状況が消滅し」た後にしなければ、その効力を生じない（124条１項前段）。この趣旨は、取消しの原因となっていた状況が消滅する以前に追認をしても、追認自体が瑕疵を帯びるからである。すなわち、それ以前に追認をしても、取消原因の影響を受けてなされたものとなり、それもまた取り消すことができるという状態が継続してしまうからである。

具体的には、制限行為能力者が行為能力者となった時点以後、詐欺を受けた表意者が詐欺の事実を知った時点以後、強迫を受けた表意者が畏怖の状態から脱した時点以後となる。

この要件をみたさずになされた追認は、無効となります。取り消しうる追認となるわけではないので、注意してください。

ただし、①法定代理人または制限行為能力者の保佐人もしくは補助人が追認をするとき（124条２項１号）、②制限行為能力者（成年被後見人を除く）が法定代理人、保佐人または補助人の同意を得て追認をするとき（124条２項２号）には、この要件は必要ではない。これらの者は、取消原因の影響を受けていないからである。

(d)　「取消権を有することを知った後」であること

追認は、「取消権を有することを知った後」になされる必要がある(124条1項後段)。追認は、取消権の放棄の性質を有するため、放棄する権利の存在を知って行わなければならないからである。

(3)　効果

追認によって、取り消すことのできる行為は、以後、取り消すことができなくなる(122条)。その法律行為は、最初から有効なものとして確定するのである(浮動的有効、不確定的有効から確定的有効へ)。

無権代理のところで説明する無権代理行為の追認(113条、116条参照)は、本人に効果が帰属しないという、いちおう無効な行為を遡及的に有効に確定するものであるのに対し、ここにいう取り消すことができる行為の追認は、いちおう有効な行為を有効に確定するものであるという点に違いがあります。そのため、浮動的有効、不確定的有効から確定的有効になる、と説明されるのです。

➡ 6章4節2【2】

なお、法定代理人や保佐人、補助人が追認すると、制限行為能力者(本人)の取消権も消滅すると解されている。

➡ 我妻・講義Ⅰ400頁、川井・民法総則291頁

(4)　法定追認

(a)　意義

追認をすることができる時以後に、取り消すことができる行為について、社会一般から追認と認められうるような一定の事実があった場合には、「追認をしたものとみな」される(125条柱書本文)。これを**法定追認**という。

← 「法定追認」とは

この趣旨は、相手方の信頼の保護と法律関係の早期安定を図る点にある。すなわち、後述する125条各号に掲げる事実は、通常、黙示の追認があるとみることができる行為であるが、相手方の信頼を保護し、法律関係の早期安定を図るために、取消権発生の認識の有無や追認意思の有無を問うことなく、追認を擬制したものである。なお、法定追認を認める125条の規定は、無権代理には適用されないと解されている(判例。この点については無権代理のところで説明する)。

➡ 最判昭和54年12月14日
判時953号56頁

➡ 6章4節2【2】(3)

(b)　要件

法定追認の要件は、以下の3点である。(i)においては、細かいところはともかく、各法定追認事由の各主体に着目して読んでほしい。

(i)　取消権者による一定の行為――法定追認事由(125条各号)

a　全部または一部の履行(1号)

取消権者が履行する場合だけでなく、相手方の履行を受領する行為も含む(判例)。

➡ 大判昭和8年4月28日
民集12巻1040頁

b　履行の請求(2号)

取消権者の行う履行請求にかぎられる(判例)。相手方から履行の請求を受けても、ここにいう「履行の請求」にはあたらない点に注意してほしい。

➡ 大判明治39年5月17日
民録12輯837頁

相殺の意思表示も「履行の請求」にあたる(相殺については、債権総論で学習する)。

➡ 『債権総論』4章4節

c　更改(3号)

更改とは、当事者が債務の要素を変更することにより、旧債務を消滅させ、新債務を成立させる契約をいう(更改の内容は、債権総論で学習する)。

➡ 『債権総論』4章5節1

取消権者が債権者である場合と債務者である場合とを問わない。

d　担保の供与（4号）

法文上は、取消権者が債務者として担保を提供する場合にかぎるようにみえるが、債権者として担保の提供を受諾する場合をも含むと解されている。相手方の信頼の保護と法律関係の早期安定という趣旨からみて、両者を区別する必要はないからである。

e　取り消すことができる行為によって取得した権利の全部または一部の譲渡（5号）

取消権者が譲渡した場合にかぎられる。すなわち、取消権者の相手方が権利を譲渡してもこれにあたらない。

f　強制執行（6号）

判例は、取消権者が申し立てた場合にかぎり、債務者として強制執行を受け請求異議の申立てをしなかった場合を含まないとする。ただし、法律関係の早期安定という趣旨から、後者の場合も法定追認にあたるとする見解も有力である。

➡ 大判昭和4年11月22日新聞3060号16頁

➡ 近江・講義Ⅰ310頁

➡ 我妻・講義Ⅰ402頁、川島・民法総則425頁、川井・民法総則293頁

(ii)　追認可能な状態において生じたこと（125条柱書本文）

「追認をすることができる時以後」（125条柱書本文）という要件をみたす必要がある。

改正前民法125条の冒頭は「前条の規定により追認をすることができる時以後」と規定し、改正前民法124条1項には「取消権を有することを知った後」との文言がなかったため、法定追認は取消権者が取消権を有することを知った後に法定追認事由が生ずることが必要かという問題がありました。

この点について、未成年当時にした借入れについて、成年になった後に、取消しが可能であることを知らずに一部弁済をした事例において、改正前民法下の判例は、法定追認の要件は意思表示による追認の要件とは異なって、取消権発生の認識がなかったときでも、法定追認となるとしていました。

➡ 大判大正12年6月11日（百選Ⅰ39事件）

平成29年改正により、追認は取消権を有することを知った後でなければその効力を生じない旨明文化されましたが（124条1項後段）、125条柱書本文の冒頭は、「前条の規定により追認をすることができる時以後」ではなく、「追認をすることができる時以後」との文言に変更されたため、上記判例の解釈を否定することを避けているとされています。要するに、上記の論点は、平成29年改正民法下においてもなお解釈上の問題とされているのです。

➡ 一問一答37頁

この点については、「追認をすることができる時以後」とは、「取消しの原因となっていた状況が消滅し」たこと（124条1項前段）を意味し、取消権を有するかどうかを知ったか否かは関係がないことを理由とし、あるいは、相手方の信頼を保護し、法律関係の早期安定を図るという法定追認の趣旨から、従来の判例と同様に、取消権を有することの了知（認識）は必要でないという見解が有力です。

➡ 近江・講義Ⅰ309頁

➡ リーガルクエスト民法Ⅰ257頁［原田］

(iii)　異議をとどめなかったこと（125条柱書ただし書）

取消権者が、125条各号の法定追認事由の行為をする際に、追認となることに異議をとどめたときは、法定追認は生じない（125条柱書ただし書）。

(c)　効果

「追認をしたものとみな」されるのであるから（125条柱書本文）、取り消すことのできる行為は、以後、取り消すことができなくなる（122条）。すなわち、その法律行為は、最初から有効なものとして確定する。

【5】取消権の期間制限

⑴ 総説

法律行為がいつまでも取り消すことができる状態にあると、法律関係を不安定にする。そこで、126条は、「取消権は、追認をすることができる時から5年間行使しないときは、時効によって消滅する。行為の時から20年を経過したときも、同様とする」と規定し、取消権は一定期間内に行使しなければならないとして、短期と長期の2種類の期間制限を設けた。いずれかの期間の満了によって取消権は消滅する。

⑵ 短期の期間制限(126条前段)

短期の期間制限は、「追認をすることができる時から5年」である(126条前段)。

取消権の行使は、取消しと追認とのどちらが有利かを判断して行われるべきであるから、制限行為能力者の行為能力がいまだ回復せず、追認をすることができない状態であるのに、取消権の期間制限が満了してしまうのは適当でない。そこで、「追認をすることができる時」から5年の期間制限が計算されることとした。

「追認をすることができる時」とは、124条の定める時である。平成29年改正民法下では、「取消しの原因となっていた状況が消滅し、かつ、取消権を有することを知った後」である(124条1項)。具体的には、①制限行為能力者本人については、行為能力者となった時から、②法定代理人、同意権者については、これらの者が制限行為能力者の行為を知った時から、③錯誤、詐欺、強迫の場合には、それぞれの状態を脱した時からである。

← 「追認をすることができる時」とは

もっとも、制限行為能力者の場合には、法定代理人または同意権者の取消権が消滅すれば制限行為能力者本人の取消権も消滅すると解されている(通説)。

→ 四宮＝能見・民法総則337頁、リーガルクエスト民法Ⅰ258頁[原田]

⑶ 長期の期間制限(126条後段)

長期の期間制限は、「行為の時から20年」である(126条後段)。

短期の期間制限では、制限行為能力者が能力を回復することなく、また、法定代理人も選任されていない状態が長期化すると、いつまでも取消権が消滅しないことになるが、これでは権利関係が確定せず、適当でない。そこで、「行為の時」から20年で取消権を消滅させることにした。

⑷ 期間の性質

両期間の性質について、かつての通説は、「時効によって」という文言を根拠として、消滅時効と解していた(現在も消滅時効と解する見解もある)。しかし現在の通説は、取消権のような形成権は権利者の一方的意思表示のみで権利内容の実現をすることができ、更新(改正前は時効の中断)を考える余地がないことから、長期・短期の両期間ともに除斥期間と解している。もっとも、5年は時効期間で20年は除斥期間と解する見解もある。

→ 平野・民法総則443頁

→ 我妻・講義Ⅰ404頁、439頁、496頁、川井・民法総則287頁、288頁、四宮＝能見・民法総則441頁、リーガルクエストⅠ258頁[原田]、301頁[原田]

→ 中舎・民法総則428頁

→ 8章2節①【1】、【2】

消滅時効およびこれと除斥期間との違いについては、消滅時効のところで詳しく説明します。

⑸ 取消し後の原状回復請求権との関係

取消しによって原状回復請求権(121条の2)が発生する場合については、取消権(形成権)と原状回復請求権の期間制限を一体として捉える見解(一段構成説)と別個に捉える見解(二段構成説)とがあるが、この点は消滅時効のところで触れる。

→ 8章2節④【1】⑷

○×問題で実力チェック

01　AがBから甲自動車の贈与を受けた。この贈与はBの錯誤によるものであったが、Aはこのことを知らなかった。その後、何者かにより甲自動車が盗まれ、Bがこの贈与を取り消した場合、Aは甲自動車の価値相当額をBに返還しなければならない。

➡ ×　121条の2第2項

02　Aは、Bとの間で、A所有のバイク代金を代金100万円で売却する旨の契約を締結した。Aが契約時に被保佐人であり、Aの制限行為能力を理由に売買契約が取り消された場合、すでにBが支払った代金100万円については、Aは現存利益の限度で返還すれば足りる。

➡ ○　121条の2第3項後段

03　未成年者が、法定代理人の同意を得ないでした売買契約を、法定代理人の同意を得ないで取り消した行為は、取り消すことができる。(S.60-29問)

➡ ×　未成年者が単独でなした取消しは完全に効力を生ずる。1節3【2】(1)(a)(i)参照

04　取消しうべき行為の追認は、意思表示である。(S.40-40問)

➡ ○　123条

05　成年被後見人が成年後見人の同意を得てした追認は、その効力を生じない。(S.48-25問類題、S.50-2問類題)

➡ ○　成年後見人に同意権はない(124条参照)。1節3【4】参照

06　未成年の時における不動産の売買により代金債務を負担した者は、成年に達した後にその代金を支払った場合であっても、売買の当時未成年者であったことを理由としてその売買を取り消すことができる。(H.22-3問)

➡ ×　成年に達した後の代金支払は、125条1号により、法定追認となる。ゆえに、取り消せない。1節3【4】(4)(b)参照

07　未成年者甲がその所有の土地を法定代理人の同意を得ないで乙に売却をしたという事案で、甲が成年に達した後に、未成年のときにした売買が取り消しうるものであることを知って乙に代金を請求した場合には、追認したことになる。(S.43-42問)

➡ ○　125条2号

08　甲が乙に自己所有の不動産を売り渡した後、それが乙の詐欺によるものであることを知った。その後、甲が乙に対して、当該売買代金債権を自働債権として相殺の意思表示をしたときでも、甲は取り消すことができる。(S.52-2問)

➡ ×　相殺の意思表示も「履行の請求」にあたる(125条2号)。1節3【4】(4)(b)参照

09　AがB所有の動産をBから何らの代理権も与えられていないのにその代理人としてCに売却した場合には、Bがこれを追認すれば、BC間の売買契約は契約時にさかのぼって有効となるが、AがB所有の動産をBに断りなく自分の物としてCに売却した場合には、Bがこれを追認すると、その追認の時に新たにAC間の売買契約が締結されたものとみなされる。(H.25-5問)

➡ ×　最判昭和37年8月10日

第6章……代理

1. 代理制度総説

本章では、代理について説明する。契約の効果帰属要件の問題である。

1 代理制度の意義

【1】代理制度とは

← 「代理」とは

代理とは、本人に代わり他の者が行った法律行為の効果を、本人に直接帰属させる法的な仕組みをいう。たとえば、本人Aが、代理人Bに対して、自己の有する甲不動産を売却する旨の代理権を授与した場合において、代理人Bが、本人Aのためにすることを示して(顕名)、相手方Cに対して甲不動産を売却することがあげられる。このとき、BC間で締結された売買契約の効力は、本人Aに直接帰属する。

6－1

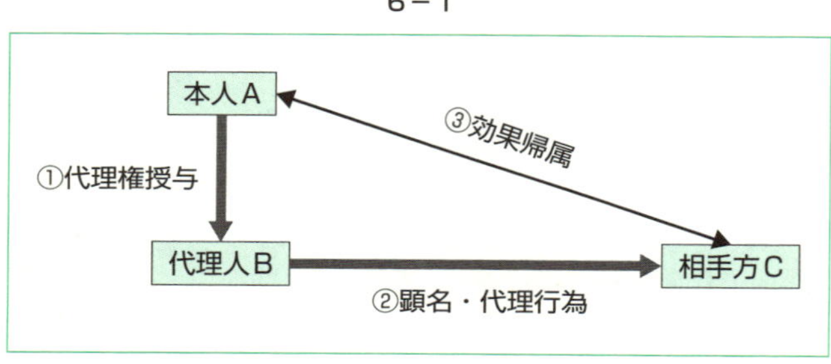

ここにいう本人Aへの効果帰属は、債権的効果も物権的効果も含みます。また、形成権や抗弁権なども本人に効果帰属しますし、代理行為に瑕疵があれば、その効果も本人へ帰属します。

【2】代理制度の意義

本来ならば、法律行為はその効果が帰属する本人が行うべきであり、それが原則である。しかし、法は代理制度という例外を設けた。

← 代理制度の意義

代理には、主として私的自治の拡大と私的自治の補充(両者をあわせて私的自治の拡充という)という2つの意義がある。

(1) 私的自治の拡大

← 「私的自治の拡大」とは

私的自治の拡大とは、たとえば、本人が多忙のため1人では社会的活動範囲に限界がある場合や、専門的な取引について専門家に任せる場合など、代理人に契約の締結を任せることで社会的活動領域を拡大させることができることを意味する。私的自治の拡大は、主に任意代理の場合に妥当する。

(2) 私的自治の補充

← 「私的自治の補充」とは

私的自治の補充とは、たとえば、制限行為能力者のようにみずから財産管理を行うことが困難な事情がある場合に、法が第三者に本人の財産管理にかかる代理権を与えることで、本人に代わって本人の財産を守らせることができることを意味する。私的自治の補充は、主に**法定代理**の場合に妥当する。

法人の事務執行も、代理の重要な社会的役割であると説明されます。
法人の事務執行は、特に「代表」(一般法人77条1項、78条)とよばれており、法人のところで説明したように、代表者の行為が法人の行為と同一視される点で代理とは異なるという説明をする見解もあります(代理区別説)。この説によれば、代理は自己(代理人)の行為と本人の行為は別となるのに対し、代表は自己(代表者)の行為が本人(法人)の行為ということになります。
ただし、ある法人格が行った法律行為の効果を他の法人格に帰属させるという点で代理の一種と扱うという見解もあります(代理同一説)。
法人本質論(法人学説)との関係については、法人のところを参照してください。

→ 2章2節4【3】(1)

→ 2章2節1【2】、4【3】(1)

【3】代理に親しまない法律行為

→ 平野・民法総則258頁

法律行為のみならず、意思の通知(催告など)や観念の通知(債権譲渡の通知行為など)などの準法律行為を代理によって行うことができる。

→ 4章1節1【2】(3)(a)

しかし、法律行為であっても、婚姻、養子縁組、遺言などの身分行為は、本人の自己決定によることが必要であることから、原則として、代理して行うことができないと解されている。例外として、15歳未満の子の養子縁組は、親権者が代わって養親になる者と養子契約をすることが認められている(ただし、家庭裁判所の許可を要する。民797条、798条本文)。

2 代理の基本的な仕組み

【1】代理関係の基本的成立要件

6−2　他人による法律行為の処理手順

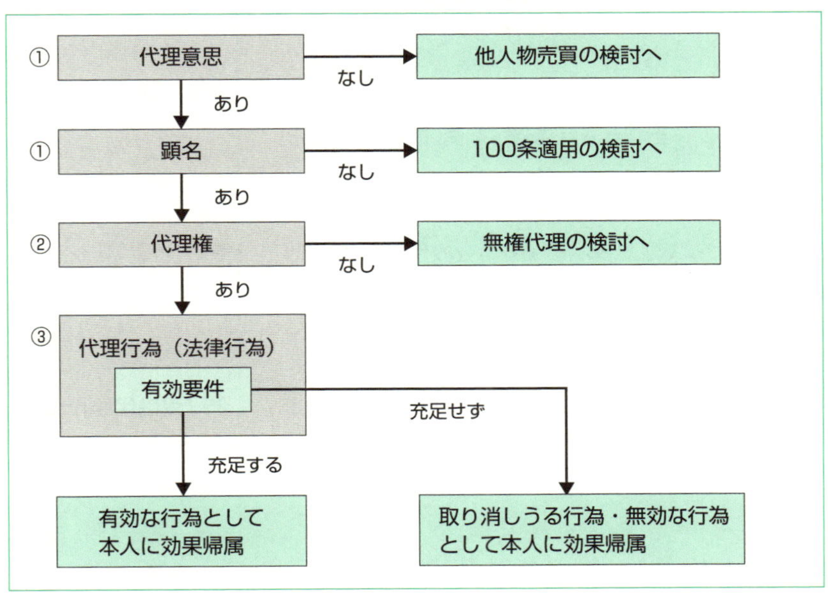

代理関係は、①「代理人がその権限内において」、②「本人のためにすることを

示してした」、③「意思表示」によって成立する(99条1項)。

①が**代理権**、②が**顕名**、③が**代理行為**を意味している。①は次節で、②と③は3節で詳しく説明する(それぞれの意味も、後述する)。

→ 2節
→ 3節

代理の要件事実としては、(1)代理人(または相手方)による意思表示、(2)代理人が、(1)のとき、本人のためにすることを示すこと、(3)(1)に先立つ代理権の発生原因事実、と整理されることが多いです。(1)が代理行為、(2)が顕名、(3)が代理権に対応します。

要件事実論では、「(1)のとき」、「先立つ」などというように、時系列を意識しなければなりませんが、民法ではあまり気にしなくてかまいません。

→ 要件事実1巻56頁、紛争類型別41頁

【2】法定代理と任意代理

代理は、代理権の発生根拠に応じて2つに区別される。

(1) 法定代理

法定代理とは、本人の委託に基づかずに、法の規定により一定の者が当然に、または裁判所の選定した者が代理人になる場合の代理をいう。たとえば、親権者(818条、819条2項、824条)、後見人(839条以下)、保佐人(876条の4)および補助人(876条の9)による代理があげられる。また、家庭裁判所が選任した不在者財産管理人(25条)や相続財産管理人(918条2項、3項、952条)による代理も法定代理人である。

← 「法定代理」とは

ただし、不在者自身が選任した財産管理人(委任管理人)は任意代理人ですので、注意してください。本文で述べた不在者財産管理人(25条)は、家庭裁判所が選任した財産管理人(選任管理人)のことです。

→ 2章1節5【2】(2)、(3)

(2) 任意代理

任意代理とは、本人の代理権を授与する意思表示によって代理人に代理権が付与される代理をいう。たとえば、弁護士に対して交渉や訴訟追行を依頼した場合の代理があげられる。

← 「任意代理」とは

【3】能働代理と受働代理

代理は、代理人が意思表示をするのか、それとも意思表示を受けるのかによって2つに区別される。

(1) 能働代理

能働代理とは、代理人が本人に代わって意思表示をする場合の代理をいう(99条1項)。たとえば、代理人が本人に代わって契約を締結したり、催告や解除の意思表示をしたりする場合がこれにあたる。

← 「能働代理」とは

(2) 受働代理

受働代理とは、相手方の意思表示を代理人が受ける場合の代理をいう(99条2項)。たとえば、契約の申込みを受けた相手方が代理人に対して承諾の意思表示をする場合がこれにあたる。

← 「受働代理」とは

3 代理に類似する制度

代理に類似する制度として、使者、間接代理および代理占有がある。なお、代

理と第三者のためにする契約との差異については、債権各論で学習する。

『債権各論』1章3節5【1】(4)

【1】使者

(1) 意義

←「使者」とは

平野・民法総則254頁

使者とは、本人が決定した意思表示をそのまま相手方に伝達する者をいう。使者は、本人が書いた書面を渡すだけというように、本人の意思表示の発信・到達の過程を担うだけのもの(伝達機関)と、②本人の意思を口頭で伝える場合のように、本人の意思表示を完成させるもの(表示機関)とに分けられる。

(2) 代理との相違

←使者と代理の違い

使者と代理との違いは、次の点にある。

①代理は代理人が意思表示をするのに対し、使者は意思決定をせず本人の意思表示を伝達・表示するにすぎない。また、②代理は代理人が意思表示をするため、代理人に意思能力が必要である(なお、行為能力は原則として必要とされない。102条)のに対し、使者は伝達・表示機関にすぎないため、使者には行為能力だけでなく意思能力すら不要である。同様の理由から、③代理は、意思表示の瑕疵等の有無を代理人について判断する(101条1項、2項)のに対し、使者は本人について判断する。さらに、④代理は一定の制限のもとに復任(復代理)が認められる(104条、105条前段)のに対し、使者は原則的に復任が認められる。

	代理	使者
意思表示の主体(決定権限)	代理人	本人
意思能力・行為能力の要否	意思能力必要、行為能力不要(102)	意思能力不要、行為能力不要
意思表示の瑕疵等の判断基準	代理人(101Ⅰ、Ⅱ)	本人
復任の可否	一定の制限のもとに認められる(104、105前段)	原則的に認められる

←代理本質論
●論点Aランク

平野・民法総則260頁

代理は代理人が意思表示をすると説明しましたが、この説明は、代理の本質をどのように捉えるかという問題(**代理本質論**)において、通説の見解(代理人行為説)を前提としています。ここでは、本人行為説と代理人行為説を説明しておきます(そのほか、共同行為説や統一要件説(総合要件説)なども唱えられていますが、割愛します)。

←本人行為説

19世紀のドイツにおいて、本人行為説という見解が主張されました。**本人行為説**は、代理を私的自治の原則の例外とせず、代理人の行為を本人の行為と考え(代理人は本人の単なる機関にすぎない)、それゆえに本人に効果が帰属するのだと考える見解です。法律効果の発生は意思(自己決定)に基づくのであるから、代理関係の行為主体は、その意思を有する本人であり、代理人は本人の意思の担い手(実現者)にすぎないと理解するのです。しかし、本人行為説によれば、代理と使者の差がなくなってしまうことなどから、現在では支持者がいないといわれています。

我妻・講義Ⅰ329頁、辻・民法総則270頁、近江・講義Ⅰ234頁

←代理人行為説

通説は、代理人行為説です。**代理人行為説**は、代理人が表示するのは代理人の意思であり、その効果が顕名と代理権という要件を充足することによって本人に帰属すると考える見解です。代理関係における行為主体は、独立した代理人であって、代理人の行った行為の法律効果が本人に帰属すると理解するのです。

大判大正2年4月19日民録19輯255頁

判例も代理行為説を採用しているといわれています。

代理の理論的問題としては、上記の代理本質論のほか、他人効を生じる根拠は何かとい

う問題（代理〔他人効〕の根拠）がありますが、顕名の内容を理解しないとよくわからないと思いますので、顕名のところで説明します。

➡ 3節1【1】

【2】間接代理

間接代理とは、**自己の名**をもって法律行為をしながら、その経済的効果だけを委託者に帰属させる制度をいう。問屋（商551条）が典型例である。

⬅「間接代理」とは

➡『商法・手形法小切手法』4章6節

たとえば、本人Aが、自己の所有する絵画甲の売却を問屋Bに依頼して、問屋Bが顧客Cに絵画甲を売却することがあげられる。この場合には、売買契約はBとCとの間で成立しており、Bは、Cに対して売買代金債権を取得する。AとCとの間には法律関係は存在しない。この点で、代理と異なる。もっとも、Bは、Aの絵画甲を売却する権限を授与されているため、絵画甲の所有権はAからCに移転する。Bは、Cから受領した売買代金をAに引き渡すこととなる。

6－3

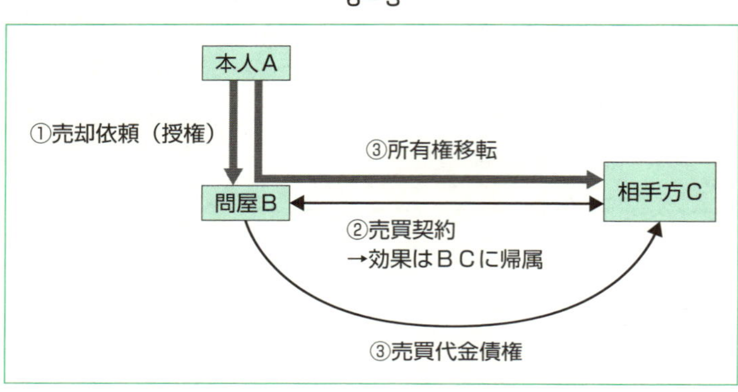

【3】代理占有

代理占有とは、自分自身で占有する自己占有に対して、他人（占有代理人）を通じてする占有をいう。

⬅「代理占有」とは

たとえば、物の賃借人Bが賃貸人Aの物を占有している場合における、Aの占有のことである。Aは、Bの自己占有を通じて、その物を代理占有していることになる。

6－4

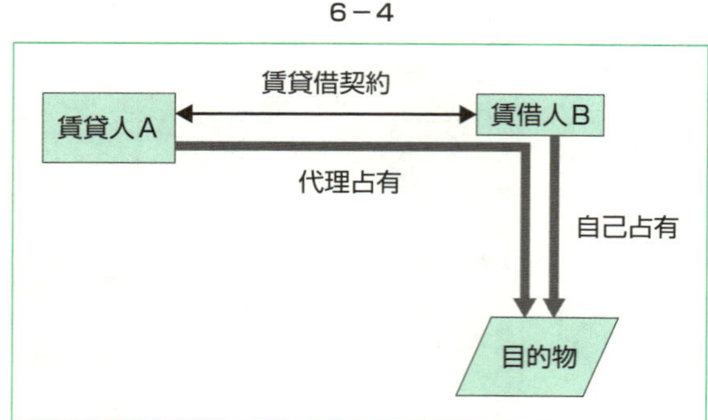

ただし、代理という言葉は使われているが、占有は**意思表示ではない**から、意思表示に関する代理とは無関係である。そのため、学説では、代理占有という言葉を使わず、**間接占有**とよぶほうが適切だといわれている（詳しくは、物権法で

➡『物権法』3章1節3

学習する）。

6－5

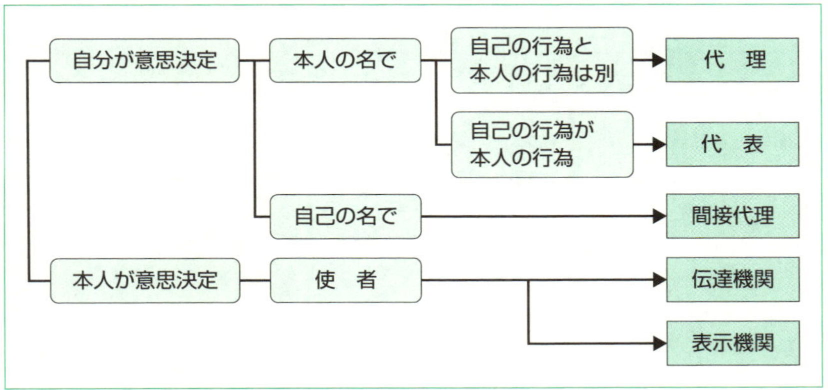

そのほか、代理に類似する制度として、授権と信託があげられることがありますので、説明しておきます。

(1)　授権

授権（**授権行為**）とは、他人の権利を自己の名で処分させる行為をいいます。**処分授権**ともいわれます。

← 「授権」とは

代理と授権とは、行為者以外の者に法的効果（ただし、物権的効果）が帰属する点で共通します。しかし、代理は、代理人Ｂが本人Ａの名において本人Ａの権利を行使、処分するものであるのに対し、授権は、他人Ｂが他人（自己）Ｂの名においてＡの権利を行使、処分する権限を与えられる点で相違があります。

民法には、授権に関する規定は存在しませんが、判例は、非（無）権利者Ｂが他人Ａ所有の物を勝手にＣに譲渡し（これは、前述したように、他人物売買〔561条〕であり、ＢはＡから所有権を取得して、これをＣに対して移転する義務を負います。詳しくは債権各論で学びます）、Ａが後にこの処分を追認した場合について、これを事後的な処分権の付与として授権概念を承認しており（この場合には、所有権はＡからＣへ移転します）、学説上も授権概念は承認されています。

→ 最判昭和37年８月10日（判例シリーズ12事件）
→ ５章１節②【３】(2)(d)
→ 『債権各論』２章２節③【１】(2)(a)(i)

6－6

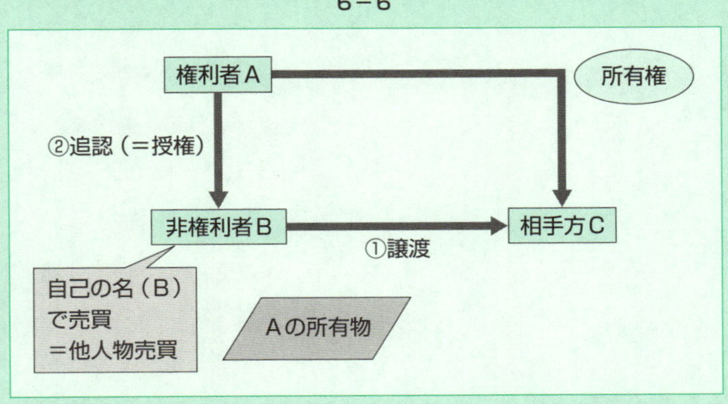

(2)　信託

信託とは、委託者が一定の財産を受託者に移転し、受託者が一定の目的に従ってこれを受益者のために管理、処分する制度をいいます（信託２条１項）。たとえば、子Ｂの将来の生活のことを考えて、父親ＡがＢの生活費の原資となるように一定の財産（信託財産）を受託者Ｃに移転し、その管理・運用を託するという場合です。

← 「信託」とは

代理と信託とは、同じく、他人の財産の管理、処分を目的としていますが、代理は管理処分権限のみを代理人に与えるのに対し、信託は、財産権自体を受託者に移転します（ただし、受託者が取得する財産は、受託者の固有財産を構成するのではなく、信託財産のなかに組み入れられます)。

6－7

2. 代理権——本人・代理人の関係

1 代理権——総説

【1】代理権の意義

(1) 意義

代理権とは、代理人が行った法律行為の効果を本人に帰属させるための権限をいう。代理関係の発生の基礎は、この代理権にある。そして、本人・代理人・相手方という三面関係で一番の中心をなすのが代理権である。

←「代理権」とは

(2) 本質

代理権の本質をどのように理解するかについては争いがあるが、通説は、代理権は純粋な独立した権利(財産権)ではなく、代理人の本人に対する法律上の地位あるいは資格であると解している(地位説あるいは資格説)。

➡ 我妻・講義Ⅰ325頁、石田(穣)751頁、近江・講義Ⅰ240頁

【2】代理権の発生根拠(原因)

▶2010年第2問

(1) 法定代理の場合

法定代理の場合における代理権(法定代理権)の発生根拠は、本人の意思によらずに法の規定に基づく。

たとえば、未成年の場合には、婚姻関係にある父母がいるかぎり、当然に父母が法定代理人となる(818条、824条参照)。

(2) 任意代理の場合

(a) 総説

任意代理の場合における代理権(任意代理権)の発生根拠は、本人の代理人に対する代理権を与える旨の意思表示(代理権授与行為、授権行為)に基づく。

←「代理権授与行為」とは

代理権授与行為は、不要式行為である。委任状は、代理権の存在および内容を証明する手段にすぎない。委任状が交付されていなくても、登記済証と実印を交付した事実から黙示の代理権授与行為を認定した判例もある。

➡ 最判昭和44年10月17日判時573号56頁

(b) 代理権授与行為の法的性質

任意代理の場合には、代理権授与行為(授権行為)は、委任契約などを伴うことが通常である(委任契約のほか、雇用、請負、組合契約などの事務処理契約に伴って代理権が与えられることもある)。このような代理関係の基礎・原因たる契約関係を、対内関係(内部関係、内部契約)という。

←「対内関係」とは

●論点Aランク
←代理権授与行為と対内関係の関係

それでは、代理権授与行為と委任契約などの対内関係(内部関係)とはどのような関係にあるであろうか。この問題は、委任契約などの対内関係が取り消されたり、無効となったりした場合に、代理権授与行為、ひいてはすでになされた代理行為にどのような影響を与えるかという観点で議論されてきた。

6－8

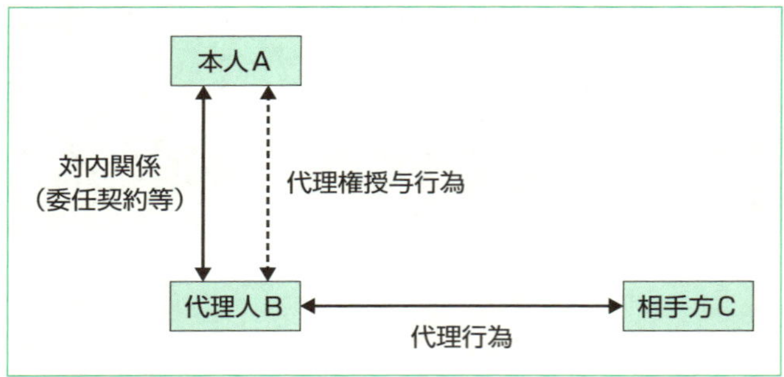

委任契約などの対内関係が取り消された場合には、121条の規定により遡及的に効力を失いますが、遡及的に代理権も消滅し、すでになされた代理行為は無権代理になるのかという問題です。なお、対内関係が解除された場合も同様です。

この問題は、厳密にいえば、対内関係が取り消された場合などの代理権授与行為（更に代理行為）への影響だけでなく、反対に、代理権授与行為が取り消された場合の対内関係への影響も問題となります。また、取り消すとしても、本人側から取り消す場合と代理人側から取り消す場合との2パターンが考えられます。

ただし、一般的な基本書では、本文で示した、対内関係が取り消された場合などの代理権授与行為への影響（委任契約などの取消しとすでになされた代理行為の効力）の問題として、場合分けされることなく議論がなされていますので、それに従って説明することにします。

以下では、かなり詳細に解説をしていますが、初学者は、本文だけをざっと読んで、緑枠は読み飛ばしてしまってかまいません。しかし、理論的に面白い部分ではありますので、学習が進んだら、緑枠も含めて読んでみてください。

→ 川井・民法総則208頁、四宮＝能見・民法総則348頁、近江・講義Ⅰ245頁、平野・民法総則263頁、中舎・民法総則314頁

この点について、学説は、代理権授与行為を単独行為とするか（単独行為説）、それとも契約とするか（契約説）とで大きく分かれる。

- 単独行為説
- 契約説
  - 無名契約説
  - 融合契約説（事務処理契約説、内部契約説）

単独行為説は、代理権授与行為は本人が代理人に対して代理権を付与する一方的な意思表示（単独行為）と考える見解である。この見解は、代理権授与行為を、委任契約などとは別個独立した単独行為と捉える。この単独行為説によれば、委任契約などの取消しや無効は、一般に、代理権授与行為には影響しないこととなると解されており（無因性）、相手方の取引の安全に資することになる。また、代理権授与行為を単独行為と捉えるため、代理権の付与に際して代理人の同意（承諾）は不要となる。その根拠として、代理権の授与は代理人に資格を与えるだけで不利益を生じさせるものでないことや、そのように解することが、代理人の行為能力を不要とする民法の立場（102条本文参照）に合致することをあげる。

← **単独行為説**
→ 川島・民法総則322頁、川井・民法総則209頁、北川・民法総則183頁

しかし、代理人の承諾を不要とする点で、私的自治の原則から、代理人の意思を無視するのは適当でないと批判される。すなわち、いかに不利益がないといっても、代理人の承諾もなく、本人が勝手に代理関係を生じさせることができるというのは妥当でないとされるのである。

6－9　単独行為説

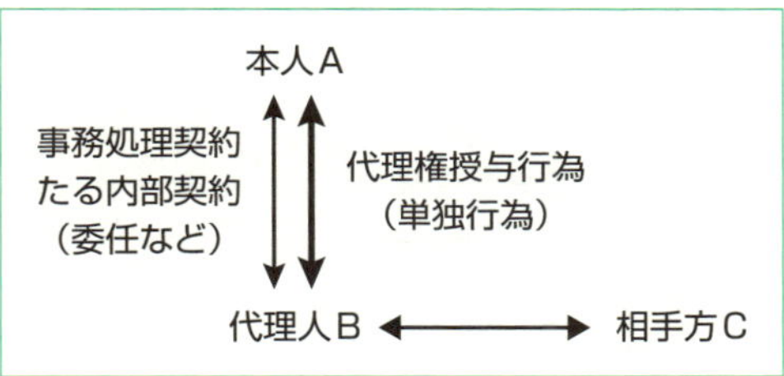

以上に対して、契約説は、更に無名契約説と融合契約説の２つに分かれる。

無名契約説は、代理権授与行為を、委任契約とは別の、代理権授与を内容とする契約であると考える見解である。この見解は、代理権授与行為を、委任契約などとは別個独立した契約と捉える。この説が通説といえる。

← **無名契約説**
→ 我妻・講義Ⅰ334頁、近江・講義Ⅰ244頁、平野・民法総則263頁、Sシリーズ民法Ⅰ189頁[安永]

6－10　無名契約説

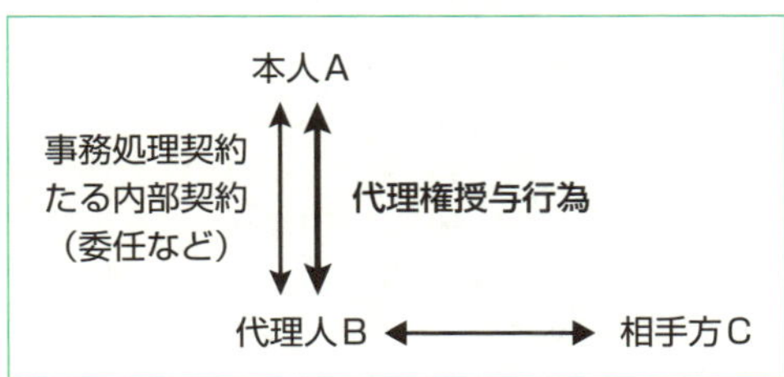

これに対して、**融合契約説**は、代理権授与行為を、委任契約などに含まれる内容のひとつと考える見解である。この見解は、代理権は委任契約から直接発生するものであり、代理権授与行為(授権行為)は委任契約の内容のひとつにすぎない(授権行為という別個の概念を考える必要はない)と捉える(**事務処理契約説**あるいは**内部契約説**とよばれることもある)。

← **融合契約説**
→ 幾代・民法総則323頁、四宮＝能見・民法総則348頁、内田Ⅰ138頁

6－11　事務処理契約説

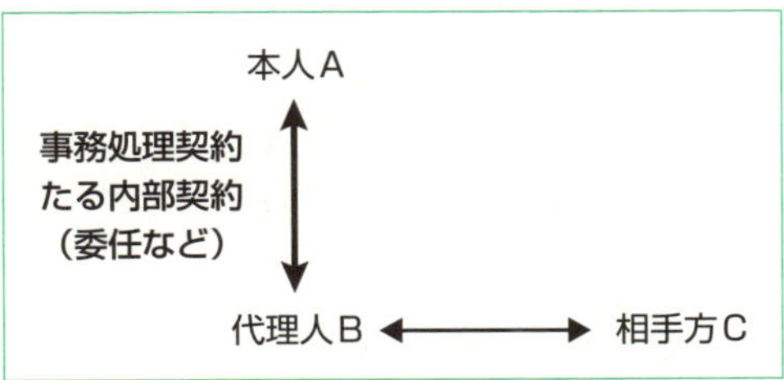

この点は、雇用、請負、組合などの契約がなされたからといって、常に代理権が発生するわけではなく、そのような対内関係から代理権が直接に発生するという見方は妥当でないであろう。通説である無名契約説を採用しておけばよい。

ここまでで、単独行為説と契約説とで大きく分けて説明してきましたが、次のように、授権行為の独自性を認めるか否かで大きく分けて説明されることがあります。

すなわち、大きく、(ⅰ)代理権授与行為を、対内関係とは独立した法律行為(意思表示)＝授権行為と捉える見解と、(ⅱ)代理権はその原因たる対内関係から直接発生するものであり、その代理権授与行為は、対内関係の義務の履行行為にほかならないとして、授権行為の独自性を否定する見解とに分けます。

そのうえで、(ⅰ)説は、単独行為説と無名契約説とに分かれ、(ⅱ)説には融合契約説があります((ⅱ)説には、古い説として委任契約説という説もありました)。

(i)授権行為の独自性を認める見解　{ 単独行為説 / 無名契約説 }

(ii)授権行為の独自性を否定する見解　{ (委任契約説) / 融合契約説 }

学説の分類方法にこだわる必要はありませんが、学説の分岐点を十分に把握しておけば、学説の内容の違いがよく理解できると思います。

次に、委任契約などの対内関係が詐欺や制限行為能力の制限を理由として取り消された場合に、すでになされた代理行為にどのような影響を与えるかについて、学説上、さまざまな理論構成がなされてきた。

単独行為説からすれば、委任契約などの対内関係が取り消された場合であっても、それとは別個独立に存在する単独行為としての代理権授与行為には影響しないと考えられます(無因性)。

これに対して、契約説からすれば、委任契約などの対内関係が取り消された場合には、代理権授与行為は影響を受け(有因性)、その結果、代理行為として行われた法律行為は遡及的に無効となり、その代理行為は無権代理となりそうです。

しかし、この取消しを認めると、取引の安全を著しく害します。また、代理人が自身の制限行為能力を理由に対内関係を取り消す場合には、特に、102条が制限行為能力者も代理人となることを認めた意味がなくなってしまうという問題があります。そのため、学説では、対内関係の取消しにより代理行為の遡及的消滅は影響を受けないとする理論構成に苦慮してきたのです。

この点については、大きく分けて、①遡及効を制限し(将来に向かってのみ効力を失う)、すでになされた代理行為の有効性は否定されないとする見解と、②遡及効は認めるが、相手方は表見代理(109条、112条)によって保護されうるとする見解とがある。

➡ 我妻・講義Ⅰ352頁、鈴木・民法総則講義193頁、四宮・民法総則234頁

➡ 四宮＝能見・民法総則348頁

②説は、委任契約などの内部関係が取り消され、代理権授与行為もまた遡及的に無効となった状況について、本人が相手方に対して代理人である旨を表示していたり代理人にその旨の表示を許したりしていれば「第三者に対して他人に代理権を与えた旨を表示した」(109条1項本文)とみることができ、そのような事実がなくとも、他人に与えた代理権が「消滅」した(112条1項本文)とみることができるとして、これらの規定の類推適用による保護を主張する見解です。

①説と②説との違いは、①説では、相手方が悪意有過失であっても、代理行為は有効となるのに対し、②説では、表見代理として有効となるために、本人の帰責性のほか相手方の善意無過失が必要となります。

さらに、③中間的な考えとして、無効・取消しの原因が何であるかによって、①説と②説とを分ける見解があります。すなわち、代理人の制限行為能力を理由とする代理人からの取消しの場合には、制限行為能力者でも代理人になることができる以上(102条本文)、代理人が制限行為能力者であることを相手方が知っていても保護すべきであり①説が妥当であるが、その他の場合(詐欺、錯誤など)には②説が妥当とする見解です。

➡ 中舎・民法総則315頁

ところで、平成29年改正民法下では、「制限行為能力者が代理人としてした行為は、行為能力の制限によっては取り消すことができない」と規定しています(102条本文。102条の内容については後述します。改正前民法102条は、「代理人は、行為能力者であることを要しない」と規定していました)。

➡ 3節[2]【2】(1)

近江教授は、この規定は制限行為能力者が代理人としてした行為は、依然、有効であることとし、この規定から、従来の内部行為の取消しの議論は立法的に解決が図られた、言い換えると内部契約の取消しによって代理行為の遡及的消滅は影響を受けないことが明確

➡ 近江・講義Ⅰ246頁

化されたと説明します。

つまり「代理人としてした行為」とは、代理権に基づいて行われた代理行為ではなく、それに先行する委任契約などの内部契約と解さなければならないとします。なぜなら、代理人は行為能力者でなくてもよい(改正前民法102条参照)というのが平成29年改正民法102条本文の理論的前提である以上、制限行為能力者が行った代理行為には取消原因は存在せず、無効とはならないからです。代理人が行った代理行為は完全に有効であって、取り消すことができないということです。そこで、内部契約と代理行為の有因性が問題となりますが、「代理人としてした行為」という上記文言は、内部契約の取消しによって代理行為の遡及的消滅は影響を受けないとして、従来の内部契約の(行為能力の制限による)取消しの議論について立法的解決を図ったものと考えなければならないとするのです。ただし、制限行為能力の場合だけでなく、意思表示の瑕疵等の取消原因などの場合にも同様に考えるのかは不明です。なお、改正前民法102条のもとでも、この規定を根拠として、制限行為能力の取消しについては、すでになされた代理行為の効力は維持されると説明する見解もありました。

このように、平成29年改正によって、代理権授与行為と内部関係の論点は、少なくとも制限行為能力を理由とする場合にはなんらかの影響がありそうですが、明確に論じられていないのが現状ですので、今後の議論を待ちたいと思います。

これらに対して、安永教授は、代理人が制限行為能力者である場合に、代理人の側は、行為能力の制限を理由として本人との間の委任などの契約のみならず、代理権授与契約をも取り消すことができるのではないかという問題を設定します。この問題の立て方からすれば、内部関係の取消しは、代理権授与契約には影響しないこと(無因性)を前提としているものと理解できます。

そして、代理権授与契約の取消しが可能であるとすると、なされた代理行為がさかのぼって無権代理と扱われ、相手方が不測の損害を被り妥当でないとして、代理人からは代理権授与契約は取り消すことができない、あるいは、取り消すことができたとしても、102条本文の趣旨から、なされた代理行為の効力に影響を及ぼさないと考えるべきであるとします。

➡ 辻・民法総則278頁

➡ Sシリーズ民法Ⅰ198頁［安永］

【3】代理権の範囲

(1) 法定代理の場合

法定代理の場合における代理権の範囲は、**法律の規定**によって定められる(824条、859条等)。ただし、保佐人と補助人に代理権が付与される場合には、審判によって代理権の範囲が定められる(876条の4、876条の9)。

➡ 2章1節③【4】(2)(c)、【5】(2)(c)

(2) 任意代理の場合

任意代理の場合における代理権の範囲は、**代理権授与行為(授権行為)の解釈**によって定められる。

代理権の範囲が不明瞭な場合や、権限の定めがない場合には、代理人は、**保存行為**(103条1号)と「代理の目的である物又は権利の性質を変えない範囲内において、その利用又は改良を目的とする行為」(**利用・改良行為**)(103条2号)のみをする権限を有する(両者をあわせて**管理行為**という)。

← 「管理行為」とは

- 保存行為
- 管理行為
  - 利用行為
  - 改良行為

保存行為とは、財産の現状を維持する行為をいう。たとえば、家屋を維持するために修繕契約を締結する場合や、債権の消滅時効の完成を防ぐために裁判上の請求(147条1項1号)をする場合があげられる。

← 「保存行為」とは

利用行為とは、財産の性質を変えない範囲での収益行為をいう。たとえば、家屋を賃貸する場合や、金銭を利息付きで貸与する場合があげられる。なお、借地借家法の適用を受ける不動産賃貸借契約の締結については、賃貸人の権利が制限される(借地借家6条、28条等)ことから、財産の性質を変じる行為であって、利用行為とすることに疑問が呈されている。

← 「利用行為」とは

➡ 中舎・民法総則307頁

改良行為とは、財産の性質を変えない範囲での財産の価値を増加させる行為をいう。たとえば、家屋に造作を付加する場合があげられる。これに対して、農地を宅地化するのは、財産の性質を変ずる行為(処分行為)であるので、改良行為にあたらない。

← 「改良行為」とは

以下、それぞれの具体例をあげておく。

	あたる行為	あたらない行為
保存行為(103①)	・家屋修繕 ・債権の消滅時効の完成を防ぐための裁判上の請求(147 I ①) ・未登記不動産の登記 ・期限の到来した債務の弁済 ・腐敗しやすい物の法律的処分(売却)	
利用行為(103②)	・家屋の賃貸* ・金銭の利息付き貸与 ・現金の預金	・預金を株式にする ・銀行預金を個人への貸付にする
改良行為(103②)	・家屋に造作を付加する ・無利息の貸金を利息付きに改める	・農地を宅地化する

＊ 借地借家法の適用を受ける不動産賃貸借契約の締結については、利用行為とすることに疑問が呈されている。

以上のような、代理人が保存行為や管理行為にあたらない行為を行った場合には、当該行為について特に代理権が授与されていないかぎり、無権代理となる。

【4】代理権の消滅

(1) 法定代理の場合

法定代理権は、以下の場合に消滅する。

①本人の死亡(111条1項1号)
②代理人の死亡(111条1項2号)
③代理人が破産手続開始決定を受けたこと(111条1項2号)
④代理人が後見開始の審判を受けたこと(111条1項2号)
⑤法定代理特有の消滅事由が生じたこと(10条等)

本人および代理人の死亡(111条1項1号、2号)が法定代理権の消滅原因となっている理由は、それぞれの地位が一身専属的だからである(ただし、例外として商506条、不登17条)。

代理人の破産手続開始決定(111条1項2号)が法定代理権の消滅原因となっている理由は、自己の財産の管理権限が制限されるため(破78条1項)、法定代理人に適さなくなるからである。

代理人の後見開始審判(民111条1項2号)が法定代理権の消滅原因となっている理由は、代理人自身が十分な判断能力を失った以上、他人の財産管理を任せることも適当でないからである。

法定代理特有の消滅事由として、たとえば後見開始審判の取消し(10条)などがある。

➡ 2章1節③【3】(4)

(2) 任意代理の場合

任意代理権は、以下の場合に消滅する。

①本人の死亡(111条1項1号)
②代理人の死亡(111条1項2号)
③代理人が破産手続開始決定を受けたこと(111条1項2号)
④代理人が後見開始の審判を受けたこと(111条1項2号)
⑤委任の終了(111条2項) (i)任意解除(651条1項) (ii)本人が破産手続開始決定を受けたこと(653条2号) (iii)その他委任の終了事由(債務不履行解除、合意解除、期間満了等)

法定代理における代理権消滅原因(111条1項1号、2号)に加えて、委任の終了事由によっても任意代理権は消滅する(111条2項)。法定代理と異なり、本人の破産手続開始決定(653条2号)が任意代理権の消滅原因となっている点に注意をしてほしい。

なお、111条1項1号は本人の死亡は代理権の消滅原因としているものの、これと異なる(本人の死亡によって代理権は消滅しない旨の)合意の効力を否定する趣旨ではないとした判例がある。

➡ 最判昭和31年6月1日民集10巻6号612頁

本人または代理人に生じた事象と代理権の消滅

	本人	代理人
死亡	法定代理(111 I①) 任意代理(111 I①、111 II・653①)	法定代理(111 I②) 任意代理(111 I②、111 II・653①)
破産手続開始決定	– 任意代理(111 II・653②)	法定代理(111 I②) 任意代理(111 I②、111 II・653②)
後見開始の審判	– –	法定代理(111 I②) 任意代理(111 I②、111 II・653③)

2 復代理

【1】総説

代理人は、原則として、みずから代理行為を行う義務を負う。これを**自己執行義務**という(644条の2第1項参照)。しかし、例外的に、代理人が更に代理人を選任することが認められる場合がある。これを**復代理**といい、代理人から選任された代理人を**復代理人**という。

←「自己執行義務」とは
←「復代理」とは
←「復代理人」とは

【2】復代理人の選任および責任の範囲

←平成29年改正

(1) 任意代理の場合

任意代理の場合には、代理人は、**本人の許諾を得たとき**または**やむを得ない事由があるとき**でなければ、復代理人を選任することができない(104条)。この趣旨は、任意代理人は本人から特に選ばれて代理人となったという信頼関係を前提とするものであるから、無制限に復代理を許すべきでない点にある。

復代理人が選任された場合において、復代理人が不適当な代理行為を行ったときは、任意代理人は、債務不履行一般の原則のもとで、任意代理人に債務不履行があったか否かや帰責事由の有無を判断することになる。なお、任意代理人の債務不履行責任の有無とは別に、復代理人は、本人に対して債務不履行責任を負う（106条２項）。

← **復代理人を選任した任意代理人の責任**

平成29年改正事項	復代理人を選任した任意代理人の責任	B 1

改正前民法は、復代理人を選任した任意代理人の責任について、「その選任及び監督について」本人に対して責任を負うと規定していた（改正前105条１項）。この趣旨は、任意代理の場合は復代理が許される場合が限定されていることとのバランスから復代理人を選任した任意代理人の責任を軽減する点にあった。

しかし、このように一律に責任を軽減することが妥当であるかは疑問であり、復代理人を選任した任意代理人が本人に対して債務不履行責任を負うかどうかは、他の契約類型と同様に、債務不履行の一般原則に従って、事案ごとに柔軟な判断がされるのが相当との指摘があった。

そこで、平成29年改正民法は、改正前105条を削除し、復代理人を選任した任意代理人の債務不履行責任を、債務不履行の一般原則に委ねることとした。

→ 部会資料66Ａ・17頁、一問一答27頁、潮見・改正法18頁

6－12　復代理人を選任した任意代理人の責任

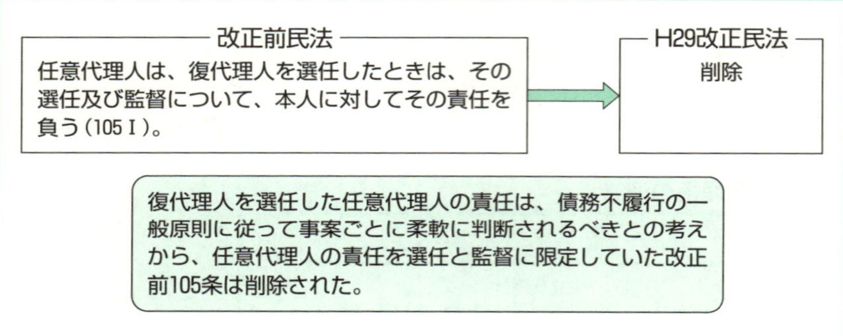

⑵　法定代理の場合

法定代理の場合には、代理人は、自己の責任で復代理人を選任することができる（105条前段）。この趣旨は、法定代理人は、広範な代理権を有しており、かつ、みずからの意思で代理人になったわけではないことが多いことから、復代理人の選任を広く許容する点にある。

復代理人が選任された場合に、復代理人が不適当な代理行為を行ったときは、法定代理人は、原則として、復代理人の行為すべてに責任を負い、例外的に、やむを得ない事由によって復代理人を選任したときは、その選任および監督についてのみ責任を負う（105条後段）。

← **復代理人を選任した法定代理人の責任**

【３】復代理人の地位

復代理人は、**本人の代理人**である（106条１項）。復代理人がした行為の効果は直接本人に帰属し、復代理人は、本人および第三者に対して、代理人と同一の権利を有し、義務を負う（106条２項）。

復代理人は、代理人を更に代理するわけではないことに注意してもらいたい。復代理人を選任しても、代理人は依然として代理人のままである。また、復代理人の代理権は、代理人の代理権に基づくものであるため、復代理権の範囲は原代

理権の範囲を超えることができない。

復代理人が相手方から代金の支払を受けたり、物を受領したりした場合には、復代理人は、代理人に対して引渡義務を負うほか、本人に対しても引渡義務を負い、いずれかに引き渡せば他方の義務も消滅する(判例)。

➡ 最判昭和51年4月9日民集30巻3号208頁

なお、復代理関係は、代理人と復代理人の間に代理権消滅事由があれば終了するほか、本人と代理人の間に代理権消滅事由がある場合にも原代理関係とともに終了する。

6−13

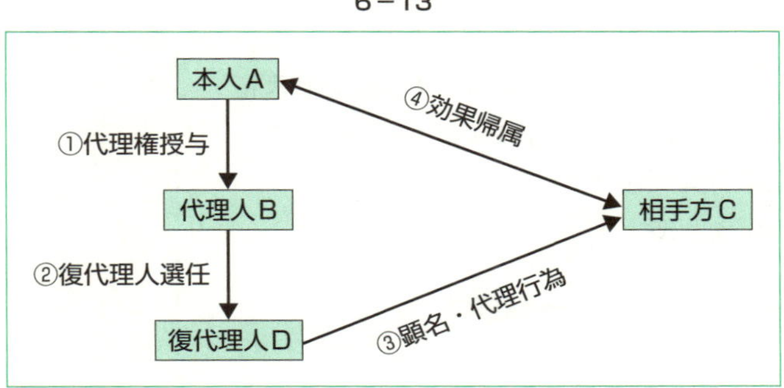

3 代理権の制限

【1】共同代理

同一行為について複数の代理人が選任されている場合であっても、法定の制限または特約がないかぎり、各代理人は、単独で代理行為を行うことができる。

しかし、法定の制限や特約によって、複数の代理人が共同でなければ代理行為を行うことができない場合がある。これを**共同代理**という。共同代理は、代理人同士で牽制しあうことで、専断的・背信的な代理行為がなされることを抑止することを目的とする。

←「共同代理」とは

共同代理の場合において、単独で代理行為が行われたときは、無権代理となり、原則として、その効果は本人に帰属しない(ただし、110条の表見代理が成立する余地はある)。ただし、親権については、**親権共同行使の原則**(818条3項本文)が採用されているものの、取引安全確保の見地から、両親の一方が他方の意思に反して、共同の名義で親権を行使した場合には、相手方が悪意のときを除き、その効力は妨げられないとされている(825条)。この趣旨は、善意の第三者を保護する点にある。

➡ 『親族・相続』4章1節1【2】(5)

【2】自己契約、双方代理、利益相反行為

(1) 自己契約と双方代理

(a) 意義

自己契約とは、同一の法律行為について、相手方の代理人としてした行為をいう(108条1項本文)。たとえば、本人Aから甲不動産の売却に関する代理権を授与された代理人Bが、Aを代理して、自身が買主となって甲不動産の売買契約をする場合である。

←「自己契約」とは

6－14　自己契約

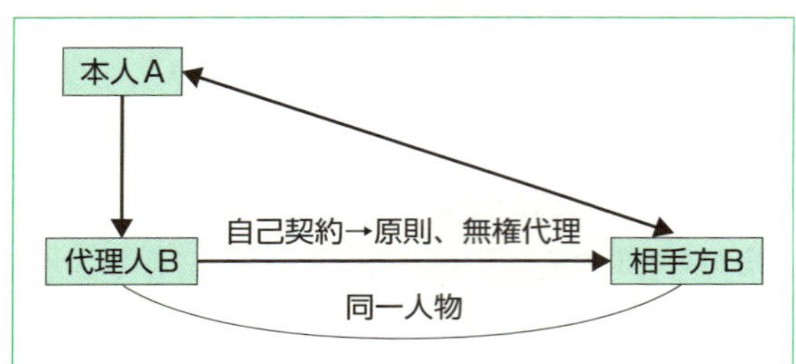

双方代理とは、同一の法律行為について、当事者双方の代理人としてした行為をいう(108条1項本文)。たとえば、本人Aから甲不動産の売却に関する代理権を授与された代理人Bが、甲不動産の購入に関する代理権をCから授与されて、AとCの双方の代理人として甲不動産の売買契約をする場合である。

←「双方代理」とは

6－15　双方代理

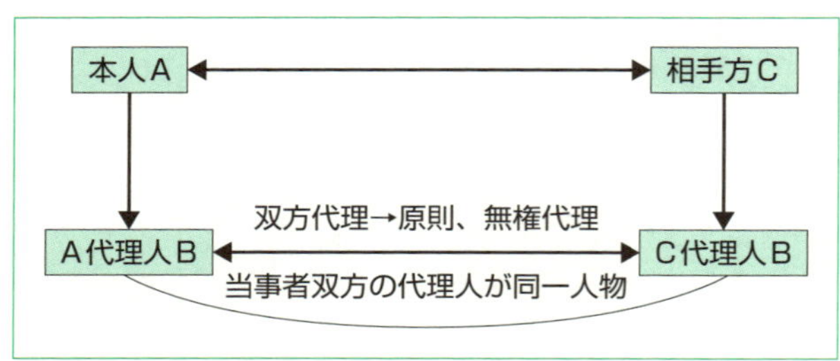

(b)　効果

自己契約と双方代理は、原則として、「代理権を有しない者がした行為」(**無権代理行為**)とみなされる(108条1項本文)。この趣旨は、自己契約では本人の利益が犠牲にされ、双方代理では一方の本人の利益が犠牲となる可能性があり、本人の利益になる行為をすべきという代理人の誠実義務に反する点にある(644条参照)。

← 平成29年改正

ただし、自己契約と双方代理は、「**債務の履行**」および「**本人があらかじめ許諾した行為**」については、例外的に許される(108条1項ただし書)。

「債務の履行」が許される趣旨は、決められた内容を実現するだけであり、新たな利害関係を生じさせるものではない点にある。たとえば、登記申請について、同一人が登記権利者、登記義務者双方の代理人となることは、債務の履行として許される(判例)。もっとも、代物弁済(482条)については、単純な弁済ではなく新たな利害関係を生じさせることから、「債務の履行」に含まれないと解される。

→ 最判昭和43年3月8日民集22巻3号540頁
→ 平野・民法総則275頁

「本人があらかじめ許諾した行為」が許される趣旨は、自己契約・双方代理の規制が本人の利益保護を目的としている点にある。この点で、108条は任意規定と解される。もっとも、事前の許諾が公序良俗違反として無効となる余地はある(90条)。たとえば、不動産賃貸借契約に際して、あらかじめ賃貸人と賃借人との間で紛争が生じたときは、賃貸人が賃借人の代理人を選任することができる旨の特約がなされた場合について、判例は、108条違反を理由に無権代理としたが、公序良俗違反を理由に無効(90条)と解する見解も有力である。

→ 大判昭和7年6月6日民集11巻1115頁
→ 我妻・講義Ⅰ343頁、幾代・民法総則347頁

また、自己契約と双方代理の効果は無権代理とみなされるから、本人が事後に追認すれば、本人に効果が帰属する(判例)。追認については、116条が適用される。また、相手方は、本人に対して追認をするかどうかの確答を求める催告をするこ

→ 大判大正7年5月23日民録24輯1027頁、最判平成16年7月13日民集58巻5号1368頁

ともできる(114条)。

平成29年改正事項　**自己契約・双方代理**　B2

→ 部会資料66A・19頁、一問一答33頁、潮見・改正法22頁

改正前民法108条本文は、自己契約と双方代理について、「代理人となることはできない」と規定するにとどまり、その効果を明記していなかった。

この点について、判例は、自己契約と双方代理の効果について、無権代理と同様に扱うとしていた。

→ 最判昭和47年4月4日民集26巻3号373頁

そこで、平成29年改正民法は、判例法理を明文化し、自己契約と双方代理の効果が無権代理行為とみなされることを明らかにした(108条1項本文)。

6－16　自己契約・双方代理

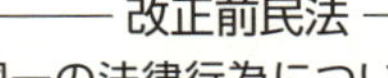

改正前民法

同一の法律行為については、相手方の代理人となり、又は当事者双方の代理人となることはできない(108本文)。

→

H29改正民法

同一の法律行為について、相手方の代理人として、又は当事者双方の代理人としてした行為は、代理権を有しない者がした行為とみなす(108Ⅰ本文)。

判例法理を明文化し、改正前民法で明記されていなかった自己契約・双方代理の効果が無権代理とみなされることを規定した。

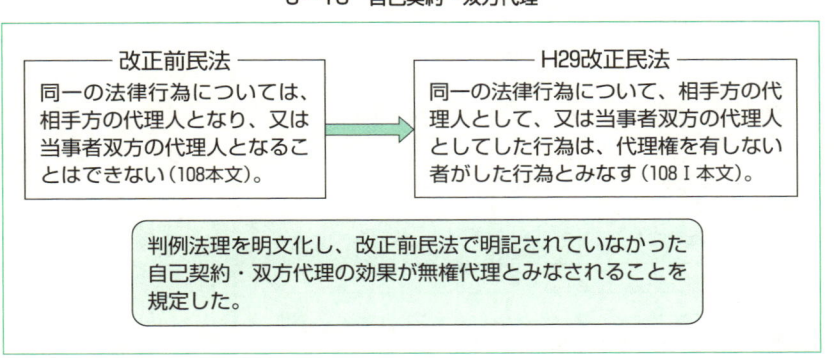

(2)　利益相反行為

← 平成29年改正

自己契約や双方代理にあたらない場合であっても、「代理人と本人との利益が相反する行為」(**利益相反行為**)については、原則として「代理権を有しない者がした行為」(**無権代理行為**)とみなされる(108条2項本文)。この趣旨は、本人の**利益保護**を図る点にある。

どのような行為が利益相反行為に該当するかは、解釈に委ねられている。この点について、判例・通説は、**代理人の意図や動機、行為の結果等の具体的な事情とは関係なく、代理行為自体を外形的・客観的に考察して、その行為が、代理人にとっては利益となり、本人にとっては不利益となるものであるかによって判断される**と解する。

→ 一問一答33頁、最判昭和42年4月18日民集21巻3号671頁

たとえば、主債務者Bが、保証人Aの代理人となって、債権者Cと保証契約を締結するような場合には、その代理行為は利益相反行為に該当します。

6－17　利益相反行為

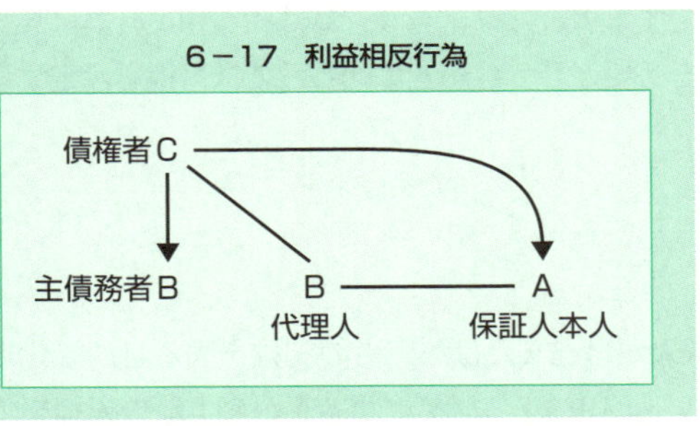

なお、代理人が、主観的には自己の利益を図る目的で行ったものの、その行為自体を客観的にみても利益が相反するとはいえない行為は、利益相反行為ではなく、後述する代理権の濫用(107条)によって処理される。

→ 3【3】

以上のような利益相反行為(108条2項本文)であっても、「**本人があらかじめ許諾した行為**」については、例外的に許される(108条2項ただし書)。

平成29年改正事項　その他の利益相反行為　B3

改正前民法108条は、自己契約と双方代理以外の利益相反行為について、規定をおいていなかった。

この点について、判例は、形式的には自己契約および双方代理に該当しない行為であっても、代理人と本人との利益が相反する行為については、108条の規律が及ぶと解していた。

そこで、平成29年改正民法は、判例法理を明文化し、利益相反行為について自己契約・双方代理と同様の規定を設けた(108条2項)。

→部会資料66A・19頁、一問一答33頁、潮見・改正法22頁

→大判昭和7年6月6日(前出)

6－18　その他の利益相反行為

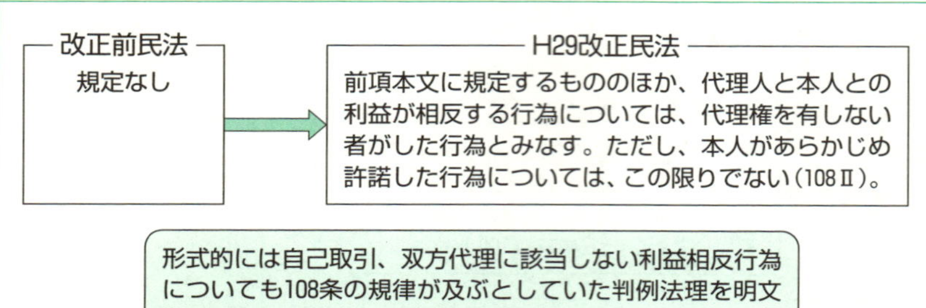

改正前民法
規定なし
H29改正民法
前項本文に規定するもののほか、代理人と本人との利益が相反する行為については、代理権を有しない者がした行為とみなす。ただし、本人があらかじめ許諾した行為については、この限りでない(108Ⅱ)。
形式的には自己取引、双方代理に該当しない利益相反行為についても108条の規律が及ぶとしていた判例法理を明文化するため、新たに2項が新設された。

自己契約や双方代理その他の利益相反行為として無権代理行為とみなされた法律行為を基礎として、第三者が新たに法律関係に入ってくることがありえます。このような場合について、判例は、本人が第三者の悪意を主張立証したときは、本人は代理行為についての責任を免れると解していました。平成29年改正後も、判例の解釈が参照されると考えられています。

なお、潮見教授は、このような場合には、第三者は、目的物が動産であれば即時取得(192条)によって、それ以外のときには94条2項類推適用によって、それぞれ保護される余地があると指摘しています。

→部会資料66A・22頁

→最大判昭和43年12月25日民集22巻13号3511頁、最判昭和47年4月4日(前出)

→潮見・改正法23頁

親権者や後見人の利益相反行為については、特別の規定が存在する(826条、860条)。この場合には、家庭裁判所の選任する特別代理人が親権者や後見人に代わって法定代理権を行使する。

→『親族・相続』4章1節[3]

たとえば、未成年者Aの親権者Bが、みずからの債務を担保するため、Aの有する甲不動産に抵当権を設定する場合には、当該行為は利益相反行為に該当するため、特別代理人Cの選任を必要とし、CがAに代わって抵当権を設定する必要がある。

【3】代理権の濫用

(1)　意義

代理権の濫用とは、代理人が自己または第三者の利益を図る目的で代理権の範囲内の行為をすることをいう(107条)。たとえば、Aから土地の売却を依頼されたBが、その売却代金をAに引き渡さずに、自己の会社の運転資金に使ってしまった場合である。この場合には、代理人Bが行った代理行為自体に瑕疵はなく、ただ、代理人がその利益を本人に帰属させないだけである。

←「代理権の濫用」とは
●論点Aランク(論証17)

このように代理権が濫用的に行使された場合であっても、代理権の範囲内でされた行為である以上、その行為の効果は**本人に帰属するのが原則**である。

しかし、このような場合において、相手方が代理人の背信的意図に気づいてい

たり、気づくことができたりしたときにまで、本人への効果帰属を認めて**相手方の代理行為への信頼を保護する必要はない**といえる。

そこで、代理権の濫用の場合において、**相手方が代理人の目的を知り、または知ることができたとき**は、その行為は、「代理権を有しない者がした行為とみなす」、すなわち**無権代理行為**とみなされる(107条)。平成29年改正により創設された。前に触れた、法人における代表権の濫用についても、107条により処理されることになる。

← 平成29年改正

➡ 2章2節5【1】(1)(b)(ii)d

6－19

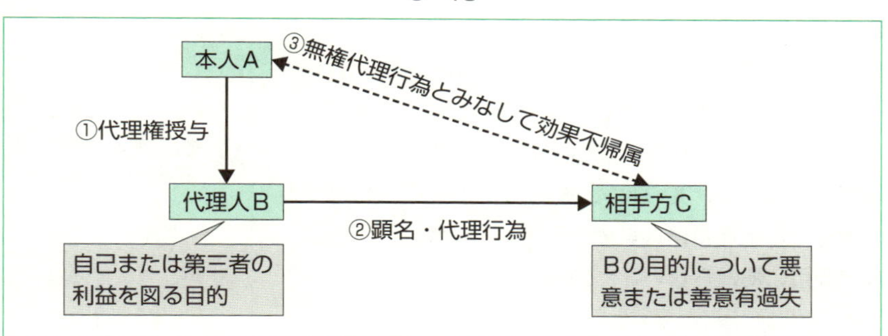

平成29年改正事項	代理権の濫用	B3

改正前民法は、代理権の濫用に関する規定をおいていなかった。

この点について、判例は、代理人が自己または第三者の利益を図る目的でした代理行為の効果を否定するのが相当であると考えられる事案において、代理権濫用行為について改正前民法93条ただし書を類推適用し、相手方が代理人の目的を知りまたは知ることができたときは、その代理行為の効果を否定していた。このような改正前民法下の判例法理は、代理権濫用行為をする代理人にはその法律行為の効果を本人に帰属させる意思がある点で心裡留保の状況にないものの、代理人の内心の目的を相手方が知りまたは知ることができた場合という要件を用いて事案の適切な解決を図るために、改正前民法93条ただし書を類推適用するという解釈論を採用したものと考えられる。

しかし、改正前民法93条ただし書を類推適用して意思表示を無効とするよりも、自己契約・双方代理のように無権代理と同様の扱いをするほうが、より柔軟な解決を図ることができる。

そこで、平成29年改正民法は、代理権濫用行為の効果を無権代理行為とみなすこととし、柔軟な解決を図った(107条)。

➡ 部会資料66A・23頁、一問一答32頁、潮見・改正法20頁

➡ 最判昭和42年4月20日(百選Ⅰ26事件)

6－20　代理権の濫用

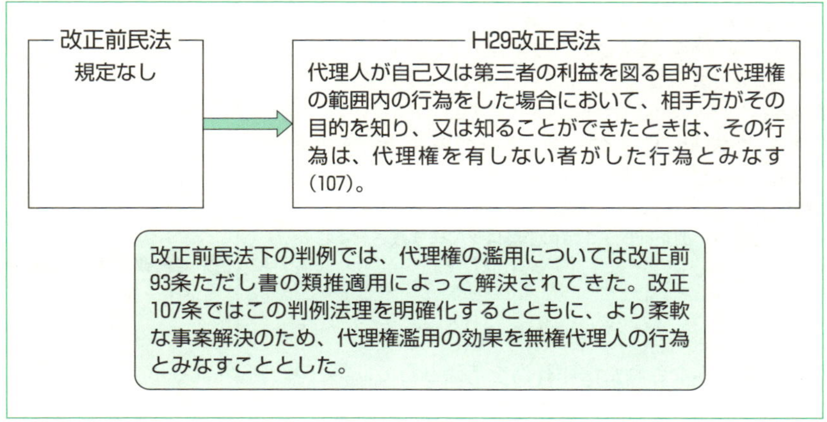

改正前民法
規定なし
H29改正民法
代理人が自己又は第三者の利益を図る目的で代理権の範囲内の行為をした場合において、相手方がその目的を知り、又は知ることができたときは、その行為は、代理権を有しない者がした行為とみなす(107)。
改正前民法下の判例では、代理権の濫用については改正前93条ただし書の類推適用によって解決されてきた。改正107条ではこの判例法理を明確化するとともに、より柔軟な事案解決のため、代理権濫用の効果を無権代理人の行為とみなすこととした。

以上のように、代理権の濫用の場合には、無権代理行為とみなされるため、無権代理に関する諸規定が適用されることになる。すなわち、本人が追認すること(113条、116条)や、相手方の本人に対する催告権(114条)、相手方の取消権(115条)、無権代理人の責任追及(117条)も、それぞれの要件をみたせば可能である。

(2) 相手方の悪意・有過失の立証責任

相手方の悪意または(善意)有過失の立証責任は本人にあり、代理行為の後に濫用目的を生じた場合や濫用目的の発生時期が代理行為の前後いずれかを特定できない場合には、107条は適用されないと解される。

➡ 部会資料66A・25頁

(3) 代理権の濫用の判断基準

代理権の濫用にあたるか否かは、主観的に代理人が自己または第三者の利益を図る目的で行為をしたかどうかによって決まる。そして代理人の有する裁量が大きい場合には、代理権の濫用が認められにくくなる(改正前民法下の判例)。

➡ 最判平成4年12月10日(百選Ⅲ49事件)

たとえば、未成年者Xの親権者たるAが、Xの叔父が経営するB社のCに対する債務を担保するため、Xの所有する土地に根抵当権を設定する行為は、個別具体的な事情によっては代理権の濫用にあたらないことがありうる。

6－21　親権者の権限濫用

すなわち、上記改正前民法下の判例は、「親権者が子を代理して子の所有する不動産を第三者の債務の担保に供する行為は、利益相反行為〔824条〕に当たらないものであるから、それが子の利益を無視して自己又は第三者の利益を図ることのみを目的としてされるなど、**親権者に子を代理する権限を授与した法の趣旨に著しく反すると認められる特段の事情が存しない限り**、親権者による代理権の濫用に当たると解することはできないものというべきである」としている。

改正前民法のもとでは、代理権の濫用の場合に、任意代理と法定代理とを区別し、代理権濫用が認められるための相手方の主観的態様に差を設け、法定代理では代理権の濫用を認めやすくすべきであるという見解がありました。

平成29年改正では、代理権の濫用について、任意代理と法定代理を区別することなく、相手方が悪意または有過失のときは無権代理とみなすとされました。その結果、代理権の濫用の要件という点では、任意代理と法定代理とで違いがなくなりました。

しかし、いかなる行為が代理権の濫用となるかという判断基準において、両者を区別すべきか否かという問題は別個の問題であり、改正前民法下での議論はそのまま残されたことになるとの指摘があります。

➡ 詳解改正民法52頁［中舎］

(4) 第三者の保護

代理権の濫用として無権代理行為とみなされた法律行為を基礎として、第三者が新たに法律関係に入ってくることがあるが、このような第三者の保護について、明文の規定はなく問題となる。

この点について、改正前民法のもとでの判例は、代理権濫用行為に改正前民法93条ただし書を類推適用することを前提として、94条２項類推適用や192条の即時取得などによって第三者の保護を図ることを想定していると考えられていた。

→ 最判昭和42年４月20日（前出）

このような考え方は、平成29年改正民法107条が代理権の濫用を無権代理行為とみなしている場合にも妥当すると考えられる。

→ 部会資料66Ａ・24頁、潮見・改正法21頁、近江・講義Ⅰ254頁、中舎・民法総則317頁、新ハイブリッド民法総則222頁［良永］

もっとも、代理権濫用行為と利益相反行為との類似性や連続性にかんがみて、利益相反行為の場合と同じ判例が参照される可能性もあると指摘されています。

→ 部会資料66Ａ・25頁

この点については、解釈に委ねられていますので、今後の判例が待たれるところです。

3. 代理行為──代理人・相手方の関係

1 顕名

【1】意義

代理の効果が発生するためには、代理権を有する代理人が「本人のためにすることを示して」代理行為をすることが必要である(99条1項)。このように、相手方に対して意思表示の効果が代理人ではなく本人に帰属することを明示することを顕名といい、代理の要件として顕名を要求する考え方を顕名主義という。

← 「顕名」とは
← 「顕名主義」とは

顕名が要求される趣旨は、表意者が、だれとだれとの間に権利義務関係を創設しようとしているのかを、相手方に認識させる点にある。

理論的問題であり、実益のある議論ではありませんが、他人効を生じる根拠は何かという問題(代理(他人効)の根拠)について、学説上、立場が分かれていますので、念のため説明しておきます。代理権説と顕名説とに分かれます。

代理権説は、他人効の根拠は代理人を本人に媒介するところの代理権であって、顕名は代理の本質的要素ではないとする見解です。

← 「代理権説」
→ 四宮・民法総則229頁

これに対して、**顕名説**は、代理行為は顕名を前提とするので(99条1項。なお、100条参照)、この顕名が代理意思(他人効を発生させる意思)の表明であり、その意思を法律が承認するところに他人効の根拠があるとする見解です。要するに、顕名を代理の本質的要素とする見解です。

← 「顕名説」
→ 近江・講義Ⅰ234頁

顕名主義が原則(99条1項)とはいえ、後述する商行為の代理(商504条)や夫婦間の日常家事債務(民761条)では顕名が要求されていないことから、代理権が他人効の根拠とする代理権説を採用しておけば足ります(この立場では、顕名主義は法政策の問題と捉えることになります)。

【2】顕名の有無

(1) 顕名の方法

顕名の方法として一般的なものは、Aを本人、Bを代理人とした場合に、契約書等の署名欄に「A代理人B」と署名したうえで、Bの印鑑を押す方法である。代理行為の主体は代理人であるため、代理人Bの署名押印が必要となる。

(2) 署名代理──代理人が直接本人の名前で行為をした場合

それでは、代理人Bが署名欄に「A」と署名し、Aの印鑑を押した場合(署名代理)に、顕名があるといえるか。

●論点B⁺ランク(論証18)

たしかに、この場合には、厳密な意味で顕名は存在しない。しかし、権利義務関係の帰属先がAであることを示すという顕名の目的自体は達成されている。したがって、この場合にも、顕名があるものと同様に扱い、代理人が代理権の範囲内で行為をするかぎりは有効な代理行為があったものとして、本人に効果の帰属を認めるのが判例である。同様の趣旨から、親権者が意思能力のない未

→ 大判大正9年4月27日民録26輯606頁、大判大正10年7月13日民録27輯1318頁

成年者の名義で行った法律行為について、未成年者への効果帰属を認めた判例がある。

→ 大判大正9年6月5日民録26輯812頁

代理人が直接本人の名前で行為をした場合については、更に場合分けをして説明するものもありますので、紹介しておきます。

①**代理人に代理意思がある場合**については、本文で示したように理解します。

これに対して、②**代理人に代理意思がない場合**、すなわち代理人が取引結果を自己に帰属させようとしている場合には、原則として代理行為は無効とし、本人がこの法律効果の帰属を欲するならば、113条(116条)を類推適用して、本人・相手方間の法律行為として認められるとします。なぜなら、代理人は代理行為としてすべき義務ある行為を本人の名で行ったのですから、代理人を保護する必要はありませんし、追認を認めることが相手方の意思にも沿うからです。

なお、③**代理人が権限外の代理行為をした場合**については、表見代理(110条)のところで説明します。

→ 石田[穣]・民法総則786頁、近江・講義Ⅰ251頁

→ 5節3【2】(2)

【3】顕名を怠った場合の効果

(1) 原則

代理人が顕名をせずにした意思表示は、**代理人自身のためにしたものとみなされる**(100条本文)。すなわち、代理人と相手方の間に権利義務関係が発生し、本人には効果帰属しない。この趣旨は、代理人が顕名をしなかった以上、相手方は代理人との間で法律行為をしていると考えるのが通常であるから、**相手方の信頼を保護する点**にある。

この場合には、代理人からは、代理人として行動しているつもりだったことを証明して、錯誤取消し(95条1項)を主張することは許されないと解されています。

→ 四宮＝能見・民法総則366頁

(2) 例外

(a) 相手方が悪意または有過失の場合(100条ただし書)

相手方が、代理人が本人のためにすることを知り、または知ることができたときは、本人に対して直接にその効力を生じる(100条ただし書)。この趣旨は、相手方の信頼を保護する必要がない点にある。

(b) 商行為の代理(商504条)

← **商行為の代理**

→ 『商法・手形法小切手法』4章1節1【1】

また、商行為の代理の場合にも、代理人が本人のためにすることを示さないでした行為であっても、本人に対して代理行為の効果が帰属する(商504条本文)。この趣旨は、大量的・継続的であって簡易迅速性が求められる商取引においていちいち顕名することは煩雑であるとともに、相手方においても本人のためにする行為であることを知っている場合が多く、また、当事者の個性を問題としないことが多い点にある。代理関係が制度上明白な場合である。

ただし、代理人が本人のためにしていることを相手方が知らなかった場合には、相手方は、本人に対してだけでなく、代理人に対しても代理行為に基づく債務の履行を請求することができると解される(商504条ただし書)。この趣旨は、相手方の信頼を保護する点にある。

→ 最大判昭和43年4月24日(商法百選30事件)

夫婦間の日常家事債務の規定(民761条)は、夫婦相互において一種の法定代理権を有していると解されています。761条の場合に顕名が必要か否かについて、明文規定はな

→ 『親族・相続』2章1節5【2】(3)(c)(ii)

いものの、代理関係が制度上明白であるとして、顕名は要求されないと解釈されています。

2 代理行為

【1】代理行為の瑕疵

(1) 原則

代理行為とは、代理人が行う意思表示をいう。

←「代理行為」とは

101条1項および2項は、代理行為の瑕疵(ある事実についての知・不知を含む)が意思表示の効力に影響を及ぼす場合について規定している。

平成29年改正民法は、代理人が相手方にした意思表示の場合(101条1項)と、相手方が代理人にした意思表示の場合(101条2項)に分けて規定している。

← 平成29年改正

(a) 能働代理――代理人が相手方にした意思表示の場合(101条1項)

代理人が相手方に対してした意思表示の効力が**意思の不存在(心裡留保、通謀虚偽表示)、錯誤、詐欺、強迫またはある事情を知っていたこともしくは知らなかったことにつき過失があったことによって影響を受けるべき場合**には、その事実の有無は、**代理人について決する**(101条1項)。この趣旨は、**代理行為の主体は代理人**であるから、その意思表示に関する瑕疵の有無等は代理人について決定するべき点にある。

たとえば、代理人が錯誤または相手方の詐欺に基づいて意思表示をした場合がこれにあたる。また、代理人が錯誤に基づいて意思表示をした場合に、それが重大な過失によるものであったかどうか(95条3項柱書)は、代理人について決することになる。実際に効果意思を決定し表示するのは代理人であるから当然の規定といえる。さらに、ある物の売買において、その物が売主のものでないことを買主の代理人が知っていたときは、買主は192条によってその物を即時取得することはできない(判例)。

→ 最判昭和47年11月21日民集26巻9号1657頁

(b) 受働代理――相手方が代理人にした意思表示の場合(101条2項)

反対に、**相手方が**代理人に対してした意思表示の効力が**意思表示を受けた者がある事情を知っていたことまたは知らなかったことにつき過失があったことによって影響を受けるべき場合**には、その事実の有無は、**代理人について決する**(101条2項)。

← 平成29年改正

たとえば、相手方に心裡留保がある場合に、意思表示を受けた者が代理人であれば、代理人が、表意者(相手方)の真意を知りまたは知ることができたかどうかにより意思表示の無効が決定される(93条1項ただし書)。

受働代理の場合(101条2項)には、能働代理の場合(101条1項)と異なり、意思の不存在、錯誤、詐欺・強迫については定めがなく、事情の知・不知(悪意・善意)、過失の事実の有無についてのみ規定していることに注意してください。

上記の心裡留保の例は、101条1項のような意思の不存在(心裡留保)のことではなく、相手方の心裡留保による意思表示を受けた者の事情の知・不知、過失の有無は、代理人について決する(101条2項)という意味ですので、誤解しないでください

また、以上のことから、後述するように、代理人が相手方に対して詐欺・強迫をした場合における相手方の意思表示については、101条の問題とはなりません。

→ リーガルクエスト民法Ⅰ197頁[山下]

→ (3)(b)(ii)

6－22

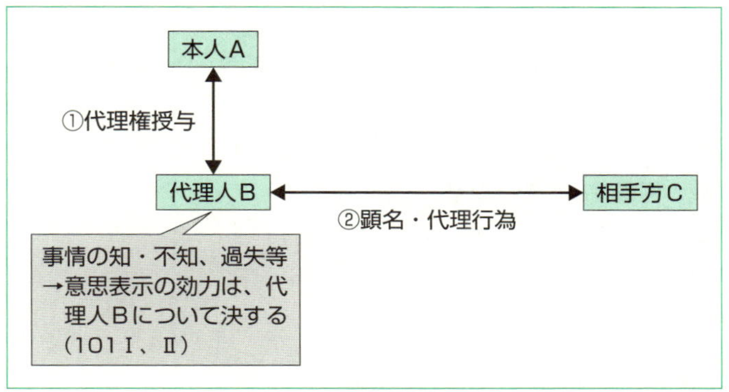

平成29年改正事項　代理行為の瑕疵①(101条1項)　B2

改正前民法101条1項は、代理行為の瑕疵を代理人について決する旨定めていたものの、能働代理を前提とする規定しか設けておらず、受働代理の場合と書き分けていなかった。

そこで、平成29年改正民法は、能働代理の場合として101条1項の規定を維持しつつ、受働代理の場合の規定として101条2項を設けることで、両者を条文上区別した(101条1項、2項)。

なお、これにより、代理行為の瑕疵(101条1項、2項)は意思表示に瑕疵がある場合に適用されることが明確化され、代理人が相手方に詐欺をした場合における相手方の意思表示には101条が適用されないことが明確になった(改正前民法下の判例は、代理人による詐欺について改正前民法101条1項を適用して処理していたが、先例としての価値は失った)。

→ 部会資料66A・13頁、一問一答27頁、潮見・改正法15頁

→ 大判明治39年3月31日民録12輯492頁

→ 潮見・改正法16頁、佐久間・総則256頁

6－23

改正前民法		H29改正民法
意思能力の効力が意思の不存在、詐欺、強迫またはある事情を知っていたこともしくは知らなかったことにつき過失があったことによって影響を受けるべき場合には、その事実の有無は、代理人について決するものとする(101Ⅰ)。	→	・代理人が相手方に対してした意思表示の効力が意思の不存在、錯誤、詐欺、強迫又はある事情を知っていたこと若しくは知らなかったことにつき過失があったことによって影響を受けるべき場合には、その事実の有無は、代理人について決するものとする(101Ⅰ)。 ・相手方が代理人に対してした意思表示の効力が意思表示を受けた者がある事情を知っていたこと又は知らなかったことにつき過失があったことによって影響を受けるべき場合には、その事実の有無は、代理人について決するものとする(101Ⅱ)。

・改正前民法は代理行為の瑕疵について能働代理と受働代理の書き分けがなかったが、改正民法ではこの区別を明文化した。
・代理人が相手方に詐欺をした場合には101条が適用されないことが明確になった。

(2) 例外――特定の法律行為をすることを委託された場合

以上の原則に対し、**特定の法律行為をすることを委託された代理人がその行為をしたときは**、(本人の指図があったという事情が認められなくても、)**本人は、みずから知っていた事情について代理人が知らなかったことや、本人が過失によって知らなかった事情**について代理人が知らなかったことを主張することができない(101条3項)。この趣旨は、本人自身が当該法律行為をす

← 平成29年改正

るとその効力に影響を及ぼすような事情を知っている場合、あるいは知らなかったことについて過失がある場合には、代理人に当該法律行為をさせても同様に扱う点にある。この場合には、当事者間の不公平を回避するため、**本人の事情が考慮される**のである。

たとえば、本人Aが、代理人Bに対して、相手方Cから甲動産を購入する旨の代理権を授与した場合に、甲動産の真の権利者はCではなく、そのことについてAは悪意、Bは善意無過失であったとする。この場合には、代理人Bを基準にすれば即時取得(192条)の余地があるものの、101条3項により本人Aを基準に判断することとなるため、本人Aは、甲動産を即時取得することができない。

101条3項は、1項と2項の例外に位置づけられますが、101条1項と2項の場合における事情の知・不知、過失の有無についての例外を定めたものであり、「意思の不存在、錯誤、詐欺、強迫」(101条1項)の例外までを規定したものではない点に注意してください。

6−24

悪意
本人A
即時取得（192）の要件をみたさない
①代理権授与
代理人B
②顕名・代理行為
相手方C
善意無過失
甲動産

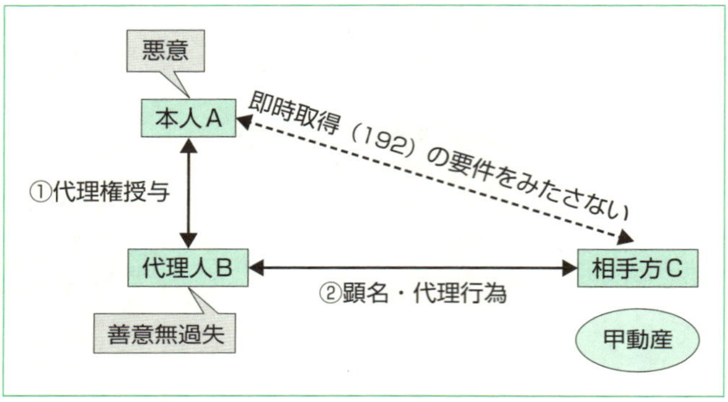

平成29年改正事項　代理行為の瑕疵②(101条3項)　B2

改正前民法101条2項は、代理行為の瑕疵を本人を基準に判断できる場合について、「代理人が本人の指図に従ってその行為をしたときは」と定めていた。

しかし、判例は、特定の法律行為の委託があれば本人の指図があったことは要件としないとしていた。

そこで、平成29年改正民法は、判例法理を明確化するため、「代理人が本人の指図に従ってその行為をしたときは」という文言を削除した(101条3項)。

➡ 部会資料66A・13頁、一問一答27頁、潮見・改正法15頁

➡ 大判明治41年6月10日民録14輯665頁

6−25

改正前民法
特定の法律行為をすることを委託された場合において、代理人が本人の指図に従ってその行為をしたときは、本人は、みずから知っていた事情について代理人が知らなかったことを主張することができない(101Ⅱ前段)。
H29改正民法
特定の法律行為をすることを委託された代理人がその行為をしたときは、本人は、みずから知っていた事情について代理人が知らなかったことを主張することができない(101Ⅲ前段)。
改正前民法においては「本人の指図に従ってその行為をしたとき」という要件があったが、判例において特定の業務委託があれば本人の指図は要件としていなかったことから、判例法理の明確化のために、削除された。

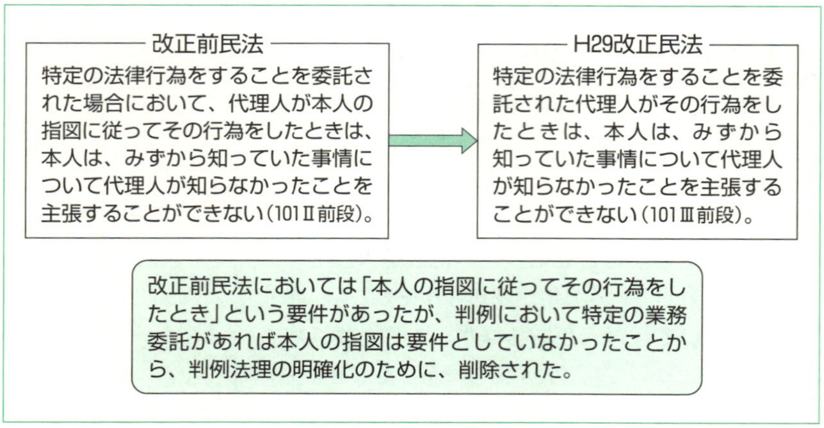

	意思不存在、錯誤、詐欺・強迫	事情の知・不知・過失
能働代理の場合 ―代理人の相手方に対する意思表示の効力が問題となる場合 (101 I)	代理人について判断する(101 I) e.g.錯誤による意思表示をしたか否か	①原則：代理人について判断する(101 I) e.g.錯誤における重過失、即時取得の善意無過失 ②例外：本人の知・不知・過失(101 III) e.g.錯誤主張を不可とする本人の重過失
受働代理の場合 ―相手方の代理人に対する意思表示の効力が問題となる場合 (101 II)	――*	①原則：代理人について判断する(101 II) e.g.相手方の心裡留保について、代理人の真意・認識可能性 ②例外：本人の知・不知・過失(101 III) e.g.本人が真意を認識

＊ 相手方が代理人に対してした意思表示が瑕疵ある意思表示となる場合(たとえば、詐欺・強迫の場合)には、101条は適用されない(詳しくは、後述する詐欺・強迫と代理行為の項を参照のこと)。

→ 四宮＝能見・民法総則367頁

→ (3)(b)(ii)

●論点Bランク

もっとも、「特定の法律行為をすること」の委託がなければ、本人の事情は考慮されないのかが問題とされている。

この点については、当事者間の不公平を回避するという101条３項の趣旨からすれば、特定の法律行為の委託も必要でなく、**本人が代理人をコントロールしうる可能性**があるかぎり、101条３項を類推適用して、本人の事情を考慮すべきであるという見解が有力である。

→ 四宮・民法総則247頁、辻・民法総則277頁、内田Ｉ161頁、四宮＝能見・民法総則369頁、平野・民法総則293頁

(3) 代理行為の瑕疵の諸問題

以上の101条の理解を前提として、以下では、代理行為の瑕疵の諸問題を検討していくことにする。

(a) 代理人と相手方の通謀による代理行為

6－26

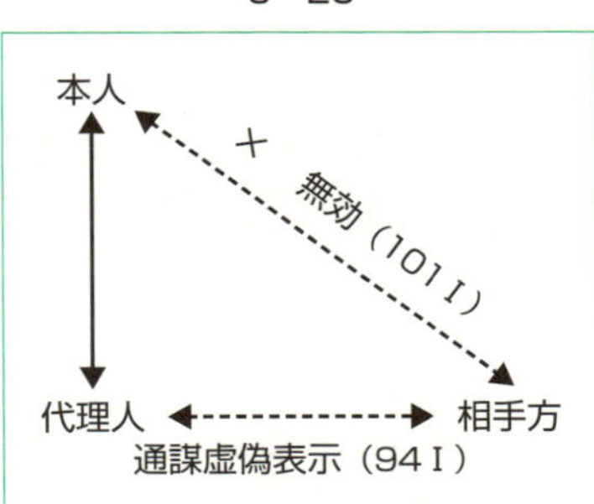

代理人と相手方が通謀して虚偽表示をした場合には、意思の不存在については代理人が基準となるので(101条１項)、代理行為は無効となる(94条１項)。

→ 平野・民法総則290頁

たとえば、本人Ａから甲不動産の管理に関する代理権を授与されている代理人Ｂが、Ａの債権者による甲不動産の差押えを避けるため、Ｃと通謀して虚偽の売買契約を仮装し、甲不動産の所有権登記をＣに移転する旨の登記手続を行った場合には、ＢＣ間の売買契約は、通謀虚偽表示として無効となる(94条１項)。なお、この場合には、Ａは、契約当事者となるから、94条２項の「第三者」にあたらない。

それでは、不動産購入に関する代理権を授与されている代理人Ｂが、資産隠しを画策するＣと通謀して、Ｃの所有する乙不動産をＡ代理人Ｂが購入した旨の虚偽の売買契約を仮装し、その移転登記手続を行った場合はどうなるか。有効な売買契約であると信じていたＡは保護されないのかが問題となる。

→ 大判昭和14年12月6日民集18巻1490頁

この点について、改正前民法下での判例のなかには、代理人には本人を欺く権限はないので、この場合のＢは表意者Ｃの意思表示の伝達機関にすぎず、Ｃの意思表示が真意でない意思表示として心裡留保(93条)になるから、Ａが善意無過失である場合にはＡＣ間の売買は有効になるとしたものがある(無効主張否定説のうち、93条ただし書類推適用説)。しかし、代理人には本人を欺く権限はないからというドグマ的な前提で、代理人を相手方の意思表示を伝達する使者とすることは

技巧的にすぎよう。

昭和14年判例の立場に対して、近江教授は、平成29年改正民法は「この立場を否定した」と明言しています。多くの基本書では、この判例に触れていなかったり、判例の立場を異例な判例としているものもあります。また、この判例の立場を紹介するにとどめているものもあります。ですから、この判例が、解釈上まったく成り立たなくなってしまったのかどうかは不明ですが、近江教授の「否定した」という記述の趣旨は、およそ次のような理由ではないかと思われます。

つまり、この判例の立場(93条ただし書類推適用説)は、代理人が本人の利益のためではなく自己の利益のために代理権を濫用する場合における93条ただし書類推の判例と同じ処理です。しかし、前述したように、平成29年改正民法107条は、代理権の濫用を無権代理と構成しました。ですから、代理人と相手方の通謀による代理行為の場合にも、およそ93条ただし書の類推という構成はとることができないという趣旨ではないでしょうか。今後の議論が待たれるところです。

このほか、学説上は、無効主張肯定説として、①101条１項のとおりＢＣ間の売買契約を無効とし、ＣはＡに対しても無効を主張することができるとする説があり(通説。判例の立場も、こちらに位置づけられるのが一般的な評価である)、他方で、無効主張否定説として、②このような場合には本人Ａも「第三者」にあたるとして94条２項を適用あるいは類推適用する説、③Ｃが善意無過失のＡに対して101条１項の主張をすることは信義則違反にあたるという説がある。

この点については、代理人Ｂと相手方Ｃが通謀したとしても、本人Ａと代理人Ｂとの一体性を無視することはできないので、101条１項を適用して無効主張をすることができるという通説の立場でかまわないであろう。

ここでの議論は、無効主張肯定説では、Ａの保護という具体的妥当性は図れないという認識から始まったといわれています。しかし、無効主張をすることができるとしても、代理人Ｂに裏切られた点などについては、別途、本人Ａが代理人Ｂを相手として善管注意義務(644条)違反の責任追及をするとか、本人Ａは登記費用等の損害を代理人Ｂや相手方Ｃに対して損害賠償を追及するしかないとの指摘がなされており、通説の立場でも、Ａの保護を図ることもできるといえ、不当とはいえないでしょう。

(b) 詐欺・強迫と代理行為

詐欺・強迫と代理行為については、だれのだれに対する詐欺・強迫かによって、問題点を異にする。順に検討していこう。

(i) 相手方の代理人に対する詐欺・強迫(ケース①)

相手方が代理人に詐欺・強迫を行い、これにより代理人が意思表示を行った場合には、代理行為は取り消しうるものとなる(101条１項、96条１項)。この場合の取消権(120条以下)は、本人に帰属することになるが、代理人が取消権を行使することができるか否かは、代理権の範囲の問題である。

6－27

本人Ａ
取り消すことができる(101Ｉ、96Ｉ)
①代理権授与
詐欺(強迫)
代理人Ｂ
相手方Ｃ
②顕名・代理行為

→ 我妻・講義Ｉ349頁、中舎・民法総則328頁
→ 近江・講義Ｉ253頁
→ 平野・民法総則291頁
→ 中舎・民法総則328頁
→ 最判昭和38年９月５日民集17巻８号909頁、最判昭和42年４月20日(百選Ｉ26事件)
→ 2節③【3】
→ 我妻・講義Ｉ349頁、幾代・民法総則317頁
→ 大判大正３年３月16日民録20輯210頁、大判昭和16年８月30日新聞4747号15頁
→ 近江・講義Ｉ253頁
→ 四宮・民法総則162頁、川井・民法総則220頁
→ 中舎・民法総則328頁
→ 平野・民法総則291頁
●論点Ｂランク
→ 我妻・講義Ｉ349頁

(ii) 代理人の相手方に対する詐欺・強迫(ケース②)

●論点Bランク

← 代理人が相手方を詐欺したケース

代理人が相手方に詐欺・強迫を行い、これにより相手方が意思表示を行った場合には、相手方は取り消すことができるか。これは、101条の問題ではない。

→ リーガルクエスト民法Ⅰ196頁[山下]

→ 部会資料66A・13頁、潮見・改正法15頁、佐久間・総則256頁

> 代理人が相手方に対して詐欺・強迫をした場合における相手方の意思表示については、代理人の意思表示の問題ではありませんから、101条1項は適用されません。また、相手方が代理人に対してした意思表示の効力が、「意思表示を受けた者がある事情を知っていたこと又は知らなかったことにつき過失があったことによって影響を受けるべき場合」ではないから、101条2項も適用されません。ですから、代理人が相手方に対して詐欺・強迫を行った場合には、101条の問題ではないことになるのです。
>
> したがって、前述したように、改正前民法下の判例は、代理人による詐欺について改正前民法101条1項を適用して処理していましたが、先例としての価値は失った(上記判例の立場をとらないことを明確にした)とされているのです。

→ 大判明治39年3月31日民録12輯492頁

→ 潮見・改正法16頁、佐久間・総則256頁

この場合には、相手方は、代理人の詐欺について本人が知っているか否かにかかわらず、取消権を行使することができると解されている(96条1項)。この場合の代理人の詐欺は、第三者の詐欺(96条2項)にあたらないと考えられる。なぜなら、代理人は本人のために行為をしており、本人は代理人を使用することで利益を得ている以上、代理人が詐欺を行った場合には、本人自身が詐欺を行ったものと同視されるべきだからである(「第三者」の制限解釈による解決である)。

→ 我妻・講義Ⅰ349頁、平野・民法総則294頁、中舎・民法総則329頁、リーガルクエスト民法Ⅰ196頁[山下]

6－28

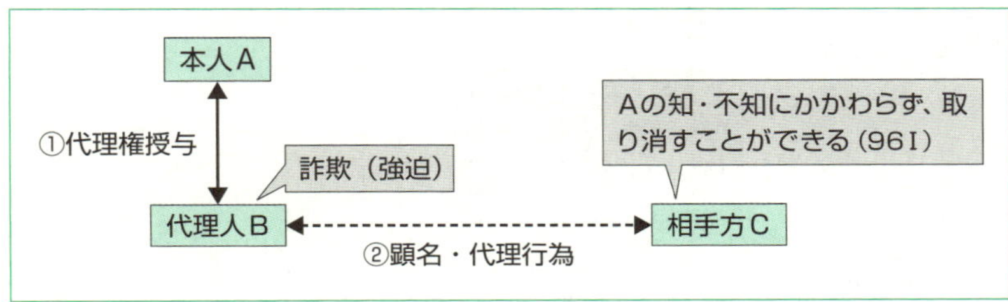

(iii) 相手方の本人に対する詐欺・強迫(ケース③)

●論点Bランク

相手方が本人に対して詐欺・強迫をし、それに基づき本人が代理人に指示して意思表示がなされたような場合について、101条1項をそのまま適用すると、代理人の意思表示に瑕疵がないかぎりは取消しができないように思える。しかし、このような場合において、取消しを認めないのは本人にとって酷である。

そこで、このような場合に、代理人が本人の意思決定に従って意思表示をしたにすぎない事例や事項については、代理人を使者と同様に考え、本人を基準として詐欺・強迫を受けたことを判断すべきであるとして、101条3項の類推適用により取消しを認めるべきであろう(96条1項)。

→ 平野・民法総則291頁、中舎・民法総則329頁

6－29

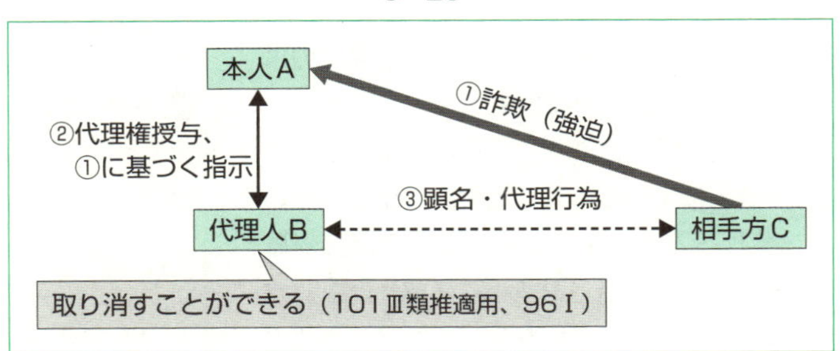

●論点Bランク

(iv) 本人の相手方に対する詐欺・強迫(ケース④)

代理人は詐欺・強迫をしていないが、本人が相手方に対して詐欺・強迫をし、それに基づいて相手方が意思表示をした場合について、101条1項を基準に考えると、代理人と相手方の間の意思表示には瑕疵がなく、本人を第三者とした第三者の詐欺(96条2項)の要件をみたす場合でないかぎりは取消しができないように思える。

しかし、この場合の本人は、意思表示の名宛人であって第三者ではないのであるから、第三者の詐欺にはあたらず、相手方は代理人の知・不知にかかわらず意思表示を取り消すことができると考えるべきである(101条1項、96条1項)。

→ 中舎・民法総則329頁

→ 1節③【1】

本人Aが相手方Cを詐欺・強迫した場合について、前述した代理人行為説(通説)に立てば、Aは96条2項の「第三者」にあたる場面(第三者の詐欺の場面)ともいえますが、詐欺をしたAは保護に値しませんし、Cに取消しを認めても代理人Bに不利益はありませんので、Cは取り消すことができると考えるのです。

6－30

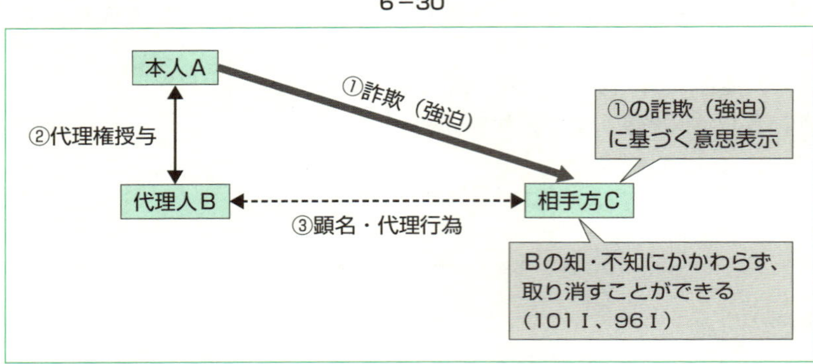

詐欺・強迫と代理行為における法律関係

		被詐欺者		
		本人A	代理人B	相手方C
詐欺者	A			ケース④ Cは、Bの知・不知にかかわらず取消し可(101Ⅰ、96Ⅰ)
	B			ケース② Cは、Aの知・不知にかかわらず取消し可(96Ⅰ)
	C	ケース③ Aは取消し可(101Ⅲ類推、96Ⅰ)	ケース① Aは取消し可(101Ⅰ、96Ⅰ)	

【2】代理人の行為能力

(1) 任意代理の場合

代理人は、法律行為をするのであるから、代理行為の時に代理人の意思能力は当然必要である(意思無能力の場合には無効となる〔3条の2〕)。

→ 2章1節②【1】(1)

これに対して、**代理人は、制限行為能力者でもよい**。制限行為能力者が代理人としてした法律行為は、行為能力の制限によっては取り消すことができない(102条本文)。この趣旨は、代理人には代理行為から生じる権利義務が直接帰属しないため、みずからが責任を負うことはなく、取消しを認める必要性がない点にある。また、任意代理に関しては、みずからが代理人に選任した制限行為能力者の行為によって生じる不利益は本人が甘受すべき点もあげられる。

平成29年改正事項	代理人の行為能力①――102条本文	C1

改正前民法102条は、「代理人は、行為能力者であることを要しない」と規定していた。

もっとも、その内容は、制限行為能力者が他人の代理人としてした行為は行為能力の制限規定によって取り消すことができないことを定めたものと解されていた。

そこで、平成29年改正民法は、このような解釈を条文上も明確にした(102条本文)。

→ 部会資料66A・15頁、一問一答27頁、潮見・改正法16頁

6−31

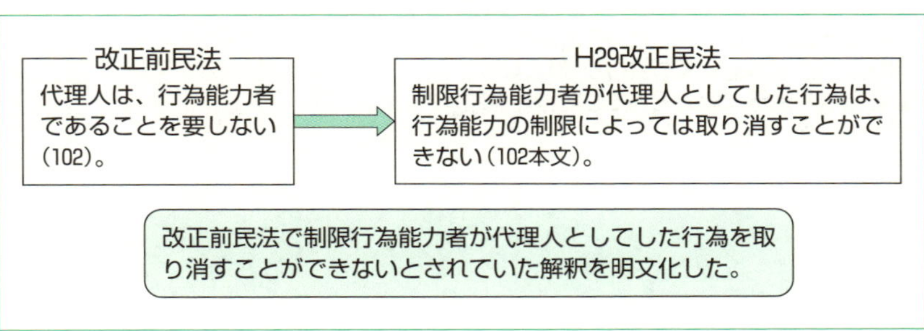

代理人の制限行為能力に関して、代理権授与行為と委任関係などの対内関係(内部関係)が問題となりますが、この点は前述しました。

→ 2節[1]【2】(2)(b)

(2) 法定代理の場合

← 平成29年改正

制限行為能力者が他の制限行為能力者の法定代理人としてした行為については、行為能力の制限による取消しが認められる(102条ただし書)。この趣旨は、制限行為能力者である本人を保護する点にある。なお、この場合、102条ただし書はそれ自体が取消しの根拠規定となるのではなく、9条本文等の行為能力制限規定が取消しの根拠規定となる。

たとえば、15歳の本人Aの法定代理人(親権者)Bが成年後見開始審判を受け、成年後見人Cが選任された場合に、BがAの法定代理人としてした行為は、取り消すことができる(102条ただし書、9条)。

ただし、そもそも制限行為能力者が他の制限行為能力者の法定代理人として行為することができない場合(行為をしても無効な場合)には、取消しの問題自体が生じない(833条、867条参照)。

平成29年改正事項	代理人の行為能力②――102条ただし書	C1

→ 部会資料66A・15頁、一問一答27頁、潮見・改正法16頁

改正前民法は、制限行為能力者が他の制限行為能力者の法定代理人としてした行為について、取消しができるのか否か明文規定を設けていなかった。

しかし、かりに、この場合に制限行為能力者の代理行為の取消しができないとすると、制限行為能力者である本人の保護が十分に図れないおそれがある。また、この場合、本人が制限行為能力者を代理人として選任したものでもない。

そこで、平成29年改正民法は、制限行為能力者が他の制限行為能力者の法定代理人としてした行為について、行為能力の制限規定によって取消しが可能であることを明確にした(102条ただし書)。

なお、この改正にあわせて、被保佐人が保佐人の同意を得なければならない行為に、制限行為能力者の法定代理人として一定の行為をする場合(13条1項10号)を追加し、被保佐人と被補助人(17条1項、4項)の場合の取消しの根拠規定を整備している。また、102条ただし

→ 2章1節[3]【4】(3)(j)
→ 5章1節[3]【2】(1)(a)

書の場合の取消権は、本人保護の観点から、代理行為をした制限行為能力者のほかに、本人およびその承継人が行使することもできる(120条１項括弧書)。

6－32

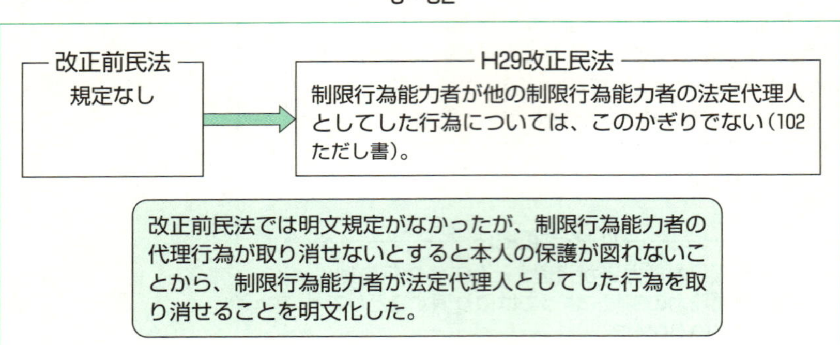

改正前民法
規定なし
H29改正民法
制限行為能力者が他の制限行為能力者の法定代理人としてした行為については、このかぎりでない(102ただし書)。
改正前民法では明文規定がなかったが、制限行為能力者の代理行為が取り消せないとすると本人の保護が図れないことから、制限行為能力者が法定代理人としてした行為を取り消せることを明文化した。

第6章………代理

4. 無権代理

1 総説

【1】意義

無権代理とは、代理人として行為(代理行為)をした者に代理権が欠けていた場合をいい、このような代理行為を無権代理行為という。

← 「無権代理」とは

これに対して、代理権のある場合を有権代理ということがある。

← 「有権代理」とは

無権代理には、①まったく代理権がない場合と、②代理権の範囲を超えている場合とがある。そして、①には、(i)はじめからまったく代理権がない場合と、(ii)いったん与えられた代理権が消滅している場合とがある。

無権代理
- ①まったく代理権がない場合
  - (i)はじめからまったく代理権がない場合
  - (ii)いったん与えられた代理権が消滅している場合
- ②代理権の範囲を超えている場合

【2】狭義の無権代理と表見代理

後に述べるように、無権代理行為は、無効であり、本人にその効果は帰属しないのが原則である(113条1項)。もっとも、無権代理のうち、無権代理人と本人との間に特別な関係があって、相手方が無権代理人を真実の代理人と信じたのも無理がないような場合には、相手方の保護のために、無権代理ではあるが有権代理と同様の効果(本人への効果帰属)が認められている。この場合を表見代理という。

→ 2【1】

すなわち、無権代理(広義)には、狭義の無権代理と表見代理とがある。表見代理については次節で説明し、本節では狭義の無権代理を説明していくことにする。

広義の無権代理
- 狭義の無権代理←本人への効果不帰属
- 表見代理←本人への効果帰属（有権代理と同様の効果）

2 無権代理の効果

【1】本人への効果不帰属

無権代理行為によって締結された契約は、本人がその追認をしなければ、本人に対してその効力を生じない(113条1項)。例外として、本人が追認した場合や、表見代理が成立する場合には、本人に効果が帰属することになる。

無権代理行為として単独行為がなされた場合や、無権代理人に対して単独行為がなされた場合にも、本人に効果が帰属しない点で同様である。ただし、この場合には、本人が無権代理行為を追認できる場合が限定されている(118条)。すな

← 無権代理行為として単独行為がなされた場合

6－33　無権代理の効果

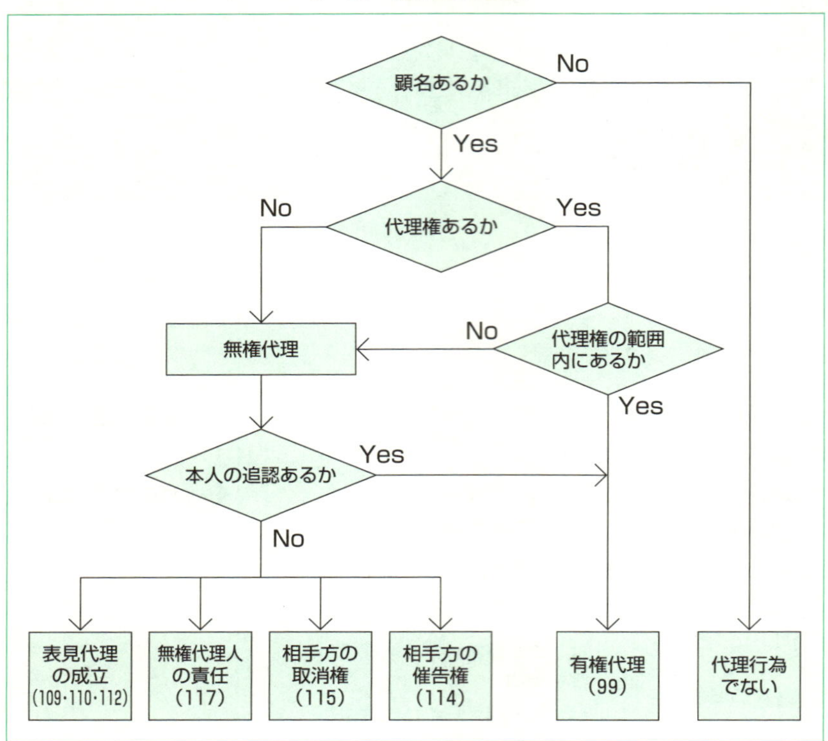

わち、単独行為については、能働代理であれば「その行為の時において、相手方が、代理人と称する者が代理権を有しないで行為をすることに同意し、又はその代理権を争わなかったときに限り」、追認が認められる(118条前段)。また、受働代理であれば「代理権を有しない者に対しその同意を得て単独行為をしたとき」には、追認が認められる(118条後段)。この趣旨は、単独行為の当時から相手方が無権代理人の代理権を認めずに争っていた場合にまで、追認を認めて効果の帰属を行為時に遡及させる(116条本文)のは、相手方に予期しない不利益を与える可能性があり、これを防ぐ点にある。

無権代理行為の効果は、本人に効果が帰属しないことです(「本人に対してその効力を生じない」)。なぜなら、代理の要件をみたさないということは、適法性などの有効要件が欠けているわけではなく、本人に効果を帰属させるための要件(効果帰属要件)が欠けているにすぎないからです。

この点で、無権代理の効果は効果不帰属(「効力を生じない」)であって、無効とは区別して考えられています。もっとも、説明の便宜上、無権代理による効果不帰属を意味する「効力を生じない」を、無効と説明する例もあります。

➡ 四宮＝能見・民法総則372頁、Ｓシリーズ I 205頁[安永]、リーガルクエスト民法 I 207頁[山下]

➡ 平野・民法総則295頁

➡ 5章1節1【1】

【2】追認および追認拒絶

(1)　意義

追認とは、代理権なしにされた代理行為の効果を自己に帰属させる意思表示(単独行為)をいう。他方で、追認拒絶とは、追認を拒絶する旨の意思表示(単独行為)をいい、これにより本人に対する効果不帰属が確定する。

← 「追認」とは

← 「追認拒絶」とは

追認は、代理権の不存在を補充するものにすぎない。無権代理人の法律行為に瑕疵(虚偽表示や錯誤など)がある場合に、これらに基づく取消しや無効を主張することができるかとは別問題である。無権代理行為を追認したうえで取消権を行使することは差し支えない。

追認(追認拒絶)することのできる地位(権利)は、本人に帰属する。

追認は契約の効果を自己に帰属させる行為であるから、本人がその契約を締結する能力を有しない場合には、追認もできないと解される(124条1項類推適用)。たとえば、未成年者の親権者が無権代理行為を行った場合には、本人である未成年者は成年に達するまでは追認することができない(判例)。

→ 大判昭和11年8月7日 民集15巻1630頁

追認権も権利であるから、当該契約における本人の地位が一身専属的な地位でないかぎり、**相続の対象となり、本人の相続人が追認権を行使することができる**。また、追認権は、共同相続の場合には、共同相続人に不可分的に帰属するため(準共有、264条)、全員一致で行使することが求められる(判例)。他方で、本人が追認拒絶をすると、その時点で効果不帰属が確定する。そのため、本人が追認を拒絶した後に死亡した場合、相続人が無権代理行為を追認する余地はない。

→ 最判平成5年1月21日 (後出重要判例)

→ 最判平成10年7月17日 (後出重要判例)

(2) 追認・追認拒絶の意思表示の相手方

追認の意思表示および追認拒絶の意思表示は、**無権代理行為の相手方に対してしなければ、その相手方に対抗することができない**(113条2項本文)。この趣旨は、追認または追認拒絶によって権利関係が帰属するのは本人と相手方の間であるため、相手方への意思表示を要求する点にある。ただし、無権代理人に対して追認や追認拒絶の意思表示をした場合において、その事実を相手方が知ったときは、相手方に対抗することができる(113条2項ただし書)。

(3) 追認の性質・方法

追認は、相手方のある単独行為である。追認の方法は、明示的なものにかぎられず、黙示的な追認も可能である(判例)。もっとも、無権代理行為は本人に効果が帰属しないのが原則であるから、効果を帰属させるためには積極的な追認が必要と考えるべきである。したがって、**法定追認を認める125条の規定は、無権代理には類推適用されない**と解する(判例)。

→ 大判大正3年10月3日 民録20輯715頁

← **法定追認は無権代理に類推適用されるか**

→ 最判昭和54年12月14日 判時953号56頁

(4) 追認の遡及効

(a) 総説

追認があると、法律行為の効果が、**代理行為当時に遡及して本人に帰属**する(116条本文)。すなわち、追認には遡及効があるのが原則である。この趣旨は、遡及効のある追認を認めても必ずしも本人の不利益になるわけではない点にある。

もっとも、追認の遡及効には2つの例外がある。①「別段の意思表示」があるとき(116条本文)と、②「第三者の権利を害する」ときである(116条ただし書)。

追認は、「第三者の権利を害することはできない」とされています(116条ただし書)。これは、どういう意味でしょうか。

「第三者の権利」とは、無権代理行為から追認までの間に第三者が取得した権利であって、相手方の権利と抵触する内容のものをいいます。116条ただし書の適用場面として、元々は次のような場面が想定されていました。

無権代理人Bが本人Aの甲土地を相手方Cに譲渡した後、本人Aが甲土地をDに譲渡しました。その後、本人Aは、無権代理人Bの行為を追認したとします。この場合、追認前であれば、無権代理人Bの行為の効果はAに帰属しないため、Dが甲土地を取得できたはずです。しかし、追認によって、無権代理人Bの行為の効果が遡及的にAに帰属するため、

→ 四宮＝能見・民法総則374頁、平野・民法総則297頁

Cが甲土地を取得できることとなり、Dは甲土地を取得できなくなってしまいます。このような場合に、第三者Dの権利を害するかたちで追認することができないことを規定したのが116条ただし書の意義だったのです。

しかし、現在は、このような場合には、Aからの二重譲渡がなされた場面と理解して、CとDの優劣は対抗要件によって決まると考えられています(177条)。この立場だと、116条ただし書は適用されないのです。

116条ただし書は、対抗関係で処理されない場合にのみ適用の余地があるといえるでしょう。たとえば、AがBに対して有する甲債権について、Aの無権代理人Cが弁済を受けた後、Aの債権者Dが甲債権を差し押さえた場合に、AがCの弁済受領を追認してDの差押えを無効にすることはできません。

➡ 大判昭和5年3月4日民集9巻299頁

(b) 116条の類推適用

他人行為の追認のところで触れたように、無権代理行為の追認に関する116条の規定は、非(無)権利者Bが他人Aの物を第三者Cに売却するなど処分し、その所有者(権利者)Aがその処分行為を追認したような場合にも類推適用され、その処分行為の効果は、処分の時に遡って所有者Aに帰属する(判例。なお、授権〔授権行為、授権処分〕については、前述した)。もっとも、所有者Aに帰属するのは、あくまでも処分行為の効果(所有権の移転や抵当権の設定などの物権的効果)であって、非権利者Bが締結した契約に基づく債権債務が所有者Aに帰属するわけではないと解されている(判例)。

➡ 5章1節2【3】(2)(d)

➡ 最判昭和37年8月10日(判例シリーズ12事件)

➡ 1節3【3】

➡ 最判平成23年10月18日(後出重要判例)

★重要判例(最判平成23年10月18日〔百選Ⅰ37事件〕)

「無権利者を委託者とする物の販売委託契約が締結された場合に、当該物の所有者が、自己と同契約の受託者との間に同契約に基づく債権債務を発生させる趣旨でこれを追認したとしても、その所有者が同契約に基づく販売代金の引渡請求権を取得すると解することはできない。なぜならば、この場合においても、販売委託契約は、無権利者と受託者との間に有効に成立しているのであり、当該物の所有者が同契約を事後的に追認したとしても、同契約に基づく契約当事者の地位が所有者に移転し、同契約に基づく債権債務が所有者に帰属するに至ると解する理由はないからである。仮に、上記の追認により、同契約に基づく債権債務が所有者に帰属するに至ると解するならば、上記受託者が無権利者に対して有していた抗弁を主張することができなくなるなど、受託者に不測の不利益を与えることになり、相当ではない。」

【争点】 無権利者を委託者とする物の販売委託契約が締結された場合における当該物の所有者の追認の効果。

【結論】 無権利者を委託者とする物の販売委託契約が締結された場合に、当該物の所有者が、自己と同契約の受託者との間に同契約に基づく債権債務を発生させる趣旨でこれを追認したとしても、その所有者が同契約に基づく販売代金の引渡請求権を取得すると解することはできない。

【備考】 販売委託のような他人物売買(や他人物賃貸借)の事案においては、物権的効果帰属説(BC間の売買〔債権的効力〕とAC間の所有権移転の効果〔物権的効力〕とを切り離し、追認による効果は物権的効力のみであり、BC間の売買はこれら当事者の問題でありBC間に権利義務が帰属するのであって〔561条〕、契約自体がAに帰属するのではないという考え方)に確定されたものとされる。

➡ 最高裁判例解説民事編平成23年度・下663頁

3 無権代理行為の相手方が採りうる手段

無権代理行為の相手方は、①催告権(114条)、②取消権(115条)、③無権代理人の責任追及(117条)および④表見代理(109条、110条、112条)の4つの手段を採りうる。特に①催告権と②取消権は、無権代理行為の相手方が早期に不安定な権利関係を確定するための手段といわれる。

④表見代理は次節で解説することとして、残りの3つについて以下で解説する。

➡ 5節

手　段	相手方の主観的要件
催告権(114)	不問(悪意であっても可)
取消権(115)	善意
無権代理人の責任追及(117)	善意無過失(ただし、無権代理人が悪意の場合には、無過失は不要)
表見代理(109、110、112)	善意無過失(「正当な理由」)

【1】催告権

無権代理行為の相手方は、本人に対して、相当の期間を定めて、その期間内に追認をするかどうかを確答すべき旨の催告をすることができる(114条前段)。この場合に、本人がその期間内に確答しないときは、追認を拒絶したものとみなされる(114条後段)。

催告権は、相手方が無権代理であったことについて**悪意であっても行使することができる**。

【2】取消権

⑴　意義

無権代理行為の相手方は、本人が追認するまでの間は、無権代理行為によってなされた契約を取り消すことができる(115条本文)。ただし、契約の時において代理権を有しないことを**知っていたときは、取り消すことができない**(115条ただし書)。

⑵　要件

取消権の要件は、①本人が追認していないこと(115条本文)、②無権代理であることについて善意であること(115条ただし書)である。

⑶　効果

取消しの意思表示がなされた後は、無権代理行為ははじめから無効になるため、以後、本人による追認もありえなくなる。

また、相手方は、この取消しをすると、無権代理人との法律関係は消滅するから、本人に対する催告、無権代理人に対する責任(117条)の追及および表見代理の主張もできなくなる。

【3】無権代理人の責任追及

⑴　意義

無権代理行為の相手方は、一定の要件をみたす場合には、無権代理人に対して履行または損害賠償を求めることができる(117条1項)。

無権代理人は、本人に効果を帰属させるつもりで行為をしているため、本人に効果が帰属しないだけでなく、無権代理人自身にも効果が帰属しない。しかし、本人にも無権代理人にも効果が帰属しないというのでは、相手方の利益を大きく害する。そこで、117条は、一定の場合に、無権代理人が相手方に対して責任を負うことを定めた。

117条による無権代理人の責任の法的性質について、判例は、取引の安全、代理制度の信用を維持するために認められた**無過失責任**と解している。

最判昭和62年7月7日(後出重要判例)

⑵ 要件

(a) 他人の代理人として契約をしたこと

無権代理行為の存在が要件となる。なお、設立中の会社や架空の会社など、「他人(すなわち本人)」が実体的に存在しない場合には117条が適用あるいは類推適用される(判例)。

最判昭和33年10月24日民集12巻14号3228頁、最判昭和40年7月2日集民79号671頁

(b) 代理権の不存在、追認の不存在

← 平成29年改正

無権代理人が「自己の代理権を証明したとき、又は本人の追認を得たとき」に該当することを証明したときは、無権代理人の責任が否定される。

(c) 117条1項の不適用

(i) 悪意の場合

無権代理人が代理権を有しないことを相手方が**知っていたとき**は、無権代理人の責任が**否定される**(117条2項1号)。

(ii) 善意有過失の場合

← 平成29年改正

無権代理人が代理権を有しないことを相手方が**過失によって知らなかったとき**は、原則として、無権代理人の責任が**否定される**。ただし、**無権代理人自身が代理権を有しないことを知っていたとき**は、無権代理人の責任が**認められる**(117条2項2号)。この趣旨は、たとえ相手方が代理権の不存在について善意有過失であったとしても、無権代理人が代理権の不存在について悪意の場合にまで無権代理人の責任追及ができないのは妥当でないという点にある。

平成29年改正事項	無権代理人の責任の要件①──代理権の不存在、追認の不存在の立証責任	B1・C1

改正前民法117条は、「本人の追認を得ることができなかったときは」無権代理人の責任が生じる旨規定していた。

しかし、このような規定に対しては、相手方において追認の不存在を積極的に立証する責任があるかのようにも読めるため、立証責任の所在について疑義を生じさせるとの指摘があった。

そこで、平成29年改正民法は、立証責任を明確化する観点から規定を整理し、代理権の不存在と追認の不存在は無権代理人側が立証責任を負うことを明確化した(117条1項)。

部会資料66A・32頁、一問一答29頁、潮見・改正法26頁

6－34

改正前民法
他人の代理人として契約をした者は、自己の代理権を証明することができず、かつ、本人の追認を得ることができなかったときは、相手方の選択に従い、相手方に対して履行又は損害賠償の責任を負う(117Ⅰ)。

→

H29改正民法
他人の代理人として契約をした者は、自己の代理権を証明したとき、又は本人の追認を得たときを除き、相手方の選択に従い、相手方に対して履行又は損害賠償の責任を負う(117Ⅰ)。

改正前民法では規定の仕方から相手方が追認の不存在を積極的に証明しなければならないように読めるものであった。そこで改正民法では無権代理人が代理権の存在または本人の追認があったことを立証しなければならないことが明文化された。

平成29年改正事項	無権代理人の責任の要件②――代理権の不存在について善意有過失の相手方	B1・C1

改正前民法117条は、無権代理人の責任追及の要件として、相手方の善意無過失を要求していた(改正前民法117条2項)。この趣旨は、無権代理人の責任が無過失責任であることとの均衡を図る点にあった。

しかし、無権代理人が代理権の不存在につき悪意である場合には、無過失の無権代理人の責任を追及しているわけではないため、相手方に過失があったとしても無権代理人の責任を否定するべきではない。

そこで、平成29年改正民法は、代理権の不存在について善意有過失の相手方であっても、代理権の不存在につき悪意の無権代理人に対しては、無権代理人の責任を追及できるとした(117条2項2号)。

➡ 部会資料66A・32頁、一問一答29頁、潮見・改正法26頁

6－35

改正前民法

117条1項の規定は、他人の代理人として契約をした者が代理権を有しないことを相手方が知っていたとき、若しくは過失によって知らなかったとき、又は他人の代理人として契約をした者が行為能力を有しなかったときは、適用しない(117Ⅱ)。

→

H29改正民法

117条1項の規定は、次に掲げる場合には、適用しない(117Ⅱ)。

②他人の代理人として契約をした者が代理権を有しないことを相手方が過失によって知らなかったとき。ただし、他人の代理人として契約をした者が自己に代理権がないことを知っていたときは、この限りでない。

改正前民法では無権代理人の無過失責任であることとの均衡を図るため、相手方の善意無過失を要求していた。しかし無権代理人が代理権の不存在につき悪意である場合には無過失の無権代理人の責任追及の場面ではないことから、改正民法では、この場面で相手方に過失があっても無権代理人の責任追及ができることを明文化した。

(iii) 無権代理人が制限行為能力者の場合

無権代理人が制限行為能力者の場合には、無権代理人の責任が否定される(117条2項3号)。この趣旨は、制限行為能力者を保護する点にある。

無権代理人が意思無能力者の場合には、無権代理行為自体が無効(3条の2)ですから、無権代理人も当然に無権代理人の責任を負わないと解されています。

➡ 一問一答29頁

(d) 無権代理と表見代理の関係

●論点Aランク(論証19)

無権代理行為の相手方には、本人に対して表見代理を主張する方法と、無権代理人の責任追及をする方法がある。この両者の関係(適用関係)については争いがある。

この点について、古い学説には、無権代理人の責任は表見代理が成立しない場合の補充的責任であると解し、無権代理人は、無権代理人の責任が追及された場合に、表見代理が成立することを抗弁として主張できるとする見解があった(表見代理優先説)。この説は、117条の無権代理の成立要件に表見代理が成立しないことを加えることになる。

➡ 我妻・講義Ⅰ381頁、川島・民法総則401頁

しかし、現在の判例・通説は、無権代理人の責任追及と表見代理は独立の救済手段であり、それぞれの要件をみたす場合には、相手方はどちらを選択してもよく、**無権代理人の責任追及に対して表見代理が成立することを抗弁として**

➡ 最判昭和62年7月7日(後出重要判例)

➡ 四宮・民法総則270頁、近江・講義Ⅰ279頁

主張することはできないと解している(自由選択説)。

★重要判例(最判昭和62年7月7日〔判例シリーズ10事件〕)

「同法〔民法〕117条による無権代理人の責任は、無権代理人が相手方に対し代理権がある旨を表示し又は自己を代理人であると信じさせるような行為をした事実を責任の根拠として、相手方の保護と取引の安全並びに代理制度の信用保持のために、法律が特別に認めた無過失責任であり、同条2項が『前項ノ規定ハ相手方カ代理権ナキコトヲ知リタルトキ若クハ過失ニ因リテ之ヲ知ラサリシトキハ之ヲ適用セス』と規定しているのは、同条1項が無権代理人に無過失責任という重い責任を負わせたところから、相手方において代理権のないことを知っていたとき若しくはこれを知らなかったことにつき過失があるときは、同条の保護に値しないものとして、無権代理人の免責を認めたものと解されるのであって、その趣旨に徴すると、右の『過失』は重大な過失に限定されるべきものではないと解するのが相当である。また、表見代理の成立が認められ、代理行為の法律効果が本人に及ぶことが裁判上確定された場合には、無権代理人の責任を認める余地がないことは明らかであるが、無権代理人の責任をもって表見代理が成立しない場合における補充的な責任すなわち表見代理によっては保護を受けることのできない相手方を救済するための制度であると解すべき根拠はなく、右両者は、互いに独立した制度であると解するのが相当である。したがって、無権代理人の責任の要件と表見代理の要件がともに存在する場合においても、表見代理の主張をすると否とは相手方の自由であると解すべきであるから、相手方は、表見代理の主張をしないで、直ちに無権代理人に対し同法117条の責任を問うことができるものと解するのが相当である(最高裁昭和……33年6月17日第三小法廷判決……参照)。そして、表見代理は本来相手方保護のための制度であるから、無権代理人が表見代理の成立要件を主張立証して自己の責任を免れることは、制度本来の趣旨に反するというべきであり、したがって、右の場合、無権代理人は、表見代理が成立することを抗弁として主張することはできないものと解するのが相当である。」

【争点】 ①117条2項にいう「過失」は、重大な過失に限定されるか。
②無権代理人は、117条1項所定の責任を免れる事由として、表見代理の成立を主張することができるか。

【結論】 ①限定されない。
②主張することはできない。

→ 百選Ⅰ34事件

ただし、この自由選択説に立っても、表見代理が裁判上確定した場合には、相手方は無権代理人の責任を追及することはできませんし、反対に、無権代理人の責任が裁判上確定した場合には、相手方は無権代理によって保護を受けようとしたのですから、表見代理の成立を求めることはできません。

自由選択説は、裁判上確定するまでは、相手方は無権代理人の責任追及と表見代理のいずれをも選択することができるにすぎないと考えるのが支配的な見解なのです。

→ 百選Ⅰ71頁[難波]

(3) 効果

無権代理人は、相手方の選択に従い、相手方に対して履行または損害賠償の責任を負う(117条1項)。

相手方が履行の選択をした場合には、**本人との間で成立するはずだったいっさいの法律関係が無権代理人との間で発生する**(判例)。

→ 大判昭和8年1月28日民集12巻10頁

これに対して、相手方が損害賠償の選択をした場合には、無権代理人は、単に代理権があると信じたことによって生じた損害(信頼利益)の賠償ではなく、有効な契約の履行があったのと同一の利益(**履行利益**)の賠償をしなければならない(判例)。

→ 最判昭和32年12月5日新聞83・84号16頁

相手方は、履行と損害賠償を、選択債権の規定に従って選択できると解される(406条以下)。

→ 四宮＝能見・民法総則380頁

無権代理人の責任追及の要件をみたさない場合であっても、不法行為(709条)の要件をみたせば、別途、不法行為に基づく損害賠償請求をすることはできると解する見解が有力です。前述したように、無権代理人の責任の法的性質を無過失責任と解すると(判例)、別途、要件を異にする不法行為責任を認めてもよいでしょう。

➡ 平野・民法総則303頁、中舎・民法総則343頁
➡ 最判昭和62年7月7日(前出重要判例)

4 無権代理と相続

無権代理行為が行われた後、本人や無権代理人が死亡してその地位が承継される場合がある。この場合に、無権代理をめぐる法律関係はどうなるか。

この問題は、①本人が死亡して無権代理人が相続人となる場合、逆に、②無権代理人が死亡して本人が相続人となる場合、③本人も無権代理人も死亡して第三者がそれぞれの地位を相続する場合の3つに分けられるため、それぞれ検討していく。また、これらに関連して、④無権代理人が本人の後見人に就任した場合についても検討する。

【1】無権代理人が本人を相続した場合――無権代理人相続型

(1) 単独相続の場合

●論点Aランク(論証20)

たとえば、子Bが、親Aの所有する甲土地を、無権代理によって相手方Cに売却した。その後、Aが死亡し、唯一の相続人であるBが単独で相続した。

この場合には、本人Aは無権代理行為について履行拒絶権を有していたところ、無権代理人Bは、本人Aの法的地位を包括的に承継している(896条本文)。そこで、無権代理人Bは、本人Aが有していた追認拒絶権を行使することができるかが問題となる。

6－36

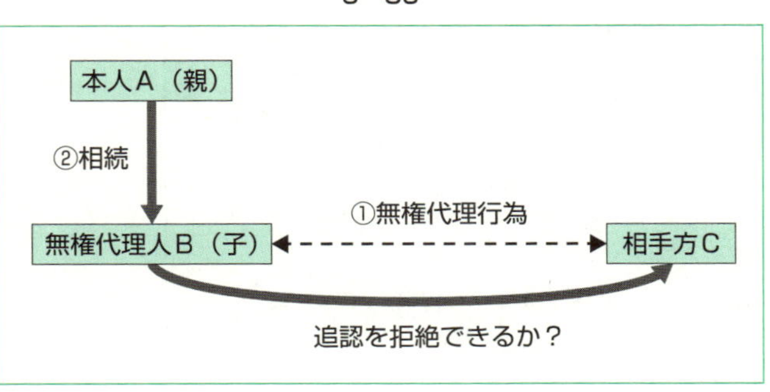

➡ 最判昭和40年6月18日(後出重要判例)

この点について、判例は、無権代理人が本人を単独相続した事案について、本人がみずから法律行為をしたのと同様な法律上の地位を生じたものと解するべきとした(**地位〔資格〕融合説**)。この見解によれば、本人Aがみずから相手方Cに甲土地を売却したのと同様に扱われ、Bが追認拒絶権を行使する余地はなくなる(相手方Cが115条本文に基づき取消権を行使することもできなくなる)。

ただし、判例の立場は必ずしも明確ではないという評価もあります。

➡ 川井・民法総則264頁

これに対して、学説は、無権代理人が本人を単独相続した場合には、本人の法的地位と無権代理人の法的地位が併存すると考える見解が有力である(**地位〔資**

格〕併存説）。資格併存説のなかでも考え方は２つに分かれる。

１つ目の見解は、資格の併存を貫徹して、無権代理人は、本人の法的地位から追認拒絶権を行使することができるとする見解である（**地位〔資格〕併存貫徹説**、**完全併存説**）。

→ 鈴木・民法総則248頁、幾代・民法総則363頁、石田［穣］879頁

２つ目の見解は、資格の併存を貫徹せず、無権代理人は、本人の法的地位を有するとしても、追認拒絶権を行使することは信義則に反して許されないとする見解である（**資格併存説・信義則説**）。

→ 川井・民法総則266頁、辻・民法総則320頁、近江・講義Ｉ266頁

試験との関係では、資格併存説・信義則説を採用しておけばよいであろう。

なお、資格融合説と資格併存説のいずれの見解を採用しても、本人Ａが追認を拒絶した後に死亡した場合には、追認拒絶の時点で効果不帰属が確定する。この場合には、相手方Ｃは、無権代理人Ｂに対して、無権代理人の責任（117条）を追及することとなる（判例）。

→ 最判平成10年７月17日（後出重要判例）

★重要判例（最判昭和40年６月18日民集19巻４号986頁）

「無権代理人が本人を相続し本人と代理人との資格が同一人に帰するにいたった場合においては、本人が自ら法律行為をしたのと同様な法律上の地位を生じたものと解するのが相当であり……、この理は、無権代理人が本人の共同相続人の一人であって他の相続人の相続放棄により単独で本人を相続した場合においても妥当すると解すべきである。」

【争点】 無権代理人が本人を単独相続した場合に、無権代理行為の効力はどうなるか。

【結論】 本人がみずから法律行為をしたのと同様な法律上の地位を生じたものとなる（追認拒絶権を行使する余地がなくなる）。

★重要判例（最判平成10年７月17日民集52巻５号1296頁）

「本人が無権代理行為の追認を拒絶した場合には、その後に無権代理人が本人を相続したとしても、無権代理行為が有効になるものではないと解するのが相当である。けだし、無権代理人がした行為は、本人がその追認をしなければ本人に対してその効力を生ぜず（民法113条１項）、本人が追認を拒絶すれば無権代理行為の効力が本人に及ばないことが確定し、追認拒絶の後は本人であっても追認によって無権代理行為を有効とすることができず、右追認拒絶の後に無権代理人が本人を相続したとしても、右追認拒絶の効果に何ら影響を及ぼすものではないからである。このように解すると、本人が追認拒絶をした後に無権代理人が本人を相続した場合と本人が追認拒絶をする前に無権代理人が本人を相続した場合とで法律効果に相違が生ずることになるが、本人の追認拒絶の有無によって右の相違を生ずることはやむを得ないところであり、相続した無権代理人が本人の追認拒絶の効果を主張することがそれ自体信義則に反するものであるということはできない。」

【争点】 本人が無権代理行為の追認を拒絶した後、無権代理人が本人を相続した場合に、無権代理行為は有効になるか（効果帰属するか）。

【結論】 無権代理行為が有効になるものではない。

⑵　共同相続の場合

●論点Ａランク（論証21）
▶2016年第１問

たとえば、子Ｂが、親Ａの所有する甲土地を、無権代理によって相手方Ｃに売却した。その後、Ａが死亡し、相続人であるＢとＤの２人が相続した。この場合に、ＢおよびＤは追認を拒絶することができるかが問題となる。

→ 最判平成５年１月21日（後出重要判例）

この点について、判例は、共同相続の事案については資格併存説の考え方を採用したかのようである。具体的には、本人Ａの有していた追認権は、**共同相続人全員に不可分的に帰属**し（追認不可分説）、**共同相続人全員でなければ追認することができない**としている。そのため、無権代理人Ｂが追認したとしても、共同相続人Ｄが追認しない場合には、**無権代理人Ｂの相続分に相当する部分**

6－37

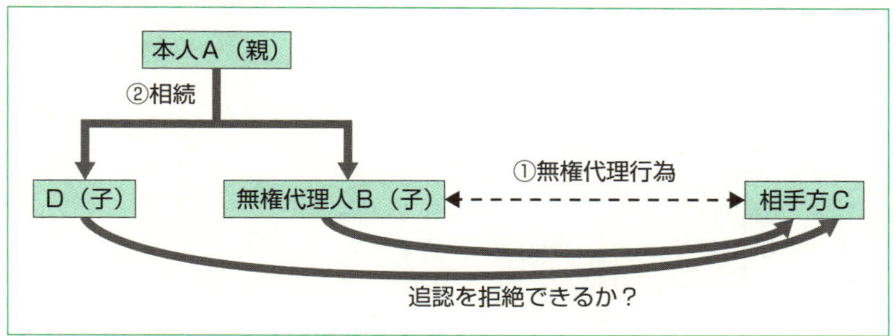

においても効果不帰属となる。この場合には、相手方Cは、無権代理人Bに対して、無権代理人の責任(117条)を追及することとなる。

他方で、無権代理人Bが追認拒絶することは信義則に反して許されないと考えれば、共同相続人Dが追認すれば、無権代理行為の効果は遡及的に本人Aに帰属する(116条本文)。

★重要判例(最判平成5年1月21日〔判例シリーズ11事件〕)

「無権代理人が本人を他の相続人と共に共同相続した場合において、無権代理行為を追認する権利は、その性質上相続人全員に不可分的に帰属するところ、無権代理行為の追認は、本人に対して効力を生じていなかった法律行為を本人に対する関係において有効なものにするという効果を生じさせるものであるから、共同相続人全員が共同してこれを行使しない限り、無権代理行為が有効となるものではないと解すべきである。そうすると、他の共同相続人全員が無権代理行為の追認をしている場合に無権代理人が追認を拒絶することは信義則上許されないとしても、他の共同相続人全員の追認がない限り、無権代理行為は、無権代理人の相続分に相当する部分においても、当然に有効となるものではない。」

【争点】 無権代理人が本人を他の相続人と共に共同相続した場合には、無権代理行為は有効になるか(効果帰属するか)。

【結論】 共同相続人全員が共同して追認権を行使しないかぎり、無権代理人の相続分に相当する部分も含めて、無権代理行為が有効となるものではない。

【備考】 本判決は、本人の死亡により、本人の追認権(113条)は、「その性質上相続人全員に不可分的に帰属」し、その一部を分割して行使することはできないと判示しているが、これは、追認権が共同相続人に準共有(264条)され、追認は未確定的無効を有効化するという処分的効果を生じさせるものであるから、無権代理行為を有効とするには無権代理人を含む共同相続人全員の同意が必要である(251条)という意味であると説明されている。なお、上記の説明からすれば、追認拒絶権は、保存行為といえるから、共同相続人各自がすることができよう(252条ただし書)。

→ 百選Ⅰ36事件

→ 最高裁判例解説民事編平成5年度90頁［井上繁規］

【2】本人が無権代理人を相続した場合――本人相続型

●論点Aランク（論証22）

たとえば、子Bが、親Aの所有する甲土地を、無権代理によって相手方Cに売却した。その後、Bが死亡し、唯一の相続人であるAが単独で相続した。この場

6－38

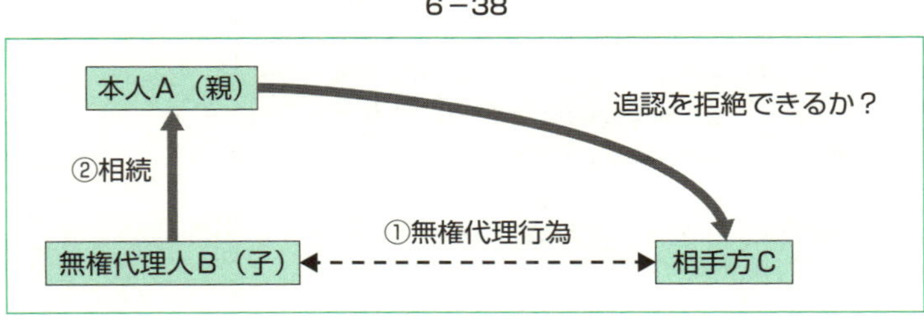

合に、Aは追認を拒絶することができるかが問題となる。

この点について、判例は、この場合に本人Aが**追認を拒絶しても何ら信義側に反する事情はない**ことから、**追認を拒絶することができる**とした。

最判昭和37年4月20日（後出重要判例）

★重要判例（最判昭和37年4月20日〔百選Ⅰ35事件〕）

「無権代理人が本人を相続した場合においては、自らした無権代理行為につき本人の資格において追認を拒絶する余地を認めるのは信義則に反するから、右無権代理行為は相続と共に当然有効となると解するのが相当であるけれども、本人が無権代理人を相続した場合は、これと同様に論ずることはできない。後者の場合においては、相続人たる本人が被相続人の無権代理行為の追認を拒絶しても、何ら信義に反するところはないから、被相続人の無権代理行為は一般に本人の相続により当然有効となるものではないと解するのが相当である。

然るに、原審が、本人たるYにおいて無権代理人亡Aの家督を相続した以上、原判示無権代理行為はこのときから当然有効となり、本件不動産所有権はXに移転したと速断し、これに基いて本訴および反訴につきY敗訴の判断を下したのは、法令の解釈を誤った結果審理不尽理由不備の違法におちいったものであって、論旨は結局理由があり、原判決中Y敗訴の部分は破棄を免れない。」

【争点】 本人が無権代理人を相続した場合における無権代理人行為の効力。

【結論】 本人が無権代理人の家督を相続した場合には、被相続人の無権代理行為は、その相続により当然には有効となるものではない。

もっとも、本人Aは、無権代理人Bの法的地位を包括的に承継している（896条本文）。そのため、本人Aが追認を拒絶した場合には、相手方Cは、本人Aに対して無権代理人の責任を追及することができる（117条）。この場合に、相手方Cは、本人Aに対して、「履行」を選択することができるか。履行を選択できるとすると、本人Aは追認を拒絶したにもかかわらず甲土地を失うこととなり、追認拒絶を認めた意味が失われるため問題となる。

この点について判断した判例は存在しないが、参考になる判例として、他人物売買の売主の地位を権利者が相続した事案について、権利者は、信義側に反する特別の事情がないかぎり、履行義務を拒否できるとしたものがある。

最大判昭和49年9月4日（後出重要判例）

学説では、金銭債務や不特定物の給付債務については履行責任を承継するものの、**特定物の給付債務について**は、追認拒絶を認めた意味が失われることから、**履行責任は承継せずに損害賠償責任のみを負う**とする見解が有力である。

四宮＝能見・民法総則382頁、平野・民法総則313頁

★重要判例（最大判昭和49年9月4日民集28巻6号1169頁）

「他人の権利の売主が死亡し、その権利者において売主を相続した場合には、権利者は相続により売主の売買契約上の義務ないし地位を承継するが、そのために権利者自身が売買契約を締結したことになるものでないことはもちろん、これによって売買の目的とされた権利が当然に買主に移転するものと解すべき根拠もない。また、権利者は、その権利により、相続人として承継した売主の履行義務を直ちに履行することができるが、他面において、権利者としてその権利の移転につき諾否の自由を保有しているのであって、それが相続による売主の義務の承継という偶然の事由によって左右されるべき理由はなく、また権利者がその権利の移転を拒否したからといって買主が不測の不利益を受けるというわけでもない。それゆえ、権利者は、相続によって売主の義務ないし地位を承継しても、相続前と同様その権利の移転につき諾否の自由を保有し、信義則に反すると認められるような特別の事情のないかぎり、右売買契約上の売主としての履行義務を拒否することができるものと解するのが、相当である。」

【争点】 他人物売買の売主たる地位を権利者が相続した場合に、権利者は、売主としての履行義務を拒否することができるか。

【結論】信義則に反すると認められるような特別の事情のないかぎり、履行義務を拒否することができる。

【3】第三者が本人と無権代理人を相続した場合

たとえば、夫Bが、妻Aの所有する甲土地を、無権代理によって相手方Cに売却した。その後、AとBが死亡し、子Dが両者の地位を相続した。この場合に、Dは追認を拒絶することができるかが問題となる。

●論点Aランク（論証23）

6－39

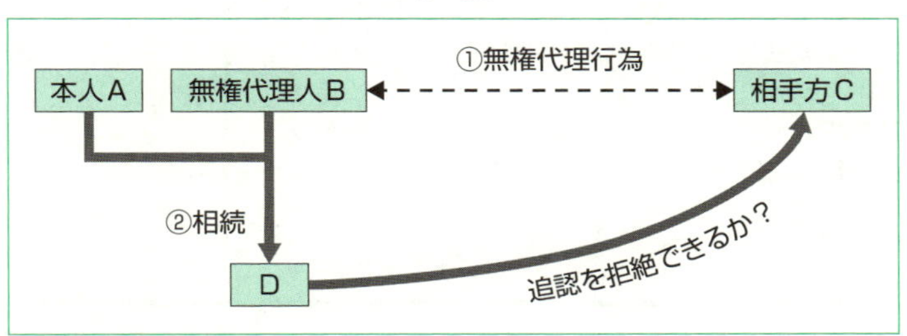

この点について、判例（昭和63年判例）は、Dが本人と無権代理人の地位をどの順番で相続したかによって扱いを異にする。すなわち、先に無権代理人Bを相続し、次に本人Aを相続した場合には、無権代理人が本人を相続した場合と同様に考えて、Dは追認拒絶できないとする。他方で、先に本人Aを相続し、次に無権代理人Bを相続した場合には、本人が無権代理人を相続した場合と同様に考えて、Dは追認拒絶できることになる。

➡ 最判昭和63年3月1日（後出重要判例）

これに対して、学説は、相続の順番という偶然の事情によって結論を異にするのは妥当でないとして、**相続の順番にかかわらずDは追認拒絶をすることができる**とする。昭和63年判例の原審も、無権代理人が本人を相続した場合に追認拒絶が否定される根拠は無権代理行為を無権代理人みずからがなした点にあるとして、**みずから無権代理行為を行ったわけではない相続人は、信義側に反する特別の事情のないかぎり、追認拒絶をすることができる**としていた。なお、原審は、無権代理人の責任追及についても、履行責任を否定して損害賠償責任のみを認めている。

➡ 名古屋高判昭和58年8月10日 判時1106号80頁

★重要判例（最判昭和63年3月1日判時1312号92頁）

「原審は、……無権代理人が本人を相続した場合に、無権代理行為の追認を拒絶することが信義則上許されないとされるのは、当該無権代理行為を無権代理人自らがしたという点にあるから、自ら無権代理行為をしていない無権代理人の相続人は、その点において無権代理人を相続した本人と変わるところがなく、したがって、無権代理人及び本人をともに相続した者は、相続の時期の先後を問わず、特定物の給付義務に関しては、無権代理人を相続した本人の場合と同様に、信義に反すると認められる特別の事情のない限り、無権代理行為を追認するか否かの選択権及び無権代理人の履行義務についての拒絶権を有しているものと解するのが相当である……と判断している。

しかしながら、原審の右の判断を是認することはできない。その理由は次のとおりである。

すなわち、無権代理人を本人とともに相続した者がその後更に本人を相続した場合においては、当該相続人は本人の資格で無権代理行為の追認を拒絶する余地はなく、本人が自ら法律行為をしたと同様の法律上の地位ないし効果を生ずるものと解するのか相当である。

けだし、無権代理人が本人を相続した場合においては、本人の資格で無権代理行為の追認を拒絶する余地はなく、右のような法律上の地位ないし効果を生ずるものと解すべきものであり(……)、このことは、信義則の見地からみても是認すべきものであるところ(……)、無権代理人を相続した者は、無権代理人の法律上の地位を包括的に承継するのであるから、一亘無権代理人を相続した者が、その後本人を相続した場合においても、この理は同様と解すべきであって、自らが無権代理行為をしていないからといって、これを別異に解すべき根拠はなく(……)、更に、無権代理人を相続した者が本人と本人以外の者であった場合においても、本人以外の相続人は、共同相続であるとはいえ、無権代理人の地位を包括的に承継していることに変わりはないから、その後の本人の死亡によって、結局無権代理人の地位を全面的に承継する結果になった以上は、たとえ、同時に本人の地位を承継したものであるとしても、もはや、本人の資格において追認を拒絶する余地はなく、前記の場合と同じく、本人が自ら法律行為をしたと同様の法律上の地位ないし効果を生ずるものと解するのが相当であるからである。」

【争点】 無権代理人を本人とともに相続した者がその後更に本人を相続した場合に、当該相続人は、本人の資格で無権代理行為の追認を拒絶することができるか。

【結論】 追認を拒絶することはできない。

被相続人	相続人		判例	学説
本人	無権代理人	単独相続	追認拒絶不可 (地位〔資格〕融合説)	追認拒絶不可 (地位〔資格〕併存・信義則説)
		共同相続	共同相続人全員でなければ追認することができない	
			—	無権代理人Bが追認拒絶することは信義則に反して許されない
無権代理人	本人		追認拒絶可能	
			—	無権代理人の責任について、 ・金銭債務や不特定物の給付債務は、履行責任承継 ・特定物の給付債務は、履行責任は承継せずに損害賠償責任のみを負う
本人・無権代理人	第三者	無権代理人→本人の順	追認拒絶不可	相続の順番にかかわらず、Dは追認拒絶をすることができる
		本人→無権代理人の順	追認拒絶可能	

【4】無権代理人が本人の後見人に就任した場合

相続と同様の問題が生じる場面として、無権代理人が本人の後見人に就任した場合があげられる。

●論点Aランク
(論証24)

たとえば、Bが、Aの所有する甲土地を、無権代理によって相手方Cに売却した。その後、Aについて後見開始の審判がなされ、Bが成年後見人に選任された。この場合に、無権代理人Bは、Aの成年後見人として追認を拒絶できるかが問題となる。

6-40

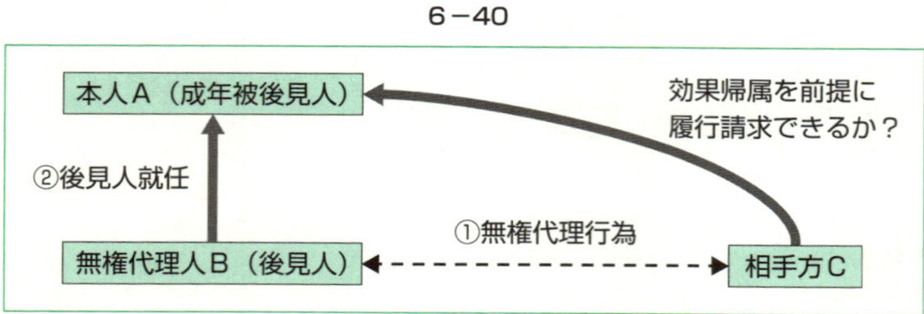

古い判例は、無権代理人Bは信義則上自己がした無権代理行為の追認を拒絶することができないとした。

最判昭和47年2月18日民集26巻1号46頁

たしかに、無権代理人Bはみずから無権代理行為をしたのであるから、追認を拒絶するのは信義則に反するとも思える。しかし、追認拒絶を認めないことで不利益を受けるのは本人Aであり、この点で相続の場面とは利害関係が異なっている。

そこで、学説では、一般論として、**成年被後見人保護の見地から、追認拒絶を認めるべき**とする見解が有力である(後見人は無権代理人としての責任〔117条1項〕を負えば足りる)。その後の判例も、傍論ではあるものの、成年後見人が追認を拒絶することが信義則に反するのは例外的な場面であり、諸般の事情を考慮して決せられるべきとした。

四宮＝能見・民法総則384頁、中舎・民法総則348頁、リーガルクエストⅠ233頁[山下]参照

最判平成6年9月13日(後出重要判例)

★重要判例(最判平成6年9月13日〔百選Ⅰ6事件〕)

「後見人は、禁治産者〔現成年被後見人〕との関係においては、専らその利益のために善良な管理者の注意をもって右の代理権を行使する義務を負うのである(民法869条、644条)から、後見人は、禁治産者を代理してある法律行為をするか否かを決するに際しては、その時点における禁治産者の置かれた諸般の状況を考慮した上、禁治産者の利益に合致するよう適切な裁量を行使してすることが要請される。ただし、相手方のある法律行為をするに際しては、後見人において取引の安全等相手方の利益にも相応の配慮を払うべきことは当然であって、当該法律行為を代理してすることが取引関係に立つ当事者間の信頼を裏切り、正義の観念に反するような例外的場合には、そのような代理権の行使は許されないこととなる。」

「禁治産者の後見人が、その就職前に禁治産者の無権代理人によって締結された契約の追認を拒絶することが信義則に反するか否かは、(1) 右契約の締結に至るまでの無権代理人と相手方との交渉経緯及び無権代理人が右契約の締結前に相手方との間でした法律行為の内容と性質、(2) 右契約を追認することによって禁治産者が被る経済的不利益と追認を拒絶することによって相手方が被る経済的不利益、(3) 右契約の締結から後見人が就職するまでの間に右契約の履行等をめぐってされた交渉経緯、(4) 無権代理人と後見人との人的関係及び後見人がその就職前に右契約の締結に関与した行為の程度、(5) 本人の意思能力について相手方が認識し又は認識し得た事実、など諸般の事情を勘案し、右のような例外的な場合に当たるか否かを判断して、決しなければならないものというべきである。」

【争点】 無権代理人が本人の成年後見人に選任された場合に、無権代理行為について追認を拒絶することができるか。

【結論】 信義則に反する例外的な場合には、追認を拒絶することができない。

6－41　無権代理と他人物売買

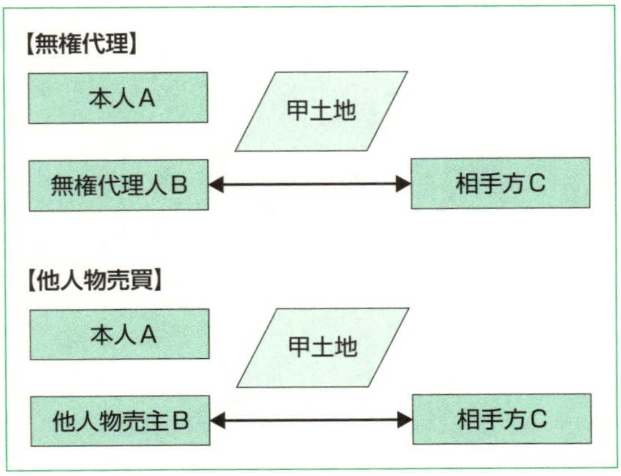

	無権代理	他人物売買
効果帰属主体	本人A	他人物売主B
効果	効果不帰属無効(113)	債権的には有効(561) 物権的には無効(所有権は本人Aのまま)
追認の可否	可能(116)	可能(116類推)
無権代理人または他人物売主が死亡し、本人が相続した場合の追認拒絶の可否	追認拒絶可能(判例)	追認拒絶可能(判例)
相手方のなしうる主張	履行請求または損害賠償請求(117Ⅰ) ただし、履行請求については否定する有力説あり	履行請求(561) 損害賠償請求(415) 解除(541、542)

5. 表見代理

1 総説

【1】意義

表見代理とは、無権代理行為が行われた場合に、行為の相手方の信頼を保護し、取引の安全を図るため、例外的に本人への効果帰属を認める制度をいう。

←「表見代理」とは

表見代理制度の背景には、権利外観法理(表見法理)の考え方がある。すなわち、一方で、効果帰属を認められてもやむをえないといえるような本人側の事情(外観作出についての本人の帰責性)が存在し、他方で、善意無過失で代理権の存在を信頼したという相手方側の事情(虚偽の外観に対する善意無過失)が存在することから、本人への効果帰属を認めることが正当化される。

【2】表見代理の類型

民法は、表見代理の成立する類型として、①代理権授与表示による表見代理(109条)、②権限外行為の表見代理(110条)および③代理権消滅後の表見代理(112条)の3つを定めている。

以下では、それぞれの類型について説明していくことにする。

2 代理権授与表示による表見代理(109条)

【1】意義

代理権授与表示による表見代理とは、実際には代理権を授与していないにもかかわらず、無権代理人に代理権を授与したような表示をした場合において、代理権が授与されたと信じた相手方を保護する類型の表見代理をいう(109条)。

←「代理権授与表示による表見代理」とは

たとえば、本人Aは、無権代理人Bに対して代理権を授与していないにもかかわらず、相手方Cに対して、Bに代理権を授与した旨述べた。この場合に、相手方(第三者)Cが代理権の存在を信じてBと代理権の範囲内の取引を行ったときは、表見代理によってAに効果が帰属する。

6－42

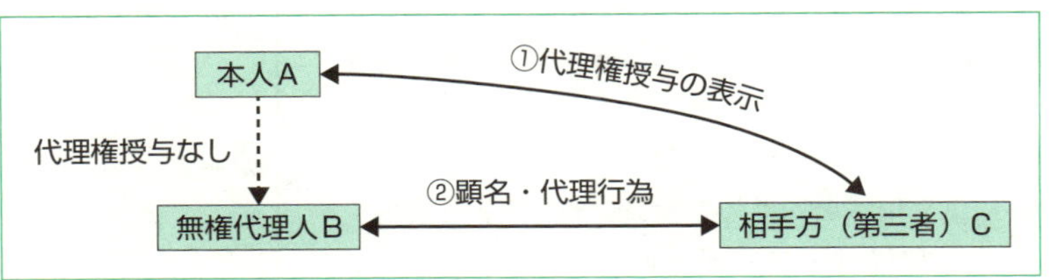

109条1項は、実際には代理権を与えていないが、Aが相手方(第三者)Cに対し、

他人Bに代理権を与えた旨を表示し、Bがその代理権の範囲内でそのCとの契約を締結した場合に、Aはその責任を負担するとの規定である。109条2項は、表示された代理権の範囲を超える場合についての規定である。

109条1項は、「第三者に対して他人に代理権を与えた旨を表示した者は、その代理権の範囲内においてその他人が第三者との間でした行為について、その責任を負う。ただし、第三者が、その他人が代理権を与えられていないことを知り、又は過失によって知らなかったときは、この限りでない」と規定しています。

このように、条文上は、「第三者」や「他人」などの言葉がでてきて、対応関係が少しわかりにくくなっていますので、条文の表現にあわせて説明すると、第三者(相手方C)に対して他人(無権代理人B)に代理権を与えた旨を表示した者(本人A)は、その代理権の範囲内においてその他人(無権代理人B)が第三者(相手方C)との間でした行為について、その責任を負う。ただし、第三者(相手方C)が、その他人(無権代理人B)が代理権を与えられていないことを知り、または過失によって知らなかったときは、このかぎりでない、となります。

【2】要件

要件としては、①代理権授与の表示、②代理行為および③相手方の善意無過失が問題となる。

(1) 代理権授与の表示

代理権授与の表示とは、たとえば本人が、相手方に対して、直接、代理人に代理権を授与した旨を表示する場合があげられる(いわゆる観念の通知)。

← 「代理権授与の表示」とは

代理権授与の表示は、口頭、書面、不特定人に対する新聞広告などの方法によりなされうる。特に重要な態様として、**白紙委任状の濫用**と**名義貸し**がある。

(a) 白紙委任状の濫用

(i) 問題の所在

任意代理人の代理権を証明するために本人より交付される文書を**委任状**といい、委任状には、一般的に、本人の署名押印のほか、①代理人の氏名、②代理権の範囲(委任事項)の2つが明記される。

← 「委任状」とは

白紙委任状とは、①代理人の氏名と②代理権の範囲(委任事項)のいずれか一方または両方が空欄のまま、あとで補充される前提で交付されるものをいう。白紙委任状は、代理人が代理権の範囲内で空欄を補充して使用する分には問題ないが、代理人でない者の氏名が補充されたり、代理権の範囲外の事項が委任事項として補充されたりするおそれがある。このような権限外の補充がなされたうえで無権代理行為がなされた場合に、白紙委任状を交付したことが代理権授与表示にあたるとして、表見代理が成立するかが問題となる。

← 「白紙委任状」とは

← 白紙委任状の交付が代理権授与表示となるか

代理権授与表示による表見代理は、代理権授与表示による虚偽の外観作出に対する本人の帰責性を根拠とするものである。そのため、白紙委任状を単に交付したというだけで、常に代理権授与表示があったとして表見代理を成立させるのは妥当でない。

ここでは、大きく、白紙委任状を本人から直接受領した者が白紙委任状を濫用する場合(**被交付者濫用型**)と、白紙委任状を転得した者が白紙委任状を濫用する場合(**転得者濫用型**)とに分けて、以下のように整理・検討する。

➡ 山本・講義Ⅰ410頁以下

6－43

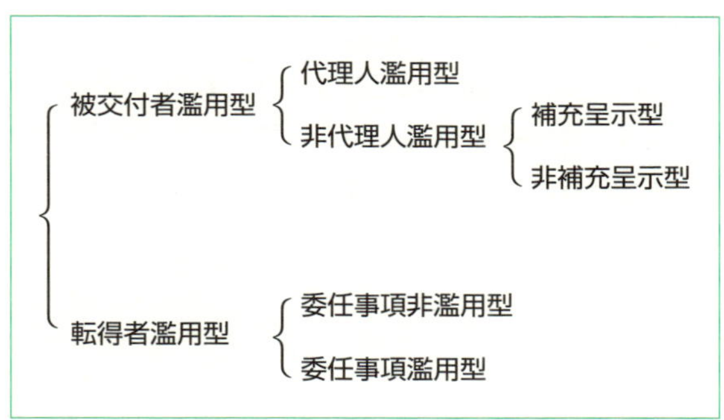

⑾　**被交付者濫用型**

← **被交付者濫用型**

被交付者濫用型は、白紙委任状を交付された者が本人から代理権を与えられている場合（**代理人濫用型**）と、代理権を与えられていない場合（**非代理人濫用型**）との２つに分けられる。

a　代理人濫用型

← **代理人濫用型**

代理人濫用型の場合には、無権代理人は、白紙委任状の委任事項欄を濫用して代理行為を行うこととなる（委任事項欄も濫用していないのであれば、通常の代理行為である）。代理人濫用型の処理について、109条で構成する見解と110条で構成する見解がある。

通説は、**委任事項欄を濫用された白紙委任状が相手方に交付されたことをもって109条1項の代理権授与表示があったと扱う**。これに対して、本人から与えられた代理権の範囲を超えた代理行為がされている点に着目し、権限外行為の表見代理（110条）によって処理すべきとする見解も有力である。

→ 四宮＝能見・民法総則387頁

6－44

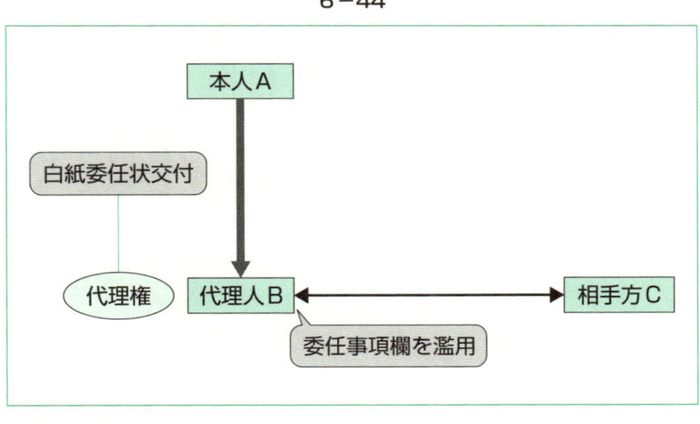

b　非代理人濫用型

← **非代理人濫用型**

非代理人濫用型の場合には、白紙委任状を交付された者には何らの代理権もないため、110条は問題とならない。この場合には、白紙委任状の交付をもって109条の代理権授与表示が認められるか否かである。

まず、白紙委任状を交付された者が白紙委任状の代理人欄や委任事項欄を補充して相手方に交付した場合（**補充呈示型**）には、**代理権授与表示があったと扱う**。なぜなら、この場合には、相手方からすれば本人が作成した委任状が呈示されたのと同じ外観が存在し、かつ、白紙委任状という濫用されるおそれの高いものを交付した以上、本人にも帰責性が認められるからである。

これに対して、白紙委任状を交付された者が白紙委任状の代理人欄や委任事項欄を補充しないで相手方に交付した場合(**非補充呈示型**)には、原則として、**代理権授与表示は否定される**。なぜなら、白紙委任状が呈示されただけでは、本人がだれにどのような代理権を授与する旨表示したのかがわからないからである。ただし、例外として、白紙委任状以外に土地の権利証や実印等、代理行為者に特定の代理権が授与されたことを推認させる事情がある場合には、**代理権授与表示があったと評価できる**。

6－45

本人A
代理人Bに渡して
白紙委任状交付
D
相手方C
委任事項欄を濫用
代理人B

(iii) 転得者濫用型

← 転得者濫用型

転得者濫用型は、代理人欄のみが濫用されている場合(**委任事項非濫用型**)と、代理人欄および委任事項欄が濫用されている場合(**委任事項濫用型**)との2つに分けられる。

a　委任事項非濫用型

← 委任事項非濫用型

委任事項非濫用型の場合について、通説は、白紙委任状によって転得者に代理権を授与したかのような表示をしたといえるため、白紙委任状の交付をもって代理権授与表示があったと扱い、**109条1項の適用を認める**。

6－46

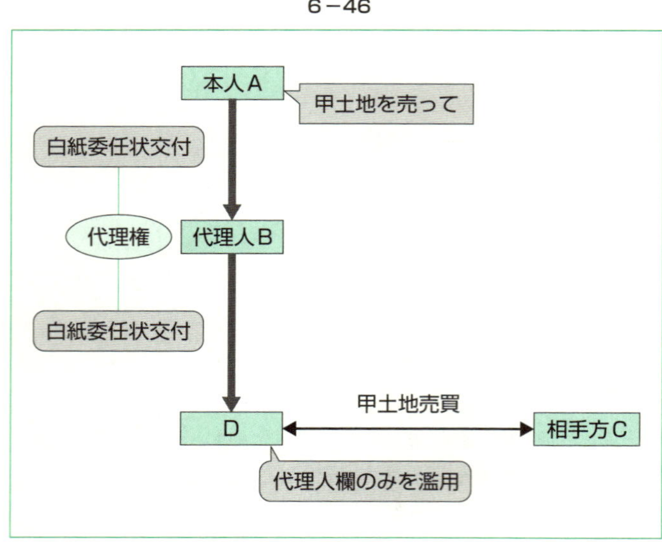

b　委任事項濫用型

委任事項濫用型の場合には、本人が意図しない代理権授与の外観が作出されていることから、補充された事項について代理権授与表示があったとただちに評価することはできない。

この点について、判例は、不動産取引の事例で、本人は白紙委任状が転々流通することまでを予定していなかったとして、代理権授与表示があったとみるべきでないとした。これに対して、有力説は、この場合には、表示された代理権の範囲外の代理行為がなされた場合と同様に考えて、**109条２項により処理するべき**であるとする。

← **委任事項濫用型**

➡ 最判昭和39年５月23日（後出重要判例）

➡ 中舎・民法総則361頁、リーガルクエスト民法Ⅰ213頁〔山下〕

6－47

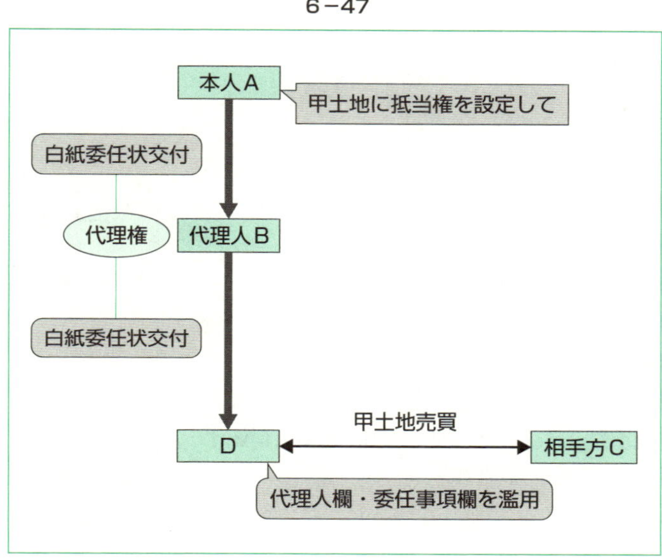

★重要判例（最判昭和39年５月23日〔百選Ⅰ27事件〕）

「論旨は、以上の場合において、Yは民法109条〔現109条１項〕にいわゆる『第三者ニ対シテ他人ニ代理権ヲ与ヘタル旨ヲ表示シタル者』に当るという。しかしながら、不動産所有者がその所有不動産の所有権移転、抵当権設定等の登記手続に必要な権利証、白紙委任状、印鑑証明書を特定人に交付した場合においても、右の者が右書類を利用し、自ら不動産所有者の代理人として任意の第三者とその不動産処分に関する契約を締結したときと異り、本件の場合のように、右登記書類の交付を受けた者がさらにこれを第三者に交付し、その第三者において右登記書類を利用し、不動産所有者の代理人として他の第三者と不動産処分に関する契約を締結したときに、必ずしも民法109条〔現109条１項〕の所論要件事実が具備するとはいえない。けだし、不動産登記手続に要する前記の書類は、これを交付した者よりさらに第三者に交付され、転輾流通することを常態とするものではないから、不動産所有者は、前記の書類を直接交付を受けた者において濫用した場合や、とくに前記の書類を何人において行使しても差し支えない趣旨で交付した場合は格別、右書類中の委任状の受任者名義が白地であるからといって当然にその者よりさらに交付を受けた第三者がこれを濫用した場合にまで民法109条〔現109条１項〕に該当するものとして、濫用者による契約の効果を甘受しなければならないものではないからである。」

【争点】 不動産の処分に関する白紙委任状等の転得者がその書類を濫用した場合に、109条〔現109条１項〕にいわゆる「第三者ニ対シテ他人ニ代理権ヲ与ヘタル旨ヲ表示シタル者」〔現「第三者に対して他人に代理権を与えた旨を表示した者」〕にあたるか。

【結論】 債務者甲が債権者乙との間に甲所有の不動産について抵当権設定契約を締結し、甲が乙に対しその抵当権設定登記手続のため白紙委任状等の書類を交付して右登記手続を委任した場合でも、特になんぴとがその書類を行使しても差し支えない趣旨でこれを交付したものでないかぎり、乙が更にその書類を丙に交付し、丙がその書類を濫用して甲代理人名義で丁との間に右不動産について抵当権設定契約を締結したときは、甲は、109条〔現109条1項〕にいわゆる「第三者ニ対シ他人ニ代理権ヲ与ヘタル旨ヲ表示シタル者」〔現「第三者に対して他人に代理権を与えた旨を表示した者」〕にあたらない。

白紙委任状の類型

被交付者濫用型	代理人濫用型	—	109Ⅰ(通説) 110(有力説)
	非代理人濫用型	補充呈示型	109Ⅰ
		非補充呈示型	原則:× 例外:代理権授与を推認させる事実があれば109Ⅰ
転得者濫用型	委任事項非濫用型	—	109Ⅰ
	委任事項濫用型	—	109条Ⅱ*

* 改正前民法のもとで、改正前109条と110条の重畳適用を認めた判例がある。

➡ 最判昭和45年7月28日(百選Ⅰ32事件)

(b) **名義貸し**

名義貸し(名板貸し)とは、第三者に自己の名称や商号の使用を許すことをいう。たとえば、本人Aが、他人Bが取引行為をするにあたって自己の名称や称号の使用を許したり、黙認したりする場合があげられる。

← 「名義貸し」とは

名義貸しには、厳密には代理権授与表示があったとはいえないケースも含まれるものの、名義を貸すことによって相手方が名義人との間の取引であると信頼することがあるため、109条の類推適用が認められる(判例)。

➡ 最判昭和35年10月21日(後出重要判例)

6－48

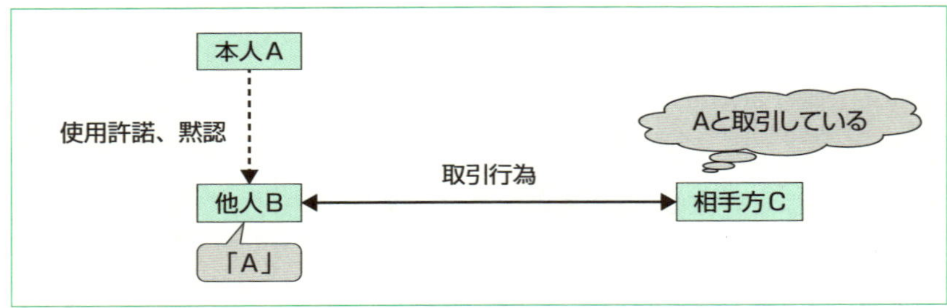

★重要判例(最判昭和35年10月21日〔百選Ⅰ28事件〕)

「およそ、一般に、他人に自己の名称、商号等の使用を許し、もしくはその者が自己のために取引する権限ある旨を表示し、もってその他人のする取引が自己の取引なるかの如く見える外形を作り出した者は、この外形を信頼して取引した第三者に対し、自ら責に任ずべきであって、このことは、民法109条、商法23条〔現商法14条〕等の法理に照らし、これを是認することができる。

本件において、東京地方裁判所は、『厚生部』が『東京地方裁判所厚生部』という名称を用い、その名称のもとに他と取引することを認め、その職員Aらをして『厚生部』の事務を総務課厚生係にあてた部室を使用して処理することを認めていたことは前記のとおりである。

ところで、戦後、社会福祉の思想が普及するとともに、当時の経済事情と相まって、会社銀行等の事業体は競って職員のための厚生事業や厚生施設の拡充に意を用いるにいたった。これは当時の一般的社会的風潮であったと云ってよい。官庁においても、遅ればせながら、当然その影響を受けたのであって、前示のごとく昭和23年にいたり東京地方裁判所事務局総務課に厚生係がおかれたのも、この影響の一たんを示すものに外ならない。このような社会情勢のもとにおいて、一般に官庁の部局をあらわす文字である『部』と名付けられ、裁判所庁舎の一部を使用し、現職の職員が事務を執っている『厚生部』というものが存在するときは、一般人は法令によりそのような部局が定められたものと考えるのがむしろ当然であるから、『厚生部』は、東京地方裁判所の一部局としての表示力を有するものと認めるのが相当である。」

「前記のごとく、東京地方裁判所当局が、『厚生部』の事業の継続処理を認めた以上、これにより、東京地方裁判所は、『厚生部』のする取引が自己の取引なるかの如く見える外形を作り出したものと認めるべきであり、若し、『厚生部』の取引の相手方である上告人が善意無過失でその外形に信頼したものとすれば、同裁判所は上告人に対し本件取引につき自ら責に任ずべきものと解するのが相当である」。

【争点】「東京地方裁判所厚生部」のした取引について、東京地方裁判所は法的責任を負うか。

【結論】 本事案のもとでは、東京地方裁判所は、東京地方裁判所厚生部のする取引が自己の取引であるかのように見える外観を作り出したものと認めるべきであり、善意無過失の相手方に対して法的責任を負う。

一般的に、代理権授与表示による表見代理は、任意代理の場合に問題となります。

法定代理の場合には、たとえば制限行為能力者の法定代理のように本人が代理権授与表示をすることが考えられないものがあります。このような法定代理については、代理権授与表示による表見代理は考えにくいでしょう。

これに対して、日常家事債務に関する夫婦の相互代理権(761条)のように本人が代理人を監督できる状況にある場合には、代理権授与表示による表見代理が成立する余地があるといわれます(761条を一種の法定代理の規定と解する見解を前提とします)。なお、法人の代表についても、代理権授与表示による表見代理が成立する余地があるといえるでしょう。

→ 四宮＝能見・民法総則389頁

→ 『親族・相続』2章1節5【2】(3)(c)(ii)

(2) 顕名・代理行為

代理権授与表示による表見代理の場合にも、通常の代理と同様に、顕名が必要であるほか、代理行為が表示された代理権の範囲内か否かによって適用規定が異なる。

(a) 表示された代理権の範囲内の代理行為(109条1項)

無権代理行為は、表示された代理権の範囲内の代理行為である必要がある(109条1項本文)。代理権の範囲外の代理行為がなされた場合には、次の109条2項の問題となる。

(b) 表示された代理権の範囲外の代理行為(109条2項)

109条2項は、平成29年改正民法によって新設された規定である。

← 平成29年改正

109条2項は、表示された代理権の範囲内の行為であったとすれば109条1項の要件をみたす場合において、相手方が、表示された代理権の範囲外の無権代理行為について代理権があると信ずべき正当な理由があるときは、表見代理が成立する旨定めている。

109条2項は、「第三者に対して他人に代理権を与えた旨を表示した者は、その代理権の範囲内においてその他人が第三者との間で行為をしたとすれば前項の規定によりその責任を負うべき場合において、その他人が第三者との間でその代理権の範囲外の行為をしたときは、第三者がその行為についてその他人の代理権があると信ずべき正当な理由があるときに限り、その行為についての責任を負う」と規定しています。

このように、109条2項の責任は、条文の規定上、新しい表見代理の類型を設けたのではなく、109条1項の責任のうえに、次に述べる110条の責任を重ねた構造になっています。主張立証責任の問題なので初学者は読み飛ばしてよいですが、主張立証責任の構造は、次のように理解されています。

109条2項の表見代理の成立を主張する相手方は、109条1項の要件、すなわち①(代理行為に先立つ)代理権授与表示、②顕名、③代理行為の存在を主張立証したうえで、さらに④相手方が③の代理行為をする代理権があると信じ、かつ、⑤信じたことにつき正当な理由があることを主張立証することになります。

これに対して、本人は、抗弁として、図6−49中の(ア)①で表示された代理権の不存在、および(イ)③の代理行為当時、代理権の不存在について相手方が悪意または善意有過失であったことの評価根拠事実を主張立証することとなります。

なお、以上の説明は、⑤の正当な理由を事実的要件と解する立場を前提としています。そのため、本人が⑤の正当な理由の存在を否定することは、否認であって抗弁ではありません。

これに対して、⑤の正当な理由を規範的要件と解した場合には、相手方は正当な理由の評価根拠事実を主張立証することとなり、本人は抗弁として正当な理由の評価障害事実を主張立証することとなります。

6−49

請求原因(Kg)	抗弁(E)
①(代理行為に先立つ)代理権授与表示	【1】(ア)①で表示された代理権の不存在
②顕名	【1】(イ)③の代理行為時、代理権の不存在について相手方が悪意であったこと
③代理行為	【2】(ア)①で表示された代理権の不存在
④相手方が③の代理行為をする代理権があると信じたこと	【2】(イ)③の代理行為時、代理権の不存在について相手方が善意有過失であったことの評価根拠事実
⑤信じたことにつき正当な理由があること(の評価根拠事実)	【3】(ウ)⑤の正当な理由があることの評価障害事実

平成29年改正事項	表示された代理権の範囲外の無権代理行為	B3

改正前民法109条は、表示された代理権の範囲内で無権代理行為がなされた場合についてのみ規定しており、表示された代理権の範囲外の無権代理行為がなされた場合については規定していなかった。

この点について、判例は、表示された代理権の範囲外の無権代理行為がなされた場合、権限外行為の表見代理について規定する110条と改正前民法109条とを重畳適用し、相手方において無権代理人に(権限外行為についての)代理権があると信ずべき正当な理由がある場合には、表見代理が成立するとした。

そこで、平成29年改正民法は、判例法理を明文化した(109条2項)。

→ 部会資料66A・26頁、部会資料79−1・3頁、詳解改正民法59頁[佐久間]

→ 中舎・民法総則365頁

→ 部会資料66A・26頁、部会資料79−3・3頁、一問一答28頁、潮見・改正法24頁

→ 最判昭和45年7月28日(前出)

6－50

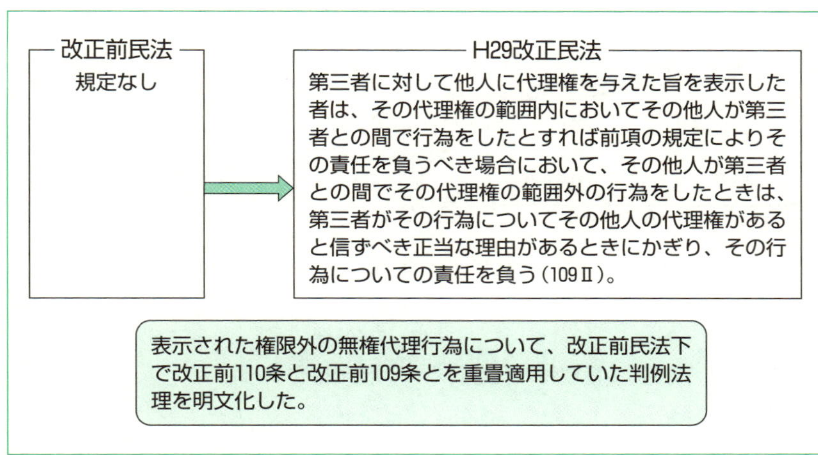

改正前民法
規定なし
H29改正民法
第三者に対して他人に代理権を与えた旨を表示した者は、その代理権の範囲内においてその他人が第三者との間で行為をしたとすれば前項の規定によりその責任を負うべき場合において、その他人が第三者との間でその代理権の範囲外の行為をしたときは、第三者がその行為についてその他人の代理権があると信ずべき正当な理由があるときにかぎり、その行為についての責任を負う（109Ⅱ）。
表示された権限外の無権代理行為について、改正前民法下で改正前110条と改正前109条とを重畳適用していた判例法理を明文化した。

(3) 相手方の善意無過失

相手方が代理権の不存在について悪意または善意有過失であるときは、表見代理は成立しない（109条１項ただし書）。相手方の悪意・有過失は、表見代理の主張を受ける本人が立証責任を負う。

ここでいう相手方（条文上の「第三者」）は、代理権授与表示の直接の相手方にかぎられ、相手方からの転得者を含まないと解される（通説）。もっとも、代理権授与表示が広告の方法で表示されたときは、あらゆる者が相手方となりうるという指摘がある。また、相手方からの転得者は、109条１項ただし書の「第三者」には含まれないものの、本人が長期間にわたって虚偽の外観を放置したような場合には、94条２項の類推適用等によって保護される余地はある。

→ 四宮＝能見・民法総則389頁

→ 於保・民法総則237頁、幾代・民法総則377頁、川井・民法総則238頁、近江・講義Ⅰ282頁

→ 平野・民法総則340頁

【３】効果

表見代理が成立し、無権代理行為の効果が本人へ帰属する。

なお、無権代理人の責任（117条）で説明したとおり、相手方は、表見代理と無権代理人の責任のいずれを選択して追及してもよく、表見代理の成立は無権代理人の責任追及を妨げない。

→ ４節③【３】(2)(d)

３ 権限外行為の表見代理（110条）

【１】意義

権限外行為の表見代理とは、なんらかの代理権（基本代理権）が存在していたところ、代理人がその代理権の範囲を超えた無権代理行為を行った場合において、これを権限の範囲内の行為と信じた相手方を保護する類型の表見代理をいう（110条）。

←「権限外行為の表見代理」とは

たとえば、本人Ａは、代理人Ｂに対して、自己の有する甲不動産に抵当権を設定する旨の代理権（基本代理権）を授与していた。この場合において、Ｂが、甲不動産を相手方Ｃに売却し、相手方ＣもＢが売却について代理権を有すると信ずべき正当な理由があったときは、表見代理によってＡに効果が帰属し、甲不動産の所有権がＣに移転する。

6−51

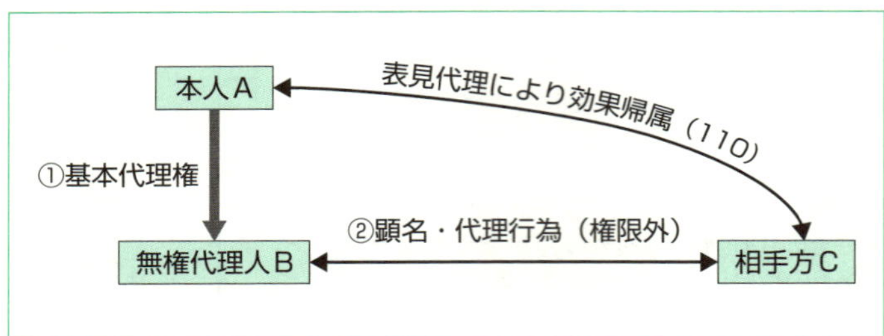

【２】要件

要件としては、①基本代理権の存在、②顕名・権限外の代理行為、③代理権があると信ずべき正当な理由が問題となる。

⑴ 基本代理権の存在

権限外行為の表見代理が成立するためには、無権代理人に表見代理の基礎となるなんらかの代理権が存在することが必要となる。この場合の代理権を、**基本代理権**という。

⒜ 任意代理

(i) 代理権

任意代理の場合には、本人がみずから代理人に基本代理権を授与していることとなる。このように、本人がみずから権限外行為の原因を生じさせている点に、表見代理成立の基礎となる本人の帰責性を見出すことができる。

(ii) 事実行為

●論点Ａランク

基本代理権は**法律行為の代理権**でなければならず、**単なる事実行為の委託があるだけでは基本代理権とならない**と解されている（法律行為授権限定説）。

➡ 我妻・講義Ｉ368頁

判例も、一般人を勧誘して金員の借入をしていた甲金融会社の勧誘外交員Ａが、もっぱら長男Ｂにいっさいの勧誘行為をさせていたところ、ＢがＡに無断でＣに対する保証書を作成して交付した事案において、勧誘それ自体は事実行為であって法律行為ではないのであるから、そのことだけでは、ＢがＡを代理する権限を有していたとはいえないとしている。

➡ 最判昭和35年２月19日（百選Ｉ29事件）

ただし、学説では、事実行為であっても法律行為に劣らぬ社会的、経済的に重要な行為の授権や対外的な関係を予定した行為の委託があれば、表見代理は成立するという見解も有力である。

➡ 幾代・民法総則381頁

戦前において、取引の安全の保護を徹底して基本代理権を不要とし、本人の利益保護は「正当な理由」で調整すればよいとする見解が主張されました（**基本代理権不要説**）。しかし、この見解は、条文の文言に合致していない点や、本人の利益保護の観点からは基本代理権を要求すべき点が批判されていました。

通説は、110条が適用されるためには本人がなんらかの代理権を与えていたことが必要であるとする見解です（**基本代理権説**）。本文の説明は、通説を前提としています。判例も、基本代理権説に立っています。

➡ 我妻・講義Ｉ368頁、星野・概論Ｉ226頁、川井・民法総則242頁、佐久間・総則279頁

古い判例は、基本代理権説を貫徹し、本人の印章を預かっていた者がその印章を利用して本人名義の契約を締結した場合などであっても、単なる事実行為の委託であって基本代理権があったとはいえないとし、表見代理の成立を否定しました。

➡ 最判昭和35年２月19日（前出）、最判昭和39年４月２日民集18巻４号497頁

しかし、この判例に対しては、たとえば、子守を頼んだという程度の事実行為の委託では基本代理権にならないとしても、印章を預けるというような重要な事実行為を頼んだ場

➡ 最判昭和34年７月24日民集13巻８号1176頁

合には、基本代理権を肯定してよいのではないか、との批判がされました。

そして、本文でも説明したように、学説では、事実行為であっても法律行為に劣らぬ社会的、経済的に重要な行為の授権や対外的な関係を予定した行為の委託があれば表見代理は成立するという見解が有力に主張されるようになりました。この見解は、取引の安全を重視して、110条の要件である「権限」とは、厳密な意味での基本代理権にかぎられず、本人のために対外的行為をする権限(基本権限)があれば足りると広く解します(**基本権限説**)。そのうえで、本人の利益(静的安全)との調整は、「正当な理由」によって処理すればよいとします。

このような学説の批判もあってか、その後の判例は、基本代理権説によりつつも、基本代理権をゆるやかに認定するようになっているといわれています。

基本権限説も、印章を預けるなど無権代理行為を誘発しうるような権限でなければ基本権限とならないと考えるため、判例のように、基本代理権説に立ちつつその判断を緩和する場合とで、結論に大きな違いは生じないといわれます。そこで、本書では、判例に従って基本代理権説を前提として説明をします。

なお、この点について、平成29年改正の際に明文規定をおくか否かが議論されましたが、最終的に、コンセンサスが得られず、明文規定はおかずに、解釈に委ねられることとなりました。

→ 四宮＝能見・民法総則390頁

→ 幾代・民法総則381頁

→ 四宮＝能見・民法総則390頁、内田Ⅰ190頁、近江・講義Ⅰ287頁、中舎・民法総則366頁、新ハイブリッド民法総則238頁[良永]

→ 最判昭和35年6月9日民集14巻7号1304頁、最判昭和49年10月24日民集28巻7号1512頁

→ 中舎・民法総則366頁

→ 中舎・民法総則367頁

→ 部会資料29・75頁、第33回議事録48頁[岡委員発言、岡崎幹事発言]、第1分科会第1回議事録54頁

表見代理の趣旨を権利外観法理(表見法理)に求めるのであれば、本人の帰責性を要件上どのように考慮するべきかが問題となります。

通説(基本代理権説)は、本文で説明したように、基本代理権の存在を要件とすることをもって足りると考え、それ以外に帰責性(本人の過失、作為・不作為)を要求しません(判例、客観的事情説)。

これに対して、基本権限説は、正当理由の判断において本人の帰責性も考慮すればよいと考えます(帰責性考慮説、厳格判断説)。

これらの見解のほか、本人の帰責性を条文にない独立の要件として考慮すべきとする見解もあります。

まずは、判例・通説の基本代理権説を理解するようにしましょう。

→ 部会資料53・21頁

→ 中舎・民法総則367頁

→ 我妻・講義Ⅰ372頁

→ 最判昭和28年12月3日民集7巻12号1311頁、最判昭和34年2月5日民集13巻1号67頁

→ 注釈⑵91頁[高森]

(iii) 公法上の行為

●論点Bランク(論証25)

基本代理権は、原則として、私法上の行為についての代理権でなければならず、**公法上の行為について代理権を与えても基本代理権にはならない**と解される(判例)。もっとも、**契約の義務履行として与えられる登記申請手続の代理権は、公法上の行為といっても私法上の作用を有する**ものであるから、基本代理権になるとした判例がある。

→ 最判昭和39年4月2日(前出)

→ 最判昭和46年6月3日(後出重要判例)

★重要判例(最判昭和46年6月3日民集25巻4号455頁)

「単なる公法上の行為についての代理権は民法110条の規定による表見代理の成立の要件たる基本代理権にあたらないと解すべきであるとしても、その行為が特定の私法上の取引行為の一環としてなされるものであるときは、右規定の適用に関しても、その行為の私法上の作用を看過することはできないのであって、実体上登記義務を負う者がその登記申請行為を他人に委任して実印等をこれに交付したような場合に、その受任者の権限の外観に対する第三者の信頼を保護する必要があることは、委任者が一般の私法上の行為の代理権を与えた場合におけると異なるところがないものといわなければならない。したがって、本人が登記申請行為を他人に委任してこれにその権限を与え、その他人が右権限をこえて第三者との間に行為をした場合において、その登記申請行為が本件のように私法上の契約による義務の履行のためになされるものであるときは、その権限を基本代理権として、右第三者との間の行為につき民法110条を適用し、表見代理の成立を認めることを妨げないものと解するのが相当である。」

【争点】公法上の行為の代理権は基本代理権となるか。
【結論】特定の私法上の取引行為の一環としてなされるものであるときは、基本代理権となりうる。

(b) 法定代理

(i) 総説

任意代理と異なり、法定代理の場合には、本人が代理人に代理権を授与したわけではないうえ、代理権の範囲も法律上明確に定められている。そのため、本人の帰責性と相手方の信頼保護の必要性の両面から、法定代理権が基本代理権となるかが問題となる。

●論点Aランク

古い判例には、親権者の無権代理行為について110条の表見代理の成立を認めたものがある。他方で、学説では、110条の表見代理には本人の帰責性が必要であるという立場から、帰責性が認められるような例外的な場面を除き、法定代理権は基本代理権にならないとする見解が有力である。

→ 大連判昭和17年5月20日 民集21巻571頁
→ 四宮＝能見・民法総則393頁、リーガルクエスト民法Ⅰ217頁[山下]

前述のとおり、110条の表見代理において、本人の帰責性を要件上どのように考慮するべきかという問題があります。

基本代理権説に立つ判例は、基本代理権が存在すればそれ以外に本人の帰責性は必要ないと考えるため、法定代理権も基本代理権となるとして110条の表見代理の成立を認めます。

これに対して、本人の帰責性を重視する見解からは、本人に帰責性が認められるような例外的な場面を除き、法定代理権は基本代理権にならず110条の表見代理は成立しないこととなります。

平成29年改正の際、法定代理には表見代理規定の適用を否定する旨の規定を含むなんらかの規定をおくかが検討されました。しかし、法定代理であっても、本人が法定代理人をコントロールでき、本人に帰責性が肯定できる場面もありうるとの指摘があり、最終的に、明文規定を設けずに解釈に委ねることとなりました。

→ 部会資料29・79頁、第33回議事録52～54頁[山本幹事発言、道垣内幹事発言、中田委員、中井委員発言]
→ 部会資料53・21頁

(ii) 夫婦間の日常家事と代理関係

← 夫婦間の日常家事と代理関係

この点に関して、夫婦の一方が日常家事の範囲を超えた法律行為をした場合に、当該法律行為の相手方が、夫婦の他の一方に対して、110条の表見代理による効果帰属を主張できるかが問題となる。この問題は、

①夫婦間の日常家事債務に関する761条は代理権の根拠規定となるか、
②761条が規定する「日常の家事」に関する「法律行為」とはどのような行為か、
③761条の法定代理権を基本代理権として110条の表見代理の成立が認められるか

という3つの問題を含んでいるため、順次検討していく。

a ①761条と代理権の根拠規定

●論点Aランク（論証26）

761条は、「夫婦の一方が日常の家事に関して第三者と法律行為をしたときは、他の一方は、これによって生じた債務について、連帯してその責任を負う。ただし、第三者に対し責任を負わない旨を予告した場合は、この限りでない」として、直接的には、夫婦の一方のした法律行為によって生じた債務に関する夫婦の責任について規定している。

ただ、夫婦間の日常家事債務に関する761条は代理権の根拠規定となるかについて、判例は、「その実質においては、さらに、**右のような効果の生じる前提**

→ 最判昭和44年12月18日（後出重要判例）

として、**夫婦は相互に日常の家事に関する法律行為につき他方を代理する権限を有することをも規定している**ものと解するのが相当である」として、法定代理権の根拠規定となることを認めた。

b　②「日常の家事」に関する「法律行為」の意味

次に、761条が規定する「日常の家事」に関する「法律行為」とはどのような行為かについて、判例は、「**個々の夫婦がそれぞれの共同生活を営むうえにおいて通常必要な法律行為を指す**」とし、「その具体的な範囲は、個々の夫婦の社会的地位、職業、資産、収入等によって異なり、また、その夫婦の共同生活の存する地域社会の慣習によっても異なるというべきである」とする。

もっとも、判例は、日常の家事に関する法律行為に該当するか否かの判断基準について、「単にその法律行為をした夫婦の共同生活の内部的な事情やその行為の個別的な目的のみを重視して判断すべきではなく、さらに**客観的に、その法律行為の種類、性質等をも充分に考慮して判断すべき**である」としている点に注意を要する。

したがって、たとえば社会通念上生活必需品とされる食料、衣類等の購入や、家賃の支払、子の教育に関する法律行為などは、夫婦の主観にかかわらず日常の家事に関する法律行為にあたると考えられる。これに対して、生活費としては客観的に妥当な範囲を超える借金や、夫婦の一方の特有財産である不動産を担保に供したり売却したりする行為は、日常の家事に関する法律行為にあたらないといえよう。

c　③日常家事代理権と110条

●論点Aランク（論証27）

最後に、761条の法定代理権を基本代理権として110条の表見代理の成立が認められるかについては、見解が分かれる。

この点について、**110条適用説**は、一般的に法定代理権は110条の表見代理の基本代理権となりうることを前提として、761条の法定代理権についても、これを基本代理権として110条の表見代理が成立すると解する見解である。

←110条適用説

しかし、110条適用説に対しては、日常家事に限定された761条の法定代理権に基づいて110条を無制限に適用すると、夫婦別産制（762条）の理念に反し妥当でないとの批判がある。

そこで、夫婦の財産的独立と取引の安全保護とのバランスから、「**第三者においてその行為が当該夫婦の日常の家事に関する法律行為の範囲内に属すると信ずるにつき正当の理由のあるときにかぎり、民法110条の趣旨を類推適用**」して第三者を保護すべきとする見解が主張されるようになった（判例）。この見解を**110条趣旨類推適用説**という。

➡ 最判昭和44年12月18日（後出重要判例）

←110条趣旨類推適用説

> ここまでの話を整理すると次のようになります。
> まず、761条は日常の家事に関する法律行為について夫婦相互に法定代理権を認めた規定と解されますから、夫婦の一方のした法律行為が日常の家事に関する法律行為に含まれる場合には、他の一方に効果が帰属します。
> これに対して、夫婦の一方のした法律行為が日常の家事に関する法律行為に含まれない場合には、110条趣旨類推適用説によれば、第三者においてその行為が当該夫婦の日常の家事に関する法律行為の範囲内に属すると信ずるにつき正当の理由があるか否かが問題となり、正当の理由があるときにかぎって第三者が保護されます。
> そのため、たとえば夫婦の収入などによって日常家事か否かが分かれうる取引の場合に

➡ 平野・新考える民法Ⅰ 259頁

おいて、日常家事性を否定する事情を第三者が知らなかったようなときには、110条趣旨類推適用の可能性がでてきます。これに対して、不動産取引など高額の取引の場合には、これを日常家事と信ずるにつき正当の理由がある場面は考えにくいことになるでしょう。

★重要判例(最判昭和44年12月18日〔判例シリーズ7事件〕)

→ 百選Ⅲ9事件

「民法761条は、『夫婦の一方が日常の家事に関して第三者と法律行為をしたときは、他の一方は、これによって生じた債務について、連帯してその責に任ずる。』 として、その明文上は、単に夫婦の日常の家事に関する法律行為の効果、とくにその責任のみについて規定しているにすぎないけれども、同条は、その実質においては、さらに、右のような効果の生じる前提として、夫婦は相互に日常の家事に関する法律行為につき他方を代理する権限を有することをも規定しているものと解するのが相当である。

そして、民法761条にいう日常の家事に関する法律行為とは、個々の夫婦がそれぞれの共同生活を営むうえにおいて通常必要な法律行為を指すものであるから、その具体的な範囲は、個々の夫婦の社会的地位、職業、資産、収入等によって異なり、また、その夫婦の共同生活の存する地域社会の慣習によっても異なるというべきであるが、他方、問題になる具体的な法律行為が当該夫婦の日常の家事に関する法律行為の範囲内に属するか否かを決するにあたっては、同条が夫婦の一方と取引関係に立つ第三者の保護を目的とする規定であることに鑑み、単にその法律行為をした夫婦の共同生活の内部的な事情やその行為の個別的な目的のみを重視して判断すべきではなく、さらに客観的に、その法律行為の種類、性質等をも充分に考慮して判断すべきである。

しかしながら、その反面、夫婦の一方が右のような日常の家事に関する代理権の範囲を越えて第三者と法律行為をした場合においては、その代理権の存在を基礎として広く一般的に民法110条所定の表見代理の成立を肯定することは、夫婦の財産的独立をそこなうおそれがあって、相当でないから、夫婦の一方が他の一方に対しその他の何らかの代理権を授与していない以上、当該越権行為の相手方である第三者においてその行為が当該夫婦の日常の家事に関する法律行為の範囲内に属すると信ずるにつき正当の理由のあるときにかぎり、民法110条の趣旨を類推適用して、その第三者の保護をはかれば足りるものと解するのが相当である。」

【争点】 ①761条はどのような規定と解するべきか。
②日常の家事に関する法律行為とはどのような行為か。
③761条の法定代理権を基本代理権として110条の表見代理の成立が認められるか。

【結論】 ①夫婦は相互に日常の家事に関する法律行為につき他方を代理する権限を有することをも規定しているものと解する。
②個々の夫婦がそれぞれの共同生活を営むうえにおいて通常必要な法律行為をさす。
③広く一般的に110条の表見代理の成立を認めるのは相当でなく、当該越権行為の相手方である第三者においてその行為が当該夫婦の日常の家事に関する法律行為の範囲内に属すると信ずるにつき正当の理由のあるときにかぎり、民法110条の趣旨を類推適用して、その第三者の保護を図れば足りる。

ところで、判例が、「110条の類推適用」ではなく「110条の趣旨の類推適用」と表現している点について、表見代理そのものの類推適用ではなく、761条の適用範囲を拡張する意味であり、761条の類推適用というほうがより適切であろう、という評価があります。

→ 判タ172号88頁[佐藤]、百選Ⅰ(第2版)87頁[山畠]、平野・新考える民法Ⅰ258頁

また、110条適用説と110条趣旨類推適用説との差異として、①110条適用説では顕名が必要であるのに対して、110条趣旨類推適用説では顕名主義が緩和されて当該行為が日常の家事に関するものと認められればよい、②行為の効果について、110条適用説では無権代理人には効果が帰属しない(ただし、117条により責任を負う余地はある)のに対して、110条趣旨類推適用説では夫婦が連帯債務を負うこととなる、という点があげられます。

6－52

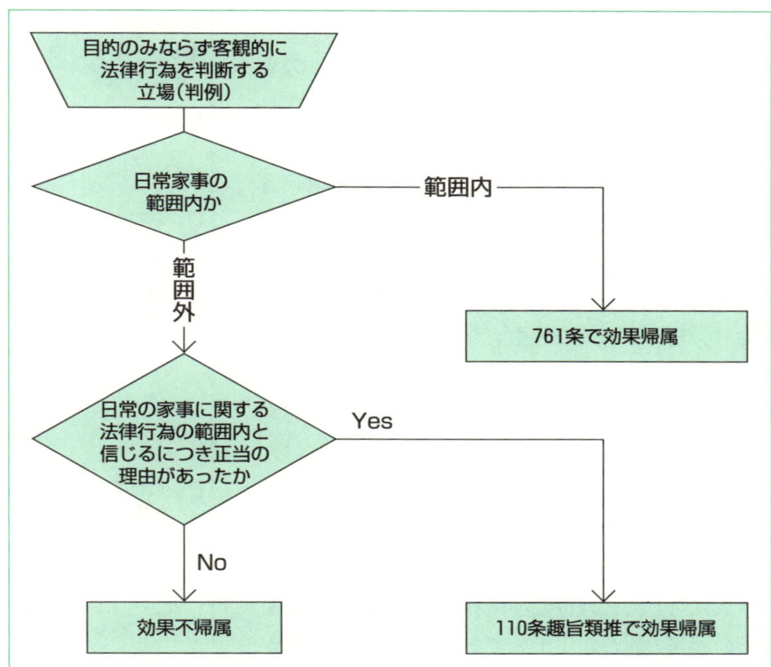

➡ 百選Ⅲ9事件

(c) **法人の代表権**

法人の代表の代表権(代理権)も、基本代理権となる。たとえば、法人の代表権が定款等で制限されている場合において、取引の相手方が代表権の範囲内の行為と信ずるにつき正当な理由があるときは、110条の表見代理が成立する(判例)。

すなわち、市町村長などの自治体の長が、法律上定められている権限の範囲外の法律行為をした場合には、相手方が単に法律上の代表権の制限を知らなかったというだけであれば表見代理を認めるべきでない(判例)。もっとも、法律上の代表権の制限が一定の条件(理事会の決議など)によって解除される場合において、当該条件がみたされたと善意無過失で信じたときは、表見代理を認めてよいと解される(判例)。

なお、この場合における一般法人法78条と110条の関係については、法人の項で説明したとおりである。

➡ 最判昭和60年11月29日(判例シリーズ8事件)
➡ 四宮＝能見・民法総則394頁
➡ 最判昭和34年7月14日(行政百選Ⅰ12事件)
➡ 最判昭和47年11月28日民集26巻9号1686頁
➡ 2章2節4【4】(1)(d)

(2) **顕名・権限外の代理行為**

(a) **顕名**

権限外行為の表見代理の場合にも、通常の代理と同様に、**顕名が必要**である。

もっとも、判例は、代理人が直接本人の名で(署名代理により)権限外の行為をした事案について、相手方が代理人の行為を本人自身の行為であると信じたことについて正当な理由がある場合には、110条類推適用により、本人が責任を負うとした。この場合には、相手方は、代理人の代理権を信じたものではないが、外観信頼の保護という点からは、代理人の代理権限を信頼した場合と異なるところはないから、判例の立場でよいであろう。

➡ 最判昭和44年12月19日民集23巻12号2539頁

(b) **権限外の行為**

また、110条は、「代理人がその権限外の行為をした場合」に適用される。なお、判例は、基本代理権と代理行為との間に関連性があることは要求していないもの

➡ 大判昭和5年2月12日民集9巻143頁、大判昭和16年2月28日民集20巻264頁

の、正当な理由の有無の判断において考慮している。

(3) 代理権があると信ずべき正当な理由

「正当な理由」の有無は、**無権代理行為がなされた当時に存在した諸般の事情を客観的に観察して、通常人においてその行為が代理権に基づいてされたと信ずるのがもっともだと評価できるか否か**によって判断される。相手方において代理人に代理権があると信じたことに過失があるとはいえない場合(善意無過失)、とも言い換えることができる(判例)。

一般に、代理人が本人の実印や印鑑証明書を所持していることは、正当な理由を肯定する方向にはたらく事情と考えられる(判例)。実印や印鑑証明書は、通常、本人において厳重に保管されており、何ら合理的な理由もなく他人が所持することはないため、本人の意思確認の手段として重要な役割を果たしているからである。もっとも、代理人が本人と同居する親族であるなど、実印等の持出しが容易な関係にある場合には、実印を所持していても正当な理由を否定する方向にはたらく(判例)。

また、本人と代理人の利益が相反する取引の場合や、本人の負担が重い取引の場合なども、正当な理由が認められにくくなる事情といえる。このような事情がある場合には、相手方において本人に対して代理権授与の有無を確認する義務を尽くしたか否かが問題となり、その義務の履行が不十分であると、正当な理由が否定されることとなる(判例)。

さらに、表見代理によって保護される相手方(条文上の「第三者」)は、109条1項ただし書と同様に、無権代理人と直接取引をした相手方にかぎられ、相手方からの転得者を含まないと解される(判例・通説・転得者非包含説)。

この点について、取引の安全の観点から転得者も「第三者」に含まれるという見解があります(転得者包含説)。しかし、表見代理は、代理権がないのにそれがあると信じた代理行為の相手方の信頼を保護する制度であるところ、転得者が信頼する(できる)のは(無権代理人である人の)代理権ではなく、前主(相手方)の所有権にすぎません。前主に所有権があると信頼しても、それは表観代理の対象となる信頼とはいえません。ですから、転得者非包含説が判例・通説となっています。

ただし、判例は、手形関係についても同様に解していますが、手形法の分野では、手形の流通の保護から転得者包含説が多数説です(この点は、手形法で学ぶことになります)。

なお、動産の取引における無権代理行為後の転得については、即時取得に関する192条が適用されますので、110条における第三者の範囲を問題にする必要はないとされています。転得者は、無権利者からの譲受人として192条で保護される余地があるのです。

【3】効果

109条1項本文の規定が準用される。すなわち、表見代理が成立し、無権代理行為の効果が本人に帰属する(110条)。

110条に関しては、法人のところで説明した、一般法人法78条との関係と同様に、民法715条(使用者責任)との(適用)関係が問題となります。この論点は、不法行為を勉強した後に理解できればよいので、最初は読み飛ばしてしまってかまいません。

この問題は、たとえば被用者が何か自身の権限外の行為をした場合において使用者の責任を問おうとしたときに、110条と715条とを使い分けるべきか否か、使い分けるとしてその基準をどのように考えるべきかという問題です。

▶2010年第2問
●論点Aランク(論証28)

➡ 最判昭和44年6月24日 判時570号48頁

➡ 最判昭和35年10月18日 民集14巻12号2764頁

➡ 最判昭和27年1月29日 民集6巻1号49頁

➡ 最判昭和51年6月25日 (百選Ⅰ30事件)

●論点Aランク(論証29)

➡ 大判昭和7年12月24日 新聞3518号17頁、最判昭和36年12月12日 民集15巻11号2756頁(手形の事例)、最判昭和45年3月26日 判時587号75頁

➡ 我妻・講義Ⅰ370頁

➡ 最判昭和36年12月12日(前出)

➡ 『商法・手形小切手法』6章5節②【2】(2)(c)(iii)

➡ 『物権法』2章7節②【2】

← 110条と715条の関係

➡ 2章2節④【4】(1)(d)

110条と715条は、要件の点では、110条は「権限があると信ずべき正当な理由」を要求し、715条は「事業の執行について」（事業執行性）を要求します。もっとも、外形標準説に立つかぎりは、それほど大きな差ではないと考えられています。

これに対して、効果（請求〔責任〕の内容）の点では、110条は履行請求であり、715条は損害賠償請求であるため、事案によっては大きな差を生じます。具体的な差異は、以下のとおりです。

	715条の責任（不法行為責任）	110条の表見代理責任（契約責任）
①主体	「ある事業のために他人を使用する者」「使用者に代わって事業を監督する者」に限定	基本代理権を有している者であれば足りる
②顕名	不要	必要（99Ⅰ）
③被害者の主観的事情	使用者の職務行為に属さないことについて善意無重過失が必要（判例）＊1	代理権の不存在について善意無過失（「正当な理由」）が必要（110）＊1
④保護される第三者の範囲	直接の相手方にかぎられない	直接の相手方にかぎる（判例）
⑤行為	取引行為のみならず、事実行為にも適用される	取引行為にかぎられる
⑥請求（責任）の内容	損害賠償請求（不法行為責任）	履行請求（契約責任）
⑦過失相殺	適用あり（722Ⅱ）＊2	適用なし＊2
⑧消滅時効	損害・加害を知った時から3年（724①） 不法行為の時から20年（724②）＊3	権利を行使することができることを知った時（主観的起算点）から5年（166Ⅰ①） 権利を行使することができる時（客観的起算点）から10年（166Ⅰ②）＊3

＊1　軽過失の場合、110条は成立しないが、715条は成立しうる。
＊2　過失相殺の適用があると、中間的で柔軟な解決が可能となるのに対し、適用がないと、オールオアナッシングの解決となる。ただし、110条の表見代理責任（契約責任）の場合にも、解釈上、過失相殺の規定を適用する余地はあろう。
＊3　それぞれ生命・身体の侵害の特則がある（724の2、167）。

この点について、通説は、取引行為については原則として110条を優先的に適用するべきとし、715条は事実行為や110条の適用要件が否定された場合に適用されるとします（重畳的適用説・民法110条優先適用説）。

学説の詳しい内容については、一般法人法78条と民法110条の関係のところを参照してください。

➡ 最判昭和42年11月2日（判例シリーズ82事件）

➡ 最判昭和36年12月12日（前出）

➡ 注釈民法(4)166頁［椿］、新ハイブリッド債権各論287頁［岡林］

➡ 2章2節④【4】(1)(d)

4 代理権消滅後の表見代理（112条）

【1】意義

代理権消滅後の表見代理とは、いったん与えられていた代理権が消滅（111条）したところ、代理人が消滅した代理権の範囲内の無権代理行為を行った場合において、代理権がまだ存続していると信じた相手方を保護する類型の表見代理をいう（112条）。

← 「代理権消滅後の表見代理」とは

たとえば、本人Aは、代理人Bに対して、自己の有する甲不動産を売却する旨の代理権を授与していたものの、気が変わって代理権の授与を撤回した。この場合において、Bが、甲不動産を相手方Cに売却し、相手方CはBの代理権が消滅したことを過失なく知らなかったときは、表見代理によってAに効果が帰属し、甲不動産の所有権がCに移転する。

6－53

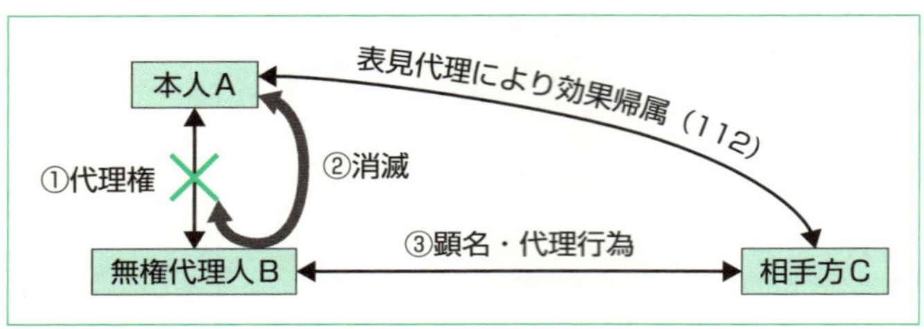

【2】要件

要件としては、①代理権の授与および消滅、②顕名・消滅した代理権の代理行為、③相手方の善意無過失が必要である。

(1) 代理権の授与および消滅

代理権消滅後の表見代理が成立するためには、無権代理人に表見代理の基礎となる代理権が存在していたことが必要となる。

(a) 任意代理

任意代理の場合には、本人がみずから代理人に代理権を授与していることが必要となる。また、代理権の消滅は、外部からはわかりにくい。このように、本人がみずから無権代理行為の原因を生じさせている点と相手方の信頼を保護する必要性が高い点に、表見代理成立の基礎となる本人の帰責性を見出すことができる。

(b) 法定代理

法定代理の場合には、任意代理の場合と異なり、本人が代理人に代理権を授与したわけではないうえ、代理権の消滅事由も法律上明確に定められている。そのため、本人の帰責性と相手方の信頼保護の必要性の両面から、法定代理権が基本代理権となるかが問題となる。

古い判例には、親権者の無権代理行為について112条の表見代理の成立を認めたものがある。他方で、学説では、112条の表見代理には本人の帰責性が必要であるという立場から、表見代理の成立に否定的な見解が有力である。また、平成29年改正により112条１項本文が「他人に代理権を与えた者は」という文言になったことから、112条は法定代理の場合に適用がないと評価する見解もある。

➡ 大連判昭和17年５月20日（前出）

➡ 四宮＝能見・民法総則398頁、平野・民法総則345頁

➡ 詳解改正民法61頁［佐久間］

(2) 顕名・代理行為

代理権消滅後の表見代理の場合にも、通常の代理と同様に、顕名が必要であるほか、代理行為が消滅した代理権の範囲内か否かによって適用規定が異なる。

(a) 消滅した代理権の範囲内の代理行為（112条１項本文）

また、無権代理行為は消滅した代理権の範囲内の代理行為である必要がある（112条１項本文）。代理権の範囲外の代理行為がなされた場合には、112条２項の問題となる。

(b) 消滅した代理権の範囲外の代理行為（112条２項）

112条２項は、平成29年改正によって新設された規定である。

← 平成29年改正

112条２項は、消滅した代理権の範囲内の行為であったとすれば112条１項の要件をみたす場合において、相手方が、消滅した代理権の範囲外の無権代理行為について代理権があると信ずべき正当な理由があるときは、表見代理が成

立する旨定めている。

平成29年改正事項	消滅した代理権の範囲外の無権代理行為	B3

改正前民法112条は、消滅した代理権の範囲内で無権代理行為がなされた場合についてのみ規定しており、消滅した代理権の範囲外の無権代理行為がなされた場合については規定していなかった。

この点について、判例は、消滅した代理権の範囲外の無権代理行為がなされた場合には、権限外行為の表見代理について規定する110条と改正前民法112条とを重畳適用し、相手方において無権代理人に(権限外行為についての)代理権があると信ずべき正当な理由がある場合には、表見代理が成立するとした。

そこで、平成29年改正民法は、上記判例法理を明文化した(112条2項)。

→ 部会資料66A・29頁、部会資料79-3・3頁、一問一答28頁、潮見・改正法25頁

→ 大連判昭和19年12月22日(百選Ⅰ33事件)

6－54

改正前民法		H29改正民法
代理権の消滅は、善意の第三者に対抗することができない。ただし、第三者が過失によってその事実を知らなかったときは、このかぎりでない(112)。	→	他人に代理権を与えた者は、代理権の消滅後に、その代理権の範囲内においてその他人が第三者との間で行為をしたとすれば112条1項の規定によりその責任を負うべき場合において、その他人が第三者との間でその代理権の範囲外の行為をしたときは、第三者がその行為についてその他人の代理権があると信ずべき正当な理由があるときにかぎり、その行為についての責任を負う(112Ⅱ)。

改正前民法下で消滅した代理権の範囲外の無権代理行為について改正前110条と改正前112条の重畳適用により表見代理の成立を認めていた判例法理を明文化した。

(3) 相手方の善意無過失

相手方が代理権の消滅の事実を知らなかったこと(**善意**)については、**相手方が立証責任を負う**(112条1項本文)。これに対して、相手方が代理権の消滅の事実を知らなかったことについて**過失があったこと**については、**本人が立証責任を負う**(112条1項ただし書)。

112条の趣旨が代理権の消滅を知らずに無権代理人と取引をした第三者を保護する点にあることから、「善意」とは、**過去に存在した代理権が代理行為の前に消滅したことを知らなかったこと**をいう(判例)。すなわち、過去に代理権が存在したことを知っていた者が、その代理権が消滅したことは知らなかったというプロセスが必要となる。

また、表見代理によって保護される相手方(条文上の「第三者」)は、109条1項ただし書、110条と同様に、無権代理人と直接取引をした相手方にかぎられ、相手方からの転得者を含まないと解される(判例)。

→ 部会資料66A・29頁、潮見・改正法25頁、詳解改正民法61頁[佐久間]

→ 最判昭和32年11月29日民集11巻12号1994頁、最判昭和44年7月25日集民96号407頁

→ 平野・民法総則345頁

→ 大判昭和2年12月24日民集6巻754頁

【3】効果

表見代理が成立し、無権代理行為の効果が本人に帰属する(112条1項本文)。

表見代理と善意無過失(正当な理由)の立証責任

	善意・悪意	過失の有無
代理権授与表示による表見代理(109)	本人(109Ⅰただし書)	本人(109Ⅰただし書)
権限外行為の表見代理(110)	相手方(110)	
代理権消滅後の表見代理(112)	相手方(112Ⅰ本文)	本人(112Ⅰただし書)

6－55　有権代理・表見代理のまとめ

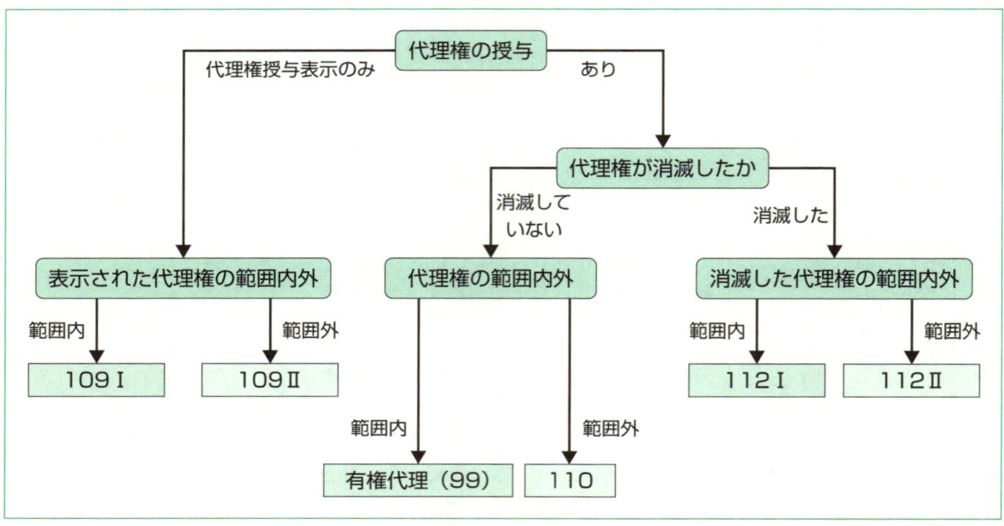

○×問題で実力チェック

01　売買契約を締結する権限を与えられて代理人となった者は、相手方からその売買契約を取り消す旨の意思表示を受ける権限を有する。(H.26-3問)

➡ ○　最判昭和34年2月13日。1節②【3】(2)参照

02　代理人に対して意思表示をした者が、本人に対する意思表示であることを示したときは、代理人において本人のために受領することを示さなくても、その意思表示は本人に対して効力を生ずる。(H.24-4問)

➡ ○　99条2項・99条1項。1節②【3】(2)参照

03　代理権は、代理人が後見開始の審判を受けたときは消滅する。(H.24-4問)

➡ ○　111条1項2号。2節①【4】参照

04　任意代理人は、本人の許諾がある場合とやむことを得ざる場合以外は復代理人を選任することはできない。(S.47-48問)

➡ ○　104条。2節②【2】(1)参照

05　代理人乙が本人甲の許諾を得て、甲の指名に従って復代理人丙を選任した。丙の行為によって甲に損害が発生しても、乙が丙の代理人としての不適任および不誠実であることを知らなかったときは、甲に対し責任を負わない。

➡ ×　一般の債務不履行責任を負いうる。2節②【2】(1)参照

06　復代理人が復代理の権限の範囲を超えて行為したが、それが代理人の代理権の範囲を超えない場合は、復代理人の行為は無権代理とはならない。(S.51-10問)

➡ ×　106条2項。2節②【3】参照

07　復代理人が代理人の代理権の範囲を超えた場合、本人はそれを追認することができる。(S.51-10問)

➡ ○　2節②【3】参照

08　不動産の売買契約に基づく所有権移転登記申請手続について、司法書士が売主および買主の双方を代理することは、双方代理の禁止に関する規定に違反しない。('07-2問)

➡ ○　108条1項ただし書。2節③【2】(1)(b)参照

09　Aの代理人として土地を購入する権限を与えられたBが、Cから甲土地を売却する権限を与えられてCの代理人にもなり、A及びCを代理してAC間の甲土地の売買契約を締結した場合、Bが双方代理であることをA及びCの双方にあらかじめ通知したときは、AC間に売買契約の効力が生ずる。(H.27-3問)

➡ ×　本人があらかじめ双方代理を許諾していたわけではないから、無権代理とみなされる(108条1項)。2節③【2】(1)(b)参照

10　原材料甲を仕入れる代理権を本人から付与された者が、その代理権を利用して利益を図ろうと考え、本人を代理して第三者から甲を買い受け、これを他に転売しその利益を着服した場合、権限外の行為についての表見代理に関する規定が類推され、第三者は、本人に対し、甲の代金の支払を求めることができる。(H.25-4問)

➡ ×　107条が適用される。2節③【3】参照

11　代理人が自己または第三者のために代理権を濫用しても、それが客観的に代理権の範囲にあり、相手方が代理人の意図を知らず、知らないことに過失がないときは、代理人がした意思表示は本人に帰属する。('08-6問)

➡ ○　107条。最判昭和42年4月20日。2節③【3】(1)参照

12　代理人が本人のためにすることを示さないでした意思表示であっても、代理人が本人のためにすることを相手方において知ることができた場合には、意思表示は本人に帰属する。('08-6問)

➡ ○　100条ただし書。3節①【3】(2)(a)参照

13　本人が善意無過失であれば、代理人が悪意であっても、本人は動産を即時取得することができる。(H.5-38問)

➡ ×　101条1項。3節②【1】参照

14　甲の代理人乙が、丙からその所有に属する建物を買い受けたという事案で、乙が丙の詐欺によって売買契約を結んだ場合、甲はこの売買契約を取り消すことができる。(S.46-37問)

➡ ○　3節②【1】(3)(b)(i)参照

15 本人が相手方を詐欺した場合には、代理人がそのことを知らなくても、相手方はその意思表示を取り消すことができる。(H. 5-38問)

→ ○ 3節2【1】(3)(b)(iv)参照

16 未成年者Aの父Bが成年被後見人である場合に、BがAの法定代理人としてした行為については、取り消すことができる。

→ ○ 102条ただし書。3節2【2】(2)参照

17 本人Aが無権代理人Bに無権代理行為を追認したが、相手方Cは追認の事実を知らなかったので、契約を取り消したところ、Aから履行を請求された。そこで、Cは、「自分は追認の事実を知らなかったので、過失があっても、契約の取消しは有効である」と主張した。Cの主張は適切である。(H. 9-21問)

→ ○ 113条2項。4節2【2】(2)参照

18 代理権を有しない者がした契約を本人が追認する場合、その契約の効力は、別段の意思表示がない限り、追認をした時から将来に向かって生ずる。(H.24-4問)

→ × 116条本文。4節2【2】(4)参照

19 無権代理行為の相手方は、本人に対して相当の期間を定めて、その期間内に追認するか否かを催告することができ、本人がその期間内に確答をしないときは、追認したものとみなされる。(H.23-3問)

→ × 114条後段。4節3【1】参照

20 無権代理行為の相手方は、他人の代理人として契約した者が代理権を有しないことを過失によって知らなかったときは、他人の代理人として契約をした者が自己に代理権がないことを知っていたとしても、117条1項の無権代理人の責任を追及することはできない。

→ × 117条2項2号。4節3【3】(2)(c)(ii)参照

21 甲の成年の子乙が、甲の委任状を偽造し、甲の代理人と称して甲所有の不動産を丙に売却したという事案で、乙が相続により甲の地位を承継したとき、乙は丙に対して追認を拒絶できない。(S.51-2問、S.56-71問)

→ ○ 最判昭和40年6月18日。4節4【1】(1)参照

22 無権代理人が本人の地位を単独相続した場合、本人が追認を拒絶した後に死亡したときでも、無権代理行為は有効になる。('06-33問)

→ × 最判平成10年7月17日。4節4【1】(1)参照

23 無権代理人が本人の地位を共同相続した場合、他の共同相続人のだれかが追認をすることに反対すれば、無権代理行為は有効にならない。('06-33問)

→ ○ 最判平成5年1月21日。4節4【1】(2)参照

24 無権代理人の地位を相続した後に本人の地位をも相続した第三者は、無権代理行為の追認を拒絶することができる。('06-33問)

→ × 最判昭和63年3月1日。4節4【3】参照

25 権限外の行為の表見代理の規定は、公法上の行為を委託された場合であっても、それが私法上の契約による義務の履行のためのものであるときは、適用することができる。('06-25問)

→ ○ 最判昭和46年6月3日。5節3【2】(1)(a)(iii)参照

26 個別に代理権の授権がなければ、日常の家事に関する事項についても、夫婦の一方は、他の一方のために法律行為をすることはできない。(H.26-3問)

→ × 最判昭和44年12月18日。5節3【2】(1)(b)(ii)参照

27 甲所有の土地を乙が丙に売り渡す契約を締結したという事案において、甲から土地に抵当権を設定する代理権を与えられた乙が甲になりすまし、丙が乙を甲と過失なく誤信した場合、契約の効果が甲に帰属する。(H. 3-39問)

→ ○ 110条類推。最判昭和44年12月19日。5節3【2】(2)(a)参照

28 復代理人が代理人死亡後、本人のためにした契約について、相手方が善意無過失であれば、本人に対しその契約の有効であることを主張しうる。(S.38-28問)

→ ○ 112条1項。5節4参照

第7章………契約の効力発生時期

1. 条件・期限

契約等の法律行為をするにあたって、その効果の発生や消滅をただちに生じさせるのではなく、将来一定の事実が発生したときまたは一定の期限が到来した時に発生・消滅させようとする合意がなされることがある。このような合意も、私的自治の原則から許される。

このような合意は、法律行為の効果の発生または消滅をどのような事実にかからせるかによって2つに分けられる。将来の不確定な事実の成否にかからせる場合を**条件**といい、将来発生することの確実な事実にかからせる場合を**期限**という。

← 条件と期限の違い

このような条件や期限のことを、法律行為に付加された約款という意味で、法律行為の**附款**とよぶ。契約の**効力発生要件**に位置づけられることになる。

➡ 四宮＝能見・民法総則399頁
➡ ４章序節

1 条件

【１】意義

条件とは、法律行為の効力の発生または消滅を、将来発生するか否か不確実な事実の成否にかからせる旨の特約をいう。

← 「条件」とは

条件には、停止条件と解除条件とがある。

(1) 停止条件

停止条件とは、一定の事実が発生することによって、法律行為の効力が発生する条件をいう。たとえば、大学に合格したら腕時計をプレゼントする、という条件が停止条件である。

← 「停止条件」とは

(2) 解除条件

解除条件とは、一定の事実が発生することによって、法律行為の効力が消滅する条件をいう。たとえば、落第したら奨学金の給付をやめる、という条件が解除条件である。

← 「解除条件」とは

> 停止条件は、条件の成就まで効力の発生が停止されていることから「停止条件」とよばれています。解除条件は、条件の成就によって発生していた法律関係が解消されることから「解除条件」とよばれています。
>
> 停止条件と解除条件は、名称がわかりにくいとして平成29年改正の際に名称の変更が検討されましたが、合意形成にいたらずそのままとなりました。

➡ 四宮＝能見・民法総則399頁

7－1

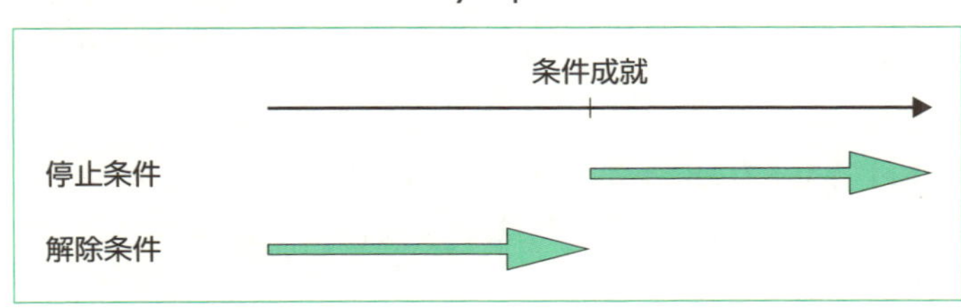

【2】条件となりうる事実

⑴　発生不確実の事実

条件となる事実は、発生するかどうかが不確実なものでなければならない。この点で、発生すること自体は確実で、その時期だけが不明である期限と異なる。

この点に関して、「払えるようになったら支払う」という、いわゆる出世払いの約束が条件と期限のいずれであるかが問題となる。

← 出世払いの約束の法的性質

判例は、出世払いの約束を**不確定期限**と解する。その理由は、これを条件と解すると「出世（払えるようになったら）」という条件がみたされないかぎり、いつまでたっても支払わなくてよいこととなるが、それは当事者の意思に反する点にある。すなわち、当事者の意思は、客観的にみて債務を支払えるようになるか、あるいは、債務を支払えるようになる見込みが立たなくなることをもって弁済期到来とするものと解すべきであり、このいずれかの事実は必ずどちらかが発生するため、不確定期限となる。

→ 大判大正４年３月24日民録21輯439頁

⑵　将来の事実

条件となる事実は、将来の事実でなければならない。

そのため、すでに確定している事実を条件とすること（既成条件）はできないと解されている。既成条件（131条）は本来の意味の条件ではない。

⑶　法定条件との違い

条件は、当事者が任意に合意によって定めるものである。

これに対して、法律行為の効力の発生または消滅を、法律の規定によって将来発生するか否か不確実な事実の成否にかからせる場合を**法定条件**という。たとえば、農地法上、農地の所有権を移転するためには農業委員会または知事の許可が必要とされている（農地３条、５条）。

← 「法定条件」とは

この点について、農地の売買に際して、売主が故意に知事の許可を得ることを妨げた場合に、条件成就を擬制する改正前130条（現130条１項）の類推適用が認められるかが問題となった。判例は、農地法上の許可は公益上の必要から要求されるのであって、一方当事者の条件成就妨害行為によって条件成就が擬制されるとするのは適当でないとして、類推適用を否定した。

→ 最判昭和36年５月26日民集15巻５号1404頁

【3】条件に親しまない行為

条件を付けることが許されない行為を**条件に親しまない行為**という。条件に親しまない行為には、身分行為と単独行為がある。

条件に親しまない行為に条件が付けられた場合には、その法律行為は、特別の規定がないかぎり全体が無効となると解される。

→ リーガルクエスト民法Ⅰ262頁［原田］

⑴　身分行為

婚姻や離婚などの**身分行為**に条件を付けることは、身分秩序を不安定にし、公序良俗に反するため、許されないと解されている。たとえば、夫Aが、妻Bと離婚することを停止条件としてCと婚姻する旨の婚姻予約契約は、無効である（判例）。

→ 四宮＝能見・民法総則401頁、リーガルクエスト民法Ⅰ261頁［原田］

→ 大判大正９年５月28日民録26輯773頁

⑵　単独行為

単独行為に条件を付けることは、相手方を一方的に不安定な状態におくこととなり、公序良俗に反するため、許されないと解されている。相殺については、明文規定によって条件付相殺が禁止されている（506条１項後段）。

ただし、相手方が同意した場合や、相手方を特別に不利に陥れるものでない場合(条件の成否が相手方の行為のみにかかっている場合)には、条件を付けることができると解されている。たとえば、履行遅滞にある相手方に対して、「一定期間(催告期間)内に履行しないときは契約を解除する」という停止条件付き解除の意思表示も有効と解されている。

停止条件付き解除の意思表示も有効と解されているため、催告期間内に履行がされなければ、解除権者が改めて解除の意思表示をする必要なく、催告期間の経過時に解除の効果が生じることとなります。

なお、要件事実論では、このような解除の意思表示を、停止条件ではなく、停止期限付き解除の意思表示と理解する見解が有力です。この見解は、かりに停止条件とすると、履行がなかったという消極的事実を解除権者が立証しなければならず妥当でないことを根拠とします。

【4】条件付き法律行為の効力

(1) 不遡及の原則

停止条件付き法律行為は、停止条件が成就した時からその効力を生ずる(127条1項)。解除条件付き法律行為は、解除条件が成就した時からその効力を失う(127条2項)。

また、条件が成就しないことが明らかとなった場合には、停止条件付き法律行為は効力が発生しないため無効となり、解除条件付き法律行為は無条件となって効力が消滅しないことに確定する。

なお、条件成就の効力は原則として遡及しないが、当事者の合意によって条件成就の効果を遡及させることができる(127条3項)。

(2) 条件の成否未定の間の期待権

条件付き法律行為において条件成就によって利益を受ける当事者は、条件の成否未定の間もその利益に対する期待を有している。たとえば、AがBに対して「Bが大学に合格したら腕時計をプレゼントする」という約束をした場合には、Bは、大学に合格するまでの間はAに対して腕時計の給付を請求することができないものの、条件が成就すれば権利を得られるという期待を有している。民法は、このような期待を**期待権**として保護している。

(a) 期待権の処分、相続、保存、担保提供

期待権は、厳密にはまだ権利でないものの、経済的な価値を有する。そのため、期待権自体を処分し、相続し、保存し、またはそのために担保を供することができる(129条)。たとえば、不動産を対象とする場合には、仮登記によって期待権を保存することができる。

(b) 期待権侵害に対する保護

条件付き法律行為の各当事者は、相手方の利益を害することができない(128条)。たとえば、停止条件付き売買契約の売主が、条件が成就する前に目的物を滅失させるなどして履行を不能にしたときは、期待権を有する買主に対して債務不履行または不法行為に基づく損害賠償責任を負う。

第三者が期待権の目的物を滅失、毀損したり、条件成就を妨害したりした場合には、期待権侵害を理由とする不法行為が成立する余地がある(709条)。

このような効果もまた、条件付きで発生するものと解されている。すなわち、

このような場合の損害賠償請求権も条件付きで発生しており、条件が成就すれば確定的に発生することとなるのに対して、条件が成就しなければ損害賠償請求権は発生しなかったこととなる。

(3) 条件の成就または不成就の擬制

(a) 条件成就の擬制

条件が成就することによって不利益を受ける当事者が故意にその条件の成就を妨げたときは、相手方は、その条件が成就したものとみなすことができる(130条1項)。たとえば、Aが、不動産業者Bに対して、不動産の購入のあっせんを依頼し、契約が成立したら一定の報酬を支払う旨約していたところ、Bが探してきた相手方Cとの間で直接取引をして契約を成立させた場合には、Bは、Aに対して、条件成就を故意に妨げたものとして、条件が成就したものとみなして報酬を請求することができる(判例)。ただし、この場合に、Bは常に報酬全額を請求できるとはかぎらず、契約成立への寄与度に応じた請求が認められるにとどまると解されている。

「**故意に**」とは、自身の行為が条件成就を妨げることを知っていることをいう。ただし、条件成就を妨げることになる行為であっても、それが信義則に反するとはいえない場合には、130条1項は適用されないと解される。この点で、130条2項の「不正に」と同義と考えられる。

なお、当事者の一方が条件成就の擬制を主張した場合には、これによってその当事者の期待権侵害による損害はなくなるため、期待権侵害を理由とする損害賠償請求はできなくなる。

(b) 条件不成就の擬制

以上とは反対に、条件の成就によって利益を受ける当事者が不正にその条件を成就させたときは、相手方は、その条件が成就しなかったものとみなすことができる(130条2項)。「**不正に**」とは、信義則に反して故意に、という意味である。

130条2項が、130条1項と同じ「故意に」ではなく、「不正に」という文言になったのは、単に「故意に」とすると、当事者が意欲的に条件を成就することが想定されているケースでも条件の成就が不当に否定されるおそれがあるからです。

たとえば、「大学受験に合格すれば時計を贈与する」との条件が付されたケースでは、条件の成就によって利益を受ける当事者が大学受験に合格するための努力を尽くすことは推奨されてよいでしょう。このような場合に、「故意」に条件を成就させたからといって条件成就を否定するのは適切ではありません。

これに対して、カンニング行為によって条件を成就させた場合には、条件成就を否定するのが適切でしょう。そこで、このようなケースに適用対象を絞る趣旨で「不正に」という文言となっています。

平成29年改正事項	条件不成就の擬制	A1・B3

改正前民法130条は、条件が成就することによって不利益を受ける当事者が故意にその条件の成就を妨げた場合の条件成就の擬制についてのみ規定しており、条件の成就によって利益を受ける当事者が不正にその条件を成就させた場合については規定していなかった。

もっとも、判例は、事例判断ではあるものの、このような場合には改正前130条を類推適用し、条件が成就しなかったものとみなすことができるとしていた。

そこで、平成29年改正民法は、上記の判例法理を明文化した(130条2項)。

→ 最判昭和39年1月23日民集18巻1号99頁

→ 四宮＝能見・民法総則404頁、リーガルクエスト民法Ⅰ264頁[原田]

← 「故意に」とは

→ 四宮＝能見・民法総則402頁

→ 部会資料79-3・6頁、第90回部会議事録38頁[村松関係官発言]、潮見・改正法35頁

← 平成29年改正

← 「不正に」とは

→ 部会資料79-3・6頁、第90回部会議事録38頁[村松関係官発言]、潮見・改正法35頁

→ 一問一答38頁

→ 部会資料66A・44頁、79-3・6頁、一問一答38頁、潮見・改正法35頁

→ 最判平成6年5月31日(百選Ⅰ40事件)

7－2　条件不成就の擬制

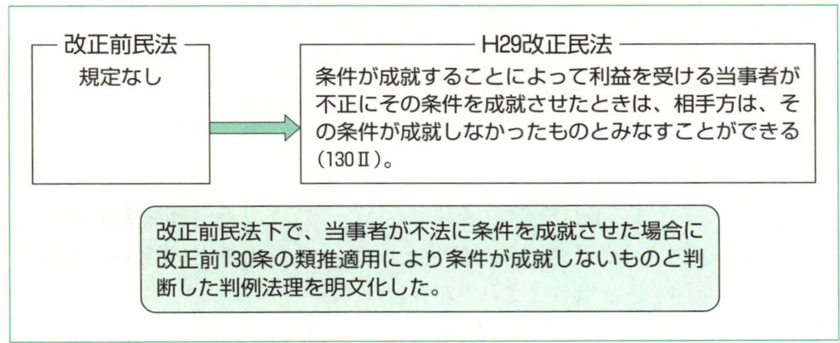

【5】特殊な条件

(1)　既成条件

既成条件とは、法律行為の当時すでに客観的に確定している条件をいう。たとえば、「落第したら奨学金の給付をやめる」という解除条件付き法律行為の当時すでに客観的に落第が確定していた場合があげられる。　← 「既成条件」とは

条件とは将来の不確定な事実にかかるものをいうため、既成条件は、本来の意味の条件ではない。

既成条件が停止条件とされた場合、法律行為の当時に条件がすでに成就していれば法律行為は無条件となり(131条１項前段)、条件不成就に確定していれば法律行為は無効となる(131条２項前段)。

既成条件が解除条件とされた場合、法律行為の当時に条件がすでに成就していれば法律行為は無効となり(131条１項後段)、条件不成就に確定していれば法律行為は無条件となる(131条２項後段)。

なお、131条３項は、既成条件の場合について、当事者が条件の成就または不成就を知らない間は、期待権に関する128条および129条を準用すると規定しています。しかし、既成条件の場合は、すでに法律効果は無条件か無効で確定しているため、131条３項は無意味な規定と考えられています。

➡ リーガルクエスト民法Ⅰ 265頁［原田］

	すでに成就	すでに不成就に確定
停止条件	無条件(131Ⅰ前段)	無効(131Ⅱ前段)
解除条件	無効(131Ⅰ後段)	無条件(131Ⅱ後段)

(2)　不法条件

不法条件とは、不法な条件をいう。たとえば、人を殺すことを条件とする場合があげられる。　← 「不法条件」とは

不法条件を付した法律行為は、無効である(132条前段)。また、不法な行為をしないことを条件とする法律行為も無効である(132条後段)。このような条件を付した行為は、全体が公序良俗違反(90条)として無効となるからである。

(3)　不能条件

不能条件とは、将来において実現することが社会通念上不可能と考えられる条件をいう。たとえば、亡くなった人を生き返らせることを条件とする場合があげられる。　← 「不能条件」とは

不能条件が停止条件とされた場合には、法律行為は無効となる(133条1項)。不能条件が解除条件とされた場合には、法律行為は無条件となる(133条2項)。

	不法条件	不能条件
停止条件	無効(132前段)	無効(133Ⅰ)
解除条件	無効(132後段)	無条件(133Ⅱ)

⑷ 純粋随意条件

条件の成否が一方当事者の意思によって決まる条件を**随意条件**という。このうち、一方の当事者が欲しさえすれば成就する条件を**純粋随意条件**という。 ←「随意条件」とは ←「純粋随意条件」とは

債務者の意思のみにかかる純粋随意条件が**停止条件**とされた場合には、法律行為は**無効**となる(134条)。たとえば、「気が向いたら50万円支払う」という停止条件付き贈与契約は無効となる。この趣旨は、このような場合、債務者は気が向かないといえば常に債務を免れることとなり、当事者に法的拘束力を生じさせる意思があるとはいえない点にある。

これに対して、債務者の意思のみにかかる純粋随意条件が解除条件とされた場合(「嫌になるまで毎月10万円支払う」など)や、債権者の意思のみにかかる純粋随意条件が停止条件または解除条件とされた場合(「欲しくなったら100万円請求できる」「いらなくなるまで毎月10万円請求できる」)には、有効である。

	債務者の意思のみ	債権者の意思のみ
停止条件	無効(134)	有効
解除条件	有効	有効

2 期限

【1】意義

期限とは、法律行為の効力の発生もしくは消滅、または債務の履行を、将来発生することの確実な事実にかからせる旨の特約をいう。 ←「期限」とは

⑴ 始期と終期

期限には、始期と終期がある。

始期とは、法律行為の効力の発生または債務の履行時期がかかるところの期限をいう(135条1項)。法律行為の効力の発生に関するものを**停止期限**という。たとえば、「令和2年4月1日から賃貸借契約の効力が発生する」とした場合があげられる。債務の履行時期に関するものを**履行期限**という。たとえば、「令和2年3月31日までに支払う」とした場合があげられる。 ←「始期」とは ←「停止期限」とは ←「履行期限」とは

終期とは、法律行為の効力の消滅がかかるところの期限をいう(135条2項)。たとえば、「令和10年3月31日までを賃貸借契約期間とする」とした場合があげられる。 ←「終期」とは

⑵ 確定期限と不確定期限

確定期限とは、到来する時期の定まっている期限をいう。たとえば、「令和2年1月1日になったら」という期限があげられる。 ←「確定期限」とは

これに対して、**不確定期限**とは、到来することは確実であるものの、いつ到来するかが不確定な期限をいう。たとえば、「私が死亡したら」や、「今度雨が降ったら」という期限があげられる。 ←「不確定期限」とは

【２】期限に親しまない行為

期限についても、条件と同様に**期限に親しまない行為**が存在する。もっとも、以下のとおり違いがある。

⑴　身分行為

身分行為に期限を付けることは、条件ほどではないものの相手方の地位を不安定にするため、許されないと解されている。たとえば、３年間という期限付きの婚姻は許されない。

⑵　単独行為

単独行為に期限をつけることは、無意味であるため、原則として許されないと解されている（相殺について506条１項参照）。例外として、遺贈（964条）は、自身の死亡を停止期限とする単独行為であるものの、民法自体がその存在を認めている。

【３】期限付き法律行為の効力

⑴　期限の到来

期限は、将来発生することの確実な事実にかからせられている。たとえば、不確定な事実の到来を弁済期と定めた場合において、当該事実の不発生が確定したときは、その時点で期限が到来する。

期限到来の効力には遡及効がなく、当事者の合意によって期限到来の効果を遡及させることもできないと解される。なぜなら、遡及効を認めると期限を付けたことが無意味になるからである。この点で、条件と異なる。

⑵　期限付き法律行為の期限到来前の効力

期限の到来によって利益を受ける者の地位について、民法上の規定は存在しない。

もっとも、期限の到来によって利益を受ける者は、条件成就前の期待権者と同様の地位（発生が確実な点で、条件付き権利者よりも保護されるべき地位）にある。そのため、通説は、期限付き権利についても、128条および129条を類推適用すべきと解する。

➡ 四宮＝能見・民法総則408頁、リーガルクエスト民法Ⅰ268頁［原田］

【４】期限の利益

⑴　期限の利益の意義

← 「期限の利益」とは

期限の利益とは、期限付き法律行為の場合に、期限が到来しないことによって当事者の一方または双方が有している利益をいう。たとえば、１年間無利息で100万円を貸し付けた（消費貸借契約）場合には、債務者は、弁済期が到来するまで債務の弁済が猶予される。この場合に、債務者が有している弁済猶予の利益が、期限の利益である。

一般に、債務の履行について期限を定めた場合には、債務者が期限の利益を有することが多い。そのため、期限は債務者の利益のために存在するものと推定される（136条１項）。もっとも、たとえば、利息付き金銭消費貸借契約の場合には、債務者が弁済猶予という期限の利益を有する一方で、債権者も所定の利息を取得できるという期限の利益を有する。このように、当事者双方が期限の利益を有する場合もある。

⑵　期限の利益の放棄

期限の利益は、放棄することができる（136条２項本文）。たとえば、１年間無利息で100万円を貸し付けた(消費貸借契約)場合には、債務者は、弁済期到来前に債務を弁済することもできる。このように、**期限の利益が当事者の一方のみに存する場合**には、**当該当事者が自由にこれを放棄することができる。**

これに対して、**期限の利益が当事者双方のために存する場合**には、債務者と債権者のどちらが期限の利益を放棄するかによって場合分けをして考える必要がある。

債務者が期限の利益を放棄する場合には、債務者は、期限の利益の喪失による相手方の損失を填補するならば、期限の利益を放棄することができる(136条2項参照)。たとえば、利息付き金銭消費貸借契約の場合には、債務者は、期限までの利息を付するならば、期限の利益を放棄することができる。

これに対して、**債権者が期限の利益を放棄する**場合には、相手方の失う利益を填補できるときは期限の利益を放棄することができるものの、相手方の失う利益を填補できないときは期限の利益を放棄することができない。たとえば、有償寄託の寄託者は、期限まで寄託物を預かってもらえる利益を有するものの、期限までの寄託料を払えば、一方的に期限の利益を放棄して、寄託物の期限前返還を請求することができる。

他方で、利息付き金銭消費貸借の貸主は、期限までの利息を放棄する場合であっても、一方的に期限の利益を放棄してただちに貸金の返還を請求することはできない。この場合の債務者の失う利益は、損害賠償によっては填補できないからである。

(3) 期限の利益の喪失

(a) 総説

次の場合には、債務者は、期限の利益を主張することができない(137条各号、**期限の利益の喪失**)。

←「期限の利益の喪失」とは

①債務者が破産手続開始の決定を受けたとき(1号)
②債務者が担保を滅失させ、損傷させ、または減少させたとき(2号)
③債務者が担保を供する義務を負う場合において、これを供しないとき(3号)

(b) 期限の利益喪失約款(期限の利益喪失特約)

期限の利益の喪失に関しては、当事者が合意によってこれを定める場合があり、これを**期限の利益喪失約款**(**期限の利益喪失特約**)といわれている。

←「期限の利益喪失約款」とは

このような期限の利益喪失約款を結ぶことも当事者の自由であって、原則として認められるが、場合によっては公序良俗違反(90条)になることも考えられる。

期限の利益喪失約款については、特約の趣旨によって、2つの類型に分けられる。①期限の利益喪失事由が生じた場合には、当然に(ただちに)期限の利益が失われるという特約(**当然喪失事由型**、**当然の期限利益喪失約款**)と、②期限の利益喪失事由が生じた場合に、債権者は、ただちに債権の請求をすることができるという特約(**請求喪失事由型**)とである。②は、債権者の意思表示によってはじめて期限の利益を失うというものである。

←当然喪失事由型と請求喪失事由型

2. 期間

1 意義

期間とは、ある時点からある時点まで継続した時の区分をいう。たとえば、令和元年４月１日から令和２年３月31日までなどの区分をいう。期間は、契約期間など当事者間の合意で定められることもあれば、法律の規定や裁判所の命令によって定められることもある。

←「期間」とは

民法は、期間の計算に関する一般的な規定を設けているが、期間を定める法律行為などによって期間の計算方法が定められている場合にはそれによる（138条）。

民法上の期間の計算方法に関する規定は、私法的な関係だけでなく、特別の規定がないかぎり、公法関係の期間の計算にも適用される。たとえば、判例は、衆議院解散後の総選挙期日の起算日について、初日不算入の原則（140条）の適用を認めた。特別の規定としては、戸籍法43条、年齢計算ニ関スル法律１項、刑法23条１項などがある。

➡ 大判昭和５年５月24日民集９巻468頁

2 計算方法

【１】期間を時間で定めた場合

期間を時間で定めた場合には、その期間は、即時から起算する（139条）。「時間」には、分や秒を単位とする場合も含まれる。たとえば、午後１時から２時間30分後と定めたときは、午後３時30分が満了点となる。

【２】期間を日、週、月または年で定めた場合

⑴ 起算点

期間を日、週、月または年で定めた場合には、原則として、期間の初日は算入しない（140条本文）。これを初日不算入の原則という。たとえば、令和２年１月１日午前10時に「今から１年間」という期間を定めて動産を貸した場合は、初日の端数は切り捨てられ、令和２年１月２日から起算し、令和３年１月１日の終了時が満了点となる。

←「初日不算入の原則」とは

ただし、その期間が午前零時から始まるとき（すなわち、初日が端数にならないとき）は、初日から起算する（140条ただし書）。たとえば、令和元年12月31日に「令和２年１月１日から１年間」という期間を定めて動産を貸した場合には、初日である令和２年１月１日から起算し、令和２年12月31日の終了時が満了点となる。

初日不算入の原則の例外として、年齢の計算方法があげられます。
すなわち、年齢計算ニ関スル法律１項によれば、「年齢ハ出生ノ日ヨリ之ヲ起算ス」ると

して、例外的に初日を参入することになっています。したがって、たとえば4月1日生まれの者は、4月1日から計算して、翌年3月31日の終了によって満1歳となります（年齢計算ニ関スル法律2項・民143条2項）。

ちなみに、雑学的な知識となりますが、学校教育法17条1項および学校教育法施行規則59条によれば、小学校の入学年度は4月1日時点の年齢によって決まります。そのため、同じ年の4月1日に生まれた子と4月2日に生まれた子では、入学年度に1年の差が生じるのです。

また、刑法や刑事訴訟法では、初日不算入の原則の例外を定める規定が複数おかれています（刑23条1項、刑訴55条1項、208条1項等）。

(2) 満了点

「期間は、その末日の終了をもって満了する」（民141条）。ただし、「末日」の定め方は複雑である。

(a) 期間を日で定めた場合

期間を日で定めた場合には、起算日から所定の日数を数えて、その末日の終了が満了点となる。

なお、143条1項は「週」を加えているものの、月または年による期間計算の場合と異なって、起算日に応当する日がないという問題を生じないので、結論に影響なく無意味な規定である。

(b) 期間を月または年で定めた場合

期間を月または年で定めた場合には、日に換算せずに「暦に従って計算」する（143条1項）。たとえば、「1月1日から3か月間」と定めたときは、3月31日の終了が満了点となる。

月または年の初めから起算しないときは、最後の月または年においてその起算日に応当する日の前日に満了する（143条2項本文）。たとえば、「令和2年1月15日から1年間」と定めたときは、令和3年1月14日の終了が満了点となる。

ただし、月または年によって期間を定めた場合において、最後の月に応当する日がないときは、その月の末日に満了する（143条2項ただし書）。たとえば、「1月31日から1か月間」と定めたときは、2月に30日がないため、2月末日の終了が満了点となる。

(c) 期間の末日が日曜日、国民の祝日に関する法律に規定する休日その他の休日にあたる場合

期間の末日が日曜日、国民の祝日に関する法律に規定する休日その他の休日にあたる場合には、その日に取引をしない慣習がある場合にかぎり、期間は、その翌日に満了する（142条）。たとえば、期間の末日が日曜日にあたるときは、翌日の月曜日の終了が満了点となる。月曜日も休日であれば更に翌日の火曜日が、火曜日も休日であれば更に翌日の水曜日が……と続いていくこととなる。

なお、弁済または弁済の請求については、法令または慣習により取引時間の定めがあるときは、その取引時間内にかぎり、これらをすることができる（484条2項）。

← 平成29年改正

『債権総論』4章1節[2]【2】(1)(b)

(3) 過去にさかのぼる場合の計算方法

期間の計算には、過去にさかのぼる場合もある。たとえば、株主総会の日の2週間前（会社299条1項）や、時効期間満了前6か月（民158条）などがある。このように過去にさかのぼる場合の計算方法について、民法上に明文規定はないものの、

一般に民法の規定を類推適用すべきと解されている。

たとえば、株主総会の招集通知は、原則として、株主総会の日の２週間前までに発しなければならない(会社299条１項)。６月25日に株主総会を開催する場合には、その前日である24日を起算日として、さかのぼって２週間にあたる６月11日が末日となり、その始まり(10日の午後12時)が満了点となるため、この時までに発する必要がある。

➡ リーガルクエスト民法Ⅰ 273頁[原田]

○×問題で実力チェック

01 離婚には、条件を付すことができる。(S.49-19問)

→ × 身分行為。1節1【3】(1)参照

02 詐欺による意思表示の取消には、条件を付すことができる。(S.49-19問)

→ × 単独行為。1節1【3】(2)参照

03 相殺の意思表示には、期限を付すことはできるが、条件を付することはできない。(H.22-5問)

→ × 506条1項後段。1節1【3】、2【2】(2)参照

04 相当の期間を定めて催告をするのと同時に、その期間内に履行されないことを停止条件として解除の意思表示をしても、その解除は無効である。(H.22-5問)

→ × 大判明治43年12月9日。1節1【3】(2)参照

05 家屋の賃貸人Aがその家屋の賃借人Bに対し、Bが滞納している賃料を所定の期限までに支払わない場合にはその家屋の賃貸借契約を解除する旨の意思表示をすることは、単独行為に条件を付することになっても許される。(H.27-5問)

→ ○ 大判明治43年12月9日。1節1【3】(2)参照

06 当事者が、条件成就の効果をその成就した時以前にさかのぼらせる意思を表示したときは、その意思表示が条件成就前になされていた場合にかぎり、その意思に従う。

→ × 127条3項。1節1【4】(1)参照

07 AがBに対し「Bが医学部の卒業試験に合格したら、私が所有する甲自動車を贈与する。」と約束した場合、卒業試験の前にAが自動車を第三者Cに売却したときは、Bは、Aに対し、それにより生じた損害の賠償を請求することができる。(H.27-5問)

→ ○ 128条。最判昭和39年1月23日。1節1【4】(2)(b)参照

08 条件の成就によって利益を受ける当事者が不正にその条件を成就させたとき、相手方は、その条件を、成就しなかったものとみなすことができる。

→ ○ 130条2項。最判平成6年5月31日。1節1【4】(3)(b)参照

09 解除条件付贈与契約において、その条件不成就が既に確定している場合、その贈与契約は、無効である。(H.7-29問)

→ × この場合、無条件となる(131条2項)。1節1【5】(1)参照

10 停止条件付贈与契約において、その条件が債権者の意思のみにかかっている場合、その贈与契約は、有効である。(H.7-29問)

→ ○ 大判大正7年2月14日。1節1【5】(4)参照

11 AがBに対し「将来気が向いたら、私が所有する甲自動車を贈与する。」と約束したとしても、その贈与契約は無効である。(H.27-5問)

→ ○ 134条。1節1【5】(4)参照

12 解除条件付贈与契約において、その条件が債務者の意思のみにかかっている場合、その贈与契約は、無効である。(H.7-29問)

→ × 債務者の意思のみに関わる停止条件については134条で無効とされるが、解除条件については規定なし。1節1【5】(4)参照

13 判例によれば、「100万円借りるが出世したら返す」という約束をした場合、出世しないことが確定したときには、借主は返還義務を免れる。('07-4問)

→ × 大判大正4年3月24日。停止条件ではなく不確定期限。1節2【1】(2)参照

1. 時効総説

1 時効制度の意義

【1】時効の種類

時効とは、一定の事実状態が所定の期間継続した場合に、それが真実の権利関係と一致するか否かを問わずに、その事実状態に対応する権利関係を認める法制度をいう。

←「時効」とは
→ リーガルクエスト民法Ⅰ 275頁〔原田〕、中舎・民法総則380頁

時効には、消滅時効と取得時効の２種類がある。

(1) 消滅時効

←「消滅時効」とは

消滅時効とは、権利不行使の状態を継続する者の権利を消滅させる制度をいう。たとえば、AがBに対して貸金債権を有していたところ、AがBに対して貸金債権をなんら行使することなく長期間が経過したときに、AのBに対する貸金債権を消滅させる場合があげられる。

8－1 消滅時効

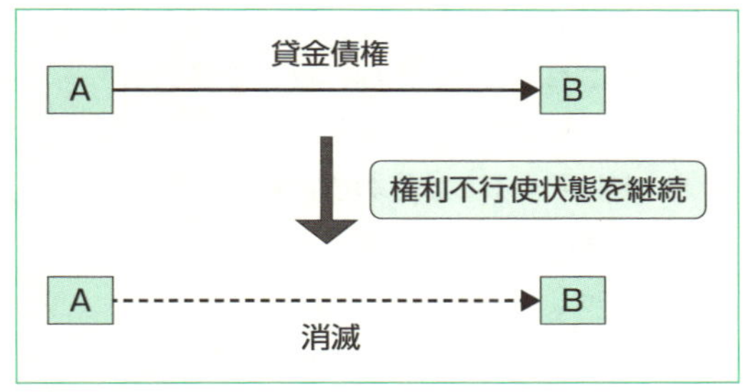

(2) 取得時効

←「取得時効」とは

取得時効とは、事実上権利者であるような状態を継続する者に権利を取得させる制度をいう。たとえば、Cが何ら占有権原を有しないにもかかわらず、Dの所有する甲土地を自己の土地であるかのように占有しはじめ、これについてDがCの占有を何ら排除しようとしないまま長期間が経過したときに、Cに甲土地の所有権を取得させる場合などがあげられる。

8－2 取得時効

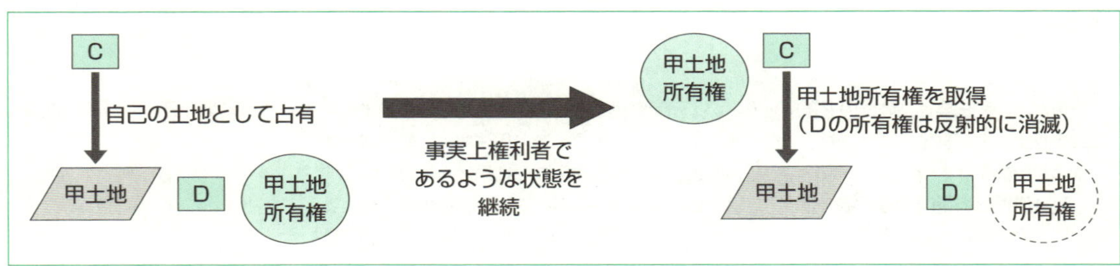

【2】時効制度の存在理由

常識的に考えれば、他人から借金をしたのであれば、どれだけの時間がかかったとしてもその借金を返済するべきであるし、他人の土地を我が物顔で占有する者に権利を認めるのは不当とも思える。そのため、時効制度はこれらの不当な事態を認める制度であり、不道徳な制度ではないかという疑問が生じる。

しかし、時効制度は、以下の３つの根拠(存在理由)から正当化されている。①**法律関係の安定(永続した事実状態の尊重)**、②**立証の困難性からの救済**および③**権利の上に眠る者は保護しない**、である。

→ リーガルクエスト民法Ⅰ276頁[原田]、中舎・民法総則383頁、平野・民法総則371頁

→ 我妻・講義Ⅰ431頁

(1) 法律関係の安定(永続した事実状態の尊重)

一定の事実状態が永続する場合には、社会は、その事実状態を基礎として種々の法律関係を形成するので、事実状態を覆さないほうが**社会の安定性を維持**できるという公益的な理由である。主として取得時効にあてはまる根拠である。

たとえば、CがDの所有する甲土地を自己の土地として長年占有していたところ、Cが甲土地上に乙建物を建てたり、甲土地ごと乙建物を第三者に賃貸したりした場合には、Cに甲土地の所有権を認めて事実状態を覆さないほうが、法律関係が安定するといえる。

(2) 立証の困難性からの救済

長い年月が継続すると証拠が散逸して権利関係を証明することが困難になるので、事実状態に即した扱いをすることによって**立証の困難性から救済**する必要があるという理由である。また、長い年月継続する事実状態は、真実の権利関係に合致している蓋然性が高いという点も指摘される。主として消滅時効にあてはまる根拠であるが、取得時効にもあてはまる。

たとえば、BがAに対して貸金債務を弁済したところ、Aが長期間経過してから貸金債務の履行を請求してきたとする。このとき、Bは債務を弁済していたものの、まさかAが弁済されたことを忘れて再度請求してくるとは思わず、領収書などの証拠を廃棄してしまっていた。このようなときに、弁済した事実を立証する困難性からBを救済する必要があるということである。

(3) 権利の上に眠る者は保護しない

たとえ権利を有していても、長い年月それを行使しない者は**法律上保護するに値しない**という理由である。

たとえば、Bに対する貸金債権を行使しなかったAや、自己の所有する甲土地を無権利者Cが占有しているにもかかわらず排除しようとしなかったDは、法律上保護するに値しないということである。

(4) 通説――多元説

通説は、時効制度は以上の(1)から(3)までの**３つの多元的な理由に基づく制度**であると解し、具体的な問題場面ごとに適合的な解釈をするべきとしている(多元説)。

→ 我妻・講義Ⅰ431頁、近江・講義Ⅰ331頁、中舎・民法総則383頁

わが国の民法典は、時効の共通項目をおいて消滅時効と取得時効をあわせて規定する形式を採用しています。これに対して、ドイツやスイス、イタリアの民法典は、民法総則では消滅時効だけを規定して、取得時効は占有とともに物権法のなかに規定をおいています。

消滅時効と取得時効の規定の設け方の違いは、時効制度の存在理由の理解の違いによるところが大きいといえます。わが国でも、学説上、時効制度の存在理由の理解について見

→ 平野・民法総則370頁

解が分かれていますが、ひとまず、わが国の民法典は時効についても総則規定を設けていることと、取得時効は物権法との関係でも重要になってくることを理解しておきましょう。

2 時効制度の法的構成

民法は、時効の効果について、取得時効であれば「所有権を取得する」(162条１項、２項)、「権利を取得する」(163条)と規定し、消滅時効であれば「消滅する」(166条等)と規定している。このような文言からすると、取得時効は実体法上の権利取得原因であり、消滅時効は実体法上の権利消滅原因といえそうである。

→ リーガルクエスト民法Ⅰ277頁[原田]

しかし、時効制度の法的構成については、歴史的にも比較法的にもさまざまな考え方が存在し、時効制度の存在理由の理解の仕方との関係で争いがある。

【1】実体法説

実体法説とは、時効を、実体法上の権利の得喪という実体法上の効果が生じる制度であるとする見解をいう。この見解は、その論拠を、主として法律関係の安定と、権利の上に眠る者は保護しないという点に求める。

← 「実体法説」とは

→ 我妻・講義Ⅰ443頁、幾代・民法総則536頁

実体法説は、条文上の文言とも整合的であり、現在の通説である。

【2】訴訟法説

訴訟法説とは、時効を、裁判で援用することにより、他の権利得喪原因の証明を要することなく、権利得喪の裁判を受けることを認める制度(訴訟法上の意味をもつ制度)とする見解をいう。この見解は、その論拠を、主として立証の困難性からの救済に求める。

← 「訴訟法説」とは

→ 川島・民法総則428頁

訴訟法説は、条文上の文言と整合しておらず、民法典の解釈論として訴訟法説を採用するのは無理があるとの批判がなされている。

この問題は、時効の援用(145条)の法的効果をどのように理解するかという問題と密接に関連するため、時効の援用の説明の際に改めて説明する。

→ 5節2

3 時効制度の全体像

時効制度で学ぶことは多岐にわたる。そのため、時効制度で学ぶことの全体像を意識して、体系立てて理解することが重要である。

本節で説明した時効総説は、時効制度全体に関するものである。時効制度の理解を確認する際は、そのつど確認することが望ましい。

２節では消滅時効について、３節では取得時効について説明する。消滅時効と取得時効のそれぞれに関する事項を確認するときに参照してもらいたい。

４節では、時効の完成を障害する事由(完成猶予・更新)について説明する。

最後に、５節では、時効の効果と援用・放棄について説明する。１節で説明した時効制度の存在理由の理解とも密接に関連するので、１節とあわせて確認することが望ましいであろう。

8−3

1節　時効総説

2節　消滅時効

3節　取得時効

4節　完成猶予・更新

5節　時効の効果と援用・放棄

2. 消滅時効

1 消滅時効の意義

【1】意義

消滅時効とは、権利不行使の状態を継続する者の権利を消滅させる制度をいう(166条以下)。たとえば、AがBに対して貸金債権を有していたところ、AがBに対して貸金債権を何ら行使することなく長期間が経過したときに、AのBに対する貸金債権を消滅させる場合があげられる。

←「消滅時効」とは

【2】消滅時効に類似する概念

消滅時効の意義に対する理解を深めるために、以下では、消滅時効に類似する概念について説明する。

(1) 除斥期間

除斥期間とは、一定の権利について、権利関係をすみやかに確定するために、法律の予定する権利の存続期間をいう。たとえば、193条(盗品、遺失物の回復請求権 - 2年)、195条(動物の回復請求権 - 1か月)、201条1項、3項(占有保持、回収の訴え - 1年)などは、除斥期間と解されている(通説)。

←「除斥期間」とは

→ 近江・講義Ⅰ366頁、リーガルクエスト民法Ⅰ301頁[原田]

(2) 除斥期間の特質

(a) 消滅時効と除斥期間の相違点

除斥期間は、一定期間の経過によって権利行使を否定する概念である点で、消滅時効と類似する。しかし、除斥期間は、次の点で消滅時効と異なる。

←除斥期間と消滅時効の相違点

(i) 起算点は権利発生時から

消滅時効の起算点は、後述するとおり、権利を行使することができることを知った時(主観的起算点)や権利を行使することができる時(客観的起算点)である(166条)。これに対して、除斥期間の起算点は、権利発生時からである。

→ 本節3

(ii) 完成猶予や更新の規定が適用されない

消滅時効には、その完成を障害する事由である完成猶予や更新の規定が適用される(147条から161条まで)。これに対して、除斥期間には完成猶予や更新の規定が適用されない。ただし、改正前民法のもとで、判例は、除斥期間と解されていた改正前民法724条後段(不法行為時から20年間の期間制限)について、改正前民法158条の時効の停止を認めた。

→ 最判平成10年6月12日民集52巻4号1087頁

(iii) 援用が不要

消滅時効は、時効完成の効果発生のために援用が必要である(145条。不確定効果説。援用については後述する)。これに対して除斥期間は、援用が不要で、効果は当然かつ絶対的に生じる。除斥期間の完成による権利の消滅を主張する者は、起算点と期間の経過を主張立証すれば足りる。なお、除斥期間の場合には、援用

→ 5節2【1】

が不要であるため、援用権の濫用といった問題は生じないと解されている(判例)。

最判平成元年12月21日民集43巻12号2209頁

(iv) **効果は遡及しない**

消滅時効の効果は、起算点にさかのぼって生じる(144条)。これに対して、除斥期間による権利消滅の効果は**遡及しない**。もっとも、元本について遅延損害金が発生している場合には、元本債権だけでなく遅延損害金債権も除斥期間によって消滅すると考えられる。

平野・民法総則440頁

(v) **放棄ができない**

消滅時効は、援用権者に援用するか放棄するかの選択が認められる。これに対して、除斥期間は、公益的な制度であるため、援用が不要とされる反面、**放棄もできない**とされている。

	消滅時効	除斥期間
起算点	主観的起算点：権利を行使することができることを知った時(166Ⅰ①) 客観的起算点：権利を行使することができる時(166Ⅰ②)	権利発生時
完成猶予・更新規定の適用	適用あり(147〜161)	適用なし*
援用の要否	必要(145)	不要
効果の発生時期	起算点に遡及する(144)	遡及しない
放棄の可否	できる	できない

* 改正前民法下の判例において、例外を認めたものがある。

最判平成10年6月12日(前出)

本文で説明したとおり、除斥期間については、完成猶予・更新の規定の適用がないと考えられています。

しかし、改正前民法下の判例のなかには、除斥期間と解されていたものについて時効の停止を認めたものがあります。この判例は、除斥期間と解されていた改正前民法724条後段の不法行為時から20年間の期間制限について、改正前民法158条の時効の停止を認めました。

最判平成10年6月12日(前出)

もっとも、この判例は、除斥期間一般について時効障害規定の適用を認めたものではありません。また、平成29年改正によって、724条2号の法的性質は消滅時効となりました。そのため、この判例で問題となった点については、立法的に解決されています。

『債権各論』5章2節4【4】(2)

平成29年改正民法のもとでも、除斥期間について、例外的に完成猶予・更新の規定が適用される場面がでてくるのかは明らかではありませんが、条文の趣旨や結果の妥当性を考慮しつつ個別具体的な事案に応じて考える必要があるでしょう。

リーガルクエスト民法Ⅰ 301頁[原田]

(b) **消滅時効と除斥期間の判断基準**

民法典は、条文上、除斥期間という用語を用いていないため、権利行使の期間制限が消滅時効と除斥期間のいずれであるかを判断する基準が問題となる。

一般に、規定の趣旨や権利の性質などから実質的に検討して判断すべきと解されている。

(i) **形成権の期間制限**

通説は、取消権のような形成権は権利者の一方的意思表示のみで権利内容の実現をすることができ、更新(旧時効の中断)を考える余地がないことから、長期・短期の両期間ともに除斥期間と解している。もっとも、学説上は、取消権の期間制限を定める126条に関して、5年と20年の期間制限のどちらも時効期間と解する見解や、5年は時効期間で20年は除斥期間と解する見解も主張されている。これらの点は前述した。

我妻・講義Ⅰ404頁、439頁、496頁、川井・民法総則287頁、288頁、四宮＝能見・民法総則441頁、リーガルクエスト民法Ⅰ258頁[原田]、301頁[原田]

平野・民法総則443頁

中舎・民法総則428頁

5章1節3【5】(4)

形成権の期間制限については、形成権行使後の原状回復請求権との関係も問題となるため、後で詳しく解説する。

→ 本節4【1】(4)

(ii) **請求権に関する短期期間制限**

193条(盗品、遺失物の回復請求権－2年)、195条(動物の回復請求権－1か月)、201条1項、3項(占有保持、回収の訴え－1年)などは、権利義務をめぐる争いのすみやかな確定という趣旨から、除斥期間と解するのが通説である。

→ 近江・講義Ⅰ366頁、リーガルクエスト民法Ⅰ301頁[原田]

(iii) **長短二重の期間制限**

1つの権利について短期と長期の行使期間が定められている場合がある。たとえば、166条1項や724条は、短期と長期のいずれも時効期間とされている。また、426条(詐害行為取消権の期間の制限)は出訴期間(訴えの提起期間)と解されている。

取消権の期間制限については、現在の通説は、短期・長期の両期間とも除斥期間と解しています。

884条(相続回復請求権)について、884条前段の短期期間制限が時効期間であることに争いはない。884条後段の長期期間制限について、判例は、時効期間と解している。もっとも、有力説は、長期期間制限も時効期間とすると短期の時効を更新すれば長期時効期間の存在意義がないことから、長期期間制限を除斥期間と解する。1048条(遺留分侵害額請求権の期間の制限)についても、有力説は、長期期間制限を除斥期間と解する。

→ 最判昭和23年11月6日民集2巻12号397頁

→ リーガルクエスト民法Ⅰ301頁[原田]

消滅時効か除斥期間かの判断は、従来、規定の趣旨や権利の性質などから実質的に検討して判断すべきと解されています。もっとも、判例や学説において明確な判断基準が確立しているわけではなく、区別の基準はあいまいです。

平成29年改正によって、従来、除斥期間と解されていた規定が、消滅時効となったり(724条2号)、出訴期間となったり(426条後段)していますので、法的性質が明らかなものから1つずつおさえていきましょう。

→ 平野・民法総則440頁、中舎・民法総則428頁

【3】権利失効の原則

権利失効の原則とは、権利行使がない状態が長期にわたる場合に、消滅時効にかかっていなくとも、信義則上権利行使を許さないという原則をいう。

← **「権利失効の原則」とは**

→ 中舎・民法総則428頁

→ 『債権各論』1章4節4【2】(4)

契約の解除との関係では、権利失効の原則は、解除権者が長期間にわたって解除権を行使せず、相手方がもはや行使されないものと正当に信頼し、その行使が信義則に反すると認められる場合には、解除権の行使を許されない理論などと定義されます。

たとえば、判例は、土地賃借権の無断譲渡から7年以上経過してから、賃貸人が612条に基づいて賃貸借契約を解除したのに対して、賃借人が権利失効の原則を理由に解除権は消滅したとして争った事案について、一般論として権利失効の原則を認めたかのような判断をした。

→ 最判昭和30年11月22日民集9巻12号1781頁

しかし、権利失効の原則はもともと消滅時効期間を長期に設定していたドイツで形成された理論であって、わが国の民法とは前提を異にする。また、権利失効の原則を認めることは消滅時効制度の意義を損なうことになりかねない。

そのため、権利失効の原則を一般論として認めるのは妥当ではなく、個別具体的な事案において権利主張を権利濫用や信義則違反として処理すれば足りるであ

ろう。

2 消滅時効の対象となる権利

【1】対象となる権利

消滅時効の対象となるのは、債権(166条1項)と所有権以外の財産権(166条2項)である。たとえば、地役権(291条)や抵当権(396条)があげられる。そのほか、知的財産権については特別法で時効期間が規定されており、特許権は出願日から20年で終了する(特許67条1項)。

抵当権は、債務者および抵当権設定者に対しては、その担保する債権と同時でなければ時効によって消滅しない(民396条)とされています。この規定は、被担保債権が時効により消滅しうることを前提として、抵当権が被担保債権と独立して時効消滅することがないことを定めるものと解されています。

もっとも、抵当権の被担保債権が破産法上の免責許可決定の効力を受ける場合には、消滅時効の進行を観念することができません(判例)。したがって、このような場合には、396条が適用されず、166条2項所定の20年間の消滅時効の適用を受けます(判例)。

なお、債務者および抵当権設定者以外の者(第三取得者や後順位抵当権者など)との関係では、抵当権が被担保債権とは独立して消滅時効にかかると解されています(判例)。

➡ 最判平成11年11月9日民集53巻8号1403頁

➡ 最判平成30年2月23日民集72巻1号1頁

➡ 大判昭和15年11月26日民集19巻2100頁

【2】対象とならない権利

(1) 所有権

➡ 中舎・民法総則413頁、Sシリーズ民法Ｉ299頁[松久]

所有権は、消滅時効の対象とならない(166条2項参照)。この趣旨は、近代法の基本原則である**所有権絶対の原則**にある。したがって、所有者は、長期間所有物を使用していなくても、消滅時効によって所有権を失うことはない。また、所有権から派生する権利(物権的請求権や共有物分割請求権〔256条〕、相隣権〔209条以下〕)も消滅時効にかからない。

ただし、その物の占有者が取得時効によって所有権を取得した場合には、反射的効果として、元の所有者は所有権を失う。

(2) その他の権利

占有権は、占有という事実があれば認められる権利であり、占有がなくなれば認められないという性質から、消滅時効の対象とならないと解されている。

留置権(295条)や先取特権(303条以下)は、法定担保物権であり、法の定めに従って発生、消滅するという性質から、消滅時効の対象とならないと解されている。

そのほか、身分権や人格権も、消滅時効の対象とならないと解されている。

消滅時効の対象となる債権・ならない債権

対象となる権利	対象とならない権利
債権(166Ｉ) 所有権以外の財産権(166Ⅱ) (例)地役権、抵当権 特許権(特許67Ｉ) 相手方の請求とは無関係に行使できる抗弁*2	所有権(およびそこから派生する権利) (例)物権的請求権、共有物分割請求権、相隣権)*1 占有権 留置権 先取特権 相手方の請求に対する抗弁権

＊1 ただしその物の占有者が時効取得した場合には，反射的に所有権を失う。
＊2 抗弁権の永久性を主張する学説もあるが判例・通説では認められていない。

【3】抗弁権の永久性

⑴ 抗弁権の意義

抗弁権とは、自分に対する他人の権利、ことに請求権のはたらきを阻止しうる作用を有する権利をいう。たとえば、売主が買主に対して売買代金を請求したのに対して、買主が同時履行の抗弁権(533条)を主張して請求を阻止することがあげられる。

← 「抗弁権」とは

→ 『債権各論』2章3節[3]

⑵ 抗弁権の類型

抗弁権には、①相手方の請求に対する抗弁としてしか主張できない権利と、②相手方の請求とは無関係に行使できる権利とがある。

すなわち、①相手方の請求に対する抗弁としてしか主張できない権利としては、たとえば保証人の催告・検索の抗弁(452条、453条)や同時履行の抗弁権(533条)があげられる。これに対して、②相手方の請求とは無関係に行使できる権利としては、たとえば取消権や解除権などの形成権があげられる。

⑶ 抗弁権の永久性の肯否

①相手方の請求に対する抗弁としてしか主張できない権利は、相手方の履行請求権と切り離して存在することはできないので、抗弁権だけが消滅時効にかかることはなく、履行請求権が消滅したときに消滅すると解される。

これに対して、②相手方の請求とは無関係に行使できる権利については、たとえば取消権は追認することができる時から５年間で時効消滅する(126条)。そのため、たとえばＡがＢの詐欺によって自己の所有する絵画甲を不当に低額で売却してしまったところ、Ｂが特に何も言ってこないのでそのまま放置していたら、取消権が時効消滅した後になって、ＢがＡに対して絵画甲の所有権に基づく引渡しを請求してきた場合には、Ａはもはや取消権を主張できないことになりそうである。しかし、このような場合に、相手方から請求がないのに積極的な取消権の行使をＡに期待するのは酷であるため、請求と抗弁権を一体的に処理するべきとする見解が主張されるようになった。

この見解は、このように取消権を抗弁として主張する場合には、消滅時効にかかわらず主張することができるとし、そのほうが時効制度の存在理由のひとつである永続する事実状態(請求がなされていないという事実状態)の保護に適うとする。このような考え方を、抗弁権の永久性の理論という。

もっとも、判例・通説は、抗弁権の永久性を認めていない。みずから積極的に取消権を行使しなかった者を保護する必要はなく、個別具体的な事案に応じて権利行使を権利濫用または信義則違反として処理すれば足りるとする。

→ 川島・民法総則578頁

← 「抗弁権の永久性の理論」とは

→ 注釈民法⑸306頁[北川]、川井・民法総則368頁
→ 大判昭和13年2月26日民集17巻275頁
→ 中舎・民法総則415頁

なお、①相手方の請求に対する抗弁としてしか主張できない権利の具体例としてあげた同時履行の抗弁権も、自己の相手方に対する履行請求権だけが時効消滅したような場合には、抗弁権の永久性を認めるべきか否かという問題が生じる可能性があります。

もっとも、この場合には、同時履行の抗弁権は相手方の履行請求権の属性であって、相手方の履行請求権と独立して消滅しないと解すれば、抗弁権の永久性を一般論として認めなくても妥当な結論にいたると考えられます。

3 消滅時効の起算点

← 平成29年改正

一般の債権は、債権者が権利を行使することができることを知った時か

ら5年、または、権利を行使することができる時から10年のいずれか早い方の期間の経過によって消滅する(166条1項)。

このように、民法は、債権者が権利を行使することができることを知った時(主観的起算点)からの短期の消滅時効期間と、権利を行使することができる時(客観的起算点)からの長期の消滅時効期間の二元的な構成を採用している。この趣旨は、主観的起算点から進行する消滅時効だけでは、債権者の認識がないかぎり、いつまでも時効が完成しないことになり妥当でないと考えられた点にある。

➡ リーガルクエスト民法Ⅰ290頁[原田]、平野・民法総則430頁、中舎・民法総則421頁

【1】客観的起算点

(1) 総論

➡ 中舎・民法総則422頁

166条1項2号は、「権利を行使することができる時」を客観的起算点としている。この「権利を行使することができる時」の意義については、以下のとおり見解が分かれている。

(a) 法的可能性説

法的可能性説とは、権利を行使することにつき、法律上の障害がなくなった時を客観的起算点とする見解をいう(従来の通説)。たとえば、弁済期が到来した時や停止条件が成就した時があげられる。

➡ 我妻・講義Ⅰ484頁、川井・民法総則369頁、近江・講義Ⅰ383頁

以上に対して、債権者が病気であるなど事実上権利行使ができないこと(事実上の障害)は、消滅時効の進行を妨げません。

また、法律上の障害がある場合であっても、債権者の意思によって除去しうるものは、消滅時効の進行を妨げません。たとえば、同時履行の抗弁権が付着している債権は、同時履行の抗弁権という法律上の障害が存在するものの、債権者は自己の債務について弁済の提供をすることで同時履行の抗弁権を除去することができるため、履行期から消滅時効が進行します。

(b) 現実的可能性説

現実的可能性説とは、権利を行使するにつき法律上の障害がなくなっただけでは足りず、権利を行使することを現実に期待できる時を客観的起算点とする見解をいう(近時の有力説。判例にも、この見解に立ったと評価されるものがある)。その理由として、法的に権利が発生しているかどうかは、裁判所ではじめて明らかにされる場合もあり、そのような判断の危険を権利者に負担させるのは不当であるということをあげる。

➡ 星野・民法論集4巻310頁、石田[穣]・民法総則1128頁、佐久間・総則410頁、平野・民法総則433頁

➡ 最大判昭和45年7月15日民集24巻7号771頁、最判平成8年3月5日民集50巻3号383頁、最判平成21年1月22日民集63巻1号247頁

たとえば、供託金取戻請求権の消滅時効は、供託の時ではなく、供託の基礎となった債務について紛争の解決などによってその不存在が確定するなど、供託者が免責の効果を受ける必要が消滅した時と解される。

以上のような見解の対立はありますが、法的可能性説と現実的可能性説との対立は、実際には決定的なものとはいえないとの評価もされています。

すなわち、法的可能性説によっても、現実的可能性説に立ったと評価される判例の結論は、事案の特殊性に基づく例外として認めることができますし、他方で、現実的可能性説によっても、権利者の個人的な事情で権利行使をすることができない場合は除かれるからです。また、起算点が特に問題となっている不法行為に基づく損害賠償請求については、独自の解釈がなされています(詳しくは、債権各論で学習します)。

➡ 『債権各論』5章2節4【4】

以上のように、時効の起算点について一般的な基準を立てようとしても、条文自体が抽象的なわけですから限界があり、権利ごとに妥当な起算点を設定するほかはないと評価す

る立場もあるのです。

⑵ 各論

以下では、客観的起算点が問題となりうるものを個別に検討する。

(a) 期限付きまたは停止条件付き債権

期限付きまたは停止条件付き債権は、**期限到来時・停止条件成就時**から時効が進行する。

確定期限付き債権は、期限の到来時から時効が進行する。不確定期限付き債権についても、期限の到来時から時効が進行するのであり、債務者が期限の到来を知ったか否かは起算点に影響しない。

→ 中舎・民法総則422頁

(b) 期限の定めのない債権

期限の定めのない債権は、成立と同時に行使が可能となるため、**債権の成立時**から時効が進行する。

ただし、返還時期の定めのない消費貸借の場合には、債権の成立時から相当期間が経過した時から時効が進行すると解される(裁判例)。返還時期の定めのない消費貸借の貸主は、借主に対する催告後、相当期間を経過した時から返還を請求できるようになるからである(591条1項)。

→ 東京高判昭和41年6月17日 金法449号8頁

不確定期限付き債権と期限の定めのない債権は、客観的起算点と履行遅滞に陥る時期(412条2項、3項)が異なりますので、間違えないようにしましょう。

8－4

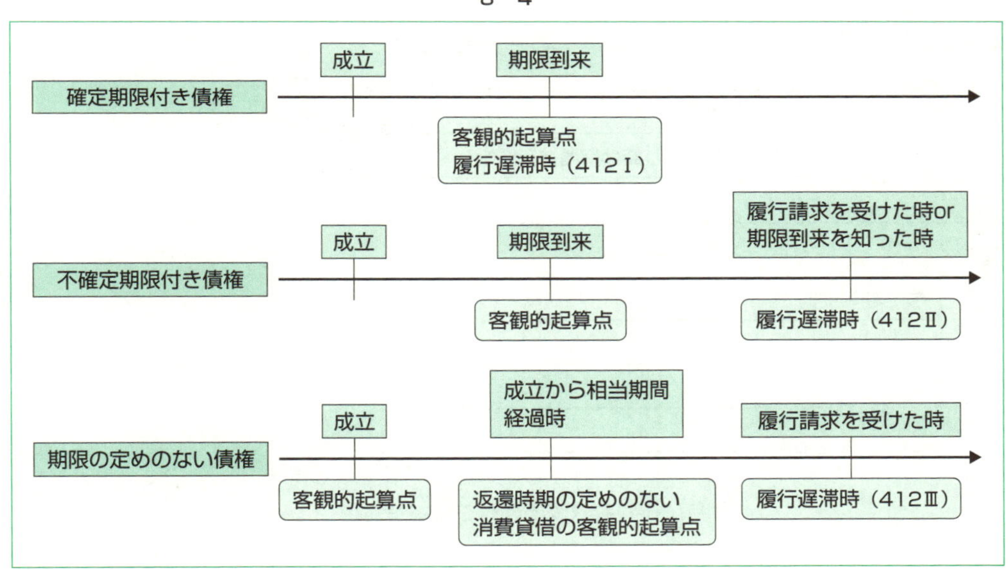

(c) 期限の利益喪失約款付き債権

割賦販売などでは、1回でも支払を怠ると残額すべてを請求できるとする特約(**期限の利益喪失約款**)がつけられていることが多い。この場合に、1回分の弁済を怠ったとき、残額についていつの時点から消滅時効が進行するのかが問題となる。

割賦販売の内容については、債権各論で学習します。ここでは、たとえば自動車のディーラーから中古車を24回払で購入するような月賦販売を念頭においておけば十分です。

さて、期限の利益喪失約款については、期限の利益の喪失のところで触れましたが、その知識を前提としてここでの問題の所在をしっかりと把握しておいてください。

特約の趣旨が、債権者の意思表示がなくても債務者は当然に期限の利益を失うというものであるときは(**当然喪失事由型、当然の期限利益喪失約款**)、残債権は債務不履行と同時に消滅時効が進行すると解することに、異論はありません。

問題は、1回でも弁済の遅滞があった場合に、債務者は当然に利益を失うのではなく、**債権者の意思表示**によってはじめて期限の利益を失うという内容(**請求喪失事由型**)であるときです。

→『債権各論』2章2節4【1】(1)

→7章1節2【4】(3)

この点について、判例は、債権者が意思表示をした時から消滅時効が進行するとしている(債権者意思説、請求時進行説)。その理由としては、期限の利益喪失約款は債権者の利益のためにあるのだから、債権者は弁済期を変更させる形成権を取得したのであり、それを行使しないかぎり、弁済期は変更せず時効は進行しないという点をあげる。

→最判昭和42年6月23日民集21巻6号1492頁

これに対して、学説の多数説は、支払を怠った時点で債権者は期限の利益を喪失させて債権全額を請求できるようになることから、支払を怠った時から全額について消滅時効が進行すると解する(即時進行説、当然時効進行説)。期限の定めのない債権と同様に扱おうとする説といえる。

→我妻・講義I 487頁、幾代・民法総則510頁、川井・民法総則372頁、四宮=能見・民法総則432頁、近江・講義I 384頁

8−5　期限の利益喪失約款：4回払の場合

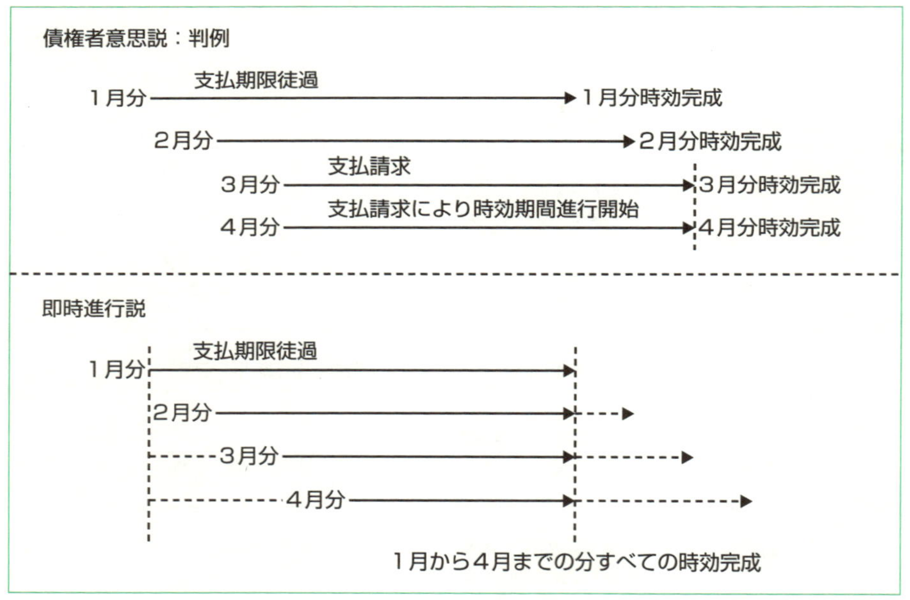

(d)　債務不履行による損害賠償請求権

(i)　改正前民法

債務不履行による損害賠償請求権の客観的起算点について、改正前民法のもとでの判例は、本来の債務の履行を請求できる時とした。その理由として、判例は、「契約に基づく債務について不履行があったことによる損害賠償請求権は、本来の履行請求権の拡張ないし内容の変更であって、本来の履行請求権と法的に同一性を有すると見ることができる」ことをあげている。この理由づけは、

→最判平成10年4月24日判時1661号66頁

債務不履行による損害賠償請求権の性質を、本来の履行請求権が同一性を維持しつつ転化したものと解する見解(債務の転形論)に基づいている。

なお、判例には、安全配慮義務違反に基づく損害賠償請求権について、権利者保護の観点から、消滅時効の起算点を遅らせたものもある。

→ 最判平成6年2月22日(後出重要判例)

★重要判例(最判平成6年2月22日〔百選Ⅰ44事件〕)

「前示事実関係によれば、じん肺は、肺内に粉じんが存在する限り進行するが、それは肺内の粉じんの量に対応する進行であるという特異な進行性の疾患であって、しかも、その病状が管理二又は管理三に相当する症状にとどまっているようにみえる者もあれば、最も重い管理四に相当する症状まで進行した者もあり、また、進行する場合であっても、じん肺の所見がある旨の最初の行政上の決定を受けてからより重い決定を受けるまでに、数年しか経過しなかった者もあれば、20年以上経過した者もあるなど、その進行の有無、程度、速度も、患者によって多様であることが明らかである。そうすると、例えば、管理二、管理三、管理四と順次行政上の決定を受けた場合には、事後的にみると一個の損害賠償請求権の範囲が量的に拡大したにすぎないようにみえるものの、このような過程の中の特定の時点の病状をとらえるならば、その病状が今後どの程度まで進行するのかはもとより、進行しているのか、固定しているのかすらも、現在の医学では確定することができないのであって、管理二の行政上の決定を受けた時点で、管理三又は管理四に相当する病状に基づく各損害の賠償を求めることはもとより不可能である。以上のようなじん肺の病変の特質にかんがみると、管理二、管理三、管理四の各行政上の決定に相当する病状に基づく各損害には、質的に異なるものがあるといわざるを得ず、したがって、重い決定に相当する病状に基づく損害は、その決定を受けた時に発生し、その時点からその損害賠償請求権を行使することが法律上可能となるものというべきであり、最初の軽い行政上の決定を受けた時点で、その後の重い決定に相当する病状に基づく損害を含む全損害が発生していたとみることは、じん肺という疾病の実態に反するものとして是認し得ない。これを要するに、雇用者の安全配慮義務違反によりじん肺に罹患したことを理由とする損害賠償請求権の消滅時効は、最終の行政上の決定を受けた時から進行するものと解するのが相当である。」

【争点】 雇用者の安全配慮義務違反によりじん肺にかかったことを理由とする損害賠償請求権の消滅時効の起算点。

【結論】 じん肺法所定の管理区分についての最終の行政上の決定を受けた時から進行する。

(ii) 平成29年改正民法

← 平成29年改正

しかし、平成29年改正民法は、履行請求権と損害賠償請求権が併存する事態(415条2項2号、3号後段)を認め、債務の転形論を否定したと解されている。そのため、平成29年改正民法のもとで、債務不履行による損害賠償請求権の客観的起算点をどの時点と解すべきかが問題となる。

→ 『債権総論』2章3節③【2】(2)(b)(ii)

→ 潮見・改正法69頁、中舎・債権法110頁

この点について、改正前民法下と同様に、本来の債務の履行を請求できる時と解する見解は、債務の転形論が否定されたものの、「時効の起算点に限っていえば、履行請求権と損害賠償請求権が発生原因を同じくすること」を根拠としてあげる。

→ 中舎・民法総則424頁

これに対して、「たとえ同一の債権であるとしても、損害賠償請求権の行使可能性の保障を別個に考えるべき」として、履行不能による損害賠償請求権発生時とする見解や、そもそも「損害賠償債務と本来の債務の間に債務の同一性がない」として損害発生時とする見解なども有力に主張されている。

→ 平野・民法総則437頁

→ リーガルクエスト民法Ⅰ291頁[原田]

→ 四宮=能見・民法総則435頁、近江・講義Ⅰ384頁、平野・民法総則432頁、中舎・民法総則426頁、リーガルクエスト民法Ⅰ291頁[原田]

(e) 不作為債権

建築協定、騒音防止協定、公害防止協定などで債務者が一定の行為をしないことを約束した不作為債権は、違反行為があった時から時効が進行すると解され

る。違反行為があるまでは、債権者は積極的な権利行使ができないからである。

(f) **不法行為による損害賠償請求権**

不法行為による損害賠償請求権の起算点については、特別の定めがある。**被害者またはその法定代理人が損害および加害者を知った時**が主観的起算点であり、**不法行為の時**が客観的起算点である（724条2号）。詳細は、債権各論を参照してほしい。

→『債権各論』5章2節④【4】

【2】主観的起算点

166条1項1号は、「**権利を行使することができることを知った時**」を主観的起算点としている。

「権利を行使することができることを知った時」とは、客観的起算点の到来を債権者が知った時をいう。客観的起算点における現実的可能性説を前提とすると、**債権者が権利を行使することを現実に期待できる程度に当該権利の発生およびその履行期の到来その他権利行使にとっての障害がなくなったことを債権者が知った時**を意味することとなる。これは、債務者がだれであるかを知ったことをも含む趣旨である。

→ 中舎・民法総則421頁、リーガルクエスト民法Ⅰ296頁〔原田〕

契約に基づく債権の場合には、通常、主観的起算点と客観的起算点が一致するものと解される。たとえば、貸金債権の弁済期を契約日から1年後と定めた場合には、貸主は、契約日の時点で客観的起算点が到来する時を明確に認識しているため、客観的起算点の到来と同時にこれを知ったものとして主観的起算点も到来する。

	消滅時効の起算点		履行遅滞の起算点
	客観的起算点	主観的起算点	
確定期限の定めのある債権	期限到来時	左欄の事実を知った時	期限到来時（412Ⅰ）
不確定期限の定めのある債権	期限到来時	左欄の事実を知った時	履行請求を受けた時または期限到来を知った時（412Ⅱ）
期限の定めのない債権	債権成立時	左欄の事実を知った時	履行請求を受けた時（412Ⅲ）
停止条件付き債権	条件成就時	左欄の事実を知った時	条件成就後、履行請求を受けた時
債務不履行による損害賠償請求権	本来の債務の履行を請求できる時（平成29年改正前民法下の判例）	左欄の事実を知った時	履行請求を受けた時（期限の定めのない債権）
契約解除による原状回復請求権	契約解除時（平成29年改正前民法下の判例）	左欄の事実を知った時	履行請求を受けた時（期限の定めのない債権）
不作為債権	違反行為時（有力説）	左欄の事実を知った時	履行請求を受けた時（期限の定めのない債権）
返還時期の定めのない消費貸借	債権の成立時から相当期間が経過した時	左欄の事実を知った時	催告後、相当期間経過した時（591Ⅰ）
不法行為に基づく損害賠償請求権	不法行為時（724②）	被害者またはその法定代理人が損害および加害者を知った時（724①）	不法行為時（判例）

→ 最判平成10年4月24日（前出）

→『債権各論』1章4節④【2】(3)

→ 大判大正7年4月13日民録24輯669頁、最判昭和35年11月1日民集14巻13号2781頁

→ 最判昭和37年9月4日民集16巻9号1834頁

主観的起算点からの時効期間は「権利を行使することができる」といえる状態でなければ進行しません。このことは、「権利を行使することができることを知った時から５年間行使**しない**とき」に時効消滅するとしている条文の文言からも明らかであるとされています。

➡ 一問一答57頁

4 消滅時効期間

← 平成29年改正

【１】債権等

(1) 一般の債権

一般の債権の消滅時効期間は、**債権者が権利を行使することができることを知った時から５年**、または、**権利を行使することができる時から10年**である（166条１項）。この規定は、特別の定めがある場合を除き、すべての債権に適用される。

平成29年改正事項　一般の債権の消滅時効期間　C１

改正前民法は、債権の消滅時効における原則的な時効期間を10年間とし、その起算点を「権利を行使することができる時」としていた（改正前167条１項、166条１項）。この例外として、改正前民法は、ある債権がいかなる職種に関して発生したものであるかによって、１年間から３年間の職業別の短期消滅時効期間を定めていた（改正前170条から174条まで）ほか、商法は商事債権について５年間という短期消滅時効期間を定めていた（改正前商522条）。

このような職業別短期消滅時効制度が設けられた趣旨は、対象となった債権は比較的少額であることをふまえ、特に時効期間を短期間にしてその権利関係を早期に決着させることにより、将来の紛争を防止する点にあった。また、商事消滅時効制度が設けられた趣旨は、商事債権について早期決済を可能にする点にあった。

しかし、このような職業別短期消滅時効や商事消滅時効については、これらの短期消滅時効の適用を受けるものとそうでないものとの区別に合理性があるのか疑問が呈されるようになった。また、取引がきわめて複雑・多様化した現代社会において、短期消滅時効の適用を受ける債権といえるかどうかの判断が難しい事態が生じるようになった。

そこで、平成29年民法改正において、特に職業別短期消滅時効制度を廃止し、時効期間の単純化・統一化を図ることとなった。その方法として、平成29年改正民法は、起算点を異にする長短２種類の時効期間を組み合わせる方式を採用し、権利を行使することができる時（客観的起算点）から10年という時効期間に加えて、債権者が権利を行使することができることを知った時（主観的起算点）から５年という時効期間を設けることとした。

なお、このような方式が採用された理由は、廃止される職業別短期消滅時効制度の対象となっていた債権について弁済の証拠保存のための費用や負担が増加することへの影響を最小限におさえつつ、安定した実務運用がなされている商事消滅時効について改正の影響を極力おさえる点にある。

➡ 中間試案の補足説明67頁、部会資料14-2・４頁、69A・１頁、78A・５頁、80-3・１頁、一問一答53頁、潮見・改正法47頁、詳解改正民法75頁［山野目］

8－6　一般の債権の消滅時効期間

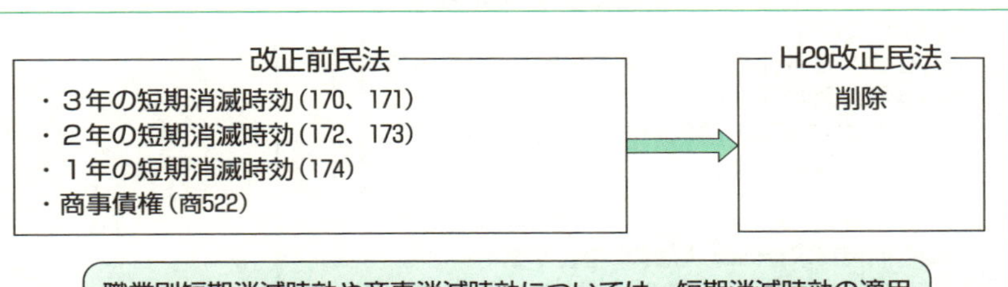

職業別短期消滅時効や商事消滅時効については、短期消滅時効の適用を受けるものそうでないものとの区別の合理性に疑問があったことからこれらの規定を削除し、時効期間の単純化・統一化を図った。

平成29年民法改正に伴って、特別法で規定されている債権の消滅時効期間についても、166条1項と平仄をあわせた改正がなされています(製造物5条、鉱業115条、不正競争15条等)。もっとも、労働者の賃金請求権の消滅時効期間について2年間と定めている労働基準法115条については、改正がなされませんでした。今後、改正が検討される可能性のある実務上重要な事項ですので、間違えないようにしましょう。

➡『債権各論』5章3節[6]【3】(4)

(2) 人の生命または身体の侵害による損害賠償請求権

人の生命または身体の侵害による損害賠償請求権の消滅時効期間は、**債権者が権利を行使することができることを知った時から5年**、または、**権利を行使することができる時から20年**である(民167条・166条1項)。一般の債権の消滅時効と比べて、客観的起算点からの時効期間が20年に長期化されている。

この趣旨は、人の生命または身体に関する利益は、財産的な利益等の他の利益と比べて保護すべき度合いが強く、権利行使の機会を確保する必要性が高い点にある。

不法行為に基づく損害賠償請求権についても同様の規定(724条の2)が設けられているため、人の生命または身体の侵害による損害賠償請求権の原因が債務不履行の場合と不法行為の場合のいずれについても、主観的起算点から5年間、客観的起算点から20年間の消滅時効にかかることとなる。

平成29年改正事項 **人の生命または身体の侵害による損害賠償請求権** C1・C2

➡部会資料63・8頁、69A・11頁、78A・17頁、一問一答61頁、潮見・改正法49頁、詳解改正民法77頁[山野目]

改正前民法は、生命や身体が侵害されたことによって生じた損害賠償請求権の消滅時効について特則を設けておらず、一般の債権と同様に理解されていた。その結果、債務不履行と構成するか不法行為と構成するかによって、損害賠償請求権の消滅時効期間に差異が生じていた。しかし、生命、身体の侵害による損害賠償請求権については、重要な法益について債権者に深刻な被害が生じ、通常の生活を送ることも困難な状態に陥ることがありうることから、債権者に時効完成の阻止に向けた措置を期待することができず、それを要求することも適当でない場合が少なくないといえる。また、重要な法益の侵害による損害賠償請求権については、一般の債権よりも権利行使の機会を確保する必要性が高い。

そこで、平成29年改正民法は、客観的起算点からの消滅時効期間を20年間に長期化して権利行使の機会を確保するとともに、不法行為に基づく損害賠償請求権についても同趣旨の改正を行い、債務不履行と構成した場合と不法行為と構成した場合とで消滅時効期間が同じ期間となるように規定を設けた(167条・166条1項、724条の2)。

8−7 人の生命身体の侵害による損害賠償請求権

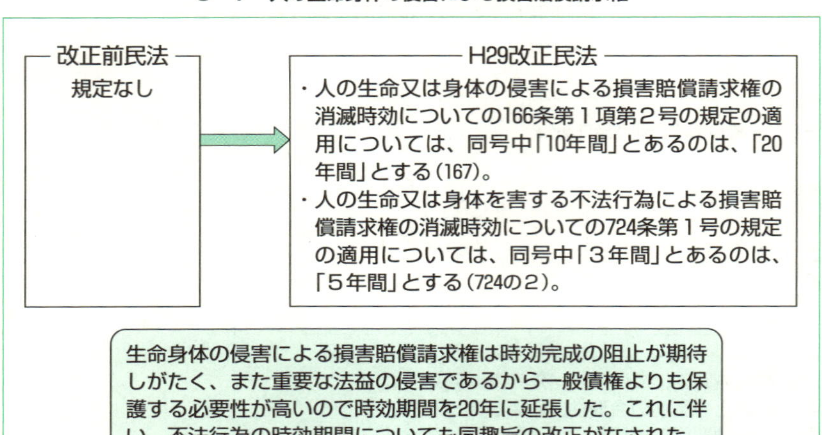

	債権		不法行為の損害賠償請求権	
	一般の債権(166Ⅰ)	生命・身体の侵害の特則(167)	一般の不法行為(724)	生命・身体の侵害の特則(724の2)
短期消滅時効	権利を行使することができることを知った時(主観的起算点)から5年(166Ⅰ①)	同左	損害・加害者を知った時から3年(724①)	損害・加害者を知った時から5年(724の2)
長期消滅時効	権利を行使することができる時(客観的起算点)から10年(166Ⅰ②)	権利を行使することができる時(客観的起算点)から20年(167)	不法行為の時から20年(724②)	同左

(3) 定期金債権

← 平成29年改正

← 「定期金債権」とは

定期金債権とは、定期に一定の金銭その他の物を給付させる債権をいう。たとえば、年金債権や地上権の地代債権などがあげられる。この点について、判例は、一方で、分譲マンションにおける管理費等の債権は定期金債権にあたるとしたが、他方で、ＮＨＫの受信契約に基づく受信料債権は定期金債権にあたらないとした。

→ 最判平成16年4月23日民集58巻4号959頁、最判平成30年7月17日(平30重判・民法1事件)

定期金債権の消滅時効期間は、**債権者が定期金の債権から生ずる金銭その他の物の給付を目的とする各債権を行使することができることを知った時から10年**、または、このような**各債権を行使することができる時から20年**である(168条１項)。

平成29年改正事項　定期金債権の消滅時効　C1

→ 部会資料63・8頁、69A・4頁、80-3・1頁、一問一答59頁、潮見・改正法51頁

改正前民法168条１項は、「定期金の債権は、第１回の弁済期から20年間行使しないときは、消滅する。最後の弁済期から10年間行使しないときも、同様とする」と規定していた。この趣旨は、定期金債権が通常の債権と異なり、支分権を発生させつつ長期間にわたって存続するという性質をもつことにかんがみて、一般の債権よりも長期の時効期間を定める点にあった。

しかし、改正前民法168条１項に対しては、定期給付債権について１回でも弁済された後に弁済が滞った場合に、いつの時点を起算点とすべきかが不明確である点等が指摘されていた。また、定期金債権についても、債権者の主観を考慮する主観的起算点からの短期の消滅時効を設けるべきとの指摘がされていた。

そこで、平成29年改正民法は、一般の債権と同様に主観的起算点を導入し、その起算点を「債権者が定期金の債権から生ずる金銭その他の物の給付を目的とする各債権を行使することができることを知った時」としたうえで時効期間を10年とした(168条１項)。

8−8　定期金債権

改正前民法

定期金の債権は、第１回の弁済期から20年間行使しないときは、消滅する。最後の弁済期から10年間行使しないときも、同様とする(168Ⅰ)。

→

H29改正民法

定期金の債権は、次に掲げる場合には、時効によって消滅する(168Ⅰ)。

①債権者が定期金の債権から生ずる金銭その他の物の給付を目的とする各債権を行使することができることを知った時から10年間行使しないとき。

②前号に規定する各債権を行使することができる時から20年間行使しないとき。

債権について主観的起算点および客観的起算点という原則的な消滅時効期間に改められたことを受け、改正168条１項では一般の債権と同様に主観的起算点を導入した。

定期金債権は、定期に一定額の支払を請求する個別の債権（定期給付債権）を発生させる基礎となる権利である。すなわち、定期金債権は基本権たる権利であり、定期給付債権は支分権たる権利である。なお、分割払債権は、債権額の総額を分割して受け取るだけなので、定期金債権にあたらない。

8－9

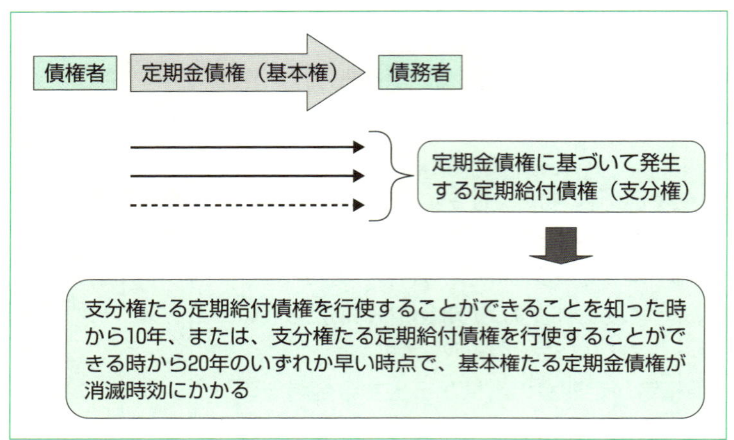

定期金債権者は、時効の更新の証拠を得るため、いつでも、その債務者に対して承認書の交付を求めることができる（168条２項）。

平成29年改正事項	定期給付債権の短期消滅時効の削除	B 1

改正前民法169条は、年またはこれより短い時期によって定めた定期給付債権の時効期間を５年と定めていた。

しかし、平成29年改正民法における原則的な時効期間と近似するため、一般の債権と別途規定を設ける必要性は乏しいと考えられた。

そこで、平成29年改正民法は、上記規定を削除した。

→ 部会資料63・8頁、69A・4頁、80-3・1頁、一問一答59頁、潮見・改正法51頁

8－10　定期給付債権の短期消滅時効の削除

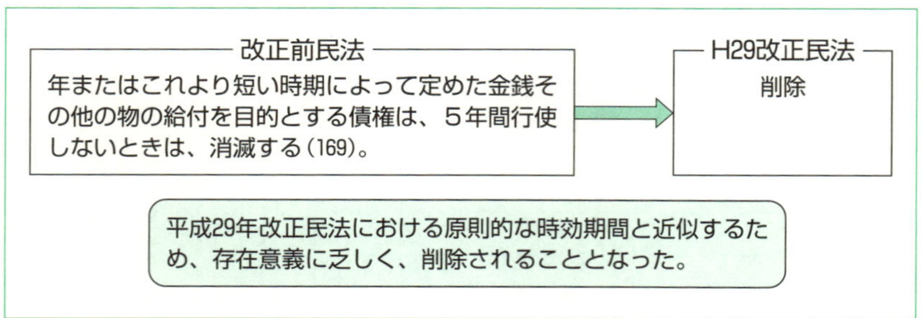

(4) 形成権

形成権については、第１に、形成権は時効を問題とする余地はなく、その期間制限は除斥期間ではないかという点が問題となり、第２に、形成権行使の結果生じる請求権の時効の起算点をどこにおくかという点が問題となる。

(a) 形成権の期間制限

第１の問題点について、判例は、次のように解していると評価されている。

まず、民法典が当該権利について特に短期消滅時効の規定をおいている取消権（126条）等についての期間制限は、長期・短期ともに時効期間と考えられる。たとえば、**取消権**の消滅時効期間は、**追認をすることができる時から５年**、ま

→ ジュリスト300号127頁［三藤］
→ 最判昭和62年10月８日民集41巻７号1445頁
→ 平野・民法総則443頁

たは、**行為の時から20年**である(126条)。もっとも、前述したように、通説は、取消権のような形成権は権利者の一方的意思表示のみで権利内容の実現をすることができ、更新(旧時効の中断)を考える余地がないことから、長期・短期の両期間ともに除斥期間と解している。

次に、民法典が当該権利について特に期間制限の規定をおいていない解除権(540条以下)等についての期間制限は、**一般の債権に準じて扱われる**と考えられる。すなわち、解除権についていえば、債権者が権利を行使することができることを知った時から５年、または、権利を行使することができる時から10年である(166条１項)。

最後に、民法典が当該権利について除斥期間の規定をおいているもの(即時取得の客体が盗品・遺失物であるときの前主の回復請求権〔193条〕や不適法婚の取消権〔745条２項等〕など)についての期間制限は、除斥期間と考えられる。

> 5章1節③【5】(4)、本節①【2】(1)(c)(i)
> 我妻・講義Ｉ404頁、439頁、496頁、川井・民法総則287頁、288頁、四宮＝能見・民法総則441頁、リーガルクエストＩ258頁[原田]、301頁[原田]
> 最判昭和42年７月20日民集21巻６号1601頁、最判昭和62年10月８日(前出)

(b) 取消権等の形成権と原状回復請求権との関係

●論点Ａランク(論証30)

第２の問題点について、取消しや解除によって原状回復請求権(原状回復義務。121条の２、545条１項本文)が発生する場合について、取消権等の形成権と原状回復請求権の期間制限を一体として捉える見解(一段構成説、請求期間制限説)と、別個に捉える見解(二段構成説、取消期間制限説)とがある。

> 解除権の消滅時効については、債権各論で学びますので、ここでは取消権について説明します。

> 『債権各論』1章４節④【2】(3)

一段構成説によれば、取消権と原状回復請求権(121条の２)が一体的に５年または20年の期間制限に服することとなる。すなわち、取消権者は、行為後ただちに追認をすることができるようになった場合は、追認をすることができる時から５年以内に取消権を行使したうえで原状回復請求権を行使しなければならない。この場合に、取消権者が、５年以内に取消権を行使したものの、原状回復請求権については５年を超えて行使したときは、時効障害事由がないかぎり、原状回復請求権は時効消滅していることとなる。

> 我妻・講義Ｉ405頁、498頁、幾代・民法総則443頁、四宮＝能見・民法総則338頁、近江・講義Ｉ313頁

これに対して、**二段構成説**によれば、取消権と取消しによって成立する原状回復請求権(121条の２)がそれぞれ別個の時効に服することとなる。すなわち、取消権者は、行為後ただちに追認をすることができるようになった場合には、追認をすることができる時から５年以内に取消権を行使すれば足り、原状回復請求権については一般の債権の消滅時効が別途適用される(166条１項)。判例もこの立場である。

> 内田Ｉ310頁、329頁、リーガルクエスト民法Ｉ259頁[原田]
> 大判昭和12年５月28日民集16巻903頁、最判昭和35年11月１日民集14巻13号2781頁

一段構成説は、その根拠として、取消権自体は形成権であり、それが原状回復請求権などを発生させる場合には、請求権発生のための手段にすぎないこと、126条が取引安定のために短期消滅を認めた意義(取り消されるかどうかの不安定性の除去)をあげている。

以上に対して、二段構成説は、126条の期間内に取消しの意思表示が行われれば、行為は無効に確定するのであって、取り消されるかどうかの不安定性の除去という126条の趣旨はみたされているとする。そして、取消しにより確定した無効という結果の実現に際しての第三者の不利益に対しては、177条、192条、94条２項の類推適用などで対抗することも十分可能であるとする。

> リーガルクエスト民法Ｉ259頁[原田]

8－11

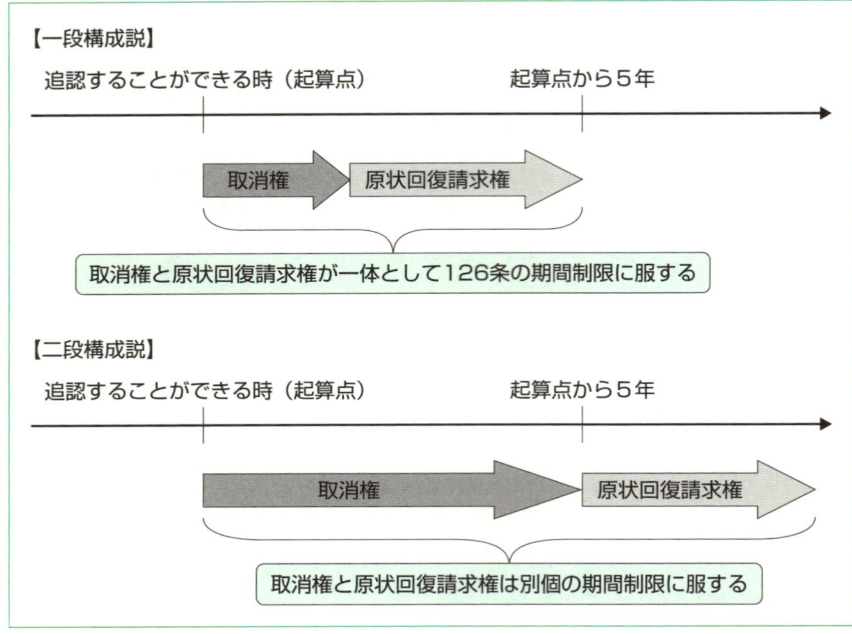

平成29年改正により、原状回復義務（121条の２）が新設されましたが、これに伴い、法律行為の無効を原因とする原状回復請求権（121条の２）は、「債権」として、客観的起算点である「権利を行使することができる時から10年」、主観的起算点である「権利を行使することができることを知った時から５年」で消滅時効にかかることになります（166条１項）。具体的には、法律行為時から10年、無効原因を知った時から５年で消滅時効にかかることになります。また、意思無能力の無効を原因とする原状回復請求権（121条の２第３項前段）については、取消的無効の考え方に基づいて、主観的起算点、客観的起算点のいずれについても、無効主張時と考える余地があるとの指摘もなされています。

なお、侵害利得（契約関係がなくてもっぱら他人の財貨によって受けている利得）の場合には、不当利得返還請求権（703条、704条）の問題となりますが、これも「債権」として同様に消滅時効にかかります（166条１項）。具体的には、利得が受益者に帰属した時から10年、損失者が利得が受益者に帰属しているときを知った時から５年となります。

➡ リーガルクエスト民法Ⅰ 249頁［原田］

➡ リーガルクエスト民法Ⅰ 249頁［原田］

⑸　確定債権の特則（169条）

確定判決または確定判決と同一の効力を有するもの（裁判上の和解や調停など）によって確定した権利については、10年より短い時効期間の定めがあるものであっても、その時効期間は**10年**となる（169条１項）。この趣旨は、権利の存在が公に確証されるので証拠の保全が問題とならなくなる点や、時効を更新するために短期間に再び訴訟提起等をさせるのは煩雑である点にある。

平成29年改正民法において、たとえば売買代金債権の消滅時効期間は、その履行期の経過の時（主観的起算点）から５年間ですが（166条１項１号）、その代金債権について確定判決により時効が更新された場合には、その消滅時効期間は、その確定の時から10年間となります。

➡ 佐久間・総則427頁

また、破産手続において確定した事項についての破産債権者表の記載は確定判決と同一の効力を有するので（破124条３項）、破産債権者表に記載された破産債権についても、時効期間が10年となる（判例）。

➡ 最判昭和44年９月２日民集23巻９号1641頁

ただし、確定の時に弁済期の到来していない債権については、この規定は適用されない(169条2項)。たとえば、支払期限について争いがある債権について、期限到来前に確定判決がだされても、支払期限の到来時から通常の時効期間が進行するにすぎない。

→ 中舎・民法総則419頁

主債務が判決等で確定した権利となり10年間の消滅時効期間に服することになった場合には、保証債務についてもその効力が及び、保証債務の消滅時効期間も10年間となると解されます(判例)。この根拠は、付従性(457条1項)にあります。

これに対して、**保証債務**が判決等で確定した権利となり10年の消滅時効期間に服することになった場合であっても、主債務については何ら影響がないと解されます(判例)。もっとも、学説上は、確定判決によって保証債務の存在が確定されたのであれば、主債務についても存在が明らかになったものとして169条1項の適用を肯定する見解も有力に主張されています。

→ 最判昭和43年10月17日判時540号34頁、最判昭和46年7月23日判時641号62頁

→ 大判昭和20年9月10日民集24巻82頁

→ 銀行法務21・549号22頁[酒井]、酒井・時効の管理207頁、石田[穣]1148頁

【2】債権または所有権以外の財産権

債権または所有権以外の財産権の消滅時効期間は、権利を行使することができる時から**20年**である(166条2項)。たとえば、地上権者が土地を利用しない状態を20年継続したときは、時効により消滅することとなる。

なお、消滅時効の規定は、始期付き権利または停止条件付き権利の目的物を占有する第三者のために、その占有の開始の時から取得時効が進行することを妨げない(166条3項本文)。たとえば、BがAからAが死亡したらAの所有する甲不動産をもらうという合意をしていた場合に、Cが甲不動産を所有の意思をもって占有して時効取得することは妨げられない。ただし、権利者は、その時効を更新するため、いつでも占有者の承認を求めることができる。

→ 我妻・有泉コンメンタール324頁

5 消滅時効の効果

【1】「消滅する」の意義

消滅時効を援用(145条)すると、その権利は「消滅する」(166条1項等。不確定効果説)。

細かい論点ですが、債権の消滅時効の場合には、「消滅する」という文言の意義をどのように理解するべきかが問題となります。

この点について、**債権消滅説**は、消滅時効の効果を文言どおり債権(債務)が消滅すると解する見解です(通説)。判例もこの立場と評価されています。

これに対して、**自然債務説**は、消滅時効の効果を債権の強制力のみが消滅するとし、自然債務になると解する見解です。この見解によれば、消滅時効にかかっていても、債権(債務)自体は存続しているため、時効援用後に債務者が任意した弁済は有効となることをうまく説明できるとされています(ただし、不確定効果説のうち、解除条件説を前提とします)。

→ 平野・民法総則394頁

【2】時効消滅した債権を自働債権とする相殺

時効によって消滅した債権がその消滅以前に相殺適状になっていた場合には、債権者は時効消滅した債権を自働債権とする相殺をすることができる(508条)。たとえば、AのBに対する甲債権とBのAに対する乙債権が相殺適状になった後、

Bが甲債権について消滅時効を援用したとする。このとき、Aは、Bの時効援用後であっても、甲債権を自働債権として乙債権と相殺することができる。詳細は債権総論を参照してもらいたい。

➡『債権総論』4章4節[2]【1】(4)

【3】遡及効

消滅時効の効力は、その起算日にさかのぼる(144条)。すなわち、債権は起算日の時点で消滅したものと扱われ、その後の利息は発生していなかったこととなる(判例)。

➡ 大判大正9年5月25日民録26輯759頁

3. 取得時効

1 取得時効の意義

【1】意義

取得時効とは、事実上権利者であるような状態を継続する者に権利を取得させる制度をいう(162条以下)。

←「取得時効」とは

たとえば、Aが何ら占有権原を有しないにもかかわらず、Bの所有する甲土地を自己の土地であるかのように占有し始め、これについてBがAの占有を何ら排除しようとしないまま長期間が経過したときに、Aに甲土地の所有権を取得させる場合があげられる。

【2】長期取得時効と短期取得時効

(1) 長期取得時効

20年間、所有の意思をもって、平穏に、かつ、公然と他人の物を占有した者は、その所有権を取得する(162条1項)。これを長期取得時効という。長期取得時効では、主に占有の態様や所有の意思の有無が問題となる。

(2) 短期取得時効

占有の開始時に占有者が善意無過失であった場合には、時効完成に必要な期間が20年間から10年間に短縮される(162条2項)。これを短期取得時効という。短期取得時効では、長期取得時効で問題となる点のほかに、占有開始時の善意無過失の意義が問題となる。

【3】取得時効の対象となりうる権利の種類

所有権(162条)だけでなく、所有権以外の財産権(163条)も取得時効の対象となりうる。ただし、取得時効の対象となりうる財産権は、性質上継続して行使することが可能な権利にかぎられる。

以下では、まず所有権の取得時効を前提に説明し、その後、所有権以外の財産権の取得時効について説明する。

➡ 本節4

2 要件

▶2012年

➡『物権法』3章

占有の意義については、物権法の占有権のところで触れますが、取得時効を理解するためには、所有の意思、自主占有、他主占有などの概念の理解が必要ですので、以下では、これらの概念についても触れておきます。

【1】一定期間の占有継続

(1) 物の占有

取得時効が認められるためには、「物を**占有**」することが必要である(162条1項、2項)。

なお、平成16年改正前民法162条2項は、1項と異なり、「不動産」と規定していたが、平成16年改正により「他人の物」と改められたため、動産についても取得時効が適用されることが明記された。

(a) 自己の物

← 自己の物の時効取得の可否

162条は、条文上「他人の物」であることが要件とされていることから、**自己の物**の時効取得が認められるかが問題となる。たとえば、不動産の二重譲渡の場合に、登記を具備した第三者からの土地明渡し等の請求に対し、未登記の譲受人が時効取得を主張する場合があげられる。

8−12

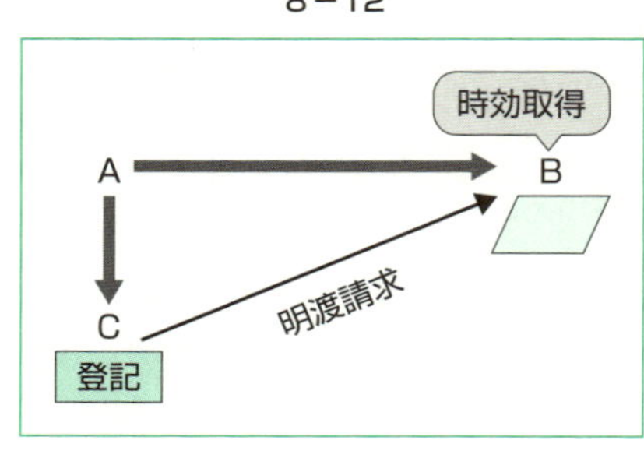

たしかに、通常は、自己の物について取得時効を援用することに意味はないように思える。しかし、たとえば、所有権の取得を基礎づける権原の証明が困難な場合や、権原に基づく所有権取得の効果を第三者に対抗することができない場合(二重譲渡の場合)などでは、自己の物について取得時効を援用する実益がある。

取得時効は、権利者がだれであるのか不明確な場面において、長期間の継続占有者が真の権利者であることが多いという蓋然性あるいは既成事実それ自体として尊重して、占有者に権利を取得させる制度である。そこで、取得時効の完成を主張するに際して、当該物が占有者以外の他人の所有に属することを積極的に証明する必要はなく、**自己の物の時効取得も認められる**と解される(判例)。

➡ 大判大正9年7月16日民録26輯1108頁、最判昭和42年7月21日(後出重要判例)、最判昭和44年12月18日民集23巻12号2467頁

★重要判例(最判昭和42年7月21日〔百選Ⅰ45事件〕)

「民法162条所定の占有者には、権利なくして占有をした者のほか、所有権に基づいて占有をした者をも包含するものと解するのを相当とする(大審院昭和……9年5月28日判決……参照)。すなわち、所有権に基づいて不動産を占有する者についても、民法162条の適用があるものと解すべきである。けだし、取得時効は、当該物件を永続して占有するという事実状態を、一定の場合に、権利関係にまで高めようとする制度であるから、所有権に基づいて不動産を永く占有する者であっても、その登記を経由していない等のために所有権取得の立証が困難であったり、または所有権の取得を第三者に対抗することができない等の場合において、取得時効による権利取得を主張できると解することが制度本来の趣旨に合致するものというべきであり、民法162条が時効取得の対象物を他人の物としたのは、通常の場合において、自己の物について取得時効を援用することは無意味であるからにほかならないのであって、同条は、自己の物について取得時効の援用を許さない趣旨ではないからである。」

【争点】 所有権に基づいて不動産を占有する者についても、162条の適用があるか。

【結論】 適用がある。

(b) 物の一部

物の一部について時効取得をすることができるかは、物の一部が経済的価値の単位として扱われるか否かによって決せられるべきと解されている。

この点について、判例は、一筆の土地の一部や、他人の土地に権限なくして植えつけた樹木について取得時効を認めている。

➡ 大連判大正13年10月7日 民集3巻509頁、最判昭和30年6月24日 民集9巻7号919頁

(c) 公物(公共用財産・公用物)

➡ 最判昭和38年12月13日 民集17巻12号1696頁

← 公物が取得時効の対象となるか

取得時効の対象物は、私人が所有する物にかぎられるか。道路、公園、河川、海浜のように直接公衆の共同使用に供される物を**公共用財産**といい、官公署、国公立学校・病院の敷地建物のように国または公共団体の使用に供される物を**公用物**といい、公共用財産と公用物を総称して**公物**という。これら公物が取得時効の対象となるかが問題となる。

この点について、判例は、公物としての形態、機能をまったく喪失し、その物を公共用財産として維持すべき理由がなくなったときは、黙示的に公用が廃止されたものとして、時効取得が成立するとする。

➡ 最判昭和44年5月22日 民集23巻6号993頁、最判昭和51年12月24日 民集30巻11号1104頁

⑵ 占有継続の推定

長期取得時効では**20年間**、短期取得時効では**10年間**、それぞれ占有を継続することを要する(162条1項、2項)。

もっとも、前後の両時点において占有をした証拠があるときは、占有は、その間継続したものと推定される(186条2項)。たとえば、令和2年1月1日時点と令和11年12月31日時点において、それぞれ占有をした証拠があれば、その間占有が継続したものと推定される。そのため、占有の継続を争う者は、占有が中断したことの立証責任を負う(法律上の事実推定)。

⑶ 取得時効の中断

占有者が任意にその占有を中止し、または他人によってその占有を奪われたときは、取得時効は中断する(164条)。**中断**とは、中断となる事実が生じると時効期間の進行が断絶し、それまでに経過した期間が無意味になることをいう。164条の中断を、特に**自然中断**という。

← 「中断」とは

➡ 我妻=有泉・コンメンタール289頁

← 「自然中断」とは

もっとも、他人によってその占有を奪われた場合であっても、占有回収の訴えを提起して勝訴し、現実の占有を回復すれば、その間占有が継続したものとみなされる(203条ただし書。判例)。

➡ 最判昭和44年12月2日 民集23巻12号2333頁

【2】所有の意思

⑴ 意義

「**所有の意思**」とは、所有者として占有する意思をいう。所有の意思をもってする占有を**自主占有**といい、そうでない占有を**他主占有**という。たとえば、売買や贈与など所有権の移転を目的とする契約に基づいて占有する場合は自主占有であり、賃貸借や使用貸借など所有権の移転を目的としない契約に基づいて占有する場合は他主占有である。

← 「所有の意思」とは

← 「自主占有」とは

← 「他主占有」とは

⑵ 所有の意思の有無

このように、所有の意思の有無は、**占有取得の原因たる事実によって外形的・客観的に決定される**。占有者の内心の意思は問題とならないと解される(判例)。すなわち、賃貸借によって物を占有する者が、単に内心で「今日から自分の物として占有することにしよう」と思っても、それだけでは自主占有とならない。

➡ 最判昭和45年6月18日 判時600号83頁

後述するように、所有の意思があることは推定される(186条1項)。したがって、自主占有であることに異論を述べる者が他主占有であることを主張立証しなければならない(判例)。

➡ 最判昭和54年7月31日 判時942号39頁

他主占有であるというためには、①**他主占有権原**に基づくこと、または②他主占有であることを示す事情(**他主占有事情**)の存在を立証しなければならない。他主占有事情とは、占有者が所有者であれば通常とらないような態度を示し、または所有者であれば当然とるべき行動をしなかったなど、外形的・客観的にみて占有者が他人の占有を排して占有する意思を有していなかったと解される事情をいう(判例)。登記手続の有無や固定資産税の負担、管理状況などが判断の基準となる。もっとも、人的関係や経済的な事情次第では、占有者が登記をせず、また固定資産税を支払っていなかった場合であっても、他主占有事情が認められないこともある(判例)。

所有の意思については、他主占有から自主占有への性質の変更が特に問題となるので、後で詳述する。

← 「他主占有事情」とは

➡ 最判昭和58年3月24日民集37巻2号131頁

➡ 最判平成7年12月15日民集49巻10号3088頁

➡【5】

【3】平穏、公然

「**平穏**」とは、占有を取得または保持するために暴行、強迫など違法・強暴の行為を用いていないことをいう。単に占有自体が不法であることをもって平穏の要件を欠くわけではない(判例)。

「**公然**」とは、占有を取得または保持するために隠匿しないことをいう。

通説は、強盗や泥棒の占有でも、強暴・隠秘の事情がやめば平穏かつ公然の占有となり、その時点から時効の進行が開始すると解している。これに対して、占有の性質は占有開始時の態様を基準とすべきであるとして、事後的に平穏かつ公然の占有となることを否定する見解も有力である。

後述するように、「平穏」と「公然」も、186条1項で推定される。

← 「平穏」とは

➡ 最判昭和41年4月15日民集20巻4号676頁

← 「公然」とは

➡ 辻・民法総則386頁

➡ リーガルクエスト民法Ⅰ283頁[原田]

【4】占有の態様等に関する推定

占有が、**所有の意思をもって、善意で、平穏に、かつ、公然と開始されたことは推定される**(186条1項)。これに対して、占有開始時の無過失は推定されない(判例)。

➡ 大判大正8年10月13日民録25輯1863頁、最判昭和46年11月11日判時654号52頁

188条は、「占有者が占有物について行使する権利は、適法に有するものと推定する」と規定しています。この規定を根拠として、占有開始時の無過失も推定されないかが問題となります。

この点について、即時取得(192条)の場面では、188条によって前主が権利者と推定される結果、前主から取引行為によって占有を承継した者は無過失と推定されると考えられています(判例)。しかし、前主の占有に対する信頼を保護する即時取得と違って、取得時効の場合は、前主の占有に対する信頼を基礎としていません。

したがって、取得時効の場合には、占有開始時の無過失が推定されないのです。もっとも、登記上の所有者であった前主から取引行為によって譲り受けた目的物について取得時効を主張する場合には、登記の推定力によって、占有者の善意無過失が事実上推定される(法律上の事実推定ではないことに注意)ことはあるでしょう。

➡『物権法』2章7節[2]【4】

➡ 最判昭和41年6月9日民集20巻5号1011頁

➡ 平野・民法総則458頁

なお、占有に関する善意とは、**自己の物であると積極的に信じること**をいう(判例)。事実の知不知を意味する善意とは意味合いを異にする点に注意をしてほしい。

➡ 大判大正8年10月13日(前出)

通常の善意		通常の悪意
自己物と積極的に信じている	自己物か否か半信半疑	自己物でないと知っている
占有における善意	占有における悪意	

186条1項は、要件事実論の観点から特殊な規定ですので説明しておきます。初学者は、要件事実論や民事訴訟法を勉強するまで読み飛ばしてしまってかまいません。

経験則があらかじめ法規化され(推定規定)、法規の適用として行われる場合を**法律上の推定**といいますが、そのなかで、A事実が立証されれば、推定規定により、法律要件に該当するB事実の存在が推定されることを**法律上の事実推定**といいます。たとえば、186条2項は、前後の両時点における占有という事実が立証されれば、継続した占有という事実を推定する規定ですから、法律上の事実推定の規定です。

法律上の事実推定がなされると、これを争う側が推定された事実の不存在を立証しなければなりません(**立証責任の転換**)。

186条1項は、証明責任の転換を伴う点で法律上の事実推定と同じですが、前提事実と推定事実が同一の法律効果の要件事実を構成している点に特徴があります。このような場合を**暫定真実**といいます。

要するに、条文上は所有の意思や平穏、公然、善意が要件とされており、占有者が立証しなければならないように見えますが、実際は、これらの要件はすでにその存在が推定されているため、取得時効を争う者がこれらの不存在を立証しなければならなくなっているわけです。

➡『民事訴訟法』11章4節④【1】、【2】、【3】

←「法律上の推定」とは

←「法律上の事実推定」とは

←立証責任の転換

←「暫定真実」とは

要件	長期取得時効(162Ⅰ)	短期取得時効(162Ⅱ)
所有の意思	○ (ただし、186Ⅰで推定)	○ (ただし、186Ⅰで推定)
平穏、公然	○ (ただし、186Ⅰで推定)	○ (ただし、186Ⅰで推定)
占有開始時の善意無過失	×	○ (ただし、186Ⅰで善意のみ推定)
時効期間	20年間 (ただし、186Ⅱで占有継続の推定)	10年間 (ただし、186Ⅱで占有継続の推定)

【5】特に問題となる事項

取得時効の基本的な要件は以上のとおりである。以下では、取得時効の要件に関して特に問題となる事項について説明する。

(1) 他主占有から自主占有への性質変更(185条)

(a) 総説

他主占有であっても、占有者が「**自己に占有をさせた者に対して所有の意思があることを表示**」し、または「**新たな権原により更に所有の意思をもって占有を始める**」場合には、自主占有に変更される(185条)。

「自己に占有をさせた者に対して所有の意思があることを表示」とは、たとえば、賃借人が賃貸人に対して、今後は賃料を支払わず自己の所有物として占有する旨を表示する場合があげられる。

「新たな権原により更に所有の意思をもって占有を始める」とは、たとえば、賃借人が賃貸人から賃貸目的物を購入したり、贈与を受けたりする場合があげられる。「新たな権原」の典型例は、売買や贈与等、所有権移転を目的とする法律行為である。

(b) 相続を契機とする性質変更

それでは、他主占有であった被相続人から相続によって目的物の占有を承継した相続人は、相続をもって自主占有に性質変更したとして、時効取得することができるか。相続が「新たな権原」に該当するかが問題となる。

●論点Aランク（論証31）

この点について、判例は、相続が当然に「新たな権原」に該当するわけではないとしつつ、占有者が、**被相続人の占有を相続により承継しただけでなく、新たに目的物を事実上支配することにより占有を開始した場合において、その占有が所有の意思に基づくものであるとき**は、「新たな権原」による占有と評価することができるとした。この場合には、自主占有であるという推定は及ばないため、他主占有から自主占有への性質変更を主張する者がその主張立証責任を負う。占有者は、**その事実的支配が外形的客観的にみて独自の所有の意思に基づくものと解される事情を立証**する必要がある（判例）。

➡ 最判昭和46年11月30日民集25巻8号1437頁

➡ 最判平成8年11月12日（後出重要判例）

➡ 百選Ⅰ67事件

★重要判例（最判平成8年11月12日〔判例シリーズ26事件〕）

「他主占有者の相続人が独自の占有に基づく取得時効の成立を主張する場合において、右占有が所有の意思に基づくものであるといい得るためには、取得時効の成立を争う相手方ではなく、占有者である当該相続人において、その事実的支配が外形的客観的にみて独自の所有の意思に基づくものと解される事情を自ら証明すべきものと解するのが相当である。けだし、右の場合には、相続人が新たな事実的支配を開始したことによって、従来の占有の性質が変更されたものであるから、右変更の事実は取得時効の成立を主張する者において立証を要するものと解すべきであり、また、この場合には、相続人の所有の意思の有無を相続という占有取得原因事実によって決することはできないからである。」

【争点】 他主占有者の相続人が独自の占有に基づく取得時効の成立を主張する場合における所有の意思の立証責任。

【結論】 他主占有者の相続人が独自の占有に基づく取得時効の成立を主張する場合には、相続人において、その事実的支配が外形的客観的にみて独自の所有の意思に基づくものと解される事情を証明すべきである。

(2) 占有の承継

(a) 総説――選択可能性

占有者の承継人は、その選択に従い、自己の占有のみを主張し、または自己の占有に前の占有者の占有をあわせて主張することができる（187条1項）。たとえば、A→B→Cと不動産が譲渡され、Bが4年間、Cが7年間占有を継続したとする（BCいずれも占有開始時に善意無過失である）。この場合に、AB間の譲渡が無効であったとすると、BとCの占有期間を個別にみると、いずれも取得時効期間に足りないため取得時効できないはずである。しかし、Cは、Bの占有をあわせて主張することができる（187条1項）ため、合計して11年間の占有継続が認められ、短期取得時効を主張することができる。

187条は、特定承継の場合だけでなく、相続などの包括承継にも適用される（判例）。また、前の占有者が複数いる場合には、どの時点の前主から合算してもよい（判例）。

➡ 最判昭和37年5月18日民集16巻5号1073頁

➡ 大判大正6年11月8日民録23輯1772頁

(b) 瑕疵の承継

もっとも、前の占有者の占有をあわせて主張する場合には、その**瑕疵をも承継**する（187条2項）。この場合の「瑕疵」とは、悪意や有過失、他主占有、強暴・隠秘など、取得時効の成立を阻害する事情を意味する。

(c) **無瑕疵の承継**

それでは、前の占有者が善意無過失であった場合には、その無過失性(無瑕疵)も承継するか。

たとえば、甲不動産をA→B→Cの順で相続した場合において、Aが悪意で10年間、Bが善意無過失で8年間、Cが善意有過失で2年間占有したとします。この場合に、Cは、Aから合算して20年間の長期取得時効を主張することはできますが(187条2項)、Bから合算して10年間の短期取得時効を主張することもできるかが問題となります。

8－13

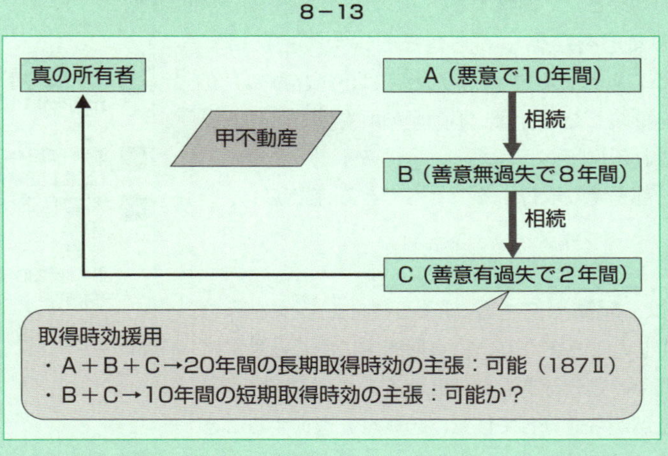

この点について、期間の合算以上に過剰な保護を与える必要はないとして、取得時効を援用する占有者が悪意または善意有過失である場合には、前の占有者の占有をあわせて主張する場合であっても短期取得時効を主張することはできず、長期取得時効の主張が認められるにすぎないとする見解がある。

しかし、162条2項は、時効完成に必要な期間全体にわたって占有者の善意無過失を要求しておらず、「**その占有の開始の時に**」善意無過失でありさえすれば、**事後に悪意または善意有過失に変じたとしても短期取得時効の成立に影響しない**ことを前提としている。この理は、同一占有主体が占有を継続する場合だけではなく、占有主体に変更がある場合にも妥当すると解される。

したがって、前の占有者が善意無過失であった場合には、取得時効を援用する占有者が悪意または善意有過失であったとしても、善意無過失で開始した前の占有者の占有とあわせて短期取得時効を主張することができる(判例)。

→ 平野・民法総則455頁

→ 石田[穣]1116頁、近江・講義Ⅰ375頁

→ 最判昭和53年3月6日(後出重要判例)

★重要判例(最判昭和53年3月6日〔百選Ⅰ46事件〕)

「10年の取得時効の要件としての占有者の善意・無過失の存否については占有開始の時点においてこれを判定すべきものとする民法162条2項の規定は、時効期間を通じて占有主体に変更がなく同一人により継続された占有が主張される場合について適用されるだけではなく、占有主体に変更があって承継された二個以上の占有が併せて主張される場合についてもまた適用されるものであり、後の場合にはその主張にかかる最初の占有者につきその占有開始の時点においてこれを判定すれば足りるものと解するのが相当である。」

【争点】 不動産の占有主体に変更があって承継された2個以上の占有があわせて主張された場合には、162条2項にいう占有者の善意無過失はいつの時点において判断すべきか。

【結論】 その主張にかかる最初の占有者につきその占有開始の時点において判定すれば足りる。

3 時効完成の効果

【1】原始取得

取得時効による権利の取得は、承継取得ではなく、**原始取得**と解されている（判例、通説）。たとえば、未登記の地上権などの用益物権や賃借権が設定された土地について、占有者がこれらの権利の存在しない土地と信じて占有を開始・継続した場合には、占有者はこれらの権利の負担のない所有権を時効取得し、前主の所有権や用益物権等の権利は反射的効果として消滅する。

→ 最判昭和50年9月25日民集29巻8号1320頁

ただし、**占有者が用益物権等の負担を容認して占有していた場合には、負担付きの所有権を時効取得する**にとどまる（判例）。たとえば、抵当権の存在を容認しながら抵当不動産の占有を継続した場合は、不動産の所有権を時効取得しても、抵当権は消滅しないと解される（判例）。

→ 大判大正9年7月16日民録26輯1108頁

→ 最判平成24年3月16日（百選I58事件）

なお、前述したように、土地の一部を時効取得することもできる（判例）。

→ 大連判大正13年10月7日（前出）、最判昭和30年6月24日（前出）

【2】遡及効

取得時効による権利取得の効果は、**起算点にさかのぼる**（144条）。すなわち、占有者は、占有開始時に権利を取得したこととなり、占有期間中に生じた果実について収取権が認められ、占有期間中の処分行為も有効となる。

なお、時効を援用する者が現在時点から逆算して任意に起算点を選択することはできないと解される（判例）。時効の起算点をいつにするかは、当事者間のみならず第三者との関係でも問題となるため、取得時効の基礎たる事実が法律に定めた時効期間以上に継続した場合であっても、**必ず時効の基礎たる事実の開始した時を起算点として時効完成の時期を決定すべき**だからである。

→ 最判昭和35年7月27日民集14巻10号1871頁

> 取得時効に関する重要な論点として、取得時効による所有権の取得を第三者に対抗するために登記が必要かという問題があります。ここは、物権法で詳しく勉強します。

→ 『物権法』2章4節4【3】

4 所有権以外の財産権の取得時効

所有権（162条）だけでなく、所有権以外の財産権（163条）も取得時効の対象となりうる。ただし、取得時効の対象となりうる財産権は、性質上継続して行使することが可能な権利にかぎられる。たとえば、財産権であっても一回的な給付を目的とする債権や、解除権、取消権などの形成権については、時効取得を観念する余地がない。

【1】時効取得の対象となりうる財産権

取得時効の対象となりうる所有権以外の財産権（163条）として、以下のものが考えられる。

(1) 用益物権・質権

占有権原を内包する地上権や永小作権が取得時効の対象となることに異論はない。地役権については、「継続的に行使され、かつ、外形上認識することができるもの」にかぎり、時効取得が認められる（283条）。「継続的に行使され」ているといえるかについて、判例は、通行地役権の時効取得の場合には、承役地たるべき

→ 最判昭和30年12月26日民集9巻14号2097頁

他人所有の土地の上に**通路の開設**を要し、**要役地所有者が開設すること**が必要としている。

担保物権のうち、**質権**は、継続的な占有を伴うことから、時効取得の対象となりうる。

⑵ 不動産賃借権

不動産賃借権も取得時効の対象となるか。「所有権以外の財産権」(163条)に不動産賃借権が含まれるかが問題となる。

▶2017年第1問
●論点Aランク
(論証32)

8－14

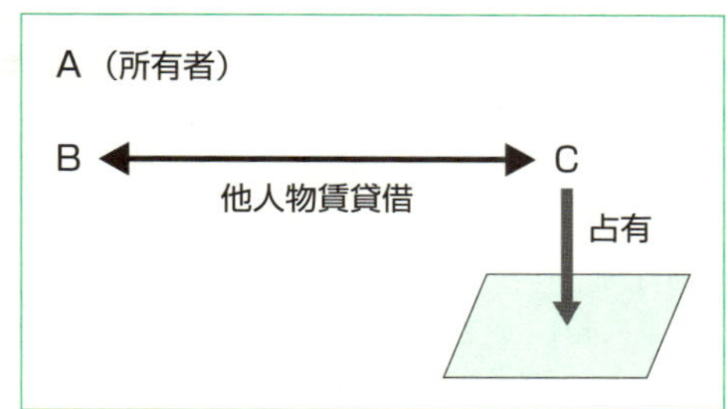

この点について、不動産賃借権も取得時効の対象となりうるが、所有者が他人によって占有されていることを認識でき、時効の完成を阻止できる状態になければ不合理であることから、時効取得のためには、①土地の「**継続的な用益という外形的事実の存在し**」、かつ、②それが「**賃借の意思に基づくことが客観的に表現されている**」**ことが必要**と解されている(判例)。

➡ 最判昭和43年10月8日
(後出重要判例)

また、「**賃借人が平穏公然に土地の継続的な用益をし、かつ、賃料の支払を継続しているとき**」には、上記の要件をみたすとされている(判例)。

➡ 最判昭和62年6月5日
(後出重要判例)

★重要判例(最判昭和43年10月8日〔判例シリーズ13事件〕)

「土地賃借権の時効取得については、土地の継続的な用益という外形的事実が存在し、かつ、それが賃借の意思に基づくことが客観的に表現されているときは、民法163条に従い土地賃借権の時効取得が可能であると解するのが相当である。」

【争点】 土地賃借権を時効により取得することができるか。

【結論】 土地の継続的な用益という外形的事実が存在し、かつ、それが賃借の意思に基づくことが客観的に表現されているときは、土地賃借権を時効により取得することができる。

★重要判例(最判昭和62年6月5日〔百選Ⅰ47事件〕)

「他人の土地の継続的な用益という外形的事実が存在し、かつ、その用益が賃借の意思に基づくものであることが客観的に表現されているときには、民法163条により、土地の賃借権を時効取得するものと解すべきことは、当裁判所の判例とするところであり(昭和……43年10月8日第三小法廷判決……同……52年9月29日第一小法廷判決……)、他人の土地の所有者と称する者との間で締結された賃貸借契約に基づいて、賃借人が、平穏公然に土地の継続的な用益をし、かつ、賃料の支払を継続しているときには、前記の要件を満たすものとして、賃借人は、民法163条所定の時効期間の経過により、土地の所有者に対する関係において右土地の賃借権を時効取得するに至るものと解するのが相当である。」

【争点】 A所有の土地を買い受けてその所有権を取得したと称するBから土地を賃借したCは、Aに対して土地の賃借権を時効取得することができるか。

【結論】 A所有の土地を買い受けてその所有権を取得したと称するBから土地を賃借したCが、賃貸借契約に基づいて平穏公然に目的土地の占有を継続し、Bに対し賃料を支払っているなど判示の事情のもとにおいては、Cは、163条の時効期間の経過により、Aに対して土地の賃借権を時効取得することができる。

不動産賃借権の時効取得には、さまざまな類型があります。具体的には、
①賃借人が賃借土地の範囲を超える部分を占有していた場合(境界紛争型)
②無断転貸借で占有し賃貸借が解除された場合(無断転貸型)
③賃貸借契約に基づいて占有していたが契約が無効であった場合(原因無効型)
④賃貸人が無権利者であった場合(管理権欠缺型)
などです。

なお、判例には、有効な賃貸借がなされ、その後に抵当権が設定され競売により買受人所有となった事例において、賃借権の取得時効を認めつつも、取得時効後の抵当権者への対抗を否定したものがある。

★重要判例(最判平成23年1月21日〔百選Ⅰ48事件〕)

「抵当権の目的不動産につき賃借権を有する者は、当該抵当権の設定登記に先立って対抗要件を具備しなければ、当該抵当権を消滅させる競売や公売により目的不動産を買い受けた者に対し、賃借権を対抗することができないのが原則である。このことは、抵当権の設定登記後にその目的不動産について賃借権を時効により取得した者があったとしても、異なるところはないというべきである。したがって、不動産につき賃借権を有する者がその対抗要件を具備しない間に、当該不動産に抵当権が設定されてその旨の登記がされた場合、上記の者は、上記登記後、賃借権の時効取得に必要とされる期間、当該不動産を継続的に用益したとしても、競売又は公売により当該不動産を買い受けた者に対し、賃借権を時効により取得したと主張して、これを対抗することはできないことは明らかである。」

「所論引用の上記判例は、不動産の取得の登記をした者と上記登記後に当該不動産を時効取得に要する期間占有を継続した者との間における相容れない権利の得喪にかかわるものであり、そのような関係にない抵当権者と賃借権者との間の関係に係る本件とは事案を異にする。」

【争点】 不動産につき賃借権を有する者がその対抗要件を具備しない間に、当該不動産に抵当権が設定されてその旨の登記がされた場合において、その賃借権を有する者は、上記登記後、賃借権の時効取得に必要とされる期間、当該不動産を継続的に用益したときは、競売または公売により当該不動産を買い受けた者に対し、賃借権を時効により取得したと主張して、これを対抗することができるか。

【結論】 対抗することはできない。

(3) 使用貸借

使用借権についても、使用貸借意思に基づくことが客観的に表現されていれば時効取得を認めうる。もっとも、賃料の支払を伴う賃借権と比べると、どのような場合に使用貸借意思の客観的表現が認められるかは判断が難しいであろう。

【2】要件

所有権以外の財産権を、**自己のためにする意思**をもって、平穏に、かつ、公然と行使する者は、162条の区別に従い20年または10年の経過により、その権利を取得する(163条)。

「自己のためにする意思」とは、その権利について権利者としてその権利を行使する意思をいう。

その他の要件は、所有権の時効取得の場合と同様である。

➡ 最判昭和43年10月8日(前出重要判例)
➡ 最判昭和44年7月8日 民集23巻8号1374頁
➡ 最判昭和45年12月15日 民集24巻13号2051頁
➡ 最判昭和62年6月5日(前出重要判例)
➡ 最判平成23年1月21日(後出重要判例)
➡ 最判昭和36年7月20日 民集15巻7号1903頁

← 「自己のためにする意思」とは

4. 完成猶予・更新

1 時効障害の意義

【1】意義

時効障害とは、時効の完成を妨げる制度をいう。

← 「時効障害」とは

時効障害には、時効の完成猶予と更新とがある。

(1) 完成猶予

完成猶予とは、時効の更新のための手続がとられた場合や、時効完成にあたって権利者による時効の更新のための措置を不可能または著しく困難にする事情がある場合に、一定期間時効の完成を猶予することをいう。たとえば、裁判上の請求がなされた場合(147条1項1号)や、天災等があった場合(161条)があげられる。

← 「完成猶予」とは

完成猶予事由は、原則として、権利行使の意思を明らかにしたと評価できる事実が生じた場合を類型化したものである。

(2) 更新

更新とは、時効がいったん進行を始めた後、時効の基礎である事実関係と相容れない事実が存在するために、その進行が断絶し、それまでに経過した期間がまったく無意味になることをいう。たとえば、裁判上の請求の結果、確定判決によって権利が確定した場合(147条2項)や、債務者が承認した場合(152条1項)があげられる。

← 「更新」とは

更新事由は、原則として、権利の存在について確証が得られたと評価できる事実が生じた場合を類型化したものである。

【2】沿革

時効障害事由は、平成29年改正により大幅な修正がなされた。

➡ 一問一答40、44頁、詳解改正民法83頁[松久]

(1) 改正前民法

改正前民法のもとでは、時効障害事由として停止と中断があった。

(a) 停止

停止とは、一定の事由が存在する場合に一定期間時効の完成を猶予することをいう。たとえば、時効期間満了前6か月以内の間に未成年者または成年被後見人に法定代理人がない場合(改正前158条)や、天災等があった場合(改正前161条)があげられる。

← 「停止」とは

(b) 中断

中断とは、一定の事由が存在する場合に、時効期間の進行が断絶し、それまでに経過した期間がまったく無意味になることをいう。たとえば、裁判上の請求がなされた場合(改正前147条1号、149条)や、債務者が承認した場合(改正前147条3号、156条)があげられる。

← 「中断」とは

⑵ 平成29年改正

← 平成29年改正

しかし、改正前民法下では、時効中断事由であった裁判上の請求についてみてみると、訴えの提起により時効は中断するものの、時効が新たに進行するのは裁判確定の時であるから(改正前157条2項)、裁判確定までは実質的に時効が停止している状態となっていた。すなわち、中断のなかには、**時効が完成すべき時が到来しても時効の完成が猶予されるという完成猶予の効果**と、**時効期間の経過が無意味なものとなり新たにゼロから時効期間を進行させる更新の効果**という、2つの効果が併存していた。

これに対して、平成29年改正民法は、時効障害制度をわかりやすいものとするため、従来の中断を、その効果に着目して、完成猶予と更新という2つの概念で再構成した。また、時効の停止についても、その効果の内容を端的に表現する完成猶予という概念で再構築し、より理解しやすいものとした。

そのうえで、従来は中断事由とされていた仮差押えおよび仮処分を完成猶予の効果のみ有する事由としたり、新たな時効障害事由を創設したりするなどの改正を行った。

平成29年改正事項　時効障害　B3・C1

改正前民法は、時効の完成が妨げられるという効力(改正前153条参照)と、それまでに進行した時効がまったく効力を失い、新たな時効が進行を始めるという効力(改正前157条参照)を、いずれも「中断」という同一の用語で表現しており、このことが時効制度を難解にしている一因であるとの指摘があった。

そこで、平成29年改正民法は、両者の概念を区別し、それぞれの実質的な内容にあった適切な表現を用いて再構築することとした。

➡ 部会資料69A・17頁、一問一答40、44頁、潮見・改正法37頁

8－15

改正前民法		H29改正民法
・催告は、6か月以内に、裁判上の請求をしなければ、時効の中断の効力を生じない(153)。 ・中断した時効は、その中断の事由が終了した時から、新たにその進行を始める(157Ⅰ)。 ・裁判上の請求によって中断した時効は、裁判が確定した時から、新たにその進行を始める(157Ⅱ)。	⇒	・裁判上の請求等各号に掲げる事由がある場合には、その事由が終了する(確定判決または確定判決と同一の効力を有するものによって権利が確定することなくその事由が終了した場合には、その終了の時から6か月を経過する)までの間は、時効は完成しない(時効の完成猶予。147Ⅰ)。 ・147条1項の場合に、確定判決または確定判決と同一の効力を有するものによって権利が確定したときは、時効は、1項各号に掲げる事由が終了した時から新たにその進行を始める(時効の更新。147Ⅱ)。

改正民法は、時効の完成が妨げられるという効力と、それまで進行していた時効がまったく効力を失い、新たに時効が始めるという効力を適切な表現を用いて区別することにした。

時効障害に関する平成29年改正については、中断が更新という名称になり、停止が完成猶予という名称になった、という説明がみうけられますが、この説明は必ずしも正確とはいえません。

先ほど説明したように、従来の中断のなかに含まれていた「完成猶予」と「更新」という２つの概念を、その内容を示す端的な用語で整理し再構築したのが、完成猶予と更新です。

また、概念の再構築に際して、名称だけではなく、その内容についても改正されています。たとえば、改正前民法のもとでは中断と停止は連続性をもった概念ではなく、別個独立の概念でした。しかし、平成29年改正民法は、完成猶予と更新を、連続性をもった概念としても整理しています。たとえば、裁判上の請求であれば、訴えの提起段階では完成猶予の効果を有するにとどまりますが（147条１項１号）、確定判決等により権利が確定すれば更新の効果を有することとなります（147条２項）。ただし、更新と連続性がない規定もあります（149条から151条まで）。

➡ 中舍・民法総則386頁

このように、時効障害は制度設計自体が見なおされています。そのため、改正前民法のもとでの中断に関する議論や判例が、完成猶予や更新にそのまま妥当するのか否かは慎重に考察することが必要でしょう。

➡ 平野・民法総則400頁、リーガルクエスト民法Ⅰ304頁［原田］

なお、平成29年改正民法のもとでも、取得時効に関する自然中断の概念は維持されています。

➡ ３節[2]【１】(3)

8－16

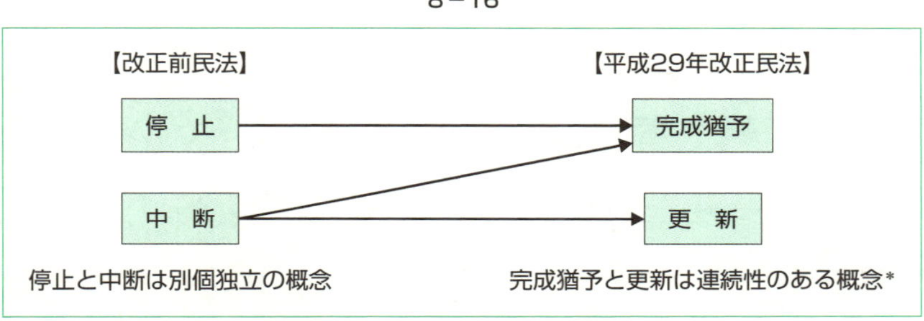

＊　147条１項、148条１項。連続性のないものとして、149条から151条まで。

8－17

起算点　訴え提起　時効期間満了　権利確定

中断（改正前147①、149）　新たに時効が進行

【改正前民法】

完成猶予　更新

【平成29年改正民法】

完成猶予（147Ⅰ①）　更新（147Ⅱ）

[2] 時効障害事由

【１】総説

完成猶予事由は、大きく、①権利行使がなされたために完成が猶予されるもの（147条から151条まで）と、②権利行使が困難であるために完成が猶予されるもの（158条から161条まで）とに分けられる。

①権利行使がなされたために完成が猶予されるものには、更に、更新事由と連続性があるもの（147条１項、148条１項）と、そうでないもの（149条、150条、151条）とがある。なお、②権利行使が困難であるために完成が猶予されるものは、改正前民法のもとで停止事由とされていたものである。

他方で、更新事由には、権利行使による完成猶予と連続性があるもの（147条２項、

148条2項)と、権利を承認したことによるもの(152条)とがある。

8−18

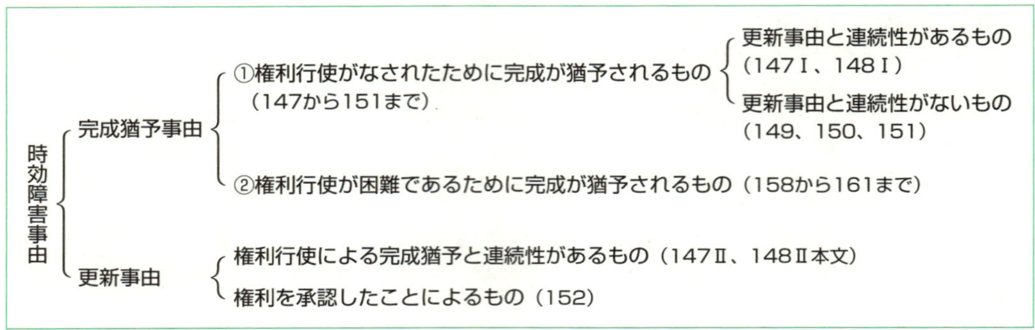

時効障害事由	完成猶予	更新
裁判上の請求等	○(147Ⅰ)	○(147Ⅱ)*1
強制執行等	○(148Ⅰ)	○(148Ⅱ本文)*2
仮差押えおよび仮処分	○(149)	×
催告	○(150)	×
協議を行う旨の合意	○(151)	×
承認	×	○(152)*3
時効期間満了前6か月以内に未成年者または成年被後見人に法定代理人がいない場合	○(158Ⅰ)	×
未成年者または成年被後見人がその財産を管理する父母または後見人に対して権利を有する場合	○(158Ⅱ)	×
夫婦の一方が他方に対して有する権利	○(159)	×
相続財産に関する権利	○(160)	×
天災その他避けることのできない事変があった場合	○(161)	×

＊1　確定判決等により当該の権利が確定した時からである。
＊2　その事由が終了した時からである(強制執行等の取下げまたは取消しの場合を除く)。
＊3　承認の時からである。

平成29年改正民法は、完成猶予事由と更新事由という障害事由ごとに規定を編成するのではなく、当事者および関係者間で生じた事態の類型ごとに規定を編成する方針を採用しているといわれている。そこで、以下では、民法典の規定にならって、当事者および関係者間で生じた事態の類型ごとに説明していく。

→ 潮見・改正法37頁

【2】類型

(1) 裁判上の請求等(147条)

(a) 総論

裁判上の請求等には、以下の事由が含まれる。

①裁判上の請求(147条1項1号)
②支払督促(147条1項2号)
③民事訴訟法275条1項の和解(訴え提起前の和解)、民事調停法または家事事件手続法による調停(147条1項3号)
④破産手続参加、再生手続参加または更生手続参加(147条1項4号)

①から④までの事由が継続する間は時効の完成が猶予されるものとし(147条1

項柱書)、また、これらの結果、「確定判決又は確定判決と同一の効力を有するものによって権利が確定したとき」には、時効が更新されるものとされる(147条2項。この場合の消滅時効期間は、169条1項によって10年とされる)。

他方で、これらの事由が、「確定判決又は確定判決と同一の効力を有するものによって権利が確定することなくその事由が終了した場合」には、「その終了の時から6箇月を経過する」までの間、時効の完成が猶予される(147条1項柱書括弧書)。

平成29年改正事項　裁判上の催告　C1

改正前民法のもとでは、催告が裁判上なされた場合についての規定が設けられていなかった。

しかし、判例は、裁判上の催告(裁判手続でなされた権利主張には催告としての効力しか認められないものの、その権利主張が裁判手続中でなされたことを考慮に入れて、裁判手続中は催告が継続して行われているものと捉え、裁判終結後6か月を経過するまでは時効が完成しないものとすること)という概念を認めていた。

そこで、平成29年改正民法は、裁判上の催告に関する上記判例法理を条文に反映し、「確定判決又は確定判決と同一の効力を有するものによって権利が確定することなくその事由が終了した場合」には、「その終了の時から6箇月を経過する」までの間、時効の完成が猶予されると規定した(147条1項柱書括弧書)。

➡ 部会資料69A・16頁

➡ 最判昭和45年9月10日民集24巻10号1389頁

8－19　裁判上の催告

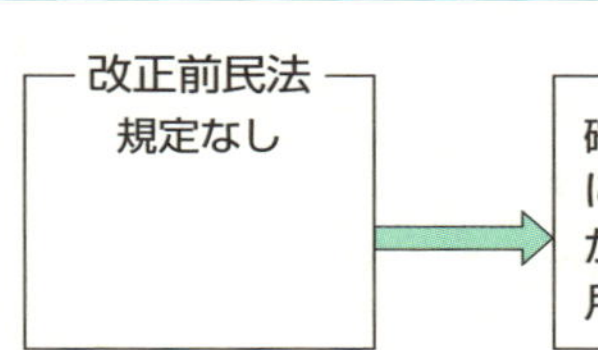

H29改正民法
確定判決または確定判決と同一の効力を有するものによって権利が確定することなく147条各号の事由が終了した場合にあっては、その終了の時から6か月を経過するまでの間は、時効は完成しない(147Ⅰ)。

裁判上の催告(裁判手続内での権利主張を、裁判期間中の継続的な催告と捉え、裁判終結後6か月間時効の完成を猶予する)を認めていた判例法理を明文化した。

裁判上の催告について、もう少し説明します。

「確定判決又は確定判決と同一の効力を有するものによって権利が確定することなくその事由が終了した場合」には、文字どおり権利が確定していないので、時効は進行を続けそうです。しかし、これでは、裁判上の請求等の係属中に時効が完成することがありえ、債権者に不利益を与えます。そこで、後に述べる150条の「催告」(裁判外の請求)に準じて、「その終了の時から6箇月を経過する」までの間、時効の完成が猶予されると規定したのです(147条1項柱書括弧書)。これを**裁判上の催告**とよんでいるのです。

ここにいう「確定判決又は確定判決と同一の効力を有するものによって権利が確定することなくその事由が終了した場合」というのは、**訴え(申立て、届出)が取り下げ**られたり、**却下**されたりした場合のことです。これらの場合において、他の時効の完成猶予や更新事由が認められないときには、訴えの取下げ等の時から6か月が経過した時点において、消滅時効が完成することになるのです。

(b)　各論

(i)　裁判上の請求

a　意義

裁判上の請求とは、債権者の債務者に対する履行請求の訴えや、所有者の不法占有者に対する目的物返還請求の訴えのように、権利者が裁判上で権利の存在を主張することをいう。裁判上の請求は、権利の主張であることから**完成猶予**

← 「裁判上の請求」とは

事由とされている(147条1項1号)。また、確定判決または確定判決と同一の効力を有するもの(裁判上の和解など)によって権利が確定した場合には、時効が更新される(147条2項)。

具体的にどのような場合に裁判上の請求があったと認められるかは争いがある。

一般に、給付の訴えを提起した場合のほか、確認の訴えを提起した場合や反訴を提起した場合についても、裁判上の請求があったと認められる。

以下、個別に問題となる場合を検討する。

b　応訴・訴訟における主張

判例は、債務者から提起された債務不存在確認請求訴訟に対して債権者が応訴して勝訴した場合や、占有者から提起された所有権移転登記手続請求訴訟に対して所有者が相手方の取得時効の主張を否定して自己の所有権を主張し勝訴した場合についても、裁判上の請求を認めている。

➡ 大連判昭和14年3月22日民集18巻238頁、最大判昭和43年11月13日民集22巻12号2510頁

なお、平成29年改正民法のもとでは、権利主張により時効の完成が猶予され、権利が確認されたときに時効が更新されるであろう。

c　訴訟上の留置権の抗弁

判例は、原告の請求を拒むために留置権の存在を主張しても、催告として、訴訟係属中および訴訟終結後6か月間時効中断の効力を有するにすぎないとした。

➡ 最大判昭和38年10月30日民集17巻9号1252頁

なお、平成29年改正民法のもとでは、前述した裁判上の催告として訴訟係属中および訴訟終結後6か月間時効の完成が猶予されるであろう(147条1項柱書括弧書)。すなわち、確定判決等による権利の確定にいたることなく裁判上の請求が終了した場合には、時効の更新は生じないものの、その終了の日から6か月を経過するまでは、引き続き時効の完成が猶予される(147条1項柱書括弧書)。

ただし、学説では、留置権の主張はその被担保債権の存在を裁判上で主張したことになるから、時効の更新事由にあたるとする見解も有力である。

➡ 四宮・民法総則316頁、川井・民法総則333頁

d　一部請求

裁判上の請求に関して、債権の一部のみについて裁判上の請求がなされた場合の時効障害の範囲が問題となる。

> 一部請求における時効障害(旧時効中断)の範囲の問題は、主に民事訴訟法で議論されていますので、民法では以下の判例の結論を理解しておけば足ります。

➡ 『民事訴訟法』6章4節[2]【2】

この点、判例は、一部請求の趣旨が明示されている場合は、訴訟物となるのは当該一部のみであり、時効中断の効力はその範囲でのみ生じるとする。また、判例は、この場合に、訴訟物とならなかった残部について、権利行使の意思が継続的に表示されているとはいえない特段の事情のないかぎり、当該訴えの提起は、残部について、裁判上の催告として消滅時効の中断の効力を生じるとした。

➡ 最判昭和34年2月20日民集13巻2号209頁

➡ 最判平成25年6月6日(後出重要判例)

一部請求の趣旨が明示されていない場合、一部の請求であっても債権の同一性の範囲内において債権全額について時効中断の効力が及ぶとするのが判例である。

以上の解釈は、平成29年改正民法のもとでも同様に妥当すると考えられる。

➡ 最判昭和45年7月24日民集24巻7号1177頁

➡ 潮見・改正法38頁、リーガルクエスト民法Ⅰ306頁[原田]

★重要判例(最判平成25年6月6日民集67巻5号1208頁)

「明示的一部請求の訴えにおいて請求された部分と請求されていない残部とは、請求原因事実を基本的に同じくすること、明示的一部請求の訴えを提起する債権者としては、将来にわたって残部をおよそ請求しないという意思の下に請求を一部にとどめているわけで

はないのが通常であると解されることに鑑みると、明示的一部請求の訴えに係る訴訟の係属中は、原則として、残部についても権利行使の意思が継続的に表示されているものとみることができる。

したがって、明示的一部請求の訴えが提起された場合、債権者が将来にわたって残部をおよそ請求しない旨の意思を明らかにしているなど、残部につき権利行使の意思が継続的に表示されているとはいえない特段の事情のない限り、当該訴えの提起は、残部について、裁判上の催告として消滅時効の中断の効力を生ずるというべきであり、債権者は、当該訴えに係る訴訟の終了後６箇月以内に民法153条所定の措置を講ずることにより、残部について消滅時効を確定的に中断することができると解するのが相当である。」

【争点】 明示的一部請求は、残部について消滅時効を中断する効力を生じるか。

【結論】 明示的一部請求の訴えが提起された場合、債権者が将来にわたって残部をおよそ請求しない旨の意思を明らかにしているなど、残部につき権利行使の意思が継続的に表示されているとはいえない特段の事情のないかぎり、当該訴えの提起は、残部について、裁判上の催告として消滅時効の中断の効力を生ずる。

(ii) 支払督促

(ii)から(iv)までについては、民事訴訟法や破産法の学習後のほうが理解しやすい。本書では簡単に説明しておく。

金銭その他の代替物または有価証券の一定の数量の給付を目的とする請求については、**支払督促**が認められている(民訴382条以下)。このような支払督促がなされ、相手方から異議がないにもかかわらず、民事訴訟法392条の期間内(30日以内)に仮執行宣言の申立て(民訴391条)をしない場合には、支払督促は効力を失い、「その終了の時から６箇月を経過する……までの間」**時効の完成猶予の効力**が認められる(民147条１項２号)。

もっとも、支払督促は、確定判決と同一の効力を有するものによって権利が確定した場合には(民訴396条)、**時効が更新**される(民147条２項)。

(iii) 和解・調停

当事者から訴え提起前の和解(民訴275条１項)の申立てがあったものの、和解が成立しなかった場合や、民事調停法または家事事件手続法による調停の申立て(民調４条の２、家事255条１項)があったものの、調停が成立しなかった場合には、「その終了の時から６箇月を経過する……までの間」**時効の完成猶予の効力**が認められる(民147条１項３号)。

もっとも、確定判決と同一の効力を有するものによって権利が確定(和解調書や調停調書によって権利が確定)した場合には、**時効が更新**される(147条２項)。

(iv) 破産手続参加・再生手続参加・更生手続参加(147条１項４号)

←「破産手続参加」とは

破産手続参加とは、自己の債権の弁済を受けるために破産手続に参加しようとする債権者が自己の債権を届け出ることをいう(破111条)。破産参加手続は、権利の明確な行使であるので、**時効は更新**されるが(民147条２項)、債権者が届出を取り下げたり、届出が却下されたりした場合には、「その終了の時から６箇月を経過する……までの間」**時効の完成猶予の効力**のみが認められる(147条１項４号)。

再生参加手続(民再94条)、更生手続参加(会更138条)があった場合も同様である。

(2) 強制執行等(民148条)

(a) 総論

強制執行等には、以下の事由が含まれる。

①強制執行(148条1項1号)
②担保権の実行(148条1項2号)
③民事執行法195条に規定する担保権の実行としての競売の例による競売(148条1項3号)
④民事執行法196条に規定する財産開示手続(148条1項4号)

(b) **各論**

(i) **強制執行**

強制執行とは、私法上の請求権を国家権力によって強制的に実現する手続をいい、民事執行法22条以下に規定されている。強制執行は、権利の主張の最たるものであることから**完成猶予事由**とされている。強制執行手続が終了してもなお債権が残っている場合は、**時効が更新**され、手続の終了時から新たに時効が進行する(民148条2項本文)。

←「強制執行」とは

強制執行手続の終了が、申立ての取下げまたは法律の規定に従わないことによる取消しによる場合には、時効は更新されず、終了時から6か月を経過するまでの間、**時効の完成が猶予**されるにとどまる(148条2項ただし書、1項括弧書)。

(ii) **担保権の実行等**

担保権の実行としての競売(148条1項2号)、民事執行法195条に規定する担保権の実行としての競売の例による競売(148条1項3号)、民事執行法196条に規定する財産開示手続(148条1項4号)も、強制執行の場合と同様である(148条2項)。

なお、財産開示手続は、改正前民法には明文がなかったが、平成29年改正により時効障害事由のひとつとして明文化された。

平成29年改正事項	財産開示手続と時効障害	C1

➡ 部会資料69A・18頁、一問一答44頁

改正前民法のもとでは、財産開示手続が時効障害事由にあたるかが明文上明らかでなかった。
しかし、財産開示手続も、直接的には債権者の権利を満足させることを目的とした手続ではないが、債務名義を有する権利者による権利の実現に向けられた手続であるうえ、仮差押えや仮処分のような手続の暫定性がないことから、改正前民法のもとで時効中断事由とされていた「差押え」と同様に取り扱うべきと考えられた。
そこで、平成29年改正民法は、財産開示手続を強制執行等と同じ時効障害事由として明文化した(148条1項4号)。

8－20 財産開示手続と時効障害

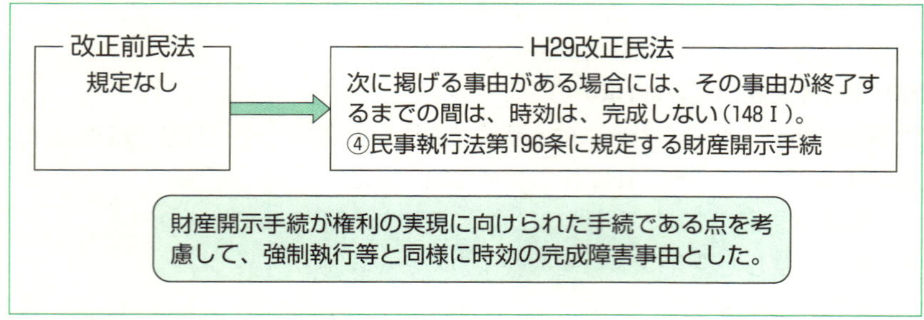

(3) 仮差押えおよび仮処分(149条)

仮差押えおよび仮処分は、これらが終了した時から6か月を経過するまでの間は、時効が完成しない(149条)。

←「仮差押え」とは

仮差押えとは、金銭債権について、債務者の財産の現状を維持しておかなければ将来強制執行の不能または困難をきたすおそれがある場合に、あらかじめ債

務者の財産を暫定的に差し押さえてその処分を禁じておく保全措置をいう(民保20条以下)。

仮処分とは、民事上の権利の実現が種々の原因で危険に瀕している場合に、その保全のため、その権利に関する紛争が訴訟的に解決するかまたは強制執行が可能となるまでの間、暫定的・仮定的になされる裁判またはその執行をいう(民保23条以下)。

←「仮処分」とは

仮差押えおよび仮処分は、債権者が自己の権利を実現できなくなるおそれがある場合に、**暫定的になされる手続**である。

仮差押えおよび仮処分を開始するにあたって債務名義は必要なく、後に裁判上の請求によって権利関係が確定することが予定されている。このような手続の暫定性から、改正前民法のもとでは中断事由とされていた仮差押えおよび仮処分は、平成29年改正により更新の効果をもたない**完成猶予事由**とされた。

平成29年改正事項	仮差押えおよび仮処分	C1

➡ 部会資料69A・19頁、一問一答47頁

改正前民法のもとでは、仮差押えおよび仮処分は中断事由とされていた。

しかし、民事保全手続の開始に債務名義は不要であり、その後に本案の訴え提起または続行が予定されている。そして、債権者が起訴命令に従わない場合には時効中断効を生じないとされ、本案の訴えが提起されればそれによって時効は中断される。このような保全手続の暫定性にかんがみれば、仮差押えおよび仮処分は、本案の訴えが提起されるまでの間、時効完成を阻止するものにすぎず、実質的には時効の停止事由として機能していた。

そこで、平成29年改正民法は、仮差押えおよび仮処分を更新事由とはせず、完成猶予事由として再構築した(149条)。

8−21　仮差押えおよび仮処分

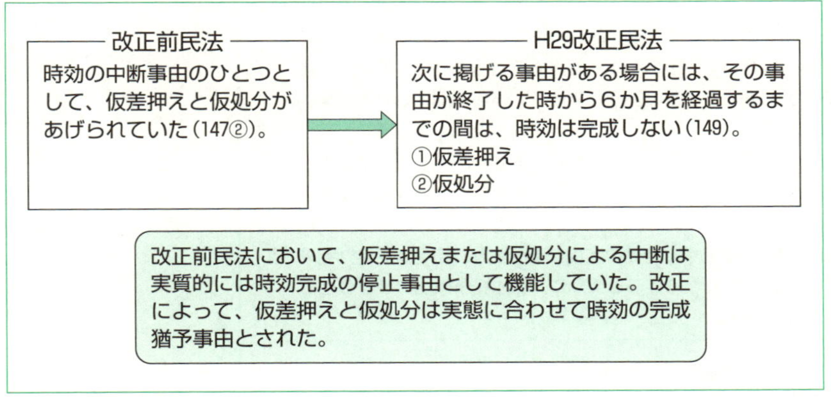

改正前民法
時効の中断事由のひとつとして、仮差押えと仮処分があげられていた(147②)。
H29改正民法
次に掲げる事由がある場合には、その事由が終了した時から6か月を経過するまでの間は、時効は完成しない(149)。
①仮差押え
②仮処分
改正前民法において、仮差押えまたは仮処分による中断は実質的には時効完成の停止事由として機能していた。改正によって、仮差押えと仮処分は実態に合わせて時効の完成猶予事由とされた。

⑷　催告(150条)

催告があったときは、その時から6か月を経過するまでの間は、時効の完成が猶予される(150条1項)。

催告とは、債務者に対して履行を請求する債権者の意思の通知をいう(**準法律行為**のうち**意思の通知**である)。**裁判外の請求**ともいう。

←「催告」とは

催告による時効障害の効力は、催告の時から6か月間の完成猶予をもたらすにとどまり、時効の完成間際において一時的に時効完成を阻止するものにすぎない。そのため、催告は、**更新の効果をもたない完成猶予事由**とされている。

なお、催告によって時効の完成が猶予されている間にされた再度の催告は、時効完成猶予の効力を有しない(150条2項)。この場合にも、完成猶予の効力が認

められると、催告を繰り返すことでいつまででも時効の完成を阻止することができてしまい不当だからである(判例)。

➡ 大判大正8年6月30日民録25輯1200頁

8－22

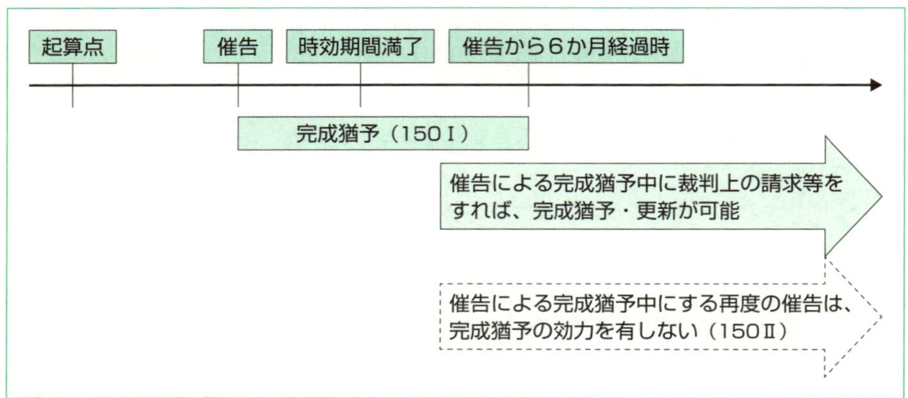

(5) 協議を行う旨の合意(151条)

← 平成29年改正

(a) 意義

権利についての協議を行う旨の合意が書面または電磁的記録によりされたときは、所定の期間、時効の完成が猶予される(151条)。

協議を行う旨の合意は、平成29年改正により新設された**完成猶予事由**である。

平成29年改正事項　協議を行う旨の合意　C2

改正前民法には、当事者間で権利に関する協議の合意がされた場合に時効の完成を阻止する方法は特に規定されていなかった。

そのため、当事者間において権利をめぐる紛争を自発的に解決するために協議を継続していても、時効の完成が間際となった場合には、その完成を阻止するためだけに、裁判上の請求等の時効中断措置をとらざるをえなかった。このような事態は、当事者間における自発的で柔軟な紛争解決の障害となる。

協議の継続中は、権利者が時効中断措置をとらないことをもって権利行使を怠っているとはいえず、義務者の側にも権利者が強硬な手段にでることはないであろうという期待があるといえる。

そこで、平成29年改正民法は、協議の継続中は時効の完成が猶予され、権利者が時効完成を阻止するためだけに裁判上の請求等を行わなくて済むように、完成猶予事由のひとつとして協議を行う旨の合意を新設した(151条)。

➡ 部会資料69A・21頁、一問一答49頁、潮見・改正法42頁

8－23　協議を行う旨の合意

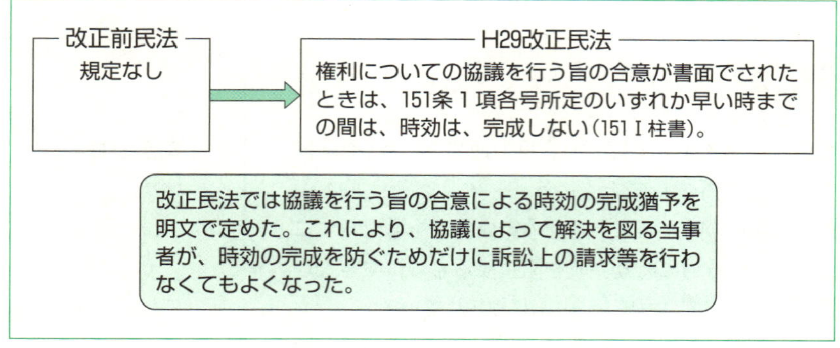

(b) 要件

(i) 合意の成立

協議を行う旨の合意によって時効の完成が猶予されるためは、単に権利について協議をしているという事実状態のみでは足りず、**当事者間で協議を行う旨の「合意」をしていること**が必要である。「権利についての協議」とは、たとえば、問題とされている権利の存否や内容に関する協議をいう。このような協議を行う旨を合意して、初めて完成猶予事由となる。

協議をしているという事実状態ではなく、合意を要求する趣旨は、どのような状態にいたれば協議といえるのかは不明瞭であるのに対して、合意の存在であればその判断が比較的容易であり、事後的な紛争を生じにくい点にある。 → 一問一答49頁

(ii) 書面または電磁的記録によってされること

協議を行う旨の合意は、**書面または電磁的記録**によってされなければならない(151条1項、4項)。この趣旨は、事後的に時効の完成猶予がなされたか否か等をめぐって紛争が生じる事態を避ける点にある。

ここでいう書面または電磁的記録には、当事者双方の協議意思が現れている必要がある。もっとも、様式自体には特段の制限がなく、必ずしも当事者の署名または押印が求められるわけではないし、1通の書面でなされる必要もない。たとえば、電子メールによって協議の申入れがなされ、これに対する返信で受諾の意思表示がなされていれば、電磁的記録によって協議を行う旨の合意がなされたといえる。 → 一問一答49頁

(c) 効果

(i) 期間

協議を行う旨の合意によって時効の完成が猶予される期間は、①合意があった時から**1年間**(151条1項1号)であるが、②合意において**1年未満の協議期間を定めた場合は当該期間**(151条1項2号)である。

ただし、上記期間中であっても、当事者の一方から相手方に対して協議の続行を**拒絶する旨の通知**が書面または電磁的記録でされたときは、**通知の時から6か月間**にかぎって時効の完成が猶予される(151条1項3号、5項・4項)。

(ii) 再度の合意

時効の完成が猶予されている間(時効が本来完成すべき時が到来しているものの、151条の効力によって時効の完成が猶予されている状態)に、再度、書面または電磁的記録によって協議を行う旨の合意がなされれば、当該合意の時から151条1項各号に従って、時効の完成が更に猶予される(151条2項本文)。このような再度の合意は、複数回繰り返すことが可能である。

ただし、再度の合意の効力は、時効の完成が猶予されなかったとすれば時効が完成すべき時から**5年を超えることができない**(151条2項ただし書)。この趣旨は、以下の点にある。すなわち、消滅時効制度は、証拠の散逸による立証の困難さから当事者を救済するという公益的な側面があり、当事者間の協議の合意による時効完成猶予の効力を無制限に認めるのは妥当でない。一方で、当事者間の協議が5年を経過してもなお整わない場合には、もはや自発的な紛争解決の見込みは薄い。そこで、151条2項ただし書が規定されたのである。 → 部会資料80-3・6頁

8－24

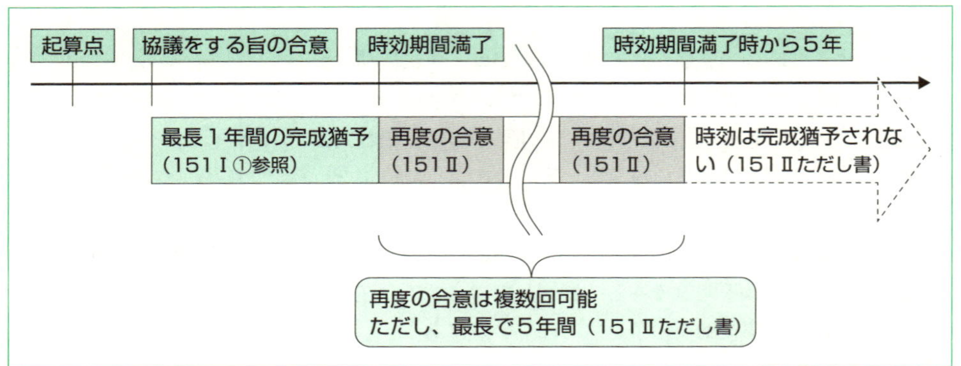

(d) 催告との関係

催告によって時効の完成が猶予されている間にされた協議をする旨の合意は、時効の完成猶予の効力を有しない（151条３項前段）。この趣旨は、協議を行う旨の合意は、更新の措置をとるまでの暫定的なものである点で催告と同様であるから、効果の重複を認めない点にある。

➡ 部会資料80-3・6頁

同様に、協議をする旨の合意により時効の完成が猶予されている間にされた催告は、時効の完成猶予の効力を有しない（151条３項後段）。

8－25

起算点
催告
時効期間満了
催告から６か月経過時
完成猶予（150Ⅰ）
催告による完成猶予中にする協議をする旨の合意は時効の完成を猶予しない（151Ⅲ前段）

起算点
協議をする旨の合意
時効期間満了
最長１年間の完成猶予
（151Ⅰ①参照）
協議をする旨の合意による完成猶予中にする催告は時効の完成を猶予しない（151Ⅲ後段）

(6) 承認（152条）

(a) 総説

承認とは、時効の利益を受ける当事者が、時効によって権利を失う者に対して、その権利が存在することを認識している旨を表示することをいう。

←「承認」とは

承認があったときは、その時から**時効が更新**される（152条１項）。この趣旨は、取得時効については「所有の意思」（162条）、「自己のためにする意思」（163条）が欠ける点にあり、消滅時効については権利の存在が明確になるとともに、権利者がこれを信頼して権利行使を差し控えても権利の行使を怠っているということにな

➡ 我妻＝有泉・コンメンタール306頁

らない点にある。

(b) **承認者の行為能力・処分権限の不要**

承認をするには、相手方の権利についての処分につき行為能力の制限を受けていないこと、または権限があることを**要しない**(152条2項)。この趣旨は、承認は単に権利の存在を認識して表示する行為(準法律行為・観念の通知)であって、承認者が時効更新の不利益を受けるのはその効果意思に基づくものではない点にある。

もっとも、承認もまた財産管理に属する行為であること、および152条2項の反対解釈から、権利を処分する行為能力または権限がないとしても、管理行為をする能力または権限は必要と解されている。すなわち、被保佐人、被補助人は単独で承認できるのに対して、成年被後見人は承認できず、未成年者も法定代理人の同意を要する(判例)。

→ 大判昭和3年3月24日新聞2873号13頁、大判大正8年12月26日民録25輯2429頁、最判昭和36年8月31日民集15巻7号2027頁

→ 大判昭和13年2月4日民集17巻87頁

(c) **承認の方式**

承認の方式は、特別の方式を要しない。裁判上でも裁判外でも可能であり、書面ですることも口頭ですることもできる。また、明示的な承認でなくとも、権利の存在を認識して、その認識を表示したと認めることのできる行為は承認に該当する。たとえば、利息の支払は元本の承認となり、債務額の一部の弁済も、一部としての弁済であれば残部の承認となる(判例)。

→ 大判大正8年12月26日(前出)、最判昭和36年8月31日(前出)

(7) **その他の完成猶予事由**

以下の完成猶予事由は、改正前民法のもとで停止事由とされていたものである。すなわち、時効完成の時にあたって権利者による時効の更新のための措置を不可能または著しく困難にする事情がある場合を類型化したものである。

(a) **時効期間満了前6か月以内に未成年者または成年被後見人に法定代理人がいない場合(158条1項)**

時効期間満了前6か月以内に未成年者または成年被後見人に法定代理人がいない場合は、その未成年者もしくは成年被後見人が行為能力者となった時または法定代理人が就職した時から6か月を経過するまでの間は、その未成年者または成年被後見人に対して、時効は完成しない(158条1項)。

もっとも、この規定によって時効の完成が猶予されるのは、当該未成年者または成年被後見人にとって不利益となる時効にかぎられるので、これらの者に有益な時効の完成は猶予されない。また、この規定には、時効期間満了前6か月以内になって初めて法定代理人が欠けた場合のほか、それ以前から欠けている状態が継続し時効期間満了前6か月にいたった場合も含まれる。

(b) **未成年者または成年被後見人がその財産を管理する父母または後見人に対して権利を有する場合(158条2項)**

未成年者または成年被後見人がその財産を管理する父母または後見人に対して権利を有する場合は、その未成年者または成年被後見人が行為能力者となった時または後任の法定代理人が就職した時から6か月を経過するまでの間は、その権利について、時効は完成しない(158条2項)。

(c) **夫婦の一方が他方に対して有する権利(159条)**

夫婦の一方が他方に対して有する権利については、婚姻の解消の時から6か月を経過するまでの間は、時効は完成しない(159条)。

(d)　**相続財産に関する権利**(160条)

相続財産に関しては、相続人が確定した時、管理人が選任された時または破産手続開始の決定があった時から**6か月**を経過するまでの間は、時効は完成しない(160条)。

(e)　**天災その他避けることのできない事変があった場合**(161条)

← 平成29年改正

時効の期間の満了の時にあたり、天災その他避けることのできない事変のため147条1項各号または148条1項各号に掲げる事由にかかる手続を行うことができないときは、その障害が消滅した時から**3か月**を経過するまでの間は、時効は完成しない(161条)。

平成29年改正事項	天災その他避けることのできない事変があった場合	C1

改正前民法は、天災その他避けることのできない事変があった場合の時効障害について、「その障害が消滅した時から2週間を経過するまでの間は、時効は、完成しない」として、2週間の時効停止を認めていた(改正前161条)。

しかし、2週間という期間は時効中断措置をとるための準備期間としてあまりに短期であり、債権者にとって酷な結果をもたらすと考えられることから、長期のものとすべきと考えられた。

もっとも、6か月の完成猶予期間を設ける158条から160条までの完成猶予事由は、時効期間満了前から長期にわたって継続することがあり、その障害がやんでも権利を行使するまでには相当の期間を要する場合がありうる。これに対して、天災等の場合には、障害がやめば比較的すみやかに権利を行使することができると考えられる。

そこで、平成29年改正民法は、完成猶予の期間を3か月に長期化するとともに、この場合の完成猶予が裁判上の請求等や強制執行等をとることができない場合に認められることを明らかにした(161条)。

➡ 部会資料69A・21頁、80-3・5頁、一問一答52頁、潮見・改正法45頁

8－26　天災その他避けることのできない事変があった場合

改正前民法		H29改正民法
時効の期間の満了の時にあたり、天災その他避けることのできない事変のため時効を中断することができないときは、その障害が消滅した時から2週間を経過するまでの間は、時効は完成しない(161)。	⇒	時効の期間の満了の時にあたり、天災その他避けることのできない事変のため第147条第1項各号または第148条第1項各号に掲げる事由にかかる手続を行うことができないときは、その障害が消滅した時から3か月を経過するまでの間は、時効は完成しない(161)。

改正前民法では天災等による時効停止期間が2週間であった。これは時効中断のための準備期間としてはあまりに短いと考えられたことから、期間を3か月に長期化するとともに、適用できる場面が147条1項各号、148条1項各号の場合であることを示した。

ここにいう「天災」とは、地震、洪水などの自然力をいい、その他の「事変」とは、暴動、戦乱などの天災と同視するべき外部的障害をいう。権利者の疾病、不在などの主観的事由は入らないと解されている。

以上のほかの完成猶予としては、使用貸借における貸主の損害賠償請求権に関する期間制限(600条2項)、賃貸借における賃貸人の損害賠償請求に関する期間制限(622条・600条2項)、寄託の損害賠償請求に関する期間制限(664条の2第2項)があげられます。

➡ 『債権各論』2章5節[3]【2】(1)、6節[3]【1】(3)(c)、10節[3]【2】(4)

3 時効障害の効果

【1】時効の完成猶予・更新の効果

時効の**完成が猶予**された場合には、当該事由の継続中またはその事由の終了から所定の期間が経過するまでの間、時効は完成しない。

これに対して、時効が**更新**された場合には、それまで経過していた期間は無意味となり、更新事由が生じた時から新たな時効が進行する。更新後に進行する新たな時効期間は、原則として、従前の時効期間と同一期間である。ただし、確定判決等によって確定した権利の消滅時効期間は、従前の時効期間が10年より短い場合であっても、10年間となる(169条1項。ただし、169条2項)。

← 時効の完成猶予の効果

← 時効の更新の効果

【2】人的範囲

(1) 原則――相対効(相対的効力)

時効の完成猶予および更新の効果は、当事者およびその承継人の間においてのみ、その効力を生じるのが原則である(**相対効〔相対的効力〕の原則**。153条)。この趣旨は、人の法的行為は原則として他人を益することも害することもない点にある。

上記の説明は、153条は時効の完成猶予および更新の効果を「当事者及びその承継人」に限定した規定と理解する通説の見解(人的範囲説、相対効説)を前提としています。

なお、153条は、厳密には、1項が裁判上の請求等(147条)と強制執行等(148条)における時効の完成猶予・更新について、2項が仮差押え等(149条)、催告(150条)および協議の合意(151条)における時効の完成猶予について、3項が承認(152条)における時効の更新について、相対効の原則を規定していますので、条文で確認しておいてください。

➡ 山本・民法講義Ⅰ586頁参照

なお、時効の利益を直接受ける者以外の者(たとえば、保証人、抵当権設定者、抵当不動産の第三取得者など)に対して強制執行等(148条1項各号)や仮差押え・仮処分(149条)をした場合には、直接利益を受ける者(主たる債務者など)に通知をし、それが到達した時に完成猶予または更新の効力が生じる(154条)。この趣旨は、時効の利益を直接受ける者が知らないうちに時効の完成猶予や更新の効力を及ぼすのは、不測の不利益となる点にある。

この規定については、「時効の利益を受ける者」へ効力が及ぶので、次にあげる相対効の原則の例外(絶対効・絶対的効力)に位置づけるものもあります。

➡ 近江・講義Ⅰ361頁

たとえば、主たる債務者の物上保証人に対する競売開始決定があった場合には、その決定正本が主たる債務者に送達された時に完成猶予・更新の効力が生じる(判例)。

➡ 最判昭和50年11月21日民集29巻10号1537頁、最判平成8年7月12日民集50巻7号1901頁

もっとも、主たる債務者の連帯保証人の物上保証人について競売開始決定があった場合には、主たる債務について完成猶予・更新の効力は生じない(判例)。

➡ 最判平成8年9月27日民集50巻8号2395頁

この判例は、改正前民法下のものであるところ、改正前民法では、連帯保証人に対する催告は主たる債務者にも効力を生じる(絶対効)とされていました(改正前458条・434条、153条)。

この事案では、競売開始決定正本が連帯保証人に送達されたことから、これが裁判上の

催告に該当し、主たる債務者にも時効中断効が生じるか否かが争われました。

この点につき、上記判例は、担保権の実行手続はその被担保債権に対する裁判上の請求にはあたらず、また、被担保債権の債務者に対する競売開始決定正本の送達は、競売目的物を差し押さえる旨の裁判がなされたことを利害関係人に告知して不服申立ての機会を与えるためのものであって、被担保債権に対する催告にも該当しないとしました。

8－27

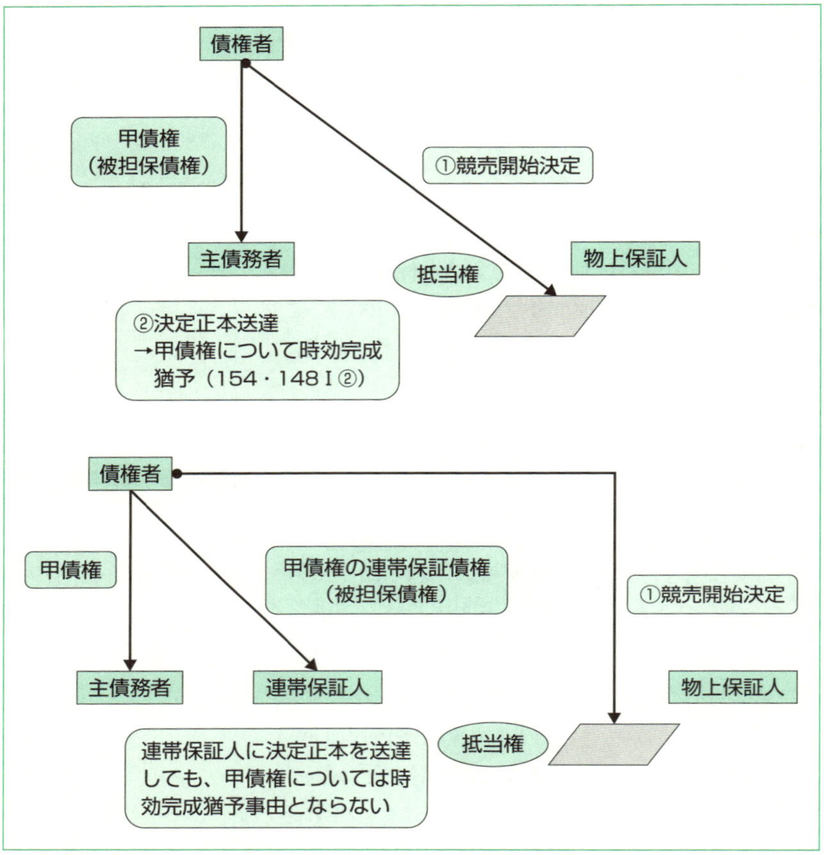

(2) 例外――絶対効(絶対的効力)

以上の相対効(相対的効力)の原則に対しては、いくつかの例外(**絶対効〔絶対的効力〕**)がある。

(a) 地役権の不可分性

要役地が数人の共有に属する場合において、その１人のために時効の完成猶予または更新があるときは、その完成猶予または更新は、他の共有者のためにもその効力を生じる(292条)。

→『物権法』5章3節[2]【5】

(b) 連帯債権者、不可分債権者の請求

連帯債権者または不可分債権者の１人の請求は、他の連帯債権者や不可分債権者のためにも効力を生じる(432条、428条)。

→『債権総論』6章3節[2]【2】(2)(d)(i)、4節[1]【3】(1)(b)(i)

(c) 保証債務の付従性

主たる債務者に対する時効の完成猶予・更新は、保証人に対しても効力を生じる(457条１項)。

→『債権総論』6章5節[4]【2】(1)(b)

これに関連して、債務者の承認(152条１項)による更新の効果が、物上保証人

に対しても及ぶかが問題となる。この点について、153条(相対効の原則)の制度に忠実に解釈して、当事者でない物上保証人に対しては時効の更新の効力が及ばないとする見解(否定説)もあるが、判例は、物上保証人に対しても時効の更新の効力は及ぶとしている。後述するように、物上保証人には債務の消滅時効の援用が認められている(判例。145条括弧書)にもかかわらず、債権者にはこれらの者との関係で直接債務の時効を更新する方法がないので、これとのバランスをとる必要があるから、判例の立場(肯定説)でよいであろう。

肯定説は、153条(相対効の原則)の例外を解釈によって認めたことになりますが(人的範囲説、相対効説を前提とします)、これにもさまざまな法律構成があります。

①抵当権の付従性と保証債務の付従性の類似性に着目し、457条1項を物上保証人にも類推する見解(457条1項類推説)、②396条は「抵当権は、債務者及び抵当権設定者に対しては、その担保する債権と同時でなければ、時効によって消滅しない」と規定しているところ、これは、債務を弁済しない債務者や自己の意思で抵当権を設定した物上保証人は、被担保債権が消滅しないかぎり、抵当権の時効消滅を主張することができないとするものであるが、この規定は、被担保債権の時効更新効が設定者(物上保証人)にも及ぶことを前提としていると解する見解(396条類推説)があります。

上記判例は、「他人の債務のために自己の所有物件につき根抵当権等を設定したいわゆる物上保証人が、債務者の承認により被担保債権について生じた消滅時効中断の効力を否定することは、**担保権の付従性に抵触**し、**民法396条の趣旨にも反し**、許されないものと解するのが相当である」としていることから、①457条1項類推説と②396条類推説の両者の根拠を取り入れています。

なお、③そもそも153条が時効の完成猶予・更新の及ぶ人的範囲を制限していることに合理性はないとする見解、すなわち153条は時効が進行している権利関係の当事者が複数いる場合に、更新行為に関与した当事者間で進行していた時効だけが更新することを表明する規定であると解し(物的範囲説、中断対象説)、物的責任を負担するにすぎない物上保証人は被担保債権にかかる権利関係についての当事者ではないから、そもそも153条が適用される余地はないとする見解(153条意味解釈説)もありますが、これは、そもそも153条は相対効の原則を規定したもの(通説の人的範囲説、相対効説)とは考えない見解ですので(153条の規定の意味の理解を異にしますので)、注意してください。

同様に、債務者の承認(152条1項)による更新の効果は、詐害行為の受益者に対しても及ぶと解されている(判例。なお、後述するように、詐害行為の受益者にも債務の消滅時効の援用が認められている〔判例〕)。

➡ 鈴木・民法総則講義286頁

➡ 最判平成7年3月10日判時1525号59頁

➡ 5節[2]【2】(2)(c)

➡ 最判昭和42年10月27日民集21巻8号2110頁、最判昭和43年9月26日民集22巻9号2002頁

➡ 判例批評(金法723号18頁)[柳川]、裁判実務体系14(37頁)[丸山]

➡ 四宮・民法総則319頁、近江・講義Ⅰ363頁

➡ 近江・講義Ⅰ362参照

➡ 金沢法学31巻2号41頁[松久]、判例評論477号(判時1649号)30頁[松久]

➡ 最判平成11年2月26日判時1671号67頁、最判平成10年6月22日民集52巻4号1195頁

➡ 5節[2]【2】(2)(g)

➡ 最判平成10年6月22日(前出)

第8章………時効

5. 時効の効果と援用・放棄

1 時効の効果

取得時効の効果は、権利の取得であり(162条、163条)、消滅時効の効果は、権利の消滅である(166条等)。

取得時効も消滅時効も、いずれの効果もその**起算日にさかのぼって生じる**(**時効の遡及効**、144条)。したがって、取得時効であれば、起算日に権利を取得したこととなる。また、消滅時効であれば、起算日に権利が消滅したこととなるため、それ以降の遅延損害金も消滅する。

← 時効の遡及効

なお、取得時効による権利取得は**原始取得**である。したがって、権利取得者は、前主から権利を承継取得するのではなく、取得時効の効果によって、法律上当然に権利を取得することとなる。

2 時効の援用

【1】援用の法的性質

●論点Aランク
(論証33)

民法は、時効完成により債権消滅や権利取得という効果が当然に生じると定めているが(162条、166条等)、他方で、当事者が援用しなければ裁判所がこれによって裁判をすることができないとも規定している(145条)。

そのため、両者の規定の関係性、特に援用の法的性質をどのように考えるべきかが問題となる。この問題は、すでに述べた時効制度の法的構成をどのように考えるかとも密接に関連する。すなわち、実体法説からは確定効果説または不確定効果説が導かれ、訴訟法説からは法定証拠提出説が導かれる。

→ 1節2

(1) 確定効果説(攻撃防御方法説)

確定効果説とは、時効によって生じる権利の取得または消滅という効果は、時効の完成によって確定的に発生すると解する見解である(旧判例)。確定効果説によれば、援用は、弁論主義の制約から訴訟法上裁判所が裁判をするための要件であって、訴訟法上の攻撃防御方法の提出にすぎないこととなる。

← 「確定効果説」とは

確定効果説は、162条や166条等の文言に整合的である反面、当事者の援用を要求する145条がわざわざ定められた理由を説明できないという批判がなされる。

民事訴訟法の用語がでてきたので、簡単に説明しておきます。詳しくは、民事訴訟法で勉強しましょう。

弁論主義とは、訴訟資料の収集提出を当事者側の権能かつ責任とする建前をいいます。要するに、当事者は、自身の言い分を裁判所に認めてもらおうと思ったら、自身で必要な主張をし、証拠を集めて提出しなければならないということです。

← 「弁論主義」とは

→ 『民事訴訟法』10章1節1【1】

攻撃防御方法とは、当事者がそれぞれ自身の申立てを基礎づけるために提出する裁判資料の総称です。

すなわち、確定効果説は、時効の完成によって実体法上の権利関係はすでに変動しており、援用は、時効による権利関係の変動を裁判所に認めてもらうための主張立証を意味することとなります。

もっとも、弁論主義は民事訴訟法の基本原則であって、わざわざ民法145条が規定しなくても、当事者が主張立証しない時効完成の事実を裁判所が判断の基礎にすることはありません。そのため、確定効果説に対しては、145条がわざわざ当事者の援用を要求する理由を説明できないという批判があるのです。

← 「攻撃防御方法」とは

➡ 『民事訴訟法』2章3節[2]【6】(1)

(2) 不確定効果説

不確定効果説とは、時効が完成しただけでは権利の取得または消滅という効果は不確定的にしか発生しておらず、効果の発生または不発生は援用か放棄によってはじめて確定すると解する見解である。不確定効果説によれば、援用は、実体法上の問題に位置づけられる。

← 「不確定効果説」とは

不確定効果説は、理論構成によって更に見解が分かれる。

(a) 解除条件説

解除条件説とは、時効の完成によって権利の取得または消滅は一種の解除条件的に発生しており、放棄によって遡及的に効果の不発生が確定すると解する見解である。古い学説であるが、現在もこれを支持する立場がある。

← 「解除条件説」とは

➡ 平野・民法総則381頁

(b) 停止条件説

停止条件説とは、時効の完成だけでは時効の効果は発生しておらず、援用によって初めて権利の取得または消滅の効果が遡及的・確定的に生じると解する見解である(判例・通説)。

← 「停止条件説」とは

➡ 最判昭和61年3月17日(後出重要判例)

➡ 我妻・講義Ⅰ444頁、幾代・民法総則536頁、川井・民法総則318頁、石田[穣]1032頁、近江・講義Ⅰ335頁

★重要判例(最判昭和61年3月17日〔百選Ⅰ41事件〕)

「民法167条1項は『債権ハ十年間之ヲ行ハサルニ因リテ消滅ス』と規定しているが、他方、同法145条及び146条は、時効による権利消滅の効果は当事者の意思をも顧慮して生じさせることとしていることが明らかであるから、時効による債権消滅の効果は、時効期間の経過とともに確定的に生ずるものではなく、時効が援用されたときにはじめて確定的に生ずるものと解するのが相当であり、農地の買主が売主に対して有する県知事に対する許可申請協力請求権の時効による消滅の効果も、10年の時効期間の経過とともに確定的に生ずるものではなく、売主が右請求権についての時効を援用したときにはじめて確定的に生ずるものというべきであるから、右時効の援用がされるまでの間に当該農地が非農地化したときには、その時点において、右農地の売買契約は当然に効力を生じ、買主にその所有権が移転するものと解すべきであり、その後に売主が右県知事に対する許可申請協力請求権の消滅時効を援用してもその効力を生ずるに由ないものというべきである。そして、本件記録によると、被上告人らが本件許可申請協力請求権の消滅時効を援用したのは昭和51年2月9日に提起した本件本訴の訴状においてであること、これに対し、上告人らは、原審において、本件土地はすくなくとも昭和46年8月5日以降は雑木等が繁茂し原野となったから、本件売買は効力を生じた旨主張し、右主張に副う証拠として乙第3号証を提出していたことが認められるところ、上告人らの右主張事実を認めうるときには、本件売買は、本件土地が右非農地化した時点において、当然にその効力を生じ、被上告人らは本件土地の所有権を喪失するに至ったものというべきであり、したがって、本件許可申請協力請求権の時効消滅は問題とする余地がなく、また、Eが本件売買契約上の買主の義務をすべて履行しているという原審確定の事実関係のもとにおいては、本件地位譲渡契約は被上告人らとの間においてもその効力を生じうる余地があるものというべきである。したがって、上告人らの右主張について審理判断しなかった原判決には、民法145条、167条1

項の解釈適用の誤り、ひいては審理不尽、理由不備の違法があるものというべきであ」る。

【争点】農地の売買に基づく県知事に対する所有権移転許可申請協力請求権の消滅時効期間の経過後に右農地が非農地化した場合における所有権の移転および非農地化後にされた時効援用の効力の有無。

【結論】農地の売買に基づく県知事に対する所有権移転許可申請協力請求権の消滅時効期間が経過してもその後に農地が非農地化した場合には、買主に所有権が移転し、非農地化後にされた時効の援用は効力を生じない。

⑶ 法定証拠提出説

→ 川島・民法総則450頁

←「法定証拠提出説」とは

訴訟法説は、時効を、裁判で援用することにより、他の権利得喪原因の証明を要することなく、権利得喪の裁判を受けることを認める制度とする。訴訟法説によれば、援用は、訴訟の場で時効という法定証拠を提出する行為と位置づけられる(**法定証拠提出説**)。

訴訟法説に対しては、援用の捉え方が162条や166条等の文言に完全に反するとの批判がある。

→ Sシリーズ民法Ⅰ257頁[松久]参照

時効の効果		時効の完成だけで時効の効果が生じるか		結論
実体法説	権利の取得・消滅(実体法上の効果)	発生する(確定効果説)		時効完成により権利の取得・消滅の実体法上の効果が確定的に生じる。援用は訴訟上の攻撃防御方法にすぎない。
		発生しない(不確定効果説)	解除条件説	時効完成により権利の取得・消滅の実体法上の効果がいちおう生じるものの、それは不確定なものであり、時効利益の放棄を解除条件として、時効の効果が遡及的に消滅する。
			停止条件説	援用によって確定的に実体法上の効果が生じる。
訴訟法説	権利の取得・消滅に関する法定証拠の成立	(法定証拠成立の効果が)発生する(法定証拠提出説)		援用は、訴訟の場で時効という法定証拠を提出する行為。

【2】援用権者の範囲

⑴ 総説

→ 大判明治43年1月25日民録16輯22頁、最判昭和48年12月14日民集27巻11号1586頁

← 平成29年改正

時効は、「当事者」が援用する(145条)。ここでいう「当事者」について、判例は、**時効により直接に利益を受ける者**をいうとする。

もっとも、判例は、「当事者」の範囲を広く解する傾向にあり、平成29年改正により、消滅時効との関係では「権利の消滅について**正当な利益を有する者**」という基準が明示された(145条括弧書)。これにより、取得時効との関係でも、権利の取得について正当な利益を有する者という基準に従って解釈論が展開されるであろうとの指摘がある。

→ リーガルクエスト民法Ⅰ317頁[原田]

以下では、改正前民法のもとでの判例に基づいて、「当事者」、すなわち援用権者の範囲について、消滅時効の場合と取得時効の場合とに分けて述べる。

⑵ 消滅時効の場合

⒜ 債務者

債務者は、消滅時効の完成によって直接債務を免れるため、援用権者に含まれ

ることに争いはない。

145条括弧書は、消滅時効における当事者の意義について、「保証人、物上保証人、第三取得者**その他**権利の消滅について正当な利益を有する者を含む」と規定しています。つまり、**その他の**ではなく、**その他**となってますから、「保証人」、「物上保証人」および「第三取得者」の前三者は、後者である「権利の消滅について正当な利益を有する者」の例示ではありません。前三者と後者は、あくまでも並列の関係ですので、注意してください。

→ 序章3節4【4】

(b) **保証人**

保証債務は、主たる債務が消滅すれば、それに付従して消滅する(付従性)。判例は、保証人も援用権者に含まれるとしており、平成29年改正によって明文化された(145条括弧書)。

→ 大判大正4年12月11日民録21輯2051頁、大判昭和7年6月21日民集11巻1186頁

(c) **物上保証人**

古い判例は、物上保証人は援用権者に含まれないとしていた。しかし、その後の判例は、物上保証人も援用権者に含まれるとし、平成29年改正によって明文化された(145条括弧書)。

→ 大判明治43年1月25日(前出)

→ 最判昭和42年10月27日民集21巻8号2110頁、最判昭和43年9月26日民集22巻9号2002頁

(d) **一般債権者**

一般債権者は、債務者が他の債権者に対して負っている債務について、消滅時効を援用できない(判例)。ただし、債権者代位権に基づいて債務者の援用権を代位行使することは可能である(判例)。

→ 大決昭和12年6月30日民集16巻1037頁

→ 最判昭和43年9月26日(前出)

(e) **担保不動産の第三取得者**

古い判例は、担保不動産の第三取得者は援用権者に含まれないとしていた。しかし、その後の判例は、担保不動産の第三取得者も援用権者に含まれるとし、平成29年改正によって明文化された(145条括弧書)。

→ 大判明治43年1月25日(前出)

→ 最判昭和48年12月14日(前出)、最判昭和60年11月26日民集39巻7号1701頁

(f) **後順位抵当権者**

8-28

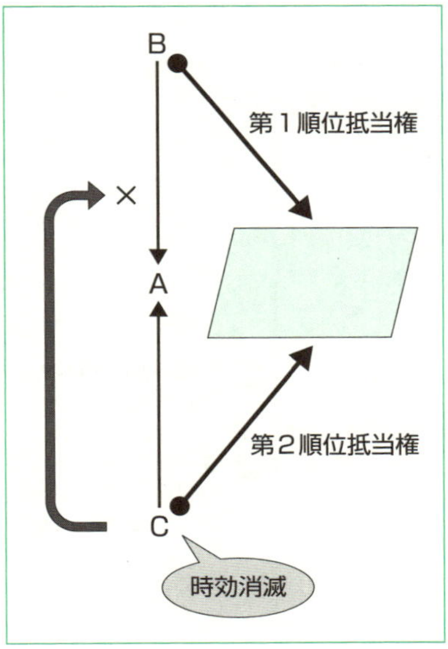

たとえば、Aが、Bに対して負っている甲債務を担保するために自己の所有する不動産に第1順位の抵当権を設定し、Cに対して負っている乙債務を担保するために不動産に第2順位の抵当権を設定した。この場合に、Cは、AのBに対する債務が時効消滅しているとして、消滅時効を援用することができるか。かりにCが援用権者に含まれれば、CはAのBに対する債務を時効消滅させて、自己の被担保債権を第1順位に上昇させることができる。

この点について、判例は、**先順位抵当権者の被担保債権消滅による配当額の増加に対する期待は、抵当権の順位の上昇によってもたらされる反射的な利益にすぎない**として、**援用権者に含まれない**とした。もっとも、すでに述べたとおり、後順位抵当権者も債権者代位権に基づいて債務者の援用権を代位行使することは可能であるから、不都合ではないとの見解がある。

→ 最判平成11年10月21日(後出重要判例)

→ 平野・民法総則390頁

★重要判例(最判平成11年10月21日〔判例シリーズ14事件〕)

「民法145条所定の当事者として消滅時効を援用し得る者は、権利の消滅により直接利益を受ける者に限定されると解すべきである(最高裁昭和……48年12月14日第二小法廷判決……参照)。後順位抵当権者は、目的不動産の価格から先順位抵当権によって担保される債権額を控除した価額についてのみ優先して弁済を受ける地位を有するものである。もっとも、先順位抵当権の被担保債権が消滅すると、後順位抵当権者の抵当権の順位が上昇し、これによって被担保債権に対する配当額が増加することがあり得るが、この配当額の増加に対する期待は、抵当権の順位の上昇によってもたらされる反射的な利益にすぎないというべきである。そうすると、後順位抵当権者は、先順位抵当権の被担保債権の消滅により直接利益を受ける者に該当するものではなく、先順位抵当権の被担保債権の消滅時効を援用することができないものと解するのが相当である。論旨は、抵当権が設定された不動産の譲渡を受けた第三取得者が当該抵当権の被担保債権の消滅時効を援用することができる旨を判示した右判例を指摘し、第三取得者と後順位抵当権者とを同列に論ずべきものとするが、第三取得者は、右被担保債権が消滅すれば抵当権が消滅し、これにより所有権を全うすることができる関係にあり、右消滅時効を援用することができないとすると、抵当権が実行されることによって不動産の所有権を失うという不利益を受けることがあり得るのに対し、後順位抵当権者が先順位抵当権の被担保債権の消滅時効を援用することができるとした場合に受け得る利益は、右に説示したとおりのものにすぎず、また、右の消滅時効を援用することができないとしても、目的不動産の価格から抵当権の従前の順位に応じて弁済を受けるという後順位抵当権者の地位が害されることはないのであって、後順位抵当権者と第三取得者とは、その置かれた地位が異なるものであるというべきである。」

【争点】後順位抵当権者は、先順位抵当権の被担保債権の消滅時効を援用することができるか。

【結論】できない。

→ 百選Ⅰ42事件

(g) 詐害行為の受益者

たとえば、Aが、Bに対して1000万円の債務を負っている場合において、債権者を害することを知りながら、Aの唯一の財産である甲不動産(1000万円相当)を、債権者を害することを知っているCに対して低廉な価格で譲渡したとする。この場合、Bは、AのCに対する甲不動産譲渡行為を詐害行為として取り消すことができるはずである(424条1項)。このとき、Cは、AのBに対する債務が時効消滅しているとして、消滅時効を援用することができるか。かりにCが援用権者に含まれれば、CはAのBに対する債務を時効消滅させて、詐害行為取消権の要件を欠けさせることができる。

援用権者	行使の可否
債務者	○
保証人	○(145括弧書)
物上保証人	○(145括弧書)
一般債権者	× (ただし423により行使できる余地あり)
担保不動産の第三取得者	○(145括弧書)
後順位抵当権者	×
詐害行為の受益者	○

古い判例は、詐害行為の受益者は援用権者に含まれないとしていた。しかし、その後の判例は、詐害行為の受益者も援用権者に含まれるとした。

→ 大判昭和3年11月8日民集7巻980頁

→ 最判平成10年6月22日民集52巻4号1195頁

(3) 取得時効の場合

(a) 占有者

占有者は、取得時効の完成によって直接財産権を取得するため、援用権者に含まれることに争いはない。他の財産権の取得時効に関して、自己のためにする意思をもって権利行使を継続した者も同様である。

(b)　目的不動産上の建物の賃借人

Aが所有する甲土地上にBが乙建物を所有している場合において、Bが乙建物をCに賃貸したときに、Cは、Bが甲土地を時効取得したことをAに対して援用することができるか。かりにCが援用権者に含まれると、Cは、Aからの建物退去土地明渡請求を免れ、賃借権を存続させることができる。

判例は、目的不動産上の建物の賃借人は、取得時効の完成によって直接利益を受ける者ではないとして、援用権者に含まれないとした。もっとも、学説上は、上記のとおり、CはBが甲土地を時効取得することで賃借権を存続させることができることを理由に、援用権者に含めるべきとの見解が有力に主張されている。

➡ 最判昭和44年7月15日民集23巻8号1520頁

(c)　目的不動産の賃借人

Bが、Aの所有する甲土地を、所有の意思をもって占有している場合において、Cに対して甲土地を賃貸したとする。この場合に、Cは、Bが甲土地を時効取得したことをAに対して援用することができるか。かりにCが援用権者に含まれると、Cは、Aからの土地明渡請求を免れ、賃借権を存続させることができる。

援用権者	行使の可否
占有者	○
目的不動産上の建物の賃借人	×
目的不動産の賃借人	△（争いあり）

裁判例は肯定説と否定説とに分かれている。賃借権を存続させることができる利益を直接的な利益と評価するのか、間接的な利益にすぎないと評価するのか、(b)とあわせて自身の見解を定めておくとよいであろう。

➡ 東京地判昭和45年12月19日判時630号72頁、東京地判平成元年6月30日判時1343号49頁

➡ 東京高判昭和47年2月28日判時662号47頁

【3】裁判外での援用の可否および効果の人的範囲

(1)　裁判外での援用の可否

時効を裁判外で援用することはできるか。

確定効果説および法定証拠提出説によれば、時効の援用は裁判上行わなければならない。これに対して、不確定効果説によれば、援用は実体法上の行為であるため、裁判外で援用することも可能である。傍論ではあるものの、裁判外での援用を肯定した古い判例がある。

➡ 大判昭和10年12月24日民集14巻2096頁

(2)　援用の効果の人的範囲

援用の効果は**相対的**である。すなわち、援用権者が複数いる場合において、ある援用権者の援用の効果は、他の援用権者には及ばない。これは、時効の利益を受けるか否かを当事者の意思に委ねるとした援用制度の趣旨に基づく。

3　時効利益の放棄

【1】意義

時効利益の放棄とは、完成した時効の利益を享受しない意思を表明することをいう。時効の利益を受けるか否かを当事者の意思に委ねるのが援用制度の趣旨であるから、これを放棄することも当事者の自由である。

←「時効利益の放棄」とは

もっとも、時効利益を放棄するのが時効完成前なのか後なのかによって、規律を異にする。

(1)　時効完成前の放棄

時効の利益は、あらかじめ放棄することができない(146条)。この趣旨は、時

効完成前の放棄を認めると、①永続した事実状態を尊重しようとする時効制度の目的が個人の意思によってあらかじめ排斥されることになるのは不当である点と、②債権者が債務者の窮状に乗じてあらかじめ時効利益を放棄させるおそれがある点とにある。

(2) 時効完成後の放棄

(a) 意義

146条の反対解釈より、**時効完成後に時効利益を放棄することはできる**と解されている。債権の消滅時効完成後、債務者が進んで債務を弁済するのは妨げられない。

(b) 要件

時効利益の放棄は、放棄者の一方的意思表示によって行うことができるため(単独行為)、相手方の同意を要しない(判例)。また、時効利益の放棄は、意思表示を要素とする法律行為(単独行為)であるから、効果意思を必要とする(ただし、判例には、必ずしも必要はないとしたものがある)。さらに、時効利益を放棄するためには、行為能力や処分権限を要する(判例)。

→ 大判大正8年7月4日民録25輯1215頁

→ 大判大正3年4月25日民録20輯342頁

→ 大判大正8年5月12日民録25輯851頁

前述したように、承認(152条)が、単に権利の存在を認識して表示する準法律行為(観念の通知)にすぎませんから、行為能力や処分権限が不要であるのに対し、時効の利益の放棄は、意思表示を要素とする法律行為ですから、行為能力や処分権限が必要となります。両者を混同しないようにしてください。

→ 4節2【2】(6)(b)

(c) 効果

時効利益の放棄の効果は、援用と同様に、相対的である(**相対効**)。すなわち、時効利益を放棄できる者が複数いる場合において、ある者の時効利益の放棄の効果は、他者には及ばない。

時効利益を放棄した場合には、放棄した時効の効果を援用することはできないが、時効利益の放棄後、新たな時効が進行するか否かについては争いがある。この点については、否定説(再進行しないとの立場)もあるが、放棄は当該時効の完成に関するものであり、新たな権利状態についておよそ時効を否定するのは妥当でないから、肯定説(再進行するとの立場)を採用しておけばよいであろう。

→ 近江・講義Ⅰ341頁

→ 川井・民法総則326頁、中舎・民法総則398頁

【2】時効完成後の債務の承認(自認行為)

●論点Aランク(論証34)

(1) 総説

不確定効果説を前提とすると、時効利益の放棄も意思表示を要素とする法律行為(単独行為)であるから効果意思を必要とし、時効完成を**知らないで**債務の存在を認めるような債務の承認(自認行為)をした場合であっても、これを時効利益の放棄ということはできない。

この点について、かつての判例は、債務者は時効の完成を知ったうえでその利益を放棄したと推定されるので、時効利益の放棄になるとしていた(時効利益喪失説)。しかし、その後の判例・通説は、消滅時効完成後に債務の承認をした場合に、その承認はその時効が完成したことを知ってしたものであると推定することは許されないと解するようになった。もっとも、このように解しても、現在の判例は、時効完成を知らないで債務の存在を認めるような自認行為をした場合には、そのような者に時効利益を享受させるのは適当でないとして、**信義則上、**

→ 大判大正6年2月19日民録23輯311頁、大判大正6年3月12日民録23週360頁、最判昭和35年6月23日民集14巻8号1498頁

→ 我妻・講義Ⅰ454頁

→ 最大判昭和41年4月20日(後出重要判例)

→ 川島・民法総則466頁、川井・民法総則327頁、四宮=能見・民法総則486頁、近江・講義Ⅰ342頁

援用権が否定される場合があるとしている(援用権喪失説)。

★重要判例(最大判昭和41年4月20日〔判例シリーズ15事件〕)

「案ずるに、債務者は、消滅時効が完成したのちに債務の承認をする場合には、その時効完成の事実を知っているのはむしろ異例で、知らないのが通常であるといえるから、債務者が商人の場合でも、消滅時効完成後に当該債務の承認をした事実から右承認は時効が完成したことを知ってされたものであると推定することは許されないものと解するのが相当である。したがって、右と見解を異にする当裁判所の判例(昭和35年6月23日言渡第一小法廷判決……参照)は、これを変更すべきものと認める。」

「しかしながら、債務者が、自己の負担する債務について時効が完成したのちに、債権者に対し債務の承認をした以上、時効完成の事実を知らなかったときでも、爾後その債務についてその完成した消滅時効の援用をすることは許されないものと解するのが相当である。けだし、時効の完成後、債務者が債務の承認をすることは、時効による債務消滅の主張と相容れない行為であり、相手方においても債務者はもはや時効の援用をしない趣旨であると考えるであろうから、その後においては債務者に時効の援用を認めないものと解するのが、信義則に照らし、相当であるからである。また、かく解しても、永続した社会秩序の維持を目的とする時効制度の存在理由に反するものでもない。」

【争点】 ①消滅時効完成後に債務の承認をした場合において、その承認はその時効の完成を知ってしたものと推定することは許されるか。
②消滅時効完成後における債務の承認と当該時効援用の許否。

【結論】 ①消滅時効完成後に債務の承認をした場合において、そのことだけから、その承認はその時効が完成したことを知ってしたものであると推定することは許されない。
②債務者が、消滅時効完成後に債権者に対し当該債務の承認をした場合には、時効完成の事実を知らなかったときでも、その後その時効の援用をすることは許されない。

→ 百選Ⅰ43事件

⑵ 援用権喪失後の時効進行

時効完成後、債務者は、債務を承認すると援用権を喪失するが(援用権喪失説)、その後新たな時効が進行するため、新たな時効について時効を援用することはできる(判例・通説)。

→ 最判昭和45年5月21日民集24巻5号393頁
→ 川井・民法総則328頁、近江・講義Ⅰ343頁

4 時効に関する特約――合意による時効期間の変更

最後に、時効に関する特約について、説明しておく。

【1】総説

時効に関して契約当事者間において特約をすることができるかが問題となる。

時効制度を公益的制度(法律関係の安定・永続した事実状態の尊重)と考えると、その内容を特約(合意、約定、契約)によって変更することができないように思える。しかし、時効制度の全体が公益的なわけではないから、当事者が自由に変更することができる部分もある。個別具体的に考えるべきであろう。

【2】時効期間を延長する特約

時効期間を延長することは、時効完成を困難にすることを意味するが、これは、前述した時効完成前の時効利益の放棄が認められないことと同じ理由から、無効であると解される(146条類推適用)。

→ 我妻・講義Ⅰ453頁、四宮=能見・民法総則489頁、石口・要論Ⅰ419頁

もっとも、銀行預金について、時効期間を延長する特約は、あまり長期になら

ないかぎり(20年くらいが限度)、有効としてよいとの見解が有力である。

→ ジュリスト1126号233頁[金山]、四宮=能見・民法総則490頁

【3】時効期間を短縮する特約

時効期間を短縮することは、時効完成を容易にすることを意味するが、これは、時効期間を延長する場合のような弊害がないので、有効と解されている。ただし、消費者契約法10条の不当条項に該当するような場合は除かれる。

→ 我妻・講義Ⅰ453頁

もっとも、時効期間の延長は無効、短縮は有効というように、期間で画一的に判断する必要はなく、当事者の合意を尊重しつつ、合意形成の内容や形成過程に問題がある場合には、その効力を否定したり(民90条以下)、援用権行使に関する特約と解しつつ、問題がある場合には信義則(1条2項)によって特約の主張を制限したりするほうが妥当であるという見解もあります。

→ 中舎・民法総則420頁

○×問題で実力チェック

01　確定期限の定めのある債権の消滅時効は、その期限が到来した時から進行する。('07-６問)

→ ○　２節3【１】(2)参照

02　割賦払債務について、債務者が割賦金の支払を怠ったときは債権者の請求により直ちに残債務全額を弁済すべき旨の約定がある場合には、債務者が割賦金の支払を怠った時から、残債務全額についての消滅時効が進行する。('07-５問)

→ ×　最判昭和42年6月23日。２節3【１】(2)参照

03　Ａは、Ｂとの間で、Ｂ所有の土地について売買契約を締結し、代金の２割を支払い、残代金は３か月後に土地の所有権移転登記手続と引換えに支払うことを合意した。ところが、期日が経過しても、Ｂは、土地の所有権移転登記手続を履行しようとしない。

　ＡがＢに対し相当の期間を定めて履行を催告して売買契約を解除する場合、この契約解除権の消滅時効は、催告後相当の期間が経過した時から進行する。(H.13-21問)

→ ×　債務不履行時から進行する。２節4【１】(4)(a)参照

04　短期取得時効では、目的物の占有開始が取引行為によるものに限られることはない。(H.15-26問)

→ ○　即時取得(192条)との違いに注意。３節2【１】参照

05　売買契約により目的物の占有を取得した場合、短期取得時効ではその売買契約が有効である必要はない。(H.15-26問)

→ ○　即時取得(192条)との相違に注意。３節2【１】参照

06　他人が所有する土地を自己所有の土地として第三者に賃貸した者は、その第三者が20年間その土地を占有したとしても、取得時効によりその土地の所有権を取得することはできない。(H.26-５問)

→ ×　取得時効の要件としての占有は、代理占有でもよいと解されている(大判大正10年11月３日)。３節2【１】参照

07　他人の物を占有することが取得時効の要件であるので、所有権に基づいて不動産を占有していた場合には、取得時効は成立しない。(H.19-５問)

→ ×　最判昭和42年７月21日。３節2【１】参照

08　取得時効が成立するためには、占有が時効期間中継続していることが必要であり、侵奪行為によって目的物の占有が失われた場合には、その後、占有回収の訴えによってその占有を回復しても、時効は、判決確定後から新たに進行を始める。(H.19-５問)

→ ×　最判昭和44年12月２日。３節2【１】参照

09　甲が乙から土地を買い受け、占有開始後はじめてその売買の無効を知った場合は、その時点から取得時効は進行する。(S.54-50問)

→ ×　３節2【１】参照

10　外形的客観的にみて占有者が他人の所有権を排斥して占有する意思を有していなかったと解される事情を証明すれば、所有の意思を否定することができる。(H.26-５問)

→ ○　他主占有事情の主張によって所有の意思を否定することができる。３節2【２】(2)参照

11　短期取得時効では目的物を所有の意思をもって善意・平穏・公然に占有を開始することによって、無過失は推定される。(H.15-26問)

→ ×　短期取得時効において無過失は推定されない(188条参照)。３節2【４】参照

12　10年の取得時効を援用して所有権の取得を主張する者は、占有を開始した時及びその時から10年を経過した時の２つの時点の占有を主張・立証すれば足り、所有の意思をもって、平穏に、かつ、公然と物を占有したこと、占有の開始時に善意無過失であったことについて主張・立証する必要はない。(H.26-５問)

→ ×　無過失は推定されない(大判大正８年10月13日)。３節2【４】参照

13　相続人が、被相続人の死亡により、相続財産の占有を承継したばかりでなく、新たに相続財産を事実上支配することによって占有を開始して、その占有に所有の意思があるとみられる場合においては、被相続人の占有が所有の意思のないものであったときでも、相続人は新権原により所有の意思をもって占有を始めたものといえる。(H.20-７問)

→ ○　最判昭和46年11月30日。３節2【５】(1)(b)参照

14　短期取得時効では、権利取得の効果は、時効の成立によって目的物に対する権利を原始的に取得する。(H.15-26問)

➡ ○　目的物に対する権利を原始的に取得する点は、即時取得(192条)と同様である。3節3【1】参照

15　取得時効により所有権を取得したときは、期間中に生じた果実は不当利得として返還しなければならない。(S.38-4問)

➡ ×　遡及効がある(144条)ので不当利得とならない。3節3【2】参照

16　取得時効を主張する時効援用権者は、占有を開始した以後の任意の時点を時効の起算点として選択することができる。(H.20-7問)

➡ ×　最判昭和35年7月27日。3節3【2】参照

17　所有権以外の財産権についても時効取得は可能であるが、財産権のうち、債権に関しては、占有を観念できないので、時効取得することはない。(H.19-5問)

➡ ×　賃借権の時効取得が認められている。最判昭和62年6月5日。3節4【1】(2)参照

18　甲が乙に対する債権を譲渡し、乙に対してその譲渡の通知をしたときは、その債権の消滅時効の完成は猶予される。(S.59-29問)

➡ ×　観念の通知にすぎず、請求にあたらない。4節2【2】参照

19　AのBに対する債権について、連帯保証人Cが時効期間の経過前にAに対して承認したときは、時効更新の効力は主債務者Bに対しても及ぶ。(H.18-21問)

➡ ×　4節3参照

20　AのBに対する売買代金債権について時効期間が経過した後、Bが当該代金債務を承認した場合であっても、その債務を被担保債権とする抵当権を設定した物上保証人Cは、その債務について消滅時効を援用することができる。(H.18-21問)

➡ ○　4節3参照

21　援用の性格につき解除条件説(不確定効果説)によると、時効が完成した後に債務を弁済した場合、時効の援用をしないとの表示をしたとされ、その債権を復活させる効果とともに債権を消滅させる効果を有するという奇妙な結果となる。(S.60-65問、H.3-35問)

➡ ○　5節2【1】参照

22　抵当不動産の第三取得者は被担保債権の消滅により直接利益を受ける者であるから、被担保債権の消滅時効を援用することができ、これにより抵当権は消滅する。(H.10-25問)

➡ ○　145条。5節2【2】参照

23　「後順位抵当権者であるCは、先順位抵当権者Bの被担保債権が消滅することによって直接に利益を受ける者とはいえないから、当該債権の消滅時効を援用することはできない。」という考え方と、債務者の一般債権者は、その固有の地位に基づいて、他の債権者の債権の消滅時効を援用することができるとすることは整合しない。(H.16-32問)

➡ ○　5節2【2】参照

24　債務につき消滅時効が完成した後に、債務者が債務の承認をした以上、時効完成の事実を知らなかったときでも、以後その完成した消滅時効を援用することは許されない。(H.20-7問)

➡ ○　最判昭和41年4月20日。5節3【2】(1)参照

25　時効の完成後に、そのことに気付かないで債務を弁済した債務者は、債権者に対して、弁済金を不当利得として返還請求することができる。('06-21問)

➡ ×　最大判昭和41年4月20日。5節3【2】(1)

スタートアップ民法・民法総則

論証カード

民法総則 1

制限行為能力者の詐術

Bランク

●問題提起　制限行為能力者が、みずからが制限行為能力者であることを黙秘しているにすぎない場合にも、21条の「詐術」にあたるか、「詐術」の具体的内容が問題となる。

●趣　旨　思うに、同条の趣旨は、制限行為能力者保護と取引安全の要請との調和を図る点にある。そして、今日においては取引安全の要請が強い点にかんがみ、「詐術」の概念を広く解釈すべきである。

●規範定立　とすれば、「詐術」とは、制限行為能力者が積極的術策を用いた場合のみならず、普通に人を欺くに足りる言動を用いて相手方の誤信を誘発し、または誤信を強めた場合を含むと解する。

そして、単に制限行為能力者であることを黙秘していただけでは、「詐術」にはあたらないが、それが他の言動などとあいまって相手方を誤信させ、または誤信を強めた場合には、「詐術」にあたるものと解する(判例に同旨)。

コメント：あまり使う頻度は高くないであろうが、制限行為能力者の問題が出題されたらまずこの論点を疑ってみてよいだろう。
参考文献：四宮=能見・総則80～82頁、後藤=山野目・総則36～37頁、39～40頁、近江・講義Ⅰ72～73頁、潮見(全)23頁、中舎139～140頁、百選Ⅰ 5 事件。
参照：2章1節③【6】(3)

民法総則 2

34条の意義(行為能力制限説)

Bランク

●問題提起　法人の○○という行為の効力をいかに解すべきか。34条の「目的の範囲内において、権利を有し、義務を負う」の意味と関連して問題となる。

●主張理由　思うに、法人が社会生活において独立した社会的作用を営むかぎり、その享有しうる権利の種類に特別の制限を加えることは適当でない。

そこで、「目的の範囲内において、……」とは、法人の享有しうる権利の種類がその法人の目的によって制限されるという意味ではなく、範囲内の行為によって権利を有し義務を負うという意味であると解する。

●規範定立　したがって、34条は「目的の範囲」により法人の行為能力を制限したものと解され、「目的の範囲」外の行為は無効となるものと解する。

●主張理由　もっとも、目的による制限を厳格に解すると、法人が社会生活において独立した社会的作用を営むという意義を失わせ、また、法人と取引する相手方に不測の損害を与えることになり妥当でない。

●規範定立　したがって、「目的の範囲」内か否かは、定款その他の基本約款の目的にあげられた事項にかぎるのではなく、この目的を遂行するのに必要な範囲内の全般にわたるものと解する。

コメント：必ず取引の安全についての配慮を示しておくことが必要である。
参考文献：四宮=能見・総則138～142頁、112～114頁、後藤=山野目・総則46～47頁、我妻・講義Ⅰ156～159頁、近江・講義Ⅰ127～132頁、潮見(全)35～36頁、中舎450～452頁、百選Ⅰ 7 事件。
参照：2章2節④【2】(2)(c) 論点Q_1

協同組合の員外貸付は、34条の「目的の範囲」内の行為か　Bランク

●問題提起　協同組合は、定款で員外貸付を禁止している。そこで、協同組合の員外貸付の行為が、34条の「目的の範囲」内といえるかが問題となる。

●主張理由　思うに、「目的の範囲」内か否かをあまり厳格に解すると、法人が社会生活において独立した社会的作用を営むという意義を失わせ、また、法人と取引する相手方に損害を与えることになり妥当でない。

●規範定立　したがって、「目的の範囲」内か否かは、定款その他の基本約款の目的にあげられた事項にかぎるのではなく、この目的を遂行するのに必要な範囲内の全般にわたるものと解する。

●あてはめ　そして、①員外貸付が行われることにより貸付原資が減少し組合員の借入れが困難となることを防止し、組合員の利益を保護する必要があること、②税法上優遇されている協同組合が一般の金融機関と類似の行為をすることを禁止して、一般金融機関の市場を保護する必要があることから、員外貸付は、協同組合の目的を遂行するのに必要な行為とはいえないものと解する。

●結　　論　したがって、協同組合の員外貸付行為は、「目的の範囲」外の行為として無効となり、協同組合は相手方に対して、不当利得に基づく返還請求(703条)をなしうるにすぎない。

参考：員外貸付を担保するための抵当権は付従性により無効となるが、判例は、員外貸付であることを知りながら貸付を受けたにもかかわらず、後になって貸付の無効を理由に、抵当権設定の無効を主張することは信義則(1条2項)に反し、許されないとする。

コメント：実際にはこの抵当権の付従性の論点とともに出題されると思われるのであわせて理解しておくことが必要である。

参考文献：四宮=能見・総則141頁、後藤=山野目・総則47頁、SシリーズⅠ78～82頁、内田・民法Ⅰ246～247頁、潮見(全)35～36頁、中舎450～452頁。

判例：最判昭和41年4月26日民集20巻4号849頁

参照：2章2節4【3】(2)(c)

法人の代表理事その他の代表者が法令による権限制限に違反して行為した場合

Bランク

●問題提起　取引の相手方が、村長には法令で金銭の受領権限がないことが規定されているにもかかわらず、村に貸与するつもりで村長に金銭を貸与した場合、相手方を一般法人法77条5項により保護できるか。

●規範定立　この点、一般法人法77条5項の「善意」とは、代表理事その他の代表者の包括的代表権に課せられた制限を知らないことを意味すると解する。

●あてはめ　しかし、**相手方の法令の不知は同条項の予定している場面ではない**から、一般法人法77条5項は適用されない。

●問題提起　では、ただちに法人の不法行為責任（一般法人78条）を問うべきであろうか。

●主張理由　思うに、村長は包括的な権限を有する者であり、金銭の受領権限をも有すると**信じて取引関係に入った相手方を保護する必要**がある。

そして、相手方を保護する**もっとも直接的な方法は、取引の効力を維持すること**である。

●規範定立　そこで、**法人の利益と相手方の利益との調和**から、相手方において、村長に金銭の受領権限があるものと信じ、かつ、**このように信じるにつき正当な理由**がある場合には、**110条を類推適用**して、行為の効果が帰属するものと解する（判例に同旨）。

●あてはめ　相手方が善意無過失である場合には、行為の効果が有効に帰属する。

参考：相手方が悪意または過失がある場合には、**法人の不法行為（一般法人78条）の問題**となる。

コメント：この論点は本文でも指摘したように主に市町村などの公法人の機関の権限外行為につき問題となる。

参考文献：四宮＝能見・総則135～136頁、310～311頁、内田・民法Ｉ258～261頁、近江・講義Ｉ134～135頁、141頁、中舎454～455頁。

判例：最判昭和34年７月14日民集13巻７号960頁

参照：２章２節4【4】(1)(d)

民法総則 5

法人が不法行為責任を負う場合(一般法人78条)に、機関個人も責任を負うか

Bランク

●問題提起　法人が不法行為責任を負う場合(一般法人78条)に、機関個人も責任(民709条)を負うか。一般法人法78条からは明らかでなく問題となる。

●趣　旨　思うに、一般法人法78条は、法人が独立の取引主体として社会的活動をなすものである以上、機関の行為によって他人に不法に損害を加えたときは、当然に法人自身の行為として不法行為責任を負うことを規定したものである。

とすれば、機関個人の不法行為は成立する余地がないようにも思える。

●規範定立　しかし、機関の行為は、法人の行為を形成する一面と、機関個人の行為の一面との二面性を有すると観念でき、機関個人との関係で機関個人の責任を問えるものと解する。

また、機関個人の責任を認めることで、被害者を厚く保護することができる。

●結　論　したがって、法人が不法行為責任を負う場合には、機関個人も責任を負うものと解する。

そして、両者は、被害者救済の観点から連帯債務の関係に立つものと解する。

コメント：不法行為の問題であるから被害者の救済という観点をだせば説得力が増そう。

参考文献：四宮=能見・総則161頁、後藤=山野目・総則47～48頁、大村・民法Ⅰ338頁、中舎459～460頁。

出題：H.7－2

参照：2章2節[4]【4】(2)(a)

民法総則 6

法人の代表者が定款による権限制限に違反して行為した場合

B⁺ランク

●問題提起　取引の相手方が、定款の記載により不動産の処分には理事会の承認を要することは知っていたが、当該処分について理事会の承認があったと信じていた場合、相手方を一般法人法77条5項により保護できるか。

●規範定立　この点、一般法人法77条5項は、代表理事その他の代表者の包括的代表権(一般法人77条4項)の制限を根拠づける規定である。

とすれば、一般法人法77条5項の「善意」とは、包括的代表権の制限を知らないことを意味すると解する。

●あてはめ　事例の場合、相手方は包括的代表権の制限につき悪意と認められ、一般法人法77条5項の適用はない。したがって、不動産の処分の効果は法人に帰属しないとも思える。

●主張理由　しかし、相手方は個別的取引について理事会の承認があったものと信じていたのであり、かかる信頼を保護すべきである。

●規範定立　そこで、法人の利益と相手方の利益の調和の観点から、相手方において、代表理事その他の代表者が当該具体的行為につき理事会等の決議を得て適法な代表権を有するものと信じ、かつ、このように信じるにつき正当な理由がある場合には、110条を類推適用して、代表理事その他の代表者の行為の効果が法人に帰属するものと解する(判例に同旨)。

●あてはめ　相手方が善意無過失である場合には、不動産の処分の効果が法人に帰属する。

参考：相手方に悪意または過失がある場合には、法人の不法行為(一般法人78条)の問題となる。

コメント：問題文を見て相手方の善意悪意の内容をしっかりと分析することが重要である。

参考文献：四宮=能見・総則132～133頁、後藤=山野目・総則48～49頁、内田・民法Ⅰ253～254頁、近江・講義Ⅰ140～142頁、潮見(全)32～33頁、中舎456頁、百選Ⅰ31事件。

参照：2章2節[5]【1】(1)(b)(ii)c

権利能力なき社団の債務と責任の帰属　Bランク

●問題提起　権利能力なき社団の債務につき構成員は責任を負うか。

●規範定立　思うに、権利能力なき社団も団体としての内実を備えていることから、社団に準じた扱いをすべきである。そして、社団の構成員は出資を超えて責任を負うことはない。

とすれば、実質的に権利能力なき社団に帰属する債務は、法律上は団体の構成員に総有的に帰属するとともに、社団の総有財産だけがその責任財産となるものと解する(判例に同旨)。

●結　論　したがって、団体の構成員各自は、取引の相手方に対し、直接的には個人的債務ないし責任を負わないと解する。

●許 容 性　このように解しても、債権者の債権回収への期待は、代表者を保証人にしたり代表者の個人財産に担保を設定させたりするなどの方法で保護することができるから不都合はない。

参考：権利能力なき社団の代表者の個人的責任も、①上記の理由、および、②法人・組合の代表者が個人責任を負うことはないこととの整合性から否定する。

コメント：必ず相手の立場からみてこれで不都合はないという許容性まで配慮することが必要である。そこでバランス感覚を示すこと。

参考文献：四宮=能見・総則173頁、後藤=山野目・総則53～57頁、双書(1)89～90頁、内田・民法Ⅰ231～236頁、潮見(全)27頁、中舎468～469頁、百選Ⅰ９事件。

出題：S. 59-1

参照：２章２節8【2】(3)

94条２項の「第三者」の権利保護要件

Aランク

●規範定立　思うに、94条２項の「第三者」とは、虚偽の意思表示の当事者またはその一般承継人以外のものであって虚偽表示に基づいて新たにその当事者から独立した利益を有する法律関係に入ったために、虚偽表示の有効・無効について法律上の利害関係を有するにいたった者をいうと解する（判例に同旨）。

●規範定立　そして、94条２項の「第三者」として保護されるためには、文言どおり善意であれば足り、無過失を要しないと解する（判例に同旨）。

●主張理由　なぜなら、真の権利者は、虚偽の外形をみずからつくりだした点について非難されるべき帰責性を有するので、通常の権利外観法理の場合に比べて第三者の権利保護要件を緩和してよいものと解されるからである。

●規範定立　また、94条２項の「第三者」として保護されるためには、対抗要件としての登記を要しないと解する（判例に同旨）。

●主張理由　なぜなら、虚偽表示の当事者間の譲渡は第三者との関係では、94条２項により有効として取り扱われるため、真の権利者と第三者との関係は、前主・後主の関係となり、対抗関係（177条）に立たないからである。

●規範定立　さらに、権利保護要件としての登記も不要と解する。

●主張理由　なぜなら、虚偽表示をした真の権利者の帰責性が大きい以上、これを具備しないと保護されないという意味での登記を第三者に要求して、第三者の保護要件を厳しくすべきではないからである。

コメント：本人の帰責性とのバランスに配慮した論述ができれば説得的となろう。
参考文献：我妻・講義Ⅰ292頁、内田・民法Ⅰ51～59頁、四宮=能見・総則232～236頁、潮見(全)50頁、中舎183～184頁。
出題：S.48-１、S.62-１、H.６-２、H.19-1
判例：最判昭和44年５月27日民集23巻６号998頁
参照：４章２節④【4】(3)

民法総則 9

94条2項の「第三者」と転得者Ⅰ (譲受人・悪意、転得者・善意の場合)

Aランク

●問題提起　悪意の譲受人からの善意の転得者は、94条2項の「第三者」として保護されるか。

●趣　　旨　思うに、94条2項の趣旨は、虚偽の意思表示をして真実を伴わない外形をみずからつくりだした権利者の犠牲のもとに、意思表示の外形を信じて取引関係に入った者を保護する点にある。

●規範定立　とすれば、94条2項の「第三者」とは、虚偽の意思表示の当事者またはその一般承継人以外の者であって虚偽表示に基づいて新たにその当事者から独立した利益を有する法律関係に入ったために、虚偽表示の有効・無効について法律上の利害関係を有するにいたった者をいうと解する(判例に同旨)。

●規範定立　そして、転得者であっても、直接の譲受人が保護されるのとまったく同じ理由で、「第三者」にあたるものと解する(判例に同旨)。

●主張理由　なぜなら、直接の譲受人が悪意で保護されない場合、権利者は虚偽の外観を取り除くべきであり、これをしないうちに虚偽の外観を信頼して取引に入った者があれば、直接の第三者と同様に取り扱うべきだからである。

コメント：中間者が何人いても最初の善意者についてはこの論点として論証することになる。
参考文献：四宮=能見・総則233～234頁、内田・民法Ⅰ56頁、潮見(全)50頁、中舎185頁。
判例：最判昭和45年7月24日民集24巻7号1116頁
参照：4章2節[4]【4】(4)(a)

民法総則10

94条2項の「第三者」と転得者Ⅱ (譲受人・善意、転得者・悪意の場合)

Aランク

●前　　提　(善意の譲受人が94条2項で保護されることを認定)

●問題提起　ひとたび、「善意の第三者」が現れれば、その後の転得者は悪意であっても保護されるか。

●反 対 説　この点、虚偽表示の効力を第三者ごとに相対的に決しようとする見解(相対的構成)がある。

●批　　判　しかし、相対的構成によれば、いつまでたっても権利関係が確定しないし、権利を失った転得者は前主である善意の第三者に解除に基づく代金返還請求権(542条1項1号、545条1項本文)を追及でき、94条2項による善意の第三者保護の実質が失われてしまう。

●規範定立　したがって、「善意の第三者」が現れればこの者が絶対的に権利を取得し、転得者は、善意・悪意にかかわらず、このような「善意の第三者」の地位を承継取得するものと解する(絶対的構成・判例に同旨)。

●修　　正　ただし、転得者が、善意者をワラ人形として介在させる等当初より94条2項の善意者保護規定を信義に反するかたちで悪用した場合には、例外的に転得者は保護されないものと解する(1条3項)。

コメント：途中に善意者が入ったときはこの絶対的構成の論点の論証が必要になる。ほかにも96条3項、背信的悪意者、424条などで同様な論点が問題になる。
参考文献：四宮=能見・総則233～234頁、内田・民法Ⅰ56～57頁、新版・民法演習1 132～133頁、後藤=山野目・総則85～86頁、潮見(全)50頁、中舎185頁。
出題：S.48-1
参照：4章2節[4]【4】(4)(b)

94条２項の「第三者」と本人からの譲受人との関係　Aランク

●問題提起　94条２項の「第三者」(C)は、元の権利者(A)から不動産を買い受けた者(D)に対しても不動産の所有権を主張することができるか。ＣとＤとの優劣が問題になる。

●反対説　この点Ｄは登記をもたないＡから譲り受けた者だから保護に値しないとしてＣが優先するという見解がある。

●批判　しかし、登記なき元の所有者からの譲受人といっても、Ａ・Ｂ間は無効であり(94条１項)、ＤはＢに優先されるとはいえないのであるから、権利者からの譲受人としての保護を与えるべきである。他方で、虚偽の外観を信頼した善意の第三者であるＣに対しても、取引安全の保護を図る必要がある。

●主張理由　思うに、Ｄは、Ａから不動産を譲り受けた後、Ｂから登記を経由することは可能である。

反面、Ｃも対抗要件を備えることは可能であり、Ｄのような第三者との関係では、Ｃは対抗要件を備えなかったことにより不利益を受けてもやむをえない。

●規範定立　そこで、ＣとＤとの関係をＡを起点とする二重譲渡の関係と同視し、177条の対抗問題として両者の優劣を決すべきであると考える。

コメント：この論点の前提となる94条２項の「第三者」の意義、およびこの後に続く177条の「第三者」の意義についてもしっかりと論証できるように。

参考文献：近江・講義Ｉ200～201頁、四宮=能見・総則235～236頁、後藤=山野目・総則84～85頁、中舎186～188頁。

事例：Ａが虚偽表示によって、Ａ所有の不動産をＢに譲渡し、Ｂは更に「善意の第三者」Ｃに譲渡した。その後、Ａが同じ不動産を更にＤに譲渡した場合、Ｃ、Ｄいずれが優先するか。

図：A ⟶ B ⟶ C
↓
D

出題：H.６-２

判例：最判昭和42年10月31日民集21巻８号2232頁

参照：４章２節4【4】(5)

94条2項の類推適用Ⅰ（意思外形対応型）　Aランク

●問題提起　不動産の所有者が、他人名義の登記がされているのを知りながらそれを放置していた場合、登記名義人から当該不動産を譲り受けた第三者は所有権を取得するか。

●前　　提　この点、登記に公信力がない以上（192条対照）、原則として第三者は所有権を取得しない。
　また、通謀がない以上、94条2項を直接適用することもできない。

●不都合性　しかし、これでは、登記の存在という外観を信頼して取引した者の取引の安全を害することになる。

●主張理由　そこで、以下の理由から、94条2項を類推適用して第三者を保護すべきと解する。

●趣　　旨　思うに、同条項の趣旨は、権利外観法理に求められる。

●規範定立　とすれば、①虚偽の意思表示はなくとも虚偽の外観が存在し、②通謀はなくとも虚偽の外観作出について真の権利者に帰責性がある場合には、③その外観を信頼した者を保護しうる。
　そして、③については、真の権利者の意思と第三者の信頼の基礎となった外形が対応することから、真の権利者の帰責事由が大きく、第三者は善意であれば足り無過失を要しないと解する（判例に結論同旨）。

●あてはめ　①不実の登記があり、虚偽の外観が存在する。
　②登記がされているのを知りながら放置している点に、真の権利者の帰責性が認められる。
　③意思と外形が対応しており、第三者は善意である。したがって、第三者は保護される。

コメント：表見責任の論証の基本型となるのでしっかりとマスターしておいてほしい。なお、動産の取引には占有の公信力が認められているので（192条）、94条2項を類推適用する必要はない。したがって、本論点は不動産について問題となることが多い。

参考文献：四宮＝能見・総則238〜239頁、内田・民法Ⅰ59〜61頁、近江・講義Ⅰ202〜205頁、潮見（全）131頁、中舎193〜195頁、百選Ⅰ21事件。

出題：S.48-1、S.53-2、S.58-1、S.59-1、S.62-1

参照：4章2節4【5】(2)(a)

94条２項の類推適用Ⅱ（意思外形非対応型）

Aランク

●問題提起　不動産の所有者が、相手方に信用を与えるために通謀して仮登記をしたところ、相手方が権利者の印鑑を無断使用して本登記に改め、第三者に譲渡した場合、第三者は所有権を取得するか。

●主張理由　この点、本登記という外観の作出についての通謀はないから、94条２項を直接適用することはできない。しかし、以下の理由から、94条２項を類推適用して第三者を保護しうると解する。

●趣　旨　思うに、94条２項の趣旨は、**権利外観法理**に求められる。

●規範定立　とすれば、①虚偽の意思表示はなくとも**虚偽の外観が存在**し、②通謀はなくとも**虚偽の外観作出について真の権利者に帰責性**がある場合には、③その**外観を信頼**した者を保護すべきである。

そして、③については、**第三者の信頼した外形が真の権利者の意思を逸脱**しており、権利者の帰責性が比較的小さいので、真の権利者の利益も保護する必要がある。

そこで、**110条の法意**にかんがみ、第三者は**善意のみならず無過失**であることを要すると解する（判例に結論同旨）。

●あてはめ
①不実の登記があり、虚偽の外観が存在する。
②相手方に仮登記を与えた点に、真の権利者の帰責性が認められる。
③第三者の信頼した外形が権利者の意思を逸脱し、第三者は善意無過失である。したがって、第三者は保護される。

コメント：本人の帰責性とのバランスの問題であることが伝わればＯＫである。
参考文献：四宮＝能見・総則239～241頁、近江・講義Ⅰ205～208頁、潮見（全）132～133頁、中舎196～197頁。
出題：H.18-２
参照：４章２節4【5】(2)(b)

94条2項の類推適用Ⅲ(外形与因型)　Aランク

●問題提起　不動産の所有者が、相手方に言われるままに実印等を渡した結果、相手方への所有権移転登記がなされた場合、相手方から当該不動産を譲り受けた第三者は所有権を取得するか。

●主張理由　この点、**登記に公信力がない**以上(192条対照)、原則として第三者は所有権を取得しない。また、**通謀がない**以上、94条2項を直接適用することもできない。

●不都合性　しかし、これでは、登記の存在という外観を信頼して取引した者の**取引の安全を害する**こととなる。

●趣　旨　思うに、94条2項の趣旨は、**権利外観法理**に求められる。

●規範定立　とすれば、①虚偽の意思表示はなくとも**虚偽の外観**が存在し、②通謀はなくとも虚偽の外観作出について**真の権利者に帰責性**がある場合には、③その外観を**信頼**した者を保護しうる。

そして、③については、第三者の信頼した外観は真の権利者がみずから作出したわけでも、その作出や存続を承認したわけでもなく、その原因が真の権利者にあるにすぎない。そのため、真の権利者の帰責性が小さいので、真の権利者の利益も保護する必要がある。

そこで、**94条2項、110条の類推適用により、第三者は善意のみならず無過失であることを要する**と解する(判例に結論同旨)。

●あてはめ
①不実の登記があり、虚偽の外観が存在する。
②①の原因が真の権利者のあまりにも不注意な行為にあり、その帰責性の程度はみずから外観の作出に積極的に関与した場合やこれを知りながらあえて放置した場合と同視しうるほど重い。
③第三者が善意無過失である。

したがって、第三者は所有権を取得する。

コメント：真の権利者の帰責性は、不動産の登記済証を合理的な理由もなく数か月にわたって預けたまま放置したことや、印鑑登録証明書を交付したこと、売却する意思もなく漫然と売買契約書に署名押印したこと、言われるまま実印を交付し、面前で不動産の登記申請書に押捺しているところを、内容確認をすることなく漫然と見ていたこと等によって認定する。

参考文献：四宮＝能見・総則240頁、近江・講義Ⅰ205頁、潮見(全)132～133頁、中舎197～198頁。

参照：4章2節4【5】(2)(c)

96条３項の「第三者」の意義　Aランク

●問題提起　96条３項の「第三者」は、いつまでに利害関係に入ることを要するか。

●趣　旨　思うに、96条３項の趣旨は、詐欺により取り消された意思表示の有効なことを信じて新たに利害関係をもつにいたった第三者を保護するところにある。

●規範定立　とすれば、同条項の「第三者」とは、**取消しによる遡及的無効の故に害される第三者**、すなわち詐欺による意思表示の**取消し前に新たに独立した法律上の利害関係を有するにいたった者**をいうと解する（判例に同旨）。

そして、同条項の「第三者」として保護されるためには、対抗要件としての登記（177条）を**要しない**と解する。

●主張理由　なぜなら、第三者との関係において、真の権利者と第三者とは、**前主・後主の関係**となり、対抗関係に立たないからである。

さらに、権利保護要件としての登記も、**明文がない**ことから不要と解する。

コメント：詐欺取消前の第三者にかぎるという論点と、登記が必要かという論点の２部分からなる。これらは詐欺取消後の第三者という次の重要論点の前提になるので必要に応じて書けるようにしておくべき論点群である。

参考文献：内田・民法Ｉ81～85頁、四宮=能見・総則270～274頁、ＳシリーズＩ137～138頁、潮見(全)55頁、中舎226～228頁、百選Ｉ23事件。

参照：４章２節⑥【5】(2)(a)

詐欺取消後の第三者(復帰的物権変動論)　Aランク

●問題提起　詐欺取消後、取消しの相手方から不動産を譲り受けた第三者を保護できないか。その法律構成が問題となる。

●主張理由　まず、詐欺取消後の第三者は、96条3項の「第三者」としては保護されないものと解する。

なぜなら、同条項の「第三者」とは、取消しによる遡及的無効の故に害される第三者、すなわち詐欺取消前の第三者をいうと解されるからである。

●反対説　次に、取消しの遡及的無効という点を徹底し、詐欺取消後の第三者を無権利者からの譲受人と構成して、94条2項類推適用により保護すべきとの見解がある。

●批判　しかし、被詐欺者には、虚偽の外観を作出した者ほどの帰責性はなく94条2項を類推する基礎を欠く。

●主張理由　思うに、画一的な処理により不動産取引の安全を図る観点からは、権利の帰属を登記により決すべきである。

そして、取消しの遡及的無効は、原状回復のための1つの法的擬制にすぎず、これを取消しの効果として生じた復帰的物権変動と構成することが可能である。

また、取消し前の第三者との関係では取消権者はあらかじめ自分の権利を登記しておくことはできないが、取消し後の第三者との関係では登記できるのだから、登記を怠っている者が不利益を受けても仕方がないといえる。

●規範定立　そこで、取消しによる復帰的物権変動は、177条の「物権の得喪及び変更」にあたり、取消し後の第三者と表意者とは対抗関係に立つものと解する(判例に同旨)。

コメント：答案のかたちでぜひ残しておくべき論点である。177条説に立った場合、なぜ悪意者も保護されてかまわないのかをしっかりと論じることがポイントである。

参考文献：後藤=山野目・総則100～103頁、我妻・講義Ⅱ96～101頁、内田・民法Ⅰ82～84頁、四宮=能見・総則273～274頁、中舎226～227頁、Sシリーズ Ⅰ130～139頁、Ⅱ46～49頁。

出題：S.35-2、H.18-1

参照：4章2節⑥【5】(2)(d)(ii)

代理権の濫用

Aランク

●問題提起　不動産売買の代理権を与えられた代理人が、売買代金を着服する目的で不動産を売却した場合、当該売買契約の効果は本人に帰属するか。

●規範定立　代理人が自己の利益を図る目的で代理権の範囲内の行為をした場合において、相手方がその目的を知り、または知ることができたときは、当該行為は無権代理行為とみなされる（107条）。

●問題提起　では、法定代理人たる親権者が、子を代理してこの所有する不動産を第三者の債務の担保に供する行為は、どのような場合に「代理人が自己又は第三者の利益を図る目的」にあたるか。

●規範定立　思うに、親権者の代理行為は、**利益相反行為にあたらないかぎり広範な裁量に委ねられる**。

そこで、親権者に子を代理する権限を授与した**法の趣旨に著しく反すると認められる特段の事情がないかぎり**、「代理人が自己又は第三者の利益を図る目的」があったとはいえないと解する。

コメント：平成29年改正により明文規定が設けられた。条文を正しく理解して使えるようにしておくこと。
参考文献：四宮=能見・総則358頁、近江・講義Ⅰ254頁、潮見(全)80～81頁、中舎316～321頁。
出題：H.14-1、H.21-1
参照：6章2節3【3】

民法総則18

代理人が本人名義で越権行為を行った場合

B⁺ランク

●問題提起　代理人が本人名義で越権行為を行った場合、取引の相手方を保護できるか。まず、本人名義であっても、「本人のためにすることを示して」(顕名、99条1項)にあたるかが問題となる。

●主張理由　思うに、わが国の取引慣行では、多くの取引が直接本人名義で行われている。

また、本人名義であれば、相手方には効果帰属主体が明らかであるから、代理行為の効果帰属主体を明らかにするという顕名の趣旨を充足する。

●結　論　とすれば、本人名義であっても、代理人が代理意思を有し、その表示と認められるかぎり顕名の手段とみて妨げないものと解する(判例に同旨)。

●問題提起　では、かかる代理人が越権行為をした場合に、110条により相手方を保護できるか。

●趣　旨　たしかに、110条は、文言上、代理人がその権限外の行為をした場合に、代理人に正当な代理権限があると信じた相手方を保護する規定であるから、代理人を本人と信じた場合には、110条を直接適用することはできない。

●主張理由　しかし、相手方が代理人であることを知ってその代理権限を信じた場合と、本人と信じた者が実は代理人であった場合とで、相手方保護の必要性において異なるところはなく、この場合にも相手方保護という110条の趣旨が妥当する。

●規範定立　したがって、110条を類推適用して相手方を保護すべきものと解する(判例に同旨)。

ただし、相手方は代理権を信じたわけではないから、同条の「正当な理由」の有無は、その意思表示の実態に即して、意思表示の主体が本人であると信じたかどうかについてなされるべきものと解する。

コメント：本人名義でも顕名になるという論点の応用である。信頼の対象が代理権でないという原則をしっかりとおさえることがポイントとなる。

参考文献：内田・民法Ⅰ197～198頁、最判解説(昭44)628～631頁。

判例：最判44年12月19日民集23巻12号2539頁

参照：6章3節[1]【2】

民法総則19

無権代理人の責任(117条)と表見代理

Aランク

●問題提起　無権代理人の責任(117条)を追及された無権代理人は、表見代理が成立することを抗弁として主張して責任を免れることができるか。

●規範定立　思うに、無権代理人の責任追及と表見代理は、それぞれ独立した救済手段であるから、相手方はどちらを選択して主張してもよいと解すべきである。

●結　論　したがって、無権代理人は、無権代理人の責任追及に対して表見代理が成立することを抗弁として主張することはできない。

コメント：大きく展開する論点ではないが、無権代理人から主張されうる抗弁のひとつとして触れておくと望ましい。

参考文献：四宮=能見・総則379～380頁、近江・講義Ⅰ279～280頁、中舎340～341頁。

参照：6章4節[3]【3】(2)(d)

無権代理人が本人の地位を相続した場合(単独相続の場合)　Aランク

●**問題提起**　無権代理人が本人の地位を相続により取得した場合、無権代理人は、自己の無権代理行為を本人の立場において追認拒絶して履行を拒めるか。無権代理人の地位と本人の地位とが同一人に帰属した場合に、追認があったのと同じ効果(追完)が生じるかが問題となる。

●**反対説**　この点、判例は、両者の地位が融合して当然に追完が生じると解されている(地位融合説)。

●**批判**　しかし、相続開始後も相手方の取消権の行使(115条)や、無権代理人への責任追及(117条1項)を否定すべき理由はないから、相続により当然に追完が生じるとする地位融合説は妥当でない。

●**規範定立**　そこで、相続により両者の地位が同一人に帰属した場合であっても、両者の地位は融合せず、併存するものと解する(地位併存説)。

●**修正**　ただし、両者の地位が併存すると解した場合でも、無権代理人が、本人の立場において追認を拒絶することは、信義則(1条2項)上、許されないものと解する(信義則説)。

●**主張理由**　なぜなら、かつて本人に効果が帰属するとして行為した以上、同一人がいまさら無権代理であったとして追認を拒絶することは、相手方に対して前後矛盾する行為となるからである。

●**結論**　したがって、無権代理人は追認を拒絶して履行を拒むことができない。

コメント：必要に応じて地位融合説についての言及は省略してもよい。
参考文献：内田・民法Ⅰ170～176頁、四宮=能見・総則326～327頁、ＳシリーズⅠ185～188頁、近江・講義Ⅰ275～280頁、潮見(全)85～86頁、中舎344～347頁。
出題：S. 58-1、H. 2-1、H.18-2
参照：6章4節4【1】(1)

無権代理人が本人の地位を相続した場合(共同相続の場合)　Aランク

●問題提起
無権代理人が他の相続人とともに本人の地位を共同相続した場合、無権代理行為の効果はどうなるか。無権代理人の地位と本人の地位とが同一人に帰属した場合に、追認があったのと同じ効果(追完)が生じるかが問題となる。

●規範定立
思うに、相続により両者の地位が同一人に帰属した場合であっても、両者の地位は融合せず、併存するものと解する(地位併存説)。

そして、無権代理人が、本人の立場において追認を拒絶することは、前後矛盾した態度をとることを認めることになるため、信義則(１条２項)上許されないものと解する(信義則説)。

●修　正
ただし、無権代理人が他の共同相続人とともに本人を相続した場合には、無権代理行為を追認する権利も、その性質上、相続人全員に不可分的に帰属すると解されるので、共同相続人全員が共同しなければ行使しえないことになる(251条参照)。

●規範定立
したがって、他の共同相続人全員が無権代理行為の追認をしている場合に、無権代理人が追認を拒絶することは信義則(１条２項)上許されないとしても、他の共同相続人全員の追認がないかぎり、無権代理行為は無権代理人の相続分に相当する部分においても、当然に有効となるものではないと解する(追認不可分説、判例に同旨)。

コメント：共同相続が問題になるのは本人が死亡した場合のパターンであることに注意。無権代理人が死亡した場合は共同相続でも特に問題になるわけではない。

参考文献：内田・民法Ⅰ170～176頁、四宮=能見・総則326～327頁、近江・講義Ⅰ283～285頁、潮見(全)85～86頁、中舎344～347頁、百選Ⅰ36事件。

出題：S. 58-1、H. 2-1、H. 28

参照：６章４節4【1】(2)

本人が無権代理人の地位を相続した場合　Aランク

●問題提起　本人が無権代理人の地位を相続により取得した場合、本人は、本人の立場において被相続人の無権代理行為の追認を拒絶して履行を拒めるか。無権代理人の地位と本人の地位とが同一人に帰属した場合に、追認があったのと同じ効果(追完)が生じるかが問題となる。

●規範定立　思うに、相続により両者の地位が同一人に帰属した場合であっても、両者の地位は融合せず、**併存する**ものと解すべきである(地位併存説)。

●主張理由　そして、相続人たる本人が被相続人の無権代理行為の追認を拒絶しても、無権代理人が本人の地位を相続した場合と異なり、(前後矛盾する行為とはならず)**何ら信義に反するところはない**。

●規範定立　したがって、被相続人の無権代理行為は、一般に本人の相続により当然に有効となるものではないと解する(判例に同旨)。

●主張理由　しかし、他方で、**117条1項の無権代理人の債務も**本人に相続されると解される。

●原　則　とすれば、相続人は、本人として無権代理行為の追認を拒絶できる地位にあったとしても、**無権代理人の債務を免れることができず**、相手方が履行を選択すれば、**原則としてこれに応じなければならない**ものと解する(判例に同旨)。

●例　外　ただし、無権代理人の債務が、**特定物引渡債務である場合**は、例外的に履行を拒めると解する。

●主張理由　なぜなら、**相続がなければ、本人はその特定物を失うことはなかった**し、相手方も、せいぜい無権代理人に対し**損害賠償を請求することしかできなかった**のであるから、**相続という偶然の事情**により、**本人が不当に不利**に扱われ、**相手方が不当に有利に扱われるべきではない**からである。

コメント：相続前の状況と同じ利益状況を保障すればいいのではないかという考えが基本となっている。

参考文献：内田・民法Ⅰ176～178頁、近江・講義Ⅰ280～282頁、四宮=能見・総則326～327頁、潮見(全)86頁、中舎344～347頁、百選Ⅰ35事件。

出題：S. 53-2、S. 58-1

参照：6章4節4【2】

相続人が無権代理人および本人の双方を相続した場合(判例に反対の立場)

Aランク

●問題提起　無権代理人の死亡により、本人とともに無権代理人の地位を相続した相続人が、その後、本人の死亡により本人の地位をも相続した場合、無権代理人の地位と本人の地位とが同一人に帰属したとして、追認があったのと同じ効果(追完)を認めることができるか。

●規範定立　思うに、相続により両者の地位が同一人に帰属した場合であっても、両者の地位は融合せず、併存するものと解する(地位併存説)。

●反対説　そして、判例は、この場合に無権代理人が本人を相続した事例と同様に扱い、相続人は本人の資格で無権代理行為の追認を拒絶する余地はなく、本人みずからが法律行為をしたと同様の法律上の地位ないし効果を生じるものと解して追完を認める。

●批判　しかし、かかる判例理論を形式的に推し進めれば、まず本人が死亡し、次に無権代理人が死亡した場合には、追認を拒絶しても信義則違反とはならず、相続という偶然の事情の時期により逆の結論になりかねず、妥当でない。

●規範定立　したがって、この場合には、相続人が無権代理人の地位を相続していても、本人の立場において追認拒絶することは、信義則(1条2項)に反しないものと解する。

●主張理由　なぜなら、無権代理人が本人を相続した場合に、本人の地位で追認拒絶することが信義則に反するのは、まさに無権代理行為を行った当事者が相手方に対して前後矛盾する行為を行うからであるのに対して、本問の場合には、相続人は、たまたま相続によってその地位を引き継いだにすぎず、みずから無権代理行為を行った当事者とはいえないからである。

コメント：この論点の場合、判例に触れることは不可欠であろう。
参考文献：内田・民法Ⅰ178〜179頁、四宮=能見・総則327〜328頁、潮見(全)86頁、中舎344〜347頁。
参照：6章4節④【3】

無権代理人が後見人に就任した場合

Aランク

●問題提起　本人の後見開始の審判前に無権代理行為をした者が、本人の後見開始の審判により後見人に就任した場合、後見人の立場で無権代理行為を追認拒絶することができるか。

●反対説　この点、無権代理人が本人を相続した場合と同様に考え、後見人の追認拒絶を信義則（1条2項）上、否定する見解がある。

●批　判　しかし、これでは行為の効果が制限行為能力者に帰属することになり、制限行為能力者の保護が図れない。

●主張理由　思うに、制限行為能力者保護の観点から、後見人は、過去にいかなる行為を行ったかに関係なく、その時点で何が制限行為能力者にとって利益であるかという観点から追認権を行使する義務を負う。

●規範定立　そこで、後見人は、信義則に反する特段の事情がないかぎり、無権代理行為を追認拒絶することができると考える（判例に同旨）。

参考：最高裁が示した信義則に反するかの判断基準

①契約締結にいたる交渉の経緯、無権代理行為以前に無権代理人と相手方との間でなされた法律行為の内容と性質
②追認によって成年被後見人が被る不利益と、追認拒絶によって相手方が被る不利益の比較
③契約の履行につき、後見人就任までの間の交渉の経緯
④無権代理人と後見人の人的関係、後見人の契約締結の関与の程度
⑤本人の意思能力につき相手方が認識しまたは認識しえた事情

コメント：問題文のなかから具体的な信義則違反になる事実を拾い出して丁寧にあてはめを検討することがポイントである。

参考文献：四宮=能見・総則328頁、内田・民法Ｉ180～181頁、潮見(全)87頁、中舎348頁。

判例：最判平成６年９月13日民集48巻６号1263頁

参照：６章４節4【4】

民法総則25

公法上の行為の代理権が110条の基本権限にあたるか　Bランク

●問題提起　登記申請行為のような公法上の行為の代理権を、110条の表見代理の基本権限とみることができるか。110条の「その権限」の内容が問題となる。

●趣　旨　思うに、110条の趣旨は、虚偽の私法関係を作出した本人の帰責性のもと、その私法関係を信頼した相手方を保護し取引安全を図ることにある。

●原　則　とすれば、同条の表見代理が成立するために必要とされる基本権限は、取引行為に関する私法上の行為についての代理権であることを要し、取引行為に関係のない公法上の行為の代理権はこれにあたらないのが原則である。

●主張理由　しかし、特定の私法上の取引行為の一環として公法上の行為がなされる場合には、私法取引との関連性が強いから、代理人の外観を信頼した第三者の取引の安全を、私法上の行為の場合と同様に図る必要がある。

●規範定立　とすれば、同条の「その権限」とは、私法上の行為の代理権にかぎらず、私法上の行為と密接な関連性を有する公法上の行為をなす権限をも含むものと解する(判例に同旨)。

●結　論　したがって、登記申請行為も、私法上の契約による義務の履行のためになされる場合には、私法上の行為と密接な関連性を有するので、同条の基本権限と見ることができる。

参考：印鑑証明書下付申請行為の委任は、110条の基本権限にあたらない。
コメント：登記申請行為がすべて基本代理権になりうるわけではないので注意。
参考文献：四宮=能見・総則335頁、内田・民法Ⅰ194～195頁、近江・講義Ⅰ297頁、潮見(全)89～90頁、中舎370頁。
参照：6章5節3【2】(1)(a)(iii)

民法総則26

日常家事行為と表見代理Ⅰ(761条の意義)　Aランク

●問題提起　相手方は、一方配偶者の行為が761条の日常の家事に関する法律行為(日常家事行為)にあたることを根拠に、法律行為の効果が他方配偶者に帰属することを主張できるか。同条の法的性質と関連して問題となる。

●主張理由　この点、761条は、日常家事行為について夫婦の連帯責任を規定したものであり、本来は代理権についての規定ではない。しかし、もし夫婦が相互に代理権をもたないとすると、取引の実情にそぐわず、日常家事の処理につき不便が生じる。

●規範定立　そこで、同条は、連帯責任の効果を生じる前提として、夫婦は日常家事行為につき他方を代理する権限を有する旨規定したものと解する(判例に同旨)。

●規範定立　また、日常家事行為とは、個々の夫婦がそれぞれの共同生活を営むうえにおいて通常必要な法律行為をさすものと解する。

そして、日常家事行為にあたるかは、単にその法律行為をした夫婦の共同生活の内部的な事情やその行為の個別的な目的のみを重視するのではなく、さらに客観的に、その法律行為の種類、性質等をも考慮して判断すべきものと解する(判例に同旨)。

●あてはめ　したがって、他方配偶者の不動産を処分するような行為は、原則として日常家事行為にはあたらず、その効果は他方配偶者に帰属しない。

コメント：論文試験においてもっとも頻出のひとつである。
参考文献：内田・民法Ⅰ191～193頁、四宮=能見・総則337～338頁、近江・講義Ⅰ300～302頁、潮見(全)554～555頁、中舎373～374頁、百選Ⅲ9事件。
出題：S. 46-1、S. 54-1、H. 2-1
参照：6章5節3【2】(1)(b)(ii)

民法総則27

日常家事行為と表見代理Ⅱ（110条の趣旨類推説）

Aランク

●前　提　（当該行為が日常家事行為にあたらず、相手方に効果が帰属しないことを認定）

●問題提起　では、この場合、相手方は761条の法定代理権を基本権限として、110条を根拠に他方配偶者への効果帰属を主張できないか。まず、そもそも法定代理権が110条の基本権限となるかが問題となる。

●主張理由　この点、110条の文言上、基本代理権は、任意代理権に限定されていない。

●規範定立　したがって、法定代理権も同条の基本権限となるものと解する（判例に同旨）。

●問題提起　では、日常家事行為についての法定代理権を基本権限とし、110条により他方配偶者への効果帰属を主張できるか。

●主張理由　たしかに、権利外観法理により善意者保護を図る必要性は否定できない。しかし、広く一般的に110条の表見代理の成立を肯定することは、夫婦の財産的独立（夫婦別産制、762条1項）を損うおそれがあり相当でない。

●規範定立　したがって、当該越権行為の相手方である第三者において、その行為が当該夫婦の日常家事行為の範囲内に属すると信じるにつき正当の理由のあるときにかぎり、110条の趣旨を類推適用して、第三者を保護できるものと解する（判例に同旨）。

コメント：この論点では当該行為が日常家事行為の範囲内であることが信頼の対象である点をはっきりさせることがポイントである。

参考文献：内田・民法Ⅰ191～193頁、四宮=能見・総則337～338頁、近江・講義Ⅰ300～302頁、潮見（全）554～555頁、中舎373～374頁、百選Ⅲ9事件。

出題：S. 46-1、S. 54-1、H. 2-1

参照：6章5節3【2】(1)(b)(ii)

民法総則28

110条の「正当な理由」の判断基準

Aランク

●規範定立　110条の表見代理は、権利外観法理による取引安全の観点から代理権の存在を信頼した取引の相手方を保護する規定である。したがって、110条の「正当な理由」とは、代理権があると信じたことにつき善意無過失であることと解する（判例に同旨）。

●原　則　そして、相手方が印鑑証明書を徴した以上は、特段の事情のない以上、これにより代理権の存在を信頼すれば、同条の「正当な理由」があるというべきである（判例に同旨）。

●修　正　ただし、特段の事情がある場合には、相手方は本人の意思の確認をすべきであり、その手段を講じないときには、「正当な理由」は認められないものと解する。

参考：特段の事情の判断要素

①代理行為が、本人にきわめて重大な負担を負わせるものである場合（限度額や期限の定めのない連帯保証契約の締結）

②代理行為によって代理人自身が利益を受ける場合（代理人が主債務者となる保証契約の締結）

③実際になされた代理行為が基本代理権の範囲を質的・量的に大きく逸脱している場合

④相手方が金融業者のように経験と能力にかんがみ高度の注意義務が要求される者である場合

⑤代理行為がなされた経緯や状況のうちに代理権の存在を疑わせる事実がある場合

コメント：まさに具体的なあてはめが勝負の論点である。

参考文献：内田・民法Ⅰ196～198頁、四宮=能見・総則335～336頁、Sシリーズ Ⅰ199～203頁、潮見（全）90～91頁、中舎368～369頁、百選Ⅰ30事件。

参照：6章5節3【2】(3)

民法総則29

110条の「第三者」は、直接の相手方にかぎられるか　Aランク

●問題提起　無権代理行為の相手方からの転得者も、110条により保護されるか。同条の「第三者」の範囲が問題となる。

●反対説　この点、取引安全の保護の観点から転得者も「第三者」に含ませるべきとの見解もある。

●批判　しかし、有効な代理権が存在する旨を信頼するのは直接の相手方にかぎられることから、代理人と直接取引をするわけではない転得者を表見代理による保護の対象とする必要はない。

●規範定立　したがって、同条の「第三者」は、無権代理行為の直接の相手方にかぎられ、転得者を含まないものと解する(判例に同旨)。

コメント：この論点は手形法でもよく問題となる。
参考文献：我妻・講義Ⅰ370～371頁、内田・民法Ⅰ198頁、四宮=能見・総則338頁、近江・講義Ⅰ298～299頁、中舎368頁。
参照：6章5節③【2】(3)

民法総則30

取消権等と原状回復請求権との関係　Aランク

●問題提起　売買契約の売主が売買契約を取り消した場合に、原状回復請求権の消滅時効の起算点および時効期間をどのように解すべきか。

●反対説　この点、取消権自体は形成権であり、それが原状回復請求権などを発生させる場合には、請求権発生のための手段にすぎないといえることや、126条は取引の安定のため取消権の短期消滅を認めていることから、取消権と原状回復請求権を一体としてみるべきとする見解もある。この見解によれば、取消権者は、追認をすることができる時から5年以内に、取消権を行使したうえで原状回復請求権を行使しなければならないこととなる。

●批判　しかし、126条の期間内に取消しの意思表示が行われていれば、行為は無効に確定しているのであるから、取引の安定という126条の趣旨はみたされている。取消しにより確定した無効結果の実現に際して第三者が不利益を被ることがあったとしても、177条等の適用により対処すべきである。

●規範定立　したがって、取消権と原状回復請求権は、それぞれ別個の消滅時効に服すると解すべきである。すなわち、取消権は追認をすることができる時から5年の消滅時効に服し、原状回復請求権は一般の債権の消滅時効が別途適用され、権利を行使しうることを知った時(取消権を行使して原状回復請求権の発生を知った時)から5年の消滅時効に服する。

コメント：取消権が行使されてから原状回復請求権が行使されるまでに期間が開いている事案では、この論点に注意して検討する必要があるだろう。
参考文献：潮見(全)109～110頁。
参照：8章2節④【1】(4)(b)

相続を契機とする他主占有から自主占有への性質変更　Aランク

●問題提起　他主占有であった被相続人から相続によって目的物の占有を承継した相続人は、相続をもって自主占有に性質変更したとして、時効取得することができるか。相続が「新たな権原」（185条）に該当するかが問題となる。

●主張理由　思うに、相続が当然に「新たな権原」に該当すると解することは、真の権利者に時効障害の機会が与えられず、酷である。

●規範定立　そこで、被相続人の占有を相続により承継しただけでなく、新たに目的物を事実上支配することにより占有を開始した場合においてその占有が所有の意思に基づくものであるときは、「新たな権原」による占有と評価することができると解する。

なお、この場合には、自主占有であるという推定が及ばないため、占有者において、その事実的支配が外形的客観的にみて独自の所有の意思に基づくものと解される事情を立証する責任を負う。

コメント：立証責任の所在についても言及できるとよいであろう。
参考文献：四宮=能見・総則446～447頁、潮見(全)151～152頁、中舎402～403頁。
参照：８章３節[2]【5】(1)(b)

不動産賃借権の時効取得

Aランク

●問題提起

不動産賃借権が163条の「所有権以外の財産権」にあたるとして時効取得できるかが問題となる。

●原　則

この点、賃借権は債権であり(601条)、債権は原則として同条の「所有権以外の財産権」には含まれないと解する。なぜなら、一般に債権には、時効取得の基礎となる永続する事実状態を観念できないからである。

●修　正

しかし、賃借権は継続的給付を目的とする債権であり、占有を不可欠の要素とするものであるから、例外的に永続する事実状態を観念しうる。

また、不動産賃借権はその機能において地上権(265条)と異ならない。

したがって、不動産賃借権の時効取得も認めるべきである。

問題はその要件であるが、目的物の所有者の時効中断の機会を確保するため、賃借権の時効取得である旨が明確にされる必要がある。

●規範定立

そこで、①目的物の継続的な用益という外形的事実が存在し、かつ、②それが賃借の意思に基づくことが客観的に表現されている場合には、163条に従い不動産賃借権の時効取得が可能であると解する(判例に同旨)。

なお、他人物賃貸借の場合には、賃料の支払の相手方が真の所有者でなくとも、占有者は、所有者に対する関係で賃借権を時効取得することができると解する。

●主張理由

なぜなら、この場合にも、①他人の土地の継続的使用という外形的事実が存在し、②それが賃借の意思に基づくことが客観的に表現されているといえるからである。

コメント：時効でもっとも使うであろう論点である。原則修正パターンにのせてしっかり理解して書けるように準備しておくべきである。

参考文献：四宮=能見・総則361～362頁、近江・講義Ⅰ385～386頁、潮見(全)106頁、中舎410頁、百選Ⅰ47事件。

出題：S. 54-1、S. 56-1、H. 4-1

判例：最判昭和43年10月8日民集22巻10号2145頁

参照：8章3節4【1】(2)

時効の援用の法的性質（時効学説）

Aランク

●問題提起

時効期間経過後、援用するまでの法律関係をどのように解すべきか。民法は、一方で、当事者による援用がなければ裁判所は取り上げることができないとしながら（145条）、他方で、時効期間の経過により権利の得喪の効果が生じると規定しており（162条、166条）、両者の関係をいかに説明するかが問題となる。

●主張理由

この点、「取得する」（162条）、「消滅する」（166条）との文言を重視し、時効完成により時効の効果が確定的に発生すると解する見解がある（確定効果説）。

しかし、確定効果説では、援用は単なる訴訟上の攻撃防御方法にすぎないことになるが、これは明らかに時効の利益を受ける者の意思を顧慮した145条の趣旨に反する。

●規範定立

そこで、145条の趣旨を重視して、時効が援用されるまでは時効の効果は確定的には発生しないものと解する（不確定効果説）。

そして、さらに当事者の意思を尊重する観点からは、援用しないことを解除条件として時効の効果が発生する（解除条件説）と解すべきではなく、援用を停止条件として時効の効果が発生するものと解する（停止条件説、判例に同旨）。

コメント：こうした丁寧な論述ばかりでなくコンパクトなものを各自で作成しておくとよい。
参考文献：内田・民法Ⅰ327～329頁、四宮=能見・総則401～403頁、我妻・講義Ⅰ444～445頁、448頁、Sシリーズ Ⅰ222～223頁、潮見(全)100頁、中舎395頁、百選Ⅰ41事件。
出題：S. 43-1
判例：最判昭和61年3月17日民集40巻2号420頁
参照：8章5節[2]【1】

時効完成後の債務の承認と時効の利益の喪失　Aランク

●問題提起　時効完成後、完成を知らずに債務の存在を承認した場合、債務者は改めて時効を援用できるか。

●規範定立　まず、この承認は146条の「放棄」にはあたらないものと解する。

●主張理由　なぜなら、同条の「放棄」とは、時効完成後に行う時効利益を享受しないとする**積極的な意思表示**と解され、**時効の完成を知って行うこと**を前提とするからである。

●不都合性　しかし、この場合に改めて時効の援用を認めることは、もはや時効を援用しないとの**債権者の期待を裏切る**ことになる。

●反対説　そこで、時効の援用を封じるために時効の完成を知っていたものと推定する考えもある。

●批　判　しかし、完成後に承認する場合には、時効完成の事実を知らないのが通常であるために、そのような推定は合理性を欠く。

●規範定立　そこで、時効完成後に債務を承認した以上、債務者がたとえその事実を知らなかったとしても、援用は許されないと解する（判例に同旨）。

●主張理由　なぜなら、時効完成後に債務者が債務の承認をすることは、**時効による債務消滅の主張と相容れない行為**であるし、相手方においても、債務者はもはや時効の援用をしない趣旨であると期待するだろうから、援用を認めないことが**信義則**（1条2項）に照らし相当であるからである。

コメント：この論点も信義則の具体化の一例である。

参考文献：内田・民法Ｉ334～336頁、近江・講義Ｉ352～354頁、四宮＝能見・総則487～488頁、ＳシリーズＩ230～232頁、潮見（全）100～101頁、中舎398～399頁、百選Ｉ43事件。

参照：８章５節③【2】

★附則（平成29年6月2日法44号）に定められた経過規定［民法総則］

附則（条）	項　目	経過事項
2	意思能力（3の2）	施行日前にされた意思表示―従前の例による
3	行為能力（13Ⅰ⑩、102）	施行日前に制限行為能力者が他の制限行為能力者の法定代理人としてした行為―従前の例による
4	無記名債権（改正前民86Ⅲ）	施行日前に生じた無記名債権（その原因である法律行為が施行日前にされたものを含む）―従前の例による
5	公序良俗（90）	施行日前にされた法律行為―従前の例による
6Ⅰ	意思表示（93、95、96Ⅱ、Ⅲ、98の2）	施行日前にされた意思表示―従前の例による
6Ⅱ	意思表示の効力発生時期等（97）	施行日前に通知が発せられた意思表示―従前の例による
7Ⅰ	代理	施行日前に代理権の発生原因が生じた場合（代理権授与の表示がされた場合を含む）―従前の例による
7Ⅱ	無権代理人の責任（117、118）	施行日前に無権代理人が代理人としてした行為―従前の例による
8Ⅰ	無効・取消しの場合の原状回復義務（121の2、872Ⅱ）	施行日前に無効な行為に基づく債務の履行として給付がされた場合におけるその給付を受けた者の原状回復の義務―従前の例による
8Ⅱ	取消し可能な行為の追認・法定追認（122、124、125、872Ⅱ）	施行日前にされた取り消すことができる行為―従前の例による
9	条件（130Ⅱ）	施行日前にされた法律行為―改正法は適用されない
10Ⅰ	時効の援用（145）	施行日前に生じた債権（施行日以後に債権が生じた場合であって、その原因である法律行為が施行日前にされたときを含む。以下同じ）―従前の例による
10Ⅱ	時効の中断（改正前民147）、停止（改正前民158から161まで）	施行日前に生じた時効の中断・停止事由―従前の例による
10Ⅲ	協議による時効の完成猶予（151）	施行日前に権利についての協議を行う旨の合意が書面でされた場合（その合意の内容を記録した電磁的記録によってされた場合を含む）―改正法は適用されない
10Ⅳ	債権の消滅時効の期間	施行日前に生じた債権―従前の例による

改正条文一覧

A型：改正前民法の維持（A1型：規定の維持、A２型：規定の不補充・不新設）

B型：改正前民法の確認・補充（B1型：規定の整備、B２型：規定の修正、B３型：規定の補充・新設）

C型・改正前民法の修正（C１型：規定の修正、C２型：規定の補充・新設）

条数	条文見出し	改正	備考
1	基本原則	A1	
2	解釈の基準	A1	
3	【権利能力】	A1	【　】内は条文見出しではなく「第一節」名
3の2	【意思能力】	B3	【　】内は条文見出しではなく「第二節」名
4	成年	A1	
5	未成年者の法律行為	A1	
6	未成年者の営業の許可	A1	
7	後見開始の審判	A1	
8	成年被後見人及び成年後見人	A1	
9	成年被後見人の法律行為	A1	
10	後見開始の審判の取消し	A1	
11	保佐開始の審判	A1	
12	被保佐人及び保佐人	A1	
13	保佐人の同意を要する行為等	C1	１項に10号を追加した
14	保佐開始の審判等の取消し	A1	
15	補助開始の審判	A1	
16	被補助人及び補助人	A1	
17	補助人の同意を要する旨の審判等	A1	
18	補助開始の審判等の取消し	A1	
19	審判相互の関係	A1	
20	制限行為能力者の相手方の催告権	B1	１項の制限行為能力者の後の括弧書を削除した
21	制限行為能力者の詐術	A1	
22	住所	A1	
23	居所	A1	
24	仮住所	A1	
25	不在者の財産の管理	A1	
26	管理人の改任	A1	
27	管理人の職務	A1	
28	管理人の権限	A1	
29	管理人の担保提供及び報酬	A1	
30	失踪の宣告	A1	
31	失踪の宣告の効力	A1	
32	失踪の宣告の取消し	A1	
32の２	【同時死亡の推定】	A1	【　】内は条文見出しではなく「第六節」名
33	法人の成立等	A1	
34	法人の能力	A1	
35	外国法人	A1	
36	登記	A1	
37	外国法人の登記	A1	
38～84	削除		
85	【物】定義	A1	【　】内は条文見出しではなく「第四章」名
86	不動産及び動産	C1	
87	主物及び従物	A1	
88	天然果実及び法定果実	A1	
89	果実の帰属	A1	
90	公序良俗	B2	「事項を目的とする」を削除した
91	任意規定と異なる意思表示	A1	
92	任意規定と異なる慣習	A1	
93	心裡留保	B1・B3	１項ただし書を「相手方がその意思表示が表意者の真意ではないことを知り、又は知ることができたときは、その意思表示は、無効とする」と改め、２項を追加した

条数	条文見出し	改正	備考
94	虚偽表示	A1	
95	錯誤	B2・B3・C1	
96	詐欺又は強迫	A1・A2・B2	
97	意思表示の効力発生時期等	B1・B3	
98	公示による意思表示	A1	
98の2	意思表示の受領能力	B3	
99	代理行為の要件及び効果	A1	
100	本人のためにすることを示さない意思表示	A1	
101	代理行為の瑕疵	B2	「意思の不存在、」の後に、「錯誤、」が追加された
102	代理人の行為能力	C1	
103	権限の定めのない代理人の権限	A1	
104	任意代理人による復代理人の選任	A1	
105	法定代理人による復代理人の選任	B1	改正前105条(復代理人を選任した代理人)の責任が削除され、改正前106条が105条に繰り上げられた
106	復代理人の権限等	B1	
107	代理権の濫用	B3	
108	自己契約及び双方代理等	B2・B3	
109	代理権授与の表示による表見代理等	A1・B3	2項が追加された
110	権限外の行為の表見代理	B1	「前条本文」を「前条第1項本文」に改めた
111	代理権の消滅事由	A1	
112	代理権消滅後の表見代理等	B3・C1	
113	無権代理	A1	
114	無権代理の相手方の催告権	A1	
115	無権代理の相手方の取消権	A1	
116	無権代理行為の追認	A1	
117	無権代理人の責任	B1・C1	
118	単独行為の無権代理	A1	
119	無効な行為の追認	A1	
120	取消権者	B1・C1	1項中「制限行為能力者」の後に「(他の制限行為能力者の法定代理人としてした行為にあっては、当該他の制限行為能力者を含む。)」を挿入し、2項の冒頭に「錯誤、」を挿入した
121	取消しの効果	A1	ただし書は文言を修正して121条の2第3項後段に移行した
121の2	原状回復の義務	C2	
122	取り消すことができる行為の追認	B2	ただし書を削除した
123	取消し及び追認の方法	A1	
124	追認の要件	B2	
125	法定追認	B2	冒頭の文言「前条の規定により」を削除した
126	取消権の期間の制限	A1	
127	条件が成就した場合の効果	A1	
128	条件の成否未定の間における相手方の利益の侵害の禁止	A1	
129	条件の成否未定の間における権利の処分等	A1	
130	条件の成就の妨害等	A1・B3	2項が追加された
131	既成条件	A1	
132	不法条件	A1	
133	不能条件	A1	
134	随意条件	A1	
135	期限の到来の効果	A1	
136	期限の利益及びその放棄	A1	
137	期限の利益の喪失	A1	
138	期間の計算の通則	A1	
139	期間の起算	A1	
140	(同上)	A1	
141	期間の満了	A1	
142	(同上)	A1	

条数	条文見出し	改正	備考
143	暦による期間の計算	A1	
144	時効の効力	A1	
145	時効の援用	B2	「当事者」の後に「（消滅時効にあっては、保証人、物上保証人、第三取得者その他権利の消滅について正当な利益を有する者を含む。）」を挿入した
146	時効の利益の放棄	A1	
147	裁判上の請求等による時効の完成猶予及び更新	C1	
148	強制執行等による時効の完成猶予及び更新	C1	
149	仮差押え等による時効の完成猶予	C1	改正前149条（裁判上の請求）は、実質的に、147条1項1号に移行し、削除された
150	催告による時効の完成猶予	B3・C1	改正前150条（支払督促）は、実質的に、147条1項2号に移行し、削除された
151	協議を行う旨の合意による時効の完成猶予	C2	改正前151条（和解及び調停の申立て）は、実質的に、147条1項3号に移行した
152	承認による時効の更新	C1	改正前152条（破産手続参加等）は実質的に147条1項4号に移行した
153	時効の完成猶予又は更新の効力が及ぶ者の範囲	B1	改正前153条（催告）は実質的に150条に移行した
154	（同上）	B1	改正前154条（差押え、仮差押え及び仮処分）は、148条、149条に移行した
155	削除【差押え、仮差押え及び仮処分】	C1	【　】内は改正前の条文見出し
156	削除【承認】	C1	【　】内は改正前の条文見出し
157	削除【中断後の時効の進行】	C1	【　】内は改正前の条文見出し
158	未成年者又は成年被後見人と時効の完成猶予	B1	見出し中「停止」を「完成猶予」に改めた
159	夫婦間の権利の時効の完成猶予	B1	見出し中「停止」を「完成猶予」に改めた
160	相続財産に関する時効の完成猶予	B1	見出し中「停止」を「完成猶予」に改めた
161	天災等による時効の完成猶予	C1	見出し中「停止」を「完成猶予」に改め、「時効を中断する」を「第147条第1項各号又は第148条第1項各号に掲げる事由に係る手続を行う」に、「二週間」を「三箇月」に改めた
162	所有権の取得時効	A1	
163	所有権以外の財産権の取得時効	A1	
164	占有の中止等による取得時効の中断	A1	
165	（同上）	A1	
166	債権等の消滅時効	C1	見出しを「消滅時効の進行等」から「債権等の消滅時効」に改め、1項を改め、改正前2項中の「前項」を「前2項」に改め、改正前2項ただし書中「中断する」を「更新する」に改め、3項とした
167	人の生命又は身体の侵害による損害賠償請求権の消滅時効	C2	改正前167条（債権等の消滅時効）は、修正のうえ166条1項、2項に移行した
168	定期金債権の消滅時効	C1	1項を改正し、2項中の「中断」を「更新」に改めた
169	判決で確定した権利の消滅時効	B1	改正前174条の2を修正のうえ、本条に移動した。改正前169条（定期給付債権の短期消滅時効）は削除された
170	削除【3年の短期消滅時効】	C1	【　】内は改正前の条文見出し
171	削除【（同上）】	C1	【　】内は改正前の条文見出し
172	削除【2年の短期消滅時効】	C1	【　】内は改正前の条文見出し
173	削除【（同上）】	C1	【　】内は改正前の条文見出し
174	削除【1年の短期消滅時効】	C1	【　】内は改正前の条文見出し
174の2	削除【判決で確定した権利の消滅時効】	C1	【　】内は改正前の条文見出し

司法試験論文本試験問題

平成元年度

第1問　Aは、Bに対し、自己の所有する中古のステレオ・セットを贈与することを約し、Bへの送付をCに委託した。ところが、Cによる輸送の途中、Dがこのステレオ・セットを盗み、Eに売り渡した。

(1)　この場合に、A、B及びCは、Eに対し、ステレオ・セットの引渡しを請求することができるか。

(2)　A、B、Cいずれもがステレオ・セットを取り戻すことができなかった場合に、BがAに対してすることができる請求及びAがその請求を拒むことができる根拠について説明せよ。

➡『物権法』2章2節2、3章3節2
『債権総論』2章3節1
『債権各論』2章1節2

第2問　Aは、Bに対し、売主をC、買主をBとする売買契約に基づくCの目的物引渡債務を保証することを約し、Bは、売買代金を前払いした。ところが、弁済期が到来したにもかかわらず、Cは目的物を引き渡さない。

1(1)　Bは、Aに対し、どのような請求をすることができるか。

(2)　Aが死亡し、D及びEが相続をした場合には、Bは、D及びEに対し、どのような請求をすることができるか。

2　BがCの債務不履行を理由として売買契約を解除した場合には、Bは、Aに対し、どのような請求をすることができるか。

➡『債権総論』6章2節1
『債権各論』1章4節5
『親族・相続』9章1節2

平成2年度

第1問　Aは、夫であるBの事業が不振で家計にも窮するようになったため、Bに無断で、Bから預かっていたBの実印等を利用し、Bの代理人としてB所有の土地をCに売り渡した。

1(1)　Cは、Bに対し、その土地の所有権移転登記手続をするよう請求することができるか。

(2)　Cは、Aに対し、どのような請求をすることができるか。Cの請求に対するAの反論についても含めて説明せよ。

2　Cが請求しないでいる間にBが死亡した。A、B間には子Dがいたが、Dは、相続を放棄した。この場合に、Cは、Aに対し、どのような請求をすることができるか。Dが相続を放棄しなかった場合には、どうか。

➡『スタートアップ民法・民法総則』6章5節3
『親族・相続』9章1節2

第2問　Aは、B所有の茶器を所持していたところ、Cから100万円を借り受けるに当たり、この茶器をCに質入れした。

1　この茶器は、AがBから預かっていたにすぎないのに、Bの承諾なしに、自己のものとしてCに質入れしたものであった場合に、Cは、質権の実行により、100万円の貸金債権の弁済を受けることができるか。次の3つの場合のそれぞれについて検討せよ。

(1)　現在、Cが茶器を所持している場合

(2)　質権の設定後にAの懇願をうけてCがこの茶器をAに引き渡し、現在は、Aがこれを所持している場合

(3)　Cから茶器の引渡しを受けたAがこれを更にBに返還し、現在は、Bがこれを所持している場合

2　この茶器は、AがBに貸し付けた50万円の貸金債権の担保のためにBからAに質入れされたもので、これを、AがBの承諾なしに更にCに質入れしたものであった場合に、Cは、自己の質権の実行により、100万円の貸金債権の弁済を受けることができるか。

➡『物権法』8章2節1、8章5節234

平成３年度

第１問　Ａは、甲土地の所有者Ｂを強迫して土地売却に関する委任契約を締結させ、Ｂの代理人として甲土地をＣに売り渡した。Ｃは、駐車場として利用させるためＤに甲土地を引き渡し、賃料に代えてＤに甲土地の舗装工事をさせたが、その後に、Ｂが強迫を理由として右委任契約を取り消した。この場合におけるＢとＣ・Ｄとの法律関係について説明せよ。

➡『スタートアップ民法・民法総則』４章２節7、６章２節1
『物権法』３章３節3、９章２節2

第２問　Ａ、Ｂ及びＣは、共同してＤ所有のリゾートマンションの一室を代金1500万円で買い受けた。Ａ・Ｂ・Ｃの間では、売買代金を各自500万円ずつ負担するとの約束があった。

(1)　約定の日に、Ｂ及びＣは、それぞれ代金として500万円を持参し、Ｄはこれを受領したが、Ａは、代金を持参せず、その後も支払おうとしない。この場合、Ｄの採りうる法律上の手段について述べよ。

(2)　Ａ、Ｂ及びＣは、マンションを買い受けた後、これを交代で利用していたが、Ａ及びＢは、Ｃに無断で、マンションをＥに賃貸し、Ｅがこれを使用している。この場合、Ｃの採りうる法律上の手段について述べよ。

➡『物権法』４章４節3
『債権各論』１章４節6

平成４年度

第１問　Ａは、Ｂに対して負う貸金債務を担保するため、自己所有の建物をＢに譲渡して所有権移転登記をしたが、引き続き建物を占有していた。ところが、Ａが期限に債務を弁済しなかったので、ＢはＡに対し、建物の評価額から被担保債権額を控除した残額を提供し、建物の明渡しを求めたが、Ａはこれに応じなかった。その後、ＡはＢに対し、債務の弁済の提供をした上、建物をＣに賃貸した。Ｃは、Ａを建物所有者と信じて、長期間にわたりＡに賃料を支払ってきたが、この間に、建物はＢからＤに譲渡され、その旨の登記がされた。

この場合における建物をめぐるAD間、CD間の法律関係について述べよ。

➡『スタートアップ民法・民法総則』８章３節4
『物権法』２章４節4、11章２節12

第２問　債権者取消権における「相対的取消(取消の相対効)」とはどういうことか。どうしてそのような考え方が出てきたのか。そのような考え方にはどのような問題があるかについて論ぜよ。

➡『債権総論』５章２節1

平成５年度

第１問　Ａは、Ｂに対して、売却納品した物品の代金を支払うよう求めたところ、Ｂは、この取引はＢの従業員Ｃが勝手にしたものであると主張して、支払わない。

Ａは、Ｂに対し、表見代理(民法第110条)による代金請求と使用者責任(同法第715条)による損害賠償請求とを考えている。Ａが考えている２つの制度の関係について論ぜよ。

➡『スタートアップ民法・民法総則』６章５節3
『債権各論』５章３節2

第２問　Ａ社は、Ｂ社に対し、実験用マウス30匹を売り渡した。ところが、この中に、人及びマウスに有毒なウイルスに感染したものが混じっていた。その後、Ｂの従業員Ｃがこのウイルスに感染して発病し、長期の入院治療を余儀なくされた。Ｂは、このウイルスに感染した他のマウス200匹を殺すとともに、Ｂの実験動物飼育施設に以後の感染を防止するための処置を施した。

右の事例において、(1)Ａに過失がなかったときと、(2)Ａに過失があったときとに分けて、AB間及びAC間の法律関係について論ぜよ。

➡『債権総論』２章３節3
『債権各論』１章６節8

平成６年度

第１問　債権は相対的な権利であると言われている。そのことと、債権が第三者により不法に侵害された場合に、債権者が、その第三者に対して、不法行為責任を追及し、あるいは侵害行為の差止めを請求することができる場合もあるとされていることとの関係について論ぜよ。

➡『債権総論』１章２節2
『債権各論』５章１節3

第２問　Ａは、債権者からの差押えを免れるため、Ｂと通謀の上、売買仮装して、その所有する建物及びその敷地(以下、これらを総称するときは「本件不動産」という。)の登記名義をＢに移転するとともに、本件不動産を引き渡した。その後、Ａ

➡『スタートアップ民法・民法総則』４章２節4
『債権各論』１章２節3

は、右の事情を知っているCとの間で、本件不動産につき売買契約を締結し、代金の支払を受けたが、その直前に、Bが、Dに本件不動産を売却し、引き渡していた。Dは、AB間の右事情を知らず、かつ、知らないことにつき過失がなかった。ところが、右建物は、Cの買受け後に、第三者の放火により焼失してしまった。なお、その敷地についての登記名義は、いまだBにある。以上の事案において、本件不動産をめぐるCD間の法律関係について論じた上、CがA及びBに対してどのような請求をすることができるか説明せよ。

平成７年度

第１問　飲食店経営者のAは、不要になった業務用冷蔵庫を、知人のBに頼んで廃棄してもらうことにした。Aが、店の裏の空き地にその冷蔵庫を出しておいたところ、近所の住人Cも、不要になった冷蔵庫を廃棄したいと思い、勝手にAの冷蔵庫のそばに自分の冷蔵庫を捨てた。Bは、トラックで空き地に乗り付け、そこに置いてあった二つの冷蔵庫を回収して、Dの所有する山林に不法に投棄した。これを発見したDは、付近が近所の子供たちの遊び場になっているため、二つの冷蔵庫に各５万円の費用を費やして危険防止に必要な措置を講ずるとともに、A、Cをつきとめた。なお、Bの所在は、不明である。

この場合に、DがA、Cに対してどのような請求ができるかについて、A、Cからの反論を考慮して論ぜよ。

➡『物権法』3章3節2、4章2節3
『債権各論』3章1節4

第２問　A社団法人の事務・事業をその理事Bが行うにつき、Bの過失によりCが損害を被った場合において、責任の性質を踏まえながら、AのCに対する不法行為責任、BのCに対する不法行為責任、AがCに損害を賠償した場合におけるAのBに対する求償の可否・範囲について、Bが被用者である場合と対比して論ぜよ。

➡『スタートアップ民法・民法総則』2章2節4
『債権各論』5章3節2

平成８年度

第１問　Aは、Bに対する債務を担保するため、自己所有の甲建物に抵当権を設定し、その旨の登記を経由した。その後、Aは、Cに甲建物を売却したが、Cへの所有権移転登記を経由する前に、Dの放火により甲建物が全焼した。

この場合に、A、B及びCは、それぞれDに対して損害賠償を請求することができるか。

AがDに対して損害賠償を請求することができるとした場合、AのDに対する損害賠償請求権又はDがAに支払った損害賠償をめぐるB及びCの法律関係はどうなるか。

➡『物権法』2章2節2、7章5節1

第２問　Xは、Yに国際見本市の会場の一つとなる乙建物の建築を注文した。Zは、見本市の期間中、乙建物を出展用に使用するため、Xと賃貸借契約を締結した。この契約には、乙建物を使用させられないときはXがZに1000万円を支払う旨の損害賠償額の予定条項が含まれていた。

ところが、乙建物は、完成後引渡し前に地震により全壊して使用不能となり、見本市の期間中には再築も間に合わなくなった。Xは、Zに予定どおり乙建物を使用させていれば、2000万円の収益を得られるはずであった。

右の事例において、㈠地震の震度が極めて大きく、Yが耐震基準に適合した設計・施工をしていたにもかかわらず、乙建物が全壊した場合と、㈡地震の震度は標準的な建物であれば十分耐え得る程度のもので、Yの施工上の手抜き工事が原因で乙建物が全壊した場合とに分けて、XY間及びXZ間の法律関係について論ぜよ(なお、XY間の請負契約には民法の規定と異なる特約はなかったものとする。)。

➡『債権総論』2章3節4、
『債権各論』2章8節2

平成９年度

第１問　Aは、その所有する甲土地にBのために抵当権を設定して、その旨の登記をした後、Cに対し、甲土地を建物所有目的で期間を30年と定めて賃貸した。Cは、

➡『物権法』7章3節23、7章4節2
『債権各論』2章6節5

甲土地上に乙建物を建築し、乙建物にDのために抵当権を設定して、その旨の登記をした。その後、Cは、甲土地上の庭先に自家用車のカーポート(屋根とその支柱だけから成り、コンクリートで土地に固定された駐車設備)を設置した。

右の事案について、次の問いに答えよ(なお、各問いは、独立した問いである。)。

一　Bの抵当権が実行され、Eが競落した場合、乙建物及びカーポートをめぐるEC間の法律関係について論ぜよ。

二　Dの抵当権が実行され、Fが競落した場合、乙建物及びカーポートをめぐるFA間の法律関係について論ぜよ。

第２問　多数当事者の債権関係において、複数の債務者全員を連帯債務者とするよりも、１人を主たる債務者とし、その他の者を連帯保証人とする方が債権者に有利であるという考え方がある。

この考え方について、契約の無効・取消し、債権の存続、譲渡、及び回収という側面から論ぜよ。

➡『債権総論』６章１節4、２節

平成10年度

第１問　Aは、Bに対し、自己所有の甲建物を賃料月額10万円で賃貸した。Bは、Aの承諾を得た上で、甲建物につき、大規模な増改築を施して賃料月額30万円でCに転貸した。その数年後、Bが失踪して賃料の支払いを怠ったため、AB間の賃貸借契約は解除された。そこで、Aは、Cに対し、「甲建物を明け渡せ。Bの失踪の日からCの明渡しの日まで１か月につき30万円の割合で計算した金額を支払え。」と請求した(なお、増改築後の甲建物の客観的に相当な賃料は月額30万円であり、Cは、Bの失踪以後、今日に至るまで賃料の支払をしていない。)。これに対し、Cは、「自らがBに代わってBの賃料債務を弁済する機会を与えられずに明渡しを請求されるのは不当である。AB間の賃貸借契約が解除されたとしても、自分はAに対抗し得る転借権に基づいて占有している。Bの増改築後の甲建物を基準とした金額を、しかもBの失踪の日から、Aが請求できるのは不当である。」と主張して争っている。

AC間の法律関係について論ぜよ。

➡『債権各論』２章６節5

第２問　消滅時効と除斥期間につき、どのような違いがあるとされているかを論じた上で、次に掲げる権利が服する期間制限の性質やその問題点について論ぜよ。

一　瑕疵担保による損害賠償請求権

二　不法行為による損害賠償請求権

三　取消権

四　債務不履行による解除権

➡『スタートアップ民法・民法総則』８章２節1

平成11年度

第１問　Aは、工作機械メーカーのBとの間で、平成10年１月10日、「Bは、Aに対し、同年５月31日までに、Aの工場専用の工作機械を製作してAの工場に設置して引き渡す」「代金(設置費用の実費200万円を含む。)は800万円とし、AはBに対し、契約締結日に内金300万円の支払をし、工作機械の引渡しの日の翌月末日に残代金500万円の支払をする」との約定で契約を締結し、代金の内金300万円の支払をした。なお、工作機械を設置するには、Aが工場を事前に改造する必要がある。

Bは、同年４月30日に工作機械を完成したため、その旨を直ちにAに連絡して工場の改造を求め、その後も度々改造を求めたけれども、Aが一向に工場の改造に取り掛からないため、工作機械を設置することができないまま、同年５月31日が経過した。なお、Bは、金融業者から工作機械の製作費用として300万円を借り、同年５月31日までの利息として20万円の支払をした。

Bは、Aに対し、契約を解除する旨の意思表示をし、損害賠償として代金相当額800万円及び金融業者に対する利息金相当額20万円の合計820万円の支払を請求した。これに対し、Aは、その解除及び損害賠償額を争っている。

➡『債権総論』２章５節
『債権各論』１章４節5

まず、Bの契約解除が認められるかどうかについて論じた上で、仮に契約解除が認められるとした場合のAB間の法律関係について論ぜよ。

第２問　民法の規定によれば、①詐欺による意思表示は取り消すことができるとされている（第96条第１項）のに対し、法律行為の要素に錯誤がある意思表示は無効とするとされており（第95条本文）、②第三者が詐欺を行った場合においては相手方がその事実を知っていたときに限り意思表示を取り消すことができるとされている（第96条第２項）のに対し、要素の錯誤による意思表示の無効の場合には同様の規定がないし、③詐欺による意思表示の取消しは善意の第三者に対抗することができないとされている（第96条第３項）のに対し、要素の錯誤による意思表示の無効の場合には同様の規定がない。

「詐欺による意思表示」と「要素の錯誤のある意思表示」との右のような規定上の違いは、どのような考え方に基づいて生じたものと解することができるかを説明せよ。その上で、そのような考え方を採った場合に生じ得る解釈論上の問題点（例えば、動機の錯誤、二重効、主張者）について論ぜよ。

➡『スタートアップ民法・民法総則』４章２節5 6

平成12年度

第１問　Aは、画商Bから著名な画家Cの署名入りの絵画（以下「本件絵画」という。）を代金2000万円で買い受け、代金全額を支払って、その引渡しを受けた。当時、ABは、本件絵画をCの真作と思っており、代金額も、本件絵画がCの真作であれば、通常の取引価格相当額であった。Aは、自宅の改造工事のために、画廊を経営するDに対し、報酬１日当たり１万円、期間50日間との約定で、本件絵画の保管を依頼し、報酬50万円を前払して、本件絵画を引き渡した。その後、本件絵画がCの真作を模倣した偽物であって100万円程度の価値しかないことが判明したので、AがBに対し、本件絵画の引取りと代金の返還を求めて交渉していたところ、本件絵画は、Dへの引渡後20日目に、隣家からの出火による延焼によって画廊とともに焼失した。

以上の事案におけるAB間及びAD間の法律関係について論ぜよ。

➡『スタートアップ民法・民法総則』４章２節5
『債権各論』２章10節3、４章１節4

第２問　１　Xは、Yから甲土地とその地上建物（以下「甲不動産」という。）を代金2000万円で買い受け、代金全額を支払った。当時、Yは、長年にわたって専ら家事に従事していた妻Zと婚姻中であり、甲不動産は、その婚姻中に購入したものであった。甲不動産につき、YからXへの所有権移転登記を経由しないうちに、YZの協議離婚届が提出され、離婚に伴う財産分与を原因としてYからZへの所有権移転登記がされた。

この事案において、YZの協議離婚がどのような場合に無効になるかを論ぜよ。

２　上記の事案において、Yには、甲不動産以外にめぼしい資産がなく、Xのほかに債権者が多数いるため、Yは、既に債務超過の状態にあったものとする。また、YZが財産分与の合意をした当時、Zは、Yが債務超過の状態にあったことは知っていたが、甲不動産をXに売却していたことは知らなかったものとする。

仮に、YZの協議離婚が有効であるとした場合、Xは、裁判上、だれに対してどのような請求をすることができ、その結果、最終的にどのような形で自己の権利ないし利益を実現することになるかを説明せよ。

➡『債権総論』５章２節2
『親族・相続』２章２節5

平成13年度

第１問　Aは、Bに対し、自己所有の甲建物を売却して引き渡し、Bは、Cに対し、甲建物を、使用目的は飲食店経営、賃料月額50万円、期間３年、給排水管の取替工事はCの負担で行うとの約定で賃貸して引き渡した。Cが300万円をかけて甲建物の給排水管の取替工事をした直後、Aは、Dに対し、甲建物を売却して所有権移転の登記をした。

この事案において、DがAからBへの甲建物の売却の事実を知らなかったも

➡『物権法』２章４節1、９章２節
『債権各論』２章６節4

のとして、DがCに対してどのような請求をすることができ、これに対し、Cがどのような反論をすることができるかについて論じた上で、BC間の法律関係についても論ぜよ。

第２問　１　不法行為責任と責任能力との関係について説明した上で、責任能力が必要とされている理由を過失概念の変容と関連付けながら論ぜよ。

２　未成年者の加害行為に対する親権者の不法行為責任を問う法的構成について論ぜよ。

➡『債権各論』５章１節2、５章３節1

平成14年度

第１問　Aは、妻とともに、子B（当時18歳）の法定代理人として、Cに対し、Bが祖父からの贈与により取得した甲土地を、時価の500万円で売却して引き渡し、所有権移転の登記をした。Aは、妻の了解の下に、その売却代金を、AのDに対する500万円の債務の弁済に充てた。Aは、Dに弁済する際、甲土地の売却代金により弁済することを秘していたが、Dは、そのことを知っていた。AがDに弁済した時、A夫婦は無資力であった。その後、Bは、成人した。

１　A夫婦が売却代金をAのDに対する債務の弁済に充てるために甲土地を売却したものであり、Cは、甲土地を買い受ける際、そのことを知っていた場合において、次の各問について論ぜよ。

(1)　Bは、Cに対し、甲土地の返還を請求することができるか。

(2)　CがBに対して甲土地を返還したとき、Cは、Bに対し、500万円の支払を請求することができるか。

２　A夫婦が売却代金をBの教育資金に用いるつもりで甲土地を売却したが、売却後に考えが変わり、売却代金をAのDに対する債務の弁済に充てた場合において、Bは、Dに対し、500万円の支払を請求することができるかについて論ぜよ。

➡『スタートアップ民法・民法総則』６章２節3
『債権総論』5章2節
『債権各論』4章1節2 5
『親族・相続』4章1節3

第２問　Aは、20歳の息子Bが資産もないのに無職でいることに日ごろから小言を言っていたところ、BがCから500万円の借金をしていることを知り、その借金を返済してやりたいと考えた。しかし、Bは、「親の世話になりたくない。」と言って、これを拒否している。AがBの上記債務を消滅させてやるためには、いかなる法律的方法があるか。AC間に新たな合意を必要としない場合と必要とする場合とに分けて論ぜよ。

➡『債権総論』３章１節、３章２節1 2、４章１節4、４章５節1

平成15年度

第１問　酒屋を営むAは、飼育している大型犬の運動を店員Bに命じた。Bが運動のために犬を連れて路上を歩いていたところ、自転車で走行していたCが運転を誤って自転車を犬に追突させ、驚いた犬はBを振り切って暴走した。反対方向から歩いてきた右足に障害のあるDは、犬と接触しなかったものの、暴走する犬を避けようとして足の障害のために身体の安定を失って転倒し、重傷を負った。

DがA、B及びCに対して損害賠償を請求できるかについて、それぞれに対する請求の根拠と、A、B及びCの考えられる反論を挙げ、自己の見解を論ぜよ。

➡『債権各論』５章３節2 4 5

第２問　Aは、Bから登記簿上330平方メートルと記載されている本件土地を借り受け、本件土地上に自ら本件建物を建てて保存登記を行い、居住していた。Aは、本件建物を改築しようと考え、市の建築課と相談し、敷地面積が330平方メートルならば希望する建物が建築可能と言われたため、本件土地を売ってくれるようBに申し込み、Bは、これを承諾した。売買契約では、3.3平方メートル当たり25万円として代金額を2500万円と決め、Aは、代金全額を支払った。

以上の事案について、次の問いに答えよ（なお、各問いは、独立した問いである。）。

１　本件土地の売買契約締結直後に、本件土地建物を時価より1000万円高い価格で買い受けたいというCの申込みがあったため、Aは、Cとの間で本件土

➡『物権法』２章１節1
『債権各論』１章６節3

地建物の売買契約を締結した。しかし、専門業者の実測の結果、本件土地の面積が実際には297平方メートルであることが判明し、面積不足のためにCの希望していた大きさの建物への建て替えが不可能であることが分かり、AC間の売買契約は解除された。

Aは、Bに対してどのような請求ができるか。

2 数年後、Bは、Aへの移転登記が未了であることを奇貨として、本件土地をDに売却しようと、「Aはかつて賃借人だったが、賃料を支払わないため契約を解除した。」と虚偽の事実を告げた。Dは、事情を確かめにA方に出向いたが、全く話をしてもらえなかったため、Bの言い分が真実らしいと判断し、本件土地を買い受け、移転登記をした。

AD間の法律関係について論ぜよ。

平成16年度

第1問 AはBとの間で、A所有の土地上に2階建住宅を新築する工事について、請負代金を2000万円とし、内金1000万円は契約締結時に、残金1000万円は建物引渡し後1か月以内に支払うとの約定で請負契約を締結した。この事案について、以下の問いに答えよ。なお、各問いは独立した問いである。

→『債権各論』2章8節2

1 Aは、Bが行ったコンクリートの基礎工事が不完全であるとして、Bに工事の追完を求めたが、Bは基礎工事に問題はないと主張してその後の工事を進めようとしている。AはBとの契約関係を終了させるためにどのような主張をすることができるか。

2 Aは、Bに内金1000万円を支払い、Bは約定の期日までに建物を完成させてAに引き渡した。ところが、屋根の防水工事の手抜きのため、引渡し後1週間目の大雨によって建物の2階の書斎に雨漏りが生じ、書斎内のA所有のパソコン等が使い物にならなくなってしまった。雨漏りによるパソコン等の損害を50万円、屋根の補修工事に要する費用を100万円とした場合、AはBの請負残代金請求に対してどのような主張をすることができるか。

第2問 Aは、Bに2000万円の金銭を貸し付け、その担保としてBの父親Cが所有する甲不動産(時価2500万円)に第1順位の抵当権の設定を受け、その旨の登記をした。Bは支払期限までにその債務を弁済せずに行方をくらませた。

→『スタートアップ民法・民法総則』8章5節2
『債権総論』5章1節2 3

そこで、Cは、この抵当権の実行を避けるため、Aに対して複数回に分けて合計800万円をBに代わって弁済するとともに、残りの債務も代わって弁済する旨繰り返し申し出たので、Aはその言を信じてBに対して上記貸金債権について特に時効中断の手続をとらないまま、支払期限から10年が経過した。他方、その間に、Cに対してDが1000万円、Eが1500万円の金銭を貸し付け、その担保として、甲不動産につきそれぞれDが第2順位、Eが第3順位の抵当権の設定を受け、いずれもその旨の登記を了した。

以上の事実関係の下で(Cが無資力である場合も想定すること)、Aが甲不動産に対して有する第1順位の抵当権設定登記の抹消を請求するため、Eはいかなる主張をし、他方、Aはこれに対していかなる反論をすることが考えられるかを指摘し、それぞれについて考察を加えよ。

平成17年度

第1問 工場用機械メーカーAは、Bから工場用機械の製作を請け負い、これを製作してBに引き渡した。その工場用機械(以下「本件機械」という。)は、Bが使用してみたところ、契約では1時間当たり5000個程度の商品生産能力があるとされていたのに、不具合があって1時間当たり2000個程度の商品生産能力しかないことが判明した。そこで、Bは、直ちに本件機械の不具合をAに告げて修理を求めた。この事案について、以下の問いに答えよ。なお、各問いは独立した問いである。

→『債権総論』5章1節、6章2節1
『債権各論』4章1節5

1 Bはこうした不具合があったのでは本件機械を導入する意味がないと考え

ているが、本件機械を契約どおりの商品生産能力の機械とする修理は可能である。Aが修理をしようとしないので、Bは代金を支払っておらず、また、Bには商品の十分な生産ができないことによる営業上の損害が発生している。この場合に、Bの代金債務についての連帯保証人であるCは、Aからの保証債務の履行請求に対してどのような主張をすることができるか。

2　Aが修理をしようとしないため、Bはやむを得ずDに本件機械の修理を依頼し、Dは修理を完了した。その後、Bは、営業不振により高利貸からの融資を受ける状態になり、結局、多額の債務を残して行方不明となり、Dへの修理代金の支払もしていない。この場合に、Aは本件機械の引渡しの際にBから代金全額の支払を受けているものとして、Dは、Aに対してどのような請求をすることができるか。

第2問　Aは、Bから3000万円を借り受け、その担保としてAの所有する甲土地及び乙建物(後記の庭石を除いた時価合計2900万円)に抵当権を設定して、その旨の登記をした。甲土地の庭には、抵当権設定前から、庭石(時価200万円)が置かれていたが、抵当権設定登記後、A宅を訪問したCは、同庭石を見て、それが非常に珍しい物であったことから欲しくなり、Aに同庭石を譲ってくれるよう頼んだところ、Aは、これを了承し、Cとの間で同庭石の売買契約を締結し、同庭石は後日引き渡すことにした。このAC間の売買契約を知ったDは、日ごろよりCを快く思っていなかったことから、専らCに嫌がらせをする意図で、Aとの間で同庭石の売買契約を締結して、Cが引渡しを受ける前に、A立会いの下で同庭石をD自らトラックに積んで搬出し、これを直ちにEに転売して、Eに引き渡した。

この事案について、次の問いに答えよ。

1　CE間の法律関係について論ぜよ。

2　Bは、Eに対して物権的請求権を行使したいが、その成立の根拠となるBの主張について考察せよ。

➡『物権法』2章4節5、7章3節3

平成18年度

第1問　Aは、Bに対し、A所有の甲絵画(時価300万円。以下「甲」という。)を200万円で売却して引き渡し、BはAに代金全額を支払った。Bは、その1か月後、Cに対し、甲を300万円で売却して引き渡し、CはBに代金全額を支払った。現在、甲はCが所持している。AB間の売買は、Bの詐欺によるものであったので、Aは、Bとの売買契約を取り消し、Cに対し甲の返還を求めた。

1(1)　Aの取消しがBC間の売買契約よりも前になされていた場合、AC間の法律関係はどうなるか。考えられる法律構成を2つ示し、両者を比較しつつ、論ぜよ。

(2)　(1)の場合において、Cが甲をAに返還しなければならないとき、BC間の法律関係はどうなるか。

2　Aの取消しがBC間の売買契約よりも後になされた場合、AC間の法律関係はどうなるか。考えられる法律構成を2つ示し、両者を比較しつつ、論ぜよ。なお、これらの構成は、1(1)で示した2つの構成と同じである必要はない。

➡『スタートアップ民法・民法総則』4章2節6

第2問　Aは、B所有名義で登記されている建物(以下「本件建物」という。)をBから賃借して引渡しを受け、本件建物で店舗を営んでいる。Aは、賃借に当たってBに敷金を支払い、賃料もBに遅滞なく支払ってきた。ところが、本件建物は、真実はBの配偶者であるCの所有であり、CがBに対し、Bの物上保証人として本件建物に抵当権を設定する代理権を付与し登記に必要な書類を交付したところ、Bが、Cに無断でB名義に所有権移転登記を経由した上、Aに賃貸したものであった。

以上の事案について、次の問いに答えよ(なお、各問いは、独立した問いである。)。

➡『スタートアップ民法・民法総則』6章4節4、6章5節3

1　Aが本件建物を賃借してから1年後に、Aは、その事実を知ったCから本件建物の明渡しを請求された。Aは、Cに対し、どのような主張をすることが考えられるか。

2　Aは、本件建物がBの所有でないことを知った後、Cに対してBとの賃貸借契約が当初から有効であることを認めてほしいと申し入れたものの、Cは、これを拒絶した。その後、Cが死亡し、BがCを単独相続したところ、Bは、Aが本件建物を賃借してから1年後に、Aに対し本件建物の明渡しを請求した。

(1)　Aは、Bに対し、BがCを単独相続したことを理由に本件建物の明渡しを拒絶することができるか。

(2)　仮に(1)の理由で明渡しを拒絶することができないとすれば、Aは、Bに対し、どのような主張をすることができるか。特に敷金の返還を受けるまで本件建物の明渡しを拒絶すると主張することができるか。

平成19年度

第1問　買主Xは、売主Aとの間で、Aが所有する唯一の財産である甲土地の売買契約を締結した。ところが、XがAから所有権移転登記を受ける前に、Aは、Bに対して、甲土地について贈与を原因とする所有権移転登記をした。

➡『物権法』2章2節[2]、2章3節[2]【2】、2章4節[2]、2章4節[5]『債権総論』5章2節[4]『スタートアップ民法・民法総則』4章2節[4]

1　上記の事案において、(1)AB間の登記に合致する贈与があった場合と、(2)AB間に所有権移転の事実はなくAB間の登記が虚偽の登記であった場合のそれぞれについて、Xが、Bに対して、どのような権利に基づいてどのような請求をすることができるかを論ぜよ。

2　上記の事案において、Bは、甲土地について所有権移転登記を取得した後、Cに対して、甲土地を贈与し、その旨の所有権移転登記をした。

この事案において、(1)AB間の登記に合致する贈与があった場合と、(2)AB間に所有権移転の事実はなくAB間の登記が虚偽の登記であった場合のそれぞれについて、Xが、Cに対して、どのような権利に基づいてどのような請求をすることができるかを論ぜよ。

第2問　Aは、平成18年4月1日に、Aが所有する建物(以下「本件建物」という。)をBに「賃貸期間平成18年4月1日から平成21年3月末日までの3年間、賃料月額100万円、敷金500万円」の約定で賃貸し、Bは、敷金500万円をAに支払い、本件建物の引渡しを受けた。Bは、平成19年4月1日に、Aの承諾を得て、本件建物をCに「賃貸期間平成19年4月1日から平成21年3月末日までの2年間、賃料月額120万円、敷金600万円」の約定で転貸し、Cは、敷金600万円をBに支払い、本件建物の引渡しを受けた。その後、平成19年7月1日に、AとBは、両者間の本件建物に関する建物賃貸借契約を合意解約すること、及び合意解約に伴ってAがBの地位を承継し、Cに対する敷金の返還はAにおいて行うとともに、平成19年8月分以降の賃料はAがCから収受することを合意した。そして、Bは、Aに預託した敷金500万円の返還を受けて、Cから預託を受けた敷金600万円をAに交付するとともに、Cに対して、AB間の上記合意により平成19年8月分以降平成21年3月分までのCに対する賃料債権全額をAに譲渡した旨を通知した。

➡『債権各論』2章6節[4]【5】[5]【4】[2]【1】

以上の事案において、CがAB間の建物賃貸借契約の合意解約に同意しない場合、Cに対する賃貸人がAとBのいずれであるかについてどのような法律構成が考えられるか、また、Cに対して敷金返還債務を負担する者がだれかについてどのような法律構成が考えられるかに言及しつつ、BC間及びAC間の法律構成を論ぜよ。

平成20年度

第1問　Aは、工作機械(以下「本件機械」という。)をBに代金3000万円で売却して、引き渡した。この契約において、代金は後日支払われることとされていた。本件

➡『債権各論』1章4節[7]、2章6節[4]、2章6節[6]

機械の引渡しを受けたBは、Cに対して、本件機械を期間1年、賃料月額100万円で賃貸し、引き渡した。この事案について、以下の問いに答えよ。

1　その後、Bが代金を支払わないので、Aは、債務不履行を理由にBとの契約を解除した。この場合における、AC間の法律関係について論ぜよ。

2　AがBとの契約を解除する前に、Bは、Cに対する契約当初から1年分の賃料債権をDに譲渡し、BはCに対し、確定日付ある証書によってその旨を通知していた。この場合において、AがBとの契約を解除したときの、AC間、CD間の各法律関係について論ぜよ。

第2問　Aは、Bに対して、100万円の売買代金債権(以下「甲債権」という。)を有している。Bは、Cに対して、自己所有の絵画を80万円で売却する契約を締結した。その際、Bは、Cに対して、売買代金を甲債権の弁済のためAに支払うよう求め、Cもこれに同意した。これに基づき、CはAに対して80万円を支払い、Aはこれを受領した。この事案について、以下の問いに答えよ。なお、各問いは、独立した問いである。

➡『債権各論』1章2節5、4章1節5

1　甲債権を発生させたAB間の売買契約がBの錯誤により無効であったとき、Cは、Aに対して80万円の支払を求めることができるか。Bに対してはどうか。

2　甲債権を発生させたAB間の売買契約は有効であったが、BC間の絵画の売買契約がBの詐欺を理由としてCによって取り消されたとき、Cは、Aに対して80万円の支払を求めることができるか。Bに対してはどうか。

平成21年度

第1問　18歳のAは、唯一の親権者で画家である父Bに対し、真実はバイクを買うためのお金が欲しかったのに、知人からの借金を返済するためにお金が必要であるとうそをついて、金策の相談をした。この事案について、以下の問いに答えよ。なお、各問いは、独立した問いである。

➡『スタートアップ民法・民法総則』6章2節3、6章5節1、2
『親族・相続』4章1節3

1　Bは、Aに対し、Aの借金を返済する金銭を得るために、Bが描いた甲絵画を、これまで何度か絵画を買ってもらったことのある旧知の画商Cに売却することを認め、売却についての委任状を作成し、Aに交付した。しかし、その翌日、Bは、気が変わり、Aに対して、「甲絵画を売るのはやめた。委任状は破棄しておくように。」と言った。ところが、その後、Aは、Bに無断で、委任状を提示して、甲絵画をCに50万円で売却した。この場合、Bは、Cから、甲絵画を取り戻すことができるか。

2　Bは、かねてからAがその所有する乙自動車を売却したいと言っていたのを幸いとして、その売却代金を自己の株式購入の資金とするため、Aの代理人として、Dに対し、乙自動車を60万円で売却した。この場合、Aは、Dから乙自動車を取り戻すことができるか。

また、Bが、以前A名義の不動産を勝手に売却したことがあったことなどから、Aの伯母の申立てにより、家庭裁判所において、乙自動車の売却の1か月前に、親権の喪失の宣告がされ、確定していたのに上記のような売却をしたときはどうか。

第2問　被相続人Aは、A名義の財産として、甲土地建物(時価9000万円)、乙マンション(時価6000万円)及び銀行預金(3000万円)があり、負債として、Bから借り受けた3000万円の債務があった。

➡『親族・相続』9章3節

Aが死亡し、Aの相続人は嫡出子であるC、D及びEだけであった。C、D及びEの間で遺産分割の協議をした結果、甲土地建物及びBに対する負債全部はCが、乙マンションはDが、銀行預金全部はEが、それぞれ相続するということになり、甲土地建物はC名義、乙マンションはD名義の各登記がされ、Eが預金全額の払戻しを受け、Bに遺産分割協議書の写しが郵送された。

ところが、Cは、Bに対する債務のうち1000万円のみを返済し、相続した甲土地建物をFに売却した。

この事案について、特別受益と寄与分はないものとして、以下の問いに答えよ。なお、各問いは、独立した問いである。

1　Bに対する債務に関するB、C、D及びE間の法律関係について論ぜよ。

2　乙マンションは、Aが、死亡する前にGに対して売却して代金も受領していたものの、登記はA名義のままになっていた。この場合、Dは、だれに対し、どのような請求をすることができるか。

平成22年度

第1問　現在90歳のAは、80歳を超えた辺りから病が急に進行して、判断能力が衰え始め、2年前からしばしば事理弁識能力を欠く状態になった。絵画の好きなAは、事理弁識能力を欠いている時に、画商Bの言うままに、Bの所有する甲絵画を500万円で売買する契約をBと締結し、直ちに履行がされた。

この事案について、以下の問いに答えよ。なお、小問1と小問2は、独立した問いである。

1(1)　Aは、甲絵画をBに戻して500万円の返還を請求することができるか。また、Bに甲絵画を800万円で購入したいという顧客が現れた場合に、Bの方からAに対して甲絵画の返還を請求することはできるか。

(2)　AがBに500万円の返還を請求する前に、Aの責めに帰することができない事由によって甲絵画が滅失していた場合に、AのBに対するこの返還請求は認められるか。Bから予想される反論を考慮しつつ論ぜよ。

2　AB間の売買契約が履行された後、Aを被後見人とし、Cを後見人とする後見開始の審判がされた。AB間の甲絵画の売買契約に関するCによる取消し、無効の主張、追認の可否について論ぜよ。

➡『スタートアップ民法・民法総則』2章1節②【2】(1)
『債権各論』1章3節③【3】(3)(a)、④【2】、4章1節②【2】
『親族・相続』5章1節③

第2問　Bは、Aから300万円で購入した鋼材(以下「本件鋼材」という。)を自分の工場で筒状に成形し、それに自己所有のバルブを溶接して暖房設備用のパイプ(以下「本件パイプ」という。)を製造した。その後、Bは、Cから本件パイプの取付工事を依頼され、Cとの間で代金を600万円(その内訳は、本件パイプの価格が500万円、工事費用が100万円である。)とする請負契約を締結した。工事は完成し、本件パイプは壁に埋め込まれて建物と一体化したが、CからBへの代金の支払はまだされていない。

この事案について、以下の問いに答えよ。なお、小問1と小問2は、独立した問いである。

1　Bは、Aに代金を支払う際、Dから300万円の融資を受けたので、本件パイプにDのために譲渡担保権を設定し、占有改定による引渡しも済ませたが、BD間の約定では、Bの請け負った工事について本件パイプの使用が認められていた。

(1)　CD間の法律関係について論ぜよ。

(2)　BC間で請負契約が締結された直後、BはCに対する請負代金債権をEに譲渡し、確定日付のある証書によってCに通知していたという事実が加わったとする。この場合における、請負代金債権に関するDE間の優劣について論ぜよ。

2　AがBに売却した本件鋼材の所有者は、実はFであり、Aは、Fの工場から本件鋼材を盗み、その翌日、このことを知らないBに本件鋼材を売却した。本件鋼材の時価は400万円であるにもかかわらず、Aは、Bに300万円で慌てて売却しており、このようなAの態度からしてBには盗難の事実を疑うべき事情があった。他方、Cは、Bが専門の建築業者であったことから、盗難の事実を知らず、また知ることができなかった。この場合における、BF間及びCF間の法律関係について論ぜよ。

➡『物権法』2章7節②【5】、4章3節②【4】、11章2節②【2】

司法試験予備試験
論文式試験問題［民法］

平成23年

Ａは、平成20年３月５日、自己の所有する甲土地について税金の滞納による差押えを免れるため、息子Ｂの承諾を得て、ＡからＢへの甲土地の売買契約を仮装し、売買を原因とするＢ名義の所有権移転登記をした。次いで、Ｂは、Ａに無断で、甲土地の上に乙建物を建築し、同年11月７日、乙建物についてＢ名義の保存登記をし、同日から乙建物に居住するようになった。

Ｂは、自己の経営する会社の業績が悪化したため、その資金を調達するために、平成21年５月23日、乙建物を700万円でＣに売却し、Ｃ名義の所有権移転登記をするとともに、同日、Ｃとの間で、甲土地について建物の所有を目的とする賃貸借契約（賃料月額12万円）を締結し、乙建物をＣに引き渡した。この賃貸借契約の締結に際して、Ｃは、甲土地についてのＡＢ間の売買が仮装によるものであることを知っていた。

その後、さらに資金を必要としたＢは、同年10月９日、甲土地をＤに代金1000万円で売却し、Ｄ名義の所有権移転登記をした。この売買契約の締結に際して、Ｄは、甲土地についてのＡＢ間の売買が仮装によるものであることを知らず、それを知らないことについて過失もなかった。

同年12月16日、Ａが急死し、その唯一の相続人であるＢがＡの一切の権利義務を相続した。この場合において、Ｄは、Ｃに対し、甲土地の所有権に基づいて、甲土地の明渡しを求めることができるかを論ぜよ。

平成24年

次の文章を読んで、後記の〔**設問１**〕及び〔**設問２**〕に答えなさい。

Ｉ

【事実】

1．Ａ（女性、昭和22年生）は、配偶者がいたが、平成２年５月頃から、Ｂ（男性、昭和27年生）と交際するようになり、同年10月には、配偶者との離婚の協議を始めた。

2．Ａは、平成３年８月、配偶者と離婚した。Ａ及びＢは、これを契機として、マンションを賃借し、そこで同居をするようになった。もっとも、離婚を経験したＡは、Ｂとの婚姻の届出をすることをためらい、Ｂと話し合いの上、その届出をしないままＢとの生活を続けた。

3．平成３年当時、Ａは、甲土地を所有しており、甲土地についてＡを所有権登記名義人とする登記がされていた。Ａ及びＢは、相談の上、甲土地の上にＢが所有する建物を建築することを計画した。この計画に従い、平成５年３月、甲土地の上に所在する乙建物が完成して、乙建物についてＢを所有権登記名義人とする所有権の保存の登記がされ、同月、Ａ及びＢは、乙建物に移り住んだ。

4．Ａは、かねてよりヨーロッパのアンティーク家具や小物の収集を趣味としていたが、平成18年秋頃から、そうした家具などを輸入して販売する事業を始めた。Ａは、同年９月、この事業の資金として3000万円を銀行のＣから借り入れた。その返済の期限は、平成22年９月30日と定められた。

5．同じく平成18年９月に、この借入れに係る債務を担保するため、Ａは、甲土地についてＣのために抵当権を設定し、また、Ｂも乙建物についてＣのための抵当権を設定し、同月中に、それぞれその旨の登記がされた。乙建物については、Ｂが、Ａから依頼されて、Ａの事業に協力する趣旨で、抵当権を設定したものである。

6．Ａの事業は、しばらくは順調であったものの、折からの不況のため徐々に経営が悪化し、平成22年９月30日が経過しても、Ａは、Ｃからの借入金を返済することができなかった。そこで、Ｃは、甲土地及び乙建物について抵当権を実行することを検討するに至った。

〔設問１〕

【事実】１から６までを前提として、以下の⑴及び⑵に答えなさい。

⑴　Ａが、銀行のＤに対し預金債権を有しており、その残高がＣに対する債務を弁済するのに十分な額であると認められる場合において、Ｂは、乙建物について抵当権を実行しようとするＣに対し、ＡがＣに弁済をする資力が

あり、かつ、執行が容易である、ということを証明して、まずAの財産について執行しなければならないことを主張することができるか、理由を付して結論を述べなさい。

(2) Bは、Aに対し、あらかじめ、求償権を行使することができるか。また、仮にCが抵当権を実行して乙建物が売却された場合において、Bは、Aに対し、求償権を行使することができるか。それぞれ、委託を受けて保証をした者が行使する求償権と比較しつつ、理由を付して結論を述べなさい。

Ⅱ 【事実】1から6までに加え、以下の【事実】7から10までの経緯があった。

【事実】

7．その後、Aの事業は、一時は倒産も懸念されたが、平成22年12月頃から、一部の好事家の間でアンティーク家具が人気を博するようになったことを契機として、収益が好転してきた。Aは、抵当権の実行をしばらく思いとどまるようCと交渉し、平成23年4月までに、Cに対し、【事実】4の借入れに係る元本、利息及び遅延損害金の全部を弁済した。

8．平成23年9月、Aは、体調の不良を感じて病院で診察を受けたところ、重篤な病気であることが判明した。Aは、同年11月に手術を受けたものの、手遅れであり、担当の医師から、余命が3か月であることを告げられた。

そこで、Aは、平成24年1月18日、Bとの間で、AがBに甲土地を贈与する旨の契約を締結し、その旨を記した書面を作成した。

9．Aは、平成24年3月25日、死亡した。Aは、生前、預金債権その他の財産を負債の返済に充てるなどして、財産の整理をしていた。このため、Aが死亡した当時、Aに財産はなく、また、債務も負っていなかった。

10．Aが死亡した当時、Aの両親は、既に死亡していた。また、Aの子としては、前夫との間にもうけたE(昭和62年生)のみがいる。

〔設問2〕

Eは、Bに対し、甲土地について、どのような権利主張をすることができるか。また、その結果として、甲土地の所有権について、どのような法律関係が成立すると考えられるか。それぞれ理由を付して説明しなさい。

平成25年

次の文章を読んで、後記の**〔設問1〕**及び**〔設問2〕**に答えなさい。

【事実】

1．Aは、太陽光発電パネル(以下「パネル」という。)の部品を製造し販売することを事業とする株式会社である。工場設備の刷新のための資金を必要としていたAは、平成25年1月11日、Bから、利息年5％、毎月末日に元金100万円及び利息を支払うとの条件で、1200万円の融資を受けると共に、その担保として、パネルの部品の製造及び販売に係る代金債権であって、現在有しているもの及び今後1年の間に有することとなるもの一切を、Bに譲渡した。A及びBは、融資金の返済が滞るまでは上記代金債権をAのみが取り立てることができることのほか、Aが融資金の返済を一度でも怠れば、BがAに対して通知をすることによりAの上記代金債権に係る取立権限を喪失させることができることも、併せて合意した。

2．Aは、平成25年3月1日、Cとの間で、パネルの部品を100万円で製造して納品する旨の契約を締結した。代金は同年5月14日払いとした。Aは、上記部品を製造し、同年3月12日、Cに納品した(以下、この契約に基づくAのCに対する代金債権を「甲債権」という。)。Aは、同月25日、Dとの間で、甲債権に係る債務をDが引き受け、これによりCを当該債務から免責させる旨の合意をした。

3．Aは、平成25年3月5日、Eとの間で、パネルの部品を150万円で製造して納品する旨の契約を締結した。代金は同年5月14日払いとした。Aは、上記部品を製造し、同年3月26日、Eに納品した(以下、この契約に基づくAのEに対する代金債権を「乙債権」という。)。乙債権については、Eからの要請を受けて、上記契約を締結した同月5日、AE間で譲渡禁止の特約がされた。Aは、Bに対してこの旨を同月5日到達の内容証明郵便で通知した。

4．その直後、Aは、大口取引先の倒産のあおりを受けて資金繰りに窮するようになり、平成25年4月末日に予定されていたBへの返済が滞った。

5．Aの債権者であるFは、平成25年5月1日、Aを債務者、Cを第三債務者として甲債権の差押命令を申し立て、同日、差押命令を得た。そして、その差押命令は同月2日にCに送達された。

6．Bは、平成25年5月7日、Aに対し、同年1月11日の合意に基づき取立権限を喪失させる旨を同年5月7日到達の内容証明郵便で通知した。Aは、同年５月７日、D及びEに対し、甲債権及び乙債権をBに譲渡したので、これらの債権についてはBに対して弁済されたい旨を、同月７日到達の内容証明郵便で通知した。

〔設問１〕

(1)　【事実】１の下線を付した契約は有効であるか否か、有効であるとしたならば、Bは甲債権をいつの時点で取得するかを検討しなさい。

(2)　Cは、平成25年５月14日、Fから甲債権の支払を求められた。この場合において、Cの立場に立ち、その支払を拒絶する論拠を示しなさい。

〔設問２〕

Eは、平成25年５月14日、Bから乙債権の支払を求められた。この請求に対し、Eは、【事実】３の譲渡禁止特約をもって対抗することができるか。譲渡禁止特約の意義を踏まえ、かつ、Bが乙債権を取得した時期に留意しつつ、理由を付して論じなさい。

平成26年

次の文章を読んで、後記の**〔設問１〕**及び**〔設問２〕**に答えなさい。

【事実】

１．Aは、自宅近くにあるB所有の建物（以下「B邸」という。）の外壁（れんが風タイル張り仕上げ）がとても気に入り、自己が所有する別荘（以下「A邸」という。）を改修する際は、B邸のような外壁にしたいと思っていた。

２．Aは、A邸の外壁が傷んできたのを機に、外壁の改修をすることとし、工務店を営むCにその工事を依頼することにした。Aは、発注前にCと打合せをした際に、CにB邸を実際に見せて、A邸の外壁をB邸と同じ仕様にしてほしい旨を伝えた。

３．Cは、B邸を建築した業者であるD社から、B邸の外壁に用いられているタイルがE社製造の商品名「シャトー」であることを聞いた。CはE社に問い合わせ、「シャトー」が出荷可能であることを確認した。

４．Cは、Aに対し、Aの希望に沿った改修工事が可能である旨を伝えた。そこで、AとCは、工事完成を１か月後とするA邸の改修工事の請負契約を締結した。Aは、契約締結当日、Cに対し、請負代金の全額を支払った。

５．工事の開始時に現場に立ち会ったAは、A邸の敷地内に積み上げられたE社製のタイル「シャトー」の色がB邸のものとは若干違うと思った。しかし、Aは、Cから、光の具合で色も違って見えるし、長年の使用により多少変色するとの説明を受け、また、E社に問い合わせて確認したから間違いないと言われたので、Aはそれ以上何も言わなかった。

６．Cは、【事実】５に記したA邸の敷地内に積み上げられたE社製のタイル「シャトー」を使用して、A邸の外壁の改修を終えた。ところが、Aは、出来上がった外壁がB邸のものと異なる感じを拭えなかったので、直接E社に問い合わせた。そして、E社からAに対し、タイル「シャトー」の原料の一部につき従前使用していたものが入手しにくくなり、最近になって他の原料に変えた結果、表面の手触りや光沢が若干異なるようになり、そのため色も少し違って見えるが、耐火性、防水性等の性能は同一であるとの説明があった。また、Aは、B邸で使用したタイルと完全に同じものは、特注品として注文を受けてから２週間あれば製作することができる旨をE社から伝えられた。

７．そこで、Aは、Cに対し、E社から特注品であるタイルの納入を受けた上でA邸の改修工事をやり直すよう求めることにし、特注品であるタイルの製作及び改修工事のために必要な期間を考慮して、３か月以内にその工事を完成させるよう請求した。

〔設問１〕

【事実】７に記したAの請求について、予想されるCからの反論を踏まえつつ検討しなさい。

【事実（続き）】

８．【事実】７に記したAの請求があった後３か月が経過したが、Cは工事に全く着手しなかった。そこで、嫌気がさしたAは、A邸を2500万円でFに売却し、引き渡すとともに、その代金の全額を受領した。

９．なお、A邸の外壁に現在張られているタイルは、性能上は問題がなく、B邸に使用されているものと同じものが用いられていないからといって、A邸の売却価格には全く影響していない。

〔設問２〕

Ａは、Ａ邸をＦに売却した後、Ｃに対し、外壁の改修工事の不備を理由とする損害の賠償を求めている。この請求が認められるかを、反対の考え方にも留意しながら論じなさい。

なお、〔設問１〕に関して、ＡのＣに対する請求が認められることを前提とする。

平成27年

次の文章を読んで、後記の〔設問１〕及び〔設問２〕に答えなさい。

【事実】

1．Ａは、Ａ所有の甲建物において手作りの伝統工芸品を製作し、これを販売業者に納入する事業を営んできたが、高齢により思うように仕事ができなくなったため、引退することにした。Ａは、かねてより、長年事業を支えてきた弟子のＢを後継者にしたいと考えていた。そこで、Ａは、平成26年４月20日、Ｂとの間で、甲建物をＢに贈与する旨の契約（以下「本件贈与契約」という。）を書面をもって締結し、本件贈与契約に基づき甲建物をＢに引き渡した。本件贈与契約では、甲建物の所有権移転登記手続は、同年７月18日に行うこととされていたが、Ａは、同年６月25日に疾病により死亡した。Ａには、亡妻との間に、子Ｃ、Ｄ及びＥがいるが、他に相続人はいない。なお、Ａは、遺言をしておらず、また、Ａには、甲建物のほかにも、自宅建物等の不動産や預金債権等の財産があったため、甲建物の贈与によっても、Ｃ、Ｄ及びＥの遺留分は侵害されていない。また、Ａの死亡後も、Ｂは、甲建物において伝統工芸品の製作を継続していた。

2．Ｃ及びＤは、兄弟でレストランを経営していたが、その資金繰りに窮していたことから、平成26年10月12日、Ｆとの間で、甲建物をＦに代金2000万円で売り渡す旨の契約（以下「本件売買契約」という。）を締結した。本件売買契約では、甲建物の所有権移転登記手続は、同月20日に代金の支払と引換えに行うこととされていた。本件売買契約を締結する際、Ｃ及びＤは、Ｆに対し、Ｃ、Ｄ及びＥの間では甲建物をＣ及びＤが取得することで協議が成立していると説明し、その旨を確認するＥ名義の書面を提示するなどしたが、実際には、Ｅはそのような話は全く聞いておらず、この書面もＣ及びＤが偽造したものであった。

3．Ｃ及びＤは、平成26年10月20日、Ｆに対し、Ｅが遠方に居住していて登記の申請に必要な書類が揃わなかったこと等を説明した上で謝罪し、とりあえずＣ及びＤの法定相続分に相当する３分の２の持分について所有権移転登記をすることで許してもらいたいと懇願した。これに対し、Ｆは、約束が違うとして一旦はこれを拒絶したが、Ｃ及びＤから、取引先に対する支払期限が迫っており、その支払を遅滞すると仕入れができなくなってレストランの経営が困難になるので、せめて代金の一部のみでも支払ってもらいたいと重ねて懇願されたことから、甲建物の３分の２の持分についてＦへの移転の登記をした上で、代金のうち1000万円を支払うこととし、その残額については、残りの３分の１の持分と引換えに行うことに合意した。そこで、同月末までに、Ｃ及びＤは、甲建物について相続を原因として、Ｃ、Ｄ及びＥが各自３分の１の持分を有する旨の登記をした上で、この合意に従い、Ｃ及びＤの各持分について、それぞれＦへの移転の登記をした。

4．Ｆは、平成26年12月12日、甲建物を占有しているＢに対し、甲建物の明渡しを求めた。Ｆは、Ｂとの交渉を進めるうちに、本件贈与契約が締結されたことや、【事実】２の協議はされていなかったことを知るに至った。

Ｆは、その後も、話し合いによりＢとの紛争を解決することを望み、Ｂに対し、数回にわたり、明渡猶予期間や立退料の支払等の条件を提示したが、Ｂは、甲建物において現在も伝統工芸品の製作を行っており、甲建物からの退去を前提とする交渉には応じられないとして、Ｆの提案をいずれも拒絶した。

5．Ｅは、その後本件贈与契約の存在を知るに至り、平成27年２月12日、甲建物の３分の１の持分について、ＥからＢへの移転の登記をした。

6．Ｆは、Ｂが【事実】４のＦの提案をいずれも拒絶したことから、平成27年３月６日、Ｂに対し、甲建物の明渡しを求める訴えを提起した。

〔設問１〕

ＦのＢに対する【事実】６の請求が認められるかどうかを検討しなさい。

〔設問２〕

Ｂは、Ｅに対し、甲建物の全部については所有権移転登記がされていないことによって受けた損害について賠償を求めることができるかどうかを検討しなさい。なお、本件贈与契約の解除について検討する必要はない。

平成28年

次の文章を読んで、後記の〔設問〕に答えなさい。

【事実】

1．Aは、自宅の一部を作業場として印刷業を営んでいたが、疾病により約3年間休業を余儀なくされ、平成27年1月11日に死亡した。Aには、自宅で同居している妻B及び商社に勤務していて海外に赴任中の子Cがいた。Aの財産に関しては、遺贈により、Aの印刷機械一式(以下「甲機械」という。)は、学生の頃にAの作業をよく手伝っていたCが取得し、自宅及びその他の財産は、Bが取得することとなった。

2．その後、Bが甲機械の状況を確認したところ、休業中に数箇所の故障が発生していることが判明した。Bは、現在海外に赴任しているCとしても甲機械を使用するつもりはないだろうと考え、型落ち等による減価が生じないうちに処分をすることにした。

そこで、Bは、平成27年5月22日、近隣で印刷業を営む知人のDに対し、甲機械を500万円で売却した(以下では、この売買契約を「本件売買契約」という。)。この際、Bは、Dに対し、甲機械の故障箇所を示した上で、これを稼働させるためには修理が必要であることを説明したほか、甲機械の所有者はCであること、甲機械の売却について、Cの許諾はまだ得ていないものの、確実に許諾を得られるはずなので特に問題はないことを説明した。同日、本件売買契約に基づき、甲機械の引渡しと代金全額の支払がされた。

3．Dは、甲機械の引渡しを受けた後、30万円をかけて甲機械を修理し、Dが営む印刷工場内で甲機械を稼働させた。

4．Cは、平成27年8月に海外赴任を終えて帰国したが、同年9月22日、Bの住む実家に立ち寄った際に、甲機械がBによって無断でDに譲渡されていたことに気が付いた。そこで、Cは、Dに対し、甲機械を直ちに返還するように求めた。

Dは、甲機械を取得できる見込みはないと考え、同月30日、Cに甲機械を返還した上で、Bに対し、本件売買契約を解除すると伝えた。

その後、Dは、甲機械に代替する機械設備として、Eから、甲機械の同等品で稼働可能な中古の印刷機械一式(以下「乙機械」という。)を540万円で購入した。

5．Dは、Bに対し、支払済みの代金500万円について返還を請求するとともに、甲機械に代えて乙機械を購入するために要した増加代金分の費用(40万円)について支払を求めた。さらに、Dは、B及びCに対し、甲機械の修理をしたことに関し、修理による甲機械の価値増加分(50万円)について支払を求めた。

これに対し、Bは、本件売買契約の代金500万円の返還義務があることは認めるが、その余の請求は理由がないと主張し、Cは、Dの請求は理由がないと主張している。さらに、B及びCは、甲機械の使用期間に応じた使用料相当額(25万円)を支払うようDに求めることができるはずであるとして、Dに対し、仮にDの請求が認められるとしても、Dの請求が認められる額からこの分を控除すべきであると主張している。

〔設問〕

【事実】5におけるDのBに対する請求及びDのCに対する請求のそれぞれについて、その法的構成を明らかにした上で、それぞれの請求並びに【事実】5におけるB及びCの主張が認められるかどうかを検討しなさい。

平成29年

次の文章を読んで、後記の〔設問1〕及び〔設問2〕に答えなさい。

【事実】

1．Aは、年来の友人であるBから、B所有の甲建物の購入を持ち掛けられた。Aは、甲建物を気に入り、平成23年7月14日、Bとの間で、甲建物を1000万円で購入する旨の契約を締結し、同日、Bに対して代金全額を支払った。この際、法律の知識に乏しいAは、甲建物を管理するために必要であるというBの言葉を信じ、Aが甲建物の使用を開始するまでは甲建物の登記名義を引き続きBが保有することを承諾した。

2．Bは、自身が営む事業の資金繰りに窮していたため、Aに甲建物を売却した当時から、甲建物の登記名義を自分の下にとどめ、折を見て甲建物を他の者に売却して金銭を得ようと企てていた。もっとも、平成23年9月に入り、親戚から「不動産を買ったのならば登記名義を移してもらった方がよい。」という助言を受けたAが、甲建物の登記を求めてきたため、Bは、法律に疎いAが自分を信じ切っていることを利用して、何らかの方法でAを欺く必要があると考えた。そこで、Bは、実際にはAからの借金は一切存在しないにもかかわらず、AのBに対する300万円の架空の貸金債権(貸付日平成23年９月21日、弁済期平成24年９月21日)を担保するためにＢがＡに甲建物を譲渡する旨の譲渡担保設定契約書と、譲渡担保を登記原因とする甲建物についての所有権移転登記の登記申請書を作成した上で、平成23年９月21日、Ａを呼び出し、これらの書面を提示した。Ａは、これらの書面の意味を理解できなかったが、これで甲建物の登記名義の移転は万全であるというＢの言葉を鵜呑みにし、書面を持ち帰って検討したりすることなく、その場でそれらの書面に署名・押印した。同日、Ｂは、これらの書面を用いて、甲建物について譲渡担保を登記原因とする所有権移転登記(以下「本件登記」という。)を行った。

3．平成23年12月13日、Ｂは、不動産業者Ｃとの間で、甲建物をＣに500万円で売却する旨の契約を締結し、同日、Ｃから代金全額を受領するとともに、甲建物をＣに引き渡した。この契約の締結に際して、Ｂは、【事実】２の譲渡担保設定契約書と甲建物の登記事項証明書をＣに提示した上で、甲建物にはＡのために譲渡担保が設定されているが、弁済期にＣがＡに対し【事実】２の貸金債権を弁済することにより、Ａの譲渡担保権を消滅させることができる旨を説明し、このことを考慮して甲建物の代金が低く設定された。Ｃは、Ａが実際には甲建物の譲渡担保権者でないことを知らなかったが、知らなかったことについて過失があった。

4．平成24年９月21日、Ｃは、Ａ宅に出向き、自分がＢに代わって【事実】２の貸金債権を弁済する旨を伝え、300万円及びこれに対する平成23年９月21日から平成24年９月21日までの利息に相当する金額を現金でＡに支払おうとしたが、Ａは、Ｂに金銭を貸した覚えはないとして、その受領を拒んだ。そのため、Ｃは、同日、債権者による受領拒否を理由として、弁済供託を行った。

〔設問１〕

Ｃは、Ａに対し、甲建物の所有権に基づき、本件登記の抹消登記手続を請求することができるかどうかを検討しなさい。

【事実(続き)】

5．平成25年３月１日、ＡとＣとの間で、甲建物の所有権がＣに帰属する旨の裁判上の和解が成立した。それに従って、Ｃを甲建物の所有者とする登記が行われた。

6．平成25年４月１日、Ｃは甲建物をＤに賃貸した。その賃貸借契約では、契約期間は５年、賃料は近隣の賃料相場25万円よりも少し低い月額20万円とし、通常の使用により必要となる修繕については、その費用をＤが負担することが合意された。その後、Ｄは、甲建物を趣味の油絵を描くアトリエとして使用していたが、本業の事業が忙しくなったことから甲建物をあまり使用しなくなった。そこで、Ｄは、Ｃの承諾を得て、平成26年８月１日、甲建物をＥに転貸した。その転貸借契約では、契約期間は２年、賃料は従前のＤＥ間の取引関係を考慮して、月額15万円とすることが合意されたが、甲建物の修繕に関して明文の条項は定められなかった。

7．その後、Ｅは甲建物を使用していたが、平成27年２月15日、甲建物に雨漏りが生じた。Ｅは、借主である自分が甲建物の修繕費用を負担する義務はないと考えたが、同月20日、修理業者Ｆに甲建物の修理を依頼し、その費用30万円を支払った。

8．平成27年３月10日、Ｃは、Ｄとの間で甲建物の賃貸借契約を同年４月30日限り解除する旨合意した。そして、Ｃは、同年３月15日、Ｅに対し、ＣＤ間の甲建物の賃貸借契約は合意解除されるので、同年４月30日までに甲建物を明け渡すか、もし明け渡さないのであれば、同年５月以降の甲建物の使用について相場賃料である月額25万円の賃料を支払うよう求めたが、Ｅはこれを拒絶した。

9．平成27年５月18日、Ｅは、Ｃに対し、【事実】７の甲建物の修繕費用30万円を支払うよう求めた。

〔設問２〕

ＣＤ間の賃貸借契約が合意解除された場合にそれ以後のＣＥ間の法律関係はどのようになるかを踏まえて、【事実】８に記したＣのＥに対する請求及び【事実】９に記したＥのＣに対する請求が認められるかどうかを検討しなさい。

平成30年

次の文章を読んで、後記の**〔設問１〕**及び**〔設問２〕**に答えなさい。

【事実】

1．Ａは、個人で建築業を営むＢに雇用された従業員である。同じく個人で建築業を営むＣは、３階建の家屋(以下「本件家屋」という。)の解体を請け負ったが、Ｂは、その作業の一部をＣから請け負い、Ｃが雇用する従業員及びAと共に、解体作業に従事していた。Cは、A及びBに対し、建物解体用の重機、器具等を提供し、Cの従業員に対するのと同様に、作業の場所、内容及び具体的方法について指示を与えていた。

2．Cは、平成26年2月1日、Aに対し、本件家屋の3階ベランダ(地上7メートル)に設置された柵を撤去するよう指示し、Bに対し、Aの撤去作業が終了したことを確認した上で上記ベランダの直下に位置する1階壁面を重機で破壊するよう指示した。

Aは、同日、Cの指示に従って、本件家屋の3階ベランダに設置された柵の撤去作業を開始した。ところが、Bは、Aの撤去作業が終了しないうちに、本件家屋の1階壁面を重機で破壊し始めた。これにより強い振動が生じたため、Aは、バランスを崩して地上に転落し、重傷を負った(以下「本件事故」という。)。なお、Cは、このような事故を防ぐための命綱や安全ネットを用意していなかった。

3．Aは、転落の際に頭を強く打ったため、本件家屋の解体作業に従事していたことに関する記憶を全て失った。しかし、Aは、平成26年10月1日、仕事仲間のDから聞いて、本件事故は【事実】2の経緯によるものであることを知った。

4．その後、Bは、Aに対して本件事故についての損害を賠償することなく、行方不明となった。そこで、Aは、平成29年5月1日、Cに対し、損害賠償を求めたが、Cは、AもBもCの従業員ではないのだから責任はないし、そもそも今頃になって責任を追及されてもCには応じる義務がないとして拒絶した。

5．Aは、平成29年6月1日、弁護士Eに対し、弁護士費用(事案の難易等に照らし、妥当な額であった。)の支払を約して訴訟提起を委任した。Eは、Aを代理して、同月30日、Cに対し、①債務不履行又は②不法行為に基づき、損害賠償金及びこれに対する遅延損害金の支払を請求する訴訟を提起した。

〔設問1〕

AのCに対する請求の根拠はどのようなものか、【事実】5に記した①と②のそれぞれについて、具体的に説明せよ。また、【事実】5に記した①と②とで、Aにとっての有利・不利があるかどうかについて検討せよ。なお、労災保険給付による損害塡補について考慮する必要はない。

【事実(続き)】

6．Cは、本件事故の前から、妻Fと共に、自己所有の土地(以下「本件土地」という。)の上に建てられた自己所有の家屋(以下「本件建物」という。)において、円満に暮らしていた。本件土地はCがFとの婚姻前から所有していたものであり、本件建物は、CがFと婚姻して約10年後にFの協力の下に建築したものである。

7．Cは、Aからの損害賠償請求を受け、平成29年7月10日、Fに対し、【事実】1及び2を説明するとともに、「このままでは本件土地及び本件建物を差し押さえられてしまうので、離婚しよう。本件建物は本来夫婦で平等に分けるべきものだが、Fに本件土地及び本件建物の全部を財産分与し、確定的にFのものとした上で、引き続き本件建物で家族として生活したい。」と申し出たところ、Fは、これを承諾した。

8．Cは、平成29年7月31日、Fと共に適式な離婚届を提出した上で、Fに対し、財産分与を原因として本件土地及び本件建物の所有権移転登記手続をした。Cは、上記離婚届提出時には、本件土地及び本件建物の他にめぼしい財産を持っていなかった。

CとFとは、その後も、本件建物において、以前と同様の共同生活を続けている。

〔設問2〕

Eは、平成30年5月1日、Aから、㋐CとFとは実質的な婚姻生活を続けていて離婚が認められないから、CからFへの財産分与は無効ではないか、㋑仮に財産分与が有効であるとしても、本件土地及び本件建物の財産分与のいずれについても、Aが全部取り消すことができるのではないか、と質問された。

本件事故についてAがCに対して損害賠償請求権を有し、その額が本件土地及び本件建物の価格の総額を上回っているとした場合、Eは、弁護士として、㋐と㋑のそれぞれにつき、どのように回答するのが適切かを説明せよ。

令和元年

次の文章を読んで、後記の**〔設問1〕**及び**〔設問2〕**に答えなさい。

【事実】

1．Aは早くに妻と死別したが、成人した一人息子のBはAのもとから離れ、音信がなくなっていた。Aは、いとこのCに家業の手伝いをしてもらっていたが、平成20年4月1日、長年のCの支援に対する感謝として、ほとんど利用していなかったA所有の更地(時価2000万円。以下「本件土地」という。)をCに贈与した。同日、本件土地はAからCに引き渡されたが、本件土地の所有権の移転の登記はされなかった。

2．Cは、平成20年８月21日までに本件土地上に居住用建物(以下「本件建物」という。)を建築して居住を開始し、同月31日には、本件建物についてCを所有者とする所有権の保存の登記がされた。

3．平成28年３月15日、Aが遺言なしに死亡し、唯一の相続人であるBがAを相続した。Bは、Aの財産を調べたところ、Aが居住していた土地建物のほかに、A所有名義の本件土地があること、また、本件土地上にはCが居住するC所有名義の本件建物があることを知った。

4．Bは、多くの借金を抱えており、更なる借入れのための担保を確保しなければならなかった。そこで、Bは、平成28年４月１日、本件土地について相続を原因とするAからBへの所有権の移転の登記をした。さらに、同年６月１日、Bは、知人であるDとの間で、1000万円を借り受ける旨の金銭消費貸借契約を締結し、1000万円を受領するとともに、これによってDに対して負う債務(以下「本件債務」という。)の担保のために本件土地に抵当権を設定する旨の抵当権設定契約を締結し、同日、Dを抵当権者とする抵当権の設定の登記がされた。

5．BD間で【事実】４の金銭消費貸借契約及び抵当権設定契約が締結された際、Bは、Dに対し、本件建物を所有するCは本件土地を無償で借りているに過ぎないと説明した。しかし、Dは、Cが本件土地の贈与を受けていたことは知らなかったものの、念のため、対抗力のある借地権の負担があるものとして本件土地の担保価値を評価し、Bに対する貸付額を決定した。

〔設問１〕

Bが本件債務の履行を怠ったため、平成29年３月１日、Dは、本件土地について抵当権の実行としての競売の申立てをした。競売手続の結果、本件土地は、D自らが950万円(本件債務の残額とほぼ同額)で買い受けることとなり、同年12月１日、本件土地についてDへの所有権の移転の登記がされた。同月15日、Dが、Cに対し、本件建物を収去して本件土地を明け渡すよう請求する訴訟を提起したところ、Cは、Dの抵当権が設定される前に、Aから本件土地を贈与されたのであるから、自分こそが本件土地の所有者である、仮に、Dが本件土地の所有者であるとしても、自分には本件建物を存続させるための法律上の占有権原が認められるはずであると主張した。

この場合において、DのCに対する請求は認められるか。なお、民事執行法上の問題については論じなくてよい。

【事実(続き)】(〔設問１〕の問題文中に記載した事実は考慮しない。)

6．平成30年10月１日、Cは、本件土地の所有権の移転の登記をしようと考え、本件土地の登記事項証明書を入手したところ、AからBへの所有権の移転の登記及びDを抵当権者とする抵当権の設定の登記がされていることを知った。

〔設問２〕

平成30年11月１日、Cは、Bに対し、本件土地の所有権移転登記手続を請求する訴訟を、Dに対し、本件土地の抵当権設定登記の抹消登記手続を請求する訴訟を、それぞれ提起した。

このうち、CのDに対する請求は認められるか。

2018・2019年司法試験論文式試験問題［民法］

2018年（第13回）

〔第１問〕（配点：100〔**〔設問１〕**、**〔設問２〕**及び**〔設問３〕**の配点は、40：35：25〕）

次の文章を読んで、後記の**〔設問１〕**、**〔設問２〕**及び**〔設問３〕**に答えなさい。

Ⅰ

【事実】

1．Ａは、トラック１台（以下「甲トラック」という。）を使って、青果物を生産者から買い受け、小売業者や飲食店に販売する事業を個人で営んでいた。

2．平成29年９月10日、Ａは、Ｂとの間で、松茸（まつたけ）５キログラムを代金50万円でＢから購入する契約（以下「本件売買契約」という。）を締結した。本件売買契約においては、松茸の引渡しは、同月21日の夜に、Ｂのりんご農園のそばにあるＢ所有の乙倉庫において、代金の支払と引換えですることが定められた。

3．同月21日午前11時頃から午後２時頃にかけて、Ｂは、本件売買契約の目的物とするための松茸を秋の収穫期に毎年雇っているＣと共に収穫し、これを乙倉庫に運び入れ、同日午後４時頃には、本件売買契約の約定に合う松茸５キログラムの箱詰めを終えた。そこで、Ｂは、直ちに、引渡準備が整った旨をＡに電話で連絡したところ、Ａは同日午後８時頃に乙倉庫で引き取る旨を述べ、Ｂはこれを了承した。

4．同日午後６時頃、Ａが松茸を引き取るため甲トラックで出掛けようとしたところ、自宅前に駐車していた甲トラックがなくなっていた。

Ａがすぐに電話で事情と共に松茸の引取りが遅れる旨をＢに伝えたところ、Ｂからは、しばらく待機している旨の返答があった。Ａは、自宅周辺で甲トラックを探したが見付からなかった。そこで、Ａは、同日午後８時頃、今日は引取りには行けないが、具体的なことは翌朝に改めて連絡する旨を電話でＢに伝えた。

5．Ｂは、Ａからのこの電話を受けて、引渡しに備えて乙倉庫で待機させていたＣに引き上げてよい旨を伝えた。その際、Ｂは、近隣で農作物の盗難が相次いでおり警察からの注意喚起もあったことから、Ｃに対し、客に引き渡す高価な松茸を入れているので乙倉庫を離れるときには普段よりもしっかり施錠するよう指示した。乙倉庫は普段簡易な錠で施錠されているだけであったが、Ｃは、Ｂの指示に従って、強力な倉庫錠も利用し、二重に施錠して帰宅した。

6．同月22日午前７時頃、Ａは、Ｂに、車を調達することができたので同日午前10時頃に松茸を乙倉庫で引き取りたい旨を電話で伝えた。Ｂは朝の作業をＣに任せて自宅にいたため、Ａが車でまずＢの自宅に寄り、Ｂを同乗させて乙倉庫に行くことになった。

7．Ａは、代金としてＢに支払う50万円を持参して、同日午前10時過ぎに、Ｂと共に乙倉庫に到着した。ところが、乙倉庫は、扉が開け放しになっており、収穫した農作物はなくなっていた。

8．警察の捜査により、収穫作業道具を取り出すため乙倉庫に入ったＣが、同日午前７時頃、同月21日の夜にＢから受けた指示（【事実】５参照）をうっかり忘れて、りんご農園での作業のため普段どおり簡易な錠のみで施錠して乙倉庫を離れたこと、その時から同月22日の午前10時過ぎにＡとＢが乙倉庫に到着するまでの間に何者かがその錠を壊し、乙倉庫内の松茸、りんごなどの農作物を全部盗み去ったことが判明した。

9．その後、Ｂは、Ａに対し、本件売買契約の代金50万円の支払を求めたが、Ａは、Ｂが松茸５キログラムを引き渡すまで代金は支払わないと述べた。これに対し、Ｂは、一度きちんと松茸を用意したのだから応じられないと反論した。

〔設問１〕

【事実】１から９までを前提として、**【事実】**９のＢの本件売買契約に基づく代金支払請求は認められるか、理由を付して解答しなさい。

Ⅱ　**【事実】**１から９までに加え、以下の**【事実】**10から14までの経緯があった。

【事実】

10. 甲トラックは、Aが次の経緯でDから入手したものであった。

平成27年11月９日、AとDは、Dが所有する中古トラックである甲トラック(道路運送車両法第５条第１項(関連条文後掲)が適用される自動車である。)を目的物とし、代金額を300万円とする売買契約を締結した。この売買契約においては、次のことが定められていた。①Aは、代金の支払として、甲トラックの引渡しと引換えにDに対し内金60万円を現金で支払い、以後60か月の間、毎月４万円をDの指定する銀行口座に振り込んで支払う。②甲トラックの所有権は、Aが①の代金債務を完済するまでその担保としてDに留保されることとし、その自動車登録名義は、Aが代金債務を完済したときにDからAへと移転させる。③Aは、①の振込みを１回でも怠ったときは代金残債務について当然に期限の利益を喪失し、Dは、直ちに甲トラックの返還を求めることができる。④Aは、Dから甲トラックの引渡しを受けた後、甲トラックを占有し利用することができるが、代金債務の完済まで、甲トラックを善良な管理者の注意をもって管理し、甲トラックの改造をしない。⑤Dが③によりAから甲トラックの返還を受けたときは、これを中古自動車販売業者に売却し、その売却額をもってAの代金債務の弁済に充当する。⑥Dは、⑤の充当後に売却額に残額があるときは、これをAに支払う。

同日、AはDに対し内金60万円を支払い、DはAに対し甲トラックを引き渡した。

11. Aは、同年12月以降毎月、遅滞することなく、Dが指定した銀行口座に４万円を振り込んで代金を支払っている。

12. Aは、甲トラックの消失後(【事実】４参照)、レンタカーを借りて事業を続けていたが、廃業して帰郷することにし、平成29年12月22日、居住していた借家を引き払った。Aは、Bら取引先等に廃業の通知を出したものの、転居先を知らせることはしなかった。

13. 平成30年２月20日、Eは、その所有する丙土地(山林)の上に、甲トラックが投棄されているのを見付けた。その後、Eは、甲トラックがD名義で自動車登録されていることを知った。

14. 同年３月10日、Eは、Dに、甲トラックが丙土地上に放置されている事実を伝え、甲トラックの撤去を求めた。ところが、Dは、㋐「Aとの間で所有権留保売買契約をしたので、私は甲トラックを撤去すべき立場にない。その立場にあるのは、Aである。」、㋑「登録名義はまだ私にあるが、そうであるからといって、私が甲トラックの撤去を求められることにはならない。」と述べ、応じなかった。EがDにAの所在を尋ねたところ、Dは、Aの所在は知らないと述べた。また、Dによれば、甲トラックの盗難の事実と警察に盗難を届け出た旨の知らせが平成29年９月22日にAからあったが、銀行口座にはAから毎月４万円の振込みが滞りなくされていたこともあり、Aとの間で互いに連絡をすることがなかったとのことであった。

その後も、Eは、Aの所在を把握することができないままでいる。

〔設問２〕

【事実】１から14までを前提として、以下の⑴及び⑵に答えなさい。

⑴ Eの【事実】14の撤去の請求に関し、【事実】14の下線を付した㋐のDの発言は正当であると認められるか、理由を付して解答しなさい。

⑵ 仮に㋐のDの発言が正当であると認められるものとした場合、Eの請求は認められるか、【事実】14の下線を付した㋑のDの発言を踏まえつつ、理由を付して解答しなさい。

(参照条文)道路運送車両法(昭和26年法律第185号)

第５条 登録を受けた自動車の所有権の得喪は、登録を受けなければ、第三者に対抗することができない。

２ (略)

Ⅲ 【事実】１から14までに加え、以下の【事実】15から20までの経緯があった。

【事実】

15. 数年前に妻に先立たれたCは、持病が悪化して、平成30年１月20日、死亡した。

16. Cは、積極財産として、それぞれの金額が1200万円、600万円及び200万円の定期預金を残した。Cには、３人の子F、G及びHがいたが、Hについては、Cが家庭裁判所に廃除の申立てをしており、それを認める審判が平成27年に確定していた。

17. 平成30年１月21日、Cの通夜の席で、CがBに対し同月31日を期限とする300万円の借入金債務を負っていたことが判明した。

18. Fは、Cが負っていた借入金債務全額の返済をBから強く求められたため、同月31日、Bに対し300万円を支払った。

19. 同年３月１日、同年１月１日付けのＣの適式な自筆証書遺言(以下「本件遺言」という。)があることが判明し、同年５月７日、検認の手続がされた。

20. 本件遺言の証書には、「①私が残す財産は、1200万円、600万円及び200万円の定期預金である。②遠方に住みながらいつも気にかけてくれたＦには、Ｇよりも多く、1200万円の定期預金を相続させる。③Ｇには600万円の定期預金を相続させる。④Ｈは、まだ反省が足りないので、廃除の意思を変えるものではないが、最近結婚をしたことから、200万円の定期預金のみを与える。」と記されていた。

〔設問３〕

【事実】１から20までを前提として、次の問いに答えなさい。

Ｆは、ＣがＢに対して負っていた借入金債務300万円を全額支払ったことを根拠に、Ｇに対し、幾らの金額の支払を請求することができるか。本件遺言について、遺言の解釈をした上で、理由を付して解答しなさい。なお、利息及び遅延損害金を考慮する必要はない。

2019年(第14回)

〔第１問〕(配点：100〔**〔設問１〕**、**〔設問２〕**及び**〔設問３〕**の配点は、35：30：35〕)

次の文章を読んで、後記の**〔設問１〕**、**〔設問２〕**及び**〔設問３〕**に答えなさい。

Ⅰ

【事実】

1．平成29年５月10日、注文者Ａと請負人Ｂは、Ａ所有の土地に、Ｂが鉄骨鉄筋コンクリート造９階建ての建物を代金３億6000万円で建築する旨の請負契約(以下「本件契約」という。)を締結した。本件契約では、代金について、契約日に10%、着工日に30%、棟上げ日に40%、引渡日に20%を支払うこととされ、引渡日は、平成30年６月11日とされた。

2．Ａは、本件契約に従い、Ｂに対し、請負代金債務の履行として、平成29年５月10日(契約日)に3600万円、同月17日(着工日)に１億800万円、同年８月９日(棟上げ日)に１億4400万円を支払った。

3．Ｂは、必要な材料を全て自ら調達し、平成30年６月１日、本件契約で定められた仕様どおりに、建物(以下「甲建物」という。)を完成させた。

4．平成30年６月７日、この地域で発生した震度５弱の地震により、甲建物の一部が損傷して落下し、甲建物に面する道路を歩行していたＣを負傷させた(以下「本件事故」という。)。これにより、Ｃは、治療費の支出を余儀なくされた。

5．甲建物の一部損傷をもたらした原因は、甲建物に用いられていた建築資材の欠陥にあった。この資材は、定評があり、多くの新築建物に用いられていたが、本件事故を契機とした調査を通じて、その製造業者において検査漏れがあったこと、そのため、必要な強度を有しない欠陥品が出荷され、甲建物にはたまたまそのようなものが用いられていたことが、判明した。

〔設問１〕

【事実】１から５までを前提として、本件事故が発生した時点における甲建物の所有者は誰か、また、仮にその所有者が注文者Ａであるとした場合、Ｃは、Ａに対し、所有者としての責任を追及して、本件事故による損害の賠償を請求することができるか、理由を付して解答しなさい。

Ⅱ

【事実】

6．Ｄが所有する建物(以下「乙建物」という。)につき、Ｄ名義の所有権の保存の登記がされていた。

7．平成24年10月１日、ＤとＥ県との間で、ＤがＥに対し乙建物を期間20年、賃料月額25万円で賃貸する契約(以下「本件賃貸借契約」という。)が締結された。同日、Ｅは同月分の賃料を支払い、Ｄは乙建物をＥに引き渡した。同年11月分以降の賃料については、本件賃貸借契約において、Ｅは前月末日までにＤが指定する銀行口座に振り込んで支払うこととされていた。Ｅは、これに従い、同年11月分以降の賃料を、前月末日までにＤが指定した銀行口座に振り込んで支払っていた。

8．平成28年８月３日、Ｄは、Ｅから事前に了解を得て、Ｆとの間で、ＦのＤに対する貸金3600万円の回収を目的として、本件賃貸借契約に係る同年９月分から平成40年（※令和10年に相当）８月分までの賃料債権をＦに譲渡する旨の契約（以下「本件譲渡契約」という。）を締結した。

平成28年８月３日、Ｄは、Ｅに対し、本件譲渡契約を締結したこと、及び、同年９月分以降の賃料をＦ名義の銀行口座に振り込んで支払うべきことを内容証明郵便で通知した。この通知は、翌日Ｅに到達した。

9．Ｅは、平成28年９月分以降の賃料を、【事実】８のＤからの通知に従い、Ｆ名義の銀行口座に振り込んで支払った。

10. 平成29年12月１日、Ｄは、Ｇから、Ｇに対する弁済期が経過した債務6000万円（以下「本件債務」という。）の弁済を求められた。

Ｄは、古くからの友人であるＨに相談し、Ｄ、Ｇ及びＨの間で協議が行われた。Ｄは、Ｇに、財産と呼べるものは乙建物と本件賃貸借契約に基づきＥから取得する賃料だけであるが、その賃料に関してＦとの間で本件譲渡契約をした旨述べた。これに対し、Ｇは、乙建物を売りに出せば、買主は長期の安定した賃料収入を見込めることもあり相当な価格で容易に売れるのではないかと述べ、その売却によって得られる代金から本件債務を弁済するよう求めた。㋐Ｈは、本件譲渡契約にかかわらず、乙建物の所有権を取得し登記を備えることによって、Ｅから本件賃貸借契約に係るそれ以後の賃料の支払を受けることができると考え、自ら乙建物を購入することとし、Ｄ及びＧとの間で、後日正式に契約をする前提で以下の合意をした。

① Ｄは、Ｈに、乙建物を、その収益性を勘案した価格である6000万円で売却する。

② Ｈは、Ｄに対して①の売買代金の支払をするのではなく、ＤのＧに対する本件債務の弁済を引き受けることによって、①の売買代金債務を消滅させるものとする。

③ Ｇは、Ｄの本件債務を免除する。

④ Ｈは、②で引き受ける債務の弁済として、Ｇに対し、①の売買契約の締結後直ちに3600万円を支払い、また、以後10年間、毎月20万円を支払う。

11. 平成30年２月14日、【事実】10の①から④までの合意に従って、ＤとＨとの間で乙建物の売買契約（以下「本件売買契約」という。）が、ＧとＨとの間で本件債務に係る免責的債務引受契約（以下「本件債務引受契約」という。）が、それぞれ締結された。また、Ｇが、Ｄに対し、本件債務引受契約を締結した旨を伝えた。さらに、Ｈは、Ｇに対し、3600万円を支払った。

同月20日、乙建物について、本件売買契約を原因とするＤからＨへの所有権の移転の登記がされた。

12. 平成30年２月21日、Ｄは、Ｅに対し、乙建物をＨに売却したこと、及び、同年３月分以降の賃料をＨ名義の銀行口座に振り込んで支払うべきことを通知した。

13. 平成30年２月22日、Ｅは、Ｆに対し、【事実】12の通知が来たことを知らせた。㋑Ｆは、本件売買契約にかかわらず、本件賃貸借契約に係る賃料の支払を受けることができると考え、Ｅに対し、同年３月分以降の賃料を引き続きＦ名義の銀行口座に振り込んで支払うことを求めた。

〔設問２〕

【事実】６から13までを前提として、【事実】10の下線部㋐を根拠付けるためにＨがどのような主張をすることが考えられるか、【事実】13の下線部㋑を根拠付けるためにＦがどのような主張をすることが考えられるかを述べた上で、下線部㋐と下線部㋑のいずれが正当であるかを検討しなさい。

〔設問３〕

【事実】６から13までを前提として、仮に【事実】13の下線部㋑が正当であるとした場合、Ｈは本件債務引受契約の無効を主張することができるか、理由を付して解答しなさい。

2018年司法試験
論文式試験問題出題趣旨

【民法】

2018年（第13回）

〔第１問〕

本問は、民法の幅広い分野から、民法の基礎的な理解とともにその応用力を問うものであり、当事者の主張を踏まえつつ法律問題の相互関係や当該事案の特殊性を論理的に分析して自説を展開する能力が試されている。

設問１は、種類債務の特定と危険負担（民法第534条第２項）、（狭義の）履行補助者の過失、弁済の提供又は受領遅滞若しくは受領義務違反の効果（債務者の目的物保管義務の軽減及びその軽減後の義務の内容、対価危険の債権者への移転等）等といった債権法の複数の制度・規定について、基本的な理解ができているか、その理解を具体的な事実関係に基づいて各制度・規定の相互の関連性を含めて適切に展開することができるかを問うものである。典型論点ともいえるものばかりではあるものの、複数の論点の検討を要する問題を通して、事案に即して論理を着実に展開する能力が試されている。

設問１の事実関係の下では、危険負担の適用があるか否かが問題となるが、その前提として、種類債権の特定とその後の目的物の滅失が必要となる。そこで、民法第401条が定める「債務者が物の給付をするのに必要な行為を完了し」たこととは、例えば、債務者が、給付の完了のために債権者がする必要のあることを除き、自らすることができることを全てした状態をいうところ、Ｂの債務は取立債務であることから、Ｂが目的物を分離して引渡準備を完了し、その旨をＡに通知することにより目的物の特定が認められることなどを述べた上で、設問１の事実関係からこの特定が認められ、その特定した目的物が盗難により滅失したと認められることを述べる必要がある。

目的物が特定後に滅失した場合の売主Ｂの売買代金請求権の帰趨については、①双務契約上の相対立する２つの債務は互いに対価関係に立つため牽連関係が認められるとして、一方の債務の消滅により当然に他方の債務も消滅することを前提としつつ、本件においては目的物が特定していたとして民法第534条第２項の適用によりＢの代金請求が認められ得るとする立場、②同じ前提に立ちつつも、民法第534条第２項の適用を否定又は制限する立場などが考えられる。これらのいずれの立場によっても構わないが、自己の採用した立場から一貫性のある法律構成をすることが求められる。なお、①②と異なり、双務契約上の相対立する２つの債務は互いに独立のものであり、一方の消滅により他方が当然に消滅することはないとする立場もあり得るが、その場合には、特殊といってよい立場であるため、そのように解する理由を明確に示すことが必要である。

上記の①の立場からは、以下の事柄について論ずることになる。

①の立場は、民法の規定の文理に素直なものであるといえるが、①の立場に対しては公平ではないという批判が極めて有力であり、また、この立場をとることを明言する判例があるわけでもない。そこで、民法第534条第２項の文言に素直な解釈であるという指摘をするだけでなく、公平に反するという批判説にも応接した理由付けをすることが望ましい。

その上で、民法第534条が適用されるのは目的物の滅失が「債務者の責めに帰することができない事由」による場合であるため、設問１の事実関係の下で盗難による松茸の滅失がこれに当たるかを論ずべきことになる。その際には、「債務者の責めに帰することができない事由」の意味をまず明らかにする必要がある。これについては、例えば、特定物の売主は目的物の善良な管理者の注意をもって目的物を保管する義務を負うところ、その義務を尽くしたことが上記事由に当たるとする考え方が考えられる。さらに、設問１では、Ｂは保管のために（狭義の）履行補助者に当たる（【事実】３）Ｃを使用しているためＣの主観的態様が信義則上Ｂの主観的態様と同視されるとした上で、Ｃが近隣において盗難事件が頻発し警察が注意喚起しているとの状況下でＢの指示に従わずに簡易な錠による施錠しかせずに乙倉庫を離れたこと（【事実】５及び８）は善管注意義務違反に当たると解されるため、目的物として特定した松茸の滅失はＢの責めに帰することができない事由によるものということは基本的にできないことになる。

もっとも、松茸の盗難は、Ｂによる弁済の提供があった後、又はＡによる受領遅滞中に若しくはＡの受領義務違反後に起きたことである。そこで、弁済の提供又は受領遅滞若しくは受領義務違反の効果としてＢの保管義務の軽減が問題になる。これらのいずれの構成によっても構わないが、その構成により保管義務が軽減される理由を明らかにし、設問１の事実関係の下で保管義務の軽減が認められるかを論ずる必要がある。

そして、債務者は自己の財産に対するのと同一の注意をもって目的物を保管する義務を負う、あるいは、債務者は故意又は重大な過失による目的物の滅失又は損傷の場合にのみ責任を負うなどと軽減された義務の内容を明らかにした上で、設問１の事実関係に即して、Ｃの行った簡易な錠での施錠が「普段どおり」の施錠方法であったことを踏まえてその軽減された注意義務に違反しないかどうかを論ずべきことになる。

次に、上記の②の立場をとる場合には、以下の事柄について論ずることになる。

まず、自説の立場から、民法第534条の適用を否定又は制限する理由を述べる必要があり、その理由と整合的にどのような場合には適用が認められるのかを明らかにし、設問１の事実関係の下では民法第534条が適用される場合に当たらないことを述べることが求められる。

もっとも、Ｂによる弁済の提供又はＡの受領遅滞若しくは受領義務違反が認められることから、その効果として対価危険の移転が認められ得る。そこで、その旨の指摘と設問１の事実関係の下でこれが認められることを述べた上で、目的物の滅失がＢの帰責事由によるものであるときはそもそも危険負担の適用がないことを述べて、松茸の滅失がＢの帰責事由によるものか否かを検討すべきことになる。そして、ここでは、上記の①の立場と同様に、債務者に課された善管注意義務と債務者の責めに帰することができない事由との関係、弁済の提供等による善管注意義務の軽減の有無などを検討すべきことになる。

設問２は、所有権に基づく妨害排除請求の相手方は現に妨害をしている者であることを前提として、所有権留保売買契約の売主として留保所有権を有する者はこれに当たるか（小問１）、仮にこれに当たらないと判断すべきことを前提としたとしても、その者が妨害物となっている自動車を以前所有しており、自己の意思に基づいて登録名義人となった者であって、その自動車を譲渡した後も登録名義人にとどまっている場合は別に考えることができないのか（小問２）を、それぞれ問うものである。

小問１では判例によっても承認されている所有権留保売買を題材に非典型担保物権の意義と留保所有権の内容を、小問２では不動産と同様の法的規制に服する自動車についての権利の得喪に係る対抗要件制度の意義という、基本的な問題に対する理解力を測ることを狙いとする。また、小問１には最判平成21年３月10日民集第63巻３号385頁、小問２には最判平成６年２月８日民集第48巻２号373頁という重要な関連判例があり、設問２は、日頃の学習において重要判例について表層的でない理解を心掛けているかをみようとするものでもある。

小問１では、Ｅの請求が所有権に基づく請求であること、この請求の相手方は所有権の行使を現に妨げている者であることを前提として、甲トラックの所有権留保売買における留保売主Ｄは、甲トラックが丙土地上に放置されていることによってＥの丙土地所有権の行使を妨げていることになり、したがって、甲トラックの撤去義務を負うかどうかが問われている。

まず、物の所有者は、その物が他人の土地上にある場合には、権原がなければ、通常、その物の撤去の義務を負う。ところが、Ｄは、Ａとの間で所有権留保売買契約をしたことにより、通常の所有権を有する者ではなく、債権担保の目的で所有権を有するにすぎない。そこで、このような立場にあるＤが所有者一般と同様に扱われるのか否かを論ずべきことになる。

Ｄが甲トラックの撤去義務を負うか否かについての結論はいずれでも構わないが、その結論を導く理由についての法的な構成力が問われている。その理由に関しては、例えば、次のような事情を考慮することが考えられる。

すなわち、①ＡＤ間の契約において、被担保債権の不履行があるまでは、甲トラックの占有・処分権能を有するのはＡであり、Ｄはこれを有しないとされており、Ｄは、甲トラックの交換価値しか把握していないとみることができることである。これによると、Ｄは、形式的には甲トラックの所有者であるが、実質的には抵当権者と変わりがないとみることができ、抵当権者であれば抵当目的物による妨害排除請求の相手方にはならないと考えられる。

他方で、②上記①のようなＤの地位は、ＡＤ間の契約によって創設されたものであることである。したがって、Ｄの甲トラックの占有・処分権能は、Ａとの契約によりＡとの関係で制約されているにすぎないとみる余地がある。実際にも、例えば甲トラックを不法占有する者がある場合、その者との関係では、Ｄは所有権に基づく返還請求をすることができるとされる可能性がある。

このほか、③Ｄは、甲トラックに抵当権（自動車抵当権）を設定することもできたのにあえて所有権留保という担保手段を選んだものであって、所有者と同様に扱われることはＤの選択の結果であるにすぎないといえることなどを指摘することが考えられる。

なお、前掲平成21年３月10日最高裁判決は所有権留保という社会的に重要な非典型担保の基本的内容の一部を明らかにするものであることから、法律実務家となることを志す者が知っているべき判決であるということができるが、単に同判決があることや、その内容を指摘しても十分な解答にはならず、理由付けの内容が問われるものである。

小問２では、下線部㋐のＤの発言が正当と認められるという前提で解答することが求められている。これは、甲トラックの通常の所有権を有していたDが、Aとの所有権留保売買契約により甲トラックの所有権を実質的に喪失したことを前提として、設問２を考えるべきことを意味するから、まずこの点を押さえる必要がある。

そして、登録自動車の所有権の喪失はその登録をしなければ「第三者」に対抗することができない(道路運送車両法第５条第１項)ことが問題文に示されていることを踏まえつつ、設問２の事実関係の下で、Eは、その「第三者」に該当し、又は「第三者に準ずる者」として扱われるのかを、論ずべきことになる。

道路運送車両法第５条第１項は、民法第177条と同趣旨の規定であることから、「第三者」とは、登録の不存在を主張する正当な利益を有する者をいい、隠れた物権変動により第三者が害されることを防ぐという同条の趣旨から、当該物件につき登録名義人との間で法律上の利害関係を有するに至ったことが、第三者性を基礎付ける「正当な利益」に当たると解される。

これによると、Eは、第三者には基本的に該当しないこととなる。Eが甲トラックにつき有する利害関係は、甲トラックの所有者が判明しなければ丙土地の所有権に対する妨害を排除することができないという不利益を被ることであり、Eは、甲トラックにつき、権利を取得すべき地位にあるなど何らかの法律上の利害関係を有するわけではないからである。

もっとも、判例(前掲平成６年２月８日最高裁判決)上、土地所有権の行使が建物の存在によって妨害されている場合において、登記に関わりなく建物の実質的所有者をもって妨害排除の義務者を決するとすれば、土地所有者はその探求の困難を強いられるなどの不合理を生ずるおそれがあることから、その建物の所有権を譲渡により喪失したが自ら得た登記名義をなお保持する者は、土地所有者との関係については建物についての物権変動における対抗関係にも似た関係にあるとした上で、土地所有者の請求により建物を収去し土地を明け渡す義務があるとされている。登録自動車については不動産と同様の法的扱いがされることが多いことから、Dについても同様の立論が可能であるかどうかが問題になる。

この問題についても、結論はいずれでも構わないが、その結論を導く理由についての法的な構成力が問われている。

検討の筋道としては、前掲平成６年２月８日最高裁判決が地上建物による土地所有権の妨害の場合に土地所有者を例外的に保護していることから、その例外的保護の理由を明らかにして、それとの比較をすることが考えられるが、これに限られるものではなく、次に述べるような必要な考慮要素に触れられていることが必要である。

地上建物による土地所有権の妨害の場合に土地所有者の例外的保護が認められる理由としては、①建物の存立は、敷地の全面的・固定的占有を当然に伴うため、土地所有者は土地の占有という土地所有権の本質的内容に属する権能を奪われた状態が継続することが挙げられる。他方で、登録自動車による土地所有権の妨害は、全面的なものでも、固定的なものでもなく、土地所有者は、その妨害により土地所有権の本質的内容に属する権能を奪われた状態になるとまで評価することはできないともいえる。

また、②一般に、民法第177条の第三者とは登記の欠缺を主張する正当な利益を有する者をいうなどとされ、第三者とされるためには、当該物権変動の主張が認められると当該不動産に関する権利を失い、又は負担を免れることができなくなることが必要であるところ、本件では、土地所有者は、登記を移転していない前建物所有者による建物の所有権喪失の主張が認められると、建物所有権の隠れた移転によりその建物所有権の負担(土地所有権を妨害された状態が継続するという負担)を実質的に免れることができない地位にあるとみることができるともいえる。他方で、土地所有者は土地所有権の本質的内容に属する権能を奪われた状態になるとまで評価することはできないと反論をすればこの指摘は当たらないし、そもそも違法な状態に対する責任の追及の問題を対抗問題と類似すると扱うことは適切ではないということもできる。

さらに、③建物を譲渡した元所有者は、その建物を所有する旨の登記を自らしたのであれば、その名義の移転をすることも当然にできたはずであり、登記懈怠の責めを問われても仕方がないことを指摘することができる。他方で、所有権留保売買は、被担保債権の弁済まで登記又は登録を売主名義のままにしておくことが当然の前提であり、そのことも含めて判例上承認されていることから、売主に登記懈怠の責めを負わせることは適当ではないともいえると考えられる。

このほか、建物の撤去とは、通常、建物の取壊しであることから、その費用を負担しさえすれば誰でもすることができるため、建物所有権を有しない登記名義人に負わせることも可能であるが、自動車については、前登録名義人は真の所有者の所在が判明するまで自動車を保管し続けなければならないという負担を負い続けることになりかねず、その金銭負担も重いものとなる可能性があるという事情も指摘することができる。

以上を踏まえれば、Eを「第三者」に準ずる者と認めて例外的に保護することは適当ではないと理解することに相当の理由があると考えられるが、上記のとおりいずれの結論でも許容される。

解答に当たっては、以上に例示した事情の全部を挙げることが求められるものではなく、根幹的と思われる理由を挙げて結論を正当化することで十分である。もっとも、結論を正当化する際には、その結論を根拠づける方向に働く事情を挙げるだけでなく、反対の結論を根拠付ける方向に働く事情も考慮し、それに応接することが望ましい。

設問３は、遺言による財産の処分によって、共同相続人への債務の承継が影響を受けるか否かを問うことを通じて、相続法に関する基本的な知識に基づく事案の分析力や解釈論の展開力を試すものである。

設問３については、①被相続人Ｃを共同相続したＣの子ＦＧに対し法定相続分とは異なる割合で特定の財産をそれぞれ「相続させる」遺言、及び、Ｃから廃除（民法第892条）された子Ｈに対し特定の財産を「与える」遺言について、遺言の解釈によってその法的性質（とりわけ、「相続させる」遺言が相続分の指定を伴うものであるか）を明らかにした上で、②Ｃが残したＢに対する借入金債務がＦＧにどのように承継されるか、さらに、この債務を全額支払ったＦがＧに対し幾らの金額の支払を請求することができるかについて、検討することが求められる。

まず、Ｃの遺言（以下「本件遺言」という。）の解釈に当たっては、どのような指針に基づいて解釈すべきか、例えば、「被相続人の遺産の承継関係に関する遺言については、……遺言者の意思を尊重して合理的にその趣旨を解釈すべきものである」（最判平成３年４月19日民集第45巻４号477頁参照）などと必要に応じて簡潔に言及することが求められる。

その上で、ＦＧに対する「相続させる」遺言に関しては、判例が、特定の遺産を特定の相続人に「相続させる」遺言は、①相続人に対し、特定の財産を単独で相続させようとする趣旨に解するのが合理的な意思解釈であって、特段の事情がない限り、遺贈と解すべきではないとし、②かかる「相続させる」趣旨の遺言は、特定の遺産を特定の相続人に単独で相続により承継させることを遺言で定める点で、正に民法第908条にいう「遺産の分割の方法を定めた遺言」であるとしている。したがって、この判例の立場を前提とすれば、共同相続人ＦＧに対し、1200万円・600万円の定期預金をそれぞれ「相続させる」遺言は、「遺産分割方法の指定」と意思解釈するのが合理的であることになる。なお、共同相続された定期預金について、遺産分割の対象となる旨の判例が最近出されている（最判平成29年４月６日集民第255号129頁。最大判平成28年12月19日民集第70巻８号2121頁参照）が、本問においてはその旨の言及を特に求めるものではない。

そして、「遺産分割方法の指定」については、法定相続分よりも多い割合で分割の指定がされたり、各共同相続人に対し法定相続分とは異なる割合で分割の指定がされた場合には、特段の事情がない限り、「相続分の指定」（民法第902条）を伴うものと解釈するのが一般的である。このような形で法定相続分とは異なる割合による遺産分割の指定がされたことは、債務の承継割合を法定相続分から変更する意思がないことが明らかであるなどの特段の事情がない限り（最判平成21年３月24日民集第63巻３号427頁参照）、その分割された割合で「相続分の指定」がされて、債務もその割合で承継させる趣旨に意思解釈するのが合理的であると考える立場であり、このような立場を取るならば、共同相続人ＦＧに対し法定相続分とは異なる割合で1200万円・600万の定期預金をそれぞれ「相続させる」とする本件遺言は、「相続分の指定」を伴うものと解釈することになる。

上記の立場に対し、特定の遺産を特定の相続人に「相続させる」遺言を「特定遺贈」と解釈する学説も少なくない。このような説に立って論ずるに当たっては、上記の「相続分の指定を伴う遺産分割方法の指定」と解する立場に対する批判を踏まえた議論を展開し、例えば、「遺産分割方法の指定」は、本来は、現物分割・換価分割などの遺産全体の分割方法の指針を定めるものであって、特定の財産の処分は特定遺贈によることが民法の予定するところであることを指摘することが考えられる。

このほか、上記の各立場も踏まえつつ、本件遺言は、飽くまでも個別の積極財産を処分したに過ぎない点などを考慮して、遺言者には債務の承継割合までを変更する意思はなく、法定相続分の割合で承継すると解釈することも、解答として許容されるものと考えられる。

次に、Ｈに対する遺言については、Ｈは廃除（民法第892条）により相続資格を失っていたこと、したがって、200万円の定期預金を「与える」遺言は、相続人以外の者に対する遺言による特定の財産の処分であるから、特定遺贈と解釈されることを述べることが求められる。本件遺言において廃除の意思に変わりがないとＣがしていることに照らして、廃除の取消し（民法第894条第２項）の趣旨を含むものではなく、相続資格を失ったままであることに言及することが望ましい。

以上を前提に、Ｃの残した金銭債務が共同相続人ＦＧにどのように承継されるかについては、次のように考えられる。

まず、共同相続人は、法定相続分に応じて相続人の権利義務を承継するのが原則であるが（民法第899条）、指定相続分（民法第902条）がある場合は指定相続分に応じて承継する。ＦＧへの「相続させる」遺言において複数の立場があり得るが「相続分の指定を伴う遺産分割方法の指定」であると解する場合には、指定相続分（２：１）により、それ以外の立場による場合には法定相続分（１：１）により債務を承継することになる。

次に承継の態様が問題となるが、ＣはＢに対し300万円の金銭債務（可分債務）を負っていたことから、判例（大決昭和５年12月４日民集第９巻1118頁）の立場を前提とすれば、民法第427条により、共同相続人ＦＧ間では上記の割合に応じた分割債務として承継することになる。

そして、Ｆは、Ｇが単独で負う債務までＢに弁済している。これは、債務者の意思に反するもの（民法第474条第２項）とはいえないので、ＦはＧに対し、事務管理等を理由として、指定相続分で承継したとする場合には100万円の支払を、法定相続分で承継したとする場合には150万円の支払を、それぞれ請求することができるものと考えられる。

他方で、金銭債務（可分債務）の共同相続について、不可分債務又は合有債務と解する学説も有力であり、分割債務説を批判しつつ、これらの学説に立った検討を加えることも考えられる。この場合には、内部的負担部分は、法定相続分又は指定相続分に応じて定められ（民法第899条参照）、その負担部分を超える額についてＦはＧに求償することができるものと考えられる。

（出典：法務省ホームページ）

司法書士試験ランク表

序章　民法入門
1.民法とは何か
1　総説
【1】民法とは何か　C
【2】民法の分類——財産法と家族法　B
2　民法の役割
【1】民法の位置づけ——私法の一般法　C
【2】民法の役割　C
3　民法の構造
【1】民法典の編成　B−
【2】民法総則の位置づけ　B−
2.民法の基本概念
1　契約の基本概念——売買契約を例として
【1】法律関係　A
【2】契約　A
【3】私権の主体(契約の主体)　A
【4】私権の客体(権利の客体)　A
【5】契約の成立とその効果　A
【6】物権　A
【7】債権　B
2　契約のプロセス——契約によって有効に効果が発生するまで
【1】契約の成立要件(契約成立の要件)　A
【2】契約の有効要件　A+
【3】契約の効果帰属要件　A+
【4】契約の効力発生要件　A
【5】まとめ　A
3　物権の基本概念
【1】物権の性質　B+
【2】物権変動——意思主義と対抗要件主義　A
【3】公示の原則と公信の原則　A+
【4】物権の種類　A+
4　債権の基本概念
【1】契約が実行されて債権者が満足する場合の基本的な法律概念　B
【2】売買で問題が生じたときの処理　B
5　債権の保全と担保の基本概念
【1】債権の効力と責任財産　C
【2】責任財産の保全——債権者代位権と詐害行為取消権　B+
【3】担保　A
3.民法の考え方
1　法的三段論法　B+
2　民法の思考方法
【1】価値判断と法律構成　C
【2】原則修正パターン　C
【3】必要性と許容性　C
【4】効果から考える　C
3　民法学習の視点　C
4　法制執務用語(法令用語)について——条文の読み方
【1】[及び]と[並びに]　C
【2】[又は]と[若しくは]　C
【3】[場合]、[とき]、[時]　C
【4】[その他の]と[その他]　C
第1章　民法総説
1.民法総説
1　民法の全体構造
【1】民法の全体像の確認　C
【2】民法総則の位置づけと本書の構成　C
2　民法典の基本原則(民法の指導原理)
【1】総説　C
【2】所有権絶対の原則　B
【3】契約自由の原則　B
【4】過失責任の原則(過失責任主義)　B
3　私権
【1】意義　C
【2】分類　C
4　私権行使の制限
【1】公共の福祉(私権の社会性)　C
【2】信義誠実の原則(信義則)　C
【3】権利濫用の禁止　C
5　私権の実現
【1】自力救済の禁止　C
【2】自力救済禁止の例外　C
第2章　私権の主体
1.自然人
1　権利能力
【1】意義　C
【2】権利能力の始期　C
【3】権利能力の終期　B+
【4】権利能力の制限——特別権利能力　B−
2　意思能力
【1】総説　C
【2】意思無能力による無効をめぐる諸問題　C
3　行為能力
【1】総説　A
【2】未成年者　A
【3】成年被後見人　A+
【4】被保佐人　A+
【5】被補助人　A+

【6】制限行為能力者の相手方の保護　B
4　住所
【1】はじめに　C
【2】住所　B
【3】居所　C
【4】仮住所　C
5　不在者の財産管理
【1】意義　B
【2】不在者の財産管理　B+
2.法人
1　法人総説
【1】法人の意義　C
【2】法人本質論(法人学説)　C
【3】法人格否認の法理　C
【4】法人改革　B
2　法人の種類
【1】法人の種類　B
【2】社団と組合の峻別論　B
3　法人の設立
【1】法人設立の諸原則　B
【2】一般法人の設立　B
4　法人の能力
【1】総説　C
【2】法人の権利能力　B
【3】法人の行為能力　B
【4】法人の不法行為　B
5　法人の管理
【1】一般社団法人の管理　B
【2】一般財団法人の管理　B
6　法人の解散・登記
【1】法人の解散　B
【2】法人の清算　B
7　合併その他の規制
【1】合併　C
【2】雑則　C
【3】罰則　C
8　権利能力なき社団・財団
【1】総説　B
【2】権利能力なき社団　B
【3】権利能力なき財団　B
第3章　私権の客体
1.私権の客体
1　物
【1】意義　A
【2】要件　A
2　物の分類
【1】不動産と動産　A
【2】主物と従物　A
【3】元物と果実　B+

第4章　私権の変動
序.私権の変動――総説
1.法律行為(契約)
1　法律行為
【1】序説――私権の変動　B
【2】法律行為　B
【3】法律行為の種類　B
2　契約の成立要件
【1】原則的要件――諾成主義の原則　B
【2】例外的要件(諾成主義に対する例外)――要物契約・要式契約の場合　B
3　法律行為の解釈
【1】法律行為の解釈の意義　B
【2】法律行為の解釈の性質　B
【3】法律行為の解釈の基準――当事者の真意の探究と信義則　B
【4】任意規定　B
【5】任意規定と異なる慣習――事実たる慣習　C
2.当事者に関する有効要件
1　総説　B
2　意思表示
【1】意思表示の意義　B
【2】意思表示の構造　B
【3】意思表示の基本原理　B
【4】意思表示の到達・受領　B
3　心裡留保(93条)
【1】意義　A
【2】効果――当事者間　A
【3】善意の第三者の保護　A
【4】93条の適用範囲　A
4　虚偽表示(94条)
【1】意義　A
【2】要件　A
【3】効果――当事者間　A
【4】善意の第三者の保護　A
【5】94条2項類推適用　A+
5　錯誤(95条)
【1】総説　A
【2】要件　A
【3】効果――当事者間　A
【4】善意無過失の第三者保護　A
6　詐欺(96条)
【1】意義　A
【2】要件　A
【3】効果――当事者間　A
【4】第三者による詐欺(96条2項)　A
【5】善意無過失の第三者の保護　A
7　強迫(96条)
【1】意義　A
【2】要件　A

【3】効果――当事者間　A
【4】第三者による強迫　A
【5】第三者保護規定の不存在　A
8　消費者契約法上の規定
【1】消費者契約法の概要　B
【2】誤認に関する規定　B
【3】困惑に関する規定等　B

3．内容に関する有効要件

1　確定性
【1】総説　C
【2】法律行為(契約)の解釈との関係　C
【3】確定の範囲　C
2　適法性(91条)
【1】総説――91条の趣旨　C
【2】強行規定　C
【3】取締規定　C
【4】脱法行為　C
3　社会的妥当性(90条)
【1】総説――公序良俗　C
【2】公序良俗の分類　B

第5章　契約の有効性

1．無効と取消し

1　総説――無効と取消しの概念
【1】無効原因と取消原因　A
【2】無効と取消しの相違点　A
【3】無効と取消しの二重効　B
【4】無効・取消しの効果　B^+
2　無効
【1】総説――無効の一般原則　A
【2】例外　A
【3】無効の諸問題　B
3　取消し
【1】総説　A
【2】要件　A
【3】効果　A^+
【4】取り消しうべき行為の追認　A^+
【5】取消権の期間制限　A

第6章　代理

1．代理制度総説

1　代理制度の意義
【1】代理制度とは　B
【2】代理制度の意義　B
【3】代理に親しまない法律行為　B
2　代理の基本的な仕組み
【1】代理関係の基本的成立要件　B
【2】法定代理と任意代理　B^+
【3】能働代理と受働代理　B
3　代理に類似する制度
【1】使者　C
【2】間接代理　C
【3】代理占有　B

2．代理権――本人・代理人の関係

1　代理権――総説
【1】代理権の意義　B
【2】代理権の発生根拠(原因)　B^+
【3】代理権の範囲　B
【4】代理権の消滅　B
2　復代理
【1】総説　B
【2】復代理人の選任および責任の範囲　B^+
【3】復代理人の地位　B^+
3　代理権の制限
【1】共同代理　B
【2】自己契約、双方代理、利益相反行為　B^+
【3】代理権の濫用　A

3．代理行為――代理人・相手方の関係

1　顕名
【1】意義　B
【2】顕名の有無　B
【3】顕名を怠った場合の効果　B^+
2　代理行為
【1】代理行為の瑕疵　B^+
【2】代理人の行為能力　B^+

4．無権代理

1　総説
【1】意義　B
【2】狭義の無権代理と表見代理　B
2　無権代理の効果
【1】本人への効果不帰属　A
【2】追認および追認拒絶　A
3　無権代理行為の相手方が採りうる手段
【1】催告権　A
【2】取消権　A
【3】無権代理人の責任追及　A^+
4　無権代理と相続
【1】無権代理人が本人を相続した場合――無権代理人相続型　A^+
【2】本人が無権代理人を相続した場合――本人相続型　A^+
【3】第三者が本人と無権代理人を相続した場合　A
【4】無権代理人が本人の後見人に就任した場合　A

5．表見代理

1　総説
【1】意義　B
【2】表見代理の類型　B^+
2　代理権授与表示による表見代理(109条)
【1】意義　A
【2】要件　A

【3】効果　A
3　権限外行為の表見代理(110条)
【1】意義　A
【2】要件　A
【3】効果　A
4　代理権消滅後の表見代理(112条)
【1】意義　A
【2】要件　A
【3】効果　A

第7章　契約の効力発生時期
1.条件・期限
1　条件
【1】意義　A
【2】条件となりうる事実　A
【3】条件に親しまない行為　B
【4】条件付き法律行為の効力　B+
【5】特殊な条件　B+
2　期限
【1】意義　B+
【2】期限に親しまない行為　A
【3】期限付き法律行為の効力　A
【4】期限の利益　A
2.期間
1　意義　B
2　計算方法
【1】期間を時間で定めた場合　B
【2】期間を日、週、月または年で定めた場合　B

第8章　時効
1.時効総説
1　時効制度の意義
【1】時効の種類　B
【2】時効制度の存在理由　B
2　時効制度の法的構成
【1】実体法説　B
【2】訴訟法説　B
3　時効制度の全体像　B
2.消滅時効
1　消滅時効の意義
【1】意義　B+
【2】消滅時効に類似する概念　B
【3】権利失効の原則　B
2　消滅時効の対象となる権利
【1】対象となる権利　B+
【2】対象とならない権利　B+
【3】抗弁権の永久性　B
3　消滅時効の起算点
【1】客観的起算点　A
【2】主観的起算点　A
4　消滅時効期間
【1】債権等　A
【2】債権または所有権以外の財産権　A
5　消滅時効の効果
【1】「消滅する」の意義　B+
【2】時効消滅した債権を自働債権とする相殺　A
【3】遡及効　B+
3.取得時効
1　取得時効の意義
【1】意義　B+
【2】長期取得時効と短期取得時効　B+
【3】取得時効の対象となりうる権利の種類　B+
2　要件
【1】一定期間の占有継続　A
【2】所有の意思　A
【3】平穏、公然　A
【4】占有の態様等に関する推定　A
【5】特に問題となる事項　B+
3　時効完成の効果
【1】原始取得　A
【2】遡及効　A
4　所有権以外の財産権の取得時効
【1】時効取得の対象となりうる財産権　A
【2】要件　A
4.完成猶予・更新
1　時効障害の意義
【1】意義　B+
【2】沿革　B
2　時効障害事由
【1】総説　B+
【2】類型　A
3　時効障害の効果
【1】時効の完成猶予・更新の効果　A
【2】人的範囲　A
5.時効の効果と援用・放棄
1　時効の効果　B+
2　時効の援用
【1】援用の法的性質　B
【2】援用権者の範囲　B+
【3】裁判外での援用の可否および効果の人的範囲　B+
3　時効利益の放棄
【1】意義　B
【2】時効完成後の債務の承認(自認行為)　B+
4　時効に関する特約――合意による時効期間の変更
【1】総説　B
【2】時効期間を延長する特約　B
【3】時効期間を短縮する特約　B

事項索引

さ

し

判例索引

明治

大正元～9年

大正10～15年

昭和元～９年

昭和10〜19年

昭和20～29年

昭和30～39年

昭和40〜49年

昭和50〜59年

昭和60～63年

平成元～9年

平成10～19年

平成20〜29年

平成30年〜

♠伊藤　真（いとう　まこと）

1958年東京で生まれる。高校時代までは理科系の科目のほうが好きであったが、あるきっかけで法律の世界のおもしろさに惹かれ、1977年東京大学文科Ⅰ類に入学。1981年、大学在学中に１年半の受験勉強で司法試験に短期合格。同時に、司法試験受験指導を開始する。自分の受験勉強の際にすでに編み出していた論点ブロックカードと、趣味だったコンピュータを使ったフローチャートを法律の世界にはじめて導入した。

1982年、東京大学法学部卒業。1984年、弁護士登録。弁護士として活動しつつ受験指導を続け、法律の体系や全体構造を重視した学習方法を構築し、短期合格者の輩出数、全国ナンバー１の実績を不動のものとする。

1995年、憲法の理念をできるだけ多くの人々に伝えたいとの思いのもとに15年間培った受験指導のキャリアを生かし、伊藤メソッドの司法試験塾をスタートする。

現在は、予備試験を含む司法試験や法科大学院入試のみならず、法律科目のある資格試験や公務員試験をめざす人達の受験指導のため、毎日白熱した講義を行いつつ、「一人一票実現国民会議」および「安保法制違憲訴訟の会」の発起人となり、社会的問題にも積極的に取り組んでいる。

わかりやすい講義、効率的な学習法、受験生の身になった指導がこの「試験対策講座」ではじめて公開されている。

（一人一票実現国民会議URL：https://www2.ippyo.org/）

伊藤塾
〒150-0031　東京都渋谷区桜丘町17-5　03(3780)1717
https://www.itojuku.co.jp

スタートアップ民法・民法総則【伊藤真試験対策講座１】

1997(平成９)年９月30日　『民法総則』初版１刷発行
1999(平成11)年６月15日　『民法総則』第２版１刷発行
1999(平成11)年12月30日　『民法総則』第２版補正版１刷発行
2001(平成13)年10月30日　『民法総則』第２版補正２版１刷発行
2005(平成17)年４月15日　『民法総則』第２版補正３版１刷発行
2008(平成20)年11月30日　『民法総則』第３版１刷発行
2019(令和元)年10月15日　初版１刷発行
2022(令和４)年５月30日　同　３刷発行

著　者　伊　藤　　真
発行者　鯉　渕　友　南
発行所　株式会社　弘　文　堂　101-0062　東京都千代田区神田駿河台１の７
TEL 03(3294)4801　振替　00120-6-53909
https://www.koubundou.co.jp

装　丁　笠井亞子
印　刷　図書印刷
製　本　井上製本所

ISBN978-4-335-30492-7